历史与思想研究译丛  Studies on History and Thought

Jonathan Edwards:
A Life

复兴神学家爱德华兹 上

[美] 乔治·M·马斯登 (George M. Marsden) 著
董江阳 译　游冠辉 校

中国社会科学出版社

图字 01-2012-3906
图书在版编目(CIP)数据

复兴神学家爱德华兹/(美)乔治·M·马斯登(Marsden,G. M.)著；董江阳译. —北京：中国社会科学出版社,2012.5(2017.8 重印)
(历史与思想研究译丛)
ISBN 978-7-5161-0645-7

Ⅰ.①复… Ⅱ.①马…②董… Ⅲ.①爱德华兹,J.(1702~1758)—评传 Ⅳ.①K837.125.1

中国版本图书馆 CIP 数据核字(2012)第 048282 号

出 版 人	赵剑英
责任编辑	陈 彪
责任校对	刘 峣
责任印制	张雪娇
出版发行	中国社会科学出版社
社　　址	北京鼓楼西大街甲 158 号
邮　　编	100720
网　　址	http://www.csspw.cn
发 行 部	010—84083685
门 市 部	010—84029450
经　　销	新华书店及其他书店
印刷装订	北京明恒达印务有限公司
版　　次	2012 年 5 月第 1 版
印　　次	2017 年 8 月第 3 次印刷
开　　本	640×960　1/16
印　　张	42.5
插　　页	4
字　　数	653 千字
定　　价	78.00 元(上下册)

凡购买中国社会科学出版社图书,如有质量问题请与本社营销中心联系调换
电话：010—84083683
版权所有　侵权必究

历史与思想研究译丛

主　编　章雪富
副主编　孙　毅　　游冠辉

Originally published under the title: *Jonathan Edwards : A Life* by George M. Marsden
Copyright 2003 by Yale University Press
Published by arrangement with Yale University Press through Big Apple Tuttle-Mori Agency, Inc., Labuan, Malaysia
All rights reserved

"历史与思想研究译丛"总序

　　本译丛选择现代西方学者的思想史研究经典为译介对象。迄今为止，国内译介西方学术著作主要有两类：一是西方思想的经典著作，例如柏拉图的《理想国》和亚里士多德的《形而上学》等等；二是现代西方思想家诠释西方思想史的著作，例如黑格尔的《哲学史讲演录》和罗素的《西方哲学史》等等。然而，国内学术界对基于专业专精于学术富有思想底蕴的学者型的阐释性著作却甚少重视，缺乏译介。这就忽视了西方思想史研究的重要一维，也无益于西方思想史的真实呈现。西方学术界的实际情况却是相反：学者们更重视富有启发性的专业研究著作。这些著作本着思想的历史作历史的发微，使思想史的客观、绵延和更新的真实脉络得到呈现。本译丛希望弥补这一空缺，挑选富有学术内涵、可读性强、关联性广、思想空间宏阔的学者型研究经典，以呈献于中国学术界。

　　本丛书以"历史与思想"为名，意在表明真实地把握思想脉络须基于历史的把捉方式，而不是着意于把一切思想史都诠释为当代史。唯有真实地接近思想的历史，才可能真实地接近历史鲜活的涌动。

　　本丛书选译的著作以两次地中海文明为基本视野。基于地中海的宽度，希腊、罗马和犹太基督教传统多维交融、冲突转化、洗尽民族的有限性，终能突显其普世价值。公元 1 世纪至 6 世纪是第一次地中海文明的发力时期，公元14世纪开始的文艺复兴运动则是西方文明的第二次发力。这两次文明的发生、成熟以及充分展示，显示了希腊、罗马和基督教所贡献的不同向度，体现了西方思想传统的复杂、厚实、张力和反思力。本丛书所选的著作均以地中海为区域文明的眼光，作者们以整体的历史意识来显示不同时期思想的活力。所选的著作以此为着眼点，呈现社会历史、宗教、哲学和生活方式的内在交融，从而把思想还原为历史的生活方式。

主编　章雪富

2008年12月16日

鸣　谢

本人谨对斯坦利·霍华斯（Stanley Hauerwas）、理查德·约翰·纽豪斯（Richard John Neuhaus）、罗宾·达令·杨（Robin Darling Young）、刘易斯·艾耶尔（Lewis Ayres）、博万·格里尔（Bowan Greer）表示谢忱，他们阅读了本书的手稿，并提出了有益的建议。本书的写作已耽延了数年之久，许多人在本书成书的关键点上起了别开生面的作用。他们是格雷·安德森（Gary Anderson），大卫·布雷尔（David Burrell）、罗伯特·道达罗（Robert Dodaro）、耶利米·得利斯科（Jeremy Driscoll）、艾伦·费茨杰拉德（Allan Fitzgerald）、哈里·甘贝尔（Harry Gamble）、大卫·哈特（David Hart）、戴维·汉特（Davie Hunter）、罗伯特·詹森（Robert Jenson），大卫·科瓦克（David Kovacs）、犹滴·科瓦克（Judith Kovacs）、乔治·洛里斯（George Lawless）、布鲁斯·马歇尔（Bruce Marshall）、伯纳德·麦基恩（Bernard McGinn）、托马斯·诺贝尔（Thomas F. X. Noble）、亚伯兰·伦（Abram Ring）、拿单·斯科特（Nathan Scott）、巴西尔·司徒德（Basil Studer）、丹尼尔·维斯博（Daniel Westberg）、大卫·伊格（David Yeago）、约翰·亚尼亚斯（John Yiannias）。我也要感谢耶鲁大学出版社的前任编辑查尔斯·格伦奇（Charles Grench）对拙著的支持，现任编辑赖丽莎·海默特（Larisa Heimert）、劳伦斯·基耐（Lawrence Kenney）手稿录入与编辑的认真工作，以及吉斯·坎墩（Keith Condon）为本书插图及封页所付出的辛劳。

前　　言

　　一些通情达理的人曾经这样问我，"不是已经有大量关于乔纳森·爱德华兹的作品了吗？"抑或，"难道不是已有许多爱德华兹传记了吗？"我觉得，他们的意思——因为他们是通情达理的人——是，"为什么还会有人长年累月地致力于这个已被钻研透了的主题呢？"

　　其答案部分在于，尽管有大量关于爱德华兹专门研究的文献，但却缺乏新近、全面和批判性的传记。最近的是奥拉·温斯洛（Ola Winslow）的"普利策奖"获奖作品《乔纳森·爱德华兹，1703—1758年》，出版于1940年。佩里·米勒（Perry Miller）所著的深具影响、才华横溢并常常具有误导性的《乔纳森·爱德华兹》（1949年），是对爱德华兹理智生活的一种素描。帕特里夏·特雷西（Patricia Tracy）的《乔纳森·爱德华兹：牧师》（1980年），只是涉及爱德华兹在北安普敦的岁月。伊恩·默里（Iain Murray）的《乔纳森·爱德华兹：一部新传记》（1987年），则在爱德华兹较早期钦佩者那可敬但却是非批判性传记传统里，提供了一种文献依据充实的更新。

　　况且，在爱德华兹研究领域里的一场革命（尤其是在过去十年间），使得以一种此前绝无可能的方式提供一种全面的、批判性的传记，成为了切实可行的事情。近年来，耶鲁大学的"乔纳森·爱德华兹文集"工程，使得在佩里·米勒领导下、始于20世纪50年代的一代人的学术研究结出了成果。从20世纪90年代初开始，这项工程已经抄录了绝大多数爱德华兹先前未曾发表过的卷帙浩繁的著述。这些著述大多数只为爱德华兹专家所了解，并且原则上那些具有耐心去破解爱德华兹那几乎无法辨识手稿的人都可以使用。如今，这些缮本能够通过计算机来加以研读；这在一代人之前是无从想象的。而且，多卷本的"耶鲁版"《乔纳森·爱德华兹文集》，不仅提供了那些为人熟知著述的最完整可靠版本，而且还提供了诸多以前无法使用的著述，以及详尽的介绍——这些介绍填补了先前学术研究的许多空白。与此同时，学者们还在继续为有关爱德华兹的庞大文献库添砖加瓦。仅仅截止到1993年的出版物，就充满了M. X. 莱塞（Lesser）编辑的两卷本带注解的专题文献书目（《乔纳森·爱德华兹：参考书指南》，1981年；《乔纳森·爱德华兹：带注解的专题书目，1979—1993年》，1994年）；而这一步伐并没有放缓。这些努力使得撰写一部比以前所能做到的更为全面详尽的爱德华兹传记成为了可能。

　　因而，这部著作是对一代学者的致敬。所有那些参与了耶鲁大学"乔纳森·爱德华兹文集"工程的学者，对本书的写作来说更是不可或缺的。而今，每一位爱德华兹研究学者，都受益于托马斯·谢弗（Thomas A. Schafer）数十年的努力。他通常是借助煞费苦心地分析纸张、墨水和笔迹的变化，来确定爱德华兹原先日期不详的著述。同样地，乔治·克拉格霍恩（George S. Claghorn）历时数十载，收集了爱德华兹所有现存的书信（现已发表），并收集和抄录了致爱德华兹和关于爱德华兹的书信。他给予了我极大的帮助：提供了缮本和信息，解答了疑问，核查了书信引文并提出了诸多建议。倘若没有谢弗、克拉格霍恩以及其他人所从事的详尽无遗的档案整理工作，我们就不可能重新构建出我们如今所了解的爱德华兹生平与思想的细节。"乔纳森·爱德华兹文集"的执行编辑肯尼思·明克马（Kenneth P. Minkema）——他在世时就以其推进该研究的高超本领而成为了传奇人物——则是另外一个关键人物，倘若缺少了他，本书就不可能问世。他在本书撰写的各个阶段都提供了极大的帮助：使我全面利用了这项工程抄录或收集的所有资料，不辞辛苦地为我解答了疑问、提供了细节资料，并对我的工作提出了批评意见。我的挚友，《乔纳森·爱德华兹文集》的总编辑，哈里·斯托特（Harry S. Stout）亦发挥了不可估量的作用。虽然本书不是与《乔纳森·爱德华兹文集》本身关联在一起的，但他使我与耶鲁大学出版社取得了联系，并成为我精明建议、热情与友善的无尽源泉。我及我妻子露西（Lucie）还要特别感谢斯基普（Skip）和他妻子休（Sue）。每当我们去纽黑文的时候，都会受到他们热情的款待。

参与"乔纳森·爱德华兹文集"工程的其他许多人，亦为本书做出了直接或间接的贡献。道格拉斯·斯威尼（Douglas A. Sweeney）、阿瓦·张伯伦（Ava Chamberlain）以及凯尔·法利（Kyle Farley），在他们供职于"乔纳森·爱德华兹文集"工程期间，为我提供了极大的帮助。我还要特别感谢耶鲁大学出版社负责《乔纳森·爱德华兹文集》的每一位编辑。没有他们的研究与分析，我就不会取得现今的成就。我要特别感谢该项工程的前任总编约翰·史密斯（John E. Smith），以及已故的佩里·米勒，后者是出版爱德华兹著述这一最完整可靠版本的主要动力。尽管我有时会批评米勒对爱德华兹所做的某些具体解释，但米勒一直都是我推崇的思想英雄。

我对以下图书馆工作人员所提供的惠助深表感谢：耶鲁大学"拜内克珍本与原稿图书馆"（Beinecke Rare Book and Manuscript Library）、马萨诸塞州朗梅多镇（Longmeadow）的斯托尔斯图书馆（Storrs Library）、马萨诸塞州北安普敦的福布斯图书馆（Forbes Library）（尤其要感谢埃莉斯·菲利［Elise Feeley］）以及圣母大学（University of Notre Dame）图书馆。我还要感谢其他图书馆的一些间接帮助，尤其是马萨诸塞州牛顿中心（Newton Centre）安多佛·牛顿神学院（Andover Newton Theological School）的富兰克林·特拉斯克图书馆（Franklin Trask Library）——从它那里我收到了经由其他人研究所搜集资料的抄本。

我要深表谢意的，还有本书较早期草稿的诸多读者，他们包括阿瓦·张伯伦、乔治·克拉格霍恩、戴维·霍尔（David D. Hall）、马克·诺尔（Mark Noll）、肯尼思·明克马、埃米·普朗廷加·鲍乌（Amy Plantinga Pauw）、斯蒂芬·斯坦恩（Stephen J. Stein）、哈里·斯托特以及格兰特·瓦克尔（Grant Wacker）。在这个项目大部分时间里辅助我的研究生助手托马斯·基德（Thomas S. Kidd），提供了诸多帮助和富有见地的建议。R·布赖恩·巴德曼（R. Bryan Bademan）与克里斯汀·科布斯·杜梅兹（Kristin Kobes DuMez），作为本书后一阶段的编辑，核查了许多引文，并就体例和内容提出了睿智建议。乔·克里奇（Joe Creech）在较早阶段曾为我搜集过参考书目等资料。修习我研究生课程"新英格兰殖民地时期的清教与文化"的同学，格兰特·布罗德雷赫特（Grant Brodrecht）、安杰尔·科尔特斯（Ángel Cortes）、蒂莫西·格洛奇（Timothy Gloege）、马修·格罗（Matthew Grow）、迈克尔·李（Michael Lee）以及塔米·范·戴肯（Tammy Van Dyken）等人，亦曾阅读过本书较后期的草稿，并提出了可贵建议。总而言之，这些读者为改进本书做出了巨大贡献。我还要感谢耶鲁大学出版社负责本书的编辑莱拉·海默特（Lara Heimert）与苏珊·莱蒂（Susan Laity），她们为本书提供了技艺娴熟的监管督察。同样隶属于耶鲁大学出版社的约翰·朗（John Long），曾为寻找本书插图而超越职责范围地进行工作。伊莱扎·蔡尔兹（Eliza Childs）则通过她出色的文字编辑使本书增色不少。

对来自圣母大学"弗朗西斯·麦卡纳尼历史教席"（Francis A. McAnaney Chair in History）的支持，以及对"彼得·拉芬与阿德琳·拉芬基金会"（Peter B. and Adeline W. Ruffin Foundation）对该教席的资助，我深表感激。圣母大学的官员一直都在鼓励和支持本书的撰写。我特别要感谢历史系的几位系主任对我实施本项目所给予的支持，他们是威尔逊·米斯坎贝尔（Wilson Miscamble）、克里斯托弗·哈姆林（Christopher Hamlin）以及托马斯·科瑟曼（Thomas Kselman）。圣母大学教务长内森·哈奇（Nathan O. Hatch）自己就是研究18世纪宗教与文化的杰出学者，他对我给予了个人以及校方的支持与鼓励。

我真诚感谢"约翰·西蒙·古根海姆纪念基金会"（John Simon Guggenheim Memorial Foundation）所授予的研究奖学金，它为本项目的早期进展提供了支持。

同以往一样，我最感激的依然是妻子露西。作为一位敏锐批评家，她确定她真正欣赏我邀请她阅读的那些章节；这对我是一种莫大的鼓舞。更重要的，她的爱情与友谊培育出了一种"不同寻常的融合"，而这种融合随着岁月的推移变得愈发完善了。

爱德华兹生平与时代年表

爱德华兹的生平

爱德华兹的时代

1685 年 路易十六废除"南特敕令",新教徒遭受迫害,许多人逃亡。

1688—1689 年 "光荣革命":威廉与玛丽接替天主教徒"英格兰的詹姆士二世"。

1701 年 耶鲁创立。

1702—1713 年 "女王安妮的战争"。

1703 年 10 月 5 日,出生于康涅狄格的东温莎。

1704 年 印第安人洗劫马萨诸塞的迪尔菲尔德。

1706 年 本杰明·富兰克林出生。

1707 年 英格兰与苏格兰在"大不列颠"名义下合并。

1712 年 纽约城奴隶暴动。

1714 年 信奉新教的汉诺威王朝的乔治一世继承英国王位。

1715—1716 詹姆士二世的拥护者在苏格兰造反,拥立詹姆士三世("僭位者")为王,遭镇压。

1716—1720 年 耶鲁学院本科。

1720—1722 年 耶鲁文学硕士。

1721 年(春)出现强烈宗教体验。

1721 年 科顿·马瑟在波士顿推广天花疫苗。

1722 年（8 月）至 1723 年（4 月）在纽约城任教会牧师。

1723 年（夏）待在东温莎的家里。

1723 年（11 月）至 1724 年（5 月）在康涅狄格的博尔顿任教会牧师。

1724—1726 年 耶鲁教师（1725 年秋患病）。

1724—1725 年 新英格兰对抗法国及在"拉勒神父的战争"中的阿布纳基人。

1726 年 应邀赴北安普敦辅助外祖父所罗门·斯托达德。

1727 年（7 月）与萨拉·皮尔庞特结婚。

1727—1760 年 英王乔治二世在位。

1729 年 所罗门·斯托达德辞世；爱德华兹成为正式牧师。

1730—1741 年 乔纳森·贝尔彻任马萨诸塞总督。

1734 年 布道《一种神圣与超自然之光》。

1734—1735 年 北安普敦与康涅狄格河谷觉醒。

1735 年 "迪尔菲尔德条约"；预备创建斯托克布里奇。

1734—1735 年 布雷克案件。

1737 年《忠实叙述》使宗教奋兴得到国际关注。

1738 年 布道"爱及其果实"。

1738 年 约翰·卫斯理在英格兰开始卫理公会的宗教奋兴。

1740 年 乔治·怀特菲尔德的新英格兰之行点燃了"大觉醒运动"。

1740—1741 年 马萨诸塞出现"土地银行"骚动。

1741 年 布道《交在一位愤怒上帝手里的罪人》。

1741 年《上帝圣灵事工的区别性标志》。

1742 年《关于当前新英格兰宗教奋兴的一些思考》。

1742 年 苏格兰开始"大奋兴运动"。

1742 年 萨拉出现出神狂喜经验。

1742 年 "北安普敦盟约"。

1744 年 "年轻人圣经"案件。

1744—1748 年 "国王乔治的战争"的法国时期。

1745 年 攻占法国要塞路易斯堡。

1745—1746 年 "小僭君"查理·爱德华·斯图亚特，在入侵苏格兰与英格兰后被击败。

1746 年《宗教情感》。

1747 年《一种谦卑尝试》。

1747 年 大卫·布雷纳德造访并去世。

1748 年 女儿杰鲁莎去世

1749 年《大卫·布雷纳德生平》。

1750 年 被解除北安普敦牧职。

1751 年 作为向印第安人宣教的牧师与传教士定居在马萨诸塞的斯托克布里奇。

1754 年《意志的自由》。

1755 年 草拟《上帝创世的目的与真美德的本质》（发表于 1765 年）。

1758 年《原罪》。

1758 年 任新泽西学院（今为普林斯顿大学）院长。

1758 年 死于天花疫苗接种。

1746—1757 年 乔纳森·贝尔彻任新泽西总督。

1746 年 新泽西学院创立。

1752 年 富兰克林用风筝做电流试验。

1752 年 英国采纳"格列历"（Georgian calendar）。

1755 年 里斯本地震。

1755—1763 年 法国与印第安人的战争。

文本按语

除非是极少数其意思或语调会发生变化的地方,本书引文在拼写上,有时亦在语法上进行了现代化处理。

在"1752年9月"(从那时起英国范围内的日期提前了11天)以前的日期仍保持原状,唯有双重标注的冬季月份,被转化成了新年始自1月的样式(例如,"1750—1751年2月"被转换成为"1751年2月")。

所有圣经引文均来自"英王钦定本"。[①]

[①] 所有中文圣经引文均来自"新标点和合本"。——译者注

目录

（上）

导论 …………………………………………………… (1)
1　出生的年代 ……………………………………… (13)
2　压倒性的问题 …………………………………… (32)
3　天路历程 ………………………………………… (56)
4　一切知识的和谐 ………………………………… (72)
5　焦虑 ……………………………………………… (101)
6　"一种低落、消沉的状态与情形" …………… (122)
7　在所罗门·斯托达德的舞台上 ………………… (138)
8　在更广阔舞台上 ………………………………… (164)
9　上帝的以及撒旦的巨大工作 …………………… (186)
10　王国的政治 ……………………………………… (210)
11　"一座建在山上的城" ………………………… (229)
12　上帝"将重新点燃那火光，
    即使在最黑暗时期" ………………………… (248)
13　上帝之手与基督之手 …………………………… (263)
14　"不与我们相合的，就是敌我们的" ………… (279)
15　"天国乐园" …………………………………… (294)

（下）

16 保守的革命者 …………………………………… (311)
17 自相纷争 ………………………………………… (330)
18 不再是一座典范之城 …………………………… (358)
19 殖民地战争 ……………………………………… (376)
20 "愿你的旨意成就" ……………………………… (394)
21 "我生来就是不和之人" ………………………… (419)
22 严峻考验 ………………………………………… (439)
23 传教 ……………………………………………… (462)
24 边境斗争 ………………………………………… (485)
25 战争时期 ………………………………………… (512)
26 反对一种"几乎无法察觉的有害"教义 ……… (533)
27 "在这个光明与自由之快乐时代
   里的"原罪 ……………………………………… (552)
28 挑战时代的预设 ………………………………… (566)
29 未完成的巨著 …………………………………… (581)
30 短暂的与持久的 ………………………………… (601)

附录 1 爱德华兹亲属谱系表 …………………… (620)
附录 2 爱德华兹的姊妹们 ……………………… (623)
附录 3 爱德华兹的直系家庭成员，
       来自他的家用圣经 ……………………… (625)
资料来源注释 ……………………………………… (627)
索引 ………………………………………………… (629)

导　　论

　　爱德华兹是非凡的。根据多种评判，他都是最为敏锐的美国早期哲学家和最为杰出的美国神学家。在他的众多著作中，至少有三部——《宗教情感》（*Religious Affections*）、《意志的自由》（*Freedom of the Will*）与《真美德的本质》（*The Nature of True Virtue*）——在更为广阔的基督教著作史上成为了名著。他思想的吸引力是长盛不衰的。每一年都会涌现出有关他的数部新著和数十篇文章、评论与研究论文。然而他亦曾卓有成效地为大众读者写作。他著名的大卫·布雷纳德（David Brainerd）传记，在19世纪的美国曾是一部宗教畅销书，鼓舞过数不胜数的基督徒去追求无私奉献的生活和传教事奉。他的著述，包括一些更为重要的著作，将继续激励着许多平信徒读者。[1]

　　他的文字具有持久的影响力，而他的生活则更是如此。作为他那个时代最重要的宗教与社会运动中心的活跃分子，他督导着当地一场奇妙的复兴（revival）；这场复兴成为了美国一种最具影响力的宗教实践的原型。他曾充满活力地推动和试图界定那不久后接踵而至的声势浩大的殖民地及国际"觉醒"（awakening）运动。他是一位极受欢迎的布道家，他的"落在愤怒上帝手中的罪人"成了美国最著名的一篇布道。作为牧师，他曾用多年时间牧养教区信徒，带领他们经历大觉醒及其衰退期，他也曾力图界定教会在一个城镇和地区里的作用，当时的城镇和地区正处在从清教传承向革命宿命过渡的时期。他对政治与军事保持着浓厚的兴趣，尤其是当它们对国际新教事业产生影响的时候。在诸事纷纭之中，他将许多时间用于灵修操练（disciplined devotion），有时还被推崇为一位默想者（a contemplative）。有 7 年的时间，爱德华兹作为一位传教士，面向一个充满危险的边疆村庄里的印第安人宣教。当他于 54 岁那年逝世之际，他是位于普林斯顿的新泽西学院的院长。纵贯其一生，他的经历受到了他与直系及旁系大家族之关系的影响。他的妻子莎拉，亦成了一位传奇性人物。他们抚养了十一个孩子并培育了那构成"一个美国王朝"（an American dynasty）的家族。

在撰写这部爱德华兹传记时，我的目标之一就是将他理解为他自己那个时代里的一位真实的人。由于他已成为了一个丰碑式人物，所以往往很难发现位于那座丰碑背后的"这个人"。况且，作为一场强劲宗教运动的最重要辩论者（controversialist），爱德华兹招致了许多激烈反应。他拥有许多热心的仰慕者、许多诋毁者以及许多试图按照他们自己形象改造或复原他的人。而我的渴望——我肯定只是部分地实现了——则是，通过首次按照他自己的时代并用他自己的语言来描述他，而使爱德华兹成为一个为各种各样读者所理解的人。

读者也可以开始将爱德华兹设想为一个 18 世纪的人物，并开始考虑那个处境会如何影响他们对于爱德华兹的理解。架构本书最引人入胜的问题就是，"在 18 世纪前半叶，生活在新英格兰西部会是什么样的呢？"（抑或，"那个时代是如何不同于我们自己这个时代的呢？"）当然，这个问题的后一个版本，表明了一种 21 世纪的观点。作为一个历史学家，我的任务就是要使那个时代的世界观（outlook）成为可以理解的，这则需要考虑读者的各种各样的视角（perspective），以及自 18 世纪以来所披露出来的一切。然而，假若我们只是始于——当今的历史学有时就是如此——断定过去的人具有与我们不同的世界观，那就是一种想象力的失败。相反，我们必须要先同情性地进入到一个较早的世界里，并试图理解那个世界里的人们。倘若我们这么做了，我们就将处在一个更佳的位置，去向他们学习并批判性地评价他们的世界观。

一些关乎 18 世纪早期的事情，对于 21 世纪的读者来说，会显得尤为引人瞩目。首先，对于爱德华兹诞生于其中的世界，如果我们将它设想为英式的而不是美式的，将会显得更为合情合理。当然，它很大程度上是美式的；然而到爱德华兹于1758年逝世之前，它还尚未显现出那些很快将与"美国"关联在一起的大多数特征。"美国革命"还尚未进入任何人的视域，尽管我们能够从事后的角度看到，在那时已存在着诸多潜在的可能性。爱德华兹生活在一个完全是前革命时期的"英属"省份里。

它的"英式"或者"旧世界"特征，在它严格的等级制结构中表现得最为明显。我们也许会想起18世纪或19世纪早期的英文小说，以对想必亦存在于18世纪"英属美国"里的社会等级制获得些许了解。受到17世纪清教影响的新英格兰，具有它自己的这类等级制版本。按照新英格兰标准，爱德华兹是一位贵族。与"不列颠世界"其他大多数地方相比，在新英格兰，神职人员拥有更大的权威，他们的观点会得到更多的尊重。而且，爱德华兹隶属于一个精英型大家族，而这个大家族则是神职人员、行政官员、法官、军事领袖、乡绅老爷与商人这个统治阶层的一部分。斯托达德（Stoddards）与威廉姆斯（Williamses）家族，以及其他几个联姻通婚家族，统治着康涅狄格河谷，或者说马萨诸塞西部（汉普夏县）与康涅狄格部分地区。

18世纪的"英国人"（Briton）认为他们的世界是君主制的，并受到了个人关系等级制的控制。[2]就这两种看法而言，他们的预设与大多数现代西方人几乎是正相对立的；因为后者往往认为社会在原则上是平等主义的，但事实上受到非个人性力量的制约。18世纪的"英美"社会是建立在家长制之上的。最重要的关系可能是垂直的而不是水平的。父亲对家庭和家眷拥有权威，是良好秩序的基石。妇女、孩子、被雇佣者、签约学徒以及非洲奴隶等等，全都依赖于直接位于他们之上的人。而社会则被看作是一个大家族。在这种安排下，家长制是一种美德，而不是一种骂名。虽然"英国人"总是谈论"自由"，但几乎没有人拥有现代意义上的个人自由。绅士们在很大程度上是通过一种自国王那里延伸下来的等级制式庇护体系来加以统治的。良好秩序，尤其是对社会较低阶层而言，是通过管制和严厉惩罚加以强制实施的。无论如何，普通生活往往都是残酷的，承受着瘟疫、无从缓解的痛楚以及生命本身持续存在的不确定性。许多不可或缺的任务都是既费力又费时的。个人依赖性是应付那个严酷而又不安全世界的一种方式,并常常被看作是理所当然的事情。

新英格兰西部在一个战争频仍的年代里地处英国定居点的边境地区,这使那里的生活更加艰难,而且要经历周期性的恐慌。爱德华兹生活在三种文明——英国新教徒的、法国天主教徒的与印第安人的文明——相互冲突的旋涡中心。这三种文明都竭力想要掌控北美。我们现今已经知道了争斗的结果,但这种结果对于爱德华兹那一代人来说并不明确。这种国际处境对于爱德华兹来说是至关重要的。他花费了大量时间来关注罗马天主教和印第安人,以及他们的观点及在上帝计划里的不同地位。爱德华兹是在他关于"世界战争"这一认识处境里——他认为它与"福音"前景紧密相关——建构起了他的基本神学关注,尤其是建构起了他的历史观。

要理解爱德华兹的生活,就必须认真按照他自己的主张来对待他的宗教观。这也许适用于任何对其持有强烈成见的人物,但对于爱德华兹而言,这一点由于这样几条理由而需要予以强调。由于爱德华兹与一些现有的基督教传统相关,故而当前关于他的观点,就有可能受到我们对那些宗教运动之反应的左右。爱德华兹忠实于他从17世纪清教徒以及其在欧陆对应的"改革宗"或加尔文派那里继承而来的神学;他对18世纪国际福音派(evangelicalism)的出现亦至关重要。[3]涉及它们在美国历史中的作用,清教与加尔文派往往会引发强烈的反应。福音派如今已呈现出如此生机勃勃的多样性,以至于不通过这一后来大众化的透镜来看待这位先驱,已成为一件困难的事情了。爱德华兹预示了后来福音派的一些特征,但他是一位加尔文派思想家,思想非常严谨,并工作于18世纪的处境里,这些事实使得他极其不同于他的福音派继承者。而我们的挑战就是要跨入他的世界,并按照他本人认可的思想方法来理解那个世界。

忠于他的加尔文派传承,爱德华兹思想中的核心原则,是上帝的主权(sovereignty)。三位一体的、永恒慈爱的上帝,正如圣经所启示的,创造了和统治着宇宙万物。最简单地讲,上帝的主权是指,如果对下列问题存有疑问,亦即任何良善究竟应当归给上帝还是归给人——尤其是就拯救而言,那么,在没有相反的证据之前,我们永远应当归之于上帝。爱德华兹没有将上帝的统治设想为一种遥远的抽象物，就像它所能成为的那样。相反，他强调，上帝在创造中的目的，就是在基督里的伟大救赎事工。宇宙中的万物都终极性地指向三一上帝慈爱的属性。

如果爱德华兹思想的核心原则是上帝的主权，那么其生活与工作的首要实践动机就是这一信念：没有什么事情比个人与上帝的永恒关系更为重要。许多基督徒亦肯定这一见解，然而大多数人并没有真心实意地按照其对个人关系的意义来生活。而严肃认真对待它的人，大多数又是活动家而不是思想家。爱德华兹则兼及这两者。他的生活是围绕着这样一些行为准则建构的：这些行为准则是为了持续不断地更新那永恒的视角。在他的布道与著述里，他运用强大的理智能力，去孜孜不倦地探究上帝的主权对理解人的永恒命运所具有的意义，正如他的"圣经至上"和"加尔文派"传承所界定的。[4] 如果在爱德华兹那里有个重点显得牵强、粗糙或言过其实的话，那么读者通过追问下列问题，往往就能对他的观点获得更好的领悟："如若事情的确如此，亦即一种字面意义上的永恒的祝福或惩罚处在悬而未决之中，那么这个问题将会是什么样的呢？"

按照爱德华兹自己认可的以及广大读者能够理解的术语来呈现爱德华兹的生平，也许这样做本身就是一种充分的目的。如果我们能够富有想象力地进入到另一个时代和地方，并进入到不同于我们自己的那些人的经验之中，那么我们就已经实现了文学作品的目标之一。为此，我试图在讲述爱德华兹及其家族的故事时，尽量不加入解释性的干扰。我希望能以一种尽可能客观的亦即不偏不倚和忠于证据的方式，来做到这一点。

当然，我们都有自己的观察点。一位敏锐的历史学家近来提醒我们："客观性不是中立性"。[5] 即使是最公正的观察者也有偏见和盲点。他们拥有（也应当有）自己的兴趣。处理这些普遍现象的最佳方式，就是承认一个人的观察点，而不是装扮成一个中立的观察者。那样的话，读者就能够考虑到作者的观察点，如果愿意的话可以不理会它，可以尽量向它学习。与此同时，那些对自己的观察点具有自觉意识的作者，亦可以运用这种自觉性，来避免无意地或不公正地扭曲证据以适应自己的观点。

话是这样讲；但我发现，在爱德华兹身上花费了无数时光后，我对于他的看法是复杂的。他是一个多面性的人物与思想家；我对怎样看待他这一问题所做的回答，有赖于我们所谈的是他生活与思想的哪一方面。我发现他是一个人格极其健全的人。他极为敬虔和自制；普通信徒对于他敬而远之。他那毫不松懈的严厉性，驱使着他将他信仰的逻辑穷尽到底。尽管同他探讨与他有关的事情会十分引人入胜，但他那与生俱来的严肃性使得他无法像一个随意的熟人那样容易相处。他作为一个逻辑学家的高超造诣，使他对自己的观点深信不疑，有时还辅之以自豪、自负、不圆通，乃至不考虑相反的观点。不过他也常常能意识到自己的骄傲，并一直试图——往往能获得成功——克制自己的傲慢之心和培养诸如谦卑、温柔与仁爱一类的基督教美德。在18世纪领袖人物中，专制主义者司空见惯，爱德华兹也是一位专制者，但他亦能极有关爱之心。他深受那些与他最亲近之人的爱戴。但他的对手则觉得他冷漠、固执和不宽容。有一段时间，他几乎赢得了北安普敦教区每个人的心；但随后又在一场剧烈争执——一场原先相爱之人间的争吵——中失去了他们。

我对他神学观点的评价也同样是不尽相同的。我对爱德华兹的兴趣发端于我对他神学某些方面的钦佩。作为一个信奉基督教信仰的人，并且是隶属于奥古斯丁与"改革宗"这一大家族的一个分支传统，我觉得爱德华兹所强调的一些重点令人敬佩。其他一些方面在我看来是基于错误前提上的绝妙分析。还有许多其他方面则介乎上述两种情形之间。他的一些观点似乎已经过时了。其他一些之所以有价值，只是因为它们来自另一个时代并挑战了一些即便是在今天也易于被想当然地予以接纳的预设。总的说来，由于我从他的洞察中学到了很多，所以我对爱德华兹神学的态度更多是同情。我力图运用这种同情为读者提供有关他思想的清晰叙述：通常不与他争辩，只是有时会指出我认为他没有看到的一些预设和含义。当然，我整体上的同情不应当被误认为是赞同他所有的观点。仔细研究以往伟大人物的一个原因，就是能够慎思明辨地向他们学习。除了在结尾部分的一些评论外，我会尽量遵循我的指导原则，即在其历史处境中解释爱德华兹的思想，既指出我认为特别重要的东西，亦允许读者最大程度地运用他们自己的批判性判断力。

在撰写爱德华兹生平的过程中，我并不想写成一部神学著作，甚至也不想写成一部实质上的思想传记。在希望能够将他的神学与思想充分整合进他生平的同时，我的探究亦反映了我作为一个美国文化历史学家的兴趣。我的焦点主要在于，将爱德华兹理解为一位处在他自己的时空里的人、公众人物与思想家。在我的叙述中含而不露的，是我对这一问题的痴迷：爱德华兹究竟是如何适合于或者不适合于在美国生活中那更大的宗教模式的。由于我不是常常中断叙述以阐明这些观点，所以我在这里建议读者能够记住这样一些主题。

最大的主题涉及这样一个问题，这个问题一直都接近于美国经验的核心，但却没有被很好地整合进美国历史之中：一种宣称普遍与排他性真理的宗教，是如何适应于一个多元化处境的呢？当然，这并不是一个仅为美国所有的问题。可以讲，它对18世纪上半叶的英国文化也同样是一个核心问题。那个时代的诸多"启蒙"思想，就是对早先殊死的宗教战争年代里相互冲突的绝对论主张的一种直接回应。一直到1688年，在詹姆士二世治下，英国政治中最具爆炸性的问题依然是：君主究竟是保持圣公会信仰还是恢复罗马天主教信仰。如果是圣公会，那么国家应如何对待新教异议者呢？那些异议者的清教徒先驱，40年代曾针对圣公会君主进行过一场圣战，50年代在克伦威尔的独裁式共和国里曾兴盛一时，60年代在查理二世复辟期间曾遭到过残酷镇压。到18世纪早期，所有这一切都还很难被忘却。英国的不信奉国教者，譬如公理会信徒与长老会信徒，享受着宽容但却被排斥在政治公职与大学讲堂之外。而在苏格兰——它与英格兰一道于1707年组成了"联合王国"——国立教会则是长老会。在这种更为多元化的处境里，一种更加自由与合乎理性之基督教的许多重要支持者，都是前一个时代里好斗的加尔文主义者的传人。

爱德华兹长大成人的时间与空间，使他能够对在英国文化里发生的这场革命中所出现的新、旧世界观的并置，保持清醒的意识。作为康涅狄格州东温莎（East Windsor）这一河谷城镇里一位严格的加尔文派牧师的儿子，爱德华兹成长于其中的世界，是一个17世纪新英格兰清教主义的诸多方面几乎保持着原样的世界。而 17 世纪的清教主义在许多方面又更为接近中世纪基督教王国（Christendom）的世界，而不是 19 世纪的美国世界。清教主义是改革而不是摧毁基督教王国的国际性加尔文主义运动的一部分。它的目标是要建立一个由所有基督教国家支持的纯粹教会。

爱德华兹这个早熟的青少年知识分子，沉浸于正在兴起的英国启蒙运动文献里，即洛克与牛顿以及艾迪生（Addison）与斯梯尔（Steele）的世界里，他所面对的，是在那些见多识广的英国练达人眼里显得何其古怪、过时、甚至荒谬可笑的东温莎"乡下世界"。然而新英格兰人，有别于大多数"乡下人"，亦是一个思想传统的产物；这个传统一直到最近都像世界上其他传统一样杰出，并仍然在以巨大努力保持着其相关性——例如，其著名的代表人物是爱德华兹家族所熟识的科顿·马瑟（Cotton Mather）。乔纳森，在经历过一次早期的理智与精神危机后，挺身而出并要证明，他的传承不仅是切实可行的，而且还是他那个时代新世界所提出的一切问题的答案所在。那些答案不仅是理智性的，而且还是实践性的；它以觉醒（awakenings）和传教（missions）为"引擎"——通过这个"引擎"，三位一体的上帝最终将把现代世界带至他在基督里的爱中。

爱德华兹的生平让我们看到一个极具戏剧性和影响力的经久不衰美国故事的实例。成长在保守宗教传统里的无数美国人，都面临着这样一个苦恼问题，亦即他们的排他性信仰应当如何与一个多元化的现代美国处境相关联。这种张力尤其明显地体现在隶属于"民族—宗教"性社团的人当中——英国清教徒只是其早期实例之一，因为他们持有"旧世界"关于"一种真宗教"的理念。许多已经写就的美国宗教史，都强调多元主义的得胜。也许这是正确的。不过，这意味着，对于下列前提——亦即所有或大多数宗教，甚或大多数基督教宗派都或多或少是平等的这一前提——从未让步的那些人，在我们的历史中并没有受到应有的严肃对待。即便是在今天，也有为数众多的美国人，尽管承诺与其他宗教团体和平相处，但却坚信使那些团体的成员归信自己的信仰是有关永生或永死的大事。不论喜欢与否，这种福音传教性的宗教一直都是并将继续是诸多普通美国人经验的一个主要部分。若想理解美国文化的广袤地带,就必须理解这种宗教经验的动态发展。的确,宗教排他主义与多元主义之间的张力,是影响21世纪最重要的悬而未决的问题之一。

爱德华兹的18世纪加尔文主义福音派是十分重要的,这不仅因为它是一种更广泛现象的早期实例,而且还因为它在随后的美国历史中发挥了一种突出的作用。在"美国革命"以后,带有深深爱德华兹烙印的新英格兰加尔文主义,成为了影响新型的美国自愿性宗教文化的最具影响力的运动之一。爱德华兹的外孙蒂莫西·德怀特(Timothy Dwight)是再度复兴的福音派加尔文主义的一位早期领袖;而著名的比彻家族的先祖莱曼·比彻(Lyman Beecher)就是德怀特最精干的副手之一。新英格兰的公理会信徒以及他们的长老会同盟者,将福音派加尔文主义运动推广到了"西部"内地(如今的中西部内地)。到19世纪30年代,其宣教、传福音与改革的自愿性组织的预算加起来已超过了联邦政府的预算。到"美国内战"前,在当时受到了争议的爱德华兹传统的那些继承者或他们的相似者,控制着全国大多数著名院校,其中包括州立"大学"。他们是包括戒酒和反对奴隶制在内的改革运动的领袖,并在辉格党(Whig Party)之道德改革派以及当时的共和主义(Republicanism)中成为了领袖人物。若要引证一个最著名实例的话,哈丽雅特·比彻·斯托(Harriet Beecher Stowe)就常常写到她的爱德华兹传统并为此而苦恼——她只是逐渐远离了这一传统。在"内战"前夕,她出版了一部神学小说,其中的首要角色就是爱德华兹的门生和第一位传记作者塞缪尔·霍普金斯(Samuel Hopkins)。[6]

爱德华兹在18世纪早期对于严格排他论基督教与现代生活之间张力的看法,极其不同于他19世纪那些继承者的看法;然而,不了解前者就很难理解后者。如果我们比较爱德华兹与他更为晚近的对手针对这类问题的较量,那么差别将会更大,即便这种比较仍是具有启发性的。我们遭遇到了,永恒的文化主题甚或永恒的人之主题意识,总是需要受到"不同时代之间存在着差别"这样一种意识的调节或缓和。

同样是作为现代美国的先驱,美国的历史学家往往赋予本杰明·富兰克林而不是爱德华兹以更多的关注。这是可以理解的,因为富兰克林似乎极其适宜代表在美国主流生活与政治中得胜的那些趋势。然而也有充分证据表明，如果他们不至少通过严肃对待"爱德华兹们"的影响来弱化对富兰克林们的强调，那么他们所叙述的美国故事就是有缺陷的。[7]最明显地，那些标准叙述将无法阐明，为何美国所达到的宗教实践层次远比其他现代国家要高。他们也无法解释，为何福音派基督教能够在美国获得兴盛，以及为何其宗教奋兴变成美国的首要输出品。爱德华兹生平的特殊性——在许多方面都极其不同于后继者——并不能解释这一切，即便它们为此提供了启发意义。但尽管如此，更大的论点则是，美国历史抑或有关这一方面的现代世界历史，需要将像爱德华兹那样的人整合进它们的叙述之中。

我在这里一直都在强调爱德华兹在美国宗教与文化史上的重要性，不过我也意识到，许多读者亦关注一些更为重大的事情。毕竟，爱德华兹作为一个基督教史上的人物才是最为重要的。首先，虽则他的诸多影响受到了美洲处境的调节，但人们不应忘记，爱德华兹亦是"大英帝国"的一个公民，并且是国际"宗教改革"运动的一部分。在那些圈子里以及在更广阔的福音派中，他亦是一位深受尊敬的人物。神学家们还在继续争论着他的洞察或领悟。在那些层面上他会受到怎样的评价，在很大程度上取决于一个人的宗教信念。

在我看来，一位传记作者的首要目标，应当是叙述一个好故事：它不仅能阐明主体，而且还能阐明围绕着主体的景象以及读者的视域。与分析单一理智问题和历史争论的专门化研究不同，这种阐明主要应当来自所讲述的故事。这个故事应当揭示一个真实的人——他的成功是在焦虑、软弱与失败中取得的。一生中的张力，往往最能阐明那个人以及所涉及的文化和更广泛的人类经验。就那些著名思想家而言，我们还希望能够理解和学习他们的思想。同样地，亦是在该思想家自己传统之内的以及在那种传统与其竞争者之间的张力，对于理解其思想的创造性与局限性，最具启发意义。

爱德华兹涉及了他那个时代许多重大问题，他的生平并不缺乏戏剧性与吸引力。我希望我已成功地揭示和叙述了其中的一些。传记作者所面临的一个问题就是，想要达到全面详尽的目标，有时会与主要故事线索相竞争。在生活中，有许多事情是同时发生的，其中一些重大事情并无助于戏剧性的叙述以及其他线索。然而，通过考虑那些看似不相干主题之间的相互关联，亦能丰富对于那种生活的理解。

在处理一些更大问题时，我尽量将爱德华兹看作是一个人，尤其是处在一种家庭背景里的人。而这比一些文献资料翔实的传记要更具挑战性，因为爱德华兹现存著述的绝大部分涉及的都是神学或教会问题。即便是家庭书信，也很少涉及位于神学框架之外的个人问题。这就强调了这样一个观点：对于爱德华兹来说，人们不能在他的神学或教会角色与其人之间划出一条分界线，后者从某种意义上更重要。爱德华兹的角色是如此紧密地整合在他的生活之中，以至于它们构成了他之为他的基本内容。即便如此，我们还是知道在那令人望而却步的表层下面存在着更多的东西，有时我们的确能够看到它们。在神学家、牧师与布道家这些角色——它们决定了他绝大多数著述——背后，我们亦能足够亲切地瞥见他以及他的家庭，从而对我们正在叙述的这个兼具优点与弱点的真实的人获得一些了解。

注释

[1] 有关爱德华兹的《布雷纳德生平》，参见 Joseph A. Conforti, *Jonathan Edwards, Religious Tradition, and American Culture* (Chapel Hill: University of North Carolina Press, 1995), 62—86。有关近来对爱德华兹的学术与通俗兴趣，见 Leigh E. Schmidt, "The Edwards Revival: Or, The Public Consequences of Exceedingly Careful Scholarship," review essay, *William and Mary Quarterly* 58, no. 2 (April 2001): 480—486。Schmidt 指的是一位浸信会牧师的著作，John Piper, *God's Passion for His Glory: Living the Vision of Jonathan Edwards* (Wheaton, Ill.: Crossway Books, 1998), 认为这部著作是 Wheaton 的畅销书。*God's Passion for His Glory* 涵盖了爱德华兹的巨著 *The End for which God Created the World* 的全文。2002 年 2 月，Amazon.com 把 *God's Passion for His Glory* 列为爱德华兹或关于爱德华兹著作中最畅销的作品，排在后面的是 John Piper 的另一部著作和《布雷纳德生平》。

[2] Gordon S. Wood 为 18 世纪"革命前的"等级制提供了一些奇妙推论，见 *The Radicalism of the American Revolution* (New York: Knopf, 1992), 11—92。这一段主要是对他一些观点的概括。Jon Butler, *Becoming America: The Revolution before* 1776 (Cambridge: Harvard University Press, 2000), 则给出了相反看法，即殖民地时期的美国就已经是现代的了。

[3] 爱德华兹偶尔会用"加尔文主义的"来描述自己的神学,但他却很少引用或提及约翰·加尔文的名字。爱德华兹的神学最主要是通过下列作者折射出来,他们是17世纪或18世纪早期改革宗或加尔文主义的作家,尤其是来自大不列颠的清教与苏格兰长老会作家以及来自欧洲大陆的改革宗神学家。这整个运动常常被称做"改革宗"(Reformed)运动;我经常使用这个术语,因为它更清楚地表明,这种运动已经超越了对加尔文本人的直接依赖,它是多样性的并在许多方面发生了变化,即便它拥有各种被普遍用做改革宗"正统"之标准的教条。

[4] 就像其改革宗或清教先驱一样,爱德华兹在严格遵循"唯独圣经"为权威——尤其是涉及神学与教会问题时——这一"宗教改革"原则的意义上,是"圣经至上论者"(biblicist)。他们的许多信念和实践都已经被决定了,因为,按照他们的学术研究,那些都是在圣经里所教导的。与此同时,每个圣经至上论者,也都会通过一种解释传统来解释圣经;而爱德华兹的圣经至上论,就是通过其加尔文传统的学术研究加以折射过的。当我把他的观点称做"圣经性的"(biblical)或"经过圣经透镜折射过的"等等的时候,我所考虑的就是他的理解在很大程度上受到了改革宗解释传统的影响。

[5] Thomas J. Haskell, *Objectivity Is Not Neutrality: Explanatory Schemes in History* (Baltimore: Johns Hopkins University Press, 1998).

[6] Harriet Beecher Stowe, *The Minister's Wooing* (1859). Cf. her *Oldtown Folks* (1869) for similar themes.

[7] See Barbara B. Oberg and Harry S. Stout, ed., *Benjamin Franklin, Jonathan Edwards, and the Representation of American Culture* (New York: Oxford University Press, 1993).

1

出生的年代

　　上帝的祝福伴随着审判的警告。马萨诸塞北安普敦（Northampton）这座河谷城镇的牧师所罗门·斯托达德（Solomon Stoddard）对此知道得十分清楚，而且常常传讲这一信息。虽然在大有希望的康涅狄格河谷他是最有声望的人，但他知道没有任何凡人能够保证英国人在这个遭受围困的边境上存活下来。在1703年，那些沿着河谷延伸开来的小城镇，并不是后来明信片上安宁平静的新英格兰小村庄。它们许多看上去更像是武装起来的要塞，尤其是从北安普敦以北到迪尔菲尔德（Deerfield）——这一地区最容易遭受印第安人的攻击。北安普敦城本身有一部分为栅栏做成的墙所环绕，而整个城镇则被划分成了一些"军事区域"。[1]一些家庭还用栅栏把他们的房子围了起来，制造出一种不祥的效果——几乎就是下个世纪白色尖板条栅栏（white picket fence）的相反情形。

　　斯托达德常常充当马萨诸塞西部地区的发言人。据传，在这片具有极端新教色彩的土地上，有这么一句俏皮话：斯托达德渴望成为康涅狄格河谷的"教皇"。[2]他至少是个令人敬佩的人物。每年他都要旅行120英里（骑马两天半的路程）到达首府波士顿，并常常在一些重大公共场合譬如哈佛毕业典礼或者选举日上布道。斯托达德是一位高大而威严的人，是一位有能力的布道家，并以不打草稿演讲而闻名。到

1703 年，他已经 60 岁了；他成长于波士顿，那时正值奥利弗·克伦威尔统治着英国；他衣着穿戴仍然保持着朴素的清教徒风格。[3]斯托达德蔑视绅士们佩带假发的现代风气。当时波士顿公理会的一些圣职人员也受到了那种英国风气的影响。在斯托达德眼里，假发使他们看上去"似乎更适合于讨好一个年青姑娘而不是在心里铭记上帝国度的重大关切"。[4]斯托达德还是一位实务家：他的兄弟是位极其重要的波士顿商人，深具影响力的法官塞缪尔·休厄尔（Samuel Sewall）是他的密友，而总督在关于殖民地西部地区事务上也会寻求他的建议。

在 1703 年 5 月 26 日的选举日上，斯托达德"在总督阁下、尊敬的议会面前"，以及他同道们的面前做了题为"一个民族在上帝赐予他们的土地上长久生活下去之道"的布道。主题是生存。经文是第五条诫命："当孝敬父母，使你的日子在耶和华你神所赐你的地上得以长久"（出 20：12）。正如清教徒一贯坚持的，这条诫命所教导的是，不仅要敬重父母，而且还要敬重"一切有权柄的人"，包括世俗统治者和圣职人员。他们是上帝在尘世的代表。[5]敬重他们就是敬重上帝。而生存与繁荣有赖于敬重上帝。

对新英格兰的最新威胁又出现了，因为英格兰在十年里第二次对法国开战了。"女王安妮的战争"对于殖民地定居者来说重新开启了两种致命的斗争。在新英格兰居民的意识里，最重大的是与罗马天主教、与"敌基督"的斗争。在路易十四统治期间，信奉天主教的法国达到了顶峰；而"新法兰西"就位于"新英格兰"的边界线上。"太阳王"于 1685 年废除了"南特敕令"（Edict of Nantes），将法国新教徒从他们的家乡驱逐了出去。波士顿布道听众中的胡格诺难民对于天主教的残忍故事是早有预备的。人们担心，英格兰也会摇身一变而成为一个天主教领地。虽然新教徒在 1688 年驱逐了公开的天主教徒詹姆士二世，但是王位继承问题仍处在混乱中。英国议会于 1701 年宣布，只有新教徒才能继承王位。但是安妮女王（1702—1714 年在位），这位詹姆士信奉新教的女儿，却没有存活下来的子女。而路易十四则支持詹姆士那信奉天主教的儿子，詹姆士三世或"老僭君"，成为合法的"大不列颠与爱尔兰国王"。在新英格兰，清教徒继承者们清楚，他们作为一个民族的自由与命运有赖于新教事业的得胜。

与法国的战争，还重新开启了印第安人在殖民地边境上的进攻，这是一种更为直接的致命威胁。新英格兰人最明显的失败，是与他们正在驱逐的土著人的关系。1675—1676年"国王腓力的战争"，美国历史上人均损失最为惨重的战争，中止了早期对于和平关系与成功传教的希望。许多存活下来的印第安人被迫投入了法国人以及——更糟的——其耶稣会传教士的怀抱。"新法兰西"的15,000名法国定居者，对于人数远多于此的新英格兰人来说不会有什么威胁，但对于他们的印第安盟友而言则另当别论了。由于法国定居者人口不多，所以他们没有从其土地上驱逐印第安人，从而与土著人的关系一般说来也更为和谐，其传教工作也更具成效。[6]

在这种战时处境里，斯托达德向总督阁下和马萨诸塞立法者传递的信息，是来自美国西部的将会变成经典性的建议：降低税收和增强防御。"别为人民增添不必要的负担，但要愿意支付必要的开销"。"当那些原本是保护他们的人开始掠夺他们时，当他们的牧者变得像夜间的饿狼时"，人们就会处于悲惨的境地。不过政府"不应降低为领土安全所必需的［花费］"，以免新英格兰重蹈迦太基（Carthage）和君士坦丁堡（Constantinople）的覆辙——后两者"由于人民的赤贫化"而失落了。

更深的问题，斯托达德宣布，是道德与属灵问题。上帝在惩罚新英格兰，因为它的人民违背了他的诫命。证据是明显的。斯托达德以熟悉的语言警告说，"上帝与这个国家已经进行了多年的争执。"本来可以成为一个商人的斯托达德，计算出了上帝审判的经济后果："我的确认定，那种收益亦即这个国家所拥有的或者在通常情形下应当拥有的收益的三分之一，已经由上帝的审判所带走。"唯一的解决办法就是"改革的工作"。斯托达德以古老陈旧的方式警告道，"我们生活在一个腐败的时代，许多人在饮食着装、宾朋交际、娱乐消遣以及令人不悦的言谈上，都放纵自己。"也许是目睹了在集会的圣职人员中正在流行的假发，他有些不祥地补充道，"生活在具有传染性气氛中的传道人，也有被传染的危险"。这片土地上有许多人已做了"敬虔的表白"。圣职人员如今必须要更有成效地"在他们真诚归信之后努力工作"。[7]

斯托达德相信，上帝将人们带到了这块应许之地，有他永恒的旨意。上帝设立了世间所有的祝福与惩罚、应许与警告，以教导人们他们需要成为一种更高级的公民，并接受上帝永恒国度的免费赠礼。新英格兰人应当感谢上帝对他们在世间的赐福，然而他们也应当永远牢记，他们并不比旧约里的以色列人更好。上帝，就像一位慈爱的父亲，既通过祝福也通过惩戒来教导人们。而以色列，新英格兰的原型，则已经丧失了其土地并陷入被掳的境地。

北安普敦，1703年10月

因此，所罗门·斯托达德很清楚，他应该如何解释在1703年10月初，他所面对的那些交织在一起的尘世情感。在一个星期里，他既听到了来自下游康涅狄格东温莎的消息，女儿以斯帖·斯托达德·爱德华兹（Esther Stoddard Edwards）生了一个孩子——在生了四个女儿后终于生了一个儿子；亦收到了威胁着距离自己住处更近家族成员的令人震惊的报告。在向北只有15英里的迪尔菲尔德，印第安人伏击了两个年轻人并把他们俘获到了加拿大。迪尔菲尔德的牧师及斯托达德的女婿约翰·威廉姆斯（John Williams），也只是侥幸逃脱了类似的命运。[8]

迪尔菲尔德陷入恐慌之中。斯托达德写信给总督约瑟夫·达德利（Joseph Dudley），敦促他为已经不堪重负的城镇提供更多的保护并降低税收。他还提出了一个后来被广为采纳的具有争议性的建议：殖民地政府应授权训练猎犬，以帮助追踪那些擅于消失在森林里的印第安人。[9]

1703—1704年冬季，对于斯托达德来说，保护迪尔菲尔德具有重大的个人利害关系。当斯托达德与他北安普敦教会前任埃利埃泽·马瑟（Eleazar Mather）的遗孀以斯帖·沃勒姆·马瑟（Esther Warham Mather）结婚后，他的继女尤妮斯·马瑟·威廉姆斯（Eunice Mather Williams）就是在他们家里长大成人的。[10]而尤妮斯的丈夫约翰·威廉姆斯，则是一位最重要的教牧盟友和该地区最具影响力家族的成员。

约翰和尤妮斯抚养了七个孩子——斯托达德将那些孩子看作是自己的外孙。

迪尔菲尔德，1704年2月

约翰·斯托达德（John Stoddard）也许像任何一位哈佛毕业生一样勇敢。与进入圣职事奉的哥哥以及他许多同班同学不同，所罗门·斯托达德这个多才多艺的年方22岁的儿子，在那时成为了一个年轻的战士——在那种职业生涯里，他最终成为了那个地区的军事指挥官和首要行政长官。不论怎样英勇，1704年2月29日拂晓前，当他从睡梦中惊醒时，他所知道的英勇就是逃跑。他一听见姐夫约翰·威廉姆斯牧师那绝望的呼叫，就立即意识到房子受到了印第安武士的攻击——大约有20人。他必须逃跑：他匆忙抓起一件厚大衣，赤裸着双脚，从房子后面跑进了两英尺深的雪地里。在逃过迪尔菲尔德河后，他停下来，撕下大衣下摆，包住了几乎冻僵的双脚。在向南逃到十多英里外的哈特菲尔德（Hatfield）时，他完全精疲力竭了；他第一个证实了敌人攻击的消息。当人们看见迪尔菲尔德上空不祥地被火光映红时，这个河谷城镇就已经发出了警报。[11]

聚集起来前去援助这个被围困村镇的民兵带回了可怕的消息。印第安人及其法国军官在约三百名迪尔菲尔德居民中，屠杀了39人，掳走了112人——经过厚厚的积雪被掳往加拿大。对于斯托达德家族来说，汇总起来的消息则尤为糟糕。在早先的攻击中，印第安人当着惊恐万状的父母的面，杀死了威廉姆斯的两个孩子：六周大的杰鲁沙（Jerusha）和六岁大的小约翰（John Jr.）。孩子的母亲尤妮斯（斯托达德的女儿），正处在产后恢复期，却遭受了如此无可名状的悲痛；第二天在被掳往加拿大的长途跋涉中，在穿越一条河流时，一路踉跄的她终于跌倒了；而一位印第安武士则"以一记利斧"使她脱离了苦海。约翰·威廉姆斯牧师以及幸存下来的孩子，则被当作俘虏掳往了加拿大。[12]

在迪尔菲尔德对新英格兰人的这场攻击——一场恐怖分子对无辜

者的屠杀（即便被驱逐的印第安人认为这是一种正当战争行为），是那个年代具有决定性的事件，尤其是对那些受害者家属而言，譬如斯托达德家族。[13]一年多以后，以斯帖·马瑟·斯托达德在想起她女儿和两个外孙被屠杀的景象时还仍觉天旋地转。使事情雪上加霜的是，她的一个儿子突然死亡了，而且最近又传来了噩耗：另一位家族近亲在海上被俘并死在了法国。"我还能说什么呢？"她在给住在东温莎的女儿以斯帖·斯托达德·爱德华兹的信里写道，"我得像亚伦一样保持平静。当我被试探时，上帝让我与约伯一道，成为被烈火炼过的精金。"这位母亲还提醒女儿要时刻准备面对死亡。"时光是短暂的，对我们这些活下来的人可能会非常短暂，就像对你兄弟姐妹那样。一天就在我亲爱的女儿那里发生了这种巨变。"她最好的慰藉就是她的女婿约翰·威廉姆斯牧师，尽管他仍在囚禁中，仍捎回来一封书信，向家人确保了他被残杀妻子的属灵情形。"令我儿威廉姆斯感到满足的是，她如今处在荣耀里。"[14]

东温莎：同一年代后期

乔纳森·爱德华兹的最初记忆就受到了这种战时环境的影响。虽然东温莎，这个距离康涅狄格哈特福德（Hartford）不远的河谷小镇，因远离边境而不会遭到攻击，但连绵的战争是一种持续的存在，它限定了他、他的家庭以及他的人民。家人在每一天里都会数次聚集在一起进行祈祷。在他们的反复祈求里，他不仅知道了远方的冲突，而且还懂得了那种遭遇并不只是存在于英国人与法国人以及其印第安同盟军之间。真正的战争存在于灵界的力量之间，存在于蒙上帝恩惠有真信仰的国家与被撒旦控制的人——天主教徒和异教徒——的对立之中。

重述迪尔菲尔德惨案，栩栩如生地强化了他对那种国际冲突的宇宙意义所做的理解。从乔纳森记事以前，家庭祷告里就包含了为远在加拿大做俘虏的、迪尔菲尔德的威廉姆斯姨夫以及他的孩子们所做的祈祷。当1706年秋威廉姆斯与他三个被俘孩子中的两个返回以后，他们就为那个未能返回的孩子进行祈祷；那个孩子名叫尤妮斯（Eunice；被俘时七岁），仍与印第安人住在一起，更糟的是，据说处在了罗马天主教的迷惑之中。

等到早慧的乔纳森长到能够阅读的时候，他会发现在父亲藏书中最有吸引力的书之一，就是他姨父所著的《被救赎的囚徒，重返锡安》。约翰·威廉姆斯的这本畅销记事，生动地叙述了印第安人袭击的恐怖，目睹两个孩子被杀和丧失妻子的煎熬，以及在加拿大被长期拘禁在印第安人和法国人中间的痛楚。威廉姆斯的故事突出了罗马天主教之捏造的邪恶，上帝对天主教迷信的审判，以及受到"敌基督"迷惑的可怜印第安人的灵魂的悲惨处境。[15]

"女王安妮的战争"（持续到1713年），也直接并几乎是灾难性地触及了爱德华兹的家庭。1711年夏，当乔纳森刚八岁时，他父亲蒂莫西·爱德华兹（Timothy Edwards）牧师，离家担任一支与加拿大作战的殖民地军事远征队的随军牧师。蒂莫西·爱德华兹是一个极其细心而谨慎的人，总是专注于控制一切细节。他不适合于军事生活，并很快就因肠胃不适而生了病。他开始记录战事日记；但很快就因过于专注他的疾病症状和灵性状况而无暇记录战况了。当军队抵达位于奥尔巴尼（Albany）的前线时，他已病得无法坚持下去，并担心可能会死亡。最终他被马车运回了东温莎，并旋即康复。[16]

虽然蒂莫西·爱德华兹牧师"在为女王事奉"期间谈不上有什么荣耀，但他在自己的领域——家庭和教会——里却是一位令人敬佩的人物。乔纳森，他唯一的儿子，就紧密追随着他的足迹。人们也许会联想到那个世纪后期的利奥波德（Leopold）与沃尔夫冈·阿马迪厄斯·莫扎特（Wolfgang Amadeus Mozart），来做一部分性的对照。父亲在自己能力和可控的范围内算是颇有成就。儿子聪颖早慧，并最终使父亲相形见绌，但儿子的成就也是对父亲悉心教导和持续影响的一种报答。

爱德华兹一家

蒂莫西·爱德华兹在1711年担任随军牧师时所写的家书，为我们了解爱德华兹一家提供了最佳画面。这些信件中的第一封，是他离家不到一周时写给妻子以斯帖的，信里充满了告诫。最要紧的事情是指导乔纳森的教育："我希望你注意，别让乔纳森丢掉他所学到的东西，而是掌握一些初步知识，至少背诵'*propria Quae mobibus*'的两面，以便他能保持住他所学到的东西。"主要是为了帮助弟弟，姐姐们在拉丁文课上提供帮助的同时也在学习那门语言——这通常是为受教育的男性专门开辟的课程。所以他们的父亲继续写道，"因而我希望他能经常给姑娘们朗诵；我也希望姑娘们记住所学到的语法，并背诵下乔纳森所学到的东西；他能够帮助她们阅读他所学到的东西。让他和她们练习书写，比我在家里时更经常地练习书写。"[17]

这封书信描述的景象还提醒我们，蒂莫西·爱德华兹毋庸置疑是家庭里的头，而乔纳森则是在一个可以说是在"女人堆"里长大的。除了母亲外，到1711年他有四个姐姐和三个妹妹。最终他将有六个妹妹。引人瞩目的是，所有这十一个孩子都活过了童年期。蒂莫西·爱德华兹与儿子相比拥有更多的诙谐语，后来更将她们称作他"六十英尺的女儿们"。即便有些夸张，但这仍然是一个高身材的家庭，因为在那个时代里，人的平均身高远较今日为低。乔纳森在孩童时代有可能是一个瘦高个儿，因为他成年后长成了一个身高超过六英尺但却非常瘦削的人。

我们只能推测，生活在这样一个女性环境里会对乔纳森产生什么样的影响。他的确有几个男性堂或表兄弟，其中还包括一个与他为邻的同龄人；而在东温莎这个拥有近百户大家庭的村庄里还有其他许多男孩子。不过，乔纳森似乎与姐妹们关系更为密切。她们是一群多才多艺的人。新英格兰的精英们鼓励女儿们去发展她们的理智天赋，因为这对信仰是有益的。在圣经人物里，是聆听耶稣讲道的马利亚，而非在厨房里帮助她姐姐马大的马利亚，才是清教徒最爱的女性学习的典范——尽管照料家庭与家务是她们首要天职。大学教育是专为男性设立的，不过在一个牧师家庭里，也有可能会鼓励姑娘们去学习她们所能把握、与她们的身份相称的东西。爱德华兹的家庭还把乔纳森的所有姊妹——只有一个例外——送到波士顿去接受学校教育。大女儿以斯帖（Esther），显然写过一篇题名为"灵魂"的讽刺文——在很长时间里人们将它归之于乔纳森名下。[18]一个名叫杰鲁沙（Jerusha）的妹妹，据说特别喜欢读书，尤其喜欢神学。[19]另一个妹妹哈拿（Hannah）——她直到三十几岁才结婚——曾评论说，女性会发觉独身状态是一种优势，"如果她们能够以信仰和知识为首要目标的话"。还有一个妹妹名叫马大（Martha），显然不易相处。当一位圣职人员想向她求婚时，她父亲蒂莫西提醒这位求婚者要防备她的脾气。这位求婚者仍坚持己见，并指出他听说马大已经蒙恩信主。"哦，是的，是的"，蒂莫西回答道，"马大是个好姑娘，但是……上帝的恩典会居住在你我无法居住之地！"[20]

在我们希望更多地了解这些姊妹们，尤其是那些照料过乔纳森的姐姐们的同时，我们能够确定，在一个男性拥有许多特权的文化里，作为家里唯一的男孩，他受到了宠爱并很快受到了尊重。生活的首要原则之一，就是每个人都必须尊重上帝设立的社会秩序。清教徒的确坚持在上帝面前所有人在精神上都是平等的，但他们谨慎地限制了将这种具有潜在革命性的教义应用于他们的社会关系之中。他们亦强调了年长者与年幼者之间的情感纽带。他的一些姊妹们的情感与敬虔，也许就是他自己培育这些情感时的早期功课。许多有关爱德华兹的评论者已经指出了这一点：在爱德华兹后来对于真正宗教情感与非凡敬虔的解说中，他常常利用女人或女孩来说明他的观点。

乔纳森的母亲以斯帖·斯托达德·爱德华兹本身就是一个让人敬佩的人物。但我们对她知之甚少，这是那个时代的一种通病。我们所知晓的，在很大程度上来自于对她漫长生涯（她在丈夫及儿子去世后又活了十二年）的较后期生活所做的回忆。东温莎的村民记得她，"在外貌上高大、庄重而威严"，但"在举止上却和蔼而温和"，并具有令人敬佩的理智、学识与神学敏锐性。所罗门·斯托达德曾把他女儿送到波士顿去接受学校教育。作为一个年轻的母亲，以斯帖辅助丈夫教育他们的孩子，以及在自家小学校里念书的村镇上的孩子；那间小学校占据了他们那座农舍楼下两间大房子中的一间。作为一位年迈的妇女，在丈夫去世后，她仍然是一位热切的读者和教师。一直到她年界九旬后，东温莎的妇女们还定期到这间陈旧的客厅学校教室里参加下午聚会，阅读圣经以及神学作品，并不时听到她敏锐的解说。[21]

然而，不论所罗门·斯托达德的女儿具有什么天赋，在蒂莫西·爱德华兹家里，以斯帖都只能是一个助手。对于清教徒，正如对于其他几乎所有人一样，世界是有等级秩序的这一公理，正如太阳从东边升起一样，是毋庸置疑的。父亲是家庭的头，父亲的规定就是法则。家庭还是家中每个人都享有的一个经济体。爱德华兹一家耕种若干英亩土地以增补家庭收入。他们将这些土地的一部分辟为果园，一部分种植作物，如亚麻——妇女们可以将它制成亚麻纱线。他们还饲养着一些家畜。[22] 殷勤好客是一项重要美德；拥挤热闹的家庭里还常常包括有宾客。

为帮助干活，爱德华兹家一直都拥有一个非洲奴隶。家庭奴隶在新英格兰圣职人员当中是尤为常见的，这既是因为牧师所具有的社会地位，也是因为一家之主主要不是从事体力劳动的。对非洲人的奴役之所以能在 17 世纪的新英格兰生根，不仅仅是由于即便是最敬虔的人也不能免除人的贪欲，而且还是由于其他形式的奴役，长久以来都是司空见惯的，而且在圣经里被视为理所当然。即便如此，到 18 世纪，至少有一些白人认识到了非洲奴隶制的极大不平等。所罗门·斯托达德在波士顿的朋友法官塞缪尔·休厄尔，就在《约瑟被卖：一种纪念》（波士顿，1700 年）一书中最有力地提出了这个问题。然而休厄尔那不同寻常的观点只是激起了一丝涟漪。蒂莫西·爱德华兹认识并敬佩的科顿·马瑟（Cotton Mather），也许代表了当时大多数人的观点。他认为奴隶制是正当的，因为它提供了一个机会以便让非洲人归信福音。马瑟亦倡导要像对待同胞一样仁慈地对待奴隶。[23] 如果有一些新英格兰奴隶主对此感到良心不安的话，那么他们应对这一主题的最常见方式就是回避；因而这一话题一直到"美国革命"时期才得到了更多的公开讨论。

在一种家庭经济里，家庭成员分担许多任务。清教徒父亲，正如蒂莫西·爱德华兹的战时书信所表明的，在监管孩子们的家教修养与灵性培育上发挥着重要作用。孩子们天性中的自私、贪婪与不顺从，就是对我们的日常提醒：人类是败坏的，从他们的始祖亚当与夏娃那里继承了罪恶本性。虽然清教徒抚养孩子的做法不尽相同，并常常含有更多的——与有时被描绘的相比——温情流露，但为人父母的爱德华兹夫妇，则有可能接受了这样一种原则，亦即要抑制任何固执任性的迹象。对于那些其首要关切就是要使孩子预备好接受救赎的人而言，父母所能做到的最为慈爱的事情，就是教导孩子们以自制，而这种自制则能使他们开放自我，以接纳一种真正的顺从精神。当然最终，那种顺从精神只能是经由上帝的重生恩典而来，但养成顺从上帝命令的习惯却为它铺平了道路。正如约翰·卫斯理（John Wesley）——他亦出生于 1703 年并在一个英式牧师家庭里受到了严格培养——所言，"瓦解他们的意志，也许就会成全他们的灵魂。"[24]

蒂莫西的战时书信表明，乔纳森在七岁时并不是一个完美的孩子。"我希望你能特别关照乔纳森，"蒂莫西敦促以斯帖，"就像你和我不久前说过的，别让他学会粗野和下流。我不允许你冒险让他与蒂姆（Tim）一道骑马到树林里去。"这同一封信还特别揭示了这位影响了他儿子的父亲的一些性格特征。事无巨细，均逃不脱蒂莫西的关注与劝诫。"要当心，别让家畜跑进果园和弄坏树木。别把库房门打开以免家畜跑进去。"注意"要把粪肥运出去并堆在果园里，那儿在冬天到来之前最需要它；注意别损坏亚麻"。诸如此类，不一而足。人们会觉得，家人在此前已经听到过这些提醒。抑或这些，"如果有哪个孩子在什么时候要过河去聚会的话，我会提醒他们要格外小心，会提醒他们怎样坐或站在船上，以免掉到河里。"即便是那些我们认为应当属于他妻子范围内的事情，也处在了他的权限之下："等三伏天一结束，就让以斯帖和贝蒂（Betty）［两个最大的女儿］使用香粉；如果那些香粉对以斯帖没用，可以带她再去看看医生……还得帮帮安妮，你知道，她很虚弱。照顾好你自己，别给小杰鲁沙喂奶太久了。"[25]

这样的嘱咐显得有些过于操心了——甚至是在本应属于以斯帖主导的领域里，但它也揭示出了一位正在想家并记挂着每个人的充满关爱的父亲。蒂莫西的书信里充满了对以斯帖和孩子们的深深爱意。在一封书信里，他写道："请转达我对每个孩子的爱。"随后他逐一提到了前面出生的七个孩子的名字："以斯帖、伊丽莎白（Elizabeth）、安妮、玛丽（Mary）、乔纳森、尤妮斯与阿比盖尔（Abigail）"。他接着写道：

"愿主对他们所有人，还有我们亲爱的小杰鲁沙，施以仁慈与永远的救赎。主已把他们的灵魂与你及我的灵魂紧紧维系在了一起。"他继续写道，问问孩子们，"他们是否希望再见到他们的父亲，让他们每天都悄悄为我祷告；当然最重要的事是寻求上帝在基督里的恩典与喜悦，以及在他们年少时应当做的事情。"[26] 在后来的布道中，蒂莫西宣称，丈夫对妻子的爱应当是一件"极其不同寻常的事情"，它应当展示出妻子理应得到的"荣誉与尊重"。丈夫"不应颐指气使，而应在对妻子的尊重中以爱的方式行事"。[27]

与此同时，这位慈爱的父亲并没有溺爱自己的孩子。在他自己的父亲于 1718 年去世后，蒂莫西因为悲痛而在私下里为自己这位"灵魂的助益者和安慰者"撰写了一份 88 页的颂辞和属灵传记。他称赞他父亲并没有"偏袒"自己的孩子："的确，（尽管他非常热爱他们）他对他们中间的恶比对邻舍中间的恶更为痛恨。"[28] 我们所了解到的蒂莫西·爱德华兹的一切，似乎就是一个极具自制力的完美主义者，一个牵挂细节者，一个坚定的权威主义者；当然他也有很强的幽默感和对家人的温情。[29] 乔纳森·爱德华兹从来都没有完全摆脱过他这位苛求但却慈爱的父亲的影响。他对父亲亦步亦趋，除了更加矜持外，在标准与做派上酷似乃父。

不难猜测，在此存在有一种家族性完美主义家教的根源。蒂莫西从他父亲那里学会了用严格自制来克服逆境或不幸。蒂莫西的曾祖父曾是威尔士一名圣职人员，随后成为了英格兰一所学校的校长；但他于 1625 年的去世则导致家庭陷入了贫困。1635 年，这个家庭移民到马萨诸塞并定居在哈特福德，接着又加入了托马斯·胡克（Thomas Hooker）向西部新殖民点移民的行列。蒂莫西的父亲理查德（Richard），1647 年出生于哈特福德，使家庭恢复了一定的经济成功；他使制桶业成为了一宗繁荣的商业贸易。

不过，蒂莫西的母亲却是一桩丑闻和耻辱。在 1667 年嫁给理查德·爱德华兹三个月后，伊丽莎白·塔特希尔［或塔特尔］（Elizabeth Tuthill or Tuttle）表明，她从另一个男人怀了孕。尽管如此，理查德还是保护了她，为她付清了私通罪罚金，并安排好孩子出生后由她父母抚养。但问题证明要严重得多。伊丽莎白患有严重的精神病。她会一阵一阵发作,做出"令人无法释怀与无从叙述的"反常行为,一再的不忠、暴怒以及暴力威胁——包括威胁要在理查德睡觉时切断他的喉咙。塔特希尔家族表明了,新英格兰并非像我们可能设想的那样是一个波澜不惊的地方,而是一个人们承受着同样的、见之于任何时代之恐惧的地方。伊丽莎白的一个姊妹谋杀了她自己的孩子,一个兄弟用斧头砍死了另一个姊妹。[30] 有时,乔纳森·爱德华兹被批评为,对人的本性抱有过于暗淡悲观的看法,但如果能记住下面这一点将会是有所助益的:他奶奶是积习难改的荡妇,他姨奶奶(great-aunt)是杀婴犯,而他舅爷爷(great-uncle)则是个利斧杀人凶手。

伊丽莎白·塔特希尔·爱德华兹的状况,在她为理查德生育了六个孩子——其中蒂莫西是最大的孩子——这一负担的压力下,变得恶化了。最终她离弃了这个家长达数年之久;当她返回家后也不再与理查德同床。到1688年,她的举止变得如此乖僻,以至于理查德做了一件在新英格兰几乎闻所未闻的事情:他起诉要求离婚。他向法庭控诉了他承受着"痛苦、不满、嫉妒、男人的愤怒,承受着可怕的困惑与心烦意乱,承受着难以言表的、令人心碎的苦难,以及日夜纠缠着自己的最为令人不堪的精神压力"。[31]

尽管有这些极度痛苦的情形,但法庭还是拒绝了理查德的请求。在又经过了若干年煎熬后,理查德再次提出了诉讼;这回法庭的立场松动了,并在一个牧师委员会建议下允许离婚。从那时起,理查德的状况就得到了显著改善。他加入了哈特福德教会。还只有四十多岁的他,迎娶了第二个妻子;后者为他又生了六个孩子。理查德永远都是一个既敬虔又好学的人,他研修了法律,并于1708年被任命为"女王律师"(Queen's attorney)。他以在几个案件中为佩科特印第安人(the Pequot Indians)辩护而变得格外著名。[32]

其间,的确秉承了多虑性情的蒂莫西,在父亲举荐下进入了学院以准备从事圣职事奉。他于1686年进入哈佛,但于1688年初离开了该学院,显然是被开除了。就我们所知,在哈佛记录上,他的名字被"不祥地"标注在了"重罚"那一栏目下。最佳的猜测是,这件事情与在同一时期开始的、他父亲的第一次离婚诉讼有关。关于蒂莫西的其他方面，我们所了解的就是，他是一个极其自制的完美主义者，而这段经历并没有毁坏他长期的声誉抑或扰乱他进入圣职事奉的计划。在马萨诸塞斯普林菲尔德（Springfield）——就在哈特福德北边——的佩利提阿·格洛弗（Peletiah Glover）牧师的私人指导下，他继续着他的学业。蒂莫西是最具才华的学生；1694年，哈佛认可了他的成就，并授予了他一个迟到的文学学士学位（B. A.）和一个文学硕士学位（M. A.）（后者通常指在四年学士学习结束后，再独立学习约三年后，所授予的一种学位）。[33]

蒂莫西向所有认识他的人证明了自己，并很快就克服了与家庭背景或哈佛插曲联系在一起的污迹。清教徒是严格的，但他们也必定会宽恕——如若那些状况得到了保证的话。蒂莫西在社会地位上的迅速上升，竟然得到了所罗门·斯托达德的认可；后者于1694年应允将自己的二女儿以斯帖嫁给他。到这时，斯托达德已经相当了解蒂莫西了，因为后者正在北安普敦的学校里教书。很快地，对于这个大有前程的年轻人，一切都变得顺顺当当了：哈佛授予了他两个学位，一个新教区召唤着他成为其牧师；那个新教区被称作"温莎农庄"（Windsor Farms）或者东温莎（East Windsor），它位于温莎的康涅狄格河对岸，距离他的出生地哈特福德不远。

新娘以斯帖，则是约翰·沃勒姆（John Warham）的外孙女；人们还清楚地记着约翰·沃勒姆是温莎有时具有争议性的第一任牧师。所以她已经是那个原初城镇最主要家族的一部分了。理查德·爱德华兹必定非常高兴，这不仅因为他的孩子定居在了附近的地方，而且还在于他的家庭地位再次获得了巨大提升。他为这对新婚夫妇提供了农田和一处非常宽敞的房屋。他们的新家矗立在东温莎一条长路的一旁，平行于康涅狄格河，并俯瞰着肥沃的漫滩、远处的河流以及温莎和远处的屋顶。很快也就有了孙子们——他们与理查德第二个家庭的孩子们年龄大致相仿。蒂莫西和以斯帖为儿子乔纳森取的名字，源自理查德第二次婚姻所生的第一个儿子的名字——那个孩子在婴儿期就夭折了。[34]

注释

[1] James R. Trumbull, *History of Northampton, Massachusetts, from Its Settlement in* 1654, 2 vols. (Northampton, Mass., 1898, 1902), 1: 559 and passim. 这种叙述在很大程度上应归功于下列著述的细致描述, Paul Lucas, "'The Death of the Prophet Lamented': The Legacy of Solomon Stoddard," in *Jonathan Edwards's Writings: Text, Context, Interpretation*, ed. Stephen J. Stein (Bloomington: Indiana University Press, 1996), 69—84。

[2] Lucas, "Death of a Prophet," 261, notes, "the notion of the 'pope' of the Connecticut Valley is a myth." Lucas 表明, 斯托达德至少没有成功控制河谷地区甚至全北安普敦。这与 Perry Miller 的叙述是相对立的: *Jonathan Edwards* (New York: Meridan, 1959 [1949]), 9. 不过, 至少有这样的暗示, 即斯托达德有关在教会政体里强化圣职人员作用的提议, 在某些方面具有教皇制的意味。[Cotton and Increase Mather] 在 "A Defense of the Evangelical Churches" 里——作为下列著作的导论而加以发表: John Quick, *The Young Man's Claim Unto the Sacrament of the Lord's Supper* (Boston, 1700), 28—29——在一般性地提到斯托达德观点时, 引证了一种英国资料来源, 认为如果牧师拥有了接受圣餐圣礼的唯一权限, "就是使自己成为了会众的'教皇'"。

[3] Coffman, *Stoddard*, 7. 应当谨慎对待 Coffman 的著作, 他没有标明来源, 但他的观察与我们另外了解的斯托达德是相一致的。Cf. Perry Miller, "Solomon Stoddard, 1642—1729," *Harvard Theological Review* 34 (1941): 277—320, esp. 281—282. 虽然 Miller 的叙述亦应受到慎重对待。

[4] 引自 1701 年 7 月 29 日的一封信, Solomon Stoddard, *An Answer to Some Cases of Conscience Respecting the Country* (Boston, 1722), 7。

[5] Westminster Assembly, *The Confession of Faith; the Larger and Shorter Catechisms* (London, 1860), 207—215, 302—303.

[6] Cf. James Axtell, *The Invasion Within: The Contest of Cultures in Colonial North America* (New York: Oxford University Press, 1985).

[7] Solomon Stoddard, *The Way for a People to Live Long in the Land That God Hath Given Them* (Boston, 1703), 15—16, 17, 19.

[8] John Demos, *The Unredeemed Captive: A Family Story from Early America* (New York: Knopf, 1994), 11—12.

[9] Letters from Solomon Stoddard to Governor Joseph Dudley, October 22, 1703,

New England Historical and Genealogical Register（1870），269—270. 鉴于自"国王腓力的战争"以来战争双方所表现的残忍性，那比斯托达德要求获得猎犬更引人瞩目的是，他或者他的受信人，感到有必要按照正义战争标准来为他的请求辩护。毕竟，他们已经开始用火枪猎杀印第安人并为取他们的头皮提供赏金。斯托达德写道："如果印第安人能像其他人一样，并按照其他国家的方式来公平交战，那么以这种方式来追踪他们就可以被看作是不人道的。但他们应当被看作是盗贼和谋杀者，他们没有宣战就发动战争。他们没有公开在战场上向我们开战，他们利用了那些残忍地落入他们手中的人。他们的行为就像豺狼并应受到豺狼一样的对待。"

"马萨诸塞议会"于1708年批准拨款训练和使用猎犬。在那之后，那些猎犬经常被投入使用，尤其是在所罗门的儿子约翰·斯托达德上校负责指挥西部马萨诸塞战事期间。例如，在1747年，乔纳森·爱德华兹的一个教区居民Gideon Lyman，就获得了250镑巨款来购买猎犬。Trumbull，*Northampton*，1：477n. 斯托达德父子亦是面向印第安人传教的重要支持者；而这，不论他们在其他方面如何，都是对印第安人基本人性的一种肯定，并是寻求和平相处的一种意愿。

[10] 埃利埃泽·马瑟（Eleazar Mather，1637—1669）是英克里斯·马瑟（Increase Mather，1639—1723）的哥哥，是那个时代波士顿最具影响力的牧师。

[11] Trumbull, *Northampton*, 1：479—480.

[12] John Williams, *The Redeemed Captive, Returning to Zion*（Boston, 1707），3—24. Demos. *Unredeemed Captive*, 12—39.

[13] Demos, *Unredeemed Captive* 利用了大量文献为印第安人对这个事件的看法提供了有益的视角。

[14] 以斯帖·斯托达德给以斯帖·爱德华兹的信，写于1705年左右，来自 *Proceedings of the Dedication of the Memorial Gateway to Jonathan Edwards at the Burying Ground South Windsor*, 25 June, 1929（New Haven：privately printed, 1929），18—20. 这封信被描述为是由"一位家族后裔保存下来的"。它标注的日期是"1703年12月7日"。这封信的许多细节都表明了它是真品。不过所标注的日期不正确，因为它是在迪尔菲尔德遭受攻击之前所写的。以斯帖·斯托达德一开始就为她女儿的"安全分娩"而感谢上帝；而那些提供或者误读了其日期的人，则误认为那是指乔纳森的降生。而我为该信所确定的日期，来自以斯帖·斯托达德对这一消息的报告，"我外孙斯蒂芬·威廉姆斯与其他战俘安全到达了波士顿"。斯蒂芬是于1705年11月2日到达波士顿

的。有可能是，这封书信所标注的日期是"1705 年 12 月 7 日"，但却被误读成了"1703 年"。乔纳森的下一个妹妹，被恰当地命名为尤妮斯，就出生于 1705 年 8 月 20 日。

[15] Williams, *Redeemed Captive*, passim. Demos, *Unreedemed Captive*, 46—51, 95.

[16] Kenneth Pieter Minkema, "The Edwardses: A Ministerial Family in Eighteenth—Century New England"（Ph. D. diss. , University of Connecticut, 1988). 59—63, based on Timothy Edwards, diary, Beinecke.

[17] Timothy to Esther Edwards, August 7, 1711, ANTS, as transcribed in Ola Winslow, *Jonathan Edwards*, 1703—1758: *A Biography*（New York: Macmillan, 1940), 40—41. Dwight, *Life*, 17. 所有女儿都学习过拉丁语这一点，似乎是基于蒂莫西书信的基础上。

[18] Kenneth P. Minkema, "The Authorship of the 'The Soul,'" *Yale University Library Gazette* 65（October 1990): 26—32, 认为作者是大姐以斯帖；她显然是在 1727 年与哈特福德的塞缪尔·霍普金斯结婚前不久写下的。

[19] Minkema, "Edwardses," 155—157.

[20] Kenneth P. Minkema, "Hannah and Her Sisters: Sisterhood, Courtship, and Marriage in the Edwards Family in the Early Eighteenth Century," *New England Historical and Genealogical Register* 146（January 1992): 46, re Hannah, from Hannah Edwards, Journal, Beinecke, and 47, re Martha, quoted from John Stoughton, *Windsor Farmes*: *A Glimpse of an Old Parish*（Hartford, Conn. , 1883), 67—68. 蒂莫西有关玛莎的评论，常常被归为乔纳森有关他女儿之一萨拉的评论。Minkema 的论文是有关爱德华兹姊妹的最佳文献来源，他还为她们列出了基本传记资料信息，第 35 页。

[21] Dwight, *Life*, 16, 18.

[22] Timothy Edwards to Esther Edwards, August 7, 1711, as transcribed in Dwight, *Life*, 14.

[23] Samuel Sewall, *The Selling of Joseph*: *A Memorial*［Boston, 1700］, Sidney Kaplan, ed. （Amherst: University Massachusetts Press, 1969). Kaplan's notes, 27—67, 为早期争论提供了一份概述。Lorenzo Johnston Greene, *The Negro in Colonial New England*, 1620—1776（New York: Columbia University Press, 1942), 仍是一份有价值的概述。有关 Cotton Mather 的观点，参见他的 *The Negro Christianized*（Boston, 1706), and Kenneth Silverman, *The Life and Times of Cotton Mather*（New York: Columbia University

Press, 1985), 263—265。当蒂莫西·爱德华兹在哈佛时,他处在英克里斯和科顿·马瑟的教导下,后来则受到了他们的门生 Peletiah Glover 的教导;他在自己藏书中拥有许多科顿·马瑟的著作,并似乎分享了他的许多观点。1717 年,他通过斯托达德—马瑟这种远亲关联,向科顿·马瑟申请了一笔借款。Minkema, "Edwardses," 26—29, 124, 645—665.

[24] John Wesley, "On Obedience to Parents," in *The Works of the Rev. John Wesley*, 16 vols. (London, 1809—1812), 7: 103, quoted in Philip Greven, *The Protestant Temperament: Patterns of Child—Rearing, Religious Experience, and the Self in Early America* (New York: Knopf, 1977), 35. Greven, 31—36, 用卫斯理一家、乔纳森与萨拉·爱德华兹及其女儿以斯帖,来作为 18 世纪"不任性"(breaking the will)的主要典范。Greven 常常被批评将"福音派"这个概念过分笼统化——将清教及养育孩子的做法都包括在内,并将他们描述得比他们通常所是的更为严厉。不过,既然爱德华兹一家的下两代人都遵从"不任性"惯例,所以乔纳森的父母也有可能是如此。当然,所有这三代人,尽管在性情上具有严格的自制,但又都具有爱的温情。在老爱德华兹的福音派清教徒同时代人中,"温和地"养育孩子的实例,可参见,Judith S. Graham, *Puritan Family Life: The Diary of Samuel Sewall* (Boston: Northeastern University Press, 2000)。

[25] Timothy Edwards to Esther Edwards, August 7, 1711, Winslow, *Edwards*, 41—42.

[26] Timothy Edwards to Esther Edwards, August 11, 1711, in Dwight, *Life*, 14. 与在性情上更为矜持的乔纳森相比,蒂莫西给家人的信函更明显地充满了对家人情感的公开流露。

[27] Timothy Edwards, sermon on Isaiah 54: 5, June 28, 1730, pp. 1 and 3, Connecticut Historical Society, Hartford, Conn., quoted in Minkema, "Edwardses," 153—154.

[28] Timothy Edwards, "Some Things Written for My Own Use and Comfort," 1, 45—60, ANTS, quoted in Minkema, "Edwardses," 22, 144—145. Cf. Greven, *Protestant Temperament*, 53.

[29] 这一评价以及下面的看法,得益于 Minkema 在"Edwardses"中对蒂莫西所做的极有价值的描述。

[30] 离婚程序引自 Winslow, *Edwards*, 18, 又见 18—20。后者推测,这种"乖僻性情"在以后某些爱德华兹家人中仍然存在着,包括小阿伦·伯尔。又参见 Minkema, "Edwardses," 25。

[31] Richard Edwards, Connecticut Archives, "Crimes, Misdemenors, and Divorces," vol. 3, item 235, Connecticut State Library, quoted in Minkema, "Edwardses," 27.

[32] Minkema, "Edwardses," 23, 28.

[33] Ibid., 26—30 对此作了最佳描述。

[34] Ibid., 148.

2

压倒性的问题

蒂莫西·爱德华兹是一位卓有成效的奋兴布道家（preacher of revival）。根据乔纳森后来的估计，在那一地区所有牧师中，只有他外祖父所罗门·斯托达德，留意到了更多的当地觉醒现象（awakenings）。在其对北安普敦 1734 至 1735 年"上帝之奇妙工作"的著名记述中，乔纳森记录到，在"我尊敬父亲的教区——它在过去一直都比新英格兰西部除北安普敦以外的其他教区更多地获得了这种性质的恩典——出现了四五次圣灵的浇灌（outpourings）"。[1] 所以他父亲比他外祖父更直接地确定了乔纳森将要追随的足迹。蒂莫西作为一个宗教奋兴家的声誉，最终因他儿子的卓越成就而相形见绌。其中一个差别就是他没有公开宣传他的成功。就像后来被遗忘的许多当地深具影响力的人物一样，他依赖于亲身到场和所宣讲的话语。

在 1712 年与 1713 年，亦即在蒂莫西·爱德华兹从战场上返回约一年以后，他的布道加速促成了这些觉醒。乔纳森就将这一奋兴时期标示为自己那著名的灵性经验的开端。事隔多年以后，那时他已成为一位著名福音布道家，他所作的记叙，不可避免地显得有点程式化。不过，它不仅为那些事件本身提供了证据，而且还表明了爱德华兹对他年轻时期的经验所做的批判性理解。当他还只有九岁大的时候，他记叙到，他经验到了"两种更显著的觉醒季节中的第一种，在我遇到那种变化之前；而通过那种变化我具有了这些新倾向，以及我从此以后就具有了的、对事物的那种新意识"。在几个月里，这个九岁的男孩就是圣洁（sanctity）的典范。他每日里都在私下祷告五次，尽量向其他男孩谈信仰，并组织了与他们一起的祷告会。"我的心思主要集中于此"，他回忆道，"并拥有许多自以为是的喜悦；而拥有诸多宗教义务正是我的喜乐所在"。他与同学们"在一个极其秘密与僻静的地方，在一个沼泽地里，建立了一个小棚舍，作为祷告的处所"。他还在树林里拥有他自己的可以退隐到那里去的秘密处所，"并习惯于不时受到深深的感动"。但最终，这个九岁大的男孩"完全丧失了那些情感和喜悦"，并"像狗一样回头吃它所吐出来了，继续沉迷于罪中"。[2]

蒂莫西·爱德华兹是归信（conversion）这门学问的专家。而没有什么比能够区分什么是上帝的真正工作与什么是自我欺骗更具挑战性的了。这是一切的基础。归信并不只是一种热情的愉悦；情感是具有欺骗性且肯定会变化的。上帝工作的证据必定是实在和持久的。与18世纪的自然观察者一样，蒂莫西记录了他教区居民中灵性经验的迹象，并很清楚要去寻找什么。在观察灵魂状态的过程中，这位东温莎牧师利用了一个多世纪以来已经高度发展起来的清教学识。然而这门学问的对象——一种明显的灵性经验究竟是上帝的工作还是撒旦的效仿——却是极其难以捉摸的。撒旦喜爱的花招就是自我欺骗。自我产生的宗教热情，在一时间看起来就像真实的，但却很快就会消退。所以蒂莫西·爱德华兹对下列情形根本不会感到惊奇：他九岁的儿子从自我产生的对于灵性事物的热情中消退；抑或乔纳森以及其他男孩子回复到伪装在树林里的秘密藏身处正在与印第安人打仗。

蒂莫西·爱德华兹追随清教徒先驱，强调通向真正归信的三个主要步骤。第一步是"悔罪"（conviction）抑或是"就永生而论一个人对自己悲惨状态的觉醒意识"。[3] 爱德华兹牧师用以指称这第一个但却不充分的步骤的术语是"觉醒"（awakening）。我们必须留意那种用法，因为"觉醒"是指称下列现象的最常见术语：即在新英格兰会众中宗教热情的间歇性爆发。"觉醒"并不能确保救恩。乔纳森就将他孩童时期的短暂经验，描述为"两种更明显季节的觉醒"之一。

认识到生与死的不确定性，"就永生而论一个人对自己悲惨状态的意识"——正如蒂莫西·爱德华兹所说，往往会促发一种最初的觉醒。清教徒的家庭熏陶，在很大程度上旨在教育孩子认识到，他们的生命是何其不确定。每个孩子都知道有兄弟、姊妹、堂或表兄弟姊妹或者朋友突然死亡。蒂莫西听过一次科顿·马瑟的讲道，这位讲道人就最终丧失了自己十五个孩子中的十三个。父母在夜晚会提醒孩子，睡眠就是一种类型的死亡，并教给他们这样的祷告："今天已经过去；但请告诉我谁能够说，我肯定能再活一天。"《新英格兰启蒙读本》在用插图解释字母"T"时，文字说明是"时间（Time）能砍下一切，不论大的还是小的"，插图则是"一个狰狞收割者"（the grim reaper）的木版画。而字母"Y"的文字解释是"青春（Youth）在飞逝，死亡在追赶"，插图则是这样一幅木版画："死神手持一把大弓箭对准了一个孩子的脑袋"。[4] 在爱德华兹子女们被保存下来的一则写作练习中，有这样的话："没有什么比死亡更确实。在准备死亡的重大工作中切勿拖延。"[5]

如若生命是不确定和可怕的，那么永生就更是如此了。那些自己经验到上帝救赎之恩以及有孩子在婴儿期夭折的父母，也许从上帝怜悯一代又一代的盟约应许（covenant promises）中得着盼望。年幼的孩子也许获得了救赎之恩，即便他们还没有活到能让人看见可识辨性的归信迹象。一种夜间的祷告（它的一种形式获得了长期流传）就是："主啊，如果在今夜你带走我的灵魂，那么在清晨请让我在天国里醒来。"[6] 然而没有哪个孩子是清白无辜的，他们只配受永刑。所有人都是全然堕落的。他们不仅一有能力就会犯罪，而且他们还生而就带着人类的罪恶。"因亚当的堕落，我们全都犯了罪"，在《新英格兰启蒙读本》里，这就是教导的第一课。孩子们很快就知道，在其自然状态里，他们只配地狱的烈火。唯有上帝神秘的恩典才有可能解救他们。

蒂莫西·爱德华兹，就像新英格兰绝大多数布道者一样，深信在警告罪人面临落入永无止境的地狱般的折磨之中的危险上，绝不能有任何畏缩。蒂莫西记录到，有一位名叫阿比盖尔·罗克韦尔（Abigail Rockwell）的教区居民，最初的觉醒就是"由于在一次布道中听到了向未归信的罪人提出的这样一个问题，亦即，你能在火里呆半个钟头吗，如果不能，那你如何能在地狱里呆到永世呢"。小约书亚·沃利斯

(Joshua Wallis Jr.),一位当地的农民,曾报告说,他就是"因为害怕落入愤怒的上帝之手",而"被激励着……去更加努力地寻求在基督里的益处"。[7]

要从这些可怕的警告中获益,罪人还必须迈出通向归信的第二步:这就是蒙羞(humiliation)。一般地,在出现了觉醒这一最初的热情之后,人们会经历到向罪的一种倒退;这使得人们认识到他们的罪是何等可怕,上帝若判定他们下地狱,是完全公正的。有时,这一阶段被描述为含有一种"恐惧"(terror)意识。清教徒作者们提供了许多复杂的步骤清单,而蒂莫西的标准,相对而言还算是灵活和简单的,它所强调的只是三个必不可少的步骤——但他似乎坚持要经历这些步骤,尤其是这一步。潜在的归信者,不仅必须认识到他们的罪过应当受到永火的惩罚,而且还必须因一种完全的不配感而"真正谦卑下来"。[8]

只有到这时,一个人才完全预备好进入第三步——如果上帝白白地赐予的话——接受上帝重生之"光",或者"在他们里面造一新的灵",使他们真正悔改,使罪不再主宰他们,相反,他们将会接受"住在他们里面"的圣灵的引导,会接受唯独在基督里所赐的信心来作为得救的盼望,会经验到一种"荣耀的改变",将生命献上来服侍上帝。追随更严格的清教实践,蒂莫西·爱德华兹还要求将要领受圣餐的教会成员,对他们的经验做出公开的信仰告白——这将发生于上述重要模式之后。[9]

有必要注意到,在这种加尔文主义的"格局"(scheme of things)里,上帝的恩典是不能被掌控的。清教徒,就像改革宗传统中的其他人一样,将一切的荣耀都归于上帝。上帝的救赎恩典绝不是对善行(good works)的一种奖赏。而真正的善行,或是由对上帝的真爱激发的行为,唯有在重生者(the regenerate)那里才有可能,尽管他们仍然带有遗传的罪性所残留的痕迹。就是信心本身,虽然是接受上帝白白的救赎恩典的积极行为,但却不是救恩的有效原因,而只是人们接受恩典为己所有的一种必要途径。[10]

人不能控制上帝的恩典,充其量只能预备自己处在接受它的地位。所以经历归信这一渐进过程的步骤,就是"预备"的步骤。严格戒律(rigorous discipline)的反讽之处就在于,人在成功遵行的同时,不能有丝毫骄傲或得意。处在归信路上的迹象之一，就是竭尽全力恪守上帝的律法；但只有当罪人进而认识到他们根本没有能力成功恪守那律法的时候，他们才被真正预备好了去仰赖上帝的恩典。很少有这样一种灵性戒律：在其中付出如此巨大的努力，就是要承认自己的努力毫无价值。

严格的戒律，再加上对自己无法遵行它们的认识，亦构成了归信后基督徒生活的特征。就像约翰·班扬（John Bunyan）的朝圣历程，人总是能发现自己的执拗任性，以及自己残余"老我"的狡诈——即便是心在重生中被改变之后。[11]遵行正道是走窄路，十分艰难，但任何成功最终都是出于上帝的恩典。所以蒂莫西·爱德华兹及其同时代人，常常使用"预备"这一处方：不仅在通向归信的步骤方面，而且用于描述在基督徒经历的其他阶段如何寻求上帝的恩典。人所需要做的就是完全顺服上帝或为安息日做好"预备"，或预备领受圣餐，或在祷告里寻求圣灵。生活的一切都是为死亡与永恒审判做好预备。[12]

尽管持有恩典教义，新英格兰加尔文主义者，譬如爱德华兹家族，一直都在以上帝的律法来约束自己以及其他人的生活。遵守上帝的律法，是上帝与亚当和人类立下的原初"工作之约"的一部分。民族与个人还仍然是按照那种标准受到祝福和惩罚。相应地，民事律法应当反映上帝的诫命，譬如在维护真信仰或守安息日方面。上帝的道德律法，正如在"十诫"里所总结的，亦是未重生者寻求救赎的一种不可或缺的指导。律法是一位"师傅"：它表明人在努力履行上帝之约上还有多大的差距。那些处在"恩典之约"下的人——他们的救恩已由基督完全的顺从和牺牲所买赎——也必须要受到律法的指导。即便他们每天都会被提醒自己有多不完善，但他们努力遵守上帝诫命的意愿，就是他们归信的一种重要证据。[13]

教会及其圣礼

虽然清教徒渴望将他们的全部生活都变成对上帝诫命的一种顺从礼仪，但他们还是极大地缩减了教会的正式礼仪。严格遵守这一原则，即"唯独圣经"应指导基督徒的生活与崇拜,他们只执行两种正式的圣礼:洗礼与圣餐。正如在权威性的 1646 年"威斯敏斯特信纲"(Westminster Confession of Faith)中所说,这些圣礼是"恩典之约的神圣标志与印记"。[14]这些神圣的标志与印记,也是成为教会会友的门槛;而教会会友是由那些处在恩典之约下的人所组成的——就所能确定的而言。由于 17 世纪新英格兰清教徒发现,极其难以确定谁是真正的归信者,所以他们从未能够完全解决这一问题,亦即谁应当领受圣餐或者被视为教会的一部分。

问题在很大程度上源自相互冲突的传统;那些传统影响着他们对谁应接受那两种圣礼所做的决定。为婴儿施洗,依据于对旧约割礼所做的类比并反映了"基督教王国"这一悠久的传承;它意味着一个包容一切的基督教国家。将圣餐局限于可见的圣徒或者那些具有归信证据的人,则意味着与国家其余部分相分离的一种新约教会。在马萨诸塞的早期岁月里,罗杰·威廉姆斯(Roger Williams)曾指出,他认为在这两种模式之间存在着一种矛盾。而他试图解决这种张力的途径就是,单单效法新约的分离性教会模式,并否定了上帝还会应对国家本身。在于 1636 年被放逐到罗得岛后,他按照自己立场的逻辑,变成了——至少是短暂地——一个浸礼派(Baptist),或者说一个拒绝为婴儿施洗并将那一仪式仅限于已经归信的成年人的人。[15]

占主导地位的早期新英格兰领导层,成功边缘化了威廉姆斯和浸礼派信徒。但在他们关于圣礼(以及教会与社会)观念里的内在张力,很快就导致了对这一充满情感因素问题的激烈争论,亦即应给谁的孩子施洗。早期新英格兰人最初想要建立一个纯洁的教会,他们只给那些父母是教会正式领受圣餐者的孩子施洗。但他们很快就面临着一个棘手问题。如果那些受洗的孩子长大成人却从未正式归信——即使他们在其他方面有可能是诚实正直的,那又该当如何呢?应当给这些"中途(受洗的)教会成员"的孩子施洗吗?如果上帝的盟约延伸至若干代人——正如旧约明白指出的,那么重生者的孙辈又如何能够被拒绝在圣礼之外呢?在经过诸多争论后,一个圣职人员的宗教会议(synod)于 1662 年宣布,中途教会成员的孩子可以受洗。不过,新英格兰教会是公理会制的,因而并不受制于那些宗教会议。一个教会与另一个教会或者一个牧师与另一个牧师的做法可能不尽相同。在新英格兰圣职人员——尤其是保守的蒂莫西·爱德华兹——普遍接受这种"中途盟约"之前，还经历了许多争论。[16]

到 1700 年，圣礼之争转移到了一个新阵线：领受圣餐的成员问题或者谁应当领受圣餐的问题；而位于这场新争论核心的则是蒂莫西的岳父，可敬的所罗门·斯托达德。通过挑战这一实践，亦即只允许那些表明有令人信服归信证据的人成为领受圣餐者或成为会众的正式成员，这位北安普敦的著名牧师震惊了新英格兰当局。所罗门·斯托达德采纳了为一些长老会与改革宗教会所采取的做法，亦即将圣餐桌向公开认信基督信仰以及生活没有丑闻的人开放。斯托达德提供了这样一些理由。第一，很难准确区分谁是归信者。外在的教会从来都没有与信仰者团体完全共处共存。第二，圣餐是恩典的一种途径，将它向诚实正直者开放，有可能会促进他们的归信。斯托达德，这位经过考验的北安普敦宗教奋兴倡导者，坚持认为圣餐本身有可能成为"一种归信仪式"。

斯托达德将开放领受圣餐成员资格，看作是加强教会与圣职人员在社团里的作用这一更大计划的一部分。这种关注对圣职人员来说是共同的，特别是在马萨诸塞于 17 世纪 80 年代丧失了其原初特许状（charter）以后的那段时期里。虽然殖民地在 1692 年又获得了新的特许状，但它在那时已处在了一位皇家总督的管辖之下。教会已不再像清教初期那样去寻求州政府的指令了。为了加强圣职人员的作用，斯托达德赞同一种更为"长老制的"教会治理形式，抑或由地区圣职人员联合会而不是会众组成的教会治理。不过，与大多数长老会不同，斯托达德赞成这一新英格兰的大趋势，即降低平信徒治理长老的作用。[17]而将领受圣餐的教会成员资格，延伸到一个城镇大多数公民那里，亦能强化圣职人员对公民的控制。

在有关圣礼、教会与社会这一新英格兰难题上，所罗门·斯托达德所提出的解决方案，是从与罗杰·威廉姆斯几乎相反的方向，切入了这个死结之中。斯托达德没有将全部重心都放在新约教会上，相反，他坚持认为，教会与社会的关系应该比先前更多地依据旧约来确定。不仅是人们处在一种国家盟约之下，而且教会与国家（在这里，则指一个行省）的人民也应当，或多或少，是共处共存的。换言之，一个国家的实质应当是一个真正的国家教会。

在一个教区里，几乎每个人都会受洗，并因而处在教会及其牧师的直接约束下。在对自己方案提供了最全面解说的《建制教会的教义》（1700 年）里，斯托达德指出，"如果一个基督徒生活在一个有教会的城镇里，他必定立即就会加入那个教会；而那个教会也必定会约束管理他。"[18]

新英格兰对斯托达德开放领受圣餐成员资格所产生的分歧，几乎与对中途盟约所产生的分歧一样巨大。虽然大多数圣职人员都认同斯托达德强化他们的作用和保持一种国家盟约的关注，但新英格兰人对待他们的圣礼还是采取了严肃的态度。在圣餐礼上，新英格兰牧师会诵读这样的警告性经文："因为人吃喝，若不分辨是主的身体，就是吃喝自己的罪了。"（林前 11∶29）不加分辨地领受有可能会危及自己的灵魂。许多普通信徒，即使受到了牧师的敦促成为圣餐领受者，也仍然拒绝领受，其理由就是他们担心自己也许并未真正归信。[19]

斯托达德的牧职批评者之一，是马萨诸塞韦斯特菲尔德（Westfield）——在东温莎以北偏西约 20 英里处——的爱德华·泰勒（Edward Taylor，约 1645—1729 年）。泰勒以引人瞩目的诗作而出名；那些诗歌是他为自我陶冶而作，并常常是为了预备领受圣餐而写的。"主啊，请吹旺那煤块，"泰勒在一则典型的圣餐祈祷中说道，"让你的爱在我心内燃烧。"[20] 这种领圣餐时所表达的强烈的敬虔，在圣职人员和平信徒当中都十分常见。[21] 在泰勒看来，斯托达德通过鼓励人们领受圣餐而贬损了圣餐礼——当人们心中没有能被如此"点燃"的"煤块"之时。泰勒公开批评了斯托达德的观点，并在斯托达德提议将圣餐开放给"所有年满十四岁的、按照道德规范生活的、以及对信仰要道拥有教理问答一类知识的人"时，曾当面警告过他。[22] 而在私下里，他在诗作笔记里还表明了这样一种更大的危险，即返回到由主教与教长（prelates）所把持的英格兰国立教会的堕落之中：

> 你因背教，所以被驱赶到
> 长老制的帐篷下
> （那充其量不过是精致的主教制）……

在那里罪人的邪恶赤裸裸

却是受欢迎的宾客（如果他们能够说出使徒信经）

被接纳到基督的圣餐桌前。[23]

在波士顿，斯托达德的主要对手是马瑟父子，英克里斯（Increase）以及其雄心勃勃的儿子科顿。他们亦暗示，斯托达德正在使自己成为一个"公理会教皇"。[24]在18世纪头十年里，马瑟父子使当地的印刷商生意兴隆，因为他们持续不断地抨击斯托达德"弟兄"将圣餐开放给一般的正直者所带来的危险。英克里斯将斯托达德称为"弟兄"，不仅是在基督教的意义上，同时也是因为那位北安普敦牧师，娶了英克里斯的兄弟埃利埃泽的遗孀以斯帖·沃勒姆·马瑟。1714年，在双方经过多年争执和出版了十多种著述后，这两位"弟兄"达成了和平，尽管他们未能解决那种争执。这个问题同新英格兰教会治理的其他许多事情一道，被遗留给了当地在日后跌宕起伏的争论中作出选择。[25]

蒂莫西·爱德华兹则被夹在这一切中间。他受到了马瑟父子的影响，一直推崇他们的著作，并认同他们的观点，即领受圣餐的教会成员需要有可信的归信证据。蒂莫西·爱德华兹也认同与他同为牧师的朋友爱德华·泰勒的这样一种强烈意识，即必须维护圣餐礼的圣洁性。他与所罗门·斯托达德在这一问题上的分歧，既是一个神学问题，又是一个家庭事宜。很明显，这位女婿与岳父在其他事情上还有足够多的共同之处，譬如对于宗教奋兴的热情和对于圣职人员的主导作用，所以他们能够在圣餐问题之外求同存异。不过，在重要的原则问题上，蒂莫西·爱德华兹并不会屈从于他可敬的岳父，抑或其他什么人。[26]

探索

即使是在他孩子气的宗教经验被证明是短暂的之后，乔纳森仍然迷恋于那永远都是至关重要的归信问题。我们所拥有的他最早的作品，是一封写给他最小和最喜爱的姐姐玛丽的信，该信写于1716年，他时年12岁；信里记述的是正在他父亲教区里发生着的奇异觉醒。"通过上帝奇妙的仁慈与良善，"他写道，"在这个地方一直都有上帝之灵明显的激励与浇灌，现在同样也是如此，但我想我有理由认为它在某种程度上减弱了，我希望不要减弱得太多。大约有十三个人，已经以正式圣餐领受者的身份被接纳进了教会。"[27]

东温莎的觉醒并不是一个普通事件。斯蒂芬·威廉姆斯（Stephen Williams）——他在少年时期曾被掳往加拿大，是"迪尔菲尔德俘虏"之一，如今已是相邻的马萨诸塞朗梅多镇（Longmeadow）的一位年轻牧师——在日记里记录到，"在东温莎人民中间有一种异乎寻常的激动——许多人都哭泣着说我们该怎样做才能得救呢。"[28]乔纳森自己的叙述则记录到，"通常，每个星期一有三十多人要与父亲谈他们的灵魂状况"。在这数百名村镇居民中，有相当一部分人正在寻求恩典，尽管在乔纳森写信时只有十三人达到了蒂莫西·爱德华兹的高标准，并"以正式圣餐领受者身份加入了教会"。[29]

就像与家庭的关系一样，蒂莫西作为牧师也以令人愉悦的热情，缓和了他那一丝不苟的严厉。即使是平时，蒂莫西也会花不少的时间进行教牧辅导，体现了一种他儿子没有学会的交际特征。[30]蒂莫西还是一位卓有成效的布道者。与他儿子不同，他首先是一个言说者，而非著述者。在东温莎，那些经常听这位父亲布道，后来又常听他儿子布道的人，所做的"典型评论"是，"乔纳森先生是更深刻的布道家"，而"爱德华兹先生也许是更博学的人，在举止上也更有生气"。[31]

蒂莫西·爱德华兹还是个纪律十分严格的人，总是以高标准要求每个人。他在学识上的声誉，有赖于他那收藏了许多灵修经典的书房，有赖于他对圣经的娴熟精通，也有赖于他教授经典的本领——他成功地培养了村镇上许多孩子进入学院深造。他一个学生回忆到，当他自己刚进学院时，学院的官员评论说他们根本用不着审查爱德华兹先生的学生。[32]

这样一种完美主义，当体现在由上帝任命的社区道德监察者这一官职方面时，就有可能成为一种喜忧参半的事情。在东温莎，人们记得蒂莫西是个一本正经和一丝不苟的人；每当在公共场合出现时，必定要穿戴上齐整的圣职人员服饰。[33]他极其认真地对待自己作为村镇行为监护者的职责。同其他清教圣职人员一样，他会严厉斥责酗酒、淫荡与"任何轻慢自负的言谈"所包含的不可避免的邪恶，以及诸如"夜不归宿"与"结交不良"一类的年轻人的罪过。他还遵守这样一种强化社区水准的惯例，即把恶名昭彰的违规者带到会众面前，当众诵读他们的悔改书，公开羞辱他们。[34]虽然牧师在行使这种权威职责时并没有超越常规，但这意味着村民对待他们的情感，很容易从热爱转变为仇恨。在后来的岁月里，蒂莫西·爱德华兹还经历过其他几次宗教奋兴，但他有时也看到，他与村镇的关系变得恶化，成了仇视与对立的关系——这再一次铺了一条他儿子将要追随的道路。[35]

我们能够想象，这样一位严师的严格关注，必定会指向预备他的独子进入教牧事奉。在学业问题上，这对父子正相匹配。儿子的早慧天赋，满足了父亲的完美主义要求。对乔纳森来说，远为困难的是，满足父亲为真正灵性所设立的高标准。即使是再多的训练与努力也无济于事。对于一个极其满意于自己出色表现与成就的孩子来说，要想获得出色的谦卑，这一挑战的确是令人望而却步的。然而上帝——以及蒂莫西·爱德华兹这一精通上帝标准的行家——在这事上绝不会让步。12岁的乔纳森对于1716年宗教奋兴的热忱是显而易见的，而他也表现出了颇有希望的寻求恩典的迹象，然而他还不属于那些能够做出信仰表白的人。他随后的岁月将经历属灵的烦恼。

那年秋天，在刚满13岁时，乔纳森就离家开始了大学生活。当时入读大学的平均年龄在16岁上下，但如果有年龄更小的男孩入读，也不是什么不同寻常的事情——只要他们掌握了必要的语言。康涅狄格刚起步不久的高等学院，是在极其拮据艰难的情形下于1701年创立的，如今已拥有了三个小小的相互竞争性的分部。乔纳森与十来个学生加入了位于韦瑟斯菲尔德（Wethersfield）的分部。韦瑟斯菲尔德距离哈特福德不远，在东温莎下游只有十英里处。这种安排使他仍处在家族势力范围之内。主要指导教师是伊莱沙·威廉姆斯（Elisha Williams）。伊莱沙是"威廉姆斯—斯托达德"家族的成员，是他的一位极具才华的"同父（或母）表兄弟"（half-cousin），只比乔纳森年长九岁，并将长期在乔纳森生活里发挥重要作用。乔纳森大约是与伊莱沙住在一起，或者是住在他姨妈玛丽——他母亲的二姐，及姨夫斯蒂芬·米克斯（Stephen Mix）——一位当地牧师——的家里。

乔纳森入学的第三年，亦即1718年，在康涅狄格各地为成为未来高等学院所在地的复杂较量中，纽黑文（New Haven）开始占据上风。科顿·马瑟，自从他们家族于1701年失去对哈佛的控制后，就成为了康涅狄格高等学院的一位坚持不懈的朋友。最近他从英国商人伊莱休·耶鲁（Elihu Yale）那里获得了一笔捐赠。学院管理委员会用这笔捐款，在纽黑文建造了一栋很好的建筑以容纳学生。而在早些时候，马萨诸塞驻伦敦代表耶利米·达默（Jeremiah Dummer）则为学院弄到了一大批书。1718年9月，纽黑文团体在学年开学之际，庆祝了这些事件并将学院更名为耶鲁。而韦瑟斯菲尔德团体亦举行了对抗性的典礼。随后，"康涅狄格州议会"（The Connecticut General Assembly）命令韦瑟斯菲尔德的学生迁往纽黑文。他们照办了，但显然是心怀不满，所以很快就发出了一系列抱怨——抱怨的焦点集中在主要指导教师塞缪尔·约翰逊（Samuel Johnson）那糟糕的教学水准上。虽然才只有21岁，但约翰逊并不缺乏理智能量。以后，他将成为纽约"国王学院"（哥伦比亚）的院长，并以"美国的塞缪尔·约翰逊"（the American Samuel Johnson）而闻名。人们对他作为一个初出茅庐教师的缺欠的认识，也许是受到他对某些加尔文主义教义缺乏热情这一点的强化。约翰逊不久就与一群年轻的新英格兰人，转投到了清教宿敌英国圣公会的阵营里。但不论韦瑟斯菲尔德学生抱怨的来源是什么，一个月后，他们还是收拾好行装返回到了韦瑟斯菲尔德和伊莱沙·威廉姆斯那里。

乔纳森在1719年3月向他姐姐玛丽报告说，他们在韦瑟斯菲尔德很好，但很快要返回纽黑文，因为学院管理委员会"已经消除了导致他们出走的原因，亦即［塞缪尔］约翰逊先生离开了导师职位，而换成了坎特伯雷（Canterbury）牧师［蒂莫西］卡特勒（Timothy Cutler）［任］院长"。[36]当乔纳森与其他人在那年春天返回纽黑文后，他发现，新院长卡特勒是个三十多岁的令人敬佩的人物。在7月中旬写给父亲的信里，他写道："卡特勒先生对我们极其客气，具有良好的管理精神，把学校治理得井井有条，增进了学识，得到了所有人的喜爱和敬重。"[37]这些就是这个15岁少年长期以来学会景仰的优良品质。

在卡特勒指导下学习，尤其是能够接触到一系列现代图书，对于这个早慧的好学生是一种激动人心的冒险经历；到毕业时他将成为他那个班级"致告别辞的最优生"（valedictorian）。然而更加重要的是在他灵性生活里所发生的事情。在他毕业那年，他曾罹患胸膜炎这一几乎致命的疾病；他没有预备要死亡并因而深受震动。他后来回忆到，那仿佛是上帝"在地狱深渊之上将我摇醒"。从深渊的边缘往下一看之后，乔纳森决定将自己完全交付给上帝，并在一段时间里，拥有了相信自己已与上帝和好的喜悦。不过，在他康复后不久，他童年时的经历就再次发生了，他"又跌回到了犯罪的老路上"。[38]

自律失败的地方与成功的地方一样多。自省亦不令人乐观。早在他开始记事时起，他就十分讨厌父母无休无止的说教与训诫。圣洁似乎是"一种忧郁、烦闷、苦涩和令人不快的事情"。[39]他不喜欢冗长拖沓的教会崇拜。他具有一种反叛的特质。他很骄傲。他性格不合群，与人很难相处，缺乏作为恩典之证据的爱的表现。他被情欲困扰，付出了巨大努力，也无法完全控制它。[40]

这个16岁的年轻人又返回了老路上，但是这一回，上帝不放过他，而他也不放弃。下一年，他仍留在纽黑文攻读文学硕士。那是一段思想快速成长的时期，然而这段时期他再一次蒙上了激烈灵性挣扎的阴影，令人不太满意。"上帝不会让我继续保持安宁；而我则出现了巨大而强烈的挣扎：在与邪恶倾向进行了许多斗争后，在一而再地痛下决心后，以及在我通过誓约与上帝连接后，我才完全脱离先前所有的邪恶之道以及所知的外在罪恶之道；我才使自己专注于寻求我的救赎、实践我的宗教义务，但却没有出现我先前曾经验到的那种情感与喜悦。"[41]

使他更为感到苦恼的，是他与其他学生的人际关系。虽然成年人会赞赏他的思想成就，但这并不等于说就会受到同龄人的喜欢。他积极致力于理解实在的本质的同时，极力以神来纠正自己，这很可能更加强化了他天生的腼腆与孤僻习性。

首先他与室友及表弟伊莱沙·米克斯（Elisha Mix）发生了激烈争吵。乔纳森与伊莱沙很熟，因为伊莱沙的父亲就是韦瑟斯菲尔德的牧师斯蒂芬·米克斯。伊莱沙只比乔纳森小两岁，但他绝不是一个喜好读书的人；当乔纳森进入文学硕士学习后，他才刚刚开始学院的新生生活。很明显，是伊莱沙的父亲促成了这种住宿安排，并期望乔纳森能够监管伊莱沙的学习。这种安排几乎从一开始就不对劲儿。伊莱沙喜欢玩耍，讨厌和如此一贯严肃正经的人住在一起，并对督促他学习的提醒置若罔闻。使事情更加糟糕的是，作为一名新生，伊莱沙必须听从高年级学生的吩咐。这在各个学院里是一种正常安排：在第一年里被当作"使童"（errand boy），是那个时候任何一种手艺或职业的学徒预料之中的事情。在地位上突然产生的这种不平等，并没有在这对表兄弟之间发挥作用。不过，乔纳森认为这里涉及一种原则问题，并珍惜自己的特权。

由于不想从学习与灵修中分心，乔纳森一天中会多达十次地吩咐伊莱沙到他们居住的耶鲁新房地下室里，去为他取苹果酒。有天晚上，乔纳森发出了这种吩咐，但伊莱沙不予理睬。乔纳森追问他是否听见了；如果听见了，为什么不去。乔纳森向姨夫投诉了这件事。"他颇为诚恳地回答说，他［不］愿意在玩耍时被叫去取苹果酒。我对他的回答深表惊讶，这是我所知道的第一桩新生断然拒绝高年级学生的实例——不论是研究生还是本科生。"乔纳森以其特有的严谨性继续说道，他对伊莱沙的要求是比较少的，"他作为新生所承担其他类似的负担，并不比其他新生多。"[42]

爱德华兹显然是通过父亲转达了这一抱怨，而他父亲又向自己这位内弟斯蒂芬，添加了自己的并非那么尊敬的警告。在蒂莫西看来，伊莱沙的行为反映了斯蒂芬的松懈。任何人都不允许耍手腕来阻碍原则的执行。蒂莫西接着说道，他将很快"就在他那里所看到和经历到的不令人愉快的事情，给他写信表明自己的看法……我确信你有不妥当之处"。[43]

在同一学年发生的第二件事情，印证了有其父必有其子的道理。1721年3月1日，乔纳森给他父亲写信，向他保证自己没有参与已成为殖民地议论话题的一次小小的学生造反。他首先"衷心感谢父亲有益的提示与忠告，以及它们所表达的父亲的无限关爱"。其实并不需要这些建议，乔纳森保证说，他在这整个事件中都是正直诚实的典范。他写到，所发生的事情是这样的，"每个大学生，每个与学院食堂有任何关联的人"都宣布，他们达成了这样一个协议，绝不再到食堂就餐，亦不为他们的服务付费。爱德华兹并不是那个"小集团"的成员。其中一个原因是，他是学院的管事（butler）。他并不想危及这个具有吸引力的职位，即便他同情其他的学生。乔纳森相信，大学生们这个有害协定，是"在卡特勒先生［院长］或者（我相信）任何人知道他们的不满之前"做出的。结果是，到下一次用餐时间，学院的大约五十个学生没有一人到场。乔纳森承认"学院食堂有时在质量上有所欠缺，但我想并没有多少借口可以做出这样的反叛"。

除了他对权威极其敬重外，这种描述还透露出，乔纳森与同学们的关系似乎极其糟糕。他不仅是个局外人，而且还不讳于表达他成人般的观点。尤其是，他告诉父亲，他已经对他的同乡东温莎人艾萨克·斯泰尔斯（Isaac Stiles）表明了自己的看法。斯泰尔斯比乔纳森年长六岁。蒂莫西·爱德华兹已经注意到了这个农夫之子（他后来成为一位著名耶鲁院长的父亲）的才智。乔纳森在地位上高于艾萨克，于是他将这位年长于己的学生置于了自己的庇护之下。乔纳森写到，斯泰尔斯受到了同伴的重压并加入了那个同盟，他没有时间加以仔细考虑。乔纳森敏于表达自己的建议："我一得悉他成为了他们中的一员，就告诉他我认为那么做是极不明智的，我还告诉了他我认为将会产生的不良后果，他很快就后悔在这件事上没有听取建议，我认为这件事将会成为斯泰尔斯担任学院管事的最大障碍。"

造反"很快就被平息下去了"，但接踵而至的紊乱"却变得更糟糕、更严重，我认为它比学院先前出现的紊乱更加严重"。正如乔纳森以震惊的语调所报告的，"近来在学院里发生了一些骇人听闻的不敬虔及不道德行为，尤其是盗窃鸡鸭猪鹅与柴米油盐、反常的夜间游荡、溜门撬锁、玩耍纸牌、诅咒、说脏话、谴责谩骂以及使用各种形式的邪恶语言，此类种种行径在学院里达到了前所未有的程度。""管事院长"召集了一次管理委员会会议，"可以推知，其结果将是开除一些人，公开警告其余的人。"不过，乔纳森毫发无伤。"因着上帝的仁慈，"他作证说，"我全然免于他们的一切烦乱不安。"

他进而保证道，"我与室友能够和睦而协调地相处。"虽然学院里的斗争已经得到了解决，但是爱德华兹与其他学生的关系仍然很糟，而他依然从成年人那里寻求公正。他所能报告的最好事情就是，"在我与其他学生之间没有爆发新的争吵,尽管他们依然坚持他们先前的联盟,但我不是没有希望地认为,这次管理委员会会议将会取消那种联盟。"[44]

如果我们注意到乔纳森正在经历他一生中最剧烈的属灵之旅,那么他与同学的疏离以及对他们闹剧的反感,也许就能得到更好的理解。在这一帮惹是生非的年轻人中,乔纳森的生活就像是一位寻求圣洁的年轻僧侣。到 1721 年 3 月 1 日,亦即他报告学院恶作剧的时候,他正处在发现他最终将认为构成了他归信实质的一些奇迹(marvels)的边缘,甚或是中间。[45]在这一学年里,他还从事着对于一个 17 岁年轻人来说极其惊人的哲学与神学思考。如果我们能严肃对待他在理解上帝实在之和谐这一探索上所达到的深度,以及他接近那一目标时所产生的美感,那么就更易于看到他为何与那些满脑子恶作剧和吵吵闹闹的同学格格不入了。在性情上,当处在现世的男性"同道"(camaraderie)中时,他从未感到过自由自在。他期望其他人像自己所做到的那样保持一种"高强度"。他没有"中间挡"。他不能容忍不一致,譬如看到同学中的许多人正在接受圣职培训,但却在藐视道德秩序。而且,他还是个对自己和对人际关系需要了解很多的年轻人;他并没有完全了解这一切。当然,我们也必须考虑到,就像伟大艺术家一样,他所探索之实在的维度超越了大多数同龄人的想象。

直到开始产生强烈的经验,那一年对乔纳森来说,是极其痛苦的灵性挣扎的一年。他后来将他的努力,以一种传统说法,描述为"悲惨的寻求"。他怀疑他的努力究竟是否具有任何价值,然而通过它们,他回忆到,"我被引导着去寻求救赎,并且是以一种前所未有的方式"。即便是从他前一年患病时起,他就"感觉到了一种与世界万物相分离的精神、一种专注于基督的精神",但他似乎并未取得真正的进展。

虽然他的一部分受到全然委身的强烈吸引,但他的另一部分却在顽固地抗拒。这种抗拒在他的理智里建立起了堡垒。正如他后来所描述的,从童年起,他就"完全反对上帝主权的教义,亦即拣选那些他愿意赐予永生的人,并弃绝那些他乐意弃绝的人——任由他们永远灭亡,在地狱里遭受永刑。它过去对我而言似乎是一种可怕的教义"。[46]

这段话不仅对于理解年轻的爱德华兹,而且对于理解他以后的整个生涯，都是十分关键的。作为一个年轻人，如若不论两个时代的差异，他就像那极其圣洁的阿辽沙·卡拉玛佐夫（Aloysha Karamazov），严格约束自己以探求认识上帝；但他亦是持怀疑论的伊万（Ivan）。他对上帝主权的道德愤怒，反映了他年轻时的反叛精神——虽然有外在的顺从，但他对父母、对父母的教导以及对教会的教义灌输，长久以来保持了一个秘密的、内在的抵抗据点。而他机敏的理智又为这种抗拒提供了强有力的武器。就像那个时代其他许多伟大思想家一样，他攻击了加尔文教义的最薄弱点：上帝的主权意味着，通过上帝的命令，许多人被预先决定了要受可怕的永刑。随着他日益广泛的阅读，他发现这种反对得到了那个时代新的人文主义精神的强化。正如那个时代许多最伟大思想家所做的那样，他一方面准备推翻所传承下来的教条；但他亦承认人在永恒面前的软弱，所以他另一方面又相信这种反叛精神必须被抑制。而一旦直面死亡，一旦在地狱深渊边上瑟瑟发抖，他的心若不安息在上帝里面，就永远无法得到安息。

他的心灵与理智在这种探索中是密不可分的。他的理性以及他的道德敏感性，在他的道路上设置了一个巨大障碍。那些反对或抵抗就是那源于童年时期的、对父母正统信仰之反叛的表现。他无法相信上帝完全的主权——这一加尔文主义信仰的基础教义。然而他亦断定他不能指望自己。"人若赚得全世界，赔上自己的生命"（太16：26），对他又有什么益处呢？尘世的欢乐是短暂的，并终将归于尘土。即便他认为它是令人反感和不公平的，但他深深害怕，地狱的烈火在等待着那些反叛上帝的人。[47]他极其想要信赖上帝，然而他却不能相信，更遑论顺从这样一个暴君。

在这种混乱中，他取得了突破。突然他开始确信，上帝"按照他主权的喜好，永恒地决定了世人"，这的确是公正的。让人大费周折的障碍消除了。事后，他清楚地记得，他是什么时候达到这种信念的，但却"从未能解释，我是如何，抑或通过什么途径，产生这样一种确信的。在当时和事后相当长一段时间里，也根本不能想象，在其中有圣灵的任何超常影响。而只是知道，我当时看得更加深远了，我的理性领悟了它的公义与合理性"。[48]

在把这一切归于上帝的恩典后——正如他在后来叙述中所做的，

爱德华兹淡化了他的理性思考在使自己与神学传承达成和解过程中所发挥的重要作用。当然，我们不知道是什么使他跨越了那一障碍，因为他说他自己也不完全理解那一切。然而我们知道，大约在这一时期，他正在就上帝的属性以及上帝与整个宇宙的关系，提出他最具特色和最深刻的洞见。那些洞见对他而言，就像是一场哥白尼式的革命：它为理解上帝与实在的关系提供了一种全新的视角，并将上帝与人的关系问题置于一种全新的框架里。

之后看来这种思想突破似乎是圣灵的工作，因为它很快就具有了一种压倒一切的属灵表现。首先，乔纳森的心灵"安息"在了他的"洞见"之中，"它结束了所有那些从前一直存在而且直到那时还伴随着他的挑剔与反对。"接着，有一天出现了绝非理智所能产生的奇妙回应。当时他正在阅读《提摩太前书》1：17："但愿尊贵、荣耀归与那不能朽坏、不能看见、永世的君王、独一的神，直到永永远远，阿们。"他很久以来已经无数次听到过这些话，因为不断重复的教理问答答案，罗列了上帝的这些属性并强调人们将处在"荣耀与喜乐"（或者是与上帝同在的喜乐）之中。[49]如今，这个浩渺宇宙的上帝——他确实是永恒和全知的——那无法理喻的伟大所具有的意义，向他发出了炽热光芒。当他阅读那些话语时，他回忆道，"在我灵魂里出现了，也可以说经由它注入了，一种有关神圣存在的荣耀意识；一种崭新的意识，迥异于我先前所经验到的。"他是如此狂喜不已，正如他所说，"我心中忖度，那是何等奇妙的一种存在在啊。我如若能欣赏那样的上帝，并在天国里被他紧紧拥抱在怀里，甚至被他所吞没，那该是何其喜乐啊。"他持续不断地诵读那段经文，"就像它通过圣经的那些话语在向我歌唱……以一种完全不同于我原先常用的方式在祷告；并具有了一种新的情感。"

即便如此，这个善于内省和敏于观察的年轻人，仍然深深怀疑自己的情感；他已经受到过两次愚弄了：那种情感看起来像最强烈的属灵感情——但在危机过后就消失不见了。所以，他在上述记述之后，立即又添加上了这一引人注目的话，"我从未想过，在其中会有任何属灵的东西，抑或具有救赎性的东西。"

但这回不同。这种新情感在春季里成长了。当他为了沉思而在纽黑文附近的原野、林地以及山冈上漫步时，他一再看见在基督里的上帝之爱的荣耀（glory）与荣美（beauty）。他经验到了基督之爱的一种"内在美妙感觉"——表现在"他的救赎之工以及他荣耀的救赎之道里"。他用大量时间来阅读《雅歌》中的爱情诗篇。在原野里，他常常沉思这样的话："我是沙仑的玫瑰花，是谷中的百合花"（歌 2：1）。"那些话对我而言，似乎奇妙地代表了耶稣基督的可爱与荣美。"这样一种沉思能够将他"从一切尘世的关切中"带入到"这样一种场景里……宛如独自处在高山，或者旷野，远离一切人烟，甜美地与基督交谈，并被包围和淹没在上帝之中"。对于神圣事物的这种新感觉，"可以说往往是突然之间，在我心里点燃起一种甜美的火焰；那是我灵魂的一种炽热，我不知道该如何表达。"

在开始出现那些经验后不久，它们就达到了一个令人难以忘怀的高峰。那年春季他在家里度假，并与父亲交谈了正在发生的事情。乔纳森回忆到，那次交谈令他"深受触动"。交谈结束后，他独自走到原野里去沉思。"当我在那里漫步时，"他报告说，"我仰望天空和白云；这时心里出现了一种上帝那充满荣耀的威严与恩典的美妙感觉，我不知道该如何表达。"那彻底征服了他的是，三一上帝那奇妙结合在一起的两种似乎正相对立的属性，亦即"紧密结合在一起的威严（majesty）与柔顺（meekness）。它是一种甜美、温柔与神圣的威严，是一种威严的柔顺，是一种令人敬畏的甜美，亦是一种高尚、伟大与神圣的柔顺"。[50]

对爱德华兹经验的一种生硬解释，也许会认为，他的上帝观是他父亲形象的一种宇宙性投射。[51]尽管在这种还原论观察中总是存在着些微真理，但问题的实质几乎正好与此相反。只要爱德华兹的上帝，大体上是他父亲或其他人类类似物的一种投射，他就不可能相信。如若上帝只是所能想象的最伟大人物的一种宇宙性"变体"，按照人的标准，上帝就仍然是一个反复无常、不近情理的专制暴君或父亲：他的爱将会是狭隘的控制、严酷的审判、温和夹杂以不时的愤怒、固执的约束以及惩罚等等。[52]事实上，只有当乔纳森的视野扩展并领悟到了，那掌控着浩瀚宇宙的三位一体的上帝，必定是无法言喻、无法理解的良善、优美与仁爱的时候，他才能使自己沉浸在上帝里面。

注释

[1] *Faithful Narrative of the Surprising Work of God*, Works, 4: 154.

[2] "Personal Narrative" (ca. 1740), Works, 16: 790—791. 爱德华兹的叙述显然是为教导他一个门生而撰写的,可能就是他未来的女婿阿伦·伯尔; See George S. Claghorn, "Introduction" to "Personal Writings," Works, 16: 747。

[3] Timothy Edwards, sermon on Acts 16: 29—30, pp. 11—12, 1695. Washington University Library, quoted in Kenneth Pieter Minkema, "The Edwardses: A Ministerial Family in Eighteenth—Century New England" (Ph. D. diss., University of Connecticut, 1988), 82. See 80—95, re Timothy Edwards' view on steps toward salvation. Other information on Timothy Edwards is drawn from Minkema, passim.

[4] Charles Hambrick—Stowe, *The Practice of Piety: Puritan Devotional Disciplines in Seventeenth—Century New England* (Chapel Hill: University of North Carolina Press, 1982), 219—221. See ibid., 219—241, 有关清教徒的死亡预备。

[5] Exercises on endpapers of Timothy Edwards, sermon on I Kings 2: 2, February 7, 1744/45, Connecticut Historical Society, Hartford, quoted in Minkema, "Edwardses," 155. Cf. ibid., 153—155 re the Edwardses' home life.

[6] Hambrick—Stowe, *Practice of Piety*, 219. Erik R. Seeman, *Pious Persuasions: Laity and Clergy in Eighteenth—Century New England* (Baltimore: Johns Hopkins University Press, 1999), 52—53. Seeman 发现,18世纪新英格兰的世俗人员几乎总是相信,他们自己已故的孩子是在天国里。不过,Seeman 轻描淡写地说道,圣职人员,尤其是乔纳森·爱德华兹本人,为婴儿的获救留下了某种程度的余地。Gerald McDermott, *Jonathan Edwards Confronts the Gods: Christian Theology, Enlightenment Religion, and Non—Christian Faiths* (New York: Oxford University Press, 2000), 137, 指出,爱德华兹在他的"杂记"第78号里说道,婴儿有可能在出生时就已经重生了。

[7] Kenneth P. Minkema, "The East Windsor Conversion Relations, 1700—1725," *Connecticut Historical Bulletin* 51 (Winter 1986): 30.

[8] Timothy Edwards, sermon on Acts 16: 29—30, p. 5, quoted in Minkema, "Edwardses," 83. 极具影响力的清教徒作者 William Perkins (1558—1602) 将这一阶段称之为由一种遵守上帝律法的完全无价值感所带来的"律法的恐惧"。See Norman Pettit, *The Heart Prepared: Grace and Conversion in Puritan Spiritu-*

al Life (New Haven: Yale University Press, 1966), esp. 65; Edmund S. Morgan, *Visible Saints: The History of a Puritan Idea* (New York: New York University Press, 1963), esp. 68; and Janice Knight, *Orthodoxies in Massachusetts: Rereading American Puritanism* (Cambridge: Harvard University Press, 1994). 这些著述涉及各种各样的清教观点——这一点是 Knight 所强调的。有关蒂莫西·爱德华兹对这一步骤的坚持，参见第三章。

[9] Minkema, "East Windsor Relations," 13, 总结了包含四个步骤的普通范式。我压缩了第一个步骤"意识到上帝对于罪的愤怒"（当一个人堕入罪中时），而且"意识到上帝完全有权审判罪人下地狱"。这些步骤并不精确。Cf. idem, 3—66."光"与"荣耀的变化"出自 Timothy Edwards' Theological Notebook, reflections on Richard Baxter, Connecticut Historical Society, 引自 Minkema, "Edwardses," 83. 其余的出自新英格兰最常用的权威信条《威斯敏斯特信条》12—15 章。该信条见于 *Creeds of the Churches*, 3d ed., ed., John Leith (Atlanta: John Knox, 1982), 在其他地方也可以找到。

[10] William K. B. Stoever, "*A Faire and Easie Way to Heaven*": *Covenant Theology and Antinomianism in Early Massachusetts* (Middletown, Conn.: Wesleyan University Press, 1978), 63—67 and passim, 为新英格兰这些争论的细微之处提供了一种清晰叙述。当然，就律法与恩典之间关系的精妙之处，在这场"反律主义"争论中，各种观点是互不相同的。爱德华兹一家的观点，遵从了在此所概括的新英格兰圣职人员的主导性看法。

[11] 重生是上帝经由新生改变人心的行为。悔改归信是个体对那种改变的经验，通常是一个渐变过程。这两者往往是合并在一起的。

[12] Minkema, "Edwardses," 81. Hambrick—Stowe, *Practice of Piety*, 197—241.

[13] *Westminster Confession of Faith*, chap. 19. Cf. Stowe, "*A Faire and Easie Way to Heaven*," 81—118.

[14] *Westminster Confession of Faith*, chap. 27: 1.

[15] 通常认为威廉姆斯于 1639 年在美国创立了第一个浸信会教会，但数月后，他认定，即便那种做法也不够纯洁，并完全放弃了建制教会的想法。

[16] Robert G. Pope, *The Half—Way Covenant: Church Membership in Puritan New England* (Princeton: Princeton University Press, 1969). E. Brooks Holifield, *The Covenant Sealed: The Development of Puritan Sacramental Theology in Old and New England*, 1570—1720 (New Haven: Yale University Press, 1974).

[17] James F. Cooper Jr., *Tenacious of Their Liberties: The Congregationalists in Colonial Massachusetts* (New York: Oxford University Press, 1999), 本书为教会政体里圣职人员与平信徒之间的关系，提供了一种内容丰富的叙述。有关治理长老问题，尤其参见第 130—131 页；在那里，Cooper 发现，一些 18 世纪教会保留着治理长老，但即便是那样也没有赋予那些"优秀的平信徒"以突出地位（正如在爱德华兹的北安普敦所存在的情形）。

[18] Solomon Stoddard, *The Doctrine of Instituted Churches Explained and Proved from the Word of God* (London, 1700), 8. 论斯托达德的观点，参见 Thomas A. Schafer, "Solomon Stoddard and the Theology of the Revival," in Stuart Henry, ed., *A Miscellany of American Christianity*; *Essays in Honor of H. Shelton Smith* (Durham: Duke University Press, 1963), 328—361, 以及 Holifield, *Covenant Sealed*, 208—220。斯托达德亦实行半途盟约的做法。不过，他更宽松的圣餐成员标准，使得半途盟约问题变得缓和了，因为有更多的城镇居民成为了领受圣餐者，而他于 1679 年不再在半途成员与正式成员之间进行区分了。Ralph J. Coffman, *Solomon Stoddard* (Boston: Twayne, 1978), 81.

关于治理长老，斯托达德说道，"不论是弟兄还是长老都没有职责去干涉……或者限制他［牧师］". *Instituted Churches*, 12, quoted in Perry Miller, "Solomon Stoddard, 1643—1720," *Harvard Theological Review* 34 (1941): 311.

[19] Holifield, *Covenent Sealed*, 200—206.

[20] Thomas Johnson ed., *The Poetical Works of Edward Taylor* (Princeton: Princeton University Press, 1943), 123.

[21] Seeman, *Pious Persuasions*, 15—25. Holifield, *Covenant Sealed*, 197—224.

[22] Taylor to Stoddard, February 13, 1687/88, Taylor Notebook, quoted in Paul Lucas, *Valley of Discord: Church and Society along the Connecticut River*, 1636—1725 (Hanover, N. H.: University Press of New England, 1976), 161. See also Thomas and Virginia Davis, eds., *Edward Taylor vs. Solomon Stoddard: the Nature of the Lord's Supper* (Boston: Twayne, 1981).

[23] 爱德华·泰勒在 Samuel Hooker 去世时作的挽歌，as quoted by Perry Miller, "Solomon Stoddard," 302.

[24] See note 2, chapter 1, above.

[25] Minkema, "Edwardses," 34—38, 54—64. Davis, ed., *Taylor vs. Stoddard* (Boston, 1981). Lucas, *Valley of Discord*, 159. Lucas, "'An Appeal to the Learned': The Mind of Solomon Stoddard," *William and Mary Quarterly*, 3d

ser., 30 (1973): 269. 争论中主要书名的单子, 参看 Miller, "Solomon Stoddard," 303—304n.

[26] 在1710年, 一些城镇居民抱怨他领受圣餐的标准过于严厉, 他拒绝了这一指控。Minkema, "Edwardses," 36—37.

[27] 爱德华兹给玛丽·爱德华兹的信, May 10, 1716, *Works*, 16: 29.

[28] Stephen Williams, diary, February 22, 1715/16, 1: 6 (typescript), Storrs Library, Longmeadow, Mass., quoted in Minkema, "Edwardses," 75.

[29] 爱德华兹给玛丽·爱德华兹的信, May 10, 1716, *Works*, 16: 29. Dwight, *Life*, 17 注意到, 家庭书信表明, 乔纳森的两个姊妹以及母亲在这场奋兴期间对其"基督教信仰做了公开告白"。Minkema, "Edwardses," 199n26 发现蒂莫西·爱德华兹日记的110页（Beinecke）列了"A[nne] and Eun[ice], 他们的亲戚", 但没有提到他的妻子。如果所罗门·斯托达德的女儿在嫁给蒂莫西时不再是领受圣餐成员, 并在她结婚22年里一直都没有达到她丈夫的更高标准, 那将是非常引人瞩目的。

[30] Minkema, "Edwardses," 80—82.

[31] Dwight, *Life*, 17. 以上叙述主要依据 Minkema。

[32] Ibid., 16.

[33] Ibid.

[34] Minkema, "Edwardses," 116—117.

[35] 像乔纳森一样, 蒂莫西也同他的会众产生过长期的薪俸争执, 因为他主张他的酬劳应当赶上通货膨胀。他在这些事情上亦表明了他的一丝不苟, 他一直记录着那些拖欠他的东西, 几乎在字面意义上精确到了最后一粒粮食的地步。他曾就他所反对的那些婚姻——做父母的表示不同意——发生过两次严重争论（他对这种问题的关注可能涉及他对自己父母那吵闹不休的婚姻所留下的记忆）。Minkema, "Edwardses," 103n8, 114—115, 120—136.

[36] 爱德华兹给玛丽·爱德华兹的信, March 26, 1719, *Works*, 16: 31.

[37] 爱德华兹给蒂莫西·爱德华兹的信, July 24, 1719, *Works*, 16: 33. 卡特勒亦认可了爱德华兹, 并为其儿子的"突出能力和学识进展"而祝贺了蒂莫西·爱德华兹。蒂莫西·卡特勒给蒂莫西·爱德华兹的信, June 30, 1719 (ANTS), quoted in Ola Winslow, *Jonathan Edwards*, 1703—1758: *A Biography* (New York: Macmillan, 1940), 60.

[38] "Personal Narrative," *Works*, 16: 791.

[39] 他在"杂记"第一个论述神圣荣美的条目里写道, "我们从童年时候起, 就被灌输了一些奇怪的神圣观念, 好像那是一种忧郁的、沉闷的、乏味的和令人

不快的事情。"*Works*，13：163。
[40] 所有这些论点都可以从他后来的日记里推断出来；到那时他正试图严格改变自己的习惯并培养一种更加积极的性情。
[41] "Personal Narrative," *Works*，16：791.
[42] Edwards, draft to Stephen Mix, ca. November 1, 1720, *Works*，16：35—36.
[43] 蒂莫西·爱德华兹致 Stephen Mix 的书信片段，未标明日期，folder 1720—1729 A, item 6, ANTS, quoted in Minkema, "Edwardses," 171。
[44] 爱德华兹给蒂莫西·爱德华兹的信，March 1, 1721, *Works*，16：37—38. Cf. Richard Warch, *School of the Prophets：Yale College*，1701—1740 (New Haven：Yale University Press，1973)，259—260。
[45] 在他的 "Personal Narrative" (*Works*，16：795) 中，他写道，他的强烈经验大约始于他于 1722 年 8 月 10 日前往纽约一年半之前。
[46] "Personal Narrative," *Works*，16：791—92.
[47] Edwards, *The Value of Salvation*, sermon, Matthew 16：26 (1722), *Works*，10：311—336，反思了这些主题。
[48] "Personal Narrative," *Works*，16：792.
[49] See, e.g., Westminster Assembly, *Shorter Catechism*, questions 1 and 4.
[50] "Personal Narrative," *Works*，16：793.
[51] Richard Bushman 颇有洞见和思辨性的文章 "Jonathan Edwards as a Great Man：Identity, Conversion, and Leadership in the Great Awakening," *Soundings, An Interdisciplinary Journal*，52, no. 1 (spring 1969)：15—45，表明了某种与此相近的东西，尽管主要是按照弗洛伊德的立场：爱德华兹的归信，是解决他与父亲冲突——产生于对他母亲之爱的竞争——的一种心理出路。
[52] 乔纳森当然也使用了一些圣经意象来描述上帝的爱，包括上帝"将是我们慈祥的父亲"——这种表述来自他现存的最早布道，也许是在他戏剧性归信之前写就的。*Christian Happiness* (ca. 1720—1721), *Works*，10：304. 不过，即便是在他神学早期发展中，他首要的重心也仍然是上帝的无限属性，这愈发突显了上帝那屈尊俯就的爱。

3

天 路 历 程

　　在这之后，爱德华兹在他精神自传里回忆道："我关于神圣事物的意识逐渐增强了，变得越来越敏锐，并更多地具有了那种内在的甜美。一切事情的外貌全都改变了：可以说，它们就像是披上了宁静、甜美的外观，抑或是神圣荣耀的外形——几乎万物都是如此。上帝的卓越、他的智慧、他的纯粹与仁爱，几乎显现在万事万物之中；在太阳、月亮与星星里；在白云与蓝天里；在花草树木里；在水里以及一切自然里。"

　　根据这种写于近二十年后的记述，人们也许会以为，乔纳森从此以后就快乐地生活着：陶醉在上帝的爱中，被上帝的荣耀深深吸引。他常常描述自己沉浸在对自然的沉思中。在他灵性转变以前，他注意到，他会因雷雨而"极其恐惧"；但后来它们则激发了"我对伟大而荣耀上帝所进行的甜美而荣耀的沉思"。对他来说，"歌唱或吟诵出我的沉思，在独白中说出并且是用吟唱的声音说出我的想法"，变成了自然而然的事情。

　　的确，一旦经验到这些狂喜，他的生命就不再一样了。与上帝爱之光芒相遇的兴奋，对基督荣美的痴迷，以及被"神圣荣耀与甜美的无尽源泉"所充满的感觉，几乎超出了言表之外。[1]他对神圣事物的新意识，对三一上帝那奇妙荣美与仁爱的压倒一切的意识，将会时常得到更新。即便当那些经验不在时，它们所指向的目标也仍然是他生活与思想的指针。如若没有理解这些改变生命之经验的强烈性,以及这些经验对于他所做其他一切的重要意义,就不可能理解爱德华兹。

然而爱德华兹的经验并不只是一个天生神秘主义者的经验,天生的神秘主义者能够随意使自己沉迷于对神圣荣美的沉思。他天生并不是一个圣徒。即使在他后来的"个人叙述"(Personal Narrative)里,他那程式化的记叙也表明,他的灵性生活常常处在激烈挣扎当中。但撇开他惊人的理智与非凡的自制,就像其他人一样,他也是个具有软弱与矛盾的人。正如我们很快将会看到的,这一点通过阅读他的私人灵修日记——在其中他透露了作为一个属灵朝圣者所经历的早期岁月——将会变得很明显。而在"个人叙述"里,他是作为一个富有声望的奋兴布道家,为一个年轻的仰慕者而写的。[2] 所以他实际上是在布道,并以他的经验为范例。在没有改变事实的情况下(他有日记为蓝本),他将它们安置在了一种传统神学架构之中。

他的加尔文主义架构本身就主张,即使是最伟大的圣徒,也承认他们会不断犯罪。所以在"个人叙述"里,在用几页篇幅,描写了心灵——其情感完全转向了上帝——极大的喜乐后,爱德华兹就转而承认他那可怕的失败。"我的邪恶,就像我在我自己之中一样,长期以来对我而言全然是不可言喻的……当我省察我的内心,并观察到我的邪恶时,它看起来就像是比地狱还深的深渊。"

在承认自己极其邪恶的背景下,爱德华兹对自己成熟信仰与早期信仰之间的差异,提供了一些反思。他指出,"它使我认识到,当我还是个年轻基督徒时,我是多么无知;那留存在我心里的邪恶、骄傲、虚伪与诡诈是何其深。"尤其是,成熟的爱德华兹悲叹道,在察觉到最困扰他的罪(他并不是唯一注意到它的人)——"我极其骄傲和自义;并且比原先更明显得多。我看见毒蛇抬起并伸出了它的头,持续不断地四面围绕着我"[3]——以后。

在"个人叙述"里,紧随着对骄傲的认罪之后,爱德华兹对自己早期与成熟期之间的差异,做出了极其重要的解释。"尽管我似乎觉得,"他写道,"在我最初归信后的两三年里,与我现在相比,在某些方面,我是一个要好得多的基督徒,并常常生活在欢乐和喜悦当中。然而,在后来的岁月里,我对上帝的绝对主权有了一种更加全面而恒定的认识，并以那种主权为乐；对福音里启示的作为中保（mediator）的基督的荣耀有了更多的认识。"[4]

这段记叙及其神学架构，就他归信后最初两三年里的情形，告诉了我们什么呢？那些早期岁月里的情形揭示出成年爱德华兹的什么呢？要回答这些问题，我们就必须转向来自那些岁月的证据。对于乔纳森那一紧张时期的最初一年半，亦即当他还是耶鲁文学硕士生的时候，我们并没有多少文字记录。来自那一时期的唯一证据，就是他在准备事奉期间所做的一系列布道。那些布道涵盖了传统加尔文主义的整个论题领域。一个具有启发性的趋势就是，这个年轻归信者有时会采用一种"资金平衡表"（balance-sheet）的方式来处理永恒问题；这显然反映了他自己灵性挣扎中一种持续存在的主题。尘世的欢乐、财富与荣誉，转瞬即归尘土。投资于它们是非常愚蠢的。感官的快乐——人们永远都期望得更多，"就像是影子和幻觉，当我们竭力想要拥抱它们时，它们却会消失得无影无踪。"在这些早期布道中，只有一篇，"荣耀的恩典"，表达了他后来在"个人叙述"里回忆起的热忱。[5] 但我们对他作为热诚归信者早期岁月的后半部分，却拥有更全面的了解，因为从 1722 年 12 月起，他开始记灵修日记。首先，我们需要看看所处的背景。

1722 年 8 月，还不足 19 岁时，乔纳森就前往纽约城，以未按立的"储备"牧师身份，事奉于一所小小的长老会教会；后者是从该城更大的长老会教会里分裂出来的。其冲突属于在其历史上长期困扰着美国长老会的那类冲突。"中部殖民地"（the Middle Colonies）的长老会教会是由两个主要群体组成的："苏格兰—爱尔兰人"与"具有英国传承的新英格兰人"。他们拥有共同的神学，但却形成了不同的教会传统与风格。在纽约城，这两个群体于 1716 年形成了一个长老会教会，并在华尔街与百老汇交界处建起了一栋建筑物。可是，新英格兰人认为，苏格兰牧师詹姆斯·安德森（James Anderson）越过了他的牧师权威，因而撤出来形成了他们自己的团体。他们在临近码头的威廉姆斯街（Williams Street）找到了一个聚会所，并邀请年轻的爱德华兹前来服侍；同时希望，他们作为会众如若能够生存下来，他可以成为他们的常任牧师。[6]

居住在纽约的八个月里，从 1722 年 8 月到 1723 年 5 月，乔纳森与苏珊娜·史密斯夫人（Madam Susanna Smith）及儿子约翰生活在一起。史密斯一家——新近从英格兰迁来的移民，是热忱的加尔文主义者。乔纳森是通过他们家的大儿子威廉认识他们的；而威廉则是在耶鲁比乔纳森高一级的一名优秀学生。[7]这个小小的长老会团体是如此之小，就像是一个大家庭。而乔纳森亦深深依附于史密斯一家；他们对乔纳森而言就像是基督徒敬虔的典范。

纽约城，尽管是一个只有七千到一万居民的城镇，但与乔纳森曾经生活过的地方相比，已经算是一个大都市了。在被英国接管不到六十年后，这个城市的荷兰起源及其移民所赋予这个城市的欧洲格调，仍然还很明显。与乔纳森在新英格兰遇到的人相比，生活在这个海港城市里的英国人本身也更具多样性。这个城市还有一个受到严密监视的非洲奴隶群体。十年前，有十九名参与了一次血腥奴隶起义的非洲奴隶被残忍地处死了，作为对他们杀死九名白人的惩罚。乔纳森还遇到了法国胡格诺派（Huguenots）信徒；他们是路易十四于1685年取消"南特敕令"后形成的新教避难者。那些难民每时每刻都在提醒人们，处在天主教"敌基督"及其帮凶统治下有多危险。乔纳森还看到有许多人公开不信奉任何宗教。他还第一次严肃面对了另一种信仰的现实。正如他后来回忆的，"我曾经有好几个月与一个犹太人为邻（两家房子紧相毗连），因而每天有很多机会观察他。他看起来是我一生所见过的最为敬虔的人。他将相当大部分的时间用于祈祷——在他那紧挨着我窗户的东边窗前，看起来非常认真投入，不仅白天如此，有时整个晚上也如此。"[8]

这座位于曼哈顿岛（Manhattan Island）顶端的城市，亦是英属北美最美丽的地方之一。乔纳森喜欢沿着哈得孙（the Hudson）河岸，走到城市北部很远的地方，寻找一个僻静的所在。在那里，他不仅陶醉于自然的优美，而且还沉迷于自然万物所指向的基督牺牲的怜悯之爱所散发出的荣美。乔纳森还找到了史密斯夫人20岁的儿子约翰这位属灵的兄弟和伙伴。约翰有时会陪伴乔纳森在哈得孙河岸边的荒野里漫步；乔纳森深情回忆道，"我们的交谈往往都会转向基督的国度在这世界上的扩展，以及上帝在末日将为其教会所成就的荣耀之事。"

居住在这座海港城市临近码头的地方增强了乔纳森对世界事务的

浓厚兴趣。就像对于其他一切事情一样，他将世界事务看作是灵性实在，是上帝透过人类历史工作的外在迹象。居住在纽约期间，他开始在笔记本上记录圣经最后一卷书的神秘启示，作为理解当代事务的架构。这个主题很快就变成了他终生首要关切的对象之一。他对居住在纽约的时光，做了这样的回忆："如果我获悉，这世界上任何地方所发生的任何事情在我看来在这一方面或那一方面对基督的国度有一点儿的益处，我的灵魂都会迫切地想要了解它；而它也会使我重新得力。我那时常常热切想要阅读公共新闻简报，主要也是为了那个目的；我想要看看，我是否能在这世界上发现一些有利于信仰的消息。"[9]

在他信仰旅程的早期——在某些方面也是最佳——岁月里，他的属灵热情极其高涨，其中格外引人注目的，是那条道路极为艰难崎岖。在爱德华兹的重述中，他报告道，在纽约"我在前所未有的程度上"，感受到了一种"有关神圣事物的意识"。他也的确承认，在那些岁月里，他亦"夜以继日地处在持续挣扎中，并不断探询，我应当如何变得更加圣洁"。[10] 不过，重述掩饰了在其原初记录里所显示的挣扎的深度。

大约是在1722年深秋，或许是为了解决维持灵性高度所遇到的困难，乔纳森采取了清教徒的做法，拟定了一份"决心书"（Resolutions）来约束自己，并在需要时再增添新的项目。不久，在1722年12月，他开始记灵修日记；起初他记录得相当有规律，而在随后三年里则断断续续。那些文献值得认真研究，因为它们是爱德华兹整个生涯中能够为他的内在生活提供直接窗口的唯一资料。[11] 在其成熟岁月里，他并未留下如此坦诚的记录。不过，我们可以推定，在他随后的整个生涯中，在这个典范圣徒的自制与真诚外表下，亦存在着在动荡不定中寻求恩典和掌控的痛苦挣扎。

其日记始于一种对不确定性的记录，就他是否真正归信提出了在那些年里仍然困扰着他的问题。在最初的记录中，他罗列出了一系列理由来解释，尽管已有了强烈的经验，为什么他还会"怀疑自己对上帝之爱与恩惠的兴趣"。他担心——这也许反映了他父亲的关切——他的经验并不完全符合清教神学家们所说的那些步骤。更为严重的是，他怀疑自己的经验本身是否"完全是内向的、全面的、真诚的、完满的和由衷的"。他知道他"有时会犯疏忽与冒犯等罪过"。他会追问，他的属灵感觉是否"充盈了我全部本性"，抑或它们只是"连邪恶之人也能体会到的，虚伪的外在情感"。他又一次陷入了对自己狂喜的迷恋之中吗？

乔纳森希望他的"决心书"能够填补可能使他从他认为唯一有价值的行为——荣耀上帝——中分心的所有缝隙。在他的第四项"决心"——对前三项"决心"的更简洁概括——里，他决心"除了有助于上帝荣耀的事，绝不做其他任何的事，不论是灵魂里的还是肉体上的，不论是多还是少；如若能避免，绝不成为它，也不容忍它"。他的许多"决心"都是为了力图使自己不丧失对属灵之事的关注。在一些"决心"里，他提醒自己——正如他从孩童时期就被教导的——要思考自己将要到来的死亡，抑或就像是在死亡之前或者"在听到末日号角之前"只剩下一个钟头那样来生活。

有时他比典型的清教徒都更加严苛。他决心"在饮食上保持最严格的节制"。在这一方面，他不断进行自我试验，看看他究竟需要吃多少东西才是必需的，并避免一切饮食过度——它们会麻痹头脑或激起情欲。纵贯其一生，观察者都会注意到他严格的饮食习惯以及常常是消瘦的外表。尽管生活在尘世中，他却像是一个禁欲的苦行者。没人能比他更好地体现马克斯·韦伯（Max Weber）所谓"尘世禁欲主义"的新教典范了。

与其清教传统一脉相承，他常常回到利用时间的问题。他在早期就下决心，"绝不浪费一点时间；而是要以尽可能有益的方式来提高对时间的利用。"在一次事后记录中，他说，"在困惑、交谈时或者在旅行中获得的一分钟，与在我书房里获得的一分钟一样好。"在一项早期"决心"里，也许是因为曼哈顿交通堵塞马儿无法前行而耽延了时间，之后他决心，"切记，绝不再为非理性存在而生一丁点儿气。"

他的许多"决心"和日记记录，都涉及培育实际的基督教美德。譬如，他决心，"要尽力发现仁爱与慷慨的适当对象。"在另一处记录里，他决心，"要尽力而为以营造、维持和缔造和平，只要它在其他方面不造成失衡性的损害。"

不过，他大多数具体而实际的"决心"，都关乎纠正个人的过错，特别是暴躁、骄傲与恶语相向。通常，他将这些倾向与自己的骄傲关联在一起，并决心从他人的角度来看待自己，决心不把自己看得比他人更好。在纽约的一次论"灵里贫穷"的布道中，他试图表明，如若基督舍己的精神真正居于他们之中的话，"真正的基督徒该拥有多么好、多么可爱的脾气与性情。"一个基督徒"总是会尊重他人胜于自己，并将对自己的敬重置于末位"。[12]他布道时，首先要向他自己说。他知道自己是骄傲的，不过，他决心在路途的每一步都与骄傲相抗争。在一项早期"决心"里，他决定，"各方面举止……就像没有人比我更邪恶，就像我犯了同样的罪，或者拥有与他人同样的弱点与过失一样。"

A. C. 麦吉弗特（A. C. McGiffert）在 20 世纪早期所著的一部爱德华兹传记里写到爱德华兹这些决心的严厉性时指出，"他刻意要磨砺出钢铁般的品格。"[13]这是从现代来理解爱德华兹所作所为的一种有益途径。但是，我们也要考虑到，"品格"（character）通常暗示着一种视自我发展为首要动机的 20 世纪观念。爱德华兹的决心，与本杰明·富兰克林的决心更是大相径庭；后者被设计成了实用的自制，以获取一生的成功。尽管清教敬虔不可避免带有对自我的全神贯注，但爱德华兹则是竭力将上帝置于他意识的前沿。与富兰克林不同，他关注律法与义务，远甚于关注那能够发挥作用的事情。他最为优先考虑的事情，是提醒自己切勿忽略研经与祷告的常规时间，是控制那些可能会扰乱他对上帝的关注的激情。他的确是在磨砺一种钢铁般的品格，但他的目标亦是要使他自然之自我变得顺服，以便他能够顺从上帝的律法与意旨的要求。

就像在他之前的富兰克林与科顿·马瑟一样，爱德华兹真的对自己做得究竟有多好，或者用他的话说，上帝恩典的证据进行打分。1723 年 12 月末，临近他开始记日记时，他"决定要观察，在每个月末，所发生的违背决心的次数；看看从这一天开始是增加了还是减少了；要从每周记录中计算出我每月的增加；再从总体上计算出从新年开始的我每年的增加"。

在日记里，他还记录着自己灵性的高低起伏。1722 年 12 月 22 日星期六，他注意到，他"格外受到圣洁美德之意识的触动"，并"比以往更多地体会到对基督的爱"。24日星期一，他"比以往更看重耶稣基督的美德和他的国度"。第二天，他"整天都受到了头痛的困扰"。到星期六日落、安息日开始之时，他感到"昏昏沉沉、了无生气"。接下来星期二，无聊沉闷仍在持续，尽管他想不起自己犯了任何"疏忽"之过。星期三，他认识到，倘若没有上帝的圣灵，自己有多大的决心都无济于事。不过，他相信，反之亦然。倘若没有最坚定的决心，他就不会发现圣灵。故而，在发现自己"每周记录"的积分降低以后，他"认定，我在两件事情上有疏忽：没有在自己的职责上尽心竭力，没有强迫自己专注于宗教思想"。

再接下来的星期二，他"比以往更看重基督的美德，并因而体会到了一种不同以往的悔罪感"。但到了星期三晚上，他又叙述道，"败坏啊。我有时倾向于认为，我比自己实际的情况要圣洁得多。我还不时发现，自己身上存在与从著名基督徒那里阅读到的刚好相反的那种可憎的腐败。"到星期二，他再次"复苏"，并认定"由于在饮食起居上的自我克制，所以我在身体和精神上，要更为愉悦和健康"。

一直到1月12日星期六，他仍然处在上升之中；而这在他的属灵自传里成为了一座里程碑。在早晨，他"郑重重申了自己的洗礼盟约"，然后用一整天进行灵性操练和反思。[14]他反复思索着这一"探索"，亦即他是否应当以任何不具有明确信仰目的的东西为乐。他的结论是可以，否则人就不能因见朋友而欢乐，甚或也不能从为良好消化所必需的饮食中获得乐趣。所以他做出了一个稍微宽厚一些的决心："绝不允许有任何喜乐或悲伤，除非它们有助于信仰。"但同一晚上，他注意到："有人建议"（人们怀疑是史密斯夫人），"过于持久的克己清修，过于强烈地专注于信仰，也许对健康不利。"不过，他决定毫不退缩，"不论是多么疲乏劳累，只要我的健康不受到损害即可。"

尽管这个周末出现了灵性高峰，但到1月15日星期二，他又开始"败坏"了。在星期四，他说自己"深感忧郁"。在那次高峰期五天后，他又处在黑暗的幽谷中。到星期五晚上，他认为自己"正在竭力从这几天所陷入的死亡状态中恢复过来"。所以他的日记是从灵性高峰到濒死低谷的反反复复。在2月5日星期二，他开始考虑，"正是因为在一切空暇时刻都极其认真、格外焦虑地强迫自己去思考信仰，我才变得灵里涣散，完全不适于思考信仰及其他任何事情。"他断定，那种过度的自制，也许还"导致了我在1月15日陷入其中的那种可怕的低谷情形"。然而在这同一篇记录里，他又悲叹道，"我似乎并没有竭力、持续地克制和否定我自己，就像他们［使徒们］所说的那种治死自己（mortification）。"所以，他的结论是，不能放松自制，而是要更多努力："我又在饮食起居上越来越不经心了，对于粗言恶语亦不够当心。"

成熟时期的爱德华兹在回顾这种严苛时，认为那是"过于依赖自己的力量；而这在后来被证明对我是一种巨大的伤害"。[15]但是他从未放弃对于严格的属灵自制之价值的信赖——正如他后来所著的《大卫·布雷纳德生平》显示的。

在其"个人叙述"里，他对自己作为一个信徒在早期经验与成熟经验之间的差别所做的神学解释是，他现今"对上帝的绝对主权具有了一种更加全面和持久的意识，乐于接受这主权，并对作为中保的基督的荣耀有了更多的意识"。这两种感受，亦即必须更多地信赖上帝的眷顾与基督的代求，与他批评自己早先太依赖于自身的努力相吻合。

与此同时，如若我们注意到，正是在他归信后的早期，他比后来"生活在一种更为持久的喜悦与欢乐之中"的话，那么我们就必须承认，他所谓的更为持久的喜悦时光，亦是一段在灵性高峰与深谷之间往返运动的时光。唯有属灵自制的稳固习惯，才能使他情感的双翼处在控制之下。爱德华兹后来解释了所涉及的那种差别；那是在他撰写大卫·布雷纳德生平的时候，后者那强烈的灵性，就受到了更为深刻的"悲伤"或我们所谓"抑郁"的制约。真信仰对布雷纳德而言，爱德华兹写道，"并不在于莫名其妙的迸发和剧烈的痛楚"，而是"像天国的稳定光芒，像光明的恒定原则，尽管有时会躲在云朵背后"。虽然有倾向于"精神忧郁与沮丧"这一"病症"的"自然性情"，但信仰仍是持续存在的一种恒久"原则"或习惯。[16]

1723年冬在纽约，在那个小小的长老会教会，乔纳森面对他的教区居民，一定表现得像一个极其敬虔与认真的年轻人。他们只能感受到他那敏锐理智的威力。他那认真背下来的讲道辞已经具有他后来一贯的讲道特征。他先从圣经前提（清教徒讲道中的"教义"部分）推演出他的结论，然后这套已被证明的真理应如何应用在他的听众身上

（"运用"或者"应用"），逻辑上绝不会留下任何漏洞。毫不奇怪，他最惹人注目的主题，亦反映了他个人的挣扎。他的不少讲道，论述的都是关于克己以及对上帝的完全奉献。"上帝不会接纳任何一部分，如果我们有所保留的话。肉体、世界与魔鬼是上帝最不能相容的敌人。"[17] 他总是不断提醒听众基督教所包含的价值上的翻转。他们必须要摒弃所有尘世的抱负，而只将花费在敬拜与事奉上帝方面的时光算作有益。

在其他讲道里，爱德华兹近乎诗意的感受力，开始以成熟的形式出现。讲章《耶稣基督世界之光》是他早期著述中的瑰宝；这篇讲章从始至终都保持着他所喜爱的光之隐喻。光（light）是圣经中描述上帝之爱的最主要意象。光亦是一个如此关注启蒙的时代在讲道和哲学思考两方面都为人所熟知的主题。没有人比爱德华兹为他所生活的时代更认真地考查圣经里光的意思。对他来说，光是上帝向其造物传递爱的最有力的意象。重生（regeneration）就意味着被赋予了眼睛，以便在原本由于罪而变得完全昏暗的内心里能看到基督之光。[18]

1723年4月末（按照现代日历，在增加了11天后，当为5月初），正值仲春时节，乔纳森不情愿地离开了纽约。蒂莫西·爱德华兹一直在试图使儿子返回康涅狄格，并处在自己的庇护下。在头一年秋季，蒂莫西就为乔纳森筹划安排了一次邀请，以使他成为距离东温莎只有十五英里的康涅狄格博尔顿村（Bolton）的牧师。乔纳森在12月向博尔顿物色委员会回复说，他尚未确定是否要在纽约定居下来担任牧师，尽管鉴于那个教会的处境以及"父亲的反对意愿"，他认为那是不太可能的。但如果他在春季返回新英格兰，他有可能会再次考虑他们的聘请，倘若他们愿意等待的话。[19]

离开纽约的朋友，是他一生中最为甜蜜而又心酸的时刻之一。当撰写"个人叙述"时，那一切都还历历在目。"我是1723年4月离开纽约的，并与史密斯夫人及其儿子非常痛苦地道了别。当离开我曾在那里度过诸多欢乐美好时光的家庭和城市时，我的情绪十分低落。我是经由水路从纽约前往韦瑟斯菲尔德的。在扬帆起航之际，我尽其可能地凝视着那座城市；当它退出我的视线后，我还久久注视着那个方向，心中充满了甜蜜的忧愁。"按照惯常做法，他将这种尘世情感转化为了一种属灵功课；在日记里，他反思到，它们预示着天国之爱——"在那里，那些如此可爱地显现在此世的人们，将会真正无法言表地愈加可爱，并对我们充满关爱。那些彼此相爱的人一同歌唱赞美上帝和羔羊，那该是何等美好啊。"他如此深情地回忆起这些情感，以至于他将它们从日记里直接复制到了他的"个人叙述"里。[20]

在家里，伴随着繁复的情感，他面临着一个夏季的前景。在5月1日返回家那天，他提醒自己，不要再奢望与远方的朋友待在一起了，而是要时常怀有上文提到的天国之爱。在那个夏季，他继续享受着一些认真的灵修默想，但他亦注意到他的热情正在减退。在夏季之初，他写到，他"丧失了他在五六个月前曾怀有的对于圣经及其他好书的兴趣"（5月12日）。在7月，他警告自己在一次教会会议上"太不耐烦"（7月11日）。在8月，他说，"有许多事情，我真的应该看作是自己职责之内的事情，如若我还拥有与刚从纽约回来时所拥有的同样情感的话；但如今我不那样想了。"

他继续致力于培育良好的性情和减少烦躁不安。他决心"在所有交往中，都要面貌和蔼，言谈举止和善，除非职责要求他不能这样"（7月22日）。他继续在为言语上的恶挣扎；很明显，这是他格外易于罹犯的一种过错。刚开始待在家里的时候，他曾尝试在一个星期里完全消除恶言恶语，并决定那"是他永远都应当遵守的一项义务"（1723年5月18日）。他还决定不再听有关他人的风言风语（1723年7月31日）。

他的烦躁性情再加上骄傲之心，以及由此产生的对待他人的态度，是他最公开抵制的罪。但我们可以肯定，他还在与性欲争战，即便他没有直接记录与那些诱惑所进行的斗争。[21]对于那种诱惑的可能暗示，是7月里一个星期六早晨所做的记录："当我受到诱惑的猛烈攻击，或者无法摆脱邪恶念头的时候，我就进行算术运算、几何推理或其他研究，它们必定会占据我所有的思想，并肯定会阻止我胡思乱想。"（7月27日）

维持属灵热情的问题，在整个夏季，都因处在父母管制下的烦恼而加重了。在7月19日的一则日记里，他引用了《彼得前书》2：18；这节经文讲述的是仆人要顺从主人，即便主人是难以取悦的。乔纳森认为，这亦适用于孩子对父母的义务。重要的是，他进一步反思了接下来的两节经文。在其中，彼得说到"忍受冤屈的苦楚"，"这在神看是可喜爱的"。数周后，在 8 月 13 日早晨，他承认"犯了罪，因为没有足够认真地取悦父母"。在这同一天的晚些时候，他又补充道，"我发现，熟悉圣经是极其有利的。当阅读教义著述或论辩著述时，我能够更加自信地进行下去；能够看清我的立足点和根基所在。"

这种矛盾的根源是什么呢？部分也许是，他父母想要他填补博尔顿的牧师空缺职位，而乔纳森却不喜欢这一前景。但假如这就是主要问题，那么人们也许会纳闷，为何他决心要更好地熟悉圣经以作为评价教义性"论辩著述"的工具呢。

前一天的日记表明了这个悬而未决争论的直接根源。乔纳森仍然在担心自己的永生地位，因为"我没有经验到处在那些特定步骤中的归信；而新英格兰人，以及从前旧英格兰的不从国教者，则往往经验过"。就我们所知，乔纳森还尚未成为一名领受圣餐的教会成员——奇怪的是，我们也没有他何时成为那种教会成员的记录。这种空白为下面这个推测留下了缝隙，亦即他剧烈的灵性经验以及随后行善的巨大努力，是否在他看来仍然不令人满意（尽管他后来判定它们标志着他的归信）。或者，也有可能是，他与父母对问题持有不同的看法。如果我们可以猜测的话，也许是他认为他已经预备好了成为领圣餐的教会成员，而精通于这类问题并总是为儿子设定最高标准的蒂莫西·爱德华兹则认为没有。

是不是领受圣餐成员成了问题；这场争论似乎持续了一个多月，并且似乎是关于归信步骤的争论。乔纳森 7 月 4 日的日记，尤其让我们看到那些培养对今世之不确定性和永恒命运问题之迫切性之意识者的精神状态。他平静地写道，"昨晚，在床上，当想到死亡时……"，似乎那就是他习以为常的夜间关注。他接着写道，他"有一点点害怕面对死亡的唯一理由，就是缺少神学家们所描述的那种对耶稣基督清楚明白的信任和倚靠"。特别是，他担心"在经过地狱的恐惧以及对上帝的敬畏之后，在受到上帝之仁慈、信实与应许以及基督之恩典邀约的鼓励下，自己可能没有将灵魂完全交托给基督"。在对这个问题经过进一步反思后，他补充道，"决定将来在争论中要更多地恪守柔和、节制与冷静。"

也许，乔纳森向父母讲述了他的灵性经验。但父母却并未完全确信：这绝不是他在树林里搭建秘密祈祷棚舍的一种新近翻版。如果一个人没有归信的真正标志，世界上所有的热诚、所有的宗教培训，全都无济于事。考虑到我们所了解的他在培育灵性与道德严谨性上所付出的努力，这样一种质疑似乎是难以想象的。然而他的灵性生活却带有"光明高峰"与"忧郁深谷"交替出现的特征；而乔纳森自己也常常返回到"父母也许是正确的"这样一种可能性上来。[22]

很明显，这种争论关乎蒂莫西·爱德华兹对朝向归信的一个预备性步骤的强调，亦即一些清教徒所描述的"律法性恐惧"（legal terrors）的经验。蒂莫西的观点似乎受到了伊丽莎白女王一世时代的清教作者威廉·珀金斯（William Perkins，1558—1602年）的影响。后者认为经历"律法性恐惧"在预备归信中是一个必要步骤。在认识到要完全依赖上帝的恩典以前，人必须被自己的罪性所征服并经验到完全"羞辱"的恐惧。在1695年一次布道中，蒂莫西宣称，"没有真正体会到羞辱的人，在他之内不论发生什么样的变化，都不是也不可能是救赎性的改变或者真正的归信。"多年以后，在其"个人叙述"里，乔纳森仍在关注这一话题，并强调指出，"要以恐惧之名来称呼我的担心，似乎从来都是不适当的。"[23]

不论这场争论的具体细节如何，反正他父母全都参与了进来，有时争论得还很激烈。在精通圣经和清教作者方面，他父母中有一位或者两位全都胜过了他们杰出的儿子。乔纳森决心向父母表示适当的尊重，并承受"冤屈的苦楚"。然而乔纳森从未在一场争论中屈从过。不过他还是听从父母的建议，决心要更加全备地装备圣经知识；而圣经则是一种能够胜过清教神学家的权威。在私下里，他还"决定，绝不停止探求，直至我能满意地发现为何他们过去常常是按照那些步骤归信的根基和真正理由"。[24]

从他这种困惑不安的信仰挣扎中——它还远未结束，产生了他今后生涯的首要议程之一。人们应当怎样识辨真实宗教情感与虚假宗教情感之间的区别？在19岁之际，他就已经决定要将自己的哲学或科学才华应用于这一任务之中，亦即使世界在这个论题上回到正道上来。

那个问题触及他存在的核心。这不仅涉及令其痛苦不安的个人意义上的永恒命运,他如何回答这个问题,也是和他与父母、他的大家族、他的社区、他的教会以及他的事业之间的关系深深联系在一起的。鉴于更早期神学家在这个最困难问题上倾注了极多的笔墨,想要彻底解决它,这个任务本身看来就是一项令人望而生畏的终生工作。然而对于年轻的乔纳森来说,它只是一个更大得多的计划或方案的一部分;那个方案就是他正在着手制订的重新校正整个基督教王国思想的方向。

注释

[1] "Personal Narrative," *Works*, 16:793—794, 801.

[2] George S. Claghorn, "Introduction" to "Personal Narrative," *Works*, 16:747.

[3] "Personal Narrative," *Works*, 16:802—803.

[4] Ibid., 803.

[5] Sermon, *The Value of Salvation*, Matthew 16:26 (spring or summer 1722), *Works*, 10:319. Sermon, *Glorious Grace*, Zechariah 4:7 (1722), *Works*, 10:388—399. 这篇可能写于1722年夏他作为一个教会候选人之时的布道,亦表达了鲜明的反阿明尼乌主义主旨;这表明爱德华兹已经使自己远离了任何时髦神学的迹象,而那种时髦神学在新英格兰已经成为了一个争论的问题。爱德华兹后来思想及宣讲的大多数主题,都能在这些早期布道里找到。见 Wilson Kimnach's excellent introduction, *Works*, 10:3—293。

[6] Iain H. Murray, *Jonathan Edwards: A New Biography* (Edinburgh: Banner of Truth Trust, 1987), 52—53. Wilson H. Kimnach, "Preface to the New York Period," *Works*, 10:261—93.

[7] "William Smith," Franklin Bowditch Dexter, *Biographical Sketches of the Graduates of Yale College*, October 1701—May 1745 (New York: Henry Holt, 1885), 207—213. Cf. "John Smith," 359—360.

[8] *Religious Affections*, *Works*, 2:165.

[9] "Personal Narrative," *Works*, 16:797. 关于他笔记的起源,"Notes on the Apocalypse," 参见 Stephen J. Stein, "Editor's Introduction," *Works*, 5:8—15。

[10] *Works*, 16:795.

[11] 以下所有对"Resolutions"和 Diary 的引述,都出自 *Works*, 16:753—789。

[12] *Poverty of Spirit* (1722—1723), *Works*, 10:497—499. 爱德华兹在另外几个场合重复做了这篇布道。

[13] Arthur Cushman McGiffert Jr., *Jonathan Edwards* (New York: Harper and Brothers, 1932), 12.

[14] 对洗礼盟约的更新，通常是这样一种教会仪式，即那些已经成年了的人通过更新他们在受洗时所做的承诺而"拥有盟约"。在一些教会，譬如蒂莫西·爱德华兹的教会，这样一种更新是对受洗者作为中途成员身份的一种肯定，并不意味着这个人就变成了能够领受圣餐的正式教会成员。我们没有关于乔纳森在何时、何地成为一个正式教会成员的记录。所以，"被接受参加教会的圣餐"，并不一定意味着某种超越了较早期"接受盟约"的东西——尽管我们并不肯定这一点。但无论如何，乔纳森都重新接受了这些最严肃的誓言。对于这种解释，我要感谢 Minkema。论洗礼盟约的更新，例如，参见他的"The Lynn End 'Earthquake' Relations of 1727," *New England Quarterly* 69 (1996): 473—499。论"拥有盟约"，参见 Robert G. Pope, *The Half—Way Covenant: Church Membership in Puritan New England* (Princeton: Princeton University Press, 1969), 38—39; 205—238。

[15] "Personal Narrative," *Works*, 16: 795.

[16] 这句话是根据以下敏锐的评论，Conrad Cherry, *The Theology of Jonathan Edwards* (Garden City: Doubleday, 1966), 38。引言出自 *Life of David Brainerd*, *Works*, 7: 91, 93。

[17] *Dedication to God* (ca. 1723), *Works*, 10: 553. 这篇布道似乎与他 1723 年 1 月 12 日反思更新洗礼宣言紧密相连。

[18] *Christ the Light of the World* (ca. 1723), *Works*, 10: 540—41. 参照 Kimnach 对这篇布道的注释，pp. 247—250, 533—534。参照讲道片段"Application on Love to Christ"，可以获得印象深刻的意象，pp., 608—617。

[19] Edwards to the Committee of Bolton, Connecticut, December 10, 1722, *Works*, 16: 41.

[20] "Personal Narrative," *Works*, 16: 797—798. Diary, May 1, 1723, *Works*, 16: 768.

[21] 我们亦没有那"日记"的原本，而只有他可敬的编辑抄写的版本。See, George S. Claghorn, "Editing the Texts," *Works*, 16: 750—752.

[22] 这种解释实质上来自 Kimnach, *Works*, 10: 169—176。不过，我并不认为 Kimnach 拥有足够的根据来将这种争论复原到爱德华兹在 1721 年春对他父亲之经验的最初叙述中。爱德华兹在"个人叙述"里说道，他为这次交谈"深受触动"，并在其后对神圣者具有了一种最不同寻常的经验。一种令人不安的争论似乎不太可能是这样一种积极经验的前奏，虽然那是可能的。

[23] Timothy Edwards, sermon on Acts 16：29—30（1695），p. 5，Washington University Library, quoted in Kenneth Minkema, "The Edwardses: A Ministerial Family in Eighteenth—Century New England"（Ph. D. diss. , University of Connecticut，1988），83. "Personal Narrative," *Works*，16：791.

[24] Diary，August 12，1723. 在"杂记"这本笔记里，从18世纪20年代起，爱德华兹就在不断肯定这个观点，即伴随有对地狱恐惧感的谦卑是一种正常预备步骤，即便他将自己的经验看作是这个规则的一种例外。有关这些观点的概括，参见 Thomas A. Schafer，"Introduction," *Works*，13：22—24。

4

一切知识的和谐

> 因为我们知道，敌基督将会被亮光，被基督口中的呼吸，[被]他降临的光明，亦即被从"上帝之道"推演出来的、清楚明白的理性与证明所摧毁。
>
> ——"《启示录》注释"，1723年

在纽约时的兴奋激动，以及返回到东温莎之夏的紧张烦躁过程中，19岁的乔纳森正在设计一项宏伟方案。他在强烈追寻他的属灵目标的同时，也在组织他对万事万物的看法。为此，他开始记录那将变成一些大部头笔记的东西——由仔细装订在一起的一些对折纸页组成。还在耶鲁攻读研究生期间，他就已经开始将他关于自然科学（当时称为"自然哲学"）的思想汇集在一起；这是他在青少年后期格外着迷的一门学科，也是他终生都怀有浓厚兴趣的一门学科。在纽约，他开始记录一本名为"杂记"的笔记，其中记录了他关于神学与哲学的思想。1723年末，他又增加了三本笔记："《启示录》注释"、"圣经注释"以及"心灵"。[1]牧师职分是他的呼召，然而他决定他一生的工作将不仅仅是地方性的。他决心成为一个国际人物。这部分是雄心抱负——他颇有雄心——不过他亦将它看作是对自己更大的呼召，如若上帝赐予他恩典，使他在救赎历史的关键时刻能为扩展上帝在地上的国度发挥一份作用的话。

偶尔,他也会明确反思自己宏大的期望。在他最早期一本笔记的封面上,他记下了撰写的规则。譬如,他建议自己,要展现出谦逊风格,要尽量赢得读者而不是平息异议。也许,他想到了科顿·马瑟,殖民地时期在雄心抱负上最出众的典范,就因自己的造作和不自然的风格而损害了自己的事业。与这种谦虚决心相一致,爱德华兹在1723年,以速记形式,写下了他原初那套规则的最后一条:"第六,鉴于我的状况——在美洲、年轻等等,这世界会期望我有更多的谦逊。就让这谦逊多多益善吧,尽管它也可能是不必要的,但它却会奇妙地使自己见纳于这世界。人类在本性上是骄傲的和极其忌妒的,甚至会嫉妒这样的后起之秀;人们看到他们有作品出版可能会感到极为愠怒和受到冒犯。然而谦逊不应是做作和自负的,而应是得体和自然的。"[2]数年后,他又增加了这样一条速记式注释:如果他希望在伦敦出版作品,那么他首先需要在自己国家里做出试验。[3]可能之前,也许是在去纽约之前,他曾提到过要亲身前往伦敦的话题。在一份出自1722年的讲道手稿上,蒂莫西·爱德华兹曾信手写下这样的话:"乔纳森。伦敦。败坏。"[4]在这背后的一切,我们只能是猜测;尽管我们知道,一直焦虑不安的蒂莫西,渴望能够使乔纳森留在离家较近的地方。

爱德华兹从未做过广泛旅行,但他却将自己看作是处在国际性重要剧变的中心。在依然极其忠实于自己清教传统的同时,他亦是"必须要面对时代之革命性科学与哲学思想"的第一代"新英格兰人"的一分子。"新英格兰人"长期以来都对科学进步表示友好的态度,并确信发现上帝掌控自然世界的方式,只会证实他们从圣经里所知晓的一切。譬如,科顿·马瑟就做了大量工作,将当代自然哲学里的最新成果介绍给新英格兰读者,并将近期著述的概要整合进了他那多卷的作品里。在那个世纪最初几十年里,年青一代受过教育的新英格兰人——当然大多数都是圣职人员——对牛顿、洛克以及其他英国巨匠只具有一些泛泛的了解。有关近期出版物的概要,可以在当时的期刊和图书里获得。[5]况且,新科学的意义还尚未完全被整合进新英格兰的理智生活里。受过教育的新英格兰人理所当然地接受了哥白尼观点和新科学,但在18世纪初期的学院课程表里,却只有亚里士多德而没有牛顿。

人们很容易误解年轻的爱德华兹所处身的理智环境。之所以特别容易产生这种误解，是因为，新英格兰最具影响力的历史学家佩里·米勒（Perry Miller）已经十分雄辩地陈述了这种误解。在米勒所著的爱德华兹传记里，他的创造性占了上风；他将年轻的爱德华兹描绘成了一个革命性的理智天才：在阅读了洛克后，"立即就领悟了"现代思想的含义。这使得爱德华兹遥遥领先于他的时代，以至于他的天才在他自己的时代绝不会得到完全赏识。按照米勒的看法——他采纳了"孤独天才"这一浪漫形象，这个"边远偏僻地区的青年人"除了在他父亲田野里沉思上帝，没有为他的这种洞见做别的预备。类似地，当他阅读牛顿时，他"一眼就看到了，任何神学如果不与'原理'结合在一起都不可能继续存在"。爱德华兹是"最后这样一位伟大的美国人，也许还是最后这样一位欧洲人：对他而言，在宗教与科学之间，或者在伦理与自然之间，并不存在什么对立冲突"。这个年轻天才，"抛弃了在封建制度里形成的思维习惯，突然闯入了现代性之中；而在这种现代性那里，是事实而非规范性的权利与章程，自此伊始成为了人类事务的仲裁者"。[6]

米勒描绘的肖像之于爱德华兹，就像哈姆雷特之于现实中的丹麦王子，都属于想象力的得胜。而我们现今已详细入微地了解到，爱德华兹的早期思想完全植根于那个时代的国际趋势。[7]他属于"新英格兰"文化的一部分；这种文化极其倾心于"英国"事务，并且就像马瑟的例子本身所表明的，极其关注跟上潮流。早期新英格兰也许比历史上任何文化都更多地受到有学识者的统治。尽管怀有压倒一切的神学兴趣，但许多具有影响力的新英格兰圣职人员，都在竭力学习那个时代的国际趋势。哈佛学院以及后来的耶鲁学院，在将一些新自然哲学吸收进课程表方面的确行动缓慢，但那是因为这些机构是男孩子们的拉丁语学校与神学院的交叉混合物。它们的课程表在很大程度上建立在中世纪时期有关何为教育的假设之上。没有亚里士多德的"教育"几乎是不可想象的。即便如此，特别是在哈佛，现代思想还是取得了长足进展。例如，17世纪最后几十年的哈佛毕业生就熟悉笛卡儿思想；而笛卡儿则是17世纪中叶自然科学以及其他哲学领域的主导性人物。所罗门·斯托达德在17世纪60年代就读哈佛期间就拥有笛卡儿的著作。

18 世纪早期，一些精明的新英格兰人订阅英国期刊，以便在那个极具创造力的时期，与国际性的"学术共和国"尤其是英国、法国和荷兰保持联系。皮埃尔·培尔（Pierre Bayle，1647—1706 年）百科全书式的、有时带着怀疑论色彩的《历史与批判词典》（1697—1702 年）于 1710 年被翻译成英语后不久，他们便一定已经了解到了。他们熟悉英国的宗教"自由主义者"（latitudinarians），以及受大众欢迎的布道家约翰·蒂罗森（John Tillotson，1630—1694 年）之类的圣公会作者——后者用理性贬低了许多加尔文主义教条；他们很快就知道了第三沙夫茨伯里伯爵（the Third Earl of Shaftesbury）在 1709 年发表于《道德家》的对于一种神圣美感的赞颂。他们也许会用一个晚上的时间，抽着烟斗谈论来自那些期刊——譬如约瑟夫·艾迪生（Joseph Addison，1672—1719 年）与理查德·斯梯尔（Richard Steele，1672—1729 年）那机智精妙的《旁观者》（*Spectator*）——的最新消息。

年轻的爱德华兹如饥似渴地阅读所有这些作者。他在早期成为了《旁观者》的热心读者；该期刊包含最新的当代思想。在耶鲁学院，他成为了学院图书馆里那令人赞叹的"达默藏书"（Dummer collection）的最早受益者之一；在该藏书的英国作者当中，就包括有艾萨克·牛顿（Isaac Newton，1642—1727 年）和理查德·斯梯尔。爱德华兹全盘接受了从自然哲学到纯文学的一切东西。他深深受到了艾萨克·牛顿的影响；而牛顿则可能是那个时代最为重要的思想家。[8] 就像他那个时代许多人一样，爱德华兹决心要了解一切事物以及它们在上帝的宇宙里是如何协调在一起的。

米勒有关爱德华兹独自利用约翰·洛克真知灼见的神话，就像任何曲解一样，也具有一种看似有理的基础。爱德华兹的最早回忆录作者之一，显然是某位在学院里认识爱德华兹的人，曾回忆道，"他天生似乎是一个逻辑学家和形而上学家；但通过方法与学习获得了极大提高。他吸收了伟大的洛克先生的观点；那些观点在他那里就像在本地土壤里生长一样。"[9] 爱德华兹的第一位传记作者，他年轻的朋友和助手塞缪尔·霍普金斯（Samuel Hopkins），曾说：

在他就读学院的第二年，亦即他 13 岁时，他兴味盎然地阅读了洛克有关人之理解的论述，而且获益匪浅。他那非凡的才华，仿佛天生就具有思想的缜密性和深邃性，如今则开始展示和发现它自身。有一回，在他去世前不久，他手里拿着那本书，向一些好友说……他年轻时在学院里读到它时，他的愉悦无以言表，心里十分喜欢；在研读它时，他完全被吸引住了，所感到的满足与喜乐，要远胜于最贪婪的守财奴从新发现宝藏里抓起满把金银珠宝。[10]

如果对洛克的这种发现真的像霍普金斯所声称的那么早，它就应当是发生在 1717 年，爱德华兹在韦瑟斯菲尔德受教于表兄伊莱沙·威廉姆斯期间。但这样早的日期亦引发了一些问题，因为那个时候在新英格兰还未曾发现有洛克《人类理智论》（1690 年）的副本。[11] 不过，亦可以设想，某位年轻的知识分子譬如伊莱沙·威廉姆斯获得了该书。威廉姆斯是一位新近的哈佛毕业生，并从更具国际性色彩的波士顿带来了某种哲学上的精妙。[12] 但不管怎样，到 1719 年，当爱德华兹前往纽黑文在蒂莫西·卡特勒指导下学习时，在图书馆新设立的"达默藏书"里，他不仅能够接触到洛克，而且还能够接触到现代作者的整个宝藏。学院亦处在更新其课程表的过程中；其课程表在很大程度上是建立在亚里士多德科学以及那很快被人称作彼得勒斯·拉姆斯（Petrus Ramus，1515—1572 年）"旧逻辑"的基础之上。拉姆斯系统或者拉姆斯主义（Ramism），17 世纪清教徒的主要支柱之一，在很大程度上是按照逻辑独立范畴来排列所有知识的系统，以便至少是模糊地反映那神圣思维的原型逻辑。[13] 到 1718 年至 1719 年，耶鲁的课程表开始包括有一点点洛克、（就他们能够处理数学的程度而言）牛顿以及其他有关当代科学的大众解释者。[14]

乔纳森对洛克、牛顿以及其他一系列现代思想家令其感到振奋的阅读，使他确信他正处在新英格兰历史上的关键时刻。这种意识产生于他的个人经验。在这种阅读的早期岁月里，他的正统信仰根基并不稳固。几乎所有现代思想家都认信和维护基督教；然而几乎所有人，就像洛克一样，又都支持一种比乔纳森在康涅狄格所学到的更广泛、更宽容以及更"合乎理性的"宗教。作为一个十几岁的青少年，他设想了许多理由,来质疑加尔文主义有关上帝完全的主权的教义;而这些新作者看来则强化了那些质疑。

不过,很快地,这些影响效果就转变成反面的了。不知不觉,在他学习和痛苦的灵性探索的过程中,他有关上帝主权的疑惑消失了,连他自己也不知道是出于什么原因。[15]在他就读研究生第一年的春天,他经历到令他震惊狂喜的归信,他深深地被一种特殊的呼召所吸引。他感到被召唤去运用新学识捍卫上帝的永恒之道。

他对待洛克的态度提供了最佳例证。洛克为看待事物开启了令人激动的新方式,尤其是在观念与实在之间的关系方面。洛克在确定爱德华兹的哲学议程和塑造他的一些范畴上发挥了至关重要的作用。然而爱德华兹却并非严格意义上的"洛克派"。数年后成为耶鲁教师后,当他在笔记里记录下自己对洛克的看法时,那些看法却是对洛克的批驳或超越。[16]正如其他人所指出的,爱德华兹是"一个批判性地鉴赏其珍宝的守财奴"。[17]

上帝与自然哲学

爱德华兹早期对自然科学的热情,对于一个处在这样的时代——自然哲学正在剧烈变化并在有学识者中成为了一项极受尊重的业余爱好——才只有十几岁的男孩子来说,并不令人感到惊讶。自然哲学对于 18 世纪的绅士而言,与其说意味着诸多试验,不如说意味着对自然现象的敏锐观察。设在伦敦的著名"皇家学会"的《哲学学报》,就充斥着来自世界各地的琐碎科学资料。撰稿人构成了一个世界性的观察者网络;他们一直都在探寻那未曾听说或未获解释的现象。艾萨克·牛顿本人仍然在主持着"皇家学会"。在《哲学学报》上发表文章,标志着一个人已经参与到了这项伟大的国际性事业当中。

在 16 岁或者更早时,爱德华兹开始着迷于蜘蛛的行为。蜘蛛是终日围绕着新英格兰人的动物之一。在学院就读高年级期间亦即 17 岁时,他就自己的观察撰写了一篇颇具吸引力的记叙。[18]通篇记叙洋溢着对于蜘蛛的钦佩之情。"在所有昆虫里",他在起首写道,"没有什么比蜘蛛更神奇的了，特别是就其智慧和可敬的工作方式而言。"就像任何一个精通拉姆斯将事物区分为范畴的方法的新英格兰人一样，他开始将家蜘蛛与他所感兴趣的对象区分开来；他所感兴趣的，是生活在他所喜爱游荡的森林里的蜘蛛。这些似乎能够飞跃于树木与树木之间的昆虫，在仔细观察下，可以被看作是在空气中"游"在高处。"其外观真是美妙可爱；它在我看来既奇妙又可爱，所以我决定要竭力满足我对它的好奇心。"

通过仔细观察和将蜘蛛从枝条上摇落的小小试验，乔纳森真切看到了它们是如何飞行的。从它们尾部释放出的细丝比空气更加轻薄，以至于通过释放出足够多的细丝，它们就能够上升或者漂浮在空气中。根据一个游泳者的经验，乔纳森解释道，蜘蛛的运动就像是一个人处在海底：他能够上升、下降或者通过抓住一个适当重量的东西而保持一种平衡。通过释放或收缩那承载它们的大量细丝，蜘蛛就能够在微风里随心所欲地漂浮滑行。"毋庸置疑，"他补充道，"它们在这么做时会伴随有一种极大的愉悦感。"按照地道的新英格兰风尚，加尔文主义的上帝并不反对在消遣中获得快乐，因此他又增加了这样的"推论"："我们由此看到了造物主那丰盛的良善；造物主不仅提供了所有必需之物，而且还为一切受造物提供愉悦和消遣，即便是对于昆虫和那些最可鄙视的事物。"

爱德华兹的分析将敬虔与当代最新思想结合在了一起。他解释了这一问题：如果说蛛网细丝是如此纤细以至于近距离观察都难以看到它们，那么为什么有时当它位于"相当的高度"并处在我们与太阳之间时，会显得那么清晰。光学是他极感兴趣的另一个科学领域；他用下列语言解释了蛛网现象：这就好比从远处看烛焰会显得比较大一样，抑或就像遥远的星星会显得比它们在天空的实际比例要大一样。尤其是，艾萨克·牛顿爵士对"经过物体边缘光线的向内弯曲"的证明，就解释了蛛网的远距离可见性。

这最后一组观察，不仅揭示了爱德华兹思维中的一些特有模式，而且还反映了那个时代将科学与宗教关联在一起的最新水平。爱德华兹观察到，只有在秋天的好天气里，当西风吹拂的时候，蜘蛛才会漂浮飞行。他断言在所有"国家"里只有"当风从中部地区吹向大海时"

才会出现好天气,因此他推测,那些没有被飞鸟一类动物吃掉的蜘蛛,最终必定抵达海边并被淹死。

从这种分析里,他得出了两个敬虔"推论"。第一,"我们可以看到和赞叹造物主的智慧,并确信那种智慧就运行在如此渺小的事物身上,并体现在这样的奇妙设计里:逐年带走我们空气里腐败难闻的东西——其中飞虫是一些小小的群体,并将其埋葬在海底但又不会对那里造成什么伤害。"所以造物主将这些受造物的喜悦与消遣用来达到"更伟大的目的",亦即它们的毁灭。假如,按照通常所设想的,它们只是通过冬眠而度过冬季,那么这个世界很快就会因昆虫而泛滥成灾。第二个推论是,我们也应当"赞叹造物主在如此完美精准地调节它们的繁衍本性",以至于"年复一年,它们总是保持着同等的数目"。[19]

虽然乔纳森的科学在蜘蛛是如何实现其目的上变得深思熟虑,但他的敬虔却并无什么不同寻常之处。那个时代最伟大的哲学家们赞同,人们愈是探索自然的奇妙,就愈是崇敬造物主的创造能力。唯有宇宙那全智的统治者才能解释这样的奇迹。此外别无他法。[20]

乔纳森青少年时期对于蜘蛛所做的研究,尽管确实让我们最好地看见他作为自然的仔细观察者,却受到了不同寻常的关注,因为他19世纪的传记作者和曾外孙塞雷诺·德怀特(Sereno Dwight)错误地将这件事确定为1716年,亦即乔纳森12岁的时候。这个错误制造了有关爱德华兹科学早慧的一个传奇,类似于乔治·华盛顿在承认砍倒了樱桃树时的道德早熟神话。[21]

实际情形是那个时代更常见的,但却具有启发性。乔纳森在大学和研究生期间一直都在继续他的科学探索,尽管他在纽约做牧师期间曾将其搁置一旁。1723年夏,当他返回家乡后,又重新拾起了这一爱好。蒂莫西·爱德华兹亦对自然哲学怀有业余兴趣,并在最近给伦敦"皇家学会"的马萨诸塞会员法官保罗·达德利(Judge Paul Dudley)送去了一份有关巨型南瓜的报告。他有可靠根据,1669年在新英格兰一块田地里,有一枝独立南瓜藤结了260个南瓜,这还不包括那些极小或未成熟的。达德利将这个消息送给了《哲学学报》;后者在将其发表时提到,这是根据一个"值得敬重的神学家"、"温莎的爱德华兹牧师先生"所提供的报告。为感谢蒂莫西,达德利补充说,他还欢迎对自然的任何其他非凡观察。蒂莫西让乔纳森看了这封信；后者则于1723年秋精心准备了他有关蜘蛛的论文，并将论文送给了达德利。但这件事却没有什么结果。一个审读者在论文最后一页上草草写下了"利斯特"这个名字，所指的是英国博物学家马丁·利斯特（Martin Lister），后者在早先已经发表了论述蜘蛛飞行的文章；这也许解释了为何没有发表乔纳森那原本会是既有价值又有原创性的论文。[22]

　　与此同时，乔纳森的科学兴趣却空前高涨。"自然哲学"在那个时代尚未与"哲学"相分离——就像从19世纪以来所发生的那样。只是到维多利亚（Victoria，1819—1901年）时代后期，"科学"才开始指自然科学，这是一个具有重大意义的词语上的胜利。与此相对照，在爱德华兹的时代，所有严肃思想家都相信，自然哲学与一般哲学（因而还有神学）必定是同一回事。自然科学对更大的有关实在的诸科学是有影响的；但只是到后来人们才普遍认为，"自然"就是实在的最高级形式，因而自然科学就是思想的标准模态。在爱德华兹同时代人中，几乎没有人认为科学与神学会处在冲突之中。自然哲学将要触发对于传统基督教一些特征的广泛质疑。不过，那时最伟大的哲学家、数学家与自然哲学家，都倾向于将最高级的形而上学及神学沉思与他们的现实关切结合在一起。

　　爱德华兹有关自然科学的最早笔记——始于在耶鲁就读研究生期间，表明他为一部更大的科学与形而上学论著草拟了一些长期计划。他将一些最早的记录冠名为"将要全面考虑与撰写的事物"。一直持续到他前往北安普敦的这份列表清单，最终增加到了差不多一百条对令人困惑的自然现象及其哲学含义的精短解说。有许多内容完全是有实用价值的。为什么空气对于火的燃烧是必需的？为什么所有山脉都向西延伸？为什么没有两棵完全一样的树？什么使气泡破灭了？为什么阳光热度在离地平线较近时比它升高后要大？为什么波浪会是那个样子？为什么闪电不按直线前进？为什么重复性的闪电都遵循着同样的模式？[23]

　　这些记录条目有相当一部分反映了他对光学的特殊兴趣。作为一个被光的属灵维度所吸引的年轻人，他特别想要了解它的机制。他在最早的记录条目之一中表示，他决心要"按照艾萨克·牛顿的光与颜色原理，探明天空为什么是蓝色的，太阳为什么不是纯白色的"，等等。爱德华兹如饥似渴地研读牛顿的巨著《光学》。在就读研究生期间，他草拟了论述彩虹和论述来自遥远星星光线的论文。他发现颜色并不存在于其对象之内这一现象格外令人着迷。当他坐在树下读书时，他注意到，经过树叶过滤的阳光呈紫红色；他将其归因于绿色光线在经过树叶边缘时被过滤掉了。[24]在洛克与牛顿的追随者中比较普遍的一种见解是，颜色是只存在于经验者头脑里的现象；这一见解对于更广泛的哲学反思构成了一种关键性刺激。

爱德华兹的讨论包含着对那个时代科学解释的成熟反思，偶尔的敏锐观察，在当时对某些自然现象解释存在困难的意识，以及对于科学解释的着迷等等。塞缪尔·霍普金斯指出，"他谙熟所有文理学科，并对自然哲学怀有非凡兴趣；他终生都在以他特有的思想之公正性与准确性探索着自然哲学。"[25]由于他对神学与形而上学的热爱最终压倒了他对自然科学的学术兴趣，所以人们易于忽视这种实践性的一面。那些遇到他的人，并不是遇到了一个头脑只在云端的人，而是遇到了一个尽管专注于事物的灵性意义，但却通晓自然与力学等诸多实际事物的人。就像许多18世纪哲学家一样，爱德华兹是一个对所有知识都感兴趣并迷恋于事物如何运作的博学之人。

新英格兰的圣职人员是他们所在社群中受到过最好教育的人，他们常常是新科学的主要解释者。在1721—1722年波士顿爆发极具毁灭性的天花病期间，乔纳森了解并显然是钦佩科顿·马瑟鼓励接种疫苗的大胆立场。当流行病爆发时，爱德华兹可能至少有一个姐姐正在那里求学。马瑟的立场招致了大众的强烈反对。一些人甚至想炸毁他的房子。凡事都要跟马瑟作对的詹姆斯·富兰克林（James Franklin），在他不虔敬的《新英格兰报》上攻击疫苗接种，并以此作为煽动反教权主义情绪的手段。[26]

虽然科学与宗教在新英格兰圣职人员那里是坚定的盟友，但将上帝的护理掌管与自然律关联在一起的那些典型方式，已经微妙地改变了。早在1683年，与艾萨克·牛顿几乎完全是同时代人的英克里斯·马瑟（Increase Mather），仿照伦敦"皇家学会"，帮助创立了"波士顿哲学学会"。[27]他早熟的儿子科顿，1683年时20岁，在将新科学传播给殖民地方面，很快就超越了他父亲；最终"皇家学会"亦授予了科顿以会员荣誉。不过，科顿·马瑟成年时所处的世界，有别于年轻爱德华兹所处的那个世界。17世纪80年代的新英格兰人，仍然生活在一个充斥着鬼魂、恶魔、巫术和超自然之事的"妖魔世界"里；在那里人们期望着看到来自上帝的神迹和来自一个巨大不可见世界的奇事。[28]英克里斯·马瑟以良好的科学方式，收集和重新发表了那些记述：超自然的护佑，因不遵从上帝而被击毙的人，与魔鬼的契约、巫术、怪异的出生，甚至还有一个偷了羊以后在嘴里长出一只羊角的人。"新英格兰"与"英格兰"在这些信念上没有什么不同。在那些早期岁月里，即使是"皇家学会"的《哲学学报》也是科学与超自然事物的混合体。[29]

在17世纪90年代，科顿·马瑟为了保存超自然事物作为科学探究的一个领域而付出了高昂代价；在塞勒姆（Salem）巫术骚乱达到顶峰时，他为"不可见世界的奇事"辩护。歇斯底里与审判不公——即使按照那时的标准——最终使得马瑟父子帮助中止了那些诉讼。这次大失败亦遏制了圣职人员在随后若干年里想要确定具体魔鬼势力的企图。到爱德华兹的时代，巫术与超自然怪事从圣职人员的关注中几乎已经消失了。1690年，科顿·马瑟能够在讲道中说，他看见了一棵巨型甘蓝的根，一枝像短剑，另一枝像双刃剑，还有一枝像大头棒；并宣告这对新英格兰是一种特殊护理性的警告。而到下一代时，对怪异事物的这类解释就有点难为情了。

而且，18世纪早期的有学识者并没有放弃他们的这一坚定信念，即上帝在其护理中掌控着新英格兰及其他一切事情，并有可能安排自然来提供他如何引导历史的迹象。人们仍然能够将护理的迹象，譬如彗星、地震、自然灾难或者猝死，解读为对具体罪恶的警告与审判——正如圣经所教导的。与马瑟同为福音布道家的托马斯·普林斯（Thomas Prince）是这种思想态度的典型，他在1719年发表了一份小册子，论述他三年前在新英格兰看到一次神奇的北极光。虽然这宇宙景观是如此壮观，以至于普林斯在重新考虑了自己不寻找奇迹征兆的倾向后，还是审慎地认为，那种现象既可以按照自然原因来解释，也可以按照神迹来解释——也许是要提醒人们上帝的最后审判。他注意到，他的描述得到了著名彗星观察家埃德蒙·哈雷（Edmund Halley，1656—1742年）的认可。[30]

这就是年轻的爱德华兹走向成年时所身处的哲学世界。托马斯·普林斯成为了他最密切的朋友之一。爱德华兹对待自然现象双重特征的态度，在他那一代正统圣职人员中是典型的。他与任何人一样渴望在历史或自然里发现"上帝之手"，但是他亦期望上帝透过次级或自然原因来运作。他常常将撒旦说成是一种人格性动因，但他几乎从未提及女巫。这种在那一代人中非常典型的沉默，表明了他们因其直接前辈过度解读不可见世界的奇事而感到的窘迫。

爱德华兹亦持审慎态度，不轻易将日常的成功或失败解读为来自上帝的明确信息。在他的早期日记里，1723年1月反思一段灵性低潮期时，他写道，"我亦通过经验发现，无法猜出护理的目的，特别是上帝对我的安排。"他承认，在总体上"痛苦的出现是对罪的矫正"，应提醒人们对"我们所有的罪"做出悔改。而且，这也提醒我们，"万事互相效力，使我们得益处；即便不知道以何种方式，但要相信上帝。"[31]

虽然新英格兰圣职人员成功完成了从亚里士多德式自然观向牛顿式自然观的转变，但是新科学对理解上帝护理眷顾的本质却具有一定的意义。在亚里士多德物理学占据统治地位的漫长时代里，上帝或者魔鬼的干预绝不会产生什么理论问题。亚里士多德主义者预设，物理对象自然而然是处在静止之中的，而运动则是一种获取的性质。所以运动可以被解释为一种人格推动者譬如一种灵性存在的干预，而又不会扰乱物理规律的体系。与此相对，牛顿主义者将物理宇宙看作是由相互作用的机制所形成的一个不断运动着的体系。如果所有事物都在运动中并对其他所有事物发挥着引力作用，那么人们就不能改变这个过程中的一部分而不影响其他事物。作为一个十几岁的学生，爱德华兹认识到了这个难题并一直执著于它那令人惊奇的含义。他早期"将要全面考虑与撰写的事物"之一，就是要"表明最小原子的运动、静止与方向，是如何对宇宙中每一物体的运动、静止与方向发挥影响的"。那意味着"在一个微粒里最小的错误步骤，都有可能在永恒中颠覆宇宙的秩序"。所以人们应当"留意那在秩序里所必需的大智慧，以便事先安排每一原子，以使它们能在整个永恒里趋向最佳；而在一种精准计算的调节中，则应当为那必需的奇迹留下余地"。而为所有这一切所必需的庞大计算，则见证了这样一种必然性，即上帝"是全知的"，其睿智超越了我们的想象。[32]

如此宏伟的上帝，是创造并掌管如此广大宇宙的上帝；他当然能够很容易地安排奇迹，布置具有特殊护理意义的一切"巧合"。在这种自动机械性的宇宙里，没有任何事情需要降低上帝的直接介入。上帝从永恒的有利角度看到了所有因果关系。上帝同时看到了开始与结束。不过，上帝亦通过一种令人惊奇的序列性自然律体系掌管着这个宇宙；在其中，上帝可以随心所欲地偶尔为奇迹做出预先安排好的调整。

上帝看顾与一个基本上自动化宇宙之间的协调，其基础并不是什么新东西。希腊与中世纪思想家长期以来都在因果性的互补层面之间做出区分。上帝可以是万物的终极原因，并能够使用见之于自然律的次级原因来达成他所希望的任何事情。新科学时代几乎所有的思想家都做出了这种古老的区分。他们既能够肯定上帝掌管万物，又能够肯定上帝在这么做时是通过一个庞大的次级原因体系或者自然律，来达到这一点的。

然而对于许多既接纳了牛顿式机械论世界，又接受了上帝通过次级原因来发挥影响的人，上帝的亲自干预就很容易被看作是多余的。一些最杰出思想家主张"合理性宗教"和"自然神论"（Deism），就说明了这一点。在英格兰，洛克的追随者约翰·托兰德（John Toland，1670—1722年）在其《基督教并不神秘》（1696年）中就带头普及化了这样一些观点。按照托兰德和其他具有影响力的自然神论作者的说法，上帝是全智的造物主；他为自由受造物建立了普遍自然律与普遍道德律。按照理性，这样一位上帝足够睿智地设计了一个自主运行的有规律的宇宙，以至于他不必亲自干预以做出奇迹性的调整。[33]

自然神论有时几乎被等同于18世纪的启蒙思想；由此常常忘记了有许多其他著名思想家，特别是在该世纪初叶，亦在抵制这种想要消除上帝在物质世界里直接介入的趋势。最著名的就是艾萨克·牛顿本人。牛顿是一位敬虔的——如若不是正统的话——圣公会信徒；他具有深刻的神学兴趣和渊博的圣经知识。在发表《原理》（1687年）之前的某一时期，他曾经搁置过他的物理学工作，因为他更沉迷于神学和圣经预言研究。他尽管质疑"尼西亚信经"对于三位一体的看法，但他这么做是基于他的圣经研究，并在很大程度上将这种非正统思想仅限于他自己。在他一生中，他一直都在记录有关预言、预表、教会史及其相关主题的笔记，尤其致力于破解神秘的圣经预言所包含的意义。

在牛顿自己的牛顿式宇宙里，不仅为作为造物主的上帝，而且还为作为物质实在维系者的上帝，留下了充足空间。在其生涯早期，他深深为笛卡儿哲学中在他看来属于荒谬的二元论感到震惊。那种二元论将物质与精神分离开来；由此，在牛顿看来，会导致一种无神论——物质在其中独立于上帝而运作。[34] 而牛顿的引力概念则使得上帝直接处在那一场景当中。既然引力只是所有物质的一种属性，而没有任何力学上的解释，那么牛顿就将它归之于物质的创造者与维系者上帝的意志与行动。物质归根结底只是宇宙中上帝注入某种力量的一种空间吗？譬如阻止其他物质穿越的斥力或者吸引一定距离之外其他物质的引力。[35] 在《光学》里，牛顿问道，"这些现象难道不是表明，存在着一种无形的、活生生的、理智性的、全在的存在；他处在无限的空间里，通过事物对自己的直接呈现，就像是具有感觉器官一样，密切地观察它们、透彻地认识它们并完全地领悟它们。"[36]

牛顿的许多哲学都来自剑桥柏拉图主义者亨利·莫尔（Henry More, 1614—1687 年）；后者是牛顿在剑桥大学的年长同事和朋友。莫尔先于牛顿坚定地反对他认为内在于笛卡儿二元论里的唯物主义。作为一位新柏拉图主义者，莫尔坚称，宇宙是单一的、基本上属于精神性的实在。他坚持认为上帝密切介入了所有事物之中，因为只有经由上帝的行动，一切事物才能拥有限定自身之为存在的能力。[37]

对于新英格兰人来说，亨利·莫尔提供了通向牛顿的一座桥梁。剑桥历来是清教徒的堡垒，即便剑桥柏拉图主义者与严格的加尔文主义者相比更加强调理性是宗教知识的一种独立来源，但莫尔还是于 17 世纪末在哈佛为人所熟知。那些研习异教经典的新英格兰人，习惯于选择性地利用一些作者；他们能够批判性地阅读莫尔，但却不乏赏识之心。莫尔具有如此巨大的影响，是因为强调物质实在只是存在于上帝思维里更纯粹精神实在的一种副本或影像的柏拉图传统，在新英格兰思想中一直都占据着突出地位。[38]所以，爱德华兹在就读耶鲁高年级期间就已经阅读过莫尔，或者在他利用新科学时表现出莫尔观念的影响，就不足为奇了。[39]

作为上帝语言的宇宙

爱德华兹可能是从不少的源泉那里了获得了他的基本观点，绝不是什么一个边疆少年在阅读了几本著作后就引申出了全新的西方思想概念。事实上，虽然他在做出自己的阐述上展现出了他的原创性和才华，但他的基本立场却极其接近于17世纪晚期与18世纪初期一群被称之为"上帝中心论形而上学家"的立场。[40]例如，当爱德华兹走向成年时，有一位典型的哲学家就是格特弗里德·威廉·莱布尼茨（Gottfried Wilhelm Leibniz，1646—1716年）。莱布尼茨是一位德国普世派基督徒，他和牛顿并称为微积分的发现者；他因主张上帝在宇宙里持续行动的理论，以及在其《神正论》（1710年）里证明了上帝维持着所有可能世界里最好世界的方式而著名。莱布尼茨似乎并没有直接影响爱德华兹，但他们两人的观念却具有相似之处，因为他们都在致力于同一言说领域。爱德华兹的思想与尼古拉斯·马勒伯朗士（Nicholas Malebranche，1638—1715年）的观点亦有一些相似之处。马勒伯朗士是一位法国"奥古斯丁派"天主教哲学家与神学家，主张事物其实是上帝的观念，而灵魂与上帝的统一则是知识的真正来源。[41]

爱德华兹的解释者很久以前就注意到爱德华兹的哲学唯心主义与乔治·贝克莱主教（Bishop George Berkeley，1685—1753年）的哲学之间的相似性。作为一位爱尔兰圣公会信徒，贝克莱认为，洛克的经验主义有可能会导致怀疑论，如果事物在本质上具有物质性存在的话——但我们却知道它们只不过是我们思维中的观念。他不同意，事物是真正存在的——就像上帝思维中的观念那样。贝克莱在1710年发表了他的观点，但爱德华兹似乎一直到18世纪20年代，亦即爱德华兹自己的哲学已经成型之后才开始直接阅读他的著作。[42]贝克莱在1729年至1731年间曾在罗得岛州的纽波特（Newport）事奉过，并成为了耶鲁学院的赞助人；爱德华兹有可能在1731年前往纽波特的一次旅行中遇见过贝克莱。[43]在阅读贝克莱后，爱德华兹利用了他的一些观点；但他们之间的相似性，主要还是来自他们对于那个时代最费解的哲学与神学问题的共同关注。

年轻的爱德华兹与一些令人敬佩的哲学家一道反对那些人的立场；那些人在物质与精神之间划定了一条界线，并因而使上帝远离了创造中的直接作用。许多笛卡儿主义者和牛顿主义者——尽管牛顿本人是例外——转向了这种二元论方向。与这种立场相反的思想运动则断言，新科学与上帝对每一存在时刻的最密切介入，是完全协调一致的。他们不仅能够像其他人一样指出这种巨大创造的理智设计所显示的奇迹，而且还试图表明下面这一点为什么在逻辑上是必需的：上帝的直接力量必定事无巨细地维持着受造的世界。

当爱德华兹开始记录有关这些主题的笔记时，他还是耶鲁的一名研究生；他的主要关切就是要阻止科学革命所可能引入的唯物主义哲学。这样一种观点的最直接倡导者就是托马斯·霍布斯（Thomas Hobbes，1588—1679年）。霍布斯，这位17世纪英国哲学中肆无忌惮的人，与他更敬虔的同时代人不同，所主张的是一种后来得胜了的现代观点，亦即物质存在就是实在的本质。虽然没有直接研究过霍布斯，但爱德华兹还是为他的书记下了这样一条提示，他计划"在某个合适的地方提出一种看法：取代霍布斯的观点——上帝是物质以及所有实在都是物质，代之以这样的观点——任何物质的东西都不可能是上帝，以及任何物质在最严格意义上都不是物质"。[44]

这种评论亦关系到他就被造实在的基本性质，正在形成的其他一些主题。遵循牛顿的一种建议[45]，爱德华兹在就原子所做的最早期记录中认为，那些最小粒子的实质必定是它们的不可分性，亦即，它们不能成为更小的。相应地，分割的阻抗力必定就是固态性的实质。所以固态性并不必定要最基本性地占据一定数量的空间（笛卡儿主义者将其称为"广延性"），而在本质上是一种力量，一种阻抗力。当然，这种力量最终必定来自于造物主上帝。一个推论就是，"我们通过这一点亦能清楚看到，有形宇宙的创造，就是在上帝认为适当空间的某些部分，最初导致的阻抗力。"[46]

创造因而不是某种只发生于很久以前的事情，它仍处在发生之中。"最初的创造，"他写道，"只是引发这种阻抗力的最初实施。"上帝必定继续保持着这些能力，否则，宇宙将会停止存在。"这个宇宙在某一刻是从虚无中创造出来的，"爱德华兹说道，"如若那不是我们所能设想的——它阻止了我们，那么我们可以看看那种持续不断实施的奇妙工作。"[47] 由此，这种"存在的能力连续不断地从空间的一部分被传递到了另一部分，按照这些陈述的条件，正如他无限的智慧所指引的"。换言之，正如爱德华兹在下一个推论里所说的，上帝持续不断的创造能力，通过"我们所谓物体里的自然律，亦即，上帝针对物体进行之行动的那些已表明的方法"[48] 而被传递。

例如，引力就不是某种人们指望能发现一种力学原因的东西；它是固态的一种内在性质或能力。引力是与阻抗能力密切相关的一种能力；这两种能力决定了物体彼此之间的和谐关系。虽然引力是按照可以预测的规律运作的，但它亦是上帝的直接行动。所以，出于对牛顿以及那个时代许多大众科学作者之观点的反思，爱德华兹断言，"人们普遍承认，引力直接依赖于上帝的影响。"由此亦表明，"如果引力被撤消，那么整个宇宙将在一瞬间消失为虚无。"[49]

1723年夏，当爱德华兹从纽约返回家乡并重新开始记录他的科学笔记时，他就这些观念提出了远为激进的含义。他的思想，到那时为止，还尚未太多偏离见之当时科学文献里的洛克与牛顿式原则。不过，在那个夏天，他推进了这一思想线索，并得出那个时代其他一些哲学家亦曾得出的重要结论："除了在意识里，任何地方都不存在任何东西。"为了证明这个令人震惊的观点，他建议人们设想"在与这个宇宙相距遥远的地方被创造的另一个只是由物体组成的宇宙"。唯有上帝能够明了这个宇宙奇妙的运动和壮美，因为这个宇宙并不包含其他的智慧。由此，他追问，运动的这些壮美与关系如果不存在于上帝的意识里还会存在于其他什么地方呢？假设上帝的意识在一瞬间消失了，那么，在爱德华兹看来，宇宙将会停止存在，这不仅是因为上帝不再维持它了，而且还是因为上帝不再知道它了。这一点可能是与人的直觉相对立的，但爱德华兹自信地指出，"任何以全部思考力思考它的人，都会看到它的确就是如此。"

为了阐明这个困难观点，他请求他设想中的读者，去想象一个丧失了光明的世界。在那种情形下，所有颜色都不再存在。绿颜色并不存在于树叶里；只有当有光和有人将那些反射光线感知为绿色时，绿颜色才会存在。这在那个时代是一个相当传统的观点，但它却推动着爱德华兹走向了更激进的含义。物体的固态与颜色属于同一类事物；它不是因自身而存在的事物，而只是在某些条件下能够被感知的一种能力。如果物体在本质上是阻抗其他物体的能力，然后又设想宇宙被剥夺了运动，那么那种能力就绝不会真正存在，因为它是某种不能被经验的事物，正如在一个没有光明的世界里不能经验颜色一样。因此：

> 把这两种假设放在一起，亦即，剥夺了这世界的光明与运动，那么这个世界将会是这样的：既没有白也没有黑，没有蓝色也没有棕色，没有光明也没有阴影，没有清晰也没有浑浊，没有吵闹也没有声音，没有热也没有冷，没有流体、没有潮湿也没有干燥，没有硬也没有软，没有固态，没有广延，没有形状，没有大小，没有比例，没有物体，没有精神。那么这宇宙会变成什么呢？毋庸置疑，它只能存在于上帝的思想中。人们在阅读了我就固态等事物所做的进一步论述后（譬如，固态是阻抗力），就会愈发清楚这一点。因而我们看到，一个没有运动的世界只能存在于思维里，不论是无限的还是有限的。

由此就会导出，他很快补充说，"那些具有知识与意识的存在，是唯一真正的、真实的和实在性的存在，就其他事物的存在只是由此而来的而言。"所以，他凯旋般地得出结论，唯物主义被击败了："由此我们可以看到那些以物质事物为最实在性存在、以精神为阴影的人的严重错误。唯有精神才是真正的实在。"[50]

这个论点似乎是难以把握的，而且仍将极其令人困惑，除非人们认识到，爱德华兹是在与他思想的核心要素——他的神学——的关联中提出了他的物理学与形而上学。他不同于洛克，洛克是从人的经验出发，自下而上建构起一种哲学；亦不同于笛卡儿，他不是从人的理性指令推导出一个宇宙。相反，他按照严格加尔文主义的方式，自上而下，从一位掌控万物、拥有绝对主权的三一造物主出发，提出他的思想。这个宇宙是一个关系的宇宙，而终极性的关系则总是与造物主的关系。

在他的宗教训练里以及在加尔文主义神学家里的一切——他学习那些神学家就像学习洛克与牛顿一样勤勉——决定了他会按照这种整体性方式来展开思考。拉姆斯主义的"旧逻辑"是围绕着一个关系性宇宙——其中每一事物都各有其地位——这一原则建立起来的。这种立场从他孩童时起就确定了他的思考习惯,而在成年后也从未偏离其实质。[51]爱德华兹,就像他的新英格兰先驱一样,从威廉·埃姆斯(William Ames,1576—1633年)的《神学精义》(*Technometria*,1631年)那里,吸收了对于事物的这种综合整体观;该书是一本拉姆斯派手册,它"充分界定了所有学科以及每一单独学科的界线与目的"。[52]在终极意义上,所有事物都是作为上帝思想里的原型而存在的。人类所看到的只是这种完美实在的迹象与影像。[53]

对17世纪新英格兰思想产生了诸多影响的拉姆斯主义,只是服务于建立一种"百科全书",或者在字面上讲,一种"学识体系"这一更大理念的一种工具。爱德华兹从17世纪国际改革宗或加尔文主义思想家这一庞大世界——他们与纯英国作者对他的影响相当——那里继承了这种理念。例如,在新英格兰图书馆里有一部标准著作,就是约翰·阿尔斯特德(John Alsted)的《科学传记百科全书》(*Encyclopedia Scientiarum Omnium*,1630年);正如其标题所表明的,它是对"所有知识体系"的一种汇编。所有事物在上帝的宇宙里都是相互关联的,学识的目标就是要认识这些关系的体系。如果人们从源于圣经、理性与观察的前提出发,那么就可以相信有能力去发现实在的秩序,因为它是上帝思想里完善模式的一种显现。尽管爱德华兹的理念样式受到了改革宗源泉的影响,但有关百科全书观念的变异在欧洲思想里还是常见的。[54]

追随加尔文主义与奥古斯丁主义先驱,爱德华兹从这个传统里所采纳的,不是一种静态的柏拉图式唯心论;在其中物质世界是存在于一种终极思维里的固定理念的副本。相反,他的宇宙在实质上最主要是由位格与关系所组成的。造物主是一位位格性的(personal)行动着的上帝。上帝在这个传统里是三位一体的,是位格相互关联的社会性存在。那将基督教与抽象的希腊的和自然神论的有神论区分开来的三位一体教义，是爱德华兹极其感兴趣的一个主题。在他题名为"杂记"的笔记里，他持续不断地返回到这一主题上来。这种至高无上的社会性存在创造这宇宙的目的，正如他在一条早期笔记记录里所写的，就是要"将幸福传递给"他的受造物。[55]

如果这宇宙在最本质的意义上是想要将上帝的爱、美与福祉传递给受造物，爱德华兹相信，亦可以合乎情理地将物质客体看作在最本质的意义上存在于思想里而不是独立的物质客体。物质创造是上帝爱与美的传递，而爱与美则需要有人来分享和欣赏。看到了实在是其所是的真面目，人就能够在自然中看到对上帝之爱的荣美的最高表达——基督为不配者牺牲——的种种预表。

长期以来作为基督教思想的一种基本内容的预表论（typology），对于爱德华兹的宇宙概念是核心性的。上帝创造了较低级的事物，作为指向更高级精神实在的迹象。所以，宇宙是一种复杂的上帝语言。在其中没有任何事情是偶然性的。每一种事物都指向了更高级的意义。圣经自身里面就充满了预表，它是解读其他事物真实意义的关键。圣经里的预表（例如，约书亚带领以色列人进入应许之地），最终全都指向基督的救赎之工。自然需要被理解为包含着这一同样的信息。每一事物都是一种象征：要么指向了救赎的需要，要么指向上帝性情及在基督里的救赎之爱的某个方面。

乔纳森在沉思中的喜乐与他的哲学和神学是首尾一贯的。当他独自行走在田野里时，他那无以言喻的体验，就属于上帝之爱的荣美在自然里的传递。那被造的世界就是上帝的语言。正如《诗篇》19：1所说，"诸天述说神的荣耀"。自然之美宣告了基督的美与爱。事实上，在创造里，正如主对约伯所说的，"晨星一同歌唱，神的众子也都欢呼"（伯38：7）。为上帝持续创造的荣美所陶醉的爱德华兹记录道，"在这样的时刻，我的方式永远都是歌唱出我的沉思。"[56]

1723年秋，爱德华兹将这种美感发展成了一种创造性的思想线索；他相信这一思想线索有可能会成为一部巨著的基础。他开始记录一本新笔记，并以此作为一部论述"心灵"抑或"心灵世界或内在世界的自然史"著述的基础；这部论著将以"卓越"（excellency）主题为开端。根据其柏拉图与奥古斯丁传统以及当时的美学理论，他就这一问题做出了反思，即为什么有些事物在我们看来比另一些事物更为优美或卓越。[57]与"对美的判别因人而异"这一晚近观念相反，他理所当然地认为美源自于上帝；上帝将各种程度的"卓越"传递给了受造物。爱德华兹的问题是，"为何一种事物卓越而另一种事物邪恶、一种事物优美而另一种事物畸形呢？"由此在等同了卓越、美与善后，他的结论是，这些性质与正当的比例有关。如果事物彼此之间处在适当关系之中，那么它们就是卓越的。这一点不仅可以通过对称比例的和谐性，而且还可以在极其复杂的和谐关系里得到证明。例如，"那种被称为'自然的'美，譬如葡萄藤、植物与树木等事物的美，就是由一种极其复杂的和谐所组成的；宇宙里各种事物自然的运动、趋势与形状都是按照比例构成的，并因而形成了它们的美。特殊的不成比例有时还极大地增加了一般的美；而为了一种更一般的比例，必定会是如此。"

所以美或卓越就在于，与整个图景，并最终与整个存在的正当关系。正如人们普遍认为的，整个实在就是一种巨大的存在链。上帝，存在的实质，是完全属灵性的并创造了其他存在的等级体系——天使、人类、动物、植物、无生命事物等等，并各自具有不同能力来荣耀上帝。卓越，正如爱德华兹所界定的，就是"存在对存在的认同……认同越多，卓越就越广泛和伟大"。[58]

"存在对存在的认同"是爱并因而是卓越和美的实质。"最高的卓越之一就是爱"，爱德华兹写道，"由于唯有精神才有真正的存在，由于物体只是存在的阴影，因此，物体彼此之间的认同，以及其间的和谐，就只是卓越的阴影。可见，最高的卓越，必定是精神彼此之间的认同。"

物质美，不论是在自然、人体还是诸如此类的事物里，就它们能够与更高精神实在适当关联在一起而言，能够是非常好的东西。而另一方面，只是受到来自存在的有限而较低部分的短暂喜悦控制的物质关系，也能成为"可憎的"，因为它们常常涉及"畸形或缺憾"，并脱离与整体的适当关系。

也许，要理解爱德华兹关于卓越与美的观点，最有助益的类比就是音乐。他最喜爱的术语之一就是"和声"；他常将它用作"比例或匀称"的同义词。作为对18世纪音乐观的反映，他思考音乐和声是如何内在于各个音调彼此之间的适当关系中。作为对这种思想的延展,他写道,"精神和谐具有更大的范围;亦即,其比例常常翻倍增加,涉及更多的存在,并需要有更大得多的观念来理解它们,正如一些简单音调更能影响一个不具有全面音乐理解的人一样。"[59]

为了全面理解这种类比,人们应当想到,爱德华兹写下这些想法的时期正是巴赫(Johann Sebastian Bach,1685—1750年)的创作高峰时期。1723年,巴赫刚刚抵达莱比锡担任领唱和音乐指导职务;并正忙于将令人惊叹的第一部康塔塔组歌汇聚在一起以在该城教堂里上演。尽管巴赫是路德宗信徒和德国人,但他与爱德华兹都正在致力于相似的言说世界;在那个世界里,那指向神圣者的不可言表的美,是在复杂关系的和声之中发现的。巴赫对于圣经经文那热切的情感意义,具有一种敏锐的意识。或许来自这一时期的最著名例证,是在1724年复活节期间上演的《约翰受难曲》。[60]虽然爱德华兹也许从未聆听过巴赫的作品,但他却聆听过18世纪的其他音乐,并有充足的能力去理解那些复杂的和声——在理智上是挑战性的、在情感上是压倒性的——是如何指向神圣者的。

爱德华兹将其崇高经验与其神学及最新自然哲学整合在一起,意味着他在顽强抗拒着对新英格兰世界观的"去神圣化"。即便他从超自然能力时期以来就理所当然地接受了对世界的某种"祛魔化",但他却重新断定了上帝在万物里的直接临在。不是任凭牛顿式宇宙导向上帝与受造物的疏远,爱德华兹坚持,新近发现宇宙的广大性与复杂性,证实了上帝的艺术与语言在所有已经存在的事物里持续而亲密的表达。

爱德华兹意识到,他的基础形而上学,亦即事物本质上只存在于意识里,对大多数人来说是难以理解的。他作为一名年轻传道人时所写的一则日记是,"切记按照《箴言》12:23行事:'通达人隐藏知识。'"[61]在他继续筹划基于他那深刻洞见基础上的重大论著的同时,他并没有贸然在公众中表明他的哲学,更遑论在布道里了。他认识到,在日常生活里,正如在自然科学中,人们能够按照事物的表面惯常情形来适当地谈论它们。"尽管我们设定整个物质宇宙的存在是绝对依赖于观念的,"他注意到,"但我们还是可以用旧方式来谈论它,并同以往一样适当和正确。"[62]

在爱德华兹看来，一些试图驳斥他所持唯心论的做法完全是不着边际的，譬如英国人塞缪尔·约翰逊（Samuel Johnson，1696—1772年）所设想的通过踢一块石头来回答乔治·贝克莱的非物质论。爱德华兹解释的出发点就是上帝赋予了石头以阻抗力，因而如果我们踢一块石头的话，就会因这种阻抗力而产生痛苦经验。用常识方法来分析实在——即便是有限的——也能很好地发挥作用。

爱德华兹相信，将常识经验看作终极性的这样一种思维，就是想象力的一种失败。在他为计划中的论自然科学著述所做笔记的开端，他写下了"有关想象的偏见"。他提出的副标题则是"对于整体的辅助定理"，意即它将是一个反复出现的主题或口头禅。在那时，"想象"在字面意义上意味着人们形成事物形状的官能。爱德华兹认为，偏见的来源，就是人们如此习惯于按照惯常方式来认识事物，以至于他们"使那能够通过感觉或者通过直接并外在地反映到自己灵魂里而实际认识的东西，成为可能性或不可能性的标准。所以就没有任何大于他们所能够认识的东西，也没有他们眼睛所不能看到的东西；就没有比他们能够想象的更快或者更慢的运动"。例如，"一些人就会说他们无法认识到那些固定的星星会距离那么遥远，因而地球的年度公转也不会在它们之间引起视差，所以他们几乎准备返回到古代托勒密那里，而托勒密的体系，则会宽慰他们的想象力。"[63]

在1723年9月的日记里，他决心永远都不对新科学发现关闭心灵："我发现，老人很少在新发现上占有优势，因为他们处在一种思维方式之外，长久以来已经习以为常了。切记，如果我能活很久的话，我将不偏袒地听取所有声称为新发现的理由，如果是合乎理性的就接受它们，不论我曾多么习惯于另一种思维方式。"[64]

想象的偏见并不限于年长者或文盲。爱德华兹曾经阅读过一位"极具学识与睿智的天文学家"；后者假设宇宙必定是无限的，因为它是如此广袤巨大。这位天文学家让想象的局限占据了上风。"假定他已经发现了这如此巨大的可见世界，是一个又一个水质球状体"，爱德华兹在笔记里反驳道，"情形也同样是如此。"因为人们不能想象某种事物是何其巨大，并不意味着它就是无限的。[65]

那些将其敏感性限制在其感觉经验基础之上的人，被谴责为看待事物目光短浅。理性需要矫正纯粹的经验。这就是哥白尼革命所教导的。人类一直不能够感知地球是运动的,因为所有的观察都证实了它是静止的。一旦人们超越了有关事物的天然形象,并通过观察与理性来审视它们,人们就会发现一个超越了其想象力的宇宙。

爱德华兹相信,他能够就所有知识形成一种统一的描述,但这却无法仅仅通过经验与理性来获得。上帝的言说也许存在于所有自然和所有生命里,但能够发现破解这整个体系之钥匙的唯一地方就是圣经里。所有知识必定开始于那里。圣经不只是一种信息来源,而且还是一种彻底改变生命之观点的必要指导。正如每个新英格兰儿童被教导的:"敬畏耶和华是知识的开端"(箴1:7)。破解宇宙奥秘的出发点必定是,对人全然软弱败坏的震惊启示,和对上帝在耶稣基督里的爱的认识。一个经历了如此转变的人,就能经验到所有受造物都是对造物主之荣耀与基督之怜悯的一首和谐的赞美诗。如若没有恩典使那罹犯重罪与反叛的人们耳朵能够倾听,他们就绝不会听到具有基督精神的崇高合唱,或者看到实在的具体音符是如何成为浑然一体的。

注释

[1] 关于年表,请参看 Wallace E. Anderson, "Editor's Introduction," *Works*, 6: 8—9, 29。关于"Notes on the Apocalypse"的写作日期,参看 Thomas A. Schafer 出色的重构,见于 Stephen J. Stein 的描述,"Editor's Introduction," *Works*, 5: 74—77。所有的写作日期确定都是建立在 Schafer 的重大努力上。

[2] 出自"Notes on Natural Philosophy"的封面,*Works*, 10: 181。关于日期,又参见 181n。

[3] Ibid., 185.

[4] 与 Kenneth Minkema 的通信,1997 年 4 月 23 日。

[5] Norman Fiering, *Jonathan Edwards's Moral Thought and Its British Context* (Chapel Hill: University of North Carolina Press, 1981), 16—17.

[6] Perry Miller, *Jonathan Edwards* (New York: William Sloane, 1949), 52—53, 72, 74, 77—78. Norman Fiering 认为,Miller 在 52—68 页对洛克和爱德华兹的讨论,就其实质和解释准确性而言,可能是他所有著述中最糟糕的部分。Fiering, *Edwards's Moral Thought*, 36n. 不过,Miller 那夹杂着一些真知灼见的热情,对于促进理解和研究爱德华兹具有巨大的价值。

[7] 感谢 Norman Fiering 的大量研究，*Edwards's Moral Thought and Moral Philosophy at Seventeenth—Century Harvard：A Discipline in Transition*（Chapel Hill：University of North Carolina Press，1981）。又参见 William S. Morris，*The Young Jonathan Edwards：A Reconstruction*（Brooklyn，N. Y.：Carlson，1991）。

[8] Fiering，*Edwards's Moral Thought*，17—23，109. 论新英格兰的整体思想环境，又参见 John Corrigan，*The Prism of Piety：Catholick Congregational Clergy at the Beginning of the Enlightenment*（New York：Oxford University Press，1991）。

[9] Edwards' obituary，*New York Mercury*，April 10，1758，p. 1. 作者可能是 William Smith，一位纽约律师和新泽西学院的董事会成员，亦是 John Smith 的哥哥和乔纳森在纽约的朋友。William 于 1719 年毕业于耶鲁并于 1722—1724 年在那里担任指导教师。虽然他在耶鲁的时间与爱德华兹在那里的时间并没有太多的交叉重叠，但他们却非常熟悉。见"William Smith，"in Franklin Bowditch Dexter，*Biographical Sketches of the Graduates of Yale College*，*October* 1701—*May* 1745（New York：Henry Holt，1885），207—213。

[10] Hopkins，*Life*，5—6。

[11] Anderson，"Editor's Introduction，"*Works*，6：15—27. 它就这个问题做了可观的侦察工作，并得出结论说霍普金斯的故事是不可能的。然而，我根据 George Claghorn 的反论——2001 年 9 月的私人通讯——认为，霍普金斯的叙述仍然是可信的，尤其是考虑到 Anderson 的论证只有负面证据。当然，也有可能是，爱德华兹所指的是在纽黑文的耶鲁学院的第二年，而霍普金斯则将它解释成了爱德华兹在学院的第二年（顺便一提，当时爱德华兹只有 14 岁）。

[12] 我们拥有一些伊莱沙·威廉姆斯——始于 1711 年他 17 岁刚从哈佛毕业之际——与他仍在哈佛学习的堂兄弟斯蒂芬（被赎回的战俘）的一些通信；在那些书信里，他们涉及了令人兴奋的、新近流行的一些哲学问题。See Fiering，*Edwards's Moral Thought*，25—27。

[13] Perry Miller，*The New England Mind：The Seventeenth Century*（Cambridge：Harvard University Press，1939），111—153。

[14] 我们有关 1718—1719 年更新课程表的知识，依据的是 Samuel Johnson 后来的回忆录。"韦瑟斯菲尔德的男孩子们"并不喜欢这位指导教师；而 Samuel Johnson 也于 1719 年春被解职，从而为卡特勒入主学院让出了位置。Samuel Johnson 声称是自己带来了那种现代化。但在介绍现代作者方面，伊莱沙·威廉姆斯可能领先于纽黑文的其他教师。Anderson，"Editor's Introduction，"

Works, 6：13—15.

[15] 他所说的对这种变化的明确记忆以及在那时对它的不理解,可参见"Personal Narrative," *Works*, 16：792。参见上面的第二章,这段出其中。

[16] Fiering, *Edwards's Moral Thought*, 33—40. See also Anderson, "Editor's Introduction," in *Works*, 6：passim; and Morris, *Young Jonathan Edwards*, 164.

[17] Conrad Cherry, *The Theology of Jonathan Edwards：A Reappraisal* (Garden City：Doubleday Anchor, 1966), 15, 引用了 Leon Howard 的类似评论。

[18] 这些是对依据仔细的考察所确定日期的最佳猜测,考察由 Thomas A. Schafer 和 Anderson 进行,"Editor's Introduction," *Works*, 6：147—153。

[19] "Of Insects," *Works*, 6：154—162.

[20] 有关这个主题的文献为数甚多。John Hedley Brooke, *Science and Religion：Some Historical Perspectives* (Cambridge：Cambridge University Press, 1991), and Margaret C. Jacob, *The Newtonians and the English Revolution, 1689—1720* (Ithaca：Cornell University Press, 1976),二者均把这类论证置于它们的社会背景之中。

[21] Anderson, "Editor's Introduction," *Works*, 6：147—150.

[22] Anderson, "Note on the 'Spider' Papers," *Works*, 6：152—153, 163n. 爱德华兹的言论通常被认为具有一些独创性,尽管 Lister 先前就提到了其中一些。见 Anderson, "Editor's Introduction," *Works*, 6：39—40n。

[23] "Things To Be Considered an [d] Written Fully About," *Works*, 6：219—295.

[24] Ibid., 221; and "Of the Rainbow," *Works*, 6：298—304.

[25] Hopkins, *Life*, 6.

[26] Kenneth Silverman, *The Life and Times of Cotton Mather* (New York：Harper and Row, 1984), 336—363.

[27] Ibid., 41.

[28] 对此的最佳叙述,见 David D. Hall, *Worlds of Wonder, Days of Judgement：Popular Religious Belief in Early New England* (New York：Knopf, 1989), 71, and 71—116。

[29] Michael G. Hall, *The Last American Puritan：The Life of Increase Mather, 1639—1723* (Middletown, Conn.：Wesleyan University Press, 1988), 81—89, 158—161, 165—166. Cf. Michael Winship, *Seers of God：Puritan Providentialism in the Restoration and Early Enlightenment* (Baltimore：Johns Hopkins University Press, 1996), 26.

[30] Winship, *Seers of God*, 93—105.

[31] Diary, January 2, 1723. 爱德华兹在批评乔治·怀特菲尔德及其他人受到"冲动"引导时（见第14章），或者将这种引导从大卫·布雷纳德日记里忽略掉时，将这种怀疑论作为了具体例证。Cf. Winship, *Seers of God*, 151.

[32] "Things To Be Considered," in *Works*, 6: 231.

[33] 关于自然神论者，参见如 Gordon Rupp, *Religion in England*, 1688—1791 (Oxford: Oxford University Press, Clarendon Press, 1986), 257—277。

[34] Richard Westfall, *Never at Rest: A Biography of Isaac Newton* (Cambridge: Cambridge University Press, 1980), 302. 笛卡儿可能会否认他哲学的这种含义，并声称上帝对时时刻刻维持物质世界是必需的。Anderson, "Editor's Introduction," in *Works*, 6: 57.

[35] Westfall, *Never at Rest*, 303.

[36] Anderson, "Editor's Introduction," in *Works*, 6: 58n. Cf. Westfall, *Never at Rest*, 505, 509—510, 647. 我对牛顿的论述是根据 Westfall 著作的相关论述。

[37] Westfall, *Never at Rest*, 301—305, and Anderson, "Editor's Introduction," in *Works*, 6: 57—61.

[38] Fiering, *Edwards's Moral Thought*, 16; Norman Fiering, "The Rationalist Foundations of Jonathan Edwards's Metaphysics," in Nathan O. Hatch and Harry S. Stout, eds., *Jonathan Edwards and the American Experience* (New York: Oxford Universtiy Press, 1988), 84.

[39] Anderson, "Editor's Introduction," in *Works*, 6: 23—24, 98, 111—112. Avihu Zale, in his valuable overview "Jonathan Edwards and the Language of Nature: The Re-enchantment of the World in the Age of Scientific Reasoning," *Journal of Religious History* 26, no. 1 (February 2002): 15—41, 表明了爱德华兹科学思维的一些其他来源。

[40] Louis E. Leob, *From Descartes to Hume: Continental Metaphysics and the Development of Modern Philosophy* (Ithaca: Cornell University Press, 1981), 29—30, cited in Fiering, "Jonathan Edwards's Metaphysics," 77.

[41] 年轻的爱德华兹何时阅读过马勒伯朗士，甚或这位法国人是否就构成了一种直接影响，我们不清楚。然而有足够的相似性表明，马勒伯朗士的表述可能帮助他巩固了自己的看法。Fiering, "Jonathan Edwards's Metaphysics," 84—88, and also Fiering, *Edwards's Moral Thought*, 40—45. Mason I. Lowance Jr., "Jonathan Edwards and the Platonists: Edwardsean Epistemology and the Influence of Malebranche and Norris," *Studies in American Puritan Spiritual-*

ity 2 (1991): 129—152. Anderson, "Editor's Introduction," in *Works*, 6: 72—73, 86—87.

[42] Anderson, "Editor's Introduction," *Works*, 6: 36, and ibid., 102—103, 123—124, 参看二者的比较。

[43] 论贝克莱在美国的工作, 参看 Edwin S. Gaustad, *George Berkeley in America* (New Haven: Yale University Press, 1979)。论爱德华兹的旅行, 参看 Kenneth Minkema, "Jonathan Edwards's Defense of Slavery," *Massachusetts Historical Review* 2 (2002)。

[44] "Things To Be Considered," *Works*, 6: 235, and Anderson, "Editor's Introduction," *Works*, 6: 53—57.

[45] Anderson, "Editor's Introduction," *Works*, 6: 66.

[46] "Of Atoms," *Works*, 6: 216.

[47] "Things To Be Considered," *Works*, 6: 241—242. 这种持续创造的观念, 与奥古斯丁和圣经的教导是相一致的, 譬如《希伯来书》1: 3 和《歌罗西书》1: 16—17。我感谢 George Claghorn 指出了这一点。

[48] "Of Atoms," *Works*, 6: 216.

[49] "Things To Be Considered," *Works*, 6: 234—235. Cf. Sang Hyun Lee, *The Philosophical Theology of Jonathan Edwards* (Princeton: Princeton University Press, 1988), 10—14, 论对于实在的这种"关系—性情"观的意义。

[50] "Of Being," *Works*, 6: 203—206.

[51] "我过去极其喜欢旧逻辑研究……因为很高兴能看清我的思想……按秩序排列的并分布在了各种类别与阶层之中"。"The Mind," *Works*, 6: 345. Cf. Stephen H. Daniel, *The Philosophy of Jonathan Edwards: A Study in Divine Semiotics* (Bloomington: Indiana University Press, 1994), 68—83.

[52] William Ames, *Technometry*, trans. and with introduction and commentary by Lee W. Gibbs (Philadelphia: University of Pennsylvania Press, 1979), 93.

[53] 譬如, 可参见对 Samuel Johnson 作为 the Connecticut Collegiate school 学生时——就在爱德华兹几年前——对这些观念了解与掌握的叙述。Joseph Ellis, *The New England Mind in Transition: Samuel Johnson of Connecticut* (New Haven: Yale University Press, 1973), 30—31.

[54] 为了澄清新英格兰对维持一切知识统一性的强烈冲动, 我要感谢 David Hill Scott, "The 'Circle of Knowledge' and Jonathan Edwards' Integration of Reason and Revelation" (M. Div. thesis, Gordon—Conwell Theological Seminary, 1997)。Scott 将这种冲动追溯到了 17 世纪一些重要加尔文主义思想家那里,

譬如 Alexander Richardson，William Ames，John Alsted，John Comenius 和 A-drian Heereboord。

Stephen R. Yarborough and John C. Adams，*Delightful Convictions：Jonathan Edwards and the Rhetoric of Conversion*（Westport，Conn.：Greenwood Press，1993），esp. 69—77，强调了 Alexander Richardson 的百科全书式艺术哲学对爱德华兹的直接影响；那种哲学见之于 Alexander Richardson 下列著作的序言：*Logicians School—Master*（1629，1657）。亦参见 Fiering，*Edwards's Moral Thought*，and Morris，*Young Jonathan Edwards*，对这些影响的论述。有关爱德华兹与加尔文主义的神学关系，参看 Conrad Cherry，*The Theology of Jonathan Edwards：A Reappraisal*（Garden City：Doubleday，1966）。

[55] Miscellany no. 92，*Works*，13：256. 直接论述三位一体的第一份长篇论述为 no. 94，pp. 256—63，Thomas Schafer 推定其写作日期为 1723 年底。Cf. Amy Plantinga Pauw，"*The Supreme Harmony of All*"：The Trinitarian Theology of Jonathan Edwards（Grand Rapids，Mich.：Eerdmans，2002）。

[56] "Personal Narrative，" *Works*，16：794.

[57] Ibid.，82.

[58] "The Mind，" *Works*，6：332—336. See also Roland A. Delattre，*Beauty and Sensibility in the Thought of Jonathan Edwards*（New Haven：Yale University Press，1968）。

[59] Ibid.，336—338.

[60] Christoph Wolf，*Johann Sebastian Bach：The Learned Musician*（New York：W. W. Norton，2000）. Richard A. Spurgeon Hall，"Bach and Edwards on the Religious Affections，" in Seymour L. Benstock，ed.，*Johann Sebastian：A Tercentenary Celebration*（Westport，Conn.：Greenwood Press，1992），69—81.

[61] Diary，January 10，1724. 这个记录条目写于 Bolton，Connecticut，当时他正在牧会，也可能正在考虑包含在 "The Mind" 里的一些抽象观念。

[62] "The Mind，" *Works*，6：353.

[63] "Of the Prejudices of Imagination，" *Works*，6：196—197.

[64] Diary，September 23，1723.

[65] "Of the Prejudices of Imagination，" *Works*，6：197.

5

焦 虑

当1723年的夏天逐渐进入酷暑期时,乔纳森在他东温莎的家里,继续全神贯注于他诸多的属灵与理智计划;他正在变得焦虑不安。夏末,他在日记里有三处地方透露了他对失败的担忧。"就我现今手头上这重要事情而言,"他在最明确一处写道,"决心要在这件事情上做一切我认为属于职责、审慎与勤奋的事,要避免炫耀夸口;如果不能成功,无论遇到多少失望,都坦然面对;反而要乘机承认我的无用;如果我实际上没有成功,不被接纳,正如我所预期的,那么按照第57条决心,我也不会为此而感到痛苦。"而"第57条决心"则是,"决心,当我害怕厄运和逆境时,就检查我是否履行了我的职责,以及是否决心要履行它;就让它成为神意所安排的,我将尽我所能,只是在乎我的职责与罪过。"不是害怕失败或者让失败折磨自己,他必须要学会接受上帝的护理。[1]

那件"重要事情"看来是他将于9月20日在耶鲁毕业典礼上发表的硕士学位演讲。我们也许会奇怪,为什么一位如此优秀的学生会为成功、失败甚或被拒绝而感到如此焦虑。硕士学生只需要自己学习三年,然后提交一份拉丁文论文来答辩。这种演讲,被称为"答辩"(Quaestio),采取了中世纪三段论式辩论形式来为一个命题辩护。辩论是学院课程表里最吸引人的部分;而在这种三段论形式上,没有人能够超过在逻辑上不屈不挠的年轻爱德华兹。三年前他就被荣幸地邀请发表了拉丁语告别演讲——这通常是为硕士候选人保留的一项殊荣。[2]那为什么会有焦虑呢？为什么会害怕可能的"失望"呢？他不会被拒绝授予学位。肯定是有其他什么事情。未来的耶鲁教师职位？纽黑文附近的一所教会？无论如何，他似乎将是否被公众接纳看作是一件至关重要的事情。

"毕业典礼期"是标志着夏季结束的重要公共庆典。[3]在一个为反对天主教和圣公会传统已经摆脱了除严格安息日之外其他宗教节日的社会里，"毕业典礼"对殖民地来说是一个聚集在一起庆祝的日子。对于普通人来说，它就像一个平静村庄里的集市日，是曾作为殖民地首府的纽黑文得到充分发挥的日子。对于受教育者来说，毕业典礼亦是一项严肃的事情，涉及一整天的拉丁语论文提交、候选人考查和各种礼仪。学院在事先就已经发表了那些论文；即使是在普通时期，整个新英格兰受过教育的人，也都会记录下那些将要为之辩护的命题。[4]

而1723年的毕业典礼绝非普通时期；那些重要人物将会仔细倾听每一句话。殖民地仍然处在上一年毕业典礼上所有人都听到的那些话的余震晕眩之中。在那次庆典上，蒂莫西·卡特勒牧师作为极具影响力的学院院长，以这样一种祈祷结束了那些仪式，在这个祈祷结尾出现了令人震惊的话语："并让所有人都说，阿们。"

这一讯息造成的震动宛如雷电击中了讲坛。但就算是雷电击中了那位院长，一些人也不会感到奇怪。这就像是，在以后时代里，在"全国有色人种促进协会"（NAACP）集会上，大会主席展开了一面"南部联邦"（Confederate）的旗帜，或者像是在鲍勃·琼斯大学（Bob Jones University）毕业典礼上，讲道人以向圣母玛利亚祷告来结束。卡特勒的那句话直接来自圣公会的《公祷书》。它构成了这样一个信号：那被拣选为新英格兰正统信仰主要守护者的人，已经宣布自己站在了敌对阵营一方。

这种大"叛教"，正如它为人所知的，很快就被人认识到了。乌云正在聚积，空气里已经充满了紧张气氛。圣公会从法律上讲已经在康涅狄格合法化几十年了，但却没有一位圣公会牧师能够在这块殖民地上建立起一个传教团。大都会波士顿已经学会了与圣公会一同相处，但所有康涅狄格城镇都还在抵制这种清教徒的夙敌。"福音宣扬协会"（英国国教会的宣教分支）竭力想要在康涅狄格植堂，但却发现土壤过于贫瘠。还活着的人仍记着英国的清教徒；他们因其信仰而在查理二世及圣公会于1660年复辟时惨遭逼迫。对于大多数康涅狄格人来说，重述那些可怕事件仍有助于界定他们是谁。

蒂莫西·卡特勒是1709年从东马萨诸塞被派遣到康涅狄格来的，为了抵制圣公会试图在斯特拉福特（Stratford）取得一个立足点的努力。在那里，他作为牧师极受赞誉，以至十年后新合并的耶鲁邀请他出任院长。在他判教后不久，当震惊的耶鲁董事会就他的叛教而进行质询时，令董事会感到沮丧的是，他承认，离开牧师职位转向学院的原因之一，就是他已经偏向圣公会了。在耶鲁任职期间，他一直在与一小群持异议的圣职人员，包括前耶鲁教师塞缪尔·约翰逊和丹尼尔·布朗（Daniel Brown），定期聚会，以阅读圣公会著述并讨论主教制教会政体的长处。可资利用的"达默藏书"——包括各种类型的圣公会著述，为他们的高教派立场提供了有用的东西。当卡特勒宣布叛教时，这个群体的六个人公开加入了这种反叛，在当时的纽黑文人群里也许还能听到他们发出的"阿们"。[5]

这件事情所引起的震惊是难以言喻的。不过证据却是充分的。远至波士顿，它都成了街头巷尾谈论的话题。法官塞缪尔·休厄尔（Samuel Sewall）——所罗门·斯托达德及马瑟父子的朋友——将它描述为来自耶鲁的"晴天霹雳"。"殖民地、城镇和社会——它所出自之地——重读每一个音节。"康涅狄格、纽黑文以及耶鲁被当作是正统信仰的堡垒。休厄尔向康涅狄格总督索顿斯托尔（Saltonstall）写信表示，这个事件使他想到了《启示录》第16章所预言的倾倒盛有上帝愤怒的那些"碗"。"我完全赞成［约翰］科顿先生的观点；主教制是将［上帝愤怒的］第五只碗倾倒于其上的东西。"卡特勒"不可能轻易阐明一个像英国主教制那样站不住脚的主题"；那"完全是国王的产物"，因而也是一种人为的捏造。[6]

马瑟父子从同样宏大的角度看待叛教奠基者之原则的行径，也对其表示极力反对。科顿·马瑟的"老北堂"（Old North Church）在星期二举行禁食祷告，祈求"上帝的圣灵浇灌在新英格兰，尤其是正在兴起的一代人身上"。年迈的英克里斯·马瑟，在他实际上是最后的公共讲话中，"祈祷，深为康涅狄格的叛教而悲哀"，正如休厄尔所报告的。[7]尽管英克里斯不行了，但科顿·马瑟仍在指挥部里担当着将军职责。正统的康涅狄格圣职人员很快就向他求援了，并敦促他接受耶鲁院长职务。"我们的源泉，希望能继续成为真理的宝库，以及纯洁而可靠原则、教义及教育的储备，假如我们的母亲哈佛发生变化，"他们悲叹道，"没想到它却在如此短暂的时间里就变得如此败坏。"[8]科顿·马瑟在其生涯的后期并不打算离开波士顿。不过，永远相信笔墨威力的马瑟，还是给康涅狄格圣职人员发去了一封传阅信，鼓励他们"追寻先驱们的敬虔足迹"。[9]

与此同时，马瑟在波士顿的对手也有了大展拳脚的机会。在前一年，由詹姆斯·富兰克林及《新英格兰报》——他们反对马瑟倡导的接种天花疫苗的主张——发起的反教权主义剧烈暴乱刚刚平息下去。到1722年春，《新英格兰报》仍然将马瑟比做"易怒的杂种狗"、"肮脏的公鸡"和"丑陋的狒狒"。大致在这一时期，詹姆斯16岁的弟弟本杰明·富兰克林（Benjamin Franklin，1706—1790年），也用一个令人印象深刻的、讥讽科顿的笔名"西伦斯·多古德"（Silence Dogood）加入了争论。[10]

当来自康涅狄格的消息传开后，"多古德遗孀"就宗教适度的美德，郑重发表了她自己的看法。作为叛教者的批评者，她指出，康涅狄格的圣公会反叛者表现了一种"鲁莽的热忱"，因为他们声称由主教之外的其他人授予的圣职均属无效。那意味着新英格兰所有由长老授予的圣职都是无效的，包括那些反叛者自己。因此，"我们可以正当地期望他们发布一份适当的宣言，为他们侵占圣职而忏悔。"她说，"在每个基督教宗派里都存在着盲目的狂热者"，但过度的热忱总是会损害一项事业。

在同一期报纸里，一位托名来自"努黑文"（Nuhaven）的名叫"杰思罗·斯坦德法斯特"（Jethro Standfast）的乡下人，为"我们当中最严重的嘈杂与混乱"而悲叹。"我们一些人按照他们的步调行事，"他继续道，"告诉我们，我们的牧师原先是由接生婆和补鞋匠按立的，而其他人则说这是错误教义，是属于罗马教会的教义。"几个星期后，一个名叫"瑙骚兰德"（Nausawlander）的人写给《新英格兰报》说，"所有男人都应当……爱护和珍惜他们的妻子"；他们的婚姻有可能被宣布为无效，因为它们并不是由秉承使徒统绪的圣职人员所主持的。愤怒的声音是如此巨大，既有真实的也有嘲弄的，以至于三位圣公会造反者——詹姆斯·惠特莫尔（James Whetmore）、塞缪尔·约翰逊和丹尼尔·布朗——给《新英格兰报》写信，否认卡特勒先生曾主张在英国国教会之外没有救赎，并强烈反对将英国国教会等同为"教皇制"的普遍做法。[11]

这个问题具有深刻的政治性，而不仅仅是一种宗教偏好问题。新英格兰的身份认同，是围绕着属于公理制或长老制的建制教会建立的。新英格兰教会并不仅仅像公理会和长老会在英国那样，是被宽容的"不信奉国教者"；它们是国家教会。如果圣公会在新英格兰变得强大了，那么就不难想象会有那么一天，到那时各殖民地将被迫与母国保持一致，并具有一种圣公会主教制的国教。马萨诸塞的现任皇家总督塞缪尔·舒特（Samuel Shute），虽然来自一个英国不信奉国教者家庭，但最近却公开承认了自己是一个圣公会信徒；他为圣诞节——一个为清教徒所憎恶的没有圣经根据的圣公会圣日——休止了议会，并领受了圣公会的圣餐礼。谣言迅速变成了一种持续不断的小册子战。一些人甚至指责高教派圣公会信徒，同情"英王詹姆斯二世拥护者"（Jacobite）的事业：后者最近的企图发生在 1715 年，试图使信奉罗马天主教的斯图亚特王朝"僭位者"（Pretender）重返英国王位。[12]

在真实和被夸大的政治恐惧使得耶鲁的圣公会背教成为轰动事件的同时，严肃的教义问题也同样使改革宗圣职人员深为忧虑。如果秘密的圣公会信徒已经在康涅狄格的学院里教学了，他们也许已经巧妙地削弱了他们年轻的受监护人包括未来一代圣职人员的加尔文主义正统信仰。对于马瑟父子及其盟友来说，圣公会信仰意味着开启了通向"阿明尼乌主义"的防洪闸。

"阿明尼乌主义"，是根据 16 世纪荷兰新教神学家雅各布斯·阿明尼乌而命名的；它已经变成了挑战严格加尔文主义教义的一个包罗万象的术语。虽然阿明尼乌派断定上帝恩典对救赎是必不可少的，但他们亦相信，人保留了某种选择或者抵制上帝恩典的自然能力。救赎并不仅仅是上帝从永恒中拣选一些人而不是另一些人这一主权命令的结果。

"加尔文主义"过去和现在都不是一个准确术语。新英格兰人并不经常使用这个术语，亦不太关注约翰·加尔文的确切教导。他们毋宁将自己看作是，他们认为属于"宗教改革者"的真正圣经世界观的继承者。这一传统包括清教的、长老会的与欧陆改革宗的作者，并来自各种各样的背景。尽管有这种多样性，那些自认为属于正统的人，在上帝主权问题上，仍坚持一系列核心性的并与"阿明尼乌"立场相反的教义。[13]

新英格兰正统信仰的维护者将大多数圣公会信徒都看作是阿明尼乌主义者——尽管他们知道也有圣公会加尔文主义者。在17世纪的英国，清教徒试图净化圣公会国教的努力，亦包括反对阿明尼乌主义者，尤其是在教会高层职位上。如今，在18世纪，有关人之能力的乐观主义，在时尚性的圣公会内部，甚至在一些不信奉国教者中间，已经取得了广泛影响。而在18世纪的新英格兰，圣公会的吸引力之一，就是为那些逃避加尔文主义严厉性的人提供了一个避难所。

耶鲁是最不可能出现异端的地方。康涅狄格圣职人员忠实于其清教先驱的基本教义，他们之所以创建自己的学院，部分是出于这样一些担忧：在英克里斯·马瑟于1701年被解除院长职务以后，哈佛有可能会丧失其正统信仰。认为事情将会变得更糟糕的科顿·马瑟，则支持康涅狄格圣职人员的努力。不过就在哈佛实际上变得更加国际性的同时，它在实质上仍保持着正统信仰，就像波士顿公理会圣职人员一样。[14]如今，人们却震惊地发现，在保守的康涅狄格的耶鲁居然成为了叛教的真正温床。

耶鲁董事会确保了这类事情不会再次发生。他们宣布，所有未来的院长、教师和董事会成员，都必须签署"康涅狄格教会塞布鲁克（Saybrook）纲领"里的"信纲"（实质上是"威斯敏斯特信纲"），并表明"其信仰的正当性，以及反对阿明尼乌主义者与主教制的腐败，或者其他任何对我们教会纯洁与和平具有危险后果的东西"。在院长阙如的情况下，他们任命了两位毫无疑问具有正统信仰的年轻人，小詹姆斯·皮尔庞特（James Pierpont Jr.）与威廉·史密斯（William

Smith），来担任指导教师。[15]这两人全都从该学院毕业于卡特勒前来任职之前。小皮尔庞特（耶鲁1718届）是"纽黑文第一教会"（New Haven's First Church）已故受人尊敬的牧师老詹姆斯·皮尔庞特（James Pierpont Sr.）的儿子；后者在1714年去世以前一直是学院主要的董事会成员。威廉·史密斯（耶鲁1719届）是乔纳森在纽约的挚友约翰·史密斯的哥哥。爱德华兹与新指导教师们处在相同的圈子里。

在前一年毕业典礼的余震中，我们能够体会到年轻的乔纳森在1723年为其准备演讲的那个庆典的紧张性。他将要演讲的那些主题之一，就是阿明尼乌主义。就其前途而言，他也许将这看作是一次重要的当众宣告。毕竟，他曾跟随卡特勒学习过。他钦佩那位极具影响力的院长并曾是其最优秀的学生。他亦曾——也许比其他任何学生都更多地——阅读过"达默藏书"，包括许多具有争议性的著作。然而他将要证明，他更机智地通过了那种考验。如若不是已经明了的话，他将确切无疑地宣告自己站在正统信仰这一边。

不出所料，他不仅认为自己前途未卜，而且还从宇宙的角度来看待这一问题。就像法官休厄尔和大多数新英格兰圣职人员一样，他将这个世界看作是上演一种宇宙之剧的过渡舞台。而这出戏剧的钥匙——历史的钥匙——就是有关启示的神秘著述，或者圣经里的《启示录》。早在夏季之初，他就撰写了一份有关《启示录》的概要性评注，并开始为就具体章节与主题所做的新笔记式注解增添内容。这是那个夏季里他的主要计划之一；他在完成硕士演讲后将很快重新开始这一计划。

就像几乎所有新教徒一样，他认为"罗马教会"是"敌基督"，并将在千禧年到来之前人类历史的最后一个纪元里被击败。在其他注释者指引下，他对圣经预言做了字面的推算，并为这些事件何时可能发生提出了一套方案。例如，对《但以理书》和《启示录》里的"野兽"这些预言的一种传统新教解释，就是敌基督或教宗制将在教宗制兴起1260年以后被击败。爱德华兹遵从那些人的说法，即公元606年标志着教宗支配地位得以确立的年代，那么这就意味着对教宗权力决定性的打击有可能发生在1866年前后。[16]

在评价这样一种启示录式思维时，我们必须要牢记，对圣经预言的这类解释，在那个时代一些最优秀思想家当中是司空见惯的。艾萨克·牛顿就是最突出的实例。牛顿像爱德华兹一样是反教宗派，他也接受新教的"罗马教会是敌基督"这一假设。因为圣经被接受为权威，所以可以合乎情理地对它做出科学与数学分析，正如人们可以分析上帝在自然里的次级启示一样。有关圣经预言是如何与历史及未来相吻合的问题，是那些受过最好教育的人可以无穷无尽争论的话题。在牛顿的较早期生涯里，他年长的朋友亨利·莫尔，剑桥柏拉图主义者和那个时代最伟大的英国哲学家，已经推算出教宗制的兴起日期最早可以追溯到狄奥多西（Theodosius）统治时期，大约在公元 400 年前后。而牛顿则认为那一日期应该始自教宗叛教；他将那一日期定在了公元 607 年。[17] 牛顿在晚年又重新开始研究起这一主题。我们可以想象，在 1723 年夏季的某个时刻，牛顿与爱德华兹同时坐在各自的花园里，在竭力破解着这一预言密码。

　　新英格兰的精神领袖，几乎是一律按照这种启示录的观点来解释当代史；他们的这一做法一直持续到了"革命时期"以后。[18] 通常，他们都是在禁食日和民兵日的布道里提醒听众这种更广大的意义。与信奉罗马天主教的西班牙或法国军队及其同盟军的战争，不仅仅是国际性较量或殖民地权利斗争，而且还是基督与敌基督之间斗争的最后几幕里的场景。

　　如果我们要理解新英格兰人对当代事件的这种启示录式解释，我们就必须要考虑那时的世界是如何看待 18 世纪早期的新英格兰人的。正如新英格兰新教徒所认识到的，过去两个世纪欧洲的大多数战争，都最好被理解为改革基督教王国这一基本斗争的一部分。虽然回过头来，我们知道在 18 世纪欧洲斗争的宗教向度减弱了，因为它们明显附属于"国家—民族"利益之下；但这一点在 18 世纪 20 年代还并非不言而喻的。人们有理由相信，即便国家因由一直存在，但一个主要是宗教斗争的时代将会持续到不确定的未来。

　　爱德华兹对于参与这种世界历史之剧，具有一种敏锐意识。他早期的记忆是"女王安妮的战争"（Queen Anne's War），以及他父亲在反对天主教威胁的战争中离家前去担任随军牧师。而更为晚近的，则是随着他宗教经验的加深，他偏袒"新教利益"的派别倾向愈发加深了。在纽约，他养成了从报纸上热切搜集"对世界宗教利益有利消息"的习惯。[19]

"宗教改革"是确定他蒙召进入世界舞台的重要转折点。它就是击败罗马敌基督的开端。《启示录》14章描述一位天使"有永远的福音要传给住在地上的人，就是各国、各族、各方、各民。他大声说：'应当敬畏神，将荣耀归给他'"，对此爱德华兹评论道，"这无疑就是指宗教改革时期。"[20]当新英格兰人说到他们是"改革宗的"时，他们就是认同了他们认为是更广大的国际新教事业最纯粹表现形式的东西。

虽然他的最高梦想也许是希望成为将"永远的福音"传给"各国"之人中的一员，但爱德华兹也知道，他的才华适合于在精神战斗中扮演一种重要思想角色。而他的毕业典礼演说就是他的初次涉足。在他对《启示录》所做的笔记注解里，他将一则预言解释为预示着逻辑学家将在最后时日发挥英雄角色。在《启示录》16章最后一节经文中，与将最后一碗即第七碗愤怒倾倒在背教的巴比伦城上相关联，该异象启示"又有大雹子从天落在人身上，每个约重一他连得"（一他连得约有九十斤）。爱德华兹的注解是："这种雹子似乎主要是指，有如此强烈的理由和有力的论述与证明，以至于没有什么能够经受得住它们；[它们]将不可抗拒地击倒和即时粉碎敌基督王国，并一举消灭那些教皇派，宛如被天降巨石砸得粉碎。"[21]虽然需要花费一百多年（如果决定性打击发生在1866年左右的话），这些论证才会产生累计性的毁灭后果，但这在一个神学著作具有诸多世纪寿命的时代里却并不算太过漫长。在补充储藏"宗教改革"的"军火库"上，不论他爱德华兹发挥什么样作用，在过去的世纪里已经提供了许多学术著作，他确定胜利将是万无一失的。[22]

要理解爱德华兹的整个生涯，我们必须理解他以及其他18世纪受过教育的人对于逻辑的高度重视。与语言及古典学习一道，逻辑是教育体系的基石。每个学生都曾学习过辩证法基础。在新英格兰，普通教区信徒已经谙熟于那些精心论证的布道逻辑。许多18世纪哲学家相信，只要他们能有良好的前提和清晰的思考，就能够永久解决大多数主要的哲学争论。而许多18世纪公民，不论是平信徒还是像蒂莫西·卡特勒及其朋友那样的圣职人员，都甘愿为他们认为已经证明了的原则问题冒事业风险。在这样一种环境里，一种精辟犀利的理智领悟力，譬如像爱德华兹那样，就是一种强有力的武器。没有人比爱德华兹更相信这一点了。但就像任何能力的来源一样，它也是一种危险的来源。从其公共生涯的第一天一直到最后一天，有时是忽略了这种危险，他将不懈地挥舞着这一武器以事奉上帝。

在其毕业典礼演说中，爱德华兹接受了挑战，从两个方面证明了自己足以为真正的新教事业而斗争：他证明了自己对于正统信仰一方的忠诚，并展示了他的三段论论证技能适于在维护真理斗争中发挥领袖作用。他为之辩护的命题对于"改革宗信仰"是最基本的："罪人不会在上帝眼里被称为义，除非透过因信而得的基督之义。"这一改革宗信条的阿明尼乌反对者认为，上帝称罪人为义，至少部分地是建立在罪人真诚悔改与改变的基础之上。爱德华兹反驳道，这一教义除了与圣经不一致以外，还涉及一些仅仅通过逻辑就能证明的明显矛盾之处。[23]

毕业典礼主考人也许还就那些主题的其他方面用拉丁语考察了爱德华兹——"上帝是否允许人自行决定崇拜中的许多事情"。至少他在演说手稿的背面，就这个话题草拟了一些拉丁文三段论论证。虽然这些简略速记是不完整的，但在那个夏季早些时候，他曾在"杂记"里评论过这一问题。严格的"改革宗"观点是，崇拜必须单单以圣经原则为指导。假如英国国教会仪式是有效的和有合法约束力的——即便那是圣经之外的人的发明，爱德华兹指出，那么罗马教会此前的法规也将是有约束力的，那样人们就被要求"不是遵从英国国教会而是罗马教会"。这当然是荒唐的。因此，可以将英国国教会是真正的使徒性教会的主张搁置一旁了。[24]

虽然我们必须设想，乔纳森在参加毕业典礼人群的那些讲拉丁语者面前，出色地完成了他的三段论式辩论，但我们还是就他为何会担心失败与拒绝获得了一些线索——尽管他拥有显而易见的技能。除了单纯的学位，还有更多东西有赖于这次表现。他尤其当心要"避免炫耀"，也许是意识到在纽黑文他有冷漠和骄傲的名声。一种良好的印象能够开启一种理想职业的机会。首先，圣公会叛教使得纽黑文地区出现了几个教会空缺职位。我们从指导教师詹姆斯·皮尔庞特所写的一封书信里得知，那样一些可能性已处在传播议论之中。詹姆斯决心要忠实于已故的父亲，使耶鲁保持正统。比爱德华兹提早两年完成文学学士学位的詹姆斯，是纽黑文的杰出年轻人之一；他非常了解爱德华兹并足以为后者做出担保。在 11 月初，他写信给耶鲁董事会成员蒂莫西·伍德布里奇（Timothy Woodbridge），建议爱德华兹正是那种应当被安置在诺斯黑文（North Haven）附近教会里的人。他敦促道，"为董事会利益和学院安全起见，邻近的圣职人员应当既能干又恪守原则；而这两点，在我看来，爱德华兹先生构成了相当有力的竞争。"[25] 从乔纳森的观点看，被安置在靠近耶鲁图书馆的诺斯黑文，而不是那个位于十字路口的小村庄博尔顿（Bolton）——除此之外他将去的地方——必定是一种具有吸引力的前景。

耶鲁图书馆也许并不是他渴慕的全部。小詹姆斯·皮尔庞特有个妹妹叫萨拉（Sarah）。在 1723 年她已经 13 岁了；而乔纳森至少从他于 1719 年迁到纽黑文时就认识了她。乔纳森参加"纽黑文第一教会"的崇拜；在那里他每周都能看到前牧师一家人。萨拉的母亲玛丽·胡克·皮尔庞特（Mary Hooker Pierpont）来自康涅狄格最杰出的传道家庭之一，并是哈特福德著名创立者托马斯·胡克（Thomas Hooker）的孙女。蒂莫西·爱德华兹一直是坚定的正统派老詹姆斯·皮尔庞特的盟友，并有可能在到纽黑文时向他的遗孀表示过问候。乔纳森有可能是皮尔庞特家的常客；而他们家就在学院建筑外公共绿地的正对面。

如果传说可靠的话，那么她已经占据了他的诸多心思。我们所知道的是，他写了一首有关她的散文诗。尽管原文现在已经遗失了，但可以推断这首散文诗是于 1723 年，写在他送给她的一本书的空白衬页上。[26]

> 人说，在[纽黑文]有一位年轻女士，她被那创造和统治世界的全能存在所爱；那伟大的存在由于某些因由，以某种看不见的方式，来到了她那里并使她的心灵充满了极其甜美的喜悦；她不关心任何其他事情，除了沉思上帝——一段时间后她期望能被接到上帝那里，出离这尘世并被提到天国里；她确信上帝如此爱她，而不会总是让她停留在距离上帝遥远之处。她要与上帝同在，并因上帝的爱、恩惠与愉悦而欣喜万分，直到永远。因而，如果你把全世界都摆在她面前，并献上这世界的全部财宝，她也会对

它不理不睬，并且不会感到任何痛苦或悲伤。她的心灵有一种不寻常的甜美，她性情和蔼可亲，她情感分外纯洁；她所有的行为都最为正直和值得赞扬；你不能说服她去做任何被认为是错误或罪恶的事情；如果你给她整个世界，唯恐她会冒犯那伟大存在。她的心灵极其甜美、娴静，而且全然仁慈；尤其是在那伟大上帝向她心灵显现之后的那些时刻。她有时从一个地方到［另一个地方］四处走动，口里唱着优美的歌曲；她似乎总是充满了喜乐与愉悦；但没有人知道那是为什么。她喜欢独处，在田野和山间游荡，似乎总是有个看不见的人在与她交谈。[27]

这就是典型的乔纳森。不论他有什么样的含蓄感情，他都将它们表达为纯柏拉图式的基督教之爱。萨拉就是他的"贝阿特丽斯"（Beatrice）。事实上，爱德华兹生活在这样一个精神实在的世界里；与我们自己的世界相比，它在某些方面要更为接近中世纪但丁的世界。萨拉是他所有渴望成为的样子的完美理想化身：纯粹的灵性存在，甜美的性情，优美的歌唱，并总是充满喜乐与愉悦。上面那首散文诗的最后一句——在田野里与上帝交谈——明显就是他自己的翻版。也许他听她谈到过这种愉悦；也许他是听其他人说的。萨拉与乔纳森最敬虔的小妹杰鲁沙同岁。有可能，杰鲁沙曾陪伴父亲和乔纳森前去纽黑文，并向他哥哥报告说在那里发现了知己。无论如何，乔纳森都确定，他在萨拉身上发现了相同的志趣。

9月22日，安息日的晚上，亦即他从纽黑文回家的当天，他在日记里写道，"赞美上帝，以散文形式吟诵诗篇，以散文形式吟诵出我心中的沉思。"[28]吟唱出对上帝的赞美，已是他的习惯，就是要反映精神宇宙的和谐——在其中实在的所有方面都处在平衡之中。在这个关系与爱的宇宙里，如果各自保持适当的比例，那么一切事物都是好的。歌唱灵性之歌，最好地体现在以色列甜美歌唱者的言辞里，就是与"造物主—救赎主"保持协调一致。乔纳森可能还会把那些和谐看作是使自己与纽黑文的年轻甜美歌唱者保持协调一致。不过，接下来四年的重担，将使爱德华兹把她实质上看作精神性的存在。

第二天他又开始忙于他的笔记。"我的时间是如此短暂，"他在日记里写道，"我没有时间使自己完备于所有的研究。因而决定，忽略和推迟一切其他事务，除非是最重要和最迫切的研究。"[29]他的时间很紧，因为他很快就要在某个地方就职了。如果没有其他机会出现，那就将是在博尔顿。也许他最迫切希望着手研究的是他有关"卓越"的复杂反思；而卓越则是源自于上帝的美与爱，并旨在正当引导出所有灵性存在的匀称和谐的回应。大约在这段时期前后，他从"杂记"中删除了刚刚开始的论述"卓越"的条目，并在一本论述"心灵"的新笔记开端重新抄写了它。[30]他致萨拉·皮尔庞特抒情诗里的爱、美及和谐的灵性实质，与这些有关宇宙本质的更深刻思想完全吻合。照例，他都是同时致力于多个领域，不论是尘世事物还是崇高事物都给予密切关注。在接下来的一个月里，他所做的最后事情之一，就是完成并仔细抄写了他"论蜘蛛"的信函；该信函标注为"于温莎，1723年10月31日"。

很明显，他对在博尔顿担任牧职的前景并不是很满意。那个村镇刚建立不久，主要是由来自温莎和东温莎的人组成的。[31]接受这个离家很近但却不太起眼的职位，似乎主要是出自他父亲的主意。10月4日，他在日记里透露："这一天已经确定并证实了，基督耶稣已经信实地应许了我，如果我将履行我的职责。"他决心接受上帝的旨意，不论他的生活环境如何；"如果我发现在这件事情上缺乏信心，我将在上帝面前承认这是不敬虔。参见第57条决心，及6月9日记录。"第57条决心和6月9日记录是，决心要履行他的"义务"，即使"在我害怕不幸和苦难的时候"。[32]

两周后，即10月18日，他决定，"效法B先生的榜样——他尽管遇到了巨大困难，但却处之泰然，似乎是藐视那些困难，并不把它们挂在嘴边。"到此时，由于缺乏其他选择，他将要前去博尔顿的确定性变得越来越明显了。他原先一直纠结于返回纽约的可能性，但不久前已明确在那里没有职位了。而与此同时，他对纽约所表现出的兴趣又损害了他在纽黑文地区的机会。[33]到11月初，他尽职地搬到了博尔顿，并于11月11日签署了村镇文书，同意出任他们的牧师。

两周之后，他在日记里写道，"11月26日，沉思痛苦最有害、最恶毒的做法，就是坐着回味痛苦的加重，品评着邪恶、黑暗的环境，长久停留在阴暗面；这就会双倍和三倍地加重已有的痛苦。"他决定，治疗方法就是要去积极思考。"如果我们在思想上停留在事物的光明面，并在一切方面尽可能减轻那些痛苦，当我们谈到那些痛苦时，我们自己应该藐视它们；这样，痛苦就会在很大程度上真的消失不见了。"

强调积极方面的决心，似乎也贯彻到了他的讲道里。他在博尔顿所写的讲道词，是最连贯一致的快乐主调。他自己的需求也许是其中一个因素。他最初的讲道词之一，也是他最喜爱的讲道词之一，就是论"宗教的愉悦性"。他的主旨是，"宗教并不否定人的感觉愉悦，而只是适度地、节制地并以一种理性方式去接受它们"。他的新教区居民，对于这个 20 岁的瘦高个子最先注意的事情之一，就是他在饮食上是何其节制，即使是在他面前摆放了一大堆家里做的食物。[34] 不过，他想要让他们确信，基督教允许肉体的适当愉悦。"宗教允许我们获得饮食的舒适愉悦，可以在交谈或娱乐中享受所有合理的快乐；宗教允许我们的全部自然欲望得到满足。"而使这些愉悦保持合理性的秘密就在于，从更为伟大的灵性事物之喜悦的角度来享受它们。理性表明，永恒事物要远为优越，所以说，如果只是为了肉体愉悦而享受肉体愉悦，就是愚蠢之举。相反，义人使他们的尘世激情附属于更高级的灵性享受，如此他们自己才能身心和谐，"所有的力量协调一致，其中有和平，有协作。"[35]

在博尔顿的另一篇早期讲道中，依据清教传承里的一种主旨以及他自己的宗教经验，爱德华兹提出了他最具特色的主题之一。在就"对未重生者被拒绝赐予之神圣事物的一种灵性理解"的讲道里，他强调，当重生时"信仰者的眼睛被打开"，"他们仿佛亲眼看见了神圣事物"。那就好像是圣灵工作赐予了他们一种第六感，使他们不但能认识神圣事物，而且还能直接经验它们的美。"因此"，在他被重复最多的说明里，"不是那种聆听了有关蜂蜜甜美之长篇描述的人对蜂蜜具有最大的理解，而是亲身品尝了蜂蜜的人。"在一感人的段落里，他根据自己的愿望指出："因而就尘世的美而言，绝不是聆听对于一个美丽脸庞的优雅描述，就能够使人对那个美人产生一种甜美可爱的感觉；也绝不是凭借听闻而来的对于美的肤浅观念，就能够使得爱情之火在心中燃烧；而是亲眼所见。眼睛的一瞥就胜似所有能给予的最具体入微的描述。"

就像任何事情一样,那引发"爱情之火在心中燃烧"的"眼睛的一瞥",必须指向更高级的灵性事物。属灵感受力遏制了属世观念那软弱无力的短浅目光。而"恶人"只具有基于其直接感觉的"浅薄而狭隘的知识"。他敦促博尔顿那些乡下人,不是仅仅要认识"泥巴土块一类的东西",而且还应当寻求"那伟大造物主,那最初者与最终者"的卓越。[36]

他很快就发现,灵性和谐与眼界开阔同样都不是博尔顿人的品质。他们彼此之间相互仇视争斗。在12月末一次直言不讳的讲道里,他实际上是在恳求他的会众能够彼此和睦相处:"我们只是一小撮人,基督也只有一小群羊,难道这些羊还要彼此吞吃吗?"一如既往,他会按照一种柏拉图式的人性观来论证他的主张,其中理性将会教导人们寻求灵性事物而不是臣服于他们的兽欲。"我们全都是理性受造物",他勉励道,"只有野兽,豺狼、老虎与野狗,森林动物,才会彼此抓咬和吞噬对方。在具有如此高贵起源和具有理性及理解的受造物中,这是极其可憎可恶的。"

爱德华兹对和平的呼吁是如此强烈,他的声音听起来几乎就像是一位波士顿的加尔文主义温和派。"福音是一种普世的精神、一种高贵而没有限制的仁慈,正如我们的造物主没有将它限制为人类某一特定人群专享而排除其他人一样。"基督徒应憎恶罪恶,但却应当爱罪人:"使人之邪恶成为我们当中斗争与冲突的原因,就是使一种罪成为了另一种罪的原因。没有什么比在义务幌子下憎恨人类中的一些人更令魔鬼高兴了。"甚至教义上的分歧也绝不是憎恨的借口。人无法决定他们相信什么。"因为他人不能完全认同我们思维中的东西就同他们斗争,正如因为他人的头发颜色或面部特征不同于我们就同他人争吵一样,都是不合情理的……不论他的信条何其有害,我们都应该从我们一方竭力与他和平相处。"

这位初出茅庐的牧师,有许多个人抑制愤恨的经验;他甚至还提供了一些简单的建议:"当我们受到抵抗时,不妨后退一步,敌人的打击就会丧失力量,正如羊毛袋能比橡树更快地终止和窒息一颗子弹一样——因为它退让了。所以一个性情温和柔顺的人能比一个抵抗的人更快地终止冲突。"[37]

爱德华兹永远都不会成为讲坛上"可怜的理查德"（the Poor Richard），但他确实在竭力沟通。大约是这一时期，他在1月10日星期五的日记里写道，"切记按照《箴言》12：23行事，'通达人隐藏知识。'"在他的博尔顿讲道里，我们能够感觉到，他想使他一些最深奥观念为普通人所理解的艰苦努力。意象与类比是他最强有力的武器。例如，在一篇题名为"世上没有什么能够代表天国荣耀"的讲道里，他使用了经文《启示录》21：18："城是精金的，如同明净的玻璃。"我们能够想象，这个高个子的、热情的年轻人，在寒冷的礼拜会所，向聚集偎依在一起的农场家庭，宣讲天国之城的荣耀的情景。简朴礼拜会所这一背景，使得圣经描绘的景象对于激发想象力变得愈发重要。爱德华兹逐一叙述了在圣经里用来描述天国的比喻——冠冕、国度、财宝、城市等等。他更重要的观点是，不论把这些事物想象得如何奇妙，世上的形象终归是不足的。所以圣经经文提供了一个不像世上任何事物的形象：如同明净玻璃的精金。

这些圣经形象，他解释说，是代表人类将要享受的天国喜乐的"非常微弱模糊的影像"。在此，爱德华兹试图引入他近期一条最重要"杂记"记录的核心思想。"上帝创造人不为别的只为幸福，"他使他的教区信徒确信，"上帝创造人只是为了要向人传递幸福。"他的教区信徒应已知道，"人的首要目的就是荣耀上帝并永远以上帝为乐"，正如"威斯敏斯特教理问答"第一问所说的。爱德华兹使他们确信，"这之间没有差别：因为上帝创造人是要以这种方式荣耀上帝自己，即通过使人受到祝福并把他的良善传递给人"。

接下来解释这一观点的抽象概念，也许完全超越了某些教区信徒的理解力，但他又以一个他不厌其烦加以强调的主题返回到现实。他追问道，仅仅因"尘世的快乐"——"野兽同样享受的那些东西"——就感到满足，那是何其荒唐啊。对于农夫的讲解应当是通俗易懂的。"明白情理的［人］看不到这样的蠢事吗，即为了一点儿粪土就匍匐在地上而全然不顾他们所听说的那些事情，那些永恒的、提供给他们的、他们被敦促去接受的事情？这样的人将会因这种蠢事而发出何其可怕的痛苦呼喊呢，他们因这样的疏忽该当如何永远谴责和诅咒自己呢。"[38]

即便在讲坛上言辞大胆，爱德华兹还是不得不提醒自己，在使他人感到愉悦的日常努力中，不可丧失自己永恒的角度。在日记里，他为此而担忧："1月20日星期一。我感到极其惭愧，因为在维护美德与宗教上，当我获得适当机会时，在那些似乎并不喜欢这些事情的人面前，我没有做到全面、明确和直接。"他担心，他似乎过于委婉，而没有对那些鄙视这种谈话的人谈起宗教问题。"在某种程度上，"他承认，"我对问题有点儿支吾其词；我不应感到不快，不应违背意愿，而应当像我喜欢对其他那些愿意直接谈论宗教的人所做的那样。我应当对那些人保持直率坦诚，不应语调忧郁，而应自信而无畏，并确信这一事业的真理性和卓越性。"

一直到1724年寂寞的冬季，在他为作为一位乡村牧师的角色而担忧的同时，至少有一次，也许是在春天里，原有的灵性高涨之狂喜又燃烧了起来。在他的"个人叙述"（他唯一存留下来的提到博尔顿的叙述）里，他回忆道，"有一个极其甜美的特别时期；特别是有一次在博尔顿，在从波士顿回来的旅行中，在独自行走在田野里时。"

也许是与这一经验相关，他在"杂记"里写下了他对于自然的属灵荣耀所做的最优美沉思之一。它肯定是开始于对萨拉所做的一种沉思；但就像自然里所有其他事物一样，它指向了"基督的卓越"。"当我们注意到一个优美的身体，一种可爱的匀称，一张五官美丽端正的脸庞，令人愉悦的面貌与声音，以及美妙的行动与姿态之时，我们就会为它着迷；不是处在一种有形的而是一种精神之美的观念下。假如能够有一尊雕像，它也同样具有这一切特征，能够发出同样的声音，能够做出同样的举止，但我们却不会如此喜爱它，我们不会完全爱上那个雕像——如果我们确信它不具有认识或理解力的话。""当我们深爱一个人的音色、容貌和身姿时"所产生的最高狂喜——"这对我们要具有大得多的能力"——必定是与我们对于"心灵卓越性"的共鸣相关连的。物质之美只是指向那更高的精神之美。

爱德华兹沉迷于这样一种观念：上帝创造宇宙的意旨，就是要在心灵之间或者灵性存在之间带来和谐的交流；而受造物的每一细节都指向了在基督里所体现出来的那爱的实在。在这种引人入胜的框架里，他继续沉思：

> 当我们因铺着鲜花的草地与和煦的微风感到愉悦时，我们可以认为我们只是看到了耶稣基督那甜美仁慈的流溢；当我们看到芬芳的玫瑰与百合时，我们看到的是他的慈爱与纯洁。所以绿树与田野，以及小鸟的歌唱，都是他那无限喜乐与仁慈的流溢；树木与藤蔓的自在与闲适［就是］他无限美丽与可爱的影子；清澈的河水与潺潺的小溪留有他美好恩典与慷慨的印迹……这世界在晴朗天气里充满的美好光明，正是他无瑕的圣洁与幸福以及传递自己的喜悦的一种活生生的影子。[39]

然而他毕竟是年轻的加尔文主义者，在自我怀疑的解释学上受到了过于良好的训练并可以自在地停留在自己的经验里，不论是多么深刻。甚至沉思自然之美也会成为一种诱惑。所以在博尔顿，随着春天的到来，他在日记里写道，"3月16日星期一。要练习这种舍己，有时在晴朗的天气里，我发觉自己更愿意观赏世界的荣耀，而不是使自己专注于研究严肃的宗教。"

注释

[1] Diary, August 9. Cf. July 29 and August 24, *Works*, 16: 777—780.

[2] 这种叙述基于 introduction to Edwards' *Quaestio*, by George G. Levesque, *Works*, 14: 47—53。

[3] 这个术语用于 Proceedings of the Trustees, October 16, 1723, in Franklin Bowditch Dexter, ed., *Documentary History of Yale University: Under the Original Charter of the Collegiate School of Connecticut*, 1701—1745 (New Haven: Yale University Press, 1916), 246。

[4] Samuel Sewall 致 Elisha Williams, August 22, 1729, "很高兴看到下年9月份你要有如此大的好收成，体现在公共论文中"，并进而批评了所使用的一个拉丁术语。"Letter book of Samuel Sewall," *Collections of the Massachusetts Historical Society*, 6th ser., 2 (Boston, 1888), 272—274.

[5] 那些"阿们"声是出于推测但却是可能的，尤其是因为他们所有人次日都会见了董事会。他们有三人被劝退了，其他人则前往英格兰接受了圣公会牧职。这段叙述依据 Richard Warch, *School of the Prophets: Yale College*, 1701—1740 (New Haven: Yale University Press, 1973), 96—125。

[6] Samuel Sewall, "To Governor Saltonstall at New Haven," October 15, 1722, "Letterbook of Samuel Sewall," 144.

[7] Samuel Sewall, "Diary of Samuel Sewall," September 25, 1722, *Collections of the Massachusetts Historical Society*, 5th ser., 7 (Boston, 1882), 309. 休厄尔报告说，英克里斯还试图进行一次布道，但他未能听到它，"被浪费掉了"。Ibid., 310. 两天后，英克里斯失明了，虽然他又活了一年，但从未再公开露面。Michael G. Hall, *The Last American Puritan: The Life of Increase Mather*, 1639—1723 (Middletown, Conn.: Wesleyan University Press, 1988): 361.

[8] John Davenport and Stephen Buckingham to Cotton Mather, September 25, 1722, in Dexter, ed., *Documentary History*, 226. See related documents, pp. 226—234. See Warch, *School of the Prophets*, 110—111.

[9] Quoted in Warch, *School of the Prophets*, 111, from *Collections of the Massachusetts Historical Society*, 2nd ser., 2 (Boston, 1882), 133—136.

[10] Kenneth Silverman, *The Life and Times of Cotton Mather* (New York: Columbia University Press, 1985): 359.

[11] *New England Courant*, October 1—8, 1722, p. 1 (Standfast and Dogood); October 22—29 (Nausawlander); and October 29—November 5.

[12] 我要感谢 R. Bryan Bademan 的研究生论文 "'A Little Sorry, Scandalous Drove': The Congregational Reaction to Anglicanism in Boston, 1719—1725" (University of Notre Dame, 1998)。关于舒特，见 Michael C. Batinski, *Jonathan Belcher: Colonial Governor* (Lexington: University of Kentucky Press, 1996), 40—42. J. C. D. Clark, *The Language of Liberty*, 1660—1832: *Political Discourse and Social Dynamics in the Anglo—American World* (Cambridge: Cambridge University Press, 1994), 29 指出，"美国人对英国腐败的认识，来自独立联邦传统的，远不如来自宗派源泉的多"。Cf. Carl Bridenbaugh, *Mitre and Sceptre: Transatlantic Faiths, Ideas, Personalities, and Politics*, 1689—1775 (New York: Oxford University Press, 1962).

[13] 古典改革宗教义，作为那被归之于阿明尼乌主义这一替换信仰的对立形式，是于1618—1619年在多德雷赫特（或多特）举行的国际"改革宗宗教会议"上加以界定的，有时亦被称为"加尔文主义五项教义"，而在英语里则通过首字母组合为了"TULIP"（字面意为"郁金香"）：(1)全然败坏，(2)无条件拣选，(3)有限救赎，(4)不可抗拒的恩典，(5)圣徒永蒙保守。新英格兰正统派能够接受这些教导，但却很少使用"多德雷赫特会议"的精确表述形式；他们进而认为"阿明尼乌主义"是这些教义的一整个系列的替换形式。一般地，新英格兰正统派是通过"威斯敏斯特信条"来界定他们的正统信仰的，正如他们就耶鲁的行动所表明的，见下文。"威斯敏斯特信条"尽管与"多德

雷赫特"的反阿明尼乌主义立场是一致的，但却是一种内容全面的信仰告白。

[14] 有关哈佛，参见 John Corrigan, *The Prism of Piety：Catholick Congregational Clergy at the Beginning of the Enlightenment* (New York：Oxford University Press, 1991), 19—21. 有关哈佛背景，参见 Norman Fiering, *Moral Philosophy at Seventeenth—Century Harvard* (Chapel Hill：University of North Carolina Press, 1981)。有关新英格兰圣职人员中盛行的加尔文主义，参见 Corrigan, *Prism of Piety*, and Harry S. Stout, *The New England Soul：Preaching and Religious Culture in Colonial New England* (New York：Oxford University Press, 1986), 127—181。

[15] Proceedings of the Trustees, October 17—22, 1722, in Dexter, ed., *Documentary History*, 233.

[16] "Apocalypse Series," *Works*, 5：129. 与塞缪尔·休厄尔不同，他在所预言场景里并没有赋予英国国教会一种突出地位。他的确认为《启示录》2章对被描述为坚定的但却沾染了异端的别迦摩教会的警告，"适合于英国教会的情形；那个居所，就是有撒旦座位之处"。而且，他还相信上帝的"第五碗愤怒"将被倾倒到特别是罗马、意大利和西班牙之上。"Exposition on the Apocalypse," *Works*, 5：99, 116. See, Stephen J. Stein's introduction to this volume, and James West Davidson, *The Logic of Millennial Thought：Eighteenth—Century New England* (New Haven：Yale University Press, 1977), for valuable expositions of these themes. 爱德华兹的千禧年观将在下文进行详细讨论，尤其是在第11、19章。

[17] Richard Westfall, *Never at Rest：A Biography of Isaac Newton* (New York：Cambridge University Press, 1980), 321.

[18] Nathan O. Hatch, *The Sacred Cause of Liberty：Republican Thought and the Millennium in Revolutionary New England* (New Haven：Yale University Press, 1977).

[19] "Personal Narrative," *Works*, 16：797. 爱德华兹在这个方面并没有特别不同寻常之处。Thomas S. Kidd, "From Puritan to Evangelical：Changing Culture in New England, 1689—1740" (Ph. D. diss., University of Notre Dame, 2001), 记录了在那个时代新英格兰传媒中对"新教利益"的广泛关注。反天主教对表达大众文化身份认同是基本要素，并常常与千禧年思辨是关联在一起的。

[20] "Exposition on the Apocalypse," *Works*, 5：114.

[21] Ibid., 117—118.

[22] 比较同上段落，118页，在前文作为第4章的警句作了更全面的引证。

[23] *Questio*, *Works*, 14：60—64.

[24] "Appendix to *Questio*：Syllogistic Notes," *Works*, 14：64—66. Miscellanies,

nos. 12 and 13, pp. 206—207.

[25] James Pierpont to Timothy Woodbridge, November 5, 1723, *Publications of the Colonial Society of Massachusetts*, 6, "Transactions," 1899, 1900 (Boston, 1904), 200.

[26] George S. Claghorn, introduction to "On Sarah Pierpont," *Works*, 16: 745—747. 参见 Claghorn 对这篇记述的文献所作的注释。

[27] "On Sarah Pierpont," *Works*, 16: 789—790.

[28] Diary, September 22, 1723.

[29] 同上。在这种评论之前还指出,作为一个老人对新发现仍是开放的,引自第 4 章。

[30] Wallace E. Anderson, "Notes on 'The Mind,'" *Works*, 6: 326. Thomas A. Schafer 推定这篇记述可能早于 the "Spider" letter, dated October 31。

[31] Kenneth P. Minkema, "Preface to the Period," *Works*, 14: 5.

[32] 最后一句引文出自 Resolution 57, *Works*, 16: 757。

[33] 詹姆斯·皮尔庞特在他 11 月 5 日致蒂莫西·伍德布里奇的信里试图消除这个障碍。皮尔庞特报告说,耶鲁董事会前不久派往纽约,试图消除苏格兰会众与英国会众之间裂隙的代表团已失败了,原因是"苏格兰一方激烈夸张的言辞"。那意味着"这件事情……已经被如此限定住了,以至于爱德华兹先生将不会再与它相关联",并因而使他解脱出来以接受纽黑文的职位——那"比他现在的职位要好得多"。到这时,爱德华兹本人必定已获得了这一确认,即他没希望再返回纽约了,并有可能已经搬到了博尔顿。

[34] Cf. Diary, February 23, 1724:"当我在宴会上或享用非常适合我口味的饮食时,我不必小心在意地局限于同普通饭菜时一样大的胃口;当面对各种各样的菜肴时,我在享用了普通饭量的两倍后,就足够了。"

[35] *The Pleasantness of Religion* (ca. late 1723), *Works*, 14: 102, 107.

[36] *A Spiritual Understanding of Divine Things Denied to the Unregenerate* (ca. late 1723), *Works*, 14: 75, 79, 90.

[37] *Living Peaceably One with Another* (ca. December 1723), *Works*, 14: 132, 129, 121—122, 128. On the "catholick" spirit of the Boston clergy, see Corrigan, *Prism of Piety*.

[38] *Nothing upon Earth Can Represent the Glories of Heaven* (ca. early 1724), *Works*, 14: 137—160, quotations pp. 145—146, 146, 157.

[39] Miscellany no. 108, *Works*, 13: 278—280. Schafer 标注的时间为 1724 年 2 月或 3 月。

6

"一种低落、消沉的状态与情形"

在5月末,爱德华兹接到了使他能脱离博尔顿的消息——耶鲁为他提供了一个指导教师(tutor)的职位。很明显,他与博尔顿人曾持有这样一种理解,即他的牧师职务是临时性的,因为在两个星期之内他就前往纽黑文了。然而,对于爱德华兹来说,光明中总是带着一点黑暗;获得他所渴望的职位结果是一场考验。到达纽黑文不久,他就不耐烦地写道:"6月6日星期六晚上,这一周对我来说,就经受的沮丧、担忧、困惑、顾虑重重和心烦意乱而言,是不同寻常的一周;这就是我来到纽黑文为了就任学院指导教师职务所经历的一周。我现在有充足理由确信这世界多么麻烦和令人讨厌,而且从来都不会有另一种不同的世界。"[1]

我们只能猜测这些极其令人心烦的事情是什么。最明显的就是成为一位指导教师所带来的干扰紊乱;他担任这一职务有两年多一点儿的时间。当爱德华兹于1724年6月抵达时,耶鲁学院正处在挣扎之中。从蒂莫西·卡特勒叛教至此时差不多已有两年的时间,但学院仍然未能找到一位新院长。他们考察了一批康涅狄格的牧师,但却无法说服任何一位离开他们的教区。学院没有真正的领袖,只能蹒跚向前。董事会采用了一种权宜之计,即让当地牧师按月轮流担任代理院长——但这样的安排很难有什么效果。这就使得该学院四十至五十名大多是十几岁的男孩子，处在了比他们大不了几岁的两位指导教师的管理照看之下。

乔纳森已经一清二楚，学院学生有可能是难以管教约束的。即便这些学生将要成为殖民地未来的圣职人员或行政管理人员，但许多人都利用离开家庭的自由去寻欢作乐。耶鲁多年来一直都有饮酒和喧闹的问题。在毕业典礼期间卡特勒院长的突然离去，使得情况更加糟糕了。董事会强化了对于经常光顾酒馆、未经允许就将朗姆酒带入宿舍以及蔑视指导教师等行为的处罚。[2]

在乔纳森担任指导教师的那两年里，学院变得格外难以控制。根据最早的学院历史，当1726年耶鲁最终获得了一位常驻院长（乔纳森的表兄和前任指导教师，伊莱沙·威廉姆斯）后，他"开始逐步更为有效地抑制学生当中的那些恶习与混乱；并引入和确立了许多良好的习惯"。这种改革需要花费一些时日，因为"学生们先前沾染的那些坏习惯不是那么容易和迅速就能根除的"。[3]

人们能够想象，乔纳森极其热切地想要对学生实施严格的学院管理规则；那些学生长期以来已经形成了自由散漫的风气，并且不打算向那一系列指导教师中最新和最年轻的教师放弃他们的自主性。耶鲁的管理规则原本就是为了抑制恶习和培育敬虔；乔纳森认为这两个目标已被所有理性证明具有首要的永恒意义。他的许多日记记录都表明了他对学生纪律的关注。在一则日记里，他评论道，"假如我的态度更温和，我就会大大改进。"在另一则日记里他决心，"当我责备过错时，由此我无论如何也受到了伤害，应延迟，直到事情完结和终了之时。"[4]

除了纪律训导的烦恼之外还有教学的重担。指导教师要教授整个系列的课程，听取一个班级（一年级、二年级等等）学生的所有朗读。很可能乔纳森负责两个班级。冬季时，在日出时刻或者清晨6点钟，以教堂礼拜（祈祷、诵经和讲经）开始每一天。然后指导教师要听取全天的朗读，中间有一个半钟头是午餐。傍晚祷告是下午4点到5点。随后是晚餐、自由时间以及学习时间，11点熄灯就寝。学院一周六天都保持着这种作息安排。星期五下午和星期六的课程以神学学习为主。安息日通常包括两次长长的崇拜，上下午各一次；此外还补充以清教著作的解读，譬如威廉·埃姆斯的《良心个案》。[5]对于学生而言，这一天之为休息日主要是在这一意义上而言的，即他们必须禁止在其他日子里允许的体育和消遣活动。

要适应这种消耗大量时间的日程安排，再加上维持纪律带来的分心，这些一定让乔纳森感到局促不安，特别是因为，此前他独处的时候，可以轻易地用一整天来进行理智探求和灵性操练。很明显，他总是在毫不松懈地鞭策着自己。从他的日记我们知道，在这些年里，他在拓宽阅读和预备撰写自己的著述上是极其高效的。在执教第一年里，学院还为他和他的同事罗伯特·特里特（Robert Treat，耶鲁1718届）付酬，以使他们额外为图书馆整理图书和编订书目。爱德华兹无疑利用这个机会阅读了那个时代的大量文献；他为自己开列出了一份长长的需要阅读的书单。

这个使他接触一些当代作者的机会对于他尤其重要，因为他一直计划要撰写一本全面为基督教辩护的著作。人们认为是他将洛克的《人类理智论》重新引入耶鲁的课程表。他的笔记，尤其是有关"心灵"的笔记，表明他对洛克深感兴趣并从洛克那里学到了很多，尽管他与洛克存有实质性的不同。他有时仍然将他的"杂记"称作"合理性叙述"，所指的就是他计划撰写为基督教全面辩护的重要著作。在其笔记里，他涉及一大系列神学与哲学主题。例如，他正在就"自然神论"撰写一套新的笔记记录，因为他认为自然神论是那个时代首要的"宗教—理智"挑战之一。他亦在继续为论自然哲学和论"心灵"的著述做准备；同时还在撰写他的《〈启示录〉注释》。在博尔顿时，他就已经开始撰写圣经注释；这将成为他最庞大和最重要的研究。[6]

没有一位常驻院长，毕业典礼对于指导教师就变得格外吃力。即将毕业的学生必须准备用拉丁语为他们的论文做出答辩。纪律则成了更大的问题，因为毕业典礼周对学生来说，是摆脱约束羁绊的传统时期。在前一年的"毕业典礼季"（那时乔纳森在为硕士论文进行答辩）之后，董事会不得不让学生们为宿舍打碎的玻璃平摊罚款。在全新英格兰的目光都注视着耶鲁的这个时刻，学生们的捣乱行为无疑让人感到难堪，所以董事会为"起哄、无端高歌或鸣钟、鸣枪以及诸如此类的公共捣乱行为"设定了罚金。[7]

1724 年的毕业典礼周，突然加剧了这位年轻指导教师巨大的精神危机。所发生的某种事情使他陷入了灵性消沉状态；他有三年时间都无法摆脱这种苦闷。他很快就意识到了那场灾难，很久以后他回忆过这件事，但他从未指明它的根源。在那个毕业典礼周结束之际，他在日记里写道，"9 月 12 日星期六晚上。我在本周遭遇到的那些事的不幸本质，使我远离所有宗教慰藉。它们看来只不过是虚荣和羁绊，特别是在我没有任何预备的情况下遭遇到它们。我不适宜于遭遇到它们，除非我拥有更坚定、更恒久的信、望和爱。"

究竟什么事情使他"远离所有宗教慰藉"，这很难揣测。9 月 30 日，他在日记里写道，"典礼的仓促，空白的扰乱，是我极其消沉的因由，正如在过去三周里那样。""空白的扰乱"，也许是指在每一学期后的两周假期；也有可能是指院长职位的空缺以及监督执行他对捣乱所做指控的困难。然而，他对自己的问题做了详细的陈述，这些只不过是使他远离那灵性源头之慰藉的起因（occasion）。[8] 在他写于十五年之后的"个人叙述"里，他写道，"回到纽黑文后，我在信仰上消沉了；我的心灵从迫切而热烈的追求圣洁上偏离了，一些事情极大地困扰了我的心灵。"

他的日记并没有提供多少东西来填补细节。我们对他精神崩溃后的那几个月里的内心挣扎只有一些零星的了解。他再一次面临令人坐立不安的怀疑带给他的恐惧，亦即他的归信有可能是一种错觉。在 11 月，他恢复了一些希望："11 月 6 日星期五，明显地感觉到有种对于基督的信任与信赖，以及将我的灵魂托付于他的喜悦；我们的神学家常常谈到这一点，而我则一直对这一点有些怀疑。"不过他很快就发现自己又回到了精神的荒原。在两个星期里，他一直在设法应对在祈祷中无法集中注意力的问题："11 月 15 日安息日，决定，当我不愿意祷告时，就预先沉思将要祈祷些什么；就算是让祈祷保持简短，也胜似心不在焉或不知所云。"

随着危机的继续，他变得不再那么频繁地写日记了。1725 年 2 月，他留下了一则罕见的记录，该记录暗示他的灵性低沉可能具有一种理智因素："我现在想要的"，他写道，"好让我对上帝的完满与荣耀有一种清晰的、更加直接的看法，就是这样一种清晰的知识，即上帝如何作用于精神与思想——正如我所具有的——以及如何作用于物质和身体。"至于这个问题是否就是那"极大地困扰了我的心灵"的事情则不得而知。

他并非没有想过完全放弃加尔文主义。"如若我想要转向其他教派观点的话，"他在 1725 年 5 月 21 日写道，"决定……私下里寻求这个国家里一些最睿智的人可能会为我提供的一切帮助，还有一些明智与圣洁的人为我所做的祈祷，无论我多么相信我可能是正确的。"[9]

最终，在 5 月 28 日，他无可奈何地写道，"对我来说，不论我现在是否归信了，我现在的状态非常稳定，我将在这种状态中终生继续下去。不过，无论我多么稳定，我将继续祈求上帝，不要使我受到它的欺骗，也不要在不安全的状态中沉睡；并不时地，质疑所有这一切，并尝试让一些老神学家来作为我的帮助，上帝也许就有机会回答我的祈祷，而上帝之灵也许就有机会向我表明我的错误，如果我处在错误之中的话。"

这种稳定的状态并不是绝望的状态。相反它是一种怀有谨慎希望与坚定决心的状态。我们亦从他的日记里知道，他仍然能够远比普通人更多地反思属灵感受力。然而他似乎丧失了那些狂喜，失去了沉浸在对上帝的直接经验中的能力。

与此同时，他对于萨拉·皮尔庞特的尘世爱情之灯，也愈发明亮。到 1725 年春天，他们的关系已经发展到了求婚地步。萨拉还只有 15 岁，但到 5 月或 6 月他们已经订婚了。[10] 婚礼将在两年后举行。萨拉比一般新英格兰新娘要小许多，但如此早的订婚仍然属于合宜范围之内。[11] 小詹姆斯·皮尔庞特——有时是乔纳森在耶鲁的教师同事——的赞许，也许加快了求婚进程，并为乔纳森在皮尔庞特遗孀家里的交际往来提供了方便。[12]

在这个夏天，我们难得地看到了乔纳森与其他年轻人在一起，愉快地分享他们平日的喜乐。在"杂记"里，他指出将一些时间指定为欢庆时间是有益的。"所以我们的选举就是快乐和欢喜的时间；大家一致同意将这个时刻设定为欢乐时刻，那将对整个殖民地年轻人的心灵产生多大影响啊。如果他们是孤独的和缺少同伴的，并缺乏机会与他人一同欢乐，那该是多么令人难以忍受啊。严肃和孤独在这样一些时刻显得多么不自然和令人不快啊——尽管它们在其他时候是令人愉悦的。如能设想整个国家在那个时刻都处在欢乐之中，那该是多么令人兴奋啊。这使我深信安息日、禁食祷告日及感恩节日的合理性基础。"[13]

虽然他似乎丧失了对于神圣事物的直接感觉，但他仍能看到人最崇高经验所具有的更高灵性意义。在1725年春季求婚期间，他在"杂记"里写下了一系列对于爱情与天国的沉思。其主旨与前一年春天对"基督的卓越"的记录极其相似，尽管没有诗意的迸发。他发现，人在此生，无论遇到多么"令人心醉神迷的"美，无论是光和声音的适当比例还是身体姿态的匀称和谐，它们都将在天国里获得完满——因为只有在天国里才有心灵的完满和谐。

乔纳森与萨拉两人都喜欢唱歌；乔纳森曾写道，音乐很好地指向了一个和谐关系之宇宙那即将到来的完满。他相信，音乐是人与人之间最高级的沟通交流方式。"就彼此之间要表达一种优美和谐的心灵而言，我们所拥有的最好的、最美的和最完善的方式，就是通过音乐。当我在脑海里构想一个处在最高幸福的社会理想时，我将它想象为，人们通过甜美的歌唱，来表达他们的爱、喜乐、内在的和谐以及灵魂的灵性之美。"年轻的情侣亦能享受当下音乐的复杂和谐。但他们对于尘世和谐的喜悦，只是模糊地预示了在灵性上完全之人的天上的交流。"到那时，我们也许才能完全而毫不费力地领悟那种美；在那里，同时有千万种按不同比例所给予的尊重构成了那种和谐。那样一种美，当被全面感知时，就是最为美好的。"[14]

在这些日记的最后一则"论基督的爱"里，乔纳森探讨了人类的爱对于指向基督对于他的新娘——教会——的爱，通常所具有的预表意义。在这种探讨里，他表达了他对于人类性爱的热情——当然是在适当的灵性限度之内。"我们看到了，人类本性能够具有多大的爱，不论是对于上帝还是对于同类受造物。我们是多么的趋向于异性！即便是一种对于上帝崇高与炽热的爱亦没有阻止它，而只是提炼和净化它。上帝创造了爱人类同胞的人类本性，并睿智地将这种本性主要是引向了异性；本性越是崇高，它能感受到的那种可称赞之爱就越伟大；本性越是纯粹和美好，它就越趋向这种爱。"[15]

尽管他竭力想把对萨拉的爱，转化为心灵的纯精神性认同，但他的性欲问题必定是一种极大张力的来源——只要他还没有结婚。至于这是否关系到他持续停留在低落的灵性状态里，我们只能是推测。他将人的情形看作是灵与肉之间的一场战争。他坚信，性的不纯洁与他所寻求的属灵感受力是不相容的。事实上，他常常在讲道中宣称，受到肉体短暂快乐的驱使，就是自爱的缩影。魔鬼利用这样一些倾向——这些倾向本身并不邪恶——来蒙蔽人们对于他人以及上帝的灵性之爱。正如乔纳森在一典型的劝勉里对博尔顿人所说的，那些沉湎于"肉体的情欲"的人不会看到灵性之光。"他们喜爱罪中之乐、肉体与感官的快乐；那些快乐确实遮蔽了他们的灵魂，玷污了他们的理解，以至于没有光明能够照射进来。"[16]

虽然乔纳森在日记里是谨慎的，但他也曾偶尔提及这个问题。1725年11月，他发现，"当人压抑那些倾向于使心灵从宗教正道上偏离的念头时——不论它们是忧郁的、焦虑的、激情的还是其他什么念头，就会出现良好的效果，就会使心灵保持它的自由。那些念头在一开始就受到遏制，因为它们会使心灵顺着那条溪流流淌下去。"[17]

为了应对这三种反复出现的心灵扰乱："忧郁的、焦虑的与激情的"，他最典型的医治方法就是不断使自己远离它。所以在一则特别具有启发性的日记里，亦即在1725年6月6日——很可能正值他求婚的顶峰时期，他如此谈到自己："我有时十分无精打采，除了谈话、拜访、娱乐或者一点运动，根本没有其他方法来更有效地利用时间。"这个建议看来是行得通的，他决心不再如此轻易屈服于它。"无论如何"，他总结道，"在求助于这些手段的一种之前，最好首先试试我的精神活动的整个循环。"

他一直坚持的严格饮食习惯，是抑制身体从而达到强化精神并完成更多工作的另一种方法。在1724年9月初，亦即担任指导教师的第一年，他就写下了少量饮食的理由。他相信这样做能够延长他的生命，有助于他更清晰地思考、更多地研究、更少地睡眠，以及更少经受"头疼"的麻烦。[18]

以如此众多方式持续不断地鞭策自己，正在对他的健康造成严重伤害。在1725年6月6日的日记里，他决心在求助于谈话、拜访、娱乐或者运动之前，先试试"我的精神活动的整个循环"，来克服他的萎靡不振；这就是他在身染重病之前的最后一次日记记录。

毕业典礼周的紧张劳累，再次成为了"压垮骆驼的最后一根稻草"。在 1725 年 9 月毕业典礼结束后，乔纳森起身回家探望住在东温莎的父母亲。但他只走到诺斯黑文就病倒了，无法再前进。他只得停留在他东温莎同乡艾萨克·斯泰尔斯（Isaac Stiles）的家里；后者刚刚填补了诺斯黑文牧师的空缺。乔纳森的病情十分严重，他母亲以斯帖亦赶来照料他。在其"个人叙述"里，他回忆道，这一段时间是他担任指导教师期间所经历精神消沉的间断期。"在这次疾病期间，上帝又乐意用他圣灵的美好影响再次造访我。在那里我的心灵又专注于神圣而愉悦的沉思以及灵魂的渴望。我发现那些照看我的人，常常在等候天亮，并似乎是盼望着天明。这不由使我联想到《诗篇》作者的话，我的灵魂也在甜美地吟诵，'我的心等候主，胜于守夜的等候天亮，胜于守夜的等候天亮'［诗 130：6］。"

他一定是又一次濒临死亡，因为有好几天他的护理人员通宵达旦守护着他。他母亲待在那里的时间比她预期的要长；而萨拉很可能有时也来探望他。他回忆道，"在那时，我常常渴望能有我所关切的某些人信主。在我看来，我会乐于尊荣他们，欣然成为他们的仆人，并为他们效力，如果他们是真正圣洁的话。"

萨拉也许就是他所关切的人之一。萨拉长期以来被浪漫地美化为一个圣徒，从自孩童时代起就是一个圣徒，仿佛她与上帝一直都有甜美的交流。然而，我们若从乔纳森的日记里有所得知的话，加尔文主义圣徒的属灵成长从来都不是一帆风顺。相反，信仰是持续不断的挣扎，因为上帝在试验他们并允许撒旦将他们抛掷在惊涛骇浪之中。他们常常会觉得上帝已经抛弃了自己。他们常常将自己看作罪魁。就像乔纳森的信心根本不确定或稳固，萨拉也是如此。尽管乔纳森后来判定她早年就真正归信了，但他也注意到，当"恩典较少时"，她亦经历"许多高低起伏"。他解释道，她"身体容易抑郁"（他也有抑郁的倾向），并"常常陷于忧郁之中"，有时还"几乎被它所压倒，甚至从少年时期就是如此"。在她 16 岁时，无论她具有什么样的突出美德，她都极其不同于"那被理想化了的 13 岁的她"——乔纳森将"那时的她"描述为在田野里唱歌赞美上帝的纯粹的灵性存在。就像乔纳森一样——也是在这个传统里人们所预料的——她可能也曾深深怀疑过自己究竟是否已经找到了那救赎之恩。从长期来讲,乔纳森敬佩她是真正的圣徒;但从存留下来不多的坦诚资料以及从我们对人性的了解来看,我们可以确信她的道路并不总是一帆风顺的。[19]

到 1725 年 11 月 16 日,乔纳森已经恢复到足以重新开始记日记和进行研究。他在第一则日记里立志"要遵守这样的规则:每隔半天,或充其量,每隔一天,交替研究其他事物和神学"。同时,他还决心参与更多的社交活动,因为他注意到自己在与朋友书信往来以及探访亲朋好友这些社交义务上有过失。[20] 由于一贯谨慎的蒂莫西的坚持,乔纳森没有立即重新履行指导教师的义务,而是返回东温莎继续休养,直到完全康复。[21] 他又重新开始了他在"杂记"以及其他日记里的工作,大多数都是常见的主题,为确证基督教真理搜集证据。

在一则引人瞩目的日记里,他再次将他对萨拉的爱慕置于更广大的灵性背景里:"幸福,尘世情侣在发现彼此的美上结束得何其迅速啊;他们看到所有能看到的又是何其迅速啊!他们是尽可能紧密地结合在一起了吗?是尽可能亲密地交融在一起了吗?他们是何其迅速地抵达了所有可能给予的最亲密的爱的表达,以至于再也不能够发明新的方式了——无论是给予还是领受。"他再一次将容易到达极限的人类之爱,与基督和圣徒之间永不停息的属天之爱,进行了对比:"那种爱是何其幸福啊!它在凡事上都永不停息。由此就会持续不断地发现新的美,以及越来越多的可爱,我们自己因此也在美里永远不停地增长。我们将变得能够永远发现和给予,并领受,越来越多的有关爱的亲密表达;我们的结合将变得更加紧密;我们的交融也将变得更加亲密无间。"[22]

到 1726 年冬季学期,他返回纽黑文,与萨拉团聚并重新履行他的职责。耶鲁仍然没有驻任院长;他与他几乎同龄的叔叔(他祖父第二次婚姻所生的儿子)丹尼尔·爱德华兹(Daniel Edwards),是竭力想要维系混乱的学院的两位指导教师。

而耶鲁的气氛和许多的忧虑又一次使他陷入灵性空虚的深谷之中。在"个人叙述"里,他回忆道:"由于一些世俗的忧虑,我的心灵再次受到了极大扰乱。这几乎占据了我的思绪——使我的灵魂极为受伤，并经历了各种各样的煎熬。叙述这些事情将是单调乏味的。不过这却给予了我自己的心灵以比原先更多的经验。"

这些"世俗忧虑"究竟是什么，我们不清楚。他的确就自己生病期间是否应付给自己薪酬而同耶鲁董事会进行过一次长时间的争论。不过，这似乎并不足以给予他——正如他所描述的——前所未有的自知之明。[23]

在这整个期间，更真实的纷扰与焦虑，是他自己的职业与抱负问题。乔纳森雄心勃勃。他认为自己受到上帝异乎寻常的呼召，亦即为基督教提出与所有知识和所有可能的反对相关的决定性辩护。但是，他借以言说的平台将会是什么呢？成为一名学院指导教师只是一个短期职业。况且，耶鲁寻找一位领袖所遇到的种种困难表明，即便是成为一名学院院长，也可能被看作是从一个具有吸引力教区下降了。

到1726年春，一个重大机遇进入了视野。可能是在冬季学期与春季学期中间，他曾旅行到北安普敦并在他外祖父教会里进行讲道。[24]毋庸置疑，这愈发增加了他的焦虑。所罗门·斯托达德此时已经八十多岁了；而早在1725年秋城镇就已经投票同意聘请一位助手。或许，斯托达德已经在脑海里考虑到了他外孙；但乔纳森的病情阻止了他进一步落实这件事情。与此同时，城镇选择了一位来自杰出家族的年轻哈佛毕业生伊斯雷尔·昌西（Israel Chauncy）来临时填补这一职位。乔纳森此时的笔记表明，他正在反思外祖父的著述。到8月份，北安普敦城正式邀请乔纳森前去担任助理职务。乔纳森显然是在完成了毕业典礼上的职责后，于10月初到达了北安普敦。1726年11月21日，城镇会议，根据"我们通过讲道与交谈所了解的以及他在其他地方所表现出的品格"，"以绝大多数"投票同意，永久性地设立他为牧师以辅助斯托达德。他在1727年2月15日被正式按立为牧师。[25]

五个月后，乔纳森回到纽黑文，并于1727年7月28日星期五在那里与萨拉结婚。对于这场婚礼，我们只有一条线索。许多年后，在斯托克布里奇（Stockbridge），乔纳森将一篇针对印第安人的布道词的部分内容，写在了一张显然是他保存了多年的纸上。那张纸是1727年1月26日从波士顿寄给"牧师先生"的一份账单，其中包括对银搭扣、白手套和一根诗琴琴弦的收费。[26]我们只能猜测，这些东西是为婚礼准备的，并且他将会把音乐——"我们所具有的彼此表达心灵甜美和谐的最完美方式"——看作是庆祝他们结合最适宜的东西。

结婚实现了求婚；对于这个求婚过程我们却知之甚少，只知道它恰巧发生在他的精神苦恼期。至于究竟是否只是巧合就不清楚了。当乔纳森提到这些年的精神危机时，他通常都是将它与耶鲁有关事件关联在一起的，而从未提到过求婚的压力，除非它们属于"世俗的忧虑"——他曾为此而倍感烦恼。

乔纳森与萨拉对性爱的称颂是把它最终看作是一种灵性经验，它指向基督与其教会之关系这一更高的福乐。在"杂记"里，一则论道成肉身的记录，大致写于他婚礼期间，也许是对普通人为保持灵性思想处于最高地位所面临挑战的一种注解。当马利亚腹中孕育着基督时，爱德华兹注意到，她"心灵充满了神圣与圣洁的喜悦而不是感官的喜悦"。[27]

到1727年秋，乔纳森突然恢复了他丧失已三年之久的灵性方向，特别是他发现灵性强度的能力。在一则不同寻常的日记记录里，他写道，"大约有三年了，我主要是处在一种低落、消沉的状态与情形里，对我过去习惯了的灵性事物悲惨地丧失了感觉。那是在三年前，毕业典礼前的那一周；而在今年大致是同一时间，我开始成为我过去所是的样子了。"

而这种恢复是如何与他的婚姻相关联的，我们无从确定。[28]我们所知道的是，乔纳森那更新了的灵性强度，决定了他经验婚姻的方式。大约在他们结婚一年后，他又开始记录一本题名为"神圣事物的影子"（后来改为"神圣事物的形象"）的新日记，以献给他那重新复苏的灵性生活。在其中收集了他对自然的灵性意义所做的反思，无疑部分是要与萨拉一同分享这些反思；而萨拉就像他自己一样，长期以来已经习惯于聆听这种"上帝的语言"。[29]而上帝在创造里言说的方式则是，"使低级事物成为高级和最卓越事物的影子，使外在事物成为属灵事物的影子。"[30]在几则较早期的记录里，他重述了"婚姻意味着基督与教会的灵性结合与交融"。这种明确的圣经预表，为将发现属灵类比的原则扩展至生命的全部提供了一种基础。"如若上帝设定了这［婚姻］来预表一种属灵的类型，那么在人类社会以及人类世界的构成与惯常状态里的其他许多事物又何尝不是如此。"[31]

1728年8月25日，萨拉生下了头胎孩子：另一个萨拉。分娩是一个圣经意象，是上帝应对堕落人类的一种极其典型的痛苦方式，即便是在亲身地、灵性地或者经由历史地带给人类那最美好事物的时候。"妇女在生孩子时极为艰难并承受了巨大苦楚，这象征着教会在生基督和增加其子民人数上所遭受的巨大迫害与苦难，并象征着在生基督时灵魂里所经历的那种精神痛苦。"[32]乔纳森自己则刚刚经历了数年由灵性分娩所带来的巨大痛苦。

在注意到他的婚姻与他那获得更新的灵性强度之间关系的同时，我们也需要牢记乔纳森本人借以看待这种恢复的那种更广大的神学透镜。在其"个人叙述"里，他写道："自从我来到这个城镇〔北安普敦〕起，我常常在上帝里具有一种美好的满足感——在看待他那荣耀的完满以及耶稣基督的卓越性上。上帝，在我看来，主要是因其圣洁性才成为荣耀与可爱的存在。上帝的圣洁性在我看来总是他所有属性里最可爱的。上帝的绝对主权与白白恩典的教义——亦即对他愿意给予仁慈的人显现其仁慈，以及人绝对依赖于上帝圣灵运行的教义——常常对我显现为美好与荣耀的教义。"

爱德华兹对他数年"低落、消沉状态"之后续事件的这种描述，也许为形成那种状态的多重构成因素之一提供了一种线索——一种反复出现的、无法使自己满足于上帝的主权，亦即上帝救赎他愿意救赎之人的教义。只有当他能够使自己接受上帝全然圣洁这一前提时，他才能够接受下列教义：人对如此完满者的反叛是无限邪恶的，以致必定会获致永恒惩罚。只有当他能够保持一种那无限超越了人之标准的上帝的圣洁性观点时，他才能够喜悦于上帝专断但却完全良善的主权。

乔纳森在摆脱了三年的精神抑郁期后，不仅对"神圣事物的影子与形象"具有了一种更新过的意识，而且还具有了一个归信者捍卫严格加尔文主义正统的热忱。就我们根据他的日记所能判定的而言，这期间他从未在其他体系里工作过。不过，倒是在那三年痛苦时期，在"头脑"与"心灵"之间常常存在着一种令人不安的断裂。

在搬迁到北安普敦后，乔纳森很少写日记了，所以也就不再有有关他灵性挣扎的真诚坦率的记录了。在其"个人叙述"里，他表示，至少在接下来的十年间，他一直能够沉浸在上帝的圣洁与完满之中。不过，我们也知道他整个一生都不时承受着抑郁的痛苦。在试图想象一个能够因上帝的圣洁性而如此狂喜的人，在其事奉的岁月里实际会是什么样子的时候，最重要的是能够回想起，在我们对其拥有更完整记录的那段时期里他曾经是什么样子。在北安普敦，他恢复到了在其早期灵性经验高峰期"我过去曾是的样子"。然而他"过去曾是的样子"，正如在他所温馨回忆起的纽约岁月里，却是一段不断挣扎的时期。即便是在他不断坚持信仰的操练时，他也经常遭受灵性麻痹期以及人之不完善的困扰。或许，他再也没有像在纽黑文时期那样，陷入那么低落的或者至少是那么长久的消沉状态。然而，不论灵性力量是如何在他里面运行的，如果将他设想为一个易于达到圣洁的人，那就错了。

注释

[1] *Works*，16：786.

[2] Cf. Proceedings of the Trustees, November 21, 1722, in Franklin Bowditch Dexter, ed., *Documentary History of Yale University: Under the Original Charter of the Collegiate School of Connecticut*, 1701—1745 (New Haven: Yale University Press, 1916), 235—236.

[3] Thomas Clap, *The Annals or History of Yale College* (New Haven: Conn., 1766), 35—36, quoted in Richard Warch, *School of the Prophets: Yale College*, 1701—1740 (New Haven: Yale University Press, 1973), 134. 憎恨爱德华兹后来在普林斯顿同其进行竞争的克拉普院长，在这一点上可能并不完全可信。

[4] Diary, February 16 and May 22, 1725.

[5] Warch, *School of the Prophets*, 191.

[6] Thomas A. Schafer, "Editor's Introduction," *Works*, 13：7, 15—19; Kenneth P. Minkema, "Preface to the Period," *Works*, 14：8; Wallace E. Anderson, "Editor's Introduction," *Works*, 6：32—34; Warch, *School of the Prophets*, 206—207. 关于自然神论，见 Gerald McDermott, *Jonathan Edwards Confronts the Gods: Christian Theology, Enlightenment Religion, and Non-Christian*

Faiths (New York: Oxford University Press, 2000), 34—51。

[7] Trustees, October 16, 1723, in Dexter, ed., *Documentary History*, 246.

[8] Diary, September 30, 1724, note, re: "vacancy" as vacation. Trustees, September 9, 1724, in Dexter, ed., *Documentary History*, 255—256, 论述了将院长职位提供给 William Russel 的问题。这次危机肇始于毕业典礼以前这一事实，可能表明了院长职位问题是其关注对象之一。

[9] 当然，这种评论也有可能是，在看到一个熟人没有经过那种磋商就放弃了加尔文主义信仰后，所说出的某种东西。

[10] Schafer, "Editor's Introduction," *Works*, 13: 17.

[11] 女性平均结婚年龄大约是 23 岁，男性是 26 岁。David Hackett Fischer, *Albion's Seed: Four British Folkways in America* (New York: Oxford University Press, 1989), 76.

[12] 詹姆斯·皮尔庞特显然还不是全职教师，但学院为其工作提供薪酬一直到 1725 年 3 月 20 日。Proceedings of the Trustees, April 20, 1725, in Dexter, ed., *Documentary History*, 258.

[13] Miscellanies no. 193, *Works*, 13: 334, dated July or August 1725.

[14] Miscellanies nos. 188 and 182, *Works*, 13: 331, 329, cf. 328 re "ravishing," above. Cf. "The Beauty of the World," *Reader*, 14—15, 大约写于这段时间，类似于 Miscellany no. 108，引文见于前一章的末尾。有关爱德华兹一家与四部和声演唱，参见第 8 章。

[15] Miscellany no. 189, *Works*, 13: 331—332. 在更早的 1723 年夏写于东温莎的 Miscellany no. 37, *Works*, 13: 220 中，乔纳森表达了对正当性别角色的非常传统的看法。男人具有"更多智慧、力量和勇气，适合于保护和防卫；而他[上帝]使女人更为软弱、更为柔顺与温和，更易于恐惧、更富有感情，而适合作为无私保护与防卫的对象"。这些反思是对基督之爱教会的本质而做的反思。

[16] *A Spiritual Understanding* (1723—1724), *Works*, 14: 87.

[17] Diary, November 16, 1725. Cf. July 27, 1723, October 5, 1724. 由于这些日记是被爱德华兹的仰慕者出版甚或编辑过的，所以我们可能并没有他在这些事情上挣扎的完整记录。

[18] Diary, September 2, 1724. Cf. September 30, 在这里他表明，他有一段时间放弃了节食，但又决定重新恢复。

[19] 爱德华兹对萨拉经验的叙述——他注意匿名表达，见：*Some Thoughts Concerning the Present Revival of Religion in New England* (1742), *Works*, 4,

quotations from p. 333. 亦可参见第 15 章。

[20] Diary, November 16, 1725.

[21] 蒂莫西·爱德华兹给以斯帖·爱德华兹的信, November 10, 1725, ANTS, quoted in Kenneth Pieter Minkema, "The Edwardses: A Ministerial Family in Eighteenth—Century New England" (Ph. D. diss., University of Connecticut, 1988), 186—187. 蒂莫西·爱德华兹给以斯帖·爱德华兹的信, October 11, 1725 and October 20, 1725, ANTS, 确证了这一关切的严肃性, 尤其是在 10 月中旬。我感谢 George Claghorn 抄录了这些书信。

[22] Miscellany no. 189, *Works*, 13: 336—337.

[23] "Personal Narrative," *Works*, 16: 789. Trustees, September 13, 1726, in Dexter, ed., *Documentary History*, 267. 这表明曾投票决定向他支付拖欠的薪俸; 这并非一件寻常事务。后来爱德华兹在北安普敦产生了持久的薪俸争执。

[24] Schafer, "Editor's Introduction," *Works*, 13: 18n.

[25] James R. Trumbull, *History of Northampton, Massachusetts, from Its Settlement in* 1654, 2 vols. (Northampton, Mass., 1898, 1902), 2: 43—45. Schafer, "Editor's Introduction," *Works*, 13: 18—19. Schafer 写道他于 10 月份到达, 而 Trumbull 则说在 8 月份已经投票决定了他一个月的薪俸。也许这份薪俸是预付款, 如果那一年他确实在耶鲁还没有被支付报酬的话（见上文）。

[26] 我感谢 George Claghorn 提供了这一信息和解释——基于对在 Beinecke 发现的布道残篇的考察; 那篇布道是面对斯托克布里奇印第安人所做的布道: *Seeking the Heavenly Canaan*。

[27] Miscellany no. 294, *Works*, 13: 385. 对于这个发现, 我获益于 Ava Chamberlain, "The Immaculate Ovum: Jonathan Edwards and the Construction of the Female Body," *William and Mary Quarterly*, 3d ser., 57, no. 2 (April 2000): 289—322.

[28] 这尤其如此, 因为这篇日记的日期并不完全确定。这篇日记被标注为 "Sept. 26, 1726", 但那似乎是一个错误, 很可能是抄录者或排字工重写了 "26"（原件已失）。这是在 1725 年 11 月到 1728 年 1 月之间唯一的一篇日记记录。正确的年份, 应当是 1727 年。在他日记里或者在他博尔顿的记录里, 没有任何东西表明他的精神危机始于 1723 年。在其 "个人叙述" 里, 他曾明确说道, "仍在总体上继续着我在纽约时陷入的同样状态, 一直到我前往纽黑文并在那里的学院里担任指导教师; 曾拥有一个具有不同寻常甜蜜喜乐的特殊

时期：特别是在博尔顿时……在我去纽黑文后，我沉浸在宗教里。"而且，在 1724 年 9 月的日记里，他曾两次提到那始于毕业典礼之前的精神灾难。在其"个人叙述"里，他写道，"自从来到这个城镇［北安普敦］后，我就常常具有在上帝里甜蜜喜乐的感觉。"很明显，他一直到 1726 年 10 月才搬到北安普敦。Schafer，"Editor's Introduction，"*Works*，13：19. 可见，除这篇印刷文本外，所有其他证据都与"1727 年 9 月 26 日"这个日期是相一致的。

[29] "Images of Divine Things，" no. 57，*Works*，11：67. 他所增加的副标题之一就是"自然的语言与教训"，p. 50. Richard Godbeer，*Sexual Revolution in Early America*（Baltimore：Johns Hopkins University Press，2002），71—83 表明了，在新英格兰，是何其广泛地使用教会（或信徒）来作为基督新娘这一形象的，但他忽视了预表对解释其重要性所具有的作用。

[30] Miscellany no. 362，*Works*，13：435. Before his first entry of "Shadows" he wrote，"Under the Head of Creation，vid." Miscellany no. 362，*Works*，11：51.

[31] "Images of Divine Things，" nos. 5 and 12，*Works*，11：52，54.

[32] "Images of Divine Things，" no. 18（probably written about January 1729），*Works*，11：54.

7

在所罗门·斯托达德的舞台上

搬到北安普敦就等于是进入了家族势力范围之内。大族长所罗门·斯托达德,如今已83岁了。他尽管有些虚弱和近乎失明,但却思维清晰,观点坚定,并是一位令人敬佩的人物。爱德华兹后来曾回忆道,北安普敦人将斯托达德看作"近乎一个神灵"。[1]不仅是在北安普敦,而且在这整个地区,斯托达德都是一位极具影响力的人物。就像一个其权利依赖于个人忠诚的封建领主一样,他一直在利用亲属关系纽带,来与其他强有力的圣职人员、商人和行政官员,亦即与其他"河谷诸神"——正如他们有时被集体指称的——保持关联。[2]亲手挑选外孙作为自己的继承者,亦增加了一个确保未来的纽带——在他放弃指挥权以后。

这个领导阶层网络里的其他许多环节已经牢牢就位了。对于乔纳森来说,至关重要的行政当局庇护者是他舅舅、大族长的次子约翰·斯托达德上校。斯托达德上校是公务人员、军事指挥官、政治领袖和富有的房地产商。1726年在年届44岁时,他仍然居住在父母家里;他父母家位于一个能够俯视全城的显赫之处。在他父亲去世后,他于1731年结婚并继续居住在这个家里;这体现了他对父亲遗产的继承和他的男爵权威,他成为全城最富有的人和最具影响力的行政长官。[3]乔纳森生活在北安普敦的头一年里,他很可能是与外祖父母和舅舅居住在一起。他舅舅约翰·斯托达德毕业于哈佛，具有一定的学识，也颇为敬虔；他将他年轻的外甥置于了自己的呵护之下，并一直成为他最重要的同盟者和庇护人。

约翰·斯托达德于 1704 年在迪尔菲尔德的侥幸脱险，那是一个决定性的时刻。他一生最大的挑战就是应对西部马萨诸塞与印第安人的痛苦关系。最初他是在对印第安人战争中作为一位军事指挥者而崭露头角。在"女王安妮的战争"期间，他在战场上被擢升为一名指挥官。1713 年战争结束后，他与他如今著名的连襟，迪尔菲尔德牧师约翰·威廉姆斯，作为殖民地派往加拿大的使节，前去协商谈判，使许多被俘者回归。在其后的生涯里，当他不再在战场上作战时，他就竭力维护和平。最终他在坚固西部马萨诸塞边境和试图重建面向印第安人的宣教事工中，成为了殖民地的领袖人物。

实际上，约翰·斯托达德是位乡绅老爷，有时也被如此指称。虽然他也会处在城镇政治争论的核心，但他却是北安普敦最经常被选举到"马萨诸塞议会"（Massachusetts General Court）的代表。他有时还担任"总督委员会"的成员。皇家总督们因为他的忠诚，报之以各种地方司法职位，并赋予他汉普夏县（Hampshire County）的行政委任监控权。正如一位历史学家所说，"每个人——不论是县居民还是省总督——都知道，在汉普夏县不论分派什么，都只能是在斯托达德上校的许可下。"[4] 他是教会中坚，并经常主持城镇会议——正如他主持了那次邀请他外甥来辅助他父亲的那次会议一样。

1726 年，斯托达德上校正在应付另一轮与印第安人丑陋战争的劫后余殃；这场战争在过去三年里使一些边境城镇处于动荡不安之中。殖民地人以一位法国耶稣会传教士的名字，将这场冲突称为"拉勒神父的战争"（Father Rale's War）；他们认为正是这位法国神父唆使缅因州的阿布纳基印第安人（Abenaki Indians）攻击了法国的新英格兰敌人。在西马萨诸塞，战斗冲突是由被驱逐阿布纳基人的一位叛变领袖、被称作格雷·洛克（Grey Lock）的人所领导的。行踪飘忽的格雷·洛克及其同伙，在康涅狄格河谷一些定居点周围，采取了一种"打了就跑的"游击式突袭战术。斯托达德监管着河谷上游一个新设立的驻军要塞，以及一个为保护北安普敦而设的经过改进的警戒点。有可能，当乔纳森最初搬到那里时，斯托达德家就已经用尖桩栅栏围护了起来。[5]

在这个家族关系链中，另一关键性的一环，是所罗门·斯托达德的女婿、相邻的哈特菲尔德（Hatfield）牧师威廉·威廉姆斯（William Williams）。虽然所罗门·斯托达德有一个儿子和五个女婿属于河谷圣职人员之列，但威廉姆斯是迄今最为重要的。威廉·威廉姆斯的影响建立在这一基础上，即他在康涅狄格河谷上流社会的最杰出家族中是最具才华的圣职人员。威廉姆斯家族通过与这个地区几乎所有杰出家族的通婚联姻，而与几乎所有重要商人、政治家以及许多圣职人员关联在了一起。到1726年年届51岁的威廉·威廉姆斯，在教会领域里是斯托达德显而易见的继承人。由哈特菲尔德的"威廉姆斯姨父"，来为他的年轻外甥做按牧礼讲道，也正是显而易见的选择。

有充足理由相信，威廉·威廉姆斯赞成挑选他极其敬虔和极具学识的外甥来做斯托达德的继承者。在乔纳森与他威廉姆斯家族的一些表兄弟之间，也许已经存在着一些小小的竞争。数年前，爱德华兹家族就已经在猜测威廉姆斯姨父的儿子所罗门（Solomon）是否会被安置在北安普敦。在他们认为那就是事实的时候，乔纳森还曾在日记里做出过这样的评注，"永远为每个人的成功而高兴"。[6] 多年以后，在威廉·威廉姆斯与约翰·斯托达德那一代人离去后，这些表兄弟之间的竞争就带有家族纷争的一切丑陋性。不过，在更年长一代人那里似乎相处得还不错。乔纳森的二姐玛丽与他关系亲密，在18世纪20年代早期曾在哈特菲尔德与姨妈和姨父生活在一起，随后她搬到了北安普敦去照料她的外祖父母。当乔纳森抵达北安普敦时，她正住在斯托达德家里。姨父威廉姆斯似乎也乐于与他外甥建立一种亲密联盟；与威廉姆斯自己一些孩子相比，这位外甥在许多原则上要更为接近威廉姆斯以及他那一代人。

尽管威廉·威廉姆斯与所罗门·斯托达德并不是在所有事情上都相互认同，但这两位领袖都坚定地认为，以下三点对于处在上帝盟约下子民的存活与繁荣是至关重要的。[7] 第一，他们渴望加强圣职人员的作用。第二，他们决心保持改革宗正统。第三，他们热心于传福音。为了促进前两点，他们在1714年设法朝长老制方向迈进了一步，即创立了"汉普夏县圣职人员协会"来监管这一地区的教会事宜。在边境那边的康涅狄格,圣职人员获得了更多的地区性权威,并且也采纳了一种形式的"威斯敏斯特信纲";但在具有独立精神的马萨诸塞,他们最多能够做到的,就是成立一个主要起顾问咨询作用的圣职人员协会。此外,他们还强化了圣职人员的控制影响力,并希望这能够阻遏正在侵入他们中间的异端教义。

传福音热情是他们这场运动的最前沿。就像这个时代在整个新教世界里涌现的其他敬虔派一样,他们意识到,在"宗教—政治"斗争的盛衰起伏中,人们不能指望国家来支持教会。而在似乎是无穷无尽的宗教斗争期间,许多传统——包括天主教和犹太教——在17世纪出现的复兴运动的一个典型性回应,就是强调那至关重要的发自内心的敬虔。[8]对于承继了清教传承的新英格兰人来说,这并不是什么新东西;但由于国家支持减弱,他们的传讲越发迫切。从实际上讲,福音宣教对于获得社会盟约的利益是必不可少的。使归信者数量上占据多数对于培育集体美德来说是唯一的希望;而集体美德则对缓解上帝与这个地区的争执和带来祝福是必不可少的。

斯托达德和威廉姆斯将这些关切放在最突出地位,在整个河谷地区培育了一些宗教奋兴运动。1712年受地区性宗教觉醒的激励,他们坚持认为宗教复兴应当成为教会的首要关切。在随后一些年里,他们在波士顿最重要圣职人员当中,寻找到了对这种福音派更新的热切支持。1714年,英克里斯·马瑟为斯托达德一份有关传福音的新手册《基督指南》撰写了序言;这象征着他们之间就教会成员身份问题的长期争论结束了。[9]类似地,到这时马瑟父子亦将早先与波士顿新近崛起的"布拉特尔街教会"(Brattle Street Church)牧师本杰明·科尔曼(Benjamin Colman)的争执搁置一旁,并意识到科尔曼像他们一样忠于加尔文主义和国际觉醒运动。在这些年间,威廉·威廉姆斯与斯托达德一道工作并作为他的得力助手前往波士顿;很明显他将成为这项事业西部发言人的继承者。几乎每一年,他或者斯托达德都会在波士顿布道并发表有关传福音的论著。[10]

斯托达德带头将这种福音宣教的热情扩展到了印第安人那里。在1723年发表的一篇论著里,他以经典的盟约形式提出了这个问题:"问题：上帝是否不会对这个在使印第安人信主方面如此无所作为的国家感到愤怒？"斯托达德的小册子，是在临近"拉勒神父的战争"爆发之际问世的；它包括了这样一个论点，即宣教将成为针对耶稣会士的一种战略性对抗。耶稣会传教士的成功，是对新英格兰人的一种责备，因为后者的宣教努力自从"国王腓力的战争"那场灾难以来，一直都是微不足道的。而耶稣会的宣教亦制造了一种军事威胁。不过斯托达德在那个问题上的现实主义，还伴随着对英国人对待印第安人惯常态度的一种尖锐批判。这样一些态度，他认为，有可能正是解释上帝为何在"这六十年里"一直惩罚这个国家的主要原因。的确，印第安人也许具有"一种野蛮和嗜饮精神"。然而，"他们属于人类，并亦是怜悯的对象。"殖民地居民应当牢记，英国人并不比他们强。"我们的先辈……亦曾陷入事奉魔鬼的野蛮之中，就像日光下的任何民族一样"，直至传教士"怜悯他们并将福音带给他们"。少数殖民地居民曾尝试过向印第安人宣教，但殖民地作为一个整体实际上却毫无作为。"许多人，"斯托达德怒斥道，"更想把他们变成战利品，而不是要带给他们宗教信仰。"

斯托达德注意到，一位有学识的作者曾设想，在边境上的英国人有可能"印第安化并变成《启示录》20：8 所说的'歌革和玛各'"。作为一种替换选择，他强调，如果印第安人"接受了宗教，这就有可能激发我们去竞争"。英国人"做了高调的信仰表白，但宗教敬虔度却很低，而罪恶也很多。在这片土地上有大量的骄傲、酗酒、不公、渎神与反叛权威。我们需要像大卫那样说，'你不再将我们救活'吗？"[11]

威廉·威廉姆斯与斯托达德一样怀着对印第安人的关切，并像他导师一样从盟约与千禧年的角度来看待他们归信的迫切性。1728 年在写给他们共同的朋友法官塞缪尔·休厄尔的信里，在感谢他送来了他有关《启示录》著述的同时，威廉姆斯为近来所报告的印第安人对福音的回应迹象而感到兴奋，并希望上帝对于新英格兰的愤怒会有所缓和。[12] 当爱德华兹于 1726 年搬到西部马萨诸塞时，使印第安人归信的需要必定是早期谈话的主题之一。人们能够想象，北安普敦和哈特菲尔德这三位学识渊博的圣职人员——每人都是各自那一代人的地区的主要圣职人员——坐在壁炉旁边，讨论着上帝在其千禧年计划里可能如何使用新英格兰，并一致认为有效开展向印第安人宣教的工作十分迫切。

斯托达德强有力的在场，巩固了乔纳森在其他方面的观点，特别是在福音宣教的迫切性方面。乔纳森从青少年时期起就已经阅读了他外祖父的至少部分著述，并在现场聆听过外祖父当年那强有力的布道。在斯托达德那里，他能够发现一些产生共鸣或者有助于他形成自己最具特征观点的主题。譬如，在《论归信》（*Treatise on Conversion*，1719 年）里，斯托达德就强调"灵性之光"的主旨，或者以开眼看见上帝的荣耀与卓越作为归信的本质。"当人们认识了上帝的卓越性时，他们就必定会选择他。上帝的荣耀就是这样，它能俘获心灵；在人们看见它的地方，它就具有了一种强大的吸引力；它能不可抗拒地征服意志；当人看见上帝时，必然会爱上帝。"[13]虽然这些是乔纳森在任何地方都能够获得的普通意象，但它们亦表明，他与他外祖父，尽管存在一些不同，但却具有相似的精神。

即便若干年后，当爱德华兹开始反对他外祖父有关教会成员身份的看法时，他也直言不讳地将斯托达德描述为"一个非常了不起的人，思想能力极强，具有极大的恩典与极高的权威，具有一种威严庄重的容貌、谈吐与举止"。[14]爱德华兹在北安普敦第一年里对外祖父怀有最崇高敬意的一个标记，就是他于 1727 年在其"杂记"里留下的一则热情洋溢的记录。他写道，"我所遇到的有关原罪以及所有罪恶的倾向、习惯与原则的最佳哲学，毫无疑问就是北安普敦斯托达德先生的哲学。"[15]

斯托达德的著述亦充满了针对圣职人员的建议；他无疑又将它们重复给了他年轻的门生。他鼓励牧师在讲道时不要用讲稿；如果必须要用，也不要让它们妨碍手势姿态。[16]对于一丝不苟的爱德华兹来说，最为舒适自在的就是独自在书房里写作；所以这对他来说是一项困难的建议。他并不像他的外祖父天生是个绘声绘色的健谈者。虽然他实际上是记住了他的讲章，但一直到他生涯后期，他才能够做到不必事先详尽地将它们写出来，也不必在自己前面摆上圣经经文心里才安稳。

如果他们归信的话，"十之八九，他们会知道它"，斯托达德乐意用他那一贯务实的独断语气说道，并直接克服一个世纪之久的新英格兰争论。而乔纳森，他自己在寻求得救的确据上刚刚花费了数年的时间，也许会略为不同地看待这种概率。斯托达德承认有例外，但认为让例外成为规则会助长模糊性。斯托达德坚持认为，"教导说人们往往不知道他们什么时候归信的布道是糟糕的布道。"[17]

糟糕布道的另一个迹象，就是"人们在布道时没有足够地宣讲惩罚的危险"。[18]在这一点上，外祖父与外孙的看法是一致的。蒂莫西·爱德华兹曾教导过同样的事情，乔纳森则早就熟悉外祖父发表的布道词："害怕地狱在抑制人们犯罪上的功效"。斯托达德是于1712年，在一个"上帝的圣灵特别浇灌的场合"做的这次布道。这位极具说服力的北安普敦布道者，通过大量罗列一些骇人听闻的景象——大多来自圣经——而带来了这种奇妙的效果。他将地狱比作是他们"在陀斐特""焚烧儿女以献给摩洛"的场所。"他们在那里焚烧儿女作为献给魔鬼的祭物，并大声吹奏喇叭以淹没那些可怜孩子们的哭号；他们不能承受那些哭号。而地狱比这更可怕。"待在地狱里，就像承受那降在所多玛城的火与硫磺，"男人、女人、孩子，全都像火把一样；他们的身体被烧焦了；他们疯狂地尖叫！"

区别则在于这样的痛苦是短期的；而在地狱里人们将承受"永远的焚烧"。斯托达德喜欢用数字来表达事情："几千加上几千，百万乘以百万，将一大卷纸都写满数字……人们从未如此长久地承受痛苦，却仍然有无穷尽的时间在等待着……这使他们苦难的每一部分都成为了无限的，他们的痛楚是无限的，恐惧也是无限的。"[19]

斯托达德及其同时代人认为宣讲地狱之火是一种怜悯。在地狱作为既定实在的前提下，如果不提醒人们他们所面对的可怕危险，就是不人道的。在圣经具有最高权威的世界里，人们几乎不会怀疑地狱的实在性。正如斯托达德指出的，没有谁比耶稣更坚持相信这一点了。[20]即使是现代哲学家也承认，在来生必定需要某种正义系统来矫正今生的不正义，尽管"宽容派"（latitudinarian）的上帝在其统治管理上是宽宏大量的。对于将其每一论证都建立在圣经解读前提下的加尔文主义来说，看来没有其他的选择，而只能是注意圣经直截了当的话语。布道者的义务是很明确的。他们必须要警告走在永远的痛苦边缘的人们。不这样做就是缺乏人的情感。正如斯托达德论到向印第安人宣教之迫切性时所指出的,"想到他们一代接一代全都下了地狱,真是一件让人悲伤的事情。"[21]

虽然乔纳森自己对于这种教义的严格加尔文主义版本有他的困惑——既有关于正义的一般性问题,也有这是不是他的罪所配受的结果这个个人性问题——但他完全认同在上帝智慧的计划里,这种教导十分有用。从他自己灵性觉醒的第一道光闪现时起,他就敏锐意识到,人的问题就是要从真实的角度看待自己的情形。人的自我中心是如此强大,而这世界又是如此具有诱惑力,以至于每个人本性都是极其近视的、自我专注的、被骄傲所蒙蔽的。人们必须被唤醒,意识到他们真正的利益是什么。他在其早期布道中一再强调这一点。甚至在他年轻时所做的头几篇布道里,那时他也许还有自己的疑惑,他就小心谨慎地重视传统上对于地狱之火的警告。那种可怕的教导,是上帝的一种恩赐,为了唤醒那些梦游般地盲目走向灭亡的人们。[22]

斯托达德听到爱德华兹在北安普敦的早期布道"未来惩罚的警告对于邪恶者似乎是不真实的",一定感到很高兴。爱德华兹指出,问题在于,许多肯定地狱存在的人,相信它是一种继承而来的信念,但它对他们来说似乎是不真实的。在他所有布道里,一个最典型的原则就是,他在理论上相信什么与对它作为个人实在有真实感觉之间做出了区分。所以他首先就为什么必定会有地狱提出了一系列论证(譬如,若非如此,那将会有利于人们作恶,那将是荒谬的)。然而这样一种理论性信念有可能是无用的,除非他们对于其永远的可怕"具有一种活生生的或感同身受的观念"。他们需要用语言为他们描绘出一副地狱场景,以便他们能够切实听到"那被诅咒者的尖叫与哭号"。爱德华兹自己的布道景象——堆积了所有圣经意象——极其类似于斯托达德较早期布道的模式,并会使但丁自豪。在这个世界里(以他的一个袭击意象为例),上帝限制了魔鬼及其同伙;但在下一个世界里却不会。"魔鬼渴求灵魂之血;只是因为上帝限制了他,他才没有在人死亡之前攫取人的灵魂。而一旦人死亡了,上帝就不再限制他了,那些地狱猎犬就会立即扑向它们的猎物;那些咆哮的雄狮就会张着血盆大口吞噬一切。"[23]

1727年后期,斯托达德(他仍在坚持轮值布道)与爱德华兹收到了一种"上帝护理性的震动";这极有助于他们想要使人们相信末日审判为真实的这一事业。1727年10月29日星期日夜晚,一场相当规模的地震震撼了新英格兰:震垮了许多烟囱和围墙,并摇动了那些最坚固的房屋。民众深感惊骇。在当时的社会里,迈克尔·威格尔斯沃斯(Michael Wigglesworth)那悲伤的《末日》(1662年)仍然是畅销书,牧师们在不停地宣讲即将到来的审判,人们相信地震是末日的一种预兆。次日清晨,殖民地居民蜂拥进了教会,一同纪念蒙羞和禁食的日子。九天的余震使许多人处在惊恐之中。无数教会都经历了灵性觉醒;有一些教会还增添了数十位认信成员。在北安普敦,爱德华兹后来记录到,所罗门·斯托达德乐于看到这一点——他经历的最后一次复兴。他推断这期间他们获得了二十余位新归信者,即便他有些失望地发现,他们既没有像更早时期那样经历一种普遍觉醒,也没有像更接近震中的东部一些城镇那样得到许多归信者。[24]

许多新英格兰人将地震看作是对将要到来的更严厉审判的警告。马萨诸塞总督呼吁将12月21日星期四定为悔改与禁食日;而北安普敦则由爱德华兹做禁食日的布道。这次布道讲的经文是《约拿书》,使用上帝对群体行为进行赏罚的标准盟约告白。他强调,躲避即将到来的审判的唯一途径就是通过真正的革新。作为一位自然现象专家,他附带承认"地震和天国的预兆可能常常有自然原因",但他立即又补充道,"它们当然是被指定如此发生的,以便作为对更大变化与审判威胁的前兆。"上帝在其对自然原因的安排里,没有留下任何偶然性。所以这次地震应当被看作是一种直接的信息,特别是对于北安普敦的年轻人。通常,安息日结束在日落之时,星期日夜晚则是年轻人嬉笑打闹的时间。"他们的方式常常就是男男女女聚集在一起嬉笑打闹,他们称之为嬉戏;他们常常会用大半个夜晚来嬉闹,而不顾他们所属家庭的任何规矩。"[25]毫不奇怪,正是在这类轻佻不轨举动中,"近来的地震会在夜晚惊吓到你们。""一些人很可能会认为,"爱德华兹仿佛代表一位年长的权威说道,"地震的发生是上帝愤怒的一种标记,不仅针对这块土地上的一般性邪恶,而且也是针对在安息日夜晚所犯下的罪。"[26]

虽然外祖父与外孙在大多数主题上看法一致,但对乔纳森来说,最困难的转变是,涉及归信和圣餐这个颇具争议性的问题,从受他父亲的影响转到在他外祖父的领地服侍。尽管斯托达德与马瑟父子的争论已经平息下去了，但究竟是谁应当被接纳来领受主的圣餐这一敏感问题，却并没有得到解决。乔纳森已经研究过斯托达德的争议性观点；后者的假设是，应当领受的是那些已经受洗的成年人，即便缺乏归信的证据。他使自己（以及外祖父）确信，他能够接受这一做法。北安普敦值得有一种开放的圣餐礼。

斯托达德首先关注的是通过上帝赋予的一切可能途径来使人归信。开放主的圣餐，是以一种可以感知的有形途径，将人们带至基督的牺牲面前，并让人感受到他们是何等罪恶深重，基督就是为他们的罪而死的。在斯托达德监护指导下的这些年，乔纳森阅读或者重新阅读了他外祖父的著述，并绞尽脑汁想要发现是否可能发明一种辨别"可见圣徒"的技巧。[27]由于无法解决这个问题，他愿意充分采用斯托达德的做法。在北安普敦早期一次圣餐礼讲道中，他讲了耶稣的"宴席比喻"。在这个比喻里，主人命令他的仆人去到"路上和篱笆那里"，强迫"那贫穷的、残废的、瞎眼的、瘸腿的"前来赴席。将这应用于未归信者，他告诉他们，他们的贫穷、苦难与盲目要远甚于那比喻里的乞丐。"你们不知道，这宴席的佳肴美酒是何其美妙和令人满足，又是何其充足与丰盛。如果你们知道，你们就不需要被强迫着前来赴席；那宴席的美味将会使你们足下生风。你们不知道，在上帝的桌前，有何等的友谊、何等的相交、何等的仁爱与喜乐。体会和见识上帝是满有恩典的：脱去肮脏的衣服，洗掉你们的龌龊，接受基督提供给你们的洁白服装，来到基督的面前并与他一道进入他的处所，在他举行盛大宴席的房间一同就座。"[28]这是纯粹的斯托达德主义。圣餐将成为一种使人归信的宗教仪式。

在一个如此关乎生死的问题上使自己处在外祖父影响之下，对于乔纳森来说是一项重大抉择。许多年后，当这导致他生涯里最大不幸的时候，他坦陈他对斯托达德的这种方式从未感到自在过。在这些早期岁月里，乔纳森的内心焦虑必定十分巨大，因为，与其他许多事情一样，蒂莫西·爱德华兹并不是那么遥远——尤其是在与他儿子的心灵距离上。乔纳森尽管极具创造力，但在许多问题上仍然十分接近于他父亲的观点。除了下面一条线索外，我们不知道他们父子彼此之间如何处理在这个极具争议性问题上所存在的分歧。1732 年，在斯托达德退出舞台后，蒂莫西·爱德华兹在康涅狄格荣幸做了选举日布道。这篇布道词是他为数寥寥的正式出版著述之一。在从标准盟约的角度哀叹社会之可悲状况的哀歌中，他表明了这样一种观点，即人们应当"鄙视和憎恶"允许不圣洁之人领圣餐的做法，这些不圣洁之人"做了圣洁的宣告，并被上帝子民接纳一同坐在圣餐桌前"。[29]那曾经控制一切的父亲正在施加他的压力。

直系和旁系的家庭对乔纳森生活的影响都是极其重要的。他青春时期最糟糕的时光，是在纽黑文与直系家庭分离之时，而最美好的则是在纽约被接纳到史密斯家庭之时。在搬迁到北安普敦后，他再一次被近亲家庭、外祖父、外祖母和姐姐所环绕。

1727 年 7 月他与萨拉的结婚，标志着这位年轻助手向成人与权威地位的过渡。在乡绅约翰·斯托达德的领导下，城镇负责以与这对年轻夫妻身份相称的方式安顿他们。作为他初始定居的一部分，爱德华兹被拨付给了十英亩土地用做牧场，另外又被拨付给了四十英亩土地用做收入来源。他的年俸还附加上了一条通货膨胀条款，这也许反映了来自他父亲的建议；他父亲一直在为自己不断下降的实际收入而与他的城镇进行斗争。北安普敦城会议还特别同意，"按照其职务尊严，他应当获得一种体面与适宜的生活给养。"此外，他还被提供了足够的资金以购买一套房屋。所以在他结婚前不久，他在教会附近的国王街（King Street）上获得了一套"邸宅、库房和三英亩的家庭宅地"。[30]

"一棵枝繁叶茂大树的倾覆"

1729 年 2 月 11 日，大地再次"震颤"，因为家族权利的核心，事实上也是西马萨诸塞的重心，由于所罗门·斯托达德的去世而发生了更替转换。早在 1728 年 12 月，斯托达德的老友塞缪尔·休厄尔曾给他写来了最后一封信，祝贺他还在继续布道——尽管处在极度不适中。在通报了他俩共同的朋友约翰·克拉克医生（Dr. John Clark）的死讯后，休厄尔禁不住又揶揄道，"我已经埋葬了许多尊贵的医生。"休厄尔敦促 85 岁高龄的斯托达德，特别在考虑到"儿女和孙辈都是可用之才如此蒙福"的情况下，准备好在时间到来之际宣告自己的"西面祷词"（*Nunc Dimittis*）［释放仆人安然去世（路 2：29）］。[31]斯托达德不会轻易放弃。爱德华兹回忆道，"他令人惊讶地将权利保持到了最后。"在波士顿报纸上刊登的讣告指出，一直到最后他讲道都不用稿子，并且他还写下了几篇没来得及宣讲的讲章。[32]

威廉·威廉姆斯，明显的教会事务继承人，做了这次重要的葬礼布道。时年 64 岁的他，既是该地区最重要家族的"大族长"，又是"汉普夏县协会"最具影响力的成员。"一位先知的死亡，"他宣称，就"像森林里一棵枝繁叶茂大树的倾覆……会使所有与它相关的树木都感到震颤，并在它原先矗立的地方留下一个巨大缺口——也许要花费很长时间才能重新被填补"。在波士顿，"布拉特尔街教会"著名牧师本杰明·科尔曼，颂扬了斯托达德。在含蓄提及英克里斯·马瑟过去的指控——斯托达德想要成为第一位清教"教皇"——的同时，科尔曼将这种批评转化为了恭维。他是"众门徒当中的彼得……是我们的首领"。[33]一位北安普敦的悼词作者，则回忆起了在斯托达德领导下的非凡灵性觉醒。在那时，"上帝的灵如此感动人们的心灵，以至于它变成了这个地方的齐声呼喊：'为了获救我必须做什么？'"[34]

迈入原先在那么长时间里曾矗立过一株参天大树的空白场地，绝不是件容易的事情。在长达 60 年的岁月中，同几乎每个人所能记起的一样长久，斯托达德以其人格魅力影响着这个城镇。60 年来，他差不多垄断了最具权威性的公共言说。即使在最后两年半时间里，当他与外孙一同分享讲台时，那个瘦弱而腼腆的年轻人，尽管具有吸引力，但却明显是个新手和门生。在其强有力的布道中，斯托达德年复一年地痛斥着北安普敦人所犯的罪，并培育了他们定期的更新改造。他创造了他们的身份。"他作为我们的牧师，"这位匿名悼词作者写道，"赋予了我们城镇以名称和荣誉。"[35]

爱德华兹可能已经决定要做这同样的事情，但是应对北安普敦人却绝非易事。虽然他们有时会处在宗教复兴热情的高潮中，但他们亦是反复无常的。正如在其他独裁制中一样，无论多么成功，其中还是存在着强烈的情绪和一些深深的怨恨。爱德华兹后来写道，"北安普敦人的自然性情并不是最快乐的。自从我对他们有记忆以来,他们便以容易激动而闻名;他们封闭吝啬,并具有一种不易相处和暴烈的脾性。"当斯托达德在世时,有一次教会争论变得如此激烈,以致"演变成了斗殴:一方有几个人找到了对立一方的首领,攻击他并无情殴打了他"。

而且,约在爱德华兹搬到这里十年前,北安普敦就已经面临持续的政治对立,"明确分为两党的一种对立,就像英国的'宫廷党'(Court Party)与'乡村党'(Country Party)一样(如果可以将小事情与大事情相比照的话)。"爱德华兹解释道,"在城镇里有一些主要人物,他们拥有重要权威和财富,并是其土地的主要所有者;他们有一派支持自己。而另一派,通常是最大一派,则是那些羡慕前一派、容易嫉妒他们并担心他们在城镇与教会里拥有太多权利与影响的人。这就是在人们当中时时存在无数斗争的基础。"[36]

这些冲突有一些是围绕着约翰·斯托达德上校的;他在18世纪20年代中期上升到了重要的政治地位,并以其"托利党"(Tory)政治观点而著名。斯托达德曾利用他的政治观点在土地方面积了一笔财富。虽然他是最强有力的政治家而且是最常被选举代表本城镇的人,同时还是教会里最具影响力的平信徒,但他却遭到了一个更具"辉格党"(Whig)色彩的"乡村党"的反对。这种紧张因为下面两点而加剧了:从清教时代更具公共性与谦恭性的标准向18世纪更具个人主义趋势的逐渐转变;更年青一代能否得到土地这一持久的问题。爱德华兹所提到的那种政治对立的界线,也许亦反映了马萨诸塞政府里在皇家总督的"托利党"支持者譬如斯托达德,与桀骜不驯的、更具民众性的"下院"之间的一些尖锐斗争;这些争论隐约预示着半个世纪后"美国革命"的那些问题。[37]虽然爱德华兹认为在北安普敦"乡村党"人数更多,但他们并不总是能找到一位具有威望的代表来取代贵族阶层的斯托达德。

使这种过渡更具挑战性的是,道德行为,特别是年轻人的道德行为,已经变得越来越松弛,因为所罗门·斯托达德已经太过年迈而无法有效地监督他们的行为。在教会聚会上,年轻人开始变得举止不端,并知道衰弱的斯托达德不会再看见他们。星期日深夜的打闹嬉戏亦未减弱。爱德华兹回忆道,"我外祖父去世后不久的那段时间,似乎成为了宗教上极其沉闷呆滞的一段时期。在一些年间,放荡不羁在城镇青年中已蔚然成风;他们许多人已极其习惯于夜间游逛、光顾酒馆和下流行径。"[38]

现今只能靠他自己作为这个城镇的属灵监督了。按照老式清教的标准,这个城镇已经失控了。爱德华兹充分使用他对伟大斯托达德的记忆,做了一篇标准哀歌式讲道,对这个城镇发出哀悼和警告。"上帝已经带走了我们的约书亚,"他宣告,"他是带领我们走进天国般迦南的首领;除了他,上帝还带走了许多与他同时代的长者。"这就是警告。"它阴郁地注视着我们:那一代人被带走得太快,而正在兴起的一代人前景并不乐观。"就在斯托达德去世那天,教会长老中的最后一位埃比尼泽·斯特朗(Ebenezer Strong)也去世了(斯托达德为了巩固权力,使得这一职分逐渐消失)。数月后,尊敬的约翰·威廉姆斯也被带走了;他作为迪尔菲尔德牧师曾遭受过那么多苦难。在6月里,爱德华·泰勒(Edward Taylor),蒂莫西·爱德华兹的保守派盟友,也去世了;他那伟大的诗作被安全保存起来,只有后代的人才能欣赏到它们。

随着那一代人的消失,爱德华兹发现,几乎没有什么根据指望会有另一代圣徒从不敬虔的与追求享乐的北安普敦青年当中兴起。正如他在一篇讲道里所说的,"放荡与不道德行为似乎正在年轻人中膨胀。在他们当中,怎么几乎看不到一种严肃性与宗教精神?他们怎么不甚关注他们的救赎和如何逃脱永远的痛苦?"一旦一代人离开古道,他警告道,就没什么希望再逆转那一趋势。"那些在年轻时生活放纵并对自己欲望不加约束的人,恐怕也不会对他们的孩子加以严格管教。当人走上下滑之道时,他们很可能会越来越松懈,越来越叛逆。"[39]

在另一次纪念斯托达德事工的讲道里,他警告道,北安普敦人应当考虑,"在如此明显的恩典途径下未曾归信",该当承受多大的刑罚。爱德华兹使用《耶利米书》6章"风箱吹火"试图提炼"被弃的银渣"这一形象,斥责北安普敦人听了多年有力的讲道后,已经变得"听不进道"(sermon proof)了。那些有可能会为他们的传统感到自豪的北安普敦人应当认识到,生活在那样一种恩典途径下,对他们的要求也会更多更高。"那些离开北安普敦下地狱的人和曾在被斯托达德先生服侍的处境下生活的人有祸了！我们很容易为我们听到的在世界某些地方、在西印度和在其他地方所存在的邪恶而惊讶；但与从这个地方去的那些顽固不化的罪人相比，他们的罪还不到一半。"[40]

那个春天，在斯托达德去世后不久，爱德华兹的身体又一次垮了。在 4 月末 5 月初，他和他的两个萨拉，旅行到了纽黑文和东温莎，也许是为了必需的休息。[41] 返回讲坛数周后，他又被更严重的病情击倒了，在初夏大约有一个月他无法讲道。萨拉的一个兄弟本杰明·皮尔庞特（Benjamin Pierpont）来帮助讲道；不过后者很快就被召去填补了约翰·威廉姆斯去世后在迪尔菲尔德留下的空缺。

很可能，爱德华兹是因为焦虑和过于劳累而病倒的。他如今要负责监督大约一千三百人的灵性与道德状况。[42] 这样一个规模的教会由一个人负责，即使是在最好的状况下也无法承受。更加糟糕的是，他还必须竭力对付他崇高的精神理想与一个普通城镇的粗鄙现实——在斯托达德去世后似乎变得格外失控——之间的差异。他无法不得出那样的结论：他的大多数邻居和教区居民都在跌跌撞撞地盲目走向毁灭。通常，他也会过劳。除了肩负婚姻责任，做父亲，承担牧师的全部责任，常常每周讲道三次（主日上午、主日下午以及每周四的讲座）之外，他还在完成一系列雄心勃勃的写作计划。

我们所知道的是，他的病情表现为失声和"虚弱"，而这种情况似乎反复出现。在他生命临近终点时他曾说道，原话大约是这样的："情绪低落，时常导致一种在言谈、仪表、举止方面不沉着的软弱和可鄙。"[43] 在这种情况下，他到夏季才重返工作岗位。但是直到 1729 年 9 月，他父亲还在向乔纳森的姐姐安妮报告说，他弟弟仍处在恢复当中。[44]

尽管因疾病而过早夭折的恐惧，最能将那个时代与其后时代分隔开来，但爱德华兹家族却与众不同能幸免于此。他活到 26 岁时，他的近亲中才只丧失了两位祖父。蒂莫西与以斯帖·爱德华兹夫妇共养育了十一个孩子而没有一个夭折。所以，当 1729 年 12 月，一场白喉或"喉咙瘟热"流行病带走了也许是他最亲的最小妹妹时，痛苦对乔纳森来说就显得格外强烈。

杰鲁沙·爱德华兹与萨拉·皮尔庞特同岁，并具有乔纳森在她的纽黑文女友身上加以理想化的所有品质。就像任何重要人物一样，在他眼中，她是女性敬虔的典范。她以敬虔、静思、温柔、敏锐和美丽而著称。

乔纳森必定十分喜爱这个妹妹，因为他们在理智、性情与敬虔上是如此相像。根据在波士顿一份报纸上刊登的有关她的悼文，杰鲁沙"对各种不同主题的书籍颇为熟悉，其中最多的还是神学著作，她对神学津津乐道"。与乔纳森一样，她"也常常表示自己厌恶那些充满浮夸与轻佻的谈话"。"而合理和有分量的话语则能使她感到愉悦"。[45]当乔纳森于1729年在东温莎最后一次看到她时，有两位圣职人员向她求婚。当她去世后，她家庭的许多成员都撰写了颂词并视她为顺从的典范而予以赞扬。[46]蒂莫西·爱德华兹回忆道，在"我亲爱的女儿"垂死之际，她曾提及那些愚拙的童女没有为新郎做好预备的故事，并敦促她家人聚集在她身边："你们所有人，别让你们的油灯熄灭。"第二年春天，当乔纳森与萨拉的第二个女儿出生后，他们为那个孩子起名叫杰鲁沙（Jerusha）。很少有同名人会那么像原先叫这个名字的人。

在这期间，爱德华兹于1729年秋返回了北安普敦，并将主要精力投入到使事情扭转的努力中。在一篇接一篇的布道里，他反复论述了这些主题：伪善、审判的确定性、三一上帝的卓越性、上帝为觉醒而提供的途径以及救赎的福祉，等等。[47]斯托达德的布道往往比较直率并直奔主题，而爱德华兹的布道则精细复杂、极其明确、富有逻辑性，而且环环紧扣。他遵从一种简洁阐述的清教风格，即把相关经文转换成一个主题或命题；然后，遵照拉姆斯主义的方法，将这个命题区分为各种教义观点；最后在应用中概括这些观点的涵义。他的布道曾被比做"文艺复兴时期非凡的天花板或穹顶油画"，在那里所展现的"整个远景达到了眼睛从任何方向所能够看见的距离"。[48]或者可以把它们比做巴赫的赋格曲，探索一种旋律的各种变调。而这些类比之间最大的区别在于，爱德华兹的布道没有展示出什么总体性艺术设计或对称性。它们是一位逻辑学家的作品；他只是将每一思想的所有涵义都罗列于其中。那些聆听他的人几乎没有什么余地可以逃脱他论证的密网。

随着外祖父的离去，爱德华兹深感烦恼的是，有如此多的领受圣餐成员似乎并未归信。他没有放弃斯托达德式的做法，但是在他的笔记里，他在考虑是否采取更严格的措施。他尤其关注的是那些年轻人，他们想当然地接受了领圣餐成员的身份，而不担心自己是否归信了。那些为自己取得成员身份的人，他在"杂记"里写道，"必须要牢记伪善的危险……并在每次领受圣餐前，应以更加严肃的方式来重新省察自己。"[49]

在一次布道里，有可能是为一月两次的圣餐崇拜，他的焦点在伪善这一主题，依据犹大通过亲吻出卖基督的典型。罗马教会为这种出卖提供了一种可怕的范例，而犹大们则更为令人感到难堪。分享圣餐本身就能够成为那致命的亲吻。"你们假装是基督的朋友，否则你们为什么到这里来？你们有许多人做出了比处在福音下的多数人更进一步的信仰表白。在那一方面你们就像犹大和其他使徒一样，你们也表现得就像使徒一样：你们与其他使徒一道进退；你们宣告要放弃一切追随他；你们走近基督就像是要亲吻他；你们前来聚会和领受圣餐仿佛你们是朋友一样。你们要确保自己在那一方面不要像犹大那样，否则你们将会出卖你们的主。"[50]

如果说他的一些教区居民像犹大，那么英格兰和新英格兰就可以被比做是古代的以色列和犹大——当它们背离主的时候。1729 年 12 月在北安普敦举行汉普夏县法院会议期间，在所做的一次禁食日布道中，爱德华兹再次将他惯有的彻底性应用到了这种哀歌形式中。在这样的公共场合，牧师们通常会就"这国家的状态"进行布道，并历数上帝将要惩罚他们的那些罪行。爱德华兹的叙述亦描述了他自己将要反对的东西。首先，"我们的国家"作为一个整体，意指大不列颠，"正处在极其腐败与堕落的时期"。近年来，不仅"淫欲、邪恶、亵渎以及在肉欲里无所限制的放荡"呈现出"洪水泛滥"之势，而且各种各样的教派与异教徒，包括自然神论者和"自由思想家"（Freethinkers），也纷纷涌现。这样一种不忠，也许预示着上帝在灾难与可怕地震里的审判，并将带来最终的末日审判。

而与此同时，在汉普夏县有足够的罪行使公义的上帝发怒。而鉴于福音在这里被一再地传讲，他们的罪就更重了。人们很容易嘲笑和讥讽神圣事物。人们喜爱骄傲与虚荣，"炫耀……他们的房屋、穿着和生活方式；许多人都言过其实。"贪婪与不公到处盛行；人们为了获利而不择手段。那些买卖人常常欺骗他们的邻人（爱德华兹最经常谴责的一种罪过）。酗酒更是司空见惯，因为"有许多人日复一日地逗留和聚集在酒馆里"。争斗在人们当中表现为相互诉讼（法庭很快就将开庭）；尤其令人感到可悲的是，"在领袖当中存在着那么多的斗争。"（在 1729 年末，马萨诸塞在皇家总督与乡村及宫廷党之间的斗争正处在喧嚣骚动之中。）

可以预料，在爱德华兹所罗列的罪过清单上，他最长篇论述的还是年轻人的放纵问题。这种过错首先在于他们的父母。家庭管理与教育，这一老清教社会系统的基石，已经严重衰败了。他发现，父母们正在反对他们觉得过于严厉的抚养教育方式。其最臭名昭著的结果就是，近年来在年轻人当中，容忍了那些"令人震惊的"下流行径。那些猥亵淫欲，不仅受到了夜间游荡与嬉闹的推波助澜，而且新英格兰父母还允许他们"认为在加拿大、纽约［及］英格兰存在的那些可耻与卑劣的"做法。每个人都明白他所指的是新英格兰的"和衣同睡"（bundling）的习俗；根据那种习惯，父母允许青年男女穿着部分衣服同睡在一起。"我相信在基督教世界里没有一个国家，"爱德华兹警告道，"不论是何其放荡与邪恶，父母会像这个国家的父母那样放任自己的孩子以如此放荡不羁的方式去交友结伴——就是在那些佯装要维护他们的子女的声誉的人当中。这里的父母对于这样的事情通常是睁一眼闭一眼的，并相信他们的孩子不会屈从于诱惑；而这样的事情在其他几乎任何一个国家里都会毁坏一个人的声誉，并被看作是娼妓的充足证据。"

"和衣同睡"的惯例，原来被认为是在没有性关系下彼此熟悉了解对方的一种方式，但却并不总是像它所鼓吹的那样起作用。婚前怀孕的比率在新英格兰正在急剧上升。即使是在教会发展良好的北安普敦，婚前怀孕比其他一些地区要稀少，其统计数字近来也已经上升到了这样的比例：每十个头胎生育婴儿中有一个属于其父母结婚不足八个月时出生的。[51]婚前性行为是司空见惯的。即使导致了怀孕，只要这对男女结婚，就不再有污点。在提及那种新态度时，爱德华兹发现了另一种令人震惊的倒退。"对于这种事情已经不存在先前曾有过的那种羞愧了。它如今不再是一种不名誉了；它不再被看作是一个人的污点和羞耻。以前，这种事情被看作是一个人终生难以克服的伤害。不用再介意了：如今他们如此胆大妄为，竟然毫不羞愧地昂起头。"[52]

人们也许会设想，鉴于爱德华兹的完美主义标准不仅要求杜绝罪恶，而且还要求活出像基督那样的美德的见证，他在纷争好斗和自我放纵的北安普敦人当中的前景将会是黯淡的。然而，斯托达德布道的传统，诸多居民的正统信仰告白，这些居民对邪恶的不安，以及他们对于自己永恒命运的焦虑，这些都使得爱德华兹有许多事情要做。

大多数北安普敦人都参与到了一种平信徒文化当中，将他们自己与圣职理想拉开了一定的距离。不过他们在原则上或者在部分生活里仍然肯定那些理想。通常，家庭和亲属网络决定着他们首要的忠诚；而这些忠诚又在不同程度上与教会忠诚交织在了一起。而对于未婚年轻人来说，青年文化为他们反对那些圣职理想提供了主要缓冲物。[53]

酒馆文化在敬虔文化之外提供了一种极其重要的选择。在18世纪新英格兰城镇里，酒馆发挥着突出的社会与政治作用。北安普敦已经有三家酒馆。农夫们喜欢聚集在那里社交、休闲和洽谈生意。通常，酒馆也是大众政治活动的中心。我们可以推断，爱德华兹描述的那种"乡村党"必定也是"酒馆党"；他们遭到了斯托达德家族及其贵族同盟的反对——因为后者积极致力于抑制邪恶和培育总督及国王的政治庇护。[54]

即使家庭文化、青年文化与酒馆文化在教会文化之外提供了一些实质性选择，大多数北安普敦人仍无法在世俗与神圣之间划分出一条明确或一致的界线。同大多数到教堂参加崇拜的人一样，他们有敬虔的一面，也有不敬虔的一面，还有日常工作中并不特别属于上述两者之一的一面。他们持续不断地在他们所隶属的那些亚文化中常常互相冲突的标准之间进行讨价还价。

在这些矛盾中间，爱德华兹仍然拥有一种善意的基础。他可以持续不断地斥责会众并抨击他们所犯的罪过；而这正是人们期望他做的。那也是斯托达德曾经做过的事情，并且大多数城镇居民也为此而敬重他。要效法斯托达德的作为也许是一件困难事情；但在某种意义上，一位如此强有力领主的过世，也能够培育起对于他继任者的善意。的确，随着他们的约书亚的离去，在一段时间内也许会增加一些公开的反抗，但是更为克制与温和的爱德华兹也是一股新鲜空气。他的能力、他的敬虔以及他显而易见的真诚，能够为他赢得尊重。

时年 26 岁的爱德华兹已经是一个具有权威的人了。在一个视贵族制为理所当然的等级社会里，他是一个贵族。他十分清楚他的职位所具有的权威以及所要求的尊严。他是上帝在北安普敦的代言人。以他最喜欢的一个隐喻来表达，他是"上帝的号角"。[55]他的学识，特别是他对圣经的精通，以及他对自然哲学与历史的超群知识，强化了他的权威。而更重要的，他意识到，则是他敬虔的权威。正如在多年前他想象自己的呼召时所写下的，追随基督的权能是无限的。"如果全世界的基督徒都明白我处在基督绝无差错的引导之下，我是被差遣来将基督的意志教导给这世界的，那么我将在这整个世界都具有权能：我将有权能教导他们如何做，而他们也有义务聆听我。"[56]

到 1729 年秋，爱德华兹开始赢得他北安普敦教区居民的认可。蒂莫西·爱德华兹曾自豪地向他女儿安妮说，本杰明·皮尔庞特已经告诉他，"北安普敦人看来十分喜爱和尊重他，他们对他的事奉十分满意。他们还像往常一样继续关照他，帮他修建了一座好的大仓库，而且差不多完工了，因为他生病虚弱而暂停了他的工作。"[57]北安普敦人，尽管有不和，但还是能够展示出在一个有宗教取向的、相互依赖的农村社团里所期望的那种集体精神。[58]由于尊重他们年轻的牧师，在他和他年轻的家庭需要时希望他们过得好，他们能够在帮他修建一座仓库的事上显出他们最好的一面。

注释

[1] To Thomas Gillespie, July 1, 1751, *Works*, 16: 385.

[2] Kevin Michael Sweeney, "River Gods and Related Minor Deities: The Williams Family and the Connecticut River Valley, 1637—1790" (Ph. D. diss., Yale University, 1986), 2, cites some period uses of "river gods." 这篇杰出论文，是了解控制康涅狄格河谷的几个相互联姻家族（特别是 Williamse, Stoddard, Porter, Partridge 和 Dwight 家族）的一种极有价值的来源。

[3] 如今位于这个地方的那座优雅的殖民地后期的房子，是约翰的一个儿子在革命

时期扩建后的结果。这所房屋，在爱德华兹时期，可能要比阿比盖尔·威廉姆斯的"传教之家"更大一些；后者仍能在斯托克布里奇看到其原貌。我感谢现今的房屋主人带我参观了房子并揭示了其建筑史。在 Laurel Thatcher Ulrich, *The Age of Homespun: Objects and Stories in the Creation of an American Myth* (New York: Knopf, 2001), 115—116, 展示了这样一些照片：一块印有乔治一世头像的精细亚麻毛巾——可能是从德国进口的；它属于在 1731 年嫁给约翰·斯托达德的普鲁登丝·切斯特所有。

[4] Gregory H. Nobles, *Divisions Throughout the Whole: Politics and Society in Hampshire County, Massachusetts*, 1740—1775 (New York: Cambridge University Press, 1983), 30. Patricia J. Tracy, *Jonathan Edwards, Pastor: Religion and Society in Eighteenth-Century Northampton* (New York: Hill and Wang, 1980), 149—152, 对有关约翰·斯托达德的传记信息做了很好的概括。见 James R. Trumbull, *History of Northampton, Massachusetts, from Its Settlement in* 1654, 2 vols. (Northampton, Mass., 1898, 1902), 2: 165—178 and passim, 以及 *Sibley's Harvard Graduates*, 5: 96—119。

[5] Trumbull, *History of Northampton*, 2: 15—42. Colin Calloway, *The Western Abenakis of Vermont*, 1600—1800 (Norman: University of Oklahoma Press, 1990), 113—131. 我也从 Thomas Saunders Kidd 论述 Father Rale's War 的章节中得到帮助，"From Puritan to Evangelical: Changing Culture in New England, 1689—1740" (Ph.D. diss., University of Notre Dame, 2001)。有时会在"Grey Lock's War"与"Father Rale's War"之间做出区分，尽管殖民地人将它们合并在一起。

[6] Diary, January 10, 1723, *Works*, 16: 761. Tracy, *Jonathan Edwards, Pastor*, 53, 总结了证据。1721 年 12 月，乔纳森曾写信给他姐姐玛丽——当时在哈特菲尔德——询问是否已经确定下了所罗门。1723 年初，蒂莫西在记事簿上不正确地记录下已经选择了所罗门。

[7] Philip F. Gura, "Sowing for the Harvest: William Williams and the Great Awakening," *Journal of Presbyterian History* 56, no. 4 (Winter 1978): 330—331, 可能夸大了就圣餐所存在分歧的程度。Gura's "Going Mr. Stoddard's Way: William Williams on Church Privileges, 1693," *William and Mary Quarterly*, 3d ser., 45, no. 3 (July 1988): 489—498, 表明了斯托达德与威廉姆斯在教会成员问题上，比以前想象的要更为接近。

[8] Ted Campbell, *The Religion of the Heart: A Study of European Religious Life in the Seventeenth and Eighteenth Centuries* (Columbia: University of

South Carolina Press, 1991).
- [9] Paul Lucas, *Valley of Discord: Church and Society along the Connecticut River*, 1636—1725 (Hanover, N. H.: University Press of New England, 1976), 159.
- [10] 对 Williams 主要出版物的概述, 见 Gura, "Sowing for the Harvest," 326—27。他对正统信仰的关注见之于他的 *The Great Concern for Christians* (Boston, 1723)。关于斯托达德, 见 Thomas Schafer, "Solomon Stoddard and the Theology of the Revival," in Stuart Henry, ed., *A Miscellany of American Christianity: Essays in Honor of H. Shelton Smith* (Durham: Duke University Press, 1963), 328—361。
- [11] Solomon Stoddard, *Question Whether God Is Not Angry with the Country for Doing So Little Towards the Conversion of the Indians?* (Boston, 1723), 6, 8—11. 对耶稣会与英国态度的现代分析, 参见 James Axtell, *The Invasion Within: The Contest of Cultures in Colonial America* (New York: Oxford University Press, 1985)。
- [12] William Williams to Samuel Sewall, January 22, 1728, "Letterbook of Samuel Sewall," *Collections of the Massachusetts Historical Society*, 6th ser., 2 (Boston, 1888), 250. 他在 253 页结尾处表明, 斯托达德是"舒适自在的"和"仍对他人有益的"。
- [13] Solomon Stoddard, *A Treatise Concerning Conversion* (Boston, 1719), 57, 34.
- [14] To Thomas Gillespie, July 1, 1751, *Works*, 16: 381.
- [15] Miscellany no. 301, *Works*, 13: 387.
- [16] From Solomon Treat's account of Stoddard's views in his preface to Solomon Stoddard, *The Defects of Preachers Reproved* (Boston, 1724), iv—v.
- [17] Ibid., 10.
- [18] Ibid., 13.
- [19] Solomon Stoddard, *The Efficacy of the Fear of Hell, to Restrain Men from Sin* (Boston, 1713), A1, 25—27.
- [20] Ibid., 14.
- [21] Stoddard, *Question Whether God Is Not Angry*, 8.
- [22] 见比如 *Wicked Men's Slavery to Sin* (summer 1721—summer 1722), *Works*, 10: 339—350, 其他关于地狱的引文, 见 index, Ibid., 653。
- [23] *Warnings of Future Punishment Don't Seem Real to the Wicked* (1727), *Works*, 14: 200—212. Another hellfire sermon, *The Torments of Hell Are*

Exceeding Great, from late 1728 or early 1729, *Works*, 14: 301—328. 后者是爱德华兹在《落在愤怒上帝手中的罪人》（1741 年）之前，激发起一种生动的地狱折磨意识的最有效尝试之一。

[24] *Faithful Narrative*, *Works*, 4: 146. 这段叙述主要依据 Kenneth P. Minkema, "Preface to the Period," *Works*, 14: 32—34, 和 Harry S. Stout, *The New England Soul: Preaching and Religious Culture in Colonial New England*（New York: Oxford University Press, 1986), 177—179。也可见 Erik R. Seeman, *Pious Persuasions: Laity and Clergy in Eighteenth—Century New England*（Baltimore: Johns Hopkins University Press, 1999), 149—54, 他发现在世俗人中间没有提及对审判日的恐惧，虽然他们确实说他们害怕去地狱——而这似乎就等于是说同样的事情。

[25] *Faithful Narrative*, *Works*, 4: 146.

[26] *Impending Judgements*（1727), *Works*, 14: 216—227. 可以想象，爱德华兹将这种"观点"归于了"某些人"，因为他在解读这种特殊护理之精确意义上所持有的保留态度，正如他较早时候在日记里所表述的。不过，后来在北安普敦事奉期间，他经常向人们解释这些灾祸的特殊意义。

[27] 他亦无法认同斯托达德的谦卑之"完全失望"必须要先于归信的教导；这是他与这部分清教传承一直都存在问题的一部分。See esp. Miscellanies, nos. 317, 325, 335, 338, and 345（可能都写于 1727 或 1728 年晚期), *Works*, 13.

[28] "The Spiritual Blessings of the Gospel Represented as a Feast"（August 1728—February 1729), *Works*, 14: 290.

[29] Timothy Edwards, *All the Living Must Surely Die*（New London, Conn., 1732), 23. 乔纳森较早期的观点似乎就是他父亲的观点。在纽约，他写道（Miscellany, no. qq, *Works*, 13: 189), "他们［牧师］有义务告知在他们中间，谁配得上基督徒的名称，谁配不上……如果基督让他来实施圣餐礼，那么基督也就是让他将它们实施给他认为基督会接纳的人。" Cf. Miscellany no. 40 (ca. summer 1723), 222.

[30] Trumbull, *History of Northampton*, 2: 45, 47—48. Trumbull 的引文来自城镇记录。

[31] Sewall to Stoddard December 10, 1723, in "Letterbook of Samuel Sewall," 259—260.

[32] *Faithful Narrative*, *Works*, 4: 146. Obituary, *Weekly Newsletter*（Boston), no. 112, February 13/20, 1729, p. 2.

[33] William Williams, *The Death of a Prophet Lamented and Improved*（Boston,

1729), 23; Benjamin Colman, *The Faithful Ministers of Christ Mindful of Their Own Death...* (Boston, 1729), 2.

[34] Obituary, *Weekly Newsletter*, no 112, p. 2.

[35] 同上，比较 Tracy 有帮助的叙述，*Jonathan Edwards*, *Pastor*, 13—20。

[36] To Thomas Gillespie, July 1, 1751, *Works*, 16: 381—383. 下列事实表明了这并非是"酸葡萄心理"，即他还在另外著作里痛斥了这两派之间的争斗：*Faithful Narrative*, *Works*, 4: 146. 有关"宫廷党"与"乡村党"以及君主制的观点，参见，Benjamin Lewis Price, *Nursing Fathers: American Colonists' Conception of English Protestant Kingship*, 1688—1776 (Lanham, Md.: Lexington Books, 1999)。

[37] Minkema, "Preface to the Period," *Works*, 14: 36—38. Tracy, *Jonathan Edwards*, *Pastor*, 91—98.

[38] *Faithful Narrative*, *Works*, 4: 146.

[39] *Signs of God's Displeasure in the Removal of Useful People*. Sermon no. 119, Isaiah 3: 1—2, Works of Edwards transcription (probably preached in summer 1729).

[40] *Living Unconverted Under an Eminent Means of Grace* (probably preached in spring 1729), *Works*, 14: 365—367, 370.

[41] Minkema, "Preface to the Period," *Works*, 14: 13.

[42] 爱德华兹表明，18 世纪 30 年代，在北安普敦大约有 200 个家庭。Iain Murray, *Jonathan Edwards: A New Biography* (Carlisle, Pa.: Banner of Truth Trust, 1987), 89, 按照类似于 35 年后的家庭人口比率，估计人口数量在 1250 人到 1400 人之间。参见下文，第 21 章注释 24。

[43] To the Trustees of the College of New Jersey, October 19, 1757, *Works*, 16: 726.

[44] 蒂莫西·爱德华兹给安妮·爱德华兹的信，September 12, 1729, as quoted in Minkema, "Preface to the Period," *Works*, 14: 13。Minkema 注意到，虽然 Dwight, *Life*, 115, 说爱德华兹在整个夏季都丧失了活动能力，但 Thomas Schafer 则证明了，爱德华兹在这一期间为各种场合写下了多篇布道。当他没有布道时，他还积极撰写着他的各种笔记——这表明了他精神状态的稳定性。Dwight 说他健康状况的恶化，是"过于勤奋的后果"，p. 115。

[45] *New England Weekly Journal*, February 2, 1730.

[46] Dwight, *Life*, 116—18. Kenneth Minkema, "The Edwardses: A Ministerial Family in Eighteenth—Century New England" (Ph. D. diss., University of

Connecticut, 1988), 155—157, 199, quotation p. 157 from Timothy Edwards, "An Account of the Last Sickness of My Dear Daughter, Jerusha," n. d., Timothy Edwards Papers, ANTS.

[47] See *Works*, 14:548—550, 有 1729 年后期布道主题的一份总结。

[48] Edward H. Davidson, *Jonathan Edwards: The Narrative of a Puritan Mind* (Boston: Houghton Mifflin, 1966), 34.

[49] Miscellany no. 462, *Works*, 13:505. 乔纳森批评斯托达德的更大意愿, 亦在写于斯托达德去世后不久的 Miscellany no. 411 里得到了表现; 在其中, 他表明了自己与斯托达德看法的不同之处, 即先于归信的谦卑并不是真正信仰的一种表现。Cf. Schafer, "Editor's Introduction," *Works*, 13:28.

[50] Sermon, Luke 22:48 (ca. 1729). Cf. sermon, *The Threefold Work of the Holy Ghost* (1729), *Works*, 14:429—430.

[51] Tracy, *Jonathan Edwards, Pastor*, 238n29. Tracy cites Tiziana Rota, "Marriage and Family Life in Northampton, Massachusetts: A Demographic Study, 1690—1750" (M. A. thesis, Mount Holyoke College, 1975), 后者发现, 从 1691 年到 1710 年, 这个数字是 6%; 从 1711 年到 1730 年, 是 10%。而从 1731 年到 1750 年, 这个数字则下降到了 4.7%; 这表明爱德华兹的宗教奋兴与严厉性的确行为产生了一些影响。在爱德华兹时期, "北安普敦教会记录"只记录了一例(一个男人)因通奸(在 1743 年)而受到教会纪律处分的案例。有关大型模式, 参见 Daniel Scott Smith and Michael S. Hindus, "Premarital Pregnancy in America, 1640—1971: An Overview and Interpretation," *Journal of Interdisciplinary History* 5 (1975):537—570. 他们这些主要基于对新英格兰研究所获得的数字表明, 殖民地在 1700 年到 1750 年期间, 婚前怀孕百分率处在稳步上升之中, 到 1750 年已经超过了 20%——这使得北安普敦个案显得愈发例外了。Cf. John Demos, "Families in Colonial Bristol, Rhode Island: An Exercise in Historical Demography," *William and Mary Quarterly*, 3d ser., 25, no. 1 (1968):56, 后者发现, 夫妻在结婚八个半月内生育第一个孩子的百分率, 从 1720 年到 1740 年的 10%, 飙升到了从 1740 年到 1760 年的 49%。见 Cornelia Hughes Dayton, *Women Before the Bar: Gender, Law, and Society in Connecticut*, 1639—1789 (Chapel Hill: University of North Carolina Press, 1995), 对这些趋势具有一些有益的洞见。关于"和衣同睡", 见 Richard Godbeer, *Sexual Revolution in Early America* (Baltimore: Johns Hopkins University Press, 2002), 246—255。

[52] *Sin and Wickedness Bring Calamity and Misery on a People*, *Works*, 14:

500—503.

[53] David Hall, "Narrating Puritanism," in Harry S. Stout and D. G. Hart, eds., *New Directions in American Religious History* (New York: Oxford University Press, 1997), 62—64, makes this point.

[54] See David W. Conroy, *In Public Houses: Drink and the Revolution of Authority in Colonial Massachusetts* (Chapel Hill: University of North Carolina Press, 1995), esp. 189—240, on Northampton, 226.

[55] Helen Westra, *The Minister's Task and Calling in the Sermons of Jonathan Edwards* (Lewiston, N. Y.: Edwin Mellen, 1986), 7. Cf. pp. 11—12 for other images. Westra 对爱德华兹理解其教牧权威性提供了一种有价值的解说。

[56] Miscellany no. 40, *Works*, 13: 222.

[57] 蒂莫西·爱德华兹给安妮·爱德华兹的信，September 12, 1729, quoted in Minkema, "Preface to the Period," *Works*, 14: 13—14。该城镇善意的另一个证据，是这样一种不同寻常的做法，即为教会会众中一、两个成员支付报酬，以便他们在爱德华兹前往纽黑文或波士顿旅行时，能够陪同并"伺候爱德华兹先生"。在 1733 年后，这项做法就不再继续了。Trumbull, *History of Northampton*, 2: 48—49.

[58] 1734 年初的一次事故也说明了这同一点。1 月 19 日星期六早晨，一场大火烧毁了执事 Ebenezer Hunt——来自北安普敦一个古老家族的"毛毡制造商"——的店铺。朋友及邻居们立即行动起来捐献钱物来弥补他的损失。几乎每个家庭都做了捐献。在火场灰烬冷却下来之前，城镇居民就已经在聚集重建房屋的木材了。而那位执事也在一周内就重新开业了。Trumbull, *History of Northampton*, 2: 39—40.

8

在更广阔舞台上

爱德华兹通常都是早晨四五点钟起床，以便能够在他的书房里花上十三个小时。在北安普敦早期岁月的唯一一篇日记里，他于1728年1月写道，"我认为，基督通过自己早早从坟墓里复活，推荐了早晨早起的做法。"这种自律构成了不断竭尽全力使自己活出基督生命样式之努力的一部分。他每一天以私人祷告开始，接着是家庭祷告，冬季是在烛光下。每一餐饭都伴随全家人的敬拜。在每一天结束之际，萨拉会与他一道在书房里祷告。遵从耶稣的要在暗中祷告的诫命，乔纳森对他其余日常敬拜的常规做法守口如瓶。终其一整天，他的目标就是要始终保持生活在上帝面前的意识，尽管那是很困难的。通常，他还会增添一些秘密的禁食日和额外的祷告。[1]

他每一天都将许多时间用于学习，这也是对上帝的一种事奉。正如丹尼尔·沃克·豪（Daniel Walker Howe）所指出的，如果要寻找殖民地时期美国工作伦理的原型，那么最好是找爱德华兹而不是本杰明·富兰克林。[2]在爱德华兹看来，工作纪律是他敬拜上帝的一部分，是向上帝献上自己的时间。而且，大量的工作也是为了要认识上帝之道。除了每周要精心准备长长的讲道，他还深入研读圣经——这种日常工作形成了几大厚本满是他细小文字写就的笔记。其中之一，"圣经注解"，实质上是一部解经书。另一本则是加衬在圣经书页中间有九百多页的"空白圣经"记录。他的内弟本杰明·皮尔庞特——他曾于1730年某些时候逗留在北安普敦牧师宅第里——将这本"空白圣经"送给了他;而爱德华兹则将它用作了自己对圣经经文反思的一种方便汇编记录。[3]他还在继续进行着《〈启示录〉注释》,这本解经书将圣经预言与对时事——作为预言正在实现的线索——的详细解读结合在了一起。

爱德华兹还志向远大,他不只是要在北安普敦,而且要在整个世界服侍上帝之国的到来。他计划撰写一部巨著,它将确立他的声望,并且给近期诋毁"新教—圣经"真理的人以一击。在1729年或1730年,他为这一雄心勃勃的著述拟订了一份新提纲,这部著述就是"对基督教主要教义的合理解说:一种尝试"。他草拟出的计划比他其他大多数计划都更接近一种系统神学。它将从三一上帝的存在、性质与卓越性出发,进而考察这一切与创造目的以及救赎事工的关系。不过,这部巨著——他在"杂记"里不断扩充其内容——将不仅仅是另一部系统神学。它将就上帝与所有被造存在之动态关系阐述他特有的哲学神学。它将挑战18世纪哲学家的这些主张,即上帝、正义、良善、邪恶等等的"自然观念"在没有圣经启示的情形下就是充足的。它将是无所不包的。在为其"序言"所做的一则笔记里,他写道,"要表明一切文理科学,它们越是完善,就越多地流露出神性、吻合于神性并显现为神性的一部分。并要表明,对于基督徒来说,要在福音启示的神性之外撰写伦理学著述,该是何其荒谬。"[4]

一项如此重要的方案,不仅包括所有神学,而且还要关注文理科学以及哲学与伦理学的基本问题,这就要求爱德华兹必须熟悉所有最新的作者。这在一个远离世界思想中心省份的内陆小城镇却并非易事;他有一份长长的需要寻找和阅读的书单。总是对预言与时事以及出版信息保持浓厚兴趣的他,会热切等待着那些前往波士顿的人能够带回最新期刊和报纸。从1731年开始,爱德华兹在他家里为"汉普夏县协会"的圣职人员筹建和维护一个图书室。这个协会亦担负着一种辩论协会的职能;在每年两度的会议上,圣职人员通过讨论神学、圣经解释、教会秩序与纪律方面的某个难题,来训练他们的辩论技巧。[5]

一天十三个小时,对于所有这些前沿的工作以及一个大型教会的牧养来说，是远远不够的。为了减缓这后一种负担，爱德华兹很早就决定，他应以最好的恩赐首先事奉上帝。因此，除非是在生病和紧急情况下，他谢绝对教区居民进行教牧探访——正如人们通常对新英格兰圣职人员所期待的那样。他不擅长聊天，通常也没有社交心绪；而那种常规探访只会削弱他原本就不足的体能，而且也过于消耗时间。如果教区居民具有特殊需求，他也欢迎他们到他书房里来就属灵问题接受辅导。他也鼓励邻人或年轻人聚在一起举行私下宗教活动，并给这样的小组讲道。不过，在通常情况下，他相信，白天整天待在书房里能够最好地发挥他超群的思想恩赐和最好地服侍他的教区居民。[6] 1734 年初，在他六年来第一篇日记里，他写道，"我觉得，当我有良好心情去进行神圣沉思、阅读圣经或者研究任何神圣主题时，最好不要因为要去吃饭而打扰这些事情；我愿意放弃吃饭，而不是因吃饭而被中断。"[7]

为了将每一分钟都用于工作，他就必须不受到过多干扰。他将家务管理和农牧业监管交付给了萨拉；萨拉必定每天至少同乔纳森工作一样长时间。在整个 18 世纪 30 年代，萨拉很有规律地每两年怀孕一次。所以到 30 年代末他们已经有了七个孩子：六个女孩和一个男孩。至于萨拉这些年是如何设法度过的，我们几乎没有什么记录；不过她获得了仆人们或者至少是一个非洲女奴的帮助。[8] 白人仆人或雇工可能在农场提供帮助，因为爱德华兹一家拥有一大片园地和村镇外一些土地的使用权。我们被告知，与他父亲不同，乔纳森很少关注日常琐事。对乔纳森极其钦佩的追随者塞缪尔·霍普金斯——从他那里我们获知了乔纳森后来那些年间常规生活的细节——指出，"与许多邻居相比，他不太熟悉大多数尘世事务；他很少知道，那些越冬饲料是什么时候和由谁收集进来的，或者他拥有多少头奶牛；他也不知道他的桌子是从哪里打造的，等等。"[9]

为了保护他那健康状况总是不稳定的身体，爱德华兹也花一点时间在必要的消遣以继续他的工作。在冬季，他往往会适度地花半个小时左右劈柴。天气许可时，下午吃过饭后，他会骑马走两三英里，到一个僻静之处去散会儿步。他极其喜欢自然之美，并颇为欣赏那装饰着河谷地平线的蓝山；他喜欢在攀爬到周围山顶上时见的景观。[10] 他的散步部分也是为了沉思、祈祷和灵修；为了不浪费时光，他还随身携带着笔墨以便记下在路上的所思所想。在进行更长时间骑行时，他会使用一种记忆手段。对于每个他希望记下来的洞见，他都会将一张小纸片别在他衣服的某一特定部位，这会使他与那种思想念头联系起来。当返回家里时，他会取下那些纸片并把每一个想法记录下来。在几天的旅行结束时，他的衣服上可能会覆盖上许多这样的小纸条。[11]时尚外表显然不是他首要考虑的事情。

"玫瑰生长在荆棘上"

在骑马经过原野时，爱德华兹总是警觉于"神圣事物的影子"——这是他为最近写的一本笔记所起的标题。他所领悟到的，并不是情感上的甜美。相反，他将所有受造实在看作是既苦又甜的矛盾体，是眩目美丽与惊人恐怖的对立体，是指向神圣完满的瞬间荣耀。按照惯常做法，他的第一条记录是论死亡："被虫子吞噬（赛66：24）是地狱之悲惨的一种象征。"[12]他喜爱鲜花；而鲜花给我们的教训则是，极大的美丽很快便消失不见。譬如，他对春天鲜花的热情，可以从他笔记本封底上的一些记录略窥一斑；在那里，他开始记录春季里樱桃树、桃树、李树和苹果树最初开花的日期。然而在他的沉思中，他并没有因物质美丽的浪漫而沉醉。这里还有更深刻的教训："树上开满了如此众多的鲜花，但却只有极少数能成熟结果……只有极少数属于有生命的那一类；在芸芸众生当中获救的是何其少啊；尤其是，在那些认信的基督徒中，真诚的、永不凋谢并忍耐到最后的是何其少啊；被召的多，被选上的又是何其少啊。"[13]

由最鲜明对比构成的对于实在的这种既苦又甜的观点，渗透在他对个体经验以及历史的看法当中。"这是上帝的方式；它使人们意识到，在上帝的怜悯与慈爱向他们显现之前，他们是何等悲惨和无用。"所以，爱德华兹在1730年秋季，分四次向他的会众宣讲了一篇长长的、精心准备的讲章。在整个历史中，上帝反复允许他的子民陷入绝望之中，作为一种最神奇的救赎途径。他们在埃及为奴，他们漂流旷野，他们的士师与列王未能带来正义或者维持和平，他们被掳巴比伦，等等——所有这一切就是要向他们表明，他们需要完全依靠上帝。"甚至连耶稣基督这个人，在他升天得享父的慈爱之前，也首先感受到了上帝的愤怒。"[14]

爱德华兹立场的核心，是一种严格非情感性的慈爱观。这样一种态度，对于那些感受力受到后世多愁善感影响的人，显得格外难以理解。爱德华兹始于这样一种前提，即三位一体的上帝实质上是慈爱的，并创造了宇宙以便与他人分享那种慈爱。然而上帝允许在那个宇宙里有真实与可怕的邪恶；由于撒旦对上帝的反叛，它处在一种战争状态。在这种战争中，那些站在邪恶一方的人，憎恶真正的爱和最终属于良善的事物。因而，不论一个人对那种人怀有什么情感，都必须将他们视为支持邪恶从而在摧毁他们自己和他人的人。邪恶是真实和有害的；正义要求上帝应当惩罚那些促进邪恶的人。

鉴于我们这个时代对人类关系的看法是情感性（sentimental）的，爱德华兹的立场似乎难以理喻，但是记住下面这一点有助于我们的理解：爱德华兹的宇宙观类似于我们许多道德故事里的宇宙观——从《星球大战》和《魔戒》到数不胜数的较小型娱乐故事。[15]爱德华兹的基本观点与诸多永恒的人类叙事类似：将实在解释为光明与黑暗之间的一种斗争，在其中光明最终将获得胜利，公义将得到伸张。这种基督教叙事令人惊讶的特征，正如爱德华兹所强调的，就是三一上帝不仅是邪恶的主要对手，而且还借着基督的道成肉身承受了上帝自己的愤怒，以便提供救赎。

对于要与基督联合的基督徒来说，人生仍然是一场最深刻对立的斗争。爱德华兹将自己灵性经验的高低起伏，解析成这种意志坚强的神学传统的训诫，即面对这种终生斗争的艰难困苦决不退缩，甚至对于重生者亦是如此。正如他在笔记"神圣事物的影子"里一则最具启发性的早期记录里所说的，"玫瑰生长在荆棘上；这就意味着所有尘世甜美都是与苦涩混合在一起的。但它似乎更具体地意味着，真正的幸福、荣耀的冠冕，只有通过背负基督的十字架，治死肉体、舍己、辛劳以及为基督忍耐一切，才能获得。"[16]

阿明尼乌的威胁

因而，所有生活都是属灵争战。爱德华兹虽然在许多阵线上作战，但他相信他最大的贡献应当是在思想战斗中。在各种敌人——譬如罗马天主教、宽容（放任）主义和自然神论——中，没有哪一种比加尔文主义的微妙颠覆产物阿明尼乌主义更为重要了。对于爱德华兹及其同道来说，"阿明尼乌主义"（Arminianism）一般有两种指涉：一种指被认为由阿明尼乌提出的特定的反加尔文主义教义；另一种指肯定人的能力对其自身救赎具有贡献的思想，这是一种更广泛趋势。加尔文主义者相信，这种教义将会导致"善工之义"（works righteousness）和对上帝绝对依赖感的丧失。似乎有些自相矛盾的是，加尔文主义者深信，只有当人认识到人所有努力都是毫无价值的时候，人才能发挥与上帝圣洁的要求相称的努力。几乎没有哪些基督徒比这些恩典的拥护者更多地强调律法了。律法向未重生者显出他们的真实状态，也是归信者的喜乐，驱使他们追求在此生永远无法完全获得的圣洁。如果加尔文主义正统在新英格兰崩溃了，他们确信，充满活力的敬虔与严格的道德也会崩溃。而纯粹的道德主义绝不会奏效，因为它依赖于有缺陷的人之努力而不是依赖于上帝。总之，他们文明的未来以及这个文明能为世界提供的光明，都依赖于维持上帝主权这一教义。促进善工是建立在对于善工之功效的这一破坏性信念上。

人们必须注意英国故土，在那里充斥着时尚的异端与道德败坏。这不是什么新东西。从"新世界"定居伊始，新英格兰人就将他们自己界定为反对圣公会、阿明尼乌主义和道德败坏的人。至少，从1660年复辟以来，英国精英文化就受到了时尚与堕落的驱使——正如清教继承者所认为的。时尚不仅控制了格调和风俗，而且还影响了信仰。阿明尼乌主义则是诱骗性的第一步。因为在一代人之间，最受欢迎的英国布道已经变成了吸引人的基督教道德主义；而新英格兰人则认为它为人们提供了容易的救赎和虚假的安全感。时尚哲学亦肯定自然道德意识是培育美德的内在基础。[17]在正统新英格兰人看来，他们故乡的放纵以及宗教活力的衰落就是在证明，鼓励人们通过自愿地发挥内在于人本性的资源来克服人的道德弱点是愚蠢的。

现代思想潮流几乎在各个地方都发起了对于传统权威的挑战；这构成了一个更大的问题。在科学革命鼓舞下，一些标新立异的思想家越来越觉得，似乎最新的观念就是最可能为真的观念。在1704年，乔纳森·斯威夫特（Jonathan Swift），一位爱尔兰圣公会圣职人员，在其《图书的战斗》里，还能够在其图书馆藏书的模拟大战中称赞古代的得胜冠军，但近期新崛起者有可能宣布对这种被长期公认的权威开战，这一观念本身就预示着一个新纪元的出现。尽管圣公会在法律上仍然受到正统"三十九条信纲"之权威的约束，但是标准的执行却是不一致的，而最重要的圣公会圣职人员也在逾越那些界限，尤其是在反三位一体教义方面。[18] 即使在先前清教的不从国教宗派里，阿明尼乌主义和阿里乌主义也正在以显著速度增长；而与此同时，这些英国不从国教者按人口的比例正在丧失地盘。[19]

面对现代潮流的进攻，新英格兰正统可能显得极其古怪。自然神论与反三位一体论超出了新英格兰的容忍范围是可以理解的。但是要在这个具有高度道德理想的时代里，仍然向"阿明尼乌主义"开战，就有可能被看作是一种既可怜又可悲的迂腐褊狭。的确，加尔文主义仍然应当被看作是一种国际运动；而在其他一些地方性"重镇"，譬如在长老会的苏格兰以及苏格兰—爱尔兰的乌尔斯特（Ulster）的一些地方，还仍然持守着严格认信派的界线。然而在更为"世界性大都会的"中心，譬如在苏格兰一些开明城市或者在伦敦的不从国教者当中，现代思想的蚕食侵袭已经强行获得了宽容。

在新英格兰，现代潮流与清教权威之间的竞争，经常确确实实表现为一种书籍的战争。哈佛与耶鲁都信守神学接种原则，允许他们的学生接触现代作者，但剂量在安全的范围内，而且是在可控的环境中进行。当感染扩散时，正如在耶鲁臭名昭著的圣公会叛教事件中那样，最先的回应之一就是责备图书。在那次叛教后，耶利米·达默——他曾为图书馆提供了最初的"耶鲁赠书"——不得不保证，除了圣公会作者外，在那些藏书中没有忽略任何"著名的不从国教者"。[20] 1732年，当时居住在罗得岛的哲学家、圣公会圣职人员乔治·贝克莱设法弄到了另一份大赠礼，其中包括为学院提供了更多的赠书。对此，一些正统加尔文主义者还怀疑这是不是圣公会的阴谋。这种看法并不完全是凭空想象的。耶鲁叛教者塞缪尔·约翰逊就敦促贝克莱考虑将学院变成圣公会性质的。[21]

在波士顿，曾具争议性的本杰明·科尔曼从 1699 年起任 "布拉特尔街教会" 牧师，他亦是耶鲁正统信仰的主要维护者之一。就像许多主张在无关紧要事情上保持宽容的人一样，科尔曼亦对这种宽容被延伸到他认为核心的问题上而感到震惊。这样一种进展很容易被误解为是对批评者预言的证实：他们宣称中庸（moderation）是滑向异端的第一步。在圣公会危机期间，他与其他人一道批评达默过多引入圣公会与阿明尼乌作者的图书。[22]当他获悉贝克莱捐赠的消息后，他写信给院长伊莱沙·威廉姆斯，询问在收到赠书时包装是否完好。威廉姆斯向他保证，赠书并未"按照你建议的那种方式被堆放在一起"。[23]于是，感到并不完全满意的科尔曼，就同一关注致函学院另一位董事会成员伊利法莱特·亚当斯（Eliphalet Adams），敦促亚当斯"自由地写出"他对"学院流行阿明尼乌主义"传言所做的调查。[24]

科尔曼的震惊尤其能说明阿明尼乌主义对于 18 世纪 30 年代早期马萨诸塞建制教会的意义。科尔曼，在年轻时曾是一位具有创新精神的新贵，如今已是波士顿最重要的圣职人员。科顿·马瑟已经于 1728 年去世。在这个世纪初期，马瑟父子曾激烈反对科尔曼和"布拉特尔街教会"；但他们在很久以前已经和解了。到 20 年代，科尔曼与科顿·马瑟几乎在所有事情上，包括加尔文主义正统问题，形成了一条统一阵线。

1726 年，马瑟曾夸口说，"所有人都知道"新英格兰教会"完全坚持由威斯敏斯特会议所发布的信条"。他向读者担保，"在两百个教会的所有牧师当中，我没有发现一个阿明尼乌主义者，更不用说一个阿里乌派或者异教徒了。"[25]马瑟有些夸张，尽管严格说来他是对的。没有一位公理会牧师会公开否定威斯敏斯特信条或者公开采取一种阿明尼乌主义立场。但是每个人亦知道，几十年来，一些哈佛学生一直在玩味阿明尼乌观念，而一些更自由的圣职人员亦被风传沾染了阿明尼乌主义和理性主义倾向。逐渐地，新英格兰建制教会的维护者，开始将"加尔文主义的"("Calvinistic"或"Calvinistical")一词用做"非阿明尼乌主义的"("non-Arminian")一词的简略表达形式。[26]

在这种背景下（尽管是在贝克莱赠礼前一年），乔纳森·爱德华兹在波士顿首次亮相：1731年7月8日星期四，在哈佛毕业典礼周圣职人员齐集波士顿之际，他发表了公开演讲。爱德华兹不仅是斯托达德的年轻继承者，而且是一位完全正统的耶鲁人。那些安排这场演讲的人很清楚，邀请他对主要是哈佛毕业生所组成的听众发表演讲具有什么样的象征意义。[27]

爱德华兹没有让人失望。在这篇"上帝在人对他的依靠中得荣耀"中，他再次直接回应了阿明尼乌的威胁。他所说的没有任何新东西。事实上，在这样一种礼仪场合，就像在后来的"七月四日演讲"中那样，人们并不期望有什么新东西。然而爱德华兹演讲得却很好。他以一贯的透彻建构他的讲章建筑。在这座大厦的基础部分，他细致周密地封闭了每一道缝隙——那些缝隙有可能会使人瞥见这种假设：他们的救恩部分地是他们自己的作为。由此他迫使他们向穹顶仰望；在那里他精心设计出了能够望见上帝之道的明光的窗户。

他指出，由于人陷入了罪中，他们更依赖上帝。"我们先痛苦，后幸福；为了幸福，我们显然更要依赖上帝。"任何质疑"对上帝的绝对和普遍依赖"的"神学系统"，"都会贬损上帝的荣耀，并阻挠我们的救赎计划"。而他们"只在某些事情上完全依赖上帝，但在其他事情上却不依赖上帝"。因此他们剥夺了"福音"那"被上帝视为其光辉与荣耀的东西"。信仰本身就包括"对于绝对依赖上帝的一种感知和承认"。信仰绝不是人的作为；它"使人降卑，使上帝升高"。所以被救赎者毫无骄傲的余地。"如若有任何人在圣洁上是杰出的"，他对他的杰出听众总结道，"那么他切勿将任何荣耀归于他自己，而是要归于上帝，'我们原是他的工作，在基督耶稣里造成的，为要叫我们行善。'"[28]

强大的波士顿圣职人员很高兴能被如此清楚地提醒自己的不配，他们很快就设法发表了这篇讲道。在"启事"或者出版前言里，托马斯·普林斯（Thomas Prince）与威廉·库珀（William Cooper）重述了这一观点：如果人们丧失了对于上帝的完全依赖感，"那充满活力的敬虔将会大大衰竭"。这就是那"在我们父辈的时代里"一直盛行的教义;他们希望这些教义"在我们当中永远都不过时"。他们很高兴看到,上帝在"他子民的后代中"兴起了那些"仍然极其推重这些原则"的人。他们还特别希望,"相邻殖民地(以及我们殖民地)的学院,能够成为多多培育像这位作者一样的儿女的多产母亲。"[29]

国际事业

在波士顿的讲道标志着爱德华兹生涯中的一个转折点。除了为他提供了第一份出版物外(他的赞助者们习惯性地宣称,"要克服作者的青春年少和谦虚谨慎并不容易"),它还将这位 27 岁的年轻人置于推动福音更新的国际性网络之中。他的赞助者们怀有维持加尔文主义正统信仰的兴趣;但维护改革宗信仰对于他们来说——就像对于他一样——却与一种更大的关注密不可分地联系在一起。他们主要的实际希望,是想要在大西洋两岸发起一场运动以促进由衷的虔诚。受到一种进步历史观的影响,他们渴望能够被上帝使用,通过圣灵的浇灌以及无数灵魂的得救使上帝的国降临。虽然他们仍然忠诚地看待自己的清教传承,但他们亦在展望一场正在出现的灵性运动——我们如今称之为"福音主义"(evangelicalism)——的一部分。[30]

托马斯·普林斯是爱德华兹直接赞助者中较年长的一位,在建立一种加尔文主义福音派国际网络中,他是波士顿的领袖人物之一。他是哈佛 1707 届的毕业生,从 1709 年至 1717 年,他大部分时间都是在英国度过的。在英国期间,他临时承担起各种讲道责任并建立起了福音派联络关系。从英国返回后,他很快就被安置在声名卓著的"老南堂"(Old South Church),并成为法官塞缪尔·休厄尔的儿子、他的同学约瑟夫·休厄尔(Joseph Sewall)的同事。这使他处在了接近于那可能被称为波士顿福音派网络核心的位置上;那个网络包括休厄尔父子、马瑟父子以及所罗门·斯托达德——当后者访问家乡时。当普林斯向法官塞缪尔·休厄尔的女儿朱迪丝(Judith)求婚时,他希望能够进到这个内部圈子更为核心的位置。朱迪丝拒绝了他,他与别人结了婚。不久后,朱迪丝与普林斯的朋友威廉·库珀结婚了。[31]

威廉·库珀与托马斯·普林斯在宗教与女人上品味相似，并在福音派事业里成为了挚友和同盟。库珀（哈佛，1712届），一位很有恩赐的传道人，在1715年受邀成为了本杰明·科尔曼在"布拉特尔街教会"的同事。在接下来的一二十年间，科尔曼、库珀、普林斯、休厄尔父子以及科顿·马瑟（到去世为止），处在复兴充满活力的加尔文主义敬虔运动的核心。1730年，科尔曼成了"苏格兰基督教知识传播协会"在殖民地的联络人；该协会支持面向印第安人传教。1731年，威廉·库珀与格拉斯哥（Glasgow）的约翰·麦克劳林（John Maclaurin）建立了联系；后者是苏格兰加尔文主义心灵宗教的支持者。[32]当乔纳森·爱德华兹于1731年访问波士顿时，他被接纳进了这个趋向国际性的小圈子里；而他不论是从出身还是从性情上说都自然地适合这个圈子。

对于情感的共同强调，有助于将这些有时是分散的同盟者联系在一起。与其他一些更为理性主义化的波士顿圣职人员不同（最著名的是查尔斯·昌西），科尔曼及其派系的加尔文主义，更多地受到了源于亨利·莫尔以及剑桥柏拉图派那些现代思想的影响，强调的是上帝创造与救赎的荣美，以及美感在激发情感方面的作用。爱德华兹已经隶属于这一思想学派。他也是科尔曼著作的读者与钦佩者，尽管他可能并非在所有问题上都认同这位著名的波士顿人。[33]

从清教主义到加尔文主义福音派的转变，是有点微妙；这个群体正在促进的其中最显著的变化之一，就是对崇拜中歌唱方式的改革。新英格兰的会众歌唱已经变得有些混乱和刺耳。17世纪的清教徒严格遵循着这一"反圣公会"原则，即唯有圣经明确指定的才能成为公共崇拜的一部分。同改革宗其他信徒一样，他们只是吟唱那逐字逐句翻译的圣经诗篇。虽然许多清教徒都拥有乐器，但他们并不想把它们用于聚会场所。仿佛是为了强调音乐次于话语，他们出版了带有节律的诗篇但却没有配上乐谱。会众向任何人歌唱许多熟悉的诗篇曲调。领唱者，或者最主要歌唱者，通过先唱出至少第一行来"定调"；然后，整个会众再加入进来。经过多年以后，那些曲调的集体记忆逐渐形成了或者转变了。而且，会众的成员也在原初曲调的基础上，按照自己的喜好唱出了一些变调。在今天，这也许会被看作一种奇妙的民间传统，但在18世纪早期，这种近乎混乱的状态，对习惯于当时优雅音乐标准的人来说似乎是令人震惊的。

法官塞缪尔·休厄尔从1694年至1718年是"老南堂"的领唱者。1713年,他在日记里说,他因为给诗篇曲调"温莎"起唱的调门太高,而最终不由自主地转变成了"高荷兰"的曲调。1718年,在他放弃这份工作前不久,他两次记录说,他无法阻止"会众""无可抗拒地"强行改变为"圣大卫的"调,尽管他确定的曲调是"约克"。[34]一位改革的早期拥护者在1721年写道,"曲调如今已经可悲地扭曲、变形和颤音化了……在一个优秀评判者听来,就好像是有五百种不同曲调同时吼叫起来并彼此不断相互干扰。"不敬虔的詹姆斯·富兰克林在《新英格兰报》上讥讽道,"据可靠消息,有一位女士因一位执事刺耳与吼叫的噪音而流产了";而富兰克林认为那位执事就是被请来"做流产"的。[35]

与此同时,英国的不从国教派信徒,在差不多一代人时间里,也在一直改革神圣歌唱的形式。最重要人物就是艾萨克·瓦茨(Isaac Watts,1674—1748年),一位加尔文主义圣职人员。瓦茨主张,没有必要使用圣经上的原话,只要赞美诗与灵歌是建立在圣经主题上就可以。根据这个原则,他为私下敬拜使用而写下了自己的赞美诗,并在1707年以《赞美诗与灵歌》为题出版了。其中包括"奇妙十架"(When I Survey the Wondrous Cross)、"流血歌"(Alas and Did My Savior Bleed)以及"救主权能"(Jesus Shall Reign Where'er the Sun)。1719年,他增加了变得非常流行的对赞美诗的意译。在爱德华兹还是一个年轻人时,瓦茨的赞美诗在新英格兰就已被用于家庭敬拜和邻居间的社交聚会;他肯定熟悉瓦茨。[36]我们可以推测,鉴于他的音乐敏感,他在私下里默想或者同萨拉在一起时所吟唱的,可能也包括这些赞美诗。

这期间赞美诗正在被引入新英格兰;"正规"歌唱方式或分声部的歌唱方式也被引进。哈佛在17世纪没有教授音乐,所以音乐知识普及率很低。1713年,在波士顿开设了第一批教授音乐与舞蹈的学校;主要是为了妇女学习优雅技能。大约从这个时候起,乔纳森的姐妹们在波士顿无论完成了什么教育,都包括音乐教育,但却不包括舞蹈在内。[37]

随着 18 世纪和谐观对于对称的热情横扫了整个见多识广的波士顿，该城的圣职人员率先终止了在聚会中歌唱诗篇的喧嚣混乱。到 1722 年，科顿·马瑟将新的歌唱方式引入了主日崇拜中。[38]很快，这种改革就引发了"有关歌唱方式的争论"。在整个 18 世纪 20 年代，新英格兰人都在热烈争论着这个话题；而在许多外围领域，这种争论数十年之后还在持续。波士顿圣职人员利用报刊力量，发表了大量文章以维护"正规"歌唱的优越性，并为按照音符和以三声部和声形式歌唱提供了指导。科尔曼、马瑟父子、普林斯、库珀以及约瑟夫·休厄尔全都赞成这种新方式。反对意见主要来自这样一些平信徒，他们觉得"老方式"这一熟悉的个人表达形式更有意义。他们有清教先驱站在自己一方。并且，按照规则来歌唱似乎也是迈向圣公会形式主义——它将导向教皇制——的一步。[39]

那些推动歌唱方式改革的人，将那个时代的美学看作是促进充满活力的敬虔的一种途径。"在一大群人中歌唱神圣的诗篇，"科顿·马瑟说道，"可以做得更优美一些，特别是可以使其具有更多的圣洁之美。"[40]秩序性的和声是极其合乎理性的；而就像真宗教中其他事情一样，合理性的和声指向了上帝的荣美并最终是为了激发情感。

虽然大多数普通信徒，特别是在乡村社区，具有他们自己的审美观并抵制那些创新形式，但那些领导力足够强的圣职人员，甚至能够将那种改革引入许多边远地区的村镇里。毫不奇怪，最先这么做的人之一就是所罗门·斯托达德。当乔纳森在 1726 年搬迁到北安普敦时，至少有一些教区信众已经学会了分声部来歌唱。一些教会还聘请了"歌唱教师"，以帮助会众熟悉那些新美学形式。[41]音乐普及率正在迅速提升——至少在城市地区，1729 年在波士顿人们已经能够欣赏公共音乐会了。[42]到爱德华兹于 1731 年访问波士顿时，他已经是那种正规歌唱之美的爱好者了。

艾萨克·瓦茨在那些共同关注衷心的宗教奋兴的国际改革宗圣职人员网络中，是一位核心人物。同爱德华兹一样，瓦茨也是一位近乎体弱多病的博学家，并曾在许多领域里出版过著述。不过，瓦茨更多地是一位大众普及者；他撰写的著述总结了那个时代从拼写到天文学等诸多主题的学识。例如，他关于逻辑学的教科书，就成为了新英格兰各学院许多代人的标准课本。瓦茨与科顿·马瑟以及其他新英格兰圣职人员经常通信。那些最近曾在英国待过一段时间的人，譬如托马斯·普林斯，还结识了他本人。随着其声誉的上升，瓦茨成为了殖民地的主要庇护者之一。他与本杰明·科尔曼（他们两人都曾与英国女诗人伊丽莎白·辛格〔Elizabeth Singer〕相爱过）经常通信，彼此成为了对方在自己城市里的版权代理人。[43]

皇家总督与王国

在瓦茨的福音派朋友与通信者的圈子里，有一位就是马萨诸塞新任皇家总督乔纳森·贝尔彻（Jonathan Belcher）。贝尔彻是一位波士顿商人的儿子，1699年毕业于哈佛，经常往返于英国并在英国建立了重要联系，同时亦成为殖民地政治中一位极其重要的人物。他通常是皇家特权的维护者，同时亦深深忠诚于改革宗基督教事业。1728年，他转到了更代表民众的一方，并反对新任皇家总督威廉·伯内特（William Burnet）——一位讲究浮华作风的圣公会信徒。1729年初，贝尔彻曾前往英国以反对为总督设立永久薪俸，那将使总督更不用依赖于殖民地议会。

这时，马萨诸塞正处在痛苦的政治骚乱中。权利斗争、个人争竞、未解决的帝国问题以及经济的不稳定性等等综合在一起，在代表民众的"乡村党"与更代表精英的"宫廷派"之间制造出了深刻分歧。总督伯内特在1728年的到来，使危机发展到了紧要关头。专横傲慢的总督与控制着议会下院的"乡村党"，同样不肯妥协退让。双方过于激烈的政治争论已造成了一定的恐慌。伯内特威胁要撤消殖民地特许令；而这样一种可能性则在宗教当局和大众"乡村党"中引发了诸多焦虑。"乡村党"还特别注意保护议会颁发"信贷状"的权利；后者对于不太富裕者在投资土地上利用金钱是不可或缺的。然而，在1729年9月，伯内特突然去世。没有人知道下一步将会发生什么；殖民地陷入了一种极大的不确定性状态。到下一个春季时，正如斯蒂芬·威廉姆斯（Stephen Williams）在日记里所描述的，这个"国家"陷入了"动乱"中。"我们的斗争将会获得什么结局，"威廉姆斯担忧道，"只有上帝知道。"[44]

乔纳森·贝尔彻被任命为总督，对大多数马萨诸塞当局人员来说，是上帝奇妙的护理。他对英国的造访以及他与皇室家族一些更早期的联系，使他在正确的时间出现在了正确的地点。作为对这项任命的交换，他放弃了反对为总督设立固定薪俸的立场；这对他来说并不是一件困难交易，因为现在他就是那种动议的受益人。虽然贝尔彻在政治角逐中玩弄两面派的能力使他丧失了一些朋友，但是，在1730年夏，他返回波士顿时还是受到了盛大庆贺。他的一些圣职同事则感到尤其高兴。本杰明·科尔曼是他最早的赞助者之一；托马斯·普林斯则是他另一位朋友。而艾萨克·瓦茨还赠送了褒扬有加的诗作。[45]

贝尔彻是沃尔浦尔（Sir Robert Walpole，1676—1745年）时代清教徒和讲究实际政治的继承人。他的两只脚分别坚定地站在这两个世界里。[46]在宗教原则上，他坚定地站在加尔文主义福音派当中。虽然他能够维护圣公会信徒在殖民地的权利，在英国参加国教会的崇拜，甚至还能在波士顿"基督学院"（Christ's Church）里庆祝圣诞节，但是他不会让女儿嫁给一位圣公会信徒，并会为儿子在英国参加圣公会崇拜而深感忧虑。[47]尽管他在公共宗教宣告上保持着适当的谨慎，但在私下通信里他却能够自由表达他敬虔的宗教情感和对"充满活力的敬虔"的关切。[48]他向艾萨克·瓦茨承认，"上帝放置我的岗位，四周都是陷阱与困难"，并恳求瓦茨"请你与我一同跪在恩典与智慧的泉源之前，祈求我的治理首先能够彰显上帝的荣耀、加添他子民的福祉"。[49]贝尔彻十分在意一个他喜爱的清教徒形象——这个形象也常常被应用于他身上：就像尼希米一样，被上帝兴起以使他的子民回归。[50]

但人们并不确定贝尔彻就是下一个尼希米，特别是当他们很快就发现他以维护皇家特权为代价换取了总督职位后。马萨诸塞政治再次陷入动荡中，因为议会发生了剧烈分化。由其庇护者所培育的"宫廷党"支持贝尔彻，但"乡村党"阻止了他的动议权并要求将他免职。

约翰·斯托达德上校是贝尔彻最紧密的同盟之一。他们在哈佛读书期间就已相互认识，而且两人都把加尔文主义原则与精明的、最为保守的政治本能组合在一起。贝尔彻推重斯托达德以及这位"汉普夏县乡绅"从西部带来的选票，并适当地以当地司法方面的各种任命权回报了他。无论如何，斯托达德都会支持贝尔彻这一在很大程度上未获成功的努力，即促进立法以抑制"各种罪过与邪恶"，譬如"赌博与酗酒"——他们认为这会破坏联邦的道德伦理。[51]贝尔彻亦推重这位西部人有关印第安事务的知识。1734年，总督和上校一同前去和西部边境地区的印第安部落进行会谈，并于不久后合作推进了一项面对印第安人传教的计划。[52]

马萨诸塞的政治斗争与北安普敦长期派系的而且往往是琐碎的政治角逐相当。贝尔彻的任命必定强化了"斯托达德—爱德华兹家族"对于"宫廷党"的信守承诺。贝尔彻是他们自己人中的一员，是有土地的精英和真宗教这两者的朋友。

爱德华兹是特权与服从的支持者。他的职位、他的"河谷诸神"家族、他的神学以及他的性情全都指向了那一方向。在这一时期的讲道里，他一再提醒人防备嫉妒的恶。在北安普敦，几乎所有人都能听出爱德华兹所谓"嫉妒"所包含的政治意味，因为那正是那些煽动人们反对富裕者之人的一个特征。爱德华兹追问道，他们果真在心中记挂着国家的福祉，抑或只是在乎他们自己的提升？在有关这个主题的一次圣餐讲道里，他强烈谴责了北安普敦结党的精神，将它与圣餐所象征的基督教之爱相对照，并敦促那些煽动者最好为他们自己的救赎而担忧。[53]在另一次政治性讲道中，他为公共事务极其"不安定"的状态感到悲哀，并宣称"社会状态的优势就在于它的稳定性"。他说道，"年长的与有经验的治理者"——以一种不太掩饰的方式指称像乡绅约翰·斯托达德那样的人——要比那些新的和没有什么经验的人好得多。"经常性更换掌握政府管理权的人，"他宣称，"那并不是公众谨慎的一部分。"他从严格家长制的角度看待这个问题，并指出，这种政治的反复无常性，就像一个家庭每隔几年就更换一位家长一样，是极具危害性的。[54]

在1731年尚不稳定的岁月里，当斯托达德上校的外甥向波士顿当局布道时，总督贝尔彻必定十分热情地欢迎这个年轻人。他们两人都进入了同样的精英阶层。相应地，爱德华兹也为这次正式访问波士顿所提供的国际联系而感到高兴。与那些有国际来往的圣职人员譬如普林斯、库珀和科尔曼建立起联系，也正适合于他要将上帝真理带给全世界的宏伟抱负。殖民地总督赞同这些事业，这对于这些圣职领袖的抱负来说也是很重要的。尽管他们首先投入的是复兴充满活力的敬虔，但他们也理所当然地认为上帝亦经由政治途径来工作。从1714年起处在汉诺威王室统治下的英国，在1715年击败了"老僭君"斯图亚特后，坚定地投身于新教事业。然而英国自身的新教事业显然就需要更新。新英格兰殖民地，代表着建立一种"灵性—政治"基地的最佳希望之一；这个基地，对于即将到来的宗教奋兴，至少将会提供一种模式，甚至还能提供一种舞台中心。尽管文化与政治潮流有时似乎反对这样的雄心抱负，但他们对其结果却深信不疑，因为那是上帝的工作。他们将会认同艾萨克·瓦茨对《诗篇》72篇所做的转译：

> 耶稣的权柄统管阳光普照之地，
> 他连绵的旅程将永远持续。
> 他的国度从这海直到那海，
> 直到月亮不再盈亏圆缺。[55]

注释

[1] Hopkins，*Life*，39—40。Hopkins的信息资料是以其后期岁月为依据的，并始于他40年代初在爱德华兹家作神学学生的时候；到那时，爱德华兹很可能已经建立起了相当的习惯习性。有关他个人日常生活与品性的其他细节亦来自Hopkins。

[2] Daniel Walker Howe，*The Making of the American Self：Jonathan Edwards to Abraham Lincoln*（Cambridge：Harvard University Press，1997），38。

[3] See Stephen J. Stein，"Introduction，" *Works*，15：1—46。Cf. Iain Murray，*Jonathan Edwards：A New Biography*（Carlisle，Pa.：Banner of Truth Trust，1987），138—139。

[4] "Outline of 'A Rational Account，'" *Works*，6：396—397。

[5] Ola Elizabeth Winslow，*Jonathan Edwards*，1703—1758：*A Biography*（New York：Macmillan，1940），122—123。

[6] Hopkins，*Life*，49—50。

[7] Diary，January 22，1734。

[8] Kenneth P. Minkema，"Jonathan Edwards' Defense of Slavery，" *Massachusetts*

Historical Review 2 (2002). 有关爱德华兹对奴隶制的看法，参见第 16 章。

[9] Hopkins, *Life*, 49.

[10] "Images [originally "Shadows"] of Divine Things," no. 29, *Works*, 11: 58.

[11] Dwight, *Life*, 111. 至少，这是一种家庭传说，就像德怀特所报告的。

[12] "Images of Divine Things," no. 1, *Works*, 11: 51.

[13] Account and memoranda book, Beinecke, Works of Edwards transcription, notes dated May 5 and May 14, 1736, and May 7, 1737. 他可能也注意到了 1736 年的春天来得格外晚；按照我们的日历，是 5 月 25 日。"Images of Divine Things," no. 60, *Works*, 11: 70.

[14] *God Makes Men Sensible of Their Misery before He Reveals His Mercy and Love* (1730), *Works*, 17: 142—172, quotation, p. 143.

[15] 在更具争议性的一个观察中，爱德华兹指出，在天国里的圣徒，将因获知邪恶者受到惩罚而高兴。虽然大多数当今的人们会觉得这种看法令人反感，但那主要是因为当今大多数人并不严肃对待作为永罚的地狱教义。如果人们接受那一前提，并注意到，即使是在今天我们也会为看到某个道德故事里魔鬼及其帮凶的毁灭而感到高兴，那么对理解爱德华兹的那些看法就将是有所助益的。

在 1733 年 3 月就《启示录》18: 20 所发表的一次布道里——出版于 19 世纪一些"文集"版本里，譬如 *Works of Jonathan Edwards*, ed. Hickman, 2: 207—212，爱德华兹论述了这个难题：地狱惩罚为什么不会成为天国圣徒悲伤的缘由。就像对待大多数主题一样，爱德华兹遵循着悠久的基督教解说传统，认为圣徒的幸福喜乐来自与上帝的一致性，而上帝的荣耀在正义得到伸张时就会获得显现。那在此世所需要的、对邪恶者命运的爱与悲伤，将会被代之以与上帝有关恶之看法的一致性。

在其"杂记"笔记里，爱德华兹常常返回到这一难题——往往是由 18 世纪人道主义批评者所引发的——并试图协调上帝之爱与圣经里描述的永恒惩罚。例如，在其晚年，他曾撰写过一些长篇条目（nos. 1348 and 1356），论述了地狱惩罚为什么不是"净化"并因而在终极上也不是救赎性的，指出了圣经实质上并没有表明这种观点，但那其实是与上帝之爱及正义相一致的。这些内容收录在 *Works of Jonathan Edwards*, ed. Hickman, 2: 515—525. See Norman Fiering, *Jonathan Edwards's Moral Thought and Its British Context* (Chapel Hill: University of North Carolina Press, 1981), chap. 5, "Hell and the Humanitarians," 200—260. 亦应注意他在下文，第 26—28 章，对自由意志与对罪的允许，创造的目的，以及真善的本质等难题所做的讨论。

[16] "Images of Divine Things," no. 3, *Works*, 11：52.

[17] CF. Gordon Rupp, *Religion in England*, 1688—1791 (Oxford：Oxford University Press, Clarendon Press, 1986) for an overview.

[18] Rupp, *Religion in England*, 249—256.

[19] Arthur Paul Davis, *Isaac Watts：His Life and Works* (London：Independent Press, 1946), 40, 写道, "1731 年在受调查的 39 个长老会教会中, 有 11 个是阿明尼乌派, 有 12 个不愿意表明自己的立场, 只有 16 个是正统加尔文派。"而独立派则并不如此异端。

[20] Dummer to Timothy Woodbridge, June 3, 1723, Franklin Bowditch Dexter, ed., *Documentary History of Yale University：Under the Original Charter of the Collegiate School of Connecticut*, 1701—1745 (New Haven：Yale University Press, 1916), 241.

[21] Richard Warch, *School of the Prophets：Yale College*, 1701—1740 (New Haven：Yale University Press, 1973), 172—175. 前院长卡特勒向英格兰一位圣公会朋友写信说, Johnson 向他确保更多的耶鲁学生很快就会叛教, "没有什么能阻止我们最有优秀的青年人加入国教会。"Cutler to the Rev. Dr. Zachary Grey of Cambridge, England, September 4, 1732. Dexter, ed., *Documentary History of Yale*, 195.

[22] Warch, *School of the Prophets*, 115.

[23] 也许是在非宗派性意义上提到了科尔曼所具有的"普世"声誉, 威廉姆斯补充道, 他确信"以一种真正普世精神所做的赠礼, 就像（如果我没弄错的话）霍利斯先生之对哈佛学院所做的赠礼"。Williams to [Colman], January 11, 1733, Harvard College Library, quoted in Warch, *School of the Prophets*, 175. Cf. Perry Miller, *Jonathan Edwards* (New York：William Sloane, 1949), 8.

[24] Colman to Eliphalet Adams, December 2, 1732, Dexter, ed., *Documentary History of Yale*, 298.

[25] Cotton Mather, *Ratio Disciplinae Fratrum Non—Anglorum. A Faithful Account of the Discipline Professed and Practiced：In the Churches of New England* (Boston, 1726), 5. quoted in Gerald J. Goodwin, "The Myth of 'Aminian-Calvinism' in Eighteenth-Century New England," *New England Quarterly* 41 (June 1968)：225.

[26] Goodwin, "Myth," 215—237. Goodwin 还指出（对立于 Perry Miller 及其他人）, 正统派, 包括爱德华兹, 所说的"阿明尼乌主义", 就包括被多特会议

和威斯敏斯特会议所谴责的教义；没有（à la Anne Hutchison）一个隐秘的阿明尼乌主义者，对于新英格兰所强调的好事工是含蓄不明的。针对阿明尼乌替换物，多特会议肯定了：全然败坏、无条件拣选、有限救赎、不可抗拒恩典和圣徒永蒙保守。

[27] Cf. this and the subsequent account to Perry Miller's *Jonathan Edwards*, 3—34. 在那里，他优雅并基本准确地描绘了围绕这个事件所产生的各种张力。

[28] *God Glorified in the Work of Redemption by the Greatness of Man's Dependence in the Whole of It* (Boston, 1731), *Works*, 17: 205, 212, 213—214.

[29] Thomas Prince, William Cooper, "Advertisement," August 17, 1733, *Works*, 17: 215.

[30] 有关这个主题，参见 Thomas S. Kidd, "From Puritan to Evangelical: Changing Culture in New England, 1689—1740" (Ph. D. diss., University of Notre Dame, 2001)。

[31] "Thomas Prince," *Sibley's Harvard Graduates*, 5: 341—368. "William Cooper," ibid., 626—627. Cf. "Diary of Samuel Sewall, 1674—1729," in *Collections of the Massachusetts Historical Society*, 5th ser., 7 (Boston, 1878—1879), 235 (November 27, 1719), 那时 Cooper and the Princes 在拜访法官；以及 235—236 (December 1, 1719), 那时 Cooper 在向 Judith 求婚。

[32] Michael J. Crawford, *Seasons of Grace: Colonial New England's Revival Tradition in Its British Context* (New York: Oxford University Press, 1991), 70.

[33] John Corrigan, *The Prism of Piety: Catholick Congregational Clergy at the Beginning of the Enlightenment* (New York: Oxford University Press, 1991), 131—134 and passim.

[34] "Diary of Sewall," 6, p. 391 (July 5, 1713), 7, p. 164 (February 2, 1718), cf. p. 171 (February 23, 1718). 我获益于 Aaron Sprague 的研究生论文对这个论题所提供的信息 "From Psalmody to Hymnody in Congregational Massachusetts: The Issue of Extra—Biblical Song in Public Worship" (University of Notre Dame, 1996). See also Robert Stevenson, *Protestant Church Music in America: A Short Survey of Men and Movements from 1564 to the Present* (New York: Norton, 1966), 1—31; Bruce C. Daniels, *Puritans at Play: Leisure and Recreation in Colonial New England* (New York: St. Martin's Press, 1995), 52—66。

[35] Both Quoted in Daniels, *Puritans at Play*, 54.

[36] Cotton Mather was recommending them in the 1710s, "Diary of Cotton Mather, 1709—1724," *Collections of the Massachusetts Historical Society*, 7th ser., 8 (Boston, 1912), 142, 169, as cited by Sprague, "From Psalmody to Hymnody."

[37] Cynthia Adams Hoover, "Epilogue to Secular Music in Early Massachusetts," in *Music in Colonial Massachusetts*, 1630—1820: *Music in Homes and Churches* (Boston: Colonial Society of Massachusetts, 1985), vol. 2, 734—753. 1717年在哈佛，有一个学生为该校第一份有关音乐的论文进行了答辩；该论文包括有这样的命题"和声是极其协调声音的对称"。Edward T. Dunn, "Musical Theses at Colonial Harvard," in *Music in Colonial Massachusetts*, vol. 2, 1162. Cf. Daniels, *Puritans at Play*, 60—61.

[38] 早在1721年3月，塞缪尔·休厄尔就在日记里记录道，马瑟于星期四晚上向"年轻的音乐家们"做了布道，其间"吟唱十分出色，以前在波士顿很难听到这样的歌唱"。"Diary of Sewall," 7, p. 285 (March 16, 1721).

[39] Laura L. Becker, "Ministers vs. Laymen: The Singing Controversy in Puritan New England, 1720—1740," *New England Quarterly* 55, no. 1 (March 1982): 79—96. Daniels, *Puritans at Play*, 55.

[40] "Diary of Cotton Mather," 606 (March 1721), quotation p. 626 (June 1721).

[41] Henry Wilder Foote, *Three Centuries of American Hymnody* (Hamden, Conn.: Shoe String Press, 1961), 105—106.

[42] Daniels, *Puritans at Play*, 61.

[43] Crawford, *Seasons of Grace*, 68. Davis, *Watts*, passim. On Singer, see Davis, *Watts*, 55—56, and "Benjamin Colman," *Sibley's Harvard Graduates*, 4: 122.

[44] Williams diary (typescript), April 19, 1730, Storrs Library, Longmeadow, Mass., quoted in Mark Valeri, "Preface to the Period," *Works*, 17: 19, cf. 17—28, on political context. See also Kenneth Minkema, "Preface to the Period," *Works*, 14: 36—38.

[45] Michael C. Batinski, *Jonathan Belcher: Colonial Governor* (Lexington: University of Kentucky Press, 1996), passim. "Jonathan Belcher," *Sibley's Harvard Graduates*, 4: 434—439.

[46] This is the thesis of Batinski, *Jonathan Belcher*.

[47] "Jonathan Belcher," *Sibley's Harvard Graduates*, 4: 443—444.

[48] Batinski, *Jonathan Belcher*. 86, 88.

[49] Belcher to Watts, October 30, 1732, "The Belcher Papers," *Collections of the Massachusetts Historical Society*, 6th ser., 6 (Boston, 1893), 205—206.

[50] Batinski, *Jonathan Belcher*. 强调了这个主旨。

[51] David W. Conroy, *In Public Houses: Drink and the Revolution of Authority in Colonial Massachusetts* (Chapel Hill: University of North Carolina Press, 1995), 203. "Vice and Wickedness" 来自贝尔彻于 1730 年所做的一项公告，"gaming and excessive drinking" 来自 1736 年拟议中的一项法规。

[52] "John Stoddard," *Sibley's Harvard Graduates*, 5: 106—107, 111—112. Cf. Batinski, *Jonathan Belcher*, 98, 100, 103.

[53] *Envious Men* (August 1731), *Works*, 17: 101—120.

[54] *The State of Public Affairs* (between August 1731 and December 1732), *Works*, 17: 355, 354.

[55] "Christ's Kingdom Among the Gentiles," Isaac Watts, *Psalms of David, Imitated in the Language of the New Testament and Applied to the Christian State and Worship* (London, 1719), 186. 我感谢 Richard Stanislaw 提供了这条信息。

9

上帝的以及撒旦的巨大工作

1731年中期，大约在他准备波士顿布道期间，爱德华兹开始注意到在北安普敦出现了一些变化的风向；那些风向最终将演变成一场奇妙的灵性觉醒。这灵性的"东北风"将会改变他的人生航向。他的抱负长期以来就是作为一位国际公认的作家来为上帝做大事。进行一次公开讲座式布道并在行省首府加以发表，只是朝那个方向迈出的一小步。然而爱德华兹作为西部马萨诸塞最大教会的牧师，已经深深卷入了那些事务之中。他的工作以及在那里出现的迅猛发展，将会获得超越其他一切事情的优先权。

那全都肇始于年轻人。他们对权威的不尊重——在所罗门·斯托达德晚年就已经开始加剧，并在他去世后达到了顶峰。然而随着爱德华兹凭借自身努力获得声望，他对年轻人不羁行为的抨击，再加上他对他们灵魂明显的怜悯，开始逐渐产生一些效果。"在斯托达德先生去世两三年后，"正如他所描述的，"这些邪恶开始明显减少；年轻人更多地表现出愿意倾听劝告，逐渐放弃了他们的嬉笑打闹，在参加公共崇拜时也更加合乎礼仪了，并比过去更多地表现出一种宗教关切。"[1]

在新英格兰西部，社会条件对于年轻人来说已经变得比较艰难。家庭是大家庭，每个家庭平均有五到九个孩子。[2]在17世纪里，北安普敦城在男孩子们成年后会向他们分发公共土地。这种惯例，再加上分散的土地与公共培育的维持性牧场，为整合在清教文化理念里的社团主义（communalism）提供了强大经济基础。但在 1705 年以后，在城镇辖区内不再有土地可以提供了；只有在 1730 年，在大约八英里以外的南安普敦（Southampton），为了鼓励发展新定居点而分派了一些土地。由于不断增强的印第安仇恨这一持续存在的威胁，移民开拓生活成为了一种社团行为，即便那样还是十分危险。在北安普敦，农夫们正在巩固他们的土地拥有权；富裕的土地所有者与不太富裕者之间的裂缝正在增大，这也助长了长期存在的政治对抗。由于没有新的可以利用的土地，年轻人开始与父母一同生活。虽然这并不必然导致经济剥削——农场可能会因额外家庭劳力而更加兴旺——但它却改变了社会模式。年轻人与他们父母相比将自己的婚姻推迟了大约三年时间，所以其平均结婚年龄，男性是 28 岁或 29 岁，女性是 25 岁。

那些十几岁至二十好几岁的年轻人很可能就处在这种情形中。他们生活在具有社团结构的村镇里，但是他们却可能无法像他们的祖父母在他们这个年纪时那样，负责任地参与到社团中。他们也没有多少机会将自己从这个社团里除名，就像后代的企业农场主那样。资本主义经济开始取代社团主义经济；但这在事后看来，远比在那个个体与社团关系远未确定下来时代里的人们看来，要清楚得多。其实际后果就是，数量越来越多的年轻人，一直到二十好几岁时，仍然同父母生活在一起。正如爱德华兹在反对嬉笑打闹的讲道里所表明的，未婚儿女处在父母权威之下，但——毫不奇怪——父母规则很难像他希望的那样发挥作用。对于许多年轻人来说，官方的期待——他们应该将所有性行为推迟到结婚后——以及在标准与他们实际行为之间的差异，使他们产生了一种罪咎感。[3]

虽然这个含混不清的人生阶段的压力是造成年轻人焦躁不安并最终对宗教选择敞开的重要原因，但孕育出这种灵性觉醒的社会张力，也许并不比其他地区更为严重。风平浪静的 18 世纪 30 年代，并不比 20 年代或其他许多年代张力更大。北安普敦，在易于获得新土地以及婚姻亦不需要长时间推迟的时代，在斯托达德领导下，也曾经历过几次显著的宗教奋兴。在欧洲世界的其他地方，许多社团也曾在各种条件下发生过宗教奋兴，所以人们不能就那些相关的外在原因做出一般性概括。当然，新英格兰西部的宗教奋兴属于最强烈的奋兴；而 18 世纪 30 年代的一些特定社会条件也为那种强烈性提供了契机。通常，相对平静的时代总是充满了焦虑，因为人们有时间去反思一个似乎已经失却的过去；而在过去，与不确定的未来相对照，其意义被认为更清楚、更强烈。

就算向爱德华兹指出影响觉醒的一些特定社会因素，譬如许多年轻人未婚依赖性的延展，他也会在承认它们的同时，并不会为他对觉醒的神学解释增加任何负担。上帝做工总是通过各种途径。不论他送来的是地震还是可利用土地的短缺，上帝都仍然在行动着以提醒人们他们的灵性需求。通过这样的力量，上帝就提供了奋兴的土壤。上帝通过圣灵，亦提供了恩典的途径，譬如宣告上帝之道和教会训令，以作为他看顾灵性葡萄园的途径——正如有一圣经意象所描述的。

即使在 1731 年，爱德华兹能感觉到他照料的灵性葡萄园可能重新获得活力或生机，但在它开花之前，也经历了将近三年的耐心修剪与培育。在这些年间，不仅年轻人的情绪心态逐渐改变了，而且他们的长者也表明了这样一些迹象：即要抛弃这个城镇臭名昭著的"结党精神"。而且，迟至 1734 年 3 月，爱德华兹在讲解《以赛亚书》5：4 的讲道中还警告说，上帝将会践踏毁坏那结野葡萄的葡萄园，尽管那里面有他爱的培育。[4]

大约在这同一时期，爱德华兹试图利用城镇的社团与家长传统，以期对他认为与其灵性传承最不相称的习俗，实施决定性打击。虽然年轻人已经减少了嬉笑打闹并在崇拜时变得更加专注了，但那是"他们长期以来的行为方式，并且我也略有所知，他们总是使安息日夜晚和讲座日成为消遣娱乐和成群结伙的特殊时间"。1733 年至 1734 年冬季，在意识到有可能会赢得这场战斗时，他再次针对"成群结伙"讲道，并敦促父母们结束自己孩子们的这种做法。在次日晚上，他在家里召集了"分属城镇几个区域的长者们"。他建议他们以牧师名义组织一些邻居间的"家长会"。在他看来，这个城镇实质上是一个扩大化了的家庭或家族。抑或，更准确地，他将这个城镇看作是一个古以色列部落，而他自己则是其属灵的与道德的权威。通过城镇的"长老"，他们又通过各个家长，他就能够将他的道德权威扩展至整个社区或社团。

这种努力奇妙地发挥作用了。单靠强迫只会使人刚硬,而劝说则能够软化心灵。根据爱德华兹的记录,不仅家长们愿意合作,而且令人惊讶的是,父母们还发现,"年轻人声明他们被自己所听到的信息折服,并真心实意地愿意服从。"[5]

这时最初的奋兴之火出现在一个名叫帕斯康马克(Pascommuck)的小村庄;这个小村庄距离北安普敦主城区约三英里,但却属于爱德华兹教区范围的一部分。帕斯康马克村的几个家庭被"一种显著的宗教关切"所席卷,"一些人似乎在经历被救赎"。到1734年4月出现了一种戏剧性转折点。爱德华兹报告说,"突然而可怕的死亡临到一个花季少年;他罹患了严重胸膜炎,很快就陷入了严重谵妄状态,两天后就死了;这(连同在那个场合公开宣告的东西)深深触动了许多年轻人。"[6]

爱德华兹的整个人生历程已预备好他要抓住这一时刻。曾经两度濒临死亡,他的大部分青年时期都在反思"在永恒的边缘上贪爱尘世快乐是多么愚蠢"。他对那些深受打击的哀悼者讲《诗篇》90:5—6:"早晨他们如生长的草,早晨发芽生长,晚上割下枯干。"他讲的道十分尖锐,他详细阐述这一意象,使年轻死者的许多朋友都流下了眼泪。

爱德华兹指出,每一个会众,都能从行走在自己的田野里而生动地回想起《诗篇》作者所描述的经验:"如果我们在早晨出去,我们就会看到田野是绿油油的,呈现出富有活力和令人愉悦的颜色。绿草中点缀着鲜花,似乎在微笑……在欢乐、在歌唱、在欢呼……但如果我们夜晚再出来,就会看到那些在早晨看来曾那么令人愉悦的绿草与鲜花全都黯然失色了,突然之间被修剪掉了、死亡了、枯萎了,失却了那美丽的颜色和活生生的样子。"

追随《诗篇》作者,爱德华兹描绘出了这种经验的强大灵性意义。在欣赏青春之美的同时——就像喜爱鲜花那样,爱德华兹描绘出了一个美好青年遭受可怕死亡的场景:"抑或,他也可能在青春时期焕发出旺盛的生命力。他才刚刚进入成年期。他的机能才刚刚开放出花朵……他充满了力量;所有的自然能力都是最有生机和活力的;身体正处在最美好和最适宜之中。"

通过重申这一形象,并且是以他典型的对某一主旋律的每一变调的赋格式发展，他转向了那个年轻人的朋友们的感知："他在朋友们的希望与期盼中茁壮成长……他是幸福而快乐的，他被自然与神佑的微笑所环绕。[他就]像清晨田野里的绿草和鲜花，覆盖着露珠，摇曳着清晨的阳光，散发着芬芳，令人感到赏心悦目。"

这种奇妙但却短暂之美丽的脆弱性，与死亡可怕的扭曲形成了鲜明对照；爱德华兹对此亦生动地描述道，"当人处在死亡之痛苦中并与最可怕的事发生冲突时，他的容貌将会被扭曲：目光痴呆并流露出恐怖神情，嘴巴大张着并上气不接下气……在充满活力和健康时那些在别人看来最为优美愉悦的外貌，也会因死亡而变得恐怖和可憎。他们的美丽就像扑火的飞蛾一样顷刻间变得无影无踪。"

在如此有力地论述了情感问题后，爱德华兹转而用理性方式，警告北安普敦年轻人不要将其生命浪费在追逐虚荣上。"那该是多么荒谬啊，"他最后指出，"我们的生命与田野里的花草何等相像……竟将最重要的机会花费在轻浮与虚无的欢乐上，花费在追求肉体与感官的快乐与愉悦上。"

当他在葬礼证道中提出这种观点时，他引导他年轻的听众去感受他们令人震惊的荒谬："细想，假如是你英年早逝，那么在别人看来，你以这样的方式虚度了青春，那该是多么令人震惊啊。当其他人立在你病床边看着你咽下最后一口气，或者在你死后人们前来看着你被安放进停放在墙边的棺材里，并注意到死亡所赋予你的可怖面容，如果他们回想起这个人常常在谈话中是那么虚荣与浅薄，那该是多么令人震惊啊。这就是那曾经如此粗俗下流的伙伴。这就是那常常将其闲暇花费在嬉笑打闹上的人。"

爱德华兹通过重申他整个立场的一条核心原则而得出了结论，就是他自己处在青春期挣扎时曾经常常提醒自己的原则。他告诉年轻人，当他们可以期待来世更大的喜乐时，却被地上身体的美丽与快乐所误导，这是极其荒唐的："如果你关注基督，你的身体就将以荣耀的方式重新兴盛。如果你在身体正处于最活跃和最美好的青春花季死亡，它复活时将更活跃和美好千倍。"他们的幸福将比只是短暂被深情地纪念要大得多。他们的荣耀将存到永远。[7]

爱德华兹在年轻人中站稳了脚跟，并相信一些深深被他讲的道触动的人已归信得救了，因此，他进而在他们中间传递属天的关切。在那个年轻人去世数周后，他在"私下会议中"单独会见了他们。他提及自己早先那篇道的结论，就另一段相关经文又讲了一篇道。这段经文就是《雅歌》6：1："你这女子中极美丽的，你的良人往何处去了？你的良人转向何处去了？我们好与你同去寻找他。"

对于爱德华兹来说，就像在多数基督教传统中一样，这篇爱情诗被解读为基督与教会之间爱的象征。基督那"荣耀与可爱的人格"，"比所有尘世事物都更为卓越，比所有其他被爱者都更美好。"他试图扩展那种觉醒的激动，鼓励年轻人去体验基督之爱是如何超越尘世之爱的。今世爱的喜悦的目的是为了指向那更高得多的狂喜。正如情侣会向他人说起他们的爱人一样，那些已经归信的人应当成为他人归信的一种鼓励。今天，年轻人作为朋友聚集在一起，但如果那些未归信者没有追随那些归信者的榜样，那么最终就会在他们中间形成一道巨大的鸿沟。[8]

几乎是与此同时，年轻人因为他们当中另一人的去世而深受震撼；这回是一个已婚年轻妇女。从罹患疾病伊始，她就为其灵魂状况而深感苦恼；但到她去世之前，她似乎"已经具有了上帝救赎仁慈的满意证据……所以她是在极大的安慰中去世的，并以一种最为真诚和感人的方式警戒和劝告了其他人"。[9] 在 6 月份，也许是为了这个场合，爱德华兹撰写了另一篇葬礼讲道。与 4 月份的忧伤悲叹相对照，这篇讲道颂扬了人们在一位圣徒的死亡中所能获得的喜乐与慰藉。[10]

到秋季，觉醒已经传开并正在改变北安普敦的青年文化。看来年轻人如今十分服从爱德华兹的领导，并热切地寻求属灵的喜乐，因此他很容易就说服他们在星期四讲座结束后的晚上（原先是最好嬉笑打闹的时间）开始聚会，以小组的形式进行"社交联谊宗教"（social religion)，并在城镇各个区域的家庭里进行聚会。很快，成年人也采纳了类似方案。到接下来的春季，各个小组亦开始在安息日晚上自愿聚会。平时妇女在宗教事务上最为活跃，如今年轻男人带头将他们几乎所有的同伴都带到了聚会上，以进行宗教联谊和祈祷。[11]

通过劝说这个城镇组织成一些较小的、私下的宗教聚会，爱德华兹复苏了清教运动的最基本组成要素之一。这种祈祷聚会，自从早期英国人定居在那里起,就一直在新英格兰的讲座日晚上举行,但它们很明显已经丧失了部分活力。在伊丽莎白一世时期的英国,在原初清教徒经常遭受压制的时期,邻居间的秘密聚会就常常成为那一运动的核心。而清教运动最为典型的特征,就是鼓励平信徒的灵性塑造。清教徒促进了所有人的读写识字能力,因为这些能力对私人、家庭以及邻里的平信徒崇拜是很重要的。在交谊聚会中,邻居们一起祷告和学习圣经,相互教导和勉励,并在灵性上彼此建造。通常,妇女们是单独聚会,这为她们在自己家庭之外,提供了教导与发挥其他属灵恩赐的机会。[12]

平信徒聚会的复苏,不仅使北安普敦的觉醒与以往的清教信仰联系在了一起,而且也与当时英国及欧洲的敬虔派奋兴运动联系在了一起。18世纪早期在整个新教世界里的轰动,是以复苏平信徒祈祷会为其标志的。福音派圣职人员强调,常规祈祷——个人的、家庭的以及社会的——是任何整体性觉醒的关键。祈祷手册,譬如艾萨克·瓦茨的通俗本《祈祷指南》,在大西洋两边都销售得十分火爆。[13]

爱德华兹推动在如今兴旺的交谊祈祷会上采纳新的歌唱方式。他的会众已经学习了一段时期的正规或三声部歌唱形式;爱德华兹相信他们胜过了"所有我所知道的先前担任这一义务的外来者;他们一般能够正规而完好地演唱三个声部的音乐;而妇女则单独演唱一个声部"。[14]在公共崇拜中,他们仍然只是歌唱圣经诗篇。而在私下聚会里他们能够歌唱和学习艾萨克·瓦茨的赞美诗——这为那些场合增添了更多的喜乐。爱德华兹相信,学习歌唱是一种属灵的责任。它是一种圣经指定的鼓励他人信仰的方式,并对激发情感具有一种值得称赞的功效,它对真正的灵性塑造是必不可少的。[15]

爱德华兹设法在1734年发表了他在前一年写下的一篇著名讲道词。他在序言中说明是写给北安普敦人民的;他称赞他们"在我们中间形成了幸福的融合",并有如此众多的人毋庸置疑地显出了他所说那些教义的果子。[16]而随着奋兴运动的发展,他想要他们对那些关键教义再次做出反思;这不仅能够巩固他们的信仰,还能激励他人去寻求来自上帝的光明。这篇讲道,"一种神圣与超自然之光",比其他任何单一的资料都更好地概括了他属灵洞见的实质。在其中他为一切真正的觉醒提供了一种宪章。

在"一种神圣与超自然之光"里,他比在其他任何地方都更简明地讲述了他对真正基督教经验之理解所做的最深刻神学反思。他解释道,上帝以直接方式与人交流;它超越了自然理性自身能够获得的一切。那将圣徒与未归信者区别开来的,是圣灵居住于信徒里面并因此赋予了他们领悟上帝事物的能力。实际上,他们具有了一种新的灵性意识。这种新意识并不是获得异象或者获得超越圣经之外新信息的能力。相反,它是领悟那源自上帝的灵性之光所必需的能力,是聆听传递上帝充满宇宙之爱的能力。它是领悟美丽或卓越特别是基督的美丽与卓越的能力。

爱德华兹向北安普敦人详细阐述的那种知识,是质的(qualitative)和情感性的(affective),而不仅仅是理性的或理论性的。用一个熟悉的比喻来说,这就像"理性上判断蜂蜜是甜的与尝到蜂蜜甜的感觉之间的区别"。抑或,更准确地,这就像"相信一个人是美丽的与实际感受到这个人的美丽之间的区别"。在"灵性上被开启的"人,并不只是"在理性上相信上帝是荣耀的,他还在心里感受到上帝的荣耀"。

在他的"改进"里,或者讲道的应用里,爱德华兹强调平等主义的意义。"能力平庸、没有什么优势的人,同那些才华出众、学识渊博的人一样",都能够领悟这种灵性之光。假如福音"仅仅依赖于历史和那些只有博学的人才能理解的推理,那么人类绝大多数人将够不着它"。然而,"具有普通程度学识的人,并不需要长期而复杂的推理训练,就能看到信仰的神圣卓越性"。当他们这么做的时候,就获得了那远远优于最伟大哲学家或政治家所有知识的神圣智慧。这种"甜美而快乐的"神圣知识,也远远超越了人类知识所带来的喜悦。它是对于那"极其奇妙优美事物的"一种"看见"。这种压倒一切的美"触及人的心灵深处,并改变了心灵的本性"。唯有它能够产生出"生命普遍的圣洁"这一果实;而后者则是证实真实归信的首要证据,是人与神圣之美相遇的"直觉与直接的证据"。[17]

到爱德华兹为他那印刷的讲章撰写序言的时候,他能够说,毫无疑问,他北安普敦教区居民中有许多人,"明确体现了"他在讲道中所描绘的那些突出的灵性特征。在他看来,他所观察到的,并不是一时之间的宗教热情，不是在没有圣洁证据下对于信仰的激动宣称，不是那不会持久的肤浅情感激发，而是被永久改变的生命。他是作为一个坚持最严格的灵性标准、鼓励谨慎的理性观察者怀疑的人写下了这些话的。然而这似乎不可能被误解：圣灵之火正在席卷许多人的心灵，从一个人传到另一个人那里。

他的个人作用是令人惊讶的。这个城镇似乎在按照他的形象重新改造自己；就他那完美主义标准和灵性强度而言，这是一项相当了不起的功绩。在某种程度上，他将透明的灵性与在每一方面都清楚明白的逻辑结合在了一起，这使他正在赢得这个群体的心。人们正在与这个要求严格的年轻传道人认同，他在他们面前确立了一种崇高的属灵异象。每天教区居民都挤满了他的家，等着他辅导。未谙世事的青年和麻木不仁的农夫全都处在了他奇妙魅力的影响之下。

正在兴起的觉醒运动还在不同代人之间制造了某些张力。在爱德华兹之外其他人对北安普敦奋兴运动所做的为数寥寥的记叙中，有一则提到了这样一件事情：一个人要他儿子去树林里为家里打些柴以补充正在减少的存量。那个儿子拒绝了，并提出了一种理由；但那位父亲，却利用他的权威，命令那个年轻人去执行。可是，那个儿子却拿着斧子走进了库房，并在里面发出了"可怕的叹息与吵闹"，以至于惊吓到了邻居。最终，由于无法使他平静下来，他们叫来了爱德华兹；爱德华兹到来后，那个年轻人还在继续吵闹。这个故事接着说道，爱德华兹要求那位父亲放弃自己的要求，因为他儿子正处在圣灵的超常影响下，并"正在克服障碍"，这个词用来指那些寻求归信的人。那些讲述这类故事的觉醒运动的反对者，将它看是对正当权威与敬重的可耻削弱。[18]

到12月末，觉醒出现了一种戏剧性的上升发展。一位年轻妇女，以"全城最主要的'成群结伙者'之一"而闻名，前来拜访他并寻求辅导。之前爱德华兹并未听说她已经变得"严肃"起来，但是倾听了她的叙述并仔细询问了她之后，他确信"她所叙述的是上帝无限权能和主权恩典的一种荣耀工作"。这个先前那么粗俗和轻佻的年轻妇女是几乎不可能成为一个归信者的，所以爱德华兹担心她被认定为归信的消息有可能会引起怀疑情绪。但正相反，"这个消息几乎就像一道闪电，大大触动了全城年轻人的心灵，以及其他许多人。"在几天时间内，又有四五个人出现在他书房里，并全都显出了已经归信得救的最令人信服的记号。爱德华兹推定，上帝利用那个年轻妇女的归信，"来作为这个城镇里所发生的一切事中使他人觉醒的最大契机"。那个妇女现在开始向她所有朋友讲述自己的经历；而她那些朋友大都是这个城镇"离严肃最遥远的"人，是那些以前与她一起在酒馆里闲逛或嬉笑打闹的人。随着归信的人像溪流一样越变越宽，人们会告诉他，这种巨大的改变是如何使他们觉悟到自己的灵性需求的。[19]

到1735年3月和4月，灵性之雨已经使溪流变成了洪水。觉醒，尽管性质上类似于早先的奋兴运动，但在程度上远远超越了后者。爱德华兹曾决心"在其叙述里只是说出纯粹而简明的真实情形"，但如今则担心夸大其辞有可能会损害他的事业。他报告说，"对宗教伟大事物以及永恒世界的一种巨大而真挚的关切，充斥了城镇各个角落，遍及各种程度与各种年龄的人们当中。"[20]人们几乎不谈论别的事情。这至少是爱德华兹的印象。可以肯定，在他所到之处，没有人会谈论其他事情。鉴于我们对人性的了解以及爱德华兹后来的一些失望，我们可能会怀疑，觉醒的北安普敦可能并非像他描述的那么完美。爱德华兹在诚实上是一丝不苟的，但他在热忱中为激励他人也容易夸张。他也有可能被厚望所误导。

考虑到所有这一切，该城镇的灵性热情似乎已经超越了任何人在以前所曾看到过的情形。爱德华兹说，"除了有关属灵与永恒的事物，所有关于其他事情的话题很快都被抛弃了；在所有交往以及所有场合的所有交谈，除了是那些为人们履行其日常世俗事务所必需的以外，都只是有关这些事情的。在宗教事务之外的其他言论，在任何集会中都难以被容忍。"那曾经似乎满是枯骨的河谷，如今充溢着灵性生命的气息，而几乎不再理会日常事务。"他们处理世俗事务，似乎更多地是出于义务而不是像先前那样出于喜爱；如今诱惑似乎是相反的，即过于忽略世俗事务，并将太多的时间用于直接的宗教活动上。"[21]

奋兴热情的超常表现之一，就是疾病几乎从这个城镇里消失了。在以往，爱德华兹每个主日都会收到若干张要求为患者祈祷的单子。而在觉醒运动处在高潮的那些月份里，"我们要好几个安息日加在一起才会收到这样一份单子"。爱德华兹并没有将这种可证实的现象看作觉醒有效性的证据。相反,他只是将它看作撒旦在其中似乎被限制了一段时间的一种护理。[22]

爱德华兹无法确定长期下去有多少人会获证归信得救,但是他满可以希望,在三个月时间内,有 300 位城镇居民被如此改变了。这个教会,在波士顿以西最大的,如今包含 620 位领受圣餐的成员——这几乎是该城镇所有的成年人。这场觉醒是极其非同寻常的,因为它影响了"各种各样的人:清醒的与堕落的、高尚的与卑下的、富裕的与贫穷的、聪明的与愚钝的"。其中还包括"几名黑人",他们"看来也真正重生了"。大约有 30 个儿童,即 14 岁及以下者,"似乎亦蒙恩得救了"。与更早时期在斯托达德带领下的奋兴运动不一样,男人与女人归信的一样多。爱德华兹还进一步指出,大多数奋兴运动,几乎只是触及年轻人。而这一次却包括 50 位 40 岁以上的人,甚至有两位年逾七旬。

一时间,觉醒运动似乎差不多解决了爱德华兹在北安普敦担任牧师期间最麻烦的一个方面——由斯托达德的方针所产生的畸形物,即允许未归信者领受圣餐。在奋兴运动高峰期,在一月两次的领受圣餐崇拜中,一次就有 80 到 100 人做出"明确地公开宣告信仰",这"让会众非常感动"。爱德华兹将这些新归信者描述为"被接纳进我们的圣餐礼之中"。随后他又补充道,领受圣餐实际上并不需要这种信仰告白,他的补充颇有点辩护性。[23]

这看似近乎普遍性的觉醒,亦暂时缓解了清教与新教传统内一种最深刻的张力。教会应当成为一种分离的群体——从世界中分离出来并单单由信徒组成吗?抑或,它应当成为所有受尊重公民都隶属于其中的国教吗?爱德华兹对于教会,最终也是对于城镇的理想是,每个人都应当毕生遵循一种实质上是修道式的标准。虽然这样一种理想常常在一些更新近的教派运动内得以实现——其成员与建制教会甚至与先前的社团分离开来,但它对于已经与这一运动起点相隔四五代人的这整个城镇来说,仍是一种极其不同寻常的标准。既然几乎每个人都归信了或者正在走向归信,这个城镇看来就处在这一边缘上,即变成了与一种严格纪律性"信徒教会"近乎共存的状态。

一种如此显著、如此重要的事件，很快就成为了新英格兰谈论的话题。许多人持怀疑态度，认为爱德华兹带领他的人民进入了极端狂热中。新英格兰一直都包含一些激进的宗教边缘群体，正如建制教会圣职人员所认为的。他们熟悉各种各样的先知——在大西洋两岸；那些先知激发想象力，鼓舞灵性异象，宣告奇迹，鼓励怪异的行为，而且教导一些耸人听闻的教义，譬如千禧年或者"圣灵时代"马上就要来临。新英格兰改革宗圣职人员体现了"开明进步"时代的某种精神，又了解自己传统内反复出现的过分行为，他们对于"宗教狂热"——他们所指的是未经约束的宗教热情——持深深的怀疑态度。[24]传言说北安普敦不同寻常的转变就是这样一种狂热的爆发。

局外的批评者就更加严厉了。1735年6月5日，爱德华兹的前指导教师蒂莫西·卡特勒——现在则是波士顿一位圣公会的教区长——向英国一位朋友写信说道，"加尔文主义系统在距离此处约100英里的地方达到了登峰造极的地步。归信被以令人极其厌恶的方式加以谈论。在一个地方有60个人同时经历了那种工作。悲哀和恐惧攫住了他们，并在一段时间里控制了他们；然后他们体会到了一种内在的喜悦，而那种喜悦首先表现为嘲笑聚会。其他人因为没有经验到那种工作而感到悲哀，这在当前占据了那个国家的思绪与交谈，而那吹号式的貌似虔诚的问题则是，'你已经经历了吗？'即归信。"[25]

爱德华兹指出，"有许多人在嘲笑和讥讽"这场奋兴；其诋毁者正在散布一些"被严重歪曲了的情形和无数虚假的报告"。他必须要特别反击这样一种谣言，即北安普敦信徒正在受到圣经之外的"虚幻想象"或灵性异象的驱使。

这对爱德华兹来说是一个微妙的问题，因为他布道的目标就是要触及情感，要引导人们超越对灵性实在的一种纯理论性认知。而要这么做，他就想要他们在心灵里形成对于真理的"活生生的画面"，以使他们必须面对它们并对它们做出情感性回应。他认为这一做法是正当的：经由对地狱的恐惧——通过在人们心灵上强化"对于可怕熔炉的活生生观念"，而将人们置于"极大恐惧之中"。或者，通过形成"对于基督被悬挂在十字架上以及伤口流血的活生生观念"，人们也有可能会受到基督之死的触动。[26]

如此强烈的属灵情感很容易与更具轰动性的宗教冲动混淆在一起。在一些案例中，爱德华兹的教区信众就有他发现"神秘"但却不知道如何评价的异象。尽管如此，他还是煞费苦心地教导他们，如何在"真正以圣经为基础的经验"与"不受约束的想象"之间做出区分。正如他在"一种神圣与超自然之光"里所强调的，灵性之光提供了关于性质的知识，但没有提供圣经之外的真理。

在如此审慎地做出了这些区分后，对于爱德华兹来说，要驳斥追求轰动效应的指责并不困难，虽然它们在一些区域持续存在着。譬如，他能指出，贵格会传教士在听到了来自北安普敦的轰动报告后，曾来到这里"希望趁机浑水摸鱼"。不过，爱德华兹已经很好地教育了他的教区居民，当圣经的真实食物没有挂在鱼钩上时，不要受到情感"内在之光"的引诱。在进行过几次访问后，那些传教士徒劳无益地离开了。[27]

北安普敦的奋兴热情是具有感染性的。持怀疑态度的访问者来到该城镇，到离开时却留下了深刻印象，甚或开始极其关注起自己灵魂的状态了。当法庭于1735年3月在北安普敦集会时，其时适值奋兴运动正在走向高潮，许多访问者都因他们所看到的这个城镇的显著改变而深受触动。[28]

到这时，奋兴运动传布到了整个康涅狄格河谷地区，远至纽黑文和康涅狄格海岸地区。在许多情形中，爱德华兹相信，那些觉醒都源于与北安普敦的直接接触。一些邻近的城镇几乎完全效法北安普敦的模式，并在1735年4月和5月发生了近乎普遍性的觉醒。许多其他城镇也受到了明显波及。爱德华兹在他的记述里提到了西部马萨诸塞（汉普夏县）的几乎每一个教会以及康涅狄格的二十个教会。其中就包括东温莎"他尊敬父亲的教区"。有一种情形是：两位康涅狄格牧师赫齐卡亚·洛德（Hezekiah Lord）与约翰·欧文（John Owen），由于听到了相互矛盾的叙述，而于1735年5月旅行到北安普敦去亲自看个究竟。这两位受到深刻触动的牧师，将奋兴运动的消息带回了他们的家乡教会，并在那里引发了显著的觉醒。尽管其他人的报告证实了爱德华兹的叙述，但在有些情形下，并不清楚那里的觉醒是否与北安普敦有直接关联。在爱德华兹最全面的叙述里——写于1736年11月，他注意到，在于 1735 年秋前往纽约和新泽西的旅行中，他曾听说过上帝的灵在新泽西的显著工作，特别是在一位荷兰改革宗传道人——"我记得他的名字是弗里林豪萨［Freelinghousa，其实是西奥多·弗里林海森（Theodore Frelinghuysen），1691—1748 年］"——与一位长老会福音传道者吉尔伯特·坦南特（Gilbert Tennent，1703—1764 年）两人的指导下。[29]

猖獗的撒旦

爱德华兹曾试图控制觉醒运动的闪电，结果（像本杰明·富兰克林那样，后者在后来一次电学演示中被击倒失去了知觉）发现它比自己所想象的更具爆炸性。1735 年 6 月 1 日，这个城镇遭受晴天霹雳；那回响震颤得人们从他们所上升到的灵性高峰上四散而去。抑或，用爱德华兹自己的话来说，它是一种比物质能量要危险得多的力量。"撒旦似乎更加猖獗，并以可怕的方式在肆虐。"[30]

在那个安息日早晨，北安普敦的精英公民之一，约瑟夫·霍利二世（Joseph Hawley II），自己割破了喉咙并于半小时内死亡。这个城镇里每个人都认识霍利。死时只有 42 岁的霍利是一位成功商人；他负责为波士顿市场代理家畜贸易。霍利还开着一间商店，经营的货物有朗姆酒、火药、烟斗（许多人都抽烟并自己种植烟草）以及像丝质手帕这样的奢侈品。具有时尚意识的萨拉·爱德华兹必定经常光顾这间商店，以便为她自己或她年幼女儿们的衣服选购装饰品。霍利是这个城镇第一个出售刀叉餐具的商人，而爱德华兹家族和斯托达德家族可能就是第一批采用这种精制品的人。霍利与所罗门·斯托达德的小女儿丽贝卡（Rebekah）结婚，所以他是乔纳森的姨父和约翰·斯托达德上校的连襟。城镇居民极其尊重霍利；自从 1716 年起，人们每年都将他选举为城镇管理委员。[31]

在为姨父的自杀感到极其震惊之余，爱德华兹开始为这种"可怕的护理"寻找一种解释。[32]就在两天前亦即星期五，为回应波士顿首要牧师本杰明·科尔曼的询问，爱德华兹撰写了一份有关觉醒运动的热情洋溢的长篇记述。在他姨父自杀后的那个星期二，他打开了封缄并加上了一段悲伤的"附言"。在急于为这种令人沮丧的后果提供一种最佳解释的同时，他强调霍利在精神上一直都不稳定。他曾经陷入"很深的抑郁，而抑郁则是这个家族非常易于罹患的一种病症"。在过去两个月里（处在觉醒运动的高峰期），霍利感到越来越绝望并无法入睡，其症状极其严重，"直至他似乎无法控制自己的官能"。验尸官的调查，"判定他为谵妄"。

爱德华兹按照惯常做法，在几个层面上解释了这种灾难。他在强调霍利的精神状态甚至其遗传因素的同时（他后来解释道，霍利的母亲就因抑郁而死），指出心理软弱的真正危险，就在于它为撒旦的攻击打开了方便之门。一旦霍利被忧郁病症所"击败"，"恶魔就会趁机而入并迫使他陷入绝望的念头。"在一份更全面记录里，爱德华兹解释道，尽管霍利在宗教实践与严格的道德上一直都是一位可敬的和有智慧的绅士，但他在觉醒高峰期间却变得极其关注自己的灵魂状态。在正常情况下，这样一种关切可能是大有希望的恩典迹象，但魔鬼利用他的忧郁阻止他对自己怀有任何希望，并使他在夜晚无法入眠而只能"沉思恐惧"。因失眠而变得极其虚弱的霍利，也就无法再听取分析或接纳建议。正如爱德华兹在他就此致科尔曼的第一封信里对其分析所总结的，"撒旦似乎处在暴怒中，就在上帝非常工作之际。我觉得这是因为他知道他已经时日无多了。"[33]

撒旦的反击带给人难以忍受的痛苦就在于，他是在觉醒的高涨情绪正处在巅峰时发动了攻击，并将那曾经是救赎的途径转变成了毁灭。在春季的黄金时期，这个城镇令人惊奇的健康状况也包括心理健康在内。"原先曾陷入忧郁症的那些人，"爱德华兹叙述道，"似乎也从那种症候里觉醒了过来。"最早的相反迹象出现在 3 月 25 日；那天托马斯·斯特宾斯（Thomas Stebbins），"一位正处在极大精神痛苦中的……可怜又虚弱的人"，曾试图割断自己的喉咙，"但未能成功"。这个插曲并没有挫伤觉醒运动之火。斯特宾斯的情形可以归之于他可悲的性格。更重要地，虽然斯特宾斯"在相当一段时间里仍然处在极度忧郁中"，但他的情形并不是没有希望的。最终，爱德华兹报告道，斯特宾斯的焦虑，变成了上帝的医治恩典、悔改以及明显的完全康复的契机。[34]

就在斯特宾斯事件之后，在 4 月与 5 月里，当觉醒正在变成普遍现象之时，约瑟夫·霍利可怕的焦虑使他产生了导致他更加虚弱的失眠。爱德华兹曾辅导过霍利并最终断定，他"已几乎没有能力接受建议或规劝"。[35]然而，那个春季在一切方面都惊人地成功的爱德华兹，并不认为他应当为了一些仍处在混乱中的怯懦者的缘故而缩减他的信息。新生的苦楚也许令人难以忍受，但那却是上帝的工作之道。那种痛苦是赐生命的，而忠心的助产师不应人为地减轻它。

爱德华兹认为那是他的义务，这种看法明显体现在 1735 年 5 月的两次讲道里。回顾起来，如果我们假设近乎绝望的霍利在会众当中，那么这两篇讲道就具有不祥的意味。这些觉醒讲道中有一篇在语调上基本上是积极的。爱德华兹以《以弗所书》5：25—27 为讲道经文，就基督对教会那完全的爱，做出了十分吸引人的描述。基督希望使他的子民成为"圣洁没有瑕疵的"。即便他们在此世不能达到那种完全，但基督徒的行为应当反映他们对于基督卓越性的热爱。所以"北安普敦的归信者"必须无可指摘。"别让任何人有借口说我们是一群小气吝啬的人……〔或者〕是彼此纷争的人。""我们信仰的美名遍及这片土地。我们是山上的城。让我们使我们的信仰以及此前属于我们的力量增色，好让其他城镇能在我们当中看到基督教的纯洁与美丽。"

而且，爱德华兹还警告道，基督的圣洁标准，对于那些继续沉湎于某些所喜欢之罪中的人，还有令其惧怕的一面："在上帝的眼中，这些罪是何等可憎；你因犯这些罪，又变得何等令人厌恶！这种污秽的可憎性是无以言表的，因为它是无限可憎的。你们曾看到过蟾蜍、毒蛇以及肮脏的寄生虫与你们所憎恶的野兽的污秽，也曾看到过腐肉的污秽……但这只是一种有限的畸形或可憎……这只是一种影子。而你们的污秽并非蟾蜍、毒蛇或者有毒寄生虫的那种污秽，而是甚于其一千倍的魔鬼的污秽。上帝究竟是多么憎恶这种污秽，是无法表达、理解或测度的。"[36]

在基督对教会的圣洁之爱的动人描述中，这段讲道只是简洁的黑暗反衬。而 5 月份里的另一篇讲道，则有意要驱使那些焦虑的人走到最后的尽头，从而归向上帝。在覆盖了全部改革宗教义的循环讲道里，爱德华兹经常宣讲地狱的恐怖。由于这教义的主要用途就是警戒人们要认清自己的真实状态，所以他必定会将它包括在自己的觉醒布道里。在知道他的一些教区居民对于他们的罪极其痛苦的前提下，爱德华兹希望能最好地利用那些甚至是最深刻的焦虑。在1735年5月觉醒高峰期，爱德华兹的讲道经文是《帖撒罗尼迦前书》2：16，他解释道，"有时上帝对于这世上的恶人所表达的愤怒，不仅是外在的，而且也会在他们良心上做出内在的表达。"他又补充道，有时，在世上可怕的痛苦，"不过是他们将面临的审判的前兆。"

无论如何，上帝允许罪而不施行全面惩罚的克制，将只是持续那么长久；之后在来生中，上帝的愤怒将会得到"最大程度的"释放。"既然一点零星的愤怒都是如此令灵魂痛苦，如此不堪承受，"他警告道，"当上帝打开那洪水闸门，让他愤怒的洪流倾泻在人们头上并让惊涛骇浪撞击人们的灵魂时，那将会是怎样的情形啊！"

未曾悔改的罪人，更有理由害怕上帝即将到来的愤怒——如果他们意识到他们在圣灵前所未有的大浇灌中失落了，那将是何等的可怕呀。爱德华兹在此亦表明他本人对处于顶峰时期的觉醒怀着令人惊讶的期望。"上帝在我们当中显现的方式，"他声称，"也许是新英格兰有史以来最特别的。"不仅如此，他还认为圣灵在教会时代里的那些工作，要比上帝在旧约时代那最伟大的暂时作为更为伟大。"当上帝带领他们出埃及时，以色列的子孙曾看到过上帝的许多大能作为，"他宣称，"但我们在此时此地所看到的上帝的工作，要更为伟大、更为荣耀。"当我们被那比上帝救他的子民出埃及"更为伟大、更为荣耀"的事件所环绕之时，那些因心里刚硬而被抛在后面的少数人将会怎样呢？[37]

爱德华兹并没有把他的布道设计成能使焦虑者更易于入眠的东西。他总是提醒自己以及其他所有人，永恒的福祉要胜于尘世的慰藉；假如他所提供的是轻松随便的确据，那么他就会认为自己是在玩忽职守。他似乎认定，不容置疑的理由有助于人们达到对其真实状态的痛苦但却是赐生命的认识。[38]所以他宣告，正如他认为他必须做的那样，那些绝望的人实际上就是不配的人。

不过，无论多么不配也不会使人无望。他显然曾告诉过他姨父霍利"在他的经验里有某些东西，看起来是大有希望的"。然而霍利的绝望仍在继续;"他不敢对自己的良好状态抱有任何希望。"因而,一方面,爱德华兹告诉北安普敦的灵性落伍者,他们完全有理由去考虑最糟糕的事情。他们就像圣经里那些藐视先知和杀死基督的人。而另一方面又存在着奇妙的出路。无论如何基督已经主动提出了要接纳他们。由此他以福音性的呼召来结束自己的布道:"现在是你们振作起来的时候了,因为你们能够逃脱那愤怒,并竭力不让它降临在自己身上。现在基督正在呼召……他差遣我来呼召你们。我是以他的名义在呼召你们。来归向他吧。快来寻求他的庇护;你们在他里面就会是安全的;不论怎样,任何人都是受欢迎的。不要因你们的不配或以其他任何理由而拒绝。要赶快逃离。"[39]

霍利自杀带来的震惊几乎是无以复加的。直到那时,整个城镇似乎都加入到了"出埃及"的行列,在进入上帝恩典的安全港湾。但撒旦却利用一个人的忧郁和软弱,使觉醒的逻辑开始自相矛盾起来。那对许多人似乎是一种救赎途径的浇灌,对霍利却变成了绝望与自我毁灭的因由。

应当怎样解释这种"可怕护理"呢?当这样一种反常畸变发生时,那全权与良善的上帝在哪里呢?爱德华兹要求禁食一天,以便为他那感到震惊与困惑的教区居民,弄清上帝通过这一事件要教导他们什么功课。他的解释反映了改革宗维护上帝之道(God's ways)的部分内容,这部分有时被人忽略或遗忘了。

关键的一点就是要严肃对待撒旦的实在性。对于爱德华兹来说,撒旦对于解释人类历史是必需的,正如"黑暗王子"在约翰·弥尔顿的《失乐园》中是必需的一样。在这两种情况下,那巨大的堕落天使都不仅仅是一种隐喻或者文学性比喻。撒旦是一个历史人物,是影响人类之剧的主要演员和动因。上帝在其不可测度的救赎旨意里,允许魔鬼的反叛继续上演,而每个人的生命都会受到它的触及。

在这次禁食日的讲道里,爱德华兹告诫那感到困惑的会众,他们需要认识到撒旦是一个真实人格,这个人格要远比他们强大,并决心要毁灭他们每一个人。他们必须牢记,除非有上帝那约束性的恩典,否则他们将和最大的罪人一样软弱。他们就像在危险荒野里迷路而无助的小孩子一样,很容易被"狡猾之人"引向毁灭。他们倾向于认为自己要强于那已经犯了某种可怕罪行的人，而没有认识到他们其实是同样脆弱的人。唯有上帝那"约束性的恩典"，他解释道，才能使人免于遵从他们心里那些最邪恶的倾向。"如若我们没有像其他人那样犯通奸、鸡奸、兽奸、谋杀或者渎神之罪，或我们没有毁掉我们自己的生命，那肯定是因为上帝，而根本不是因为我们自己。"

如若没有上帝那约束性的恩典，撒旦将会毫无拦阻地统治大地，并轻而易举地吞吃每一个人。那"最聪明与最伟大的人，也只不过像风中的一片树叶一样……他们就像一个可怜的、在出生之日就被遗弃在旷野里的婴儿"。同往常一样，这可怕的教训就是，人丝毫不能相信他们自己。[40]

上帝在对恶的可怕允许中有他的救赎旨意；爱德华兹对这一点的理解，包含了"魔鬼的末日已经指日可待"的应许。撒旦对世界上大多数人残忍的、种族灭绝式的统治，将很快被终结。如果上帝现在摧毁了魔鬼的力量，那么上帝也必定会惩罚所有处在撒旦主宰之下的人。新教改革中福音的传播以及近来的觉醒就是时代终结的前兆；到那时，福音之光将照耀世界的每一角落，而大多数人也将奇妙地摆脱撒旦的统治。然而，即使到那时，在人类历史最后一千年的"千禧年"之末，正如爱德华兹所理解的，"撒旦必从监牢里被释放"（启20：7）出来一段时间。所以同样地，伴随预示基督终极胜利的福音的每一步推进，教会必须准备好面对撒旦做出有力的反击。当他在姨父霍利自杀的那个夏天指出"撒旦似乎更加猖獗，并以可怕方式在肆虐"之时，他所指的就是处于他对历史和每个人生命的理解之核心的这种痛苦斗争。

撒旦在1735年夏季的肆虐，采取了利用暗示反对灵性奋兴的力量的可怕形式。如同觉醒席卷这个地区一样，如今有"许多人"面临着割断自己喉咙的可怕试探。他记录道，"有许多看来并未处在忧郁症下的人，还有一些敬虔的人，他们既没有什么特别阴暗面，也没有对其良好状态产生怀疑，更没有在任何属灵或属世事物上遇到什么特别的困难或忧虑，但却受到了某种驱使，仿佛有人在对他们说，'割断你自己的喉咙，现在就是好机会：现在，现在！'"

爱德华兹并没有报告这"许多人"究竟有多少试图自杀或实施了自杀。他的表兄弟斯蒂芬·威廉姆斯于那年在马萨诸塞的朗梅多

(Longmeadow)亦带领了一场觉醒运动；斯蒂芬·威廉姆斯在日记里记录了在7月13日星期日发生的"最可怕护理"——他的一个教区居民自杀了。

在北安普敦与汉普夏县其他地方的自杀狂潮有效终止了归信，虽然一些觉醒运动在康涅狄格一直持续到了下一年。在觉醒运动的前中心，在随后几个月里宗教还仍然是谈话的首要议题，但很快地，人们的注意力就被其他事务吸引了。[41] 到夏季结束之际，爱德华兹感到自己的健康状况正在恶化，于是他踏上了前往纽约和新泽西的一次很长的旅行。当他从北安普敦向南部旅行时，他必定多多思考了近期所发生事件的意义。他曾声称，觉醒可能是自宗教改革以来上帝最重要的作为，而且也是美洲所曾发生过的最伟大的作为。如今他看到一些可能会使他暂时中止下来的挫折。不过，他向自己和他人保证，撒旦的肆虐反击正是预料之中的事情。

注释

[1] *Faithful Narrative*, *Works*, 4, 146—147.

[2] Patricia J. Tracy, *Jonathan Edwards*, *Pastor*: *Religion and Society in Eighteenth-Century Northampton* (New York: Hill and Wang, 1980), 237. 这些数字并不表示存活率。

[3] 这种分析主要依据 Patricia J. Tracy 在 *Jonathan Edwards*, *Pastor* 里所做的杰出研究，特别参见 38—50, 91—108。

[4] Sermon, Isaiah 5:4 (March 1734). 爱德华兹于1757年8月在斯托克布里奇再次做了这一布道；那是他教牧事奉中另一个相对成果不多的时期。

[5] Edwards to Benjamin Colman, May 30, 1735, *Works*, 16:49. 这封信是爱德华兹对觉醒的第一份主要报告。后来它被扩充并发表为《忠实叙述》。

[6] *Faithful Narrative*, *Works*, 4:147.

[7] Sermon, Psalm 90:5—6 (April 1734).

[8] Sermon, Canticles 6:1 (May 1734).

[9] Edwards, *Faithful Narrative*, *Works*, 4:148.

[10] Sermon, Ecclesiastes 7:1 (June 1734). 并不清楚这究竟是指这个年轻妇女还是指另一个圣徒般的人。

[11] *Faithful Narrative*, *Works*, 4:148, 209. 在下列布道里，July 1735 sermon

on Ezekiel 39：28ff.，他鼓励道，如果觉醒要持续下去，那么祈祷就是格外重要的；他还建议，按照年龄和性别分别组成更多的私人聚会小组。年轻男性已经在举行他们自己的聚会了，他鼓励年轻女性也那么做。他还提到了，有女性可以参加的各种年龄与性别聚会小组，所以她们不情愿组建单独的小组并不表明她们缺乏灵性热情。

[12] Charles Hambrick—Stowe, *The Practice of Piety：Puritan Devotional Disciplines in Seventeenth-Century New England* (Chapel Hill：University of North Carolina Press，1982)，137—143. 东温莎妇女曾回忆道，以斯帖·斯托达德·爱德华兹曾指导过一个邻居妇女聚会，见前文，第 2 章。

[13] 瓦茨的《指南》是众多流行灵修著述之一。Thomas S. Kidd, "From Puritan to Evangelical：Changing Culture in New England，1689—1740" (Ph. D. diss.，University of Notre Dame，2001)，211—232，对祈祷在 18 世纪早期新英格兰所具有的作用提供了一种有价值的解说。Susan O'Brien, "Eighteenth-Century Publishing Networks in the First Years of Transatlantic Evangelicalism," in Mark Noll，et al.，eds.，*Evangelicalism：Comparative Studies of Popular Protestantism in North America，the British Isles，and Beyond*，1700—1900 (New York：Oxford University Press，1994)，38—57，用资料证明了灵修文学对影响跨大西洋两岸福音派所具有的作用。

[14] *Faithful Narrative*, *Works*, 4：151.

[15] 爱德华兹在 1736 年 6 月 17 日"一次歌唱聚会"上，就《歌罗西书》3：16 所做的布道里，最充分地解释了他的看法。他简短地提到，一些人可能会奇怪于他在公共崇拜中为什么不加入歌唱，并解释说他需要为布道节省嗓子；而他布道与他加入歌唱相比，对教堂会众来说是更大的意趣所在。Colossians 3：16 (June 17, 1736).

[16] *A Divine and Supernatural Light* (first preached August 1733, printed Boston, 1734), preface, Reprinted as appendix to sermon, *Works*, 17：425—426.

[17] *Divine and Supernatural Light*, *Works*, 17：408—425.

[18] Timothy Cutler to Bishop Edmund Gibson，May 28，1739，in Douglas C. Stenerson, "An Anglican Critique of the Early Phase of the Great Awakening in New England：A Letter by Timothy Cutler," *William and Mary Quarterly*, 3d ser.，30 (July 1973)：487. 卡特勒这个故事的可信性，必须置于他在事隔四年后讲述它的处境里来加以评价；到那时他正在以尽可能消极的方式来描述觉醒运动。

[19] *Faithful Narrative*, *Works*, 4：149.

[20] "Resolutions," no. 34, *Works*, 16：755. *Faithful Narrative*, *Works*, 4：149.

[21] *Faithful Narrative*, *Works*, 4：149—150.

[22] Ibid., 205. 他在撒旦被释放——始于约瑟夫·霍利的自杀——的处境里提到了它。见下文。

[23] Ibid., 157—59. 他在这样一个语境里报告了这些认信宣告，即注意到"这种神意安排"对极多数量的人"产生了一种救赎作用"；而这则意味着在先前归信里并没有只是经过更新后的认信宣告。

在斯托达德和在爱德华兹事奉下，在觉醒以前，许多北安普敦人，虽然是受洗过的教会成员，但却不愿成为圣餐共融成员。爱德华兹本人在1733年一次布道里曾提到，他一些教区居民极其小心谨慎地不去领受圣餐。See David D. Hall, "Editor's Introduction," *Works*, 12：35—51, esp. 44.

[24] 有关宗教狂热和清教激进主义，see among others Ronald Knox, *Enthusiasm: A Chapter in the History of Religion* (New York: Oxford University Press, 1950); David Lovejoy, *Religious Enthusiasm in the New World* (Cambridge: Harvard University Press, 1985); Philip Gura, *A Glimpse of Sion's Glory: Puritan Radicalism in New England*, 1620—1660 (Middletown, Conn.: Wesleyan University Press, 1984).

[25] Letter from Timothy Cutler to Zachary Grey, June 5, 1735, in John Nichols, ed., *Illustrations of the Literary History of the Eighteenth-Century*, vol. 4 (London, 1822), 298.

[26] *Faithful Narrative*, *Works*, 4：152, 188. 有关这些形象的例证，参见布道 Revelation 19：15 (April 1734)，论地域；以及 Isaiah 53：7 (February 1734)，一篇有关基督受难的领受圣餐礼布道。

[27] *Faithful Narrative*, *Works*, 4：188—189, on the subject of "vain imaginations."

[28] Ibid., 152.

[29] Ibid., 152—156. See C. C. Geon, "Introduction," *Works*, 4：21—25, 还提供了其他证据证实了爱德华兹的叙述。

[30] *Faithful Narrative*, *Works*, 4：206.

[31] James R. Trumbull, *History of Northampton, Massachusetts, from Its Settlement in* 1654, 2 vols. (Northampton, Mass., 1898, 1902), 2：79—81.

[32] Term used by Deacon Ebenezer Hunt in *Works*, 4：46.

[33] Edwards to Colman, May 30, 1735, postscript of June 3, 1735, *Works*, 16：58. Details are from *Faithful Narrative*, *Works*, 4：206.

[34] *Faithful Narrative*, *Works*, 4：205—206. See also Geon, "Introduction," *Works*, 4：46.

[35] *Faithful Narrative*, *Works*, 4：206.

[36] Sermon, Ephesians 5：25—27 (May 1735). Cf. similar themes in sermon on Ezekiel 47：11 (May 1735).

[37] Sermon, I Thessalonians 2：16 (May 1735). 这篇布道引自"爱德华兹文集"抄本，在爱德华兹布道或文集的一些早期版本里，被发表为：*When the Wicked Shall Have Filled up Themselves in Their Sin, Wrath Will Come upon Them to the Uttermost*. See, *Works*, 19：802, for references。

[38] 爱德华兹可能从霍利案件的灾难中学到了某种东西。后来，在答复苏格兰Thomas Gillespie 牧师的这一咨询——即如何应对"一个不断受到撒旦骚扰的人……一个具有忧郁者常常陷入其中的那些稀奇古怪、阴森可怕念头的人"——时，爱德华兹写道，"我绝不建议一个人通过下列方式来抵抗魔鬼，即同他一道进入那一斗争领域，并使自己的心灵紧紧卷入与那劲敌的严肃争执与激烈斗争中。而是相反，通过使心灵摆脱他那些可怕的联想，通过坚定而勤勉地继续恪守常规职责之道；并且不允许有时间和闲暇来关心魔鬼的诡辩，或者审视自己可怕的联想与暗示；并且以这种方式通过祈祷将他们交托给上帝，而不去为所暗示的那些事情感到焦虑。这是抵抗魔鬼的最佳方式，它最大地挫败了魔鬼的意图。而在这些案例中，人能更有效地使魔鬼感到失望，即对他置之不理，而不是极大地关注他，参与一场直接的斗争，并试图在激烈的争执或斗争中同他一较身手。而这后一种方式比其他任何方式都能赋予魔鬼以优势。那正是魔鬼想要做的；如果他因此而能使人卷入一场激烈斗争，那么他就获得了重要的一点。他知道忧郁者不适合于它。借此他就获得了那一点，亦即使人偏离或废弃了正常职责之道，而这正是他力求实现的一件重要事情。"Edwards to Thomas Gillespie, September 4, 1747, *Works*, 16：228—229.

爱德华兹曾经为其灵魂状态而有过轻度的忧郁或抑郁，并通过遵守宗教与工作常规这一理性方案而摆脱了那些症状。Cf. Gail Thain Parker, "Jonathan Edwards and Melancholy," *New England Quarterly* 41 (June 1968)：193—212.

[39] Sermon, I Thessalonians 2：16. The comment re Hawley is from *Faithful Narrative*, *Works*, 4：206.

[40] Sermon, Romans 5：6, "prepared for the fast appointed on occasion of uncle Hawley's death" (June 1735), *Works*, 19：385, 383.

[41] *Faithful Narrative*, *Works*, 4：205—207. Stephen Williams quoted in Goen, "Introduction," *Works*, 4：47n. *God's Continuing Presence*, sermon, Ezekiel 39：28—29 (July 1735), *Works*, 19：392—417, 论述了觉醒的明确目的, 论及了自杀的狂热, 详述了上帝之抛弃他们、可能的原因、故态复萌等问题。在就《诗篇》66：3 (1735 年 8 月) 所做的一次"讲座"布道里——显然是在一个公共场合上发表的, 爱德华兹指出, "假如不是害怕未来的惩罚, 人的良心就不会有任何约束, 因而也就不会对任何自然人有任何依靠, 而那将会是一种自刎或［字迹无法识辨］。"鉴于那个夏天出现的通过自刎来自杀的冲动, 选择这样的用词是耐人寻味的。

10

王国的政治

　　个体生活并不符合一个单一完整的故事情节。许多事情是同时发生的。就爱德华兹的情形而言，大约在壮观的康涅狄格河谷觉醒运动及其余波前后，他生活的那种复杂性是格外明显的。虽然奋兴运动遮掩了其他一切事情，但我们还是需要小心谨慎，以免让它模糊了我们对于那些年间其他事件的看法。如今刚三十出头的爱德华兹，在新英格兰教会与社会当局中正在成为一个重要人物。在那一过程中，他卷入了一系列运动和争论，而这每一种运动和争论又都影响到了那将界定其主要生涯的各种结盟与献身的模式。

宣传与庇护

　　爱德华兹知道觉醒是通过典范来传播的。他已经看到从北安普敦开始的奋兴运动，从一个城镇扩展到另一个城镇并深入到了康涅狄格；他热切希望其他人也能感受到它的力量。他也知道它还没有传布到波士顿及其附近地区。虽然奋兴也是这个城市的议论话题，但那却是一件福祸参半之事，因为有许多言论都是讥讽性的。这个海港城市里许多人都将它看作是乡村间的耸人听闻之举。使问题复杂化的是，波士顿主要圣职人员，就试图安置一位年轻的东部人罗伯特·布雷克（Robert Breck）担任斯普林菲尔德（Springfield）——北安普敦南部一个主要河畔城镇——一间教会的牧师问题，与汉普夏县的西部同行陷入了令人不快的争执。

爱德华兹纠正有关奋兴运动错误印象的机会出现在5月份：本杰明·科尔曼要求他提供一份报告。科尔曼已经听到了有关觉醒的许多传言、浮夸与指控，他希望能够澄清事实真相。在18世纪的世界里，影响力在很大程度上依赖于庇护人；爱德华兹意识到科尔曼的回应将是关键性的。自从科顿·马瑟去世后，科尔曼在将马萨诸塞与国际加尔文主义福音派联合在一起方面发挥着关键作用。尽管他们与西部同行存在着当下的教会争论，但科尔曼及其朋友圈子，在这一更大事业上，与威廉·威廉姆斯及其家族形成了坚定的同盟。他们共同怀有这一深切希望，即新英格兰能够成为真正觉醒的典范。

爱德华兹致科尔曼的信是有节制的、科学的与详尽的。他为北安普敦的转变以及觉醒运动向其他城镇的传布提供了一份简明报告。他强调他在对那些事件进行准确的描述，而那些事件"撒旦已经给予了极大的歪曲，并导致了许多离奇古怪的故事……莫名其妙的是，一些明智之人却如此轻易地相信了那些故事"。许多人因圣灵而经历了明显的狂喜；不可否认，也存在着偶尔的过分行为。然而并没有什么新教义，没有什么新崇拜方式，没有什么怪异行为，没有什么关于服饰的迷信，或者其他所谓的新发明。其中一些经验"已经超越了几乎所有我曾听到或读到的内容"，但仍然处在公认的圣经界限之内。例如，一位北安普敦年轻妇女和两位来自其他城镇的人，如此为圣灵所充满以至于他们相信自己可能会死。还有人几乎被"上帝愤怒的感觉"所击倒。然而这一切都是依照规则。唯一新鲜的地方就是北安普敦觉醒几乎达到了普遍的地步。[1]

科尔曼深受触动。即使是那冷静的"附言"也没有改变基本的图景。这位波士顿牧师与他的同事分享了这封书信。然后，在一项对爱德华兹来说至关重要的决定里，他将爱德华兹报告的主要部分发给了他伦敦的通信人之一：牧师约翰·盖伊斯博士（the Reverend Dr. John Guyse）。而盖伊斯则将它转给了艾萨克·瓦茨。这封书信就像具有了它自己的生命一样。[2]

突然之间，爱德华兹拥有了他一直如此渴望的国际读者。他曾有过这样一些担心，即对这些事件的任何宣传都可能是傲慢之举或者被认为是傲慢之举。在霍利死后的禁食日讲道里，亦即在他将那封书信寄给科尔曼的同一个星期里，他告诫北安普敦人（并提醒自己），上帝可能会为他们因觉醒而产生的骄傲与对觉醒的夸口而惩罚他们。[3]然而他亦渴望，奋兴的消息能被传播开来。

艾萨克·瓦茨与约翰·盖伊斯为这个消息而感到欢欣鼓舞。盖伊斯，这位最重要的不从国教派牧师，将科尔曼版本的"爱德华兹报告"，整合进了对自己会众所做的一次讲道里。到这时，1736年初，伦敦本身也到了宗教奋兴的成熟期。在这一年后期，年轻的乔治·怀特菲尔德（George Whitefield）将在那里进行获得了辉煌成功的布道。而与此同时，盖伊斯的会众则受到了遥远的北安普敦故事的感动，而建议出版这篇讲道。盖伊斯致函科尔曼请求允许引用那份报告。科尔曼则将这个消息转达给了汉普夏县地区高级牧师和"斯托达德—威廉姆斯"家族的大家长、爱德华兹的姨夫威廉·威廉姆斯。科尔曼认为爱德华兹隶属于他强有力的姨夫。而长期以来都是奋兴运动支持者的威廉姆斯——他曾共同负责过哈特菲尔德附近一些地方的地区性觉醒——则将科尔曼的消息传给了他外甥。现在已经是1736年8月了；在这个极其炎热的月份里，爱德华兹因一种"可怕的瘟热症"而深受困扰：那种病症感染了他在温莎的两个姐妹，并导致了他除玛莎以外的最小妹妹露西于8月21日的死亡。十天后，萨拉生育了他们的第五个女儿：另一个露西。爱德华兹尽快开始撰写一份更长的报告；这仍是我们有关觉醒运动的最主要来源。[4]

爱德华兹将他的报告用最纤细的字体写在八张纸上送给了科尔曼。科尔曼意识到，如果将它们印刷出来将远远超出一百页的篇幅（在此也为爱德华兹那未出版著述为何近乎于无法辨认提供了一条线索）。所以他准备了一份大约是原文四分之一篇幅的节略本，并等着看看是否有人有兴趣出版全文。由于是想当然地将威廉姆斯与爱德华兹等同在一起，并为了节省印刷开支，科尔曼将爱德华兹报告的节略本，附加在了由他负责在波士顿出版的威廉·威廉姆斯的两篇讲章之后，并加上了一则序言说明，这些讲章是在觉醒期间宣讲的。

这本著述在1736年12月一经出版，科尔曼就将副本送给了艾萨克·瓦茨和约翰·盖伊斯，并向他们提供了爱德华兹的完整手稿以供可能的出版使用。瓦茨做出了热情洋溢的回答："我们认为，自从宗教改革以来，也许还是自从使徒时代以来，我们从未听说的上帝如此奇异美妙的工作，应当予以出版。"[5]

在于1637年安排由伦敦出版社出版爱德华兹的《对上帝奇妙工作的忠实叙述》的同时，瓦茨有点儿担心这位北安普敦牧师也许有些夸大其辞或者受到了自己热情的欺骗。[6]那报告是如此奇妙，以至于瓦茨开始为其真实性的问题所困扰；在几封书信里，他询问道，与爱德华兹相邻的一些圣职人员是否能送来确认函，以便将它们附加在该书第二版里。

爱德华兹令人惊讶的叙述马上引起了轰动。它激发了苏格兰与英格兰两地的宗教奋兴。约翰·卫斯理（John Wesley）——他于1738年5月经历了改变历史性的经验，亦即"心灵被奇异地温暖了"——就对爱德华兹的《忠实叙述》留下了深刻印象。卫斯理在同年10月阅读了爱德华兹的这本著作，而这本著作则为他希望促进的奋兴运动提供了一种典范。[7]数年后，当他自己的循道会运动正在迅猛发展之际，他出版了自己所编爱德华兹著述的节略本，并使它成为了"卫斯理圈子"里的标准读物。

其间，科尔曼获得了确认性证明，但已来不及附在"伦敦版"第二版里了。那份证明最终出现在了"美国版"第三版当中（波士顿，1738年）。它简单地表明，"爱德华兹先生在其有关我们这几个城镇或教区的叙述里所提供的报告是真实的；就它们当中一些情形而言，还可以增加更多同类性质的实例。"首先在那份证明上签名的是"哈特菲尔德牧师威廉·威廉姆斯"；然后则是五位当地牧师，其中包括斯蒂芬·威廉姆斯以及爱德华兹的其他亲密盟友。

复苏对印第安人的宣教

这同一个注重奋兴运动的圣职人员联盟，同样活跃在另一关键战线上——努力想要复苏面对印第安人的宣教。在西部，这一宣教努力主要是"威廉姆斯—斯托达德"家族的事工。在东部，本杰明·科尔曼及其注重宣教的圣职同道，则从新英格兰及其宗主国筹备各种援助。

18世纪30年代标志着马萨诸塞一段不常见的连续和平期；而殖民地西部的领袖们则利用这一机会来应对他们最明显的失败。在其他各种事务中，马萨诸塞曾一直想要对印第安人发起传教活动。但是自从17世纪70年代"国王腓力的战争"那场灾难以来，在两代人的时间里，间发性的仇恨与持续性的苦难阻挠了任何有效的新努力。在其晚年，所罗门·斯托达德曾警告，如果新英格兰仍然忽视这一紧迫任务的话，会受到上帝的惩罚。斯托达德的继任者则热切地想要回应那一呼吁。

斯普林菲尔德的塞缪尔·霍普金斯（Samuel Hopkins）牧师——他娶了爱德华兹的大姐以斯帖——带头发起了这一宣教事工。霍普金斯从本杰明·科尔曼那里听说有来自英国的被指定用于给印第安人传福音的基金后，于1734年3月赶到北安普敦去会晤约翰·斯托达德。斯托达德上校常常作为面对印第安人的首要谈判者，是最了解印第安人的英方领袖，也是那一地区最强有力的行政官员。就像他已故的父亲一样，他也是一位向印第安人传教的推动者。爱德华兹可能与他的连襟和姨父一起参加了那些开始的讨论。斯托达德对于提供帮助极为热情；霍普金斯接着向与他相邻的圣职人员朗梅多的斯蒂芬·威廉姆斯提出了这一计划。威廉姆斯也是一位印第安事务专家，并在童年被俘期间获得了有关印第安语的知识。他欣然同意共同促成这一方案。在"波士顿印第安事务委员会"批准下，这一宣教事工的发起者，会见了生活在马萨诸塞最西部胡萨托尼克河（Housatonic River）流域比较友好的马希坎印第安人（Mahican Indians）的首领。这些胡萨托尼克河畔的印第安人已经对基督教表现出了某种兴趣；他们现在则同意让传教士定居在他们中间。英国人很快就找到了两个年轻人从1734年秋季开始他们的工作。约翰·萨金特（John Sergeant），耶鲁的一位指导教师，带头开始了这一宣教事工；蒂莫西·伍德布里奇（Timothy Woodbridge），著名传教士约翰·埃利奥特（John Eliot，1604—1690年）的一个曾外孙，则作为一位教师紧随其后。1735年春季，胡萨托尼克人受周围正在发生的觉醒运动的激励,开始热烈地回应萨金特的布道。

本杰明·科尔曼与这些进展保持着密切联系,并将这些进展报告给了"波士顿印第安事务委员会"、他的英国通讯者以及总督乔纳森·贝尔彻。总督也热心于这项计划。总督贝尔彻与这个跨大西洋福音派团体的其他成员一样对于宣教怀着真正的热忱。而且,就像任何殖民地总督一样,他看到了与印第安人改善关系所带来的巨大政治益处。

1735 年 8 月末,贝尔彻、科尔曼以及西部马萨诸塞的领袖,在迪尔菲尔德召开的一次至关重要的秘密会议上,将这些益处汇聚在了一起。这个地点的象征意味十分深长——这里自从 1704 年大屠杀以来就没有出现过如此大规模的印第安人集会。总督主持了与数个印第安部落签署条约的仪式,尊敬的约翰·斯托达德就在他的旁边。那些印第安部落包括来自蒙特利尔地区的一些信奉天主教的莫霍克(Mohawk)人,以及一些曾参与过"拉勒神父的战争"的印第安人,而"拉勒神父的战争"通过 1725 年不易的和平才平静下来。在这为期四天高度成功的谈判结束之际,英国人与许多印第安人聚集在迪尔菲尔德礼拜堂里,见证了约翰·萨金特被按立为胡萨托尼克人的牧师。在一种立约性仪式中,胡萨托尼克人接受了他为他们的牧师。

萨金特向胡萨托尼克人的传教进展迅速。在一年内,有四十位印第安人,包括他们的首领,在信仰里已经进展到足以接受洗礼的地步。这种传教在许多方面都可以说是觉醒运动的延伸,它很快就被看作是一种典范,并吸引了心存仰慕的印第安来访者,他们有的是从遥远的萨斯奎汉纳(Susquehanna)地区来的。英国资助者亦极为热情。马萨诸塞政府也割让出了一块土地,以在西部边境建立一个印第安村庄——它最终被合并进了斯托克布里奇(Stockbridge)。印第安人请求约翰·斯托达德上校代表他们的利益。相应地,他监管了几个新英格兰人家庭在该村镇的定居;那些新英格兰人家庭是来为印第安人提供文化典范的。最著名的有,伊弗雷姆·威廉姆斯(Ephraim Williams)——威廉·威廉姆斯的弟弟——他担负起了该村镇"乡绅老爷"的角色。而传教士约翰·萨金特很快就与伊弗雷姆那聪明而又迷人的女儿阿比盖尔(Abigail)——我们在后面还会碰见她——相爱并结婚了。[8]

我们不知道爱德华兹有多直接地参与了这一时期斯托克布里奇的事工，只是知道他许多最密切的同事以及他家族的许多成员都参与了这一事。很可能，他对这件事情的兴趣很大，但他唯一存留下来提及这一事情的记录是在《忠实叙述》里。在那里他指出，1735 年 8 月签署的条约，属于那些极受欢迎的事情之一，它首先将北安普敦人从先前对觉醒运动专一的关注中吸引开来。就在迪尔菲尔德那些至关重要的事件发生之前或之后，爱德华兹离开这里去南部旅行了。[9]

有关阿明尼乌主义的"大争吵"

1734 至 1735 年非凡的康涅狄格河谷觉醒，发生在一场激烈的神学争论中间。这两个事件之间密切的关联产生了一系列令人感到困惑的问题。最显著的是：这场争论与这场奋兴运动有什么关系？在那时，一如现在，传统的看法认为，神学争论会大大浇灭灵性之火。然而爱德华兹则确定，有关阿明尼乌主义的"大争吵"及其所导致的对于严格加尔文主义教义的重新强调，有助于激发觉醒运动。与此同时他又承认，阿明尼乌主义争论——在 1735 年秋达到了不光彩的顶峰——"无疑比其他所有曾经发生过的事情都更想要中止神在这里的荣耀工作，想要使这个国家对它形成偏见，想要阻止它的传播"。[10]

这场争论的历史，为这一时期——当神学一致性的预设还是完好无损之时——康涅狄格河谷教会领导层的动态变化提供了一幅画面。特别是，它揭示了"威廉姆斯—斯托达德"家族在试图控制西部马萨诸塞中的强力手腕。同时，它还表明了，在威廉·威廉姆斯处于支配地位的时代里，爱德华兹在这一地区的角色，是如何受到了他与那个阶层制家族之密切关系的界定的。这相应地又就他后来与威廉姆斯继承者的决裂，提出了耐人寻味的问题。

在 1733 年末和 1734 年初，罗伯特·布雷克，一位已故深受尊敬的东部马萨诸塞牧师的儿子，毛遂自荐，成为了正在蓬勃发展的康涅狄格温德姆（Windham）镇一个新组建教区的候选人。[11] 这个村镇第一教区的牧师是托马斯·克拉普（Thomas Clap）——一位"威斯敏斯特神学家"之正统信仰的坚定拥护者。经过与这个年轻人长时间交谈后，克拉普断定布雷克的观点是阿明尼乌主义的，并宣布自己将阻止他的任命按立。看到自己的情形已属无望的布雷克只得放弃了，并越过"康涅狄格—马萨诸塞"边界到达了马萨诸塞的斯普林菲尔德；在那里，他作为一个争取新近空缺牧职的候选人而进行布道。

到 1734 年夏，事情变得明朗了：斯普林菲尔德的会众倾向于邀请布雷克。于是威廉姆斯家族开始行动了。邻近温德姆的康涅狄格曼斯菲尔德（Mansfield）的埃利埃泽·威廉姆斯（Eleazer Williams），给邻近斯普林菲尔德的朗梅多的兄弟斯蒂芬·威廉姆斯写信，表示布雷克不适合于那一牧职。斯蒂芬则将这封信在"汉普夏县协会"其他牧师中进行了传阅。他们的叔父哈特菲尔德的威廉·威廉姆斯则开始动员整个协会。作为所罗门·斯托达德的衣钵传人，威廉·威廉姆斯将维护该县圣职人员的纯洁性，看作是"汉普夏县协会"的首要职能。而在阿明尼乌主义问题上，他可以指望外甥爱德华兹的支持。

数年前，爱德华兹就遭遇过大家长威廉姆斯将本县圣职人员控制得更为接近本家族的威力。1730 年，在尊敬的被赎回俘虏迪尔菲尔德的约翰·威廉姆斯去世一年后，萨拉的弟弟本杰明·皮尔庞特收到了来自迪尔菲尔德教区请其填补那一空缺职位的邀请。皮尔庞特一直与爱德华兹一家生活在一起；他也许还与姐夫一起阅读神学作品。不过他们是完全不同类型的人。威廉·威廉姆斯从一系列来源包括斯蒂芬·威廉姆斯——他关心他已故父亲教区的所有权问题——那里风闻，皮尔庞特不是"一个言谈谨慎、严肃与冷静的人"，而是"自负、滑稽与轻浮的，尤其是在女性当中"。冷静的爱德华兹是如何看待这些指控的，我们不得而知。但无论如何，威廉姆斯介入了此事并成功使该镇撤消了那份邀请。经过诸多上下其手后，威廉姆斯从他们自己家族里提出了一位接任者；结果只能是遭到迪尔菲尔德方面的拒绝——这抵制了这个家族的控制。最后，于 1732 年，他们选定了来自另一强有力地方家族的乔纳森·阿什利（Jonathan Ashley）。阿什利并不是威廉姆斯家族的亲戚，但这只是暂时的。1736 年，阿什利与威廉·威廉姆斯的女儿多萝西结婚了。[12]

当 1734 年出现阿明尼乌主义威胁时，爱德华兹积极站在了"威廉姆斯—斯托达德"势力一方。两年前，他与"汉普夏县协会"大多数人一道同意，将签署认同"威斯敏斯特信条"或其对等物作为牧职资格的一项必要条件。[13]这是具有争议性的。设立签署认同这一标准，在"中部殖民地长老会"（Middle Colonies Presbyterians）里以及在苏格兰、爱尔兰和英格兰，都受到了激烈争论。而在"汉普夏县协会"内部，已经至少有一位牧师据传表达了阿明尼乌派观点，并曾公开宣称，每个人都应按照自己与"基督的心"一致的良心与理性而不是"任何人为的规定"，"来自己做出评判"。[14]

汉普夏县大多数人既怀疑布雷克的教义也怀疑他的人品。在哈佛期间，他曾因窃书而被开除。当托马斯·克拉普向他询问此事时，他只是搪塞道，在某种意义上他是自愿离开的。[15]布雷克后来承认了他年轻时的不检点行为。而真实的问题，正如一系列证人所证明的，则是布雷克曾经教导说，上帝会惩罚那些从未听说过基督的异教徒是可笑的。据传，布雷克曾说过，上帝会使人仅仅为他们能力范围内的事情负责。据说，布雷克还曾引用过一位更自由的英国作者托马斯·查布（Thomas Chubb），声称即便没有对基督的任何信仰或认识，一个人也有可能因对美德本身的爱而得救。[16]正如惯常所为，布雷克的对手是在"几乎任何反对加尔文主义的教导"这一广义上使用"阿明尼乌派"这个术语的。

布雷克坚持认为自己不是"阿明尼乌派"，并表示自己愿意承认"威斯敏斯特信条"。他解释说，他那具有争议性的表述只是思辨，而不是他确定的教义。在1734年秋季的集会上，"汉普夏县协会"大多数人，并不满足于在这一案例中只是签署"信条"。根据克拉普以及其他人的证词，他们要求对布雷克进行彻底审查，以便令那些最具怀疑性的批评者感到满意。据此，他们预先阻止了斯普林菲尔德邀请布雷克的努力。

就在这一地区人们为阿明尼乌主义感到"极不平静"之际，爱德华兹就"唯独因信称义"做了公开的讲座性布道，内容由两部分组成。按照他的叙述，"在处理牧师内部争论上已经出现了严重失误"，并"受到了别处许多人的嘲笑"。然而宣讲这一教义，他后来强调道，结果点燃了那几乎前所未有的灵性之火。他相信，正是阿明尼乌观点的传布，激发了人们重新审视并更加严肃地看待他们习以为常的加尔文主义观点。"许多"人，他写道，"因害怕上帝将要撤离此地以及我们将被遗弃在异端与败坏的原则里"而获得觉醒。[17]而他本人也许就挑起了那种恐惧。

1735年初夏，在致科尔曼的第一封信里，爱德华兹强调，传讲反阿明尼乌主义具有觉醒的作用。虽然科尔曼以及东部马萨诸塞圣职人员的主导派，在原则上同西部人一样是反阿明尼乌主义的，但这两个地区就"汉普夏县协会"反对布雷克的方法上，正在产生一道严重裂痕。那位被拒绝的候选人已经返回了东部，并从他已故父亲的强有力朋友那里获得了其正统与品性的证明。科尔曼认为布雷克应当首先告诉他们他在汉普夏县所受指控的性质，不过他愿意为这个年轻人良好的——如果不是完美的话——声誉做出担保。"我恳请你，先生，"他在1735年8月给斯蒂芬·威廉姆斯写道，"善待他。"[18]

但现在，首要的问题涉及地区性权利与治理体制，并且无法仅仅通过善意来加以解决。东部马萨诸塞圣职当局，对于"汉普夏县协会"借以控制该省西部的"长老制"方式深感不悦。这种争论追溯到了针对斯托达德的一项旧怨，亦即后者在西部通过圣职人员协会，正在建立一种长老制的体系或治理。而斯托达德的继承者们正在展示那种体系的力量阻碍了当地会众的愿望。斯普林菲尔德教区在选择一位牧师上已经表达了自己的愿望，但"汉普夏县协会"却在试图否决它。而且，西部圣职人员就像最严厉长老会派那样，操纵着对于"威斯敏斯特信条"的签署认同。而那些维护布雷克的波士顿圣职人员，同反对布雷克的汉普夏县圣职人员都是同样正统的。[19]马萨诸塞教会事务的一个显著特征（这是一个最终证明爱德华兹失败的特征），就是教会从未建立统一的治理体制。当爱德华兹在纽约城与新泽西进行长时间旅行时，斯普林菲尔德的斗争在1735年10月达到了荒唐的高潮。尽管在斯普林菲尔德混乱的最糟糕时期他并不在场，但当他被要求起草为"汉普夏县协会"行为做出主要辩护时，他就已经深深卷入了这一事件。

1735年4月，已产生分裂的斯普林菲尔德的会众向布雷克发出了邀请。而对此不满的少数派则上诉到了"汉普夏县协会"；后者将在8

月份讨论这一问题。可是，布雷克赶在他们做出审议前，从东部返回斯普林菲尔德。他带回了八位圣职人员就他的正统与品性所做的证明，并接受了那份邀请。随后，斯普林菲尔德教会组成了由四位汉普夏县圣职人员（三位同情布雷克的牧师以及威廉·威廉姆斯——后者谢绝了这一荣誉）和四位来自波士顿的圣职人员组成的圣职按立委员会。东部圣职人员极为严肃地对待这一事情，他们四个人——由科尔曼在"布拉特尔街教会"的同事威廉·库珀率领并包括那个王朝的后裔塞缪尔·马瑟（Samuel Mather）在内——经过两天的艰辛跋涉到达了斯普林菲尔德，以期于 10 月 7 日召集一次圣职按立会议。"汉普夏县协会"在那里与他们相会了，并坚持将按立会变成一次听证会。托马斯·克拉普带着整整一马褡裢证据赶来了；院长伊莱沙·威廉姆斯从老远之外的纽黑文赶来了——以增加火力、可能还要管理这个反布雷克的、反阿明尼乌的"斯托达德—威廉姆斯"家族以及该地区的事业。

圣职人员的集会进行了一天半，以闭门听取各种证词。在第二天集会中间，就在克拉普做完证词后，城镇治安官闯进来逮捕了布雷克。这似乎使每个人都感到惊讶。汉普夏县的治安法官（Justice of the Peace）是约翰·斯托达德、蒂莫西·德怀特（Timothy Dwight）与塞思·波默罗伊（Seth Pomeroy）——全都是爱德华兹北安普敦会众里的重要成员。显然，有人——可能是伊莱沙·威廉姆斯——密谋策划了一项计划：以入侵权限范围之外的领地为由逮捕那些来访的圣职人员。但到最后关头，波默罗伊显然重新慎重考虑了这一大胆举动，并说服其他治安法官转而逮捕了布雷克。[20] 他们指控布雷克违犯了马萨诸塞禁止无神论与亵渎上帝的法令。

次日上午，当法官们聚集在一起进行听证时，问题的中心就转移到了舆论法庭上。布雷克的支持者号召斯普林菲尔德民众聚集在镇公所前，听取一个骑在马背上的人宣读布雷克的信仰告白，并在这一过程中谴责了那些诋毁布雷克的人所采取的专横手腕。而"汉普夏县协会"牧师，则将这看作是赤裸裸的煽动蛊惑。即使是那匹马，正如一位诙谐者所讥讽的，也会被所指出的那些"卑劣错误""惊得呆在了原地"。"假如那匹马有'巴兰的驴'的舌头，那么它也会谴责那先知的疯狂。"[21]

针对布雷克的民事案件，一看就知道是可疑的，而且很快就被撤消了。与此同时，斯普林菲尔德教会就干涉他们的事务向"马萨诸塞议会"（General Court）提起了抗议。"众议院"（House of Representatives）申斥了汉普夏县行政当局干涉超越他们权限的事务。[22] 1735年12月，在波士顿新闻报刊的激昂与躁动中，"众议院"还就东部参与按立圣职会议的合法性举行了听证。可以推断，他们裁定那种会议是合法的。布雷克在次年年初被按立为牧师。汉普夏县借助行政当局的努力招致了相反的后果。波士顿圣职人员仍然控制着马萨诸塞的教会事宜，即便他们是以会众自治的名义做到这一点的。

到这时，这个案件成为了整个殖民地的轰动事件。波士顿报纸充斥着各种指控与反指控，并常常伴随着对对手观点机智诙谐的反诘与嘲讽。这个问题变成了一个持久争论的问题。爱德华兹，尽管是以匿名形式，在其中发挥着至关重要的作用。他为"汉普夏县协会"起草了一份"辩护"。这份"辩护"与他姐夫斯普林菲尔德的塞缪尔·霍普金斯就这场争论所写的一份"叙述"，一同于1736年在波士顿出版了。[23] 爱德华兹的简明"辩护"，回应了广泛流传的"汉普夏县协会""行为专断"的指责，并指出波士顿圣职人员干涉了超越他们权限的事情。波士顿牧师则出版了一份由威廉·库珀以匿名形式撰写的一份严厉答复。[24] 爱德华兹则用一篇更长的论辩文章回应波士顿牧师，同样是以匿名方式，在1737年发出了最后一发炮弹。

《一封致所谓"答汉普夏叙述"的小册子作者的书信》（1737年）很难成为一部永恒的经典，但它的确揭示了爱德华兹及其时代的某些东西。在84页篇幅的严密推理论辩中，它逐页回答了库珀的指控。威廉·库珀是爱德华兹以及觉醒运动的支持者；爱德华兹回应他以及他波士顿同事的时间，大致是与本杰明·科尔曼——与库珀共同牧养"布拉特尔街教会"——设法安排出版爱德华兹的《忠实叙述》同步进行的。爱德华兹从不介意于那种首要联盟，他对于东部同行言辞激烈。

双方在为了充满活力的宗教事业仍然保持联盟的同时，能够就一种治理体制与程序问题发起激烈论战，这表明了将其与我们这个时代分离开来的18世纪的一个向度。那是一个辩论的时代。高等教育在很大程度上就是学习辩论的艺术。人们能够猛烈抨击对方的论证，而同时又绝不将其看作个人性的。在这个事件中，由于所有作者都是匿名的（尽管在那个小世界里并不难猜出谁是谁），所以论战就变得愈发是非个人性的——仿佛它们是律师所做的代理辩护一样。

爱德华兹的"书信"亦可以被看作是对18世纪辩论所朝向的"现代"方向的一种评注。这是辛辣尖刻的斯威夫特（Jonathan Swift，1667—1745年）式机智与诙谐的时代。随着新闻报刊越来越多地依赖于大众读者，那些最受钦佩的作者常常为他们的辩论加添一些刻薄的幽默与好笑的讥讽。爱德华兹反辩论的策略，就是使用东部人的武器来反对他们自己，并试图使他们因诉诸圣职人员不相称的现代技巧而蒙羞。

所以他以保罗的方式开题，"我们是你们在汉普夏县的弟兄，蒙耶稣基督的呼召，特派传神的福音。"接着，他在一个长句中继续指出，西部人已经"变成了你们怨恨与辱骂的靶子"，已经被描绘为"可憎可厌的"，被"无礼和轻蔑地"对待，被"藐视和侮辱为一群邪恶的、可鄙的人"。这同一个句子还接着指出，东部的弟兄因此"大大有损于基督的尊荣与基督教的益处，而且有损于牧师应有的品性"。接下来，在一页又一页里，爱德华兹逐一答复了那些具体指控，并不断返回到"讥讽是不相适宜的"这一主题上来。

作为原初汉普夏县辩护一部分内容的作者，爱德华兹尤其被那些讥讽刺痛。从一开始，东部人就在揶揄那些"乡村"圣职人员。[25] 威廉·库珀同样也嘲弄了西部人的努力，有时他会嘲讽性地说道：一项论证是"如此令人愉悦"以至于他只能列出那些原话，并在末尾增加上嘲讽性的评论："还有什么更好的。"或者，库珀一而再地提到了耶鲁院长伊莱沙·威廉姆斯；他相信后者策划了让他舅舅约翰·斯托达德下令逮捕东部圣职人员的主意，并将伊莱沙·威廉姆斯戏称为"一位不同凡响的人"。"他们说"，这位哈佛毕业生就耶鲁院长的一封书信嘲讽道，"它出于一位不同凡响的人，所以我们认为它是一封不同凡响的信。"

虽然西部人也不以使用幽默为耻（将那匹马比做"巴兰的驴"），但爱德华兹本人却对它表示不屑。他指责那些高级老练的东部同事，"讥讽比扎实的论证要廉价，而与一位福音传道人就愈发不相称了。"

在不留情面地痛斥对手所谓的歪曲的同时，爱德华兹也不介意针刺痛自己；但对自己的刺痛则是为了保持清醒。他的抨击以两栏并排的格式结束。在一边，他引用了基督为合一而做的祈求（约17）："使他们都合而为一"，波士顿圣职人员以此结束他们的论辩。而在另一边栏里，爱德华兹重述了他们嘲讽和攻击西部圣职人员的关键语句。然后，他直接指责东部人破坏了本省的合一，并呼吁他们"修复你们对我们所造成的伤害"。"牧师先生，"他总结道，"别让我们检验谁能在嘲笑与讥讽上占上风，而是让我们的论证一决高下；我们不是以我们的理性力量为荣，而是以我们事业的良善为荣。"[26]

爱德华兹在西部马萨诸塞反对阿明尼乌主义入侵的主要动机，是他相信这项事业是正义的。同时，他也担任起了威廉姆斯圣职家族与斯托达德汉普夏县寡头政治的代言人。他以及他的家族将西部马萨诸塞比作一个以色列的支派，他们必须事奉上帝，遵从上帝所拣选的仆人。他处在那被呼召统治这些人民的圣职与政治领袖的王朝之中。他依赖于威廉·威廉姆斯和约翰·斯托达德的庇护。他所有的本能都是阶层制的。只要他确定他们的事业是正义的，他就会毫不犹豫地运用寡头政治的权利。这个试图确保正统、促进敬虔以及加强社会纪律的古老家族式的"斯托达德—威廉姆斯"体系，仍然在发挥着作用。而他则是那个家族寡头体系里一个前景光明、前途无量的年轻成员。

怨恨

就像在任何一个王朝体系里一样，到处都存在着怨恨与倾轧。怨恨尤其产生于更年青一代那些最具雄心抱负的人中间。就本案而言，我们并不知道在爱德华兹与他的一些堂（表）兄弟之间存在的那些恶意的最初来源。但它似乎是在觉醒运动以及爱德华兹在国际上崭露头角前后开始表面化的。处在这种反对核心的是他表弟伊斯雷尔·威廉姆斯（Israel Williams）——大家长威廉·威廉姆斯的儿子。伊斯雷尔·威廉姆斯之对威廉·威廉姆斯，就像约翰·斯托达德之对所罗门·斯托达德；这位家庭的次子，虽然是一位哈佛毕业生，但却热衷于河谷地区的经济、政治与军事领导——而不是教牧领导。1735年，当那种麻烦出现之际，伊斯雷尔年届26岁，刚刚开始全面发挥出自己的才干。尽管伊斯雷尔住在五英里外的哈特菲尔德并经常骑马经过爱德华兹的家，但在此后数年里他很明显回避登门拜访的礼节。[27]

起初，这种敌视似乎更多是个人性而非原则性的，尽管历史学家声称存在着更重大的问题。佩里·米勒追随塞雷诺·德怀特推测道，威廉姆斯家族倾向于阿明尼乌主义。[28]这也许对伊斯雷尔·威廉姆斯来说是一个因素，但考虑到这个家族对罗伯特·布雷克的激烈反对，所以对整个家族来说肯定不是如此。也不能说这整个家族反对觉醒运动。[29]威廉·威廉姆斯长期支持宗教奋兴，他以及其他圣职家族成员，也很高兴看到在他们自己教区里出现奇妙的觉醒。1736年，伊莱沙·威廉姆斯就广泛的觉醒——尤其是在他父亲哈特菲尔德教区里出现的——向艾萨克·瓦茨送去了一份热情洋溢的报告。他说，"为了获救他们应当做什么几乎成为（在归信者中）普遍的呼声。"奋兴运动带来了"一种普遍的行为方式转变"，带来了经常性的宗教聚会，以及许多人的归信。[30]

也许，存在着一些家族性不满：年轻的爱德华兹遮掩了家族大家长的光芒，并把更广泛觉醒运动的北安普敦起源归功于自己。奋兴运动一位批评者曾指出，威廉·威廉姆斯认为爱德华兹的报告不够谨慎。[31]波士顿的本杰明·科尔曼把他对爱德华兹的《忠实叙述》所做节略附在威廉姆斯两篇布道后加以出版，也并没有产生什么助益。爱德华兹本人曾写信给科尔曼说，他希望能够就此举征询威廉·威廉姆斯的意见。[32]

也许，只是在这些表兄弟之间存在着一些个人怨恨。如果是这样的话，伊莱沙·威廉姆斯并不是第一个与爱德华兹不和的表兄弟。他在耶鲁时与伊莱沙·米克斯的关系动力，也许就构成了这样一条线索，即爱德华兹是如何与比自己更年轻、更世俗的，他认为应当接受自己建议的亲属打交道的。[33]

然而，不论正在酝酿什么样的竞争与琐碎嫉妒，爱德华兹目前仍然牢固地属于这个家族等级体系里一个忠实的年轻伙伴。他享受着那些领袖们的庇护，并在总体上对他们保持着适当的敬重。如若不是后来出现原则分歧的话——他被认为正在出卖这个家族，这些较早期的怨恨将会被忘却。

在更大的图景里，非凡的觉醒运动以及它们是否能够扩展的问题，仍然笼罩了一切。从表面上看，这样一种圣灵浇灌，仿佛为由圣职精英个人控制的古老体系提供了最佳辩护。而在更大的国度问题上，他与波士顿寡头政体仍然是同盟军，尽管他们在由谁控制西部教会的争论中曾交换过激烈言辞。当爱德华兹《忠实叙述》的"美国版"在1738年问世时，不仅本杰明·科尔曼是其资助人，而且威廉·库珀与他的三位正统同事一起签署了该书的"前言"。[34]

注释

[1] Jonathan Edwards to Benjamin Colman, May 30, 1735, *Works*, 4: 99—110.

[2] 几乎每部传记都追随德怀特认为科尔曼发表了这第一封书信。但 C. C. Goen 表明他肯定没有发表。See "Editor's Introduction," *Works*, 4: 32—33n.

[3] Sermon, Romans 5: 6, "prepared for the fast appointed on occasion of uncle Hawley's death" (June 1735). 他在7月份一次布道中亦详述了这一点，Ezekiel, 39: 28ff, Works of Edwards transcription, 提到了这次觉醒那显而易见的消逝。

[4] *Works*, 4: 32—34. "可怕的瘟热症"和"炎热"来自斯蒂芬·威廉姆斯的日记，抄本，Storrs Library, Longmeadow, Mass., August 18, 1736. Cf. August 21.

[5] Isaac Watts to Benjamin Colman, February 28, 1737, quoted *Works*, 4: 36. 这种论述主要来自 Goen's introduction, *Works*, 4: 32—46.

[6] 完整标题是 *A Faithful Narrative of the Surprising Work of God in the Conversion of Many Hundred Souls in Northampton, and the Neighbouring Towns and Villages of New Hampshire in New England*. 瓦茨后来为他的地理学做了道歉，解释说在他的地图上只有"NEW HAMPSHIRE"而没有"Hampshire County"。编辑也改动了几处地方以适合他们的神学口味，而且亦为这部叙述中可能的"缺憾"或"不完善"表示了歉意——远远超过了小心谨慎的爱德华兹所喜欢的。

[7] Michael J. Crawford, *Seasons of Grace: Colonial New England's Revival Tradition in its British Context* (New York: Oxford University Press, 1991), 147,

149, and 290n25.

[8] Samuel Hopkins, *Historical Memoirs Relating to the Housatonic Indians* (Boston, 1753; repr. New York: Johnson Reprint Corp., 1972), 14—81; Patrick Frazier, *The Mohicans of Stockbridge* (Lincoln: University of Nebraska Press, 1992), 13—49.

[9] *Faithful Narrative*, *Works*, 4: 208. 看来，爱德华兹至少从9月初到10月中，不在北安普敦。Cf. Hall, "Introduction," *Works*, 12: 5n.

[10] *Works*, 4: 211.

[11] 对下文布雷克事件的叙述，利用了一系列论述其详情的著作。These include Clifford Shipton's account in *Sibley's Harvard Graduates*, 8: 661—680. Charles Edwin Jones, "The Impolitic Mr. Edwards: The Personal Dimensions of the Robert Breck Affair," *New England Quarterly* 51 (1978): 64—79; Louis Leonard Tucker, *Puritan Protagonist*; *President Thomas Clap of Yale College* (Chapel Hill: University of North Carolina Press, 1962), 47—58; Kevin Sweeney, "River Gods and Related Minor Deities: The Williams Family and the Connecticut River Valley, 1637—1790" (Ph. D. diss., Yale University, 1986), 226—251; and *Works*, 12: 4—17. Cf. four letters on the case, *Works*, 16: 58—64.

[12] Sweeney, "River Gods," 229—234. Quotation on p. 230, from William Williams to Jonathan Wells, Hatfield, March 12, 1730.

[13] Jones, "The Impolitic Mr. Edwards," 67n.

[14] William Rand, *Ministers Must Preach Christ LORD, and Themselves Servants* (Boston, 1736), 10, cited in Hall, "Introduction," *Works*, 12: 15. 这篇布道是在1735年末发表的，但Rand在1734年就表达了这些观点。数年后，他还质疑，教授"教理问答"是否干扰了孩子的"自我判断"能力。See Sweeney, "River Gods," 236.

按照爱德华兹的标准，Rand及其他一些人，在其他问题上也是松弛的。Rand及其同盟者艾萨克·昌西就曾提供了他们的这种评判："就一对结婚夫妇在婚后七个月就生育孩子的情形而言，如果没有其他针对他们的证据，单凭这一点并没有充足证据在教会面前判定他们犯有通奸罪"。Quoted in Valeri, introduction to sermon, *Christians a Chosen Generation* (May 1731), *Works*, 17: 274. 爱德华兹使用了那份声明来作为撰写布道辞的用纸。Valeri推断，这个案例来自北安普敦；爱德华兹在针对"淫荡的不贞节"的布道里所做的谴责，就是对它的一种回应。

[15] Shipton, *Sibley's Harvard Graduates*, 8：661, 表明布雷克事实上是因为不只是偷窃图书而被开除的。他父亲曾要求他不要处在自己的关照之下。

[16] Edwards, letter, *Works*, 12：157—159, 列出了十位证人的姓名；他们作证, 他们听到布雷克表达过这些观点。

[17] Edwards, *Faithful Narrative*, *Works*, 4：148—149. See also Edwards' first letter to Benjamin Colman, *Works*, 4：100—101. 有关人们对加尔文主义重新激发的热情, see Edwards' preface "Justification by Faith Alone" in his *Discourses on Various Important Subjects* (Boston, 1738), 它亦强调了这篇布道在觉醒中的作用, repr. in *Works of Jonathan Edwards*, ed., Hickman, 2：620—21.

[18] Benjamin Colman to Stephen Williams, August 19, 1735, quoted in *Sibley's Harvard Graduates*, 8：668. Cf. p. 667.

[19] Hall, "Introduction," *Works*, 12：4—17, 提供了一种可靠的解释。

[20] Ibid., 146n. Cf. Tucker, *Puritan Protagonist*, 55, 我从他那里借来了马裤褡。

[21] *A Narrative of the Proceedings of Those Ministers of the County of Hampshire etc. That Have Disapproved of the Late Measures Taken in Order to the Settlement of Mr. Robert Breck ⋯ With a Defence of Their Conduct in That Affair. Written by Themselves* (Boston, 1736), 65—66. Jones, "Impolitic Mr. Edwards," 73, 将这种评论归于了爱德华兹, 但却是不正确的。参见下面的注释 23。

[22] 约翰·斯托达德可能对其具有某种影响的这个委员会, 未能同意让汉普夏县法官为此举行听证会。Cf. *Sibley's Harvard Graduates*, 8：672.

[23] In a letter to William Pynchon, Esq., December 20, 1735, Connecticut Valley Historical Museum, Springfield, Mass., 塞缪尔·霍普金斯说道, 他写了第一部分, 爱德华兹写了第二部分, 但他（霍普金斯）如此匆忙以至于没有时间将它们进行对比。由爱德华兹写的第二部分, 开始于一个新页码（第 67 页）并用黑体字题名为"The Defence"。霍普金斯那更长的辩护, 结尾处就提到了"巴兰驴子"的俏皮话——他将其归于一个在现场的"年轻绅士"。我感谢 George Claghorn 提供了 Hopkins 信函的一份副本。On authorship, see Claghorn's comments, *Works*, 16：63—64.

[24] [Edwards], *The Defence*, 67—93. On authorship, see note 23, above. [William Cooper], *An Examination of and Some Answer to a Pamphlet, Entitled, A Narrative and Defence* ⋯ (Boston 1736).

[25] "乡村"圣职人员这种指称,引自1735年10月10日 *Boston Gazette* 上的一封匿名信。Quoted in Hall, "Introduction," *Works*, 12: 10.

[26] Jonathan Edwards, *A Letter to the Author of the Pamphlet Called An Answer to the Hampshire Narrative* (Boston 1737), 94, 161, 163. On the role of ridicule in the era, see John Redwood, *Reason, Ridicule and Religion: The Age of Enlightenment in England*, 1660—1750 (Cambridge: Harvard University Press, 1960).

[27] Jonathan Edwards to Sir William Pepperrell, January 30, 1753, *Works*, 16: 554. 爱德华兹的叙述,是对这种争执起源的几乎唯一同时期记录;而他并没有详细叙述其起因,有许多主题只能进行推测。同伊斯雷尔妹妹多萝西结婚的迪尔菲尔德牧师乔纳森·阿什利,也有意避免拜访爱德华兹的家。爱德华兹则把反对"大觉醒"开始的日期定在了十八年前。

[28] Perry Miller, *Jonathan Edwards* (New York: William Sloane, 1949), 104—105. Cf. Dwight, *Life*, 122n, and 434—435. 德怀特认为这种解释的基础是,爱德华兹曾提到过对他1734年有关称义布道的反对;但却没有任何证据表明,威廉姆斯家族就是这种反对的来源。

[29] 也许,伊斯雷尔·威廉姆斯以及这个家族其他一些较年轻的世俗成员,对觉醒本身的某些方面感到不悦。约瑟夫·霍利事件亦可能是其中一个因素。伊斯雷尔·威廉姆斯,就像爱德华兹一样,也是霍利的外甥,并有可能将他的自杀归咎于爱德华兹,但我们没有这方面的直接证据。

[30] 伊莱沙·威廉姆斯给艾萨克·瓦茨的信,May 24, 1736, quoted in Anne Stokely Pratt, *Isaac Watts and His Gift Books to Yale College* (New Haven: Yale University Press, 1938), 30—31。

[31] 蒂莫西·卡特勒给Edmund Gibson主教的信,May 28, 1739, quoted in Douglas C. Stenerson, "An Anglican Critique of the Early Phase of the Great Awakening in New England: A Letter by Timothy Cutler," *William and Mary Quarterly*, 3d ser., 30 (1973): 486. 卡特勒报告道,一位哈特菲尔德居民曾说过威廉姆斯"希望爱德华兹先生在这件事情上不要那么积极主张"。

[32] Jonathan Edwards to Benjamin Colman, May 19, 1737, *Works*, 16: 67.

[33] Dwight, *Life*, 434. 它假设爱德华兹拒绝了伊斯雷尔·威廉姆斯提出的一项请求,即停止针对阿明尼乌主义就称义问题进行布道。但根据以威廉·威廉姆斯为首的反阿明尼乌派斗争的视角,这一点看来是不可能的。

[34] 1741年,当爱德华兹就区别真正的觉醒而撰写他第一部论著时,库珀为其撰写了序言。

11

"一座建在山上的城"

在《忠实叙述》的美国版问世前,爱德华兹发现自己处在一种尴尬的位置。他已经赢得了国际地位,但他声称得太多了吗?1735年,他已经相信,在北安普敦几乎每个人都显示出了鼓舞人心的蒙恩得救的迹象。时隔一年后,1736年11月,当他正在完成《忠实叙述》时,他仍在向世界宣称,"上帝显然已经把我们造成了新的民众。"诚然,他也承认,毫无疑问存在着一些披着羊皮的狼,而且这个城镇仍然有许多理由感到谦卑和惭愧;"但总体上",他补充道,"在这里的民众当中,已经有归信和成圣的伟大、奇妙工作。"[1]

1737年5月,科尔曼给他写来了长信,告诉他《忠实叙述》在英国获得了热烈反响。爱德华兹回应道,这个消息当然是令人振奋的,"然而在他人为我们而欢呼和赞美上帝的同时,想到我们如何在衰退,我们中间宗教的活泼精神在如何衰败,令人十分扫兴。"这种逐渐的衰退,他解释道,"其表现,在年轻者或年长者当中,与其说是回到了淫欲放荡与感官享受之道中,不如说是对今世之物的一种过度关切与热衷",并回到了曾长期为害这个城镇的激烈派系斗争之中。[2]

即使是一种来自上帝的戏剧性迹象,也无法重新唤醒两年前的那种精神。1737年3月,一场明显的灾难结果成为,按照爱德华典型的夸张说法,"也许是这片土地上所知道的上帝保守的最神奇事例之一。"

爱德华兹在一封信里将这个事件向科尔曼做了如此的描述，而后者则把那封信转给了《波士顿报》(Boston Gazette)。北安普敦礼拜堂已经破旧不堪了，城镇正在建造一座新的礼拜堂。在3月13日安息日，那座旧房子里挤满了前来参加早晨崇拜的人。1736至1737年的冬天极其酷寒；由霜冻产生的膨胀力已经使墙的位置发生了挪移，以至于支撑后廊的托梁几乎快要从其支撑物上要脱落下来了。就在爱德华兹开始进行布道时，挤满了人的走廊突然从中断裂并坍塌，沉重的碎裂木头和几十个人的身体将里面的人给埋了，被埋的大多数是妇女和孩子。那声巨响就像是"骇人的雷击一样"。任何看到和听到那"凄惨尖叫与哭喊"的人，都相信"必定会有许多人当时就被砸死或压成重伤了"。然而，当最后拖出了那些被掩埋的人时，却发现，虽然有许多人都留下了伤口和青肿，但只有几个人比较严重，并且没有人死亡，甚至都没有人发生骨折。[3]

"通过一场如此危险而骇人的事件"，上帝已经向会众发出了可畏的谴责，好使"他们能够为如此奇妙的、可以说是奇迹般的保守而赞美上帝的圣名"。虽然许多人的确因这一神奇的事件受到触动，并对上帝的怜悯心存感恩，但爱德华兹在5月里向科尔曼报告说，"其效果却不及两三年前所发生之事的十分之一。"[4]

这个城镇又回到对灵性实在近乎盲目的状态，而爱德华兹对于神圣之美的清晰看见无法抗拒，加强了他自己的宗教经验，二者之间形成了鲜明对照。在其也许写于1740年的"个人叙述"里，他描述了一次格外难忘的相遇。"一次，在1737年，当我为了健康而骑马走进一片林地时"，他叙述道，"我像通常一样，在一个僻静之处下马，一边散步一边默想祈祷；我看到了上帝之子的荣耀，这对我来说是非同寻常的……基督的位格显得无以言表地卓越，具有一种伟大到足够吞没所有思想与认知的卓越性。"那种出神狂喜持续了"大约一个小时；它使我在相当长一段时间里泪如涌泉，放声哭泣"。在这期间，他感到了"一种灵魂里的火热"：那只能被描述为"被倒空和毁灭；躺在尘土里，单单被基督充满；并以圣洁与纯粹的爱去爱他"。在其他几个场合，他也经历了类似的出神狂喜。[5]

该城镇居民，远未有这样一种热切和对于天国纯洁性的渴望，他们在缓慢度过了 1737 年的暮春后，又迎来了一场初夏的旱灾。[6]他们的争执与旧有的派系斗争又加剧了。5 月份，大致在爱德华兹向科尔曼坦陈这个城镇问题的同时，他针对那使这个小城镇邻人反对邻人的派系斗争、忌妒与背后中伤，讲了一篇措辞严厉的道。国外许多人现在正在为降临到北安普敦的祝福而欢欣鼓舞；如果他们得知那旧有的派系宿怨又复活了，他们该会多么失望啊。"在美国，没有哪个城镇，"他用他经常使用的一种意象来提醒他的教区居民，是"如此像一座建在山上的城"。[7]

使这种窘迫愈发严重的是，新礼拜堂本身就成为了一种争斗的原因。就像社会里所有其他事情一样，新英格兰礼拜堂里的座位是按照地位加以分配的。按阶层划分的座位分配方案，不得不因新礼拜堂而重新加以分配；但这在一个具有某种社会流动性的社团里却绝非易事。城镇座位分派委员会，不得不按照其与所有其他家庭的关系来评定每一个家庭。这个城镇在下面这一点上也意见不一：究竟是继续沿用男性坐在一边女性坐在另一边（年轻人坐在两厢楼座上）的做法，还是采用在主厅里按家庭就座的做法。经过许多争论后，他们决定两者兼顾。这座新礼拜堂，包括有围绕四周而设的 35 个包厢式座位，其中一些为家庭单位所占据。而其余的座位则继续按照传统的性别分隔做法：妇女坐在走廊过道的另一边，与她们丈夫的座位对着。以家庭为单位的座位则要更舒适一些；而在 18 世纪教堂里转而采用这种做法，有时被看作是现代时期中产阶级家庭兴起的前兆。它亦可能突出了家庭之间的竞争——当一个家庭坐在比与自己相差无几的竞争对手更为突出的座位上时。而当这个城镇，与爱德华兹的评估相一致，决定以财富为决定座位分配的首要标准，以年龄为次级标准，而以在公共服务中"人的有用性"为更次一级标准时，这一点就尤其如此。而在以前，年龄是首要的考虑因素，财富还是其次。[8]

因为新英格兰人所引以为豪的是，他们单单根据圣经来规定他们的崇拜，所以人们也许会认为，他们会更多地记牢圣经对于那些人的谴责：他们"喜爱筵席上的首座，会堂里的高位"（太 23：6）。而他们忽视了这条指令这一事实提醒我们，他们的社会预设在实质上是何其具有等级性的。不尊重社会差别，即使是在教会里，对于他们来说，就像今天在军队里的人不尊重军阶差别一样，都是不可思议的事情。

虽然爱德华兹强烈反对为礼拜堂座位而发生的争斗，并在讲道里反对了那些"谋求上帝殿堂里的高位甚于寻求在圣洁上出众的人"，但他还是理所当然地认为，社会阶层制是上帝为良好秩序而设立的。[9]就像他那个传统里其他人一样，他断定，即使是在一座"建在山上的城"里，上帝也指定了一些人进行统治，而其他人则应当顺从。[10]在他的家庭观里，他强调家长制的管理。尽管他自己的家庭正在以每两年添一个新女儿（第七个孩子蒂莫西，是他们的第一个男孩，生于 1738 年 7 月）的方式处在增长之中，爱德华兹一点也没有表现出现代多愁善感的家庭观。事实上，当 1737 年末和 1738 年初，"汉普夏县协会"在考虑一种带走了许多孩子生命的流行病——可能是"喉症"——的意义时，其结论——几乎肯定得到了爱德华兹的认可——是上帝在警告他们不要犯为人父母的罪：对孩子表现出了过度的溺爱、纵容他们并为他们贪婪地聚集物质财富。[11]

另一种争斗的原因可能是，几乎一建成新礼拜堂，城镇就决定建造一座独立的镇公所，以供城镇会议和县法庭使用。原先，那些往往充满敌意的城镇会议，都是在爱德华兹布道的那座礼拜堂里举行的。而新礼拜堂，与原先的礼拜堂不同，是按照 18 世纪典型的新英格兰风格，建成了带有教堂尖塔的样式；这表明英国品味已经渗透到了内陆地区。也许，采用单独建造教会建筑这一欧洲惯例，与建造单独厅堂以供城镇会议和法庭使用这样一种正在盛行的观点，这两者是关联在一起的。不论出于何种理由，这个决定都具有象征意义。清教徒一直都是建造不加装饰的、不带尖塔的礼拜堂，并以此表明任何地点本身都不是神圣的。所有实在都潜在地是神圣或世俗的，取决于人们如何使用它。城镇会议在礼拜堂召开与在任何地方召开一样都是适宜的。而且，公共管理，当受到适当引导时，也是一种神圣行为。属灵领袖与民事领袖需要密切合作。实际上，在城镇会议期间所出现的空无一人的讲坛，也许就是对所有事务中教牧与属灵权威的一种提醒。这种新安排可以被最直接地看作是对更为中世纪的或至少是圣公会的分离神圣空间之做法的回归。在那种更古老的安排里，神圣与世俗被区分开来了——但在理论上二者却应当和谐地加以合作。而与此同时，这种新安排也可以被看作是更为现代版的圣俗分离的前兆，在其中，即便在理论上二者也会在不安的张力中共存。[12]

圣经的观点

到 18 世纪 30 年代后期，爱德华兹面临着一种令人不安的现实：就在北安普敦正在国际上变得闻名之时，他的许多教区居民正在返回到贪婪与持续窝里斗的老路上。他无法回避这一事实，即他高估了真正觉醒的程度。尽管圣灵临在的真实迹象仍然存在，但其他证据表明，许多表面的归信都是魔鬼的伪装假冒。爱德华兹对此做出回应，做了三组很长的系列讲道，试图纠正人们所采取的路线。

第一组是由十九个单元组成，在 1737 年至 1738 年冬季，讲的是《马太福音》25：1—12 聪明与愚拙童女的比喻；十年前他濒死的妹妹杰鲁沙曾使他想起这同一段经文。那聪明童女预备好迎接新郎的到来，而愚拙童女却没有。在这幅教会的图景里，爱德华兹告诉教区居民，聪明的与愚拙的是混合在一起的。只有基督到来时，才会完全清楚：只有一半人是真正预备好的。关键的问题是如何在聪明的与愚拙的之间做出甄别。这个在他年轻时曾在个人层面上困扰过他的问题，将会在下一个十年里占据他作为一个觉醒倡导者的心思。譬如，他警告他的教区居民，"听到基督那舍命之爱时深受感动是一回事……而确实地看到基督至高无上、无与伦比则是另一回事。"但触及肤浅的情感与触及真正的属灵情感之间的区别非常微妙。抑或，他建议，"不要使自己满足于你认为你愿意让基督成为你的救主，除非你是出于自由选择，并未受到地狱的威胁或想去天国这一愿望的驱使。"[13]但是有多少人能够确定他们的真实动机呢？他们是否真的预备好了将在他们如何胜过信心的试炼上显明出来。在信仰衰退时期，譬如北安普敦人现在正在经历的时期，伪善者就是那些"放弃信仰的费力部分"并"悄悄生活在已知罪恶之道里"的人。[14]

这组系列讲道，是另一紧随其后的题名为"爱及其果子"（Charity and Its Fruits）系列讲道的预备。在他逝世后出版的《爱及其果子》，成为了他最著名的著作之一。它是之前就"聪明与愚拙童女"所做讲道的理想续篇，因为有许多应用都涉及人应当如何鉴别一种明显的灵的工作是否是真的。对爱德华兹来说，圣经原则是清楚明白的："凭着他们的果子，就可以认出他们来。"（太 7∶16）《哥林多前书》13∶1—8 宣称，用爱德华兹的话说，"所有称得上独特的、救赎的与真实的基督教的东西，都归结为爱。"因而，可以推断，爱的证据（或阙如）就是最好的试验，借此"基督徒就可以检验他们的经验是否是真正基督教的经验"。[15]

那无可逃避的圣经检验，就是那使得爱德华兹为三年前北安普敦的许多"归信者"所极其担忧的事情。《哥林多前书》13 章似乎是专门针对这个城镇说的，因为它的第四和第五节经文（"爱是不嫉妒"等等），针对的正是明显祸害这个向内生长的社团的那些邪恶。放弃了广泛选取经文以适合各种讲道主题的惯常做法，爱德华兹遵循《哥林多前书》里各节经文的顺序，用五次讲道详细论述了第四和第五节经文的每一个词。他向北安普敦人强调道，真正重生者的爱之精神，就是（每次讲道论述了一种）嫉妒、骄傲、自私、愤怒与挑剔的对立面。

这次系列讲道，更多是积极的而不是消极的，而且语气总是温和恰切的，最后一次以"天堂是一个爱的世界"结束，这篇讲道成了爱德华兹最受欢迎的讲道之一。他在这篇讲道中使用了许多的意象来描绘一个完美和谐的社会，那里"没有任何不和谐音"，全都聚集在上帝那完满的爱里。基督，教会（聪明童女）所等待的那位新郎，将会带领完全的圣徒进入到永恒、至福的社会里。在这种天国的团聚里，他们将共享那由三一神圣位格圣父、圣子和圣灵的完满之爱所流溢出的爱的泉源。所以，所有人都将被那神圣的爱所充满，没有任何嫉妒的痛楚能够减弱所有上帝所爱之人的爱。天国，就像其他地方一样，将会分阶层；一些人将会在荣耀里位于他人之上，但这种分别绝不会导致幸福的丝毫降低，因为所有人都只希望他人获得最完满的幸福。与此相对，在今世，人们永远都不能完全像他们应该的那样去爱。每个人都受累于"一具沉重腐败的身体，一具不适合于作为那燃烧着神圣之爱的灵魂的血肉之躯……他们也乐意飞翔，但他们将会坠落，就像是在脚上系着重物"。在来世，圣徒只有灵体，他们将能够完全表达他们对于上帝以及对于彼此永远燃烧的爱。[16]

这篇有关"爱"的讲道，虽然简单而实用，却接近爱德华兹神学体系的核心位置。实在的实质，他在更为深奥的神学笔记里强调，就是圣父、圣子与圣灵三位一体的爱。一个如此完善的存在，创造这宇宙唯一可能的理由，就是要使那种爱延展到其他的、不完善的存在上。所以，正如他向这个河谷城镇教区居民所简明解说的那样："那位于天国里的这爱之源泉，这永恒的三位一体，是开放着的——没有任何障碍能够阻止人接近它。在那里这荣耀的上帝，在完满的荣耀中展现出并闪耀着爱的光芒；在那里这泉源流淌着爱与喜悦的溪水与河流，足以为所有人饮用并畅游其中，是的，以便用爱的洪流来充满这个世界。"[17]

上帝本质上是爱，这种观点在基督教或加尔文主义神学里或者在那个时代的其他思想里并不新颖。然而爱德华兹在严格改革宗的背景里对这一主旨的强调，则是他复兴那种传统的核心所在。在某种意义上，他的爱之神学，也预示了后来19世纪和20世纪的浪漫神学和更为自由的神学。不过，我们再次必须注意其间存在的巨大差别。因为爱德华兹属于彻底的"改革宗"，所以在爱德华兹的爱里绝没有任何多愁善感（sentimentality）的意味。像上帝那样去爱，就只是意味着一个人必须要爱上帝所爱的、恨上帝所恨的——亦即任何反叛上帝之爱的东西。

自从觉醒运动以来，爱德华兹就越来越多地看到了他更早期信念的意义；那种信念就是，那必须属于他神学核心的东西，不只是上帝本质上是爱，而且上帝对人的爱本质上是救赎性的（redemptive）爱。具体说来，他越来越明确地看到，这一主旨必定就是破解他长期思索的一种实在的大奥秘——历史的奥秘——的钥匙。换言之，一个完美的上帝为什么会卷入那看来是不完美的历史之中？

对于福音派基督徒来说，这是那个时代的一个大问题；在那个时代里，自然神论者正在使上帝远离历史。人们也许会将爱德华兹对这一主旨的处理与查尔斯·卫斯理作比较。卫斯理"怎能如此"（And Can It Be）起首的著名赞美诗与爱德华兹关于《爱》的讲章写于同一年。卫斯理写道，"这是全然的奥秘：不朽者竟然死了！谁能测透他奇异的安排？那头生的撒拉弗试图测度这圣爱有多深，也是徒然。"[18] 爱德华兹，尽管承认这终极的奥秘，但仍然想要探究它的深奥程度。

这些基本神学关切萦绕在他心间；1739年5月24日星期四他有幸在波士顿发表公开演讲时，就选择了这一主旨。爱德华兹以《提摩太前书》2：5为讲道经文，以"基督是上帝与人之间的中保"为主题，详细解释了基督救赎中保的神学，尤其因为它是永恒三一上帝内部之爱的一种外向延展。基督之爱的这种永恒起源，保证了基督与圣徒之间的联合所带来的救赎将是永久的。这就肯定了加尔文主义圣徒永蒙保守（perseverance of the saints）的教义：人们一旦真正与基督联合在一起，就不会从恩典里失落。而且，救赎或者"恩典盟约"的实质，其实就是"人的心灵与基督的一种真正联合"。[19]

我们有一份珍贵的同时代人对爱德华兹这次访问波士顿的描述。蒂莫西·卡特勒，爱德华兹原先的指导教师、现今波士顿最重要的圣公会牧师，曾报告过爱德华兹的一次造访。卡特勒刚刚获得他的幼子死于海难的消息，而爱德华兹的礼节性拜访也许与那一消息有关。卡特勒对康涅狄格河谷的觉醒运动的看法比较暗淡；他为伦敦主教准备了一份关于这方面的报告。不过，他与爱德华兹回避了这个他们知道彼此意见完全相左的主题。卡特勒将觉醒运动看作基本上是"异想天开的表现和稀奇古怪的现象"。在给主教的报告里，他贬低了爱德华兹所写的《叙述》和那些肯定那份叙述的人。例如，他将那赞同它的四位波士顿重要圣职人员描述为"孤陋寡闻、毫无辨别力、思想狭隘的人"。当然就此而言，爱德华兹可能算是一个例外，但卡特勒从消极的角度描述了爱德华兹的学识。卡特勒承认他"具有批判性，思想缜密、独特"，但又补充道，"我认为他的论述里没有什么坚实的东西。"回忆起学生时代的爱德华兹时，卡特勒将他描述为"一个始终清醒冷静的人，但却相当孤僻、严厉和拘谨"。卡特勒认为，太多的学习已经严重损害了他的身体。卡特勒写道，爱德华兹"继续刻苦［学习］，结果变得非常衰弱，健康严重受损。我怀疑他是否能活到四十岁"。[20]

极其憔悴的爱德华兹在波士顿的讲道中，谈到了基督那永恒救赎之爱的基础性神学原则，那时候他深深关注永恒之爱是如何表达在历史之中的。而在北安普敦，他的第三次，也是他迄今最长的系列讲道正在进行，包含关于"救赎工作史"的三十次讲道，即要表明基督的救赎工作如何成为所有历史的关键。爱德华兹认为，1734 年至 1735 年的觉醒预示着救赎史上的一个重大时刻；这一意识使他确信，他的神学应当与正在进行着的基督工作史结合在一起。虽然在 20 年代后期，爱德华兹曾把他计划中的重大神学论著设想为"一种理性叙述"，但大约从 1736 年起，他在笔记里开始提出一种他认为是革命性的、全新的历史探究进路。在他生命结束之际，他告诉位于普林斯顿的新泽西学院（the College of New Jersey）董事会成员，他希望撰写一部题名为《救赎工作史》的"巨著"：那将是"按照全新方法并被赋予了一种历史形式的神学体系"。[21]那些与这部计划中的巨著同名的讲道，在他去世后以那一书名出版了，但却缺少了爱德华兹为他的巨著所构思的大部分明晰的神学解说。相反，1739 年 3 月至 8 月的讲道，主要是一些历史叙述，旨在为北安普敦人引入这样一种意识，即他们应当如何按照圣经与世界历史的眼光来理解他们自己的历史。

在这组题名为"救赎工作史"的系列讲道里，不仅没有什么明确的神学，而且，与前两组系列讲道不同，它也没有包含多少直接实用性的内容。这些讲道的几乎三分之二内容，都是以基督的救赎为中心对旧约与新约事件的重述。其核心预设就是爱德华兹关于实在的预表论。圣经叙事提供了无数预表基督的实例（在红海里毁灭法老及其军队预表基督击败撒旦；海水预表基督救赎的宝血，在今天施洗的水中也得到体现，等等）。[22]接下来的讲道继续叙述了教会史的基本内容，并表明那种历史是如何延续圣经所确立的模式并与具体的圣经预言相吻合。

就像在爱德华兹对几乎所有事情的看法中那样，上帝与撒旦的冲突是永远不变的主题。爱德华兹所讲述的故事，全都是这同一旋律的变调；主旋律是上帝在他选民里的救赎工作，次旋律则是撒旦的反抗。他为这个系列讲道所选定的经文是《以赛亚书》51：8："因为蛀虫必咬他们，好像咬衣服；虫子必咬他们，如同咬羊绒。唯有我的公义永远长存，我的救恩直到万代。"从这个大视角看，人们将会看到，"教会敌人的权力和繁荣是何其短命。"那种短暂的权力与荣耀，就像蛀虫咬噬衣服一样，将很快被毁灭。唯有上帝那最终将得胜的救赎工作，具有永恒的价值。[23]

爱德华兹总是鼓励教区居民要从宏大的视角看问题，帮助他们克服视野狭窄所带来的琐细与自我专注,这种狭窄的视野几乎看不到下一个城镇。如果他们能够将近期的奋兴运动不仅仅看作一种本地现象,而是看作基督与撒旦势力之间大规模斗争的一个篇章,那么他们就不太可能会如此受到那更琐碎得多的近期本地事件的纷扰。爱德华兹通过引述"仅仅两个"近期觉醒的实例来结束他对教会史的评述。第一件是,在奥古斯特·赫尔曼·弗兰克(August Hermann Francke,1663—1727年)以及哈雷(Halle)敬虔派的领导下,"在德国萨克森(Saxony)出现了宗教力量与实践的引人瞩目的复兴。"另一件则是,他的教区居民已经见证了的,"上帝圣灵那引人瞩目的浇灌"。尽管他没有涉及细节,但通过在叙述里赋予他们的觉醒运动以这样一种荣誉地位,爱德华兹要确保他的教区居民看到他们近期的经验在救赎历史本身中所具有的全面重要意义。[24]

爱德华兹带领人们踏上了这样一个旅程,它将帮助他们看到:所有历史,包括他们自己的历史,都是一个整体,一个以基督工作为中心的整体。如果说基督的爱就像是一条河流的源头,那么上帝救赎性护理的"荣美",就可以"被比做一条拥有无数支流的浩荡河流;而那些支流始于不同的地区,彼此相隔甚远,却汇成了同一条河流"。由于视野的局限,人们只能看到这巨大图景的某些部分,因此它们看起来是"杂乱无章的"。爱德华兹带领人们踏上的这个旅程,仿佛是在攀爬一座高山的顶峰,在那里,在获得了神圣启示的救赎视野后,他们就能够看到,这些河流,有时看来似乎是流向相反的方向,但全都汇集到了"同一个出海口"。[25]

虽然爱德华兹的叙述很长,并且许多内容都是对熟悉的圣经故事的重述,但他能够保持一种主旨,其累积性影响极大。一位在爱德华兹讲这些道时只有十岁半的北安普敦人尼赫迈亚·斯特朗(Nehemiah Strong)曾回忆道,那些系列讲道是他一生中的一件大事。后来成为耶鲁数学与自然哲学教授的斯特朗,据说曾经告诉爱德华兹的外孙蒂莫西·德怀特,随着那些系列讲道的进行,他如何变得"越来越着迷"。最后,当爱德华兹描述基督的二次降临时,这个男孩的"心灵也兴奋到极点,以至于他毫无相反的思想,而是期望那可怕的情景在当时当地展开。因此,他也以最深切、最庄严地期待着听见那号角的声音和天使长的呼喊,看见坟墓打开,死者复活,审判者从他圣父的荣耀中降临,四围环绕着圣洁的天使。然而,当那一天结束整个世界还是处在惯常的平静中时,他深感失望"。[26]

假如他所有的教区居民,都能像小尼赫迈亚·斯特朗那样,爱德华兹将会感到十分高兴。这些长篇叙述的真正应用,就是使北安普敦人看到自己直接处在圣经历史的河流中。他们的经验与那些记录在圣经叙述里的是一个整体。他早已提醒听众,他们目睹的基督救赎工作,在某些方面超越了旧约的预表。北安普敦人只要能从真理的角度看待自己的话,就会发现他们像那些生活在摩西、撒母耳、大卫或以利亚时代的人一样,正在参与救赎史。[27]

期待"教会的禧年"

"救赎工作史"的系列讲道,为了解爱德华兹对诸如1739年世界事件的认识,提供了一扇窗口。他理解自己所处时代之架构的一条显著的线索,就是在他的历史里赋予了君士坦丁时代罗马帝国的正式基督教化以突出地位。他告诉教区居民,有四组伟大事件,构成了"基督在他国度的降临"。第一是基督在世上的工作,包括通过耶路撒冷的毁灭来击败他在世上的敌人。第二是君士坦丁时代对信奉异教的罗马帝国的摧毁以及基督教王国的建立。第三将是对敌基督即教皇制的毁灭。而第四就将是基督在审判中的复临。这是一系列奇妙的转折点。爱德华兹将君士坦丁的胜利,提升到了令人吃惊的宇宙性高度。它成了堪与基督的两次降临相比肩的历史转折点![28]

对4世纪皇帝的这种显著拔高,表明爱德华兹认为基督国度的推进与政治密切相关。一些圣经预言,尤其是《但以理书》里的那些预言,明确提到了帝王的兴衰,而爱德华兹在那个架构里对君士坦丁的解释也不是不常见的。爱德华兹最直接的来源是摩西·洛曼(Moses Lowman)新近撰写的《启示录》注释。不过,与洛曼相比,爱德华兹对君士坦丁提供的解读要积极得多。[29]除此之外,就像大多数具有宗教思想的同时代人一样,他也理所当然地接受了"基督教王国"政治所具有的属灵意义。在基督国度的降临中，每一个阶段或者"神定时代"（dispensation），都包含基督或其圣徒在撒旦手里深受苦难的一个黑暗时期，接着则是"公义审判者"基督伸张正义的胜利。除了最后的审判，基督都是使用人类军事力量来作为（有时是不知不觉地）他公义的代理者。

在理所当然地认定上帝会利用政治代理人作为他救赎计划里的核心角色时，爱德华兹也就采纳了两个世纪"宗教改革"时代理解的那些预设，尤其是在改革宗传统中。约翰·加尔文曾将他的《基督教要义》献给他祖国法国的国王法兰西斯一世（Francis I，1494—1547年）。几乎所有种类的基督徒都认为，统治者的宗教倾向对于人民的宗教利益是至关重要的。在那不太遥远的1649年革命中，清教徒就忠于这一原则：政治行动对于保护真宗教是必需的。而新英格兰以改革宗基督教的堡垒得以存在，也有赖于那一原则。新英格兰人无法忘记，1685年在路易十四（Louis XIV，1638—1715年）统治下，他们的胡格诺弟兄被野蛮地从法国驱逐。天主教法国就在新英格兰边界上；1739年后期新英格兰人还被请求派遣军队到南部，去参加与西班牙人的新殖民地战争。没有人能够忘记天主教政治对于真宗教的威胁。

这种政治预设——宗教是与国家或帝国联系在一起的——对于理解爱德华兹的历史观以及他在其中的位置是至关重要的。爱德华兹对这个问题的看法极其不同于奥古斯丁，人们也经常把他与奥古斯丁作比较。奥古斯丁推断，建立在爱上帝基础上的"上帝之城"与建立在爱尘世之物基础上的"世俗之城"，二者之间存在着一种持续不断的冲突；这种冲突在基督再来之前无法得以解决。爱德华兹持一种更加进步的历史观，其特征是通过日益增加的奋兴运动而终结于千禧年。[30]而且，作为一千多年的"基督教王国"以及两个世纪改革宗政治的继承者，爱德华兹理所当然地认为，上帝是通过国家战争与革命——它们将有利于福音的宣扬——而运作的。因而，朝向天国的进步就会牵涉到帝国政治史。爱德华兹因而也就强调那将灵性与政治结合在一起的旧约模式，以及那将历史描述为帝国史的旧约预言。当然，他也承认在真教会与任何国家之间不可避免地会有张力。正如在古代以色列，即使当上帝正在为其目的而使用它时，一个国家也可能会可怕地背离上帝。然而爱德华兹坚定认为，上帝是通过他宠爱的国家做工的。

虽然爱德华兹彻底坚持这一模式，但就像他在所有思想中所强调的那样，他强调属灵事物对于尘世事物的优先性。历史本质上是救赎史。所以，历史中的驱动力不在于那些王公们做了什么——尽管他们可能很重要——而在于"耶稣基督，世界的君王与救主"通过他的圣灵所成就和将要成就的是什么。[31] 基督为其救赎旨意的确使用了那些王公，但那些王公本身并不是历史之钥。位于历史核心的，乃是基督通过圣灵拯救灵魂的工作。

1734 年至 1735 年的奋兴运动，有可能巩固了爱德华兹有关圣灵工作在救赎史里的典型形式的看法。从早期有关《启示录》的笔记开始[32]，爱德华兹就将福音的传布看作是救赎史的核心。现今，他更明确认为，时而发生的觉醒所具有的作用，对于那个历史过程来说是至关重要的。圣经史不时出现上帝子民的奋兴。基督教史亦复如此，正如在君士坦丁或宗教改革时期那样。

爱德华兹想要确保他的信众能注意到觉醒在预言场景里的作用。由基督第一次降临开始的前三个"神定时代"，每一个都涉及"灵魂荣耀的灵性复活"，它是第四个"神定时代""活生生的象征和预表"，到那时基督将在审判中降临并让死人复活。[33] 在第一个时代里，从基督事奉一直到耶路撒冷被毁，福音将被奇迹般地传给大批的外邦人。在君士坦丁时代，亦即广泛的迫害得以终结的时代，殉道者所流的血将得以复仇（以实现《启示录》6 章里有关第六个封印的预言），而"已知世界"的大部分人也将被带入教会里。通过将君士坦丁的统治等同为"第六印"的开端，爱德华兹与其他许多解释者相比，向前推进了那份预言时间表：使得在最终胜利以前，只剩下为数较少的预言需要应验了。如今，他则说道，在即将到来的最后时刻，人们可以期望，在击败敌基督和在世界上建立基督的千禧年王国之前，出现另一次非凡的"大聚集"（ingathering）。而最近的觉醒运动，譬如在北安普敦所发生的，就是那即将到来之日的先兆。

尽管敌基督的王国，或者旨在败坏"基督教王国"的教皇制的兴起，是撒旦在现时代的"杰作"，但魔鬼的所有诡计都将在末日被毁灭。[34] 例如说，在一个影响重大的话题上，爱德华兹告诉他的信众，他曾听说："最初在美洲居住下来的起因是这样的：在基督以后头三百年里福音极其成功，异教帝国在君士坦丁时代土崩瓦解，这些事使魔鬼感到极为惊恐。魔鬼看到福音传布如此迅速，担心异教王国将在全世界被彻底推翻，于是带领了一群人从其他大陆进入美洲，以便使他们完全置于福音的影响之外。"[35] 所以，美洲的发现，就是对"教会未来荣耀时代"的一种护理性的预备；到那时，撒旦的工作将被挫败，而"这新发现世界的所有居民也将被带入基督王国里，就像在世界上所有其他地方一样"。[36]

爱德华兹断定，敌基督的失败，这场胜利中的关键事件，将会出现在教皇制兴起 1260 年以后；但他亦告诉教区居民，我们无法确定究竟是什么日期标志着教皇制的兴起，只知道那是在公元 479 年以后，否则，敌基督就已经被击败了。[37] 他还相信，敌基督的王国将在公元 2000 年以前被摧毁，因为到那时，地球就已经 6,000 岁了，而一个千禧年安息的时代也已时机成熟了。[38] 不过，他亦总结道，人们无法为这些事件确定具体年份。教皇制的兴起曾经是一个渐变过程，而敌基督的灭亡亦复如此。[39]

就到 1739 年为止基督国度的扩展状况，爱德华兹为会众总结出了一份平衡表。在消极方面，首先，"改革宗教会大大削弱了。"他解释道，宗教改革肇始于约 220 年前，并开启了向敌基督进攻的时代。天主教徒则用迫害与战争展开了反击。不过，现今，比天主教威胁更加严重的是在新教国家内部出现的信仰腐蚀。因而，这个时代的第二个消极方面，就是"在原则与观点上大行其道的放肆"。那些狂热者，譬如贵格会及其他信徒，破坏了信仰。而与此同时，苏西尼派、阿明尼乌派、阿里乌派以及自然神论者却全都在兴盛壮大。这种新的不信是真正令人震惊的，甚至是史无前例的，因为它兴起于那些在新教教导的益处本身之下培养起来的人们当中。"尤其是，"他宣告，"历史上没有哪一个时代，会有那么多在福音之光下的成长起来的人背教并转向不信；从未有过对基督宗教和所有启示宗教如此这般的抛弃；从未有过任何一个时代，会有那么多在福音之光下成长起来的人，如此嘲笑和讥讽基督的福音，也从未出现过类似于今日所发生的这些事情。"[40]

这最后一个消极方面，按照爱德华兹的观点，应当被看作是一种警告。他提醒道,即使在改革宗信徒中,与宗教改革之初相比,"圣洁力量盛行的程度也要低得多"。充满活力的敬虔如今被称作宗教狂热、胡思乱想与痴狂迷信。"那些真正虔诚的人往往被看作是异想天开的人。"[41]

为保持积极方面与消极方面的平衡,爱德华兹罗列出了自从宗教改革以来三种大有希望的发展。第一,"教皇在权力与影响力上已经大为削弱了。"即使是许多"支持教皇的王公,如今似乎也只不过将他看作是有利于他们自己的意图而已"。第二,"与宗教改革之初相比,如今迫害已经大为减少了。"然而,总是对讥讽格外敏感的爱德华兹,不得不又补充道,新形式的迫害是"鄙视和嘲笑所有宗教并听取一种对于宗教的无所谓精神"的古怪念头。第三,他能够指出"在学识上的一种巨大增长"。上帝允许在基督到来之前存在一个伟大的异教学识时代,以便人们能够看到"他们自己智慧的不足"。而如今,自从宗教改革以来,则是一个具有更伟大学识的时期。再一次,上帝的旨意是要表明,单单靠人类自身的学识是徒然的。"有学识的人们,在观点上陷入了可怕的分裂,遇到了各种各样腐败的观点以及危险而愚蠢的错误。"时候将到,人们会认识到他们自己思辨的无用性,会看到"上帝圣灵的荣耀浇灌"。那时,爱德华兹断定,"我们希望上帝会改善这种学识的巨大增长,使之成为宗教的婢女,成为圣子国度荣耀扩展的一种手段;那时,人类学识将从属于对圣经的理解,并成为基督教教义的一种明确解释和荣耀辩护"。[42]

爱德华兹最钟爱的希望,那驱使他终日进行研究与祈祷的愿望,就是他有可能会参与到上帝那推进对福音之奇妙证实的事工之中。他对学术的激情与他对觉醒的激情是一体的。最终这二者将一同获得胜利。而与此同时,在一个冲突的时代里,他必须竭尽所能来促进这二者。他最渴望的就是"教会的禧年"。在向会众描述这个时期时,他保证,正如他确信圣经所教导的,"随着对福音的这种清晰而有力的宣告,将会出现圣灵的荣耀浇灌,并使以下几样获得成功:复兴那些如今在世界里主要遭受讥讽的神圣宗教教义,并使大众离弃异端、离弃教皇制、离弃虚假宗教;使许多人脱离他们的邪恶与渎神;并将使大批人得救,把他们带回到基督那里。"[43]

注释

［1］ *Faithful Narrative*, *Works*, 4：209.

［2］ Edwards to Benjamin Colman, May 19, 1737, *Works*, 16：67. 为了防止重返酒馆文化的放荡行为,该城镇于 1736 年重新恢复了"十户联保员"（tithingmen）职位,并选举了其中八个人来监视邻近社区,以防止公共混乱,譬如酗酒。见 Patricia J. Tracy, *Jonathan Edwards*, *Pastor*：*Religion and Society in Eighteenth-Century Northampton* (New York：Hill and Wang, 1980), 124—125. 政治控制与异议的另一个实例,就是在 1735 年末,一个北安普敦农夫因为宣扬下列观点而被捕："爱德华兹先生是魔鬼的大帮手,他从地狱这一边将灵魂带到了地狱里。" Case of Barnard Bartlett, General Sessions of the Peace, Hampshire County, January 17, 1736, manuscript collection, Connecticut State Library, Hartford, Conn., Works of Edwards transcription.

［3］ 爱德华兹致科尔曼的信,March 19, 1737, *Works*, 16：65—66.

［4］ Ibid., 66；爱德华兹致科尔曼的信,May 19, 1737, *Works*, 16：68.

［5］ Jonathan Edwards, "Personal Narrative," *Reader*, 293.

［6］ 爱德华兹在 1737 年 5 月 19 日致科尔曼的信里提到了"春天的迟缓"。他在笔记里记录道,他窗前樱桃树最早开花的日期是 5 月 7 日（按照我们的日记就是 5 月 18 日）。

［7］ *Peaceful and Faithful Amid Division and Strife*, sermon, II Samuel 20：19（May 1737）, *Works*, 19：674. 有关他利用的其他形象,见 index, *Works*, 19：815。

［8］ James R. Trumbull, *History of Northampton*, *Massachusetts*, *from Its Settlement in* 1654, 2 vols. (Northampton, Mass., 1898, 1902), 2：73—75. Tracy, *Jonathan Edwards*, *Pastor*, 125—129, and 245n12.

［9］ *The Many Mansions*, sermon, John 14：2 (December 25, 1737), *Works*, 19：734—736.

［10］ 马萨诸塞第一任总督约翰·温思罗普,在他那著名的提到"一座建在山上的城"的"基督教爱之典范"一文里,一开始就描述道,上帝设定了"一些人在权利与尊严上高尚而杰出,其他人则平庸而顺从"。Perry Miller, ed., *The American Puritans*：*Their Prose and Poetry* (New York：Columbia University Press, 1956), 83, 79.

［11］ Tracy, *Jonathan Edwards*, *Pastor*, 245n13, summarizing Hampshire Association Records, 22—27.

[12] Cf. Tracy, *Jonathan Edwards*, *Pastor*, 130, regarding the empty pulpit.

[13] Sermon, Matthew 25: 1—12 (February or March 1738), "g" in Works of Edwards transcriptions.

[14] Ava Chamberlain, "Brides of Christ and Signs of Grace: Edwards' Sermon Series on the Parable of the Wise and Foolish Virgins," in Stephen J. Stein, ed., *Jonathan Edwards's Writings: Text, Context, Interpretation* (Bloomington: Indiana University Press, 1996), 10, quoting from sermon on Matthew 25: 1—12, booklet 7. 我感谢 Chamberlain 指出了这个系列的重要性。

[15] *Charity and Its Fruits* (1738), sermon 1 of the series, *Works*, 8: 145.

[16] *Charity*, sermon 15, *Works*, 8: 371, 375, 379.

[17] Ibid., 370.

[18] Charles Wesley, "And Can It Be That I Should Gain?" (1738), *The Works of John Wesley*, vol. 7, *A Collection of Hymns for the Use of the People Called Methodists*, Franz Hildebrandt, et al., eds. (Nashville: Abingdon, 1983), 322.

[19] Sermon, I Timothy 2: 5 (May 24, 1739), 依据的是 Kenneth Minkema 为作者增加的一份提纲。我们之所以知道爱德华兹就这段经文和场合做了布道，只是因为 Ebenezer Parkman 牧师在他的日记里记录了这些内容。韦斯特伯勒（Westborough）——爱德华兹在往返波士顿的旅行中有时会在这里停留一个晚上——的埃比尼泽·帕克曼（Ebenezer Parkman）牧师，还记录道，5月25日星期五，他与爱德华兹在 Joshua Gee 牧师家里一起用餐；爱德华兹在那个晚上做了布道，有可能是面对"Elder Lymans"家里的一个私人聚会。Ebenezer Parkman, *The Diary of Ebenezer Parkman*, 1703—1782 (Worcester, Mass.: American Antiquarian Society, 1974), 63 (May 24 and May 25, 1739).

[20] Timothy Cutler to Bishop Edmund Gibson, May 28, 1739, in Douglas C. Stenerson, "An Anglican Critique of the Early Phase of the Great Awakening in New England: A Letter by Timothy Cutler," *William and Mary Quarterly*, 3d ser., 30 (1973): 482—483.

[21] Jonathan Edwards to the Trustees of the College of New Jersey, October 19, 1757, *Works*, 16: 727. See John F. Wilson, "Introduction," *Works*, 9: 14—17, 对 the "Miscellanies" 有关这个主题的笔记作了概述。Miscellanies nos. 702 and 710, from 1736 or 1737, *Works*, 18: 283—309, 335—339, 是极其重要的并概述了他的救赎神学。有关爱德华兹拟议写作的神学，见下文，第

29 章。

[22] *A History of the Work of Redemption*, sermon 5, *Works*, 9：176—177. 虽然几乎没有什么布道具有一种正式的"应用"，但爱德华兹却间或会打断他的解说以做出一种"改进"。在这同一时期，他还进行了其他一些布道。

[23] Sermon 1, *Works*, 9：113.

[24] Sermon 24, *Works*, 9：436.

[25] Sermon 29, *Works*, 9：520.

[26] Timothy Dwight, *Travels in New England and New York*, ed. Barbara Miller Solomon, 4 vols. (Cambridge：Harvard University Press, 1969), 4：230—231. quoted in Wilson, "Introduction," *Works*, 9：8—9.

[27] Theodore Dwight Bozeman, *To Live Ancient Lives：The Primitivist Dimensions of Puritanism* (Chapel Hill：University of North Carolina Press, 1988), 强调了 17 世纪美国清教徒的这种"原始主义"主旨（或试图像圣经时期那样去生活），并将它与"伟大时期"等神话的人类学范畴关联在一起。特别见 13—19 页。Jan Shipps, *Mormonism：The Story of a New Religious Tradition* (Urbana：University of Illinois Press, 1985) 则表明了，摩门教徒是何其早地在字面直解意义上，自认为是在恢复与圣经时期的连续性。见 Richard T. Hughes, ed., *The American Quest for the Primitive Church* (Urbana：University of Illinois Press, 1988), 其中，这些以及其他作者的论文，将这类主旨同许多美国宗教传统都关联在了一起。

[28] Sermon 18, *Works*, 9：351. 爱德华兹相信，君士坦丁的事工是在《启示录》6 章里被预言过的：它说到了第六印的揭开，以及为殉道者偿还血债的一种宇宙性审判——这对末日审判来说也是特有的。

[29] Moses Lowman's *Paraphrase and Notes on the Revelation of St. John* (London, 1737), 爱德华兹在 1738 年或 1739 年阅读了它；它是爱德华兹做出如下思考的主要刺激物，即把君士坦丁等同于七头大野兽的一个头（启示录 12：3），因而也是撒旦反对教会的一个代理者。见 Stephen J. Stein, "Introduction," *Works*, 5：45—46. Cf. Stein's summary of Lowman, 55—61。

[30] 在这些及相关观点上，我感谢在 Avihu Zakai 即将出版著作的初稿里所提供的洞见——我有幸拜读了它：*Jonathan Edwards's Philosophy of History：The Re-Enchantment of the World in the Age of Enlightenment* (Princeton：Princeton University Press, 2003).

[31] *Works*, 9：291. "我们会赞美这样一种历史吗，它赋予了我们对一些伟大尘世君王或英勇武士的明确叙述，譬如亚历山大大帝、朱利乌斯·凯撒或马尔

伯勒公爵（Duke of Marlborough）。而我们不会赞美这样一种历史吗，上帝赋予了我们他圣子、耶稣基督、世界及万物君王与救主、万王之王、万军之主那荣耀的王国；我们不会赞美上帝为他选民带来救赎事物的历史吗。"

[32] 见上文，第 5 章。

[33] Sermon 18，*Works*，9：351—352.

[34] Sermon 33，*Works*，9：411.

[35] Sermon 24，*Works*，9：434.

[36] Ibid.，434—435.

[37] Sermon 22，*Works*，9：412.

[38] See Stein,"Introduction,"*Works*，5：18.

[39] E. g., see Sermon 22，*Works*，9：413n.

[40] Sermon 24，*Works*，9：437—438.

[41] Ibid.，431—438, quotations p. 438. 有意思的是，爱德华兹有关宗教改革的叙述，只是简单地提到了加尔文为"伟大的宗教改革家之一"（Sermon 23，*Works*，9：422）。同样值得注意的是，他只是提到了圣奥古斯丁为帕拉纠的主要对手（Sermon 22，*Works*，9：406）。爱德华兹没有提到《上帝之城》，也没有证据表明爱德华兹将 5 世纪的经典著作当做了典范。

[42] Sermon 24，*Works*，9：439—441. 爱德华兹的确说过，"学识的增加其本身是一件让人高兴的事情，因为它本身就是善的"（p. 440），但他亦强调，它最大的用处就是证明人的愚顽，除非它能成为真宗教的婢女。

[43] Sermon 26，*Works*，9：461.

12

上帝"将重新点燃那火光，即使在最黑暗时期"

当爱德华兹环顾国际地平线时，许多地方的天空看起来都是灰暗的，然而他相信他看到了黎明将至的几缕光芒。他确信他有坚实的圣经根据来保持乐观，即便在末日临近之际，教会肯定会经历一些试炼。虽然那曾经过宗教改革的国家已经变得极其腐败，但宗教改革对敌基督发起的进攻，标志着"预言时钟"不可逆转的前进。宗教改革神学家已经极大地净化了基督教教义。这样的真基督教教义必定会获胜，只要人们的心灵能被改变。

那黎明的真正光芒就是零星散布的觉醒之光。在 1739 年，爱德华兹能够向信众指出在地平线上几处遥远的光芒；那些光芒与他们在身边看到的遥相呼应。他在"救赎工作史"的讲道里加以重点描述的那种光芒，所指的就是位于萨克森哈雷大学里的敬虔派领袖奥古斯特·赫尔曼·弗兰克的事工。他告诉会众，弗兰克的事工是出自于对爱的单纯强调；那种爱流向了为穷人孩子设立的引人注目的孤儿院和学校。这些举动在德国以及其他地方激发了奇妙的宗教复兴。爱德华兹亦曾听说过对在莫斯科大公国（Muscovy）宣讲福音的充满希望的记录，以及在东印度马拉巴（Malabar）宣教成功的报告，尽管他对这些事情知之甚少。[1]

爱德华兹将自己看作是一场国际改革宗福音派运动的一部分，而那场运动则将觉醒看作是上帝在当今时代里最伟大的工作。艾萨克·瓦茨与约翰·盖伊斯在他们为爱德华兹伦敦版《忠实叙述》所做的序言里，已经对北安普敦事件大加称赞，它们表明"我们神圣的主要全面实现他所有关于天国的预言，要将他主宰的领域从大海扩展到大海并遍布世上万邦万国，那将是何其容易啊"。他们相信，康涅狄格河谷的奋兴，证明了我们的主若要"使整个国家觉醒"也易如反掌。[2]

就在北安普敦的光芒正在消失、爱德华兹即将完成他的系列讲道之际，从大西洋另一边传来了鼓舞人心的消息。而且，这新的光芒，在所有地方中，与其说是来自瓦茨的不从国教派，不如说是来自英国国教会。到目前为止，爱德华兹对英国国教会，尤其是对它在殖民地的传教事业，基本上持否定看法。迟至1738年，爱德华兹还在致本杰明·科尔曼的信里提到，"英国国教会针对我们表现出有害的、压制的意图"；那些意图"加厚、加重了停留在这片土地上的乌云"。[3]

而现在他听到了一些完全不同的东西。乔治·怀特菲尔德，一位年轻的圣公会牧师，于1739年春季和夏季在英格兰户外面对好几千人进行了布道；而怀特菲尔德又属于彻底的改革宗信仰之列。户外布道本身，在圣公会背景里就是革命性的。怀特菲尔德不顾严密组织化与一本正经的圣公会教区体系，越过他们的牧师向那些平信徒发出了呼召。而他所坚持的改革宗教义，也是对圣公会里一种长期偏离16世纪宗教改革教义之趋势的非凡逆转。

而怀特菲尔德就要到新英格兰来了！早在1738年，他已经到过佐治亚（Georgia）的新殖民地，并受到弗兰克模式激励，在萨凡纳（Savannah）组建了一支传教队伍和一所孤儿院。这位精力充沛的年轻巡回布道家，与爱德华兹不同，似乎完全不受两个月航海旅行的制约，他在1739年秋返回了美洲，并在费城登陆。怀特菲尔德是个公众演讲的大师，并且已经名声在外。他在费城的欢迎会是他在伦敦成功的合适续篇。几次听他布道的热情洋溢的人群，其人数达到了8000人左右，接近全城人口总数的三分之二。在费城地区和新泽西进行了一个月布道后，他向南前往萨凡纳继续进行他的工作。他答应下一年到北方和新英格兰进行一次布道旅行。

在北安普敦，爱德华兹热切追踪着这位福音布道家胜利的消息。怀特菲尔德的事迹，在爱德华兹会定期收到的波士顿报纸上，也已经通过那使改革宗敬虔主义成为一种重要国际运动的通讯网络进行了广泛报道。本杰明·科尔曼与怀特菲尔德保持着通信联系，并把相关消息传达给了他在汉普夏县的同盟者。即使是本杰明·富兰克林，他与这位福音布道家存在着深刻的神学分歧，也仍将锐意进取的怀特菲尔德看作是志趣相投的人，并出版了他的一些著述。[4]

在获知怀特菲尔德将要到新英格兰的计划后，爱德华兹激动地在 1740 年 2 月给他写信。他希望这位巡回布道家能把北安普敦纳入他的计划里。如果人们从纽约前往波士顿的话，爱德华兹指出，北安普敦只比那最近的线路稍微远一点儿，并会使其经过这个国家人口最为众多的地区。爱德华兹警告这位年轻布道家不要抱有太多的期望："事实上，我担心你是否会对新英格兰感到失望，是否会在这里比在其他地方获得较少的成功。我们居住在这片土地上的人，已经因光明而闻名了，已经长期享受了福音，已经过多地获得了它，已经轻视了它。我担心，我们会比你迄今前往布道的那些地方的大多数人更为刚硬。"不过，爱德华兹已经看到了足够成功以保持乐观。"我希望，如果上帝保全我的生命的话，能多少看到上帝在新英格兰的那种救赎，那种在一个愚昧的、邪恶的和苦难的世界与时代里并在这个所有国家中最为罪恶的国家里如今已经开始的救赎。"

这里所提到的"所有国家中最为罪恶的"，所指的是新英格兰属于其一部分的英国；这导致爱德华兹对怀特菲尔德的事奉做出了一种评价，而那种评价就直接来自他最近在"救赎工作史"系列讲道里对这个世界状态的评价。首先他为怀特菲尔德感到高兴，因为上帝使用了英国国教会这样一种不太可能的器皿。"这关乎灵魂的更新，他听说在英国国教会里兴起了一个人，来复兴福音那神秘的、灵性的、受鄙视的与分崩离析的教义，并满怀促进真正充满活力之敬虔的热情。"爱德华兹将怀特菲尔德的成功看作是对预言的实现。上帝"不会吹灭那将残的灯火，即使洪水似乎要把它淹没；上帝要重新点燃那火光，即使在最黑暗时期"。如果连背教的英格兰都开始复兴，那么有谁能够说，他们不是看到了那国度到来的激动人心的早期迹象呢？"我希望，"爱德华兹继续说,"这是上帝巨大权能和荣耀恩典降临人类世界那一天的黎明。"他祈祷上帝会兴起一大群像怀特菲尔德这样的传道者,他们受到各种攻击的时候会得到保护,"直至撒旦的王国发生动摇,直至撒旦那骄傲的帝国在全世界崩溃;而基督的王国,那光明、圣洁、和平与仁爱的荣耀王国,将会建立起来,从大地的这一端直到那一端!"[5]而怀特菲尔德,同时暗含爱德华兹本人,则站在靠近当今历史核心的位置。

当然,怀特菲尔德已经听说过爱德华兹和北安普敦。他不仅已经阅读过那广受称赞的《忠实叙述》,而且还获益于"伟大的斯托达德"的奋兴手册《基督指南》以及其《显在基督公义里的安全》。7月里,怀特菲尔德致函科尔曼,表达了他秋天访问新英格兰的意图,并请求这位波士顿大家长将副本传递给包括爱德华兹在内的各位圣职人员,以便能在他们的讲坛上将其宣布出来。怀特菲尔德使用了爱德华兹书信里所使用的同一意象,他断言"我们的主必定想要使整个世界被点燃"。[6]怀特菲尔德将前来北安普敦,但他比爱德华兹更有策略,他首先在成熟先进的首府城市波士顿组织安排了一场重要的布道会,然后在返回纽约的路上才转向了新英格兰内地。

爱德华兹不必担心新英格兰人会在怀特菲尔德面前显出他们刚硬的心,至少大众不是那样。正相反,可谓适应了宗教主题的新英格兰大众欣然接受他,并且常常是尽情地拥抱他。正如哈里·斯托特(Harry Stout)所指出的,怀特菲尔德是第一位美国"明星"。他还只有25岁,而他的旅程第一次证明,在建制薄弱的美国,大众意见能够对抗任何权威。怀特菲尔德是第一个将现代商业技术应用于宗教目的上的人,这方面他也是革命性的。[7]事先的公开宣传,在本杰明·科尔曼圈内圣职人员的帮助下,是极其惊人的。每个人都听说过那庞大的人群。波士顿也不例外。在波士顿附近逗留的四周里,怀特菲尔德不断吸引大批听众,数目常常都在5,000到8,000人之间。当他在9月中旬刚到达不久,一间波士顿教会就如此拥挤,以至于楼座开始发生坍塌。听到这种灾难的人群陷入了恐慌。一些人从窗户里跳到了主厅上,而其他人则开始惊慌逃命。有五个人死掉,而更多的人则受了重伤。在这次灾难事件发生中间抵达的怀特菲尔德并没有被吓倒。尽管天气潮湿，但"上帝乐意让我处变不惊"。他将聚会地点转移到了公共场地上；在那里，令人惊讶地有数千人聆听他"改进"了上帝那可怕的审判。此后，他主要是在露天进行布道。[8]

在波士顿，没有谁比总督乔纳森·贝尔彻更支持怀特菲尔德的了。总督是托马斯·普林斯支持奋兴运动的"第三教会"（"老南堂"）的成员，他在数个场合与这位福音布道家一同进餐，用自己的四轮马车护送他，多次参加他的聚会，并含泪私下见他，与他一同祈祷。原本可能具有批评性的怀特菲尔德，判定贝尔彻的情感是真诚的。在怀特菲尔德在波士顿的最后一个安息日里，总督与他一同进餐，私下里与他进行祈祷，随后用自己的马车将他护送到了有近 2 万人参加的举行傍晚聚会的公共场地上——那可能是殖民地有史以来所聚集起的最多听众。两天后，在距离波士顿三十英里外的马尔伯勒（Marlborough），怀特菲尔德惊讶地发现总督又出现在人群当中。"尽管天下着雨，而他也年事已高"（总督时年 58 岁），但贝尔彻又亲自陪伴他到了十五英里外的伍斯特。[9]

当怀特菲尔德于那一周的星期五（10 月 17 日）在北安普敦会见爱德华兹时，这两位福音布道家必定构成了引人注目的一对。怀特菲尔德是"一位年轻、修长、瘦弱的青年"，精力充沛并充满使命感。个子高高的爱德华兹，比怀特菲尔德年长十二岁，也同样充满使命感；并且就像通常那样，他"目前，身体虚弱"并有点儿过于消瘦。[10]他们两人都有一些缄默，但怀特菲尔德性情开朗，并是一位不屈不挠的行动主义创业者——他总是能够不假准备或思索地抓住时机。而爱德华兹正相反。尽管在辩论中才思敏捷、滔滔不绝，但爱德华兹总是严肃认真，总是小心翼翼地做出区分辨别，并且不超越他的前提所包括的内涵。

在公众当中，怀特菲尔德是一位天生的演员。他布道并不借助于笔记便笺，拥有绝佳的声音；本杰明·富兰克林估计他能够很容易为 25,000 人所听见。他也是个描绘生动画面的大师，能饱含感情地将听众吸引到经文主题之中。他常常描述圣经人物或失丧罪人的情感，而他自己的个性也从未远离核心舞台。"我的主人，我的救主，"他会如此呼喊。[11]他很少在哪一次布道里没有哭泣并使大批听众落泪。而爱德华兹，尽管想要模仿他外祖父，但仍然没有学会仅靠笔记便笺就能布道，更遑论在没有笔记情形下的即兴发挥了。他能够描绘一些强有力的意象，但很少能够维持它们。他布道的力量，来自他对一个主题之所有含义持续的系统描述。虽然他的个人热情能够使听众如痴如醉，但他的声音是微弱的。他几乎从未提到过他自己或他自己的经验。

虽然存在着一些不同，但这两个人相互钦佩对方并拥有许多共同之处。他们两人都是深含激情的，并为共同的关切而深含激情：上帝将会用以救赎灵魂、引入他的王国的真正福音布道。两人灵里都极其火热，他们对于更高事业的热情和抛弃一切世俗关注的渴望几乎是斯巴达式的。他们看见上帝通过他们的布道所成就的奇妙作为，都会感到谦卑和满足。

在一个周末不间断的活动中，怀特菲尔德在北安普敦就像在其他地方一样获得了成功。10月17日星期五早晨，在哈德利（Hadley）进行了布道后，他乘船渡河到达了北安普敦。下午在爱德华兹教会里进行布道，晚上在爱德华兹家里向参加聚会的人进行布道。星期六早晨他骑马前往五英里外的哈特菲尔德进行布道，并向年迈的大家长威廉·威廉姆斯表达了敬意。返回北安普敦后，他下午再次在那里进行布道，主日又进行了两次布道。当他提醒北安普敦人他们先前的觉醒时，"许多人都痛哭流涕"。在安息日早晨崇拜中，他描述说，"敬虔的爱德华兹先生，在整个崇拜过程中都在哭泣，其他人也同样深受感动。到下午，那种力量变得愈发强烈了。"[12]

爱德华兹无法抑制他的泪水，因为他看到了他在过去五年里竭尽全力祈祷的结果：1734年至1735年强烈的宗教奋兴得到了更新。在接下来的几周和几个月里，他也没有感到失望，因为怀特菲尔德重新点燃的火焰，再一次传遍了整个城镇，并往往比以前更加强烈。到12月份，他能够向怀特菲尔德报告这样一些"好消息"：它传布到了许多年轻人和孩子，包括他自己的一些孩子那里；他相信他们"得救了，被带回到基督那里"。一位父亲的喜悦没有比这更大的了。在一份根据回忆写于1743年的记录里，爱德华兹认为这个城镇的火热超越了第一次觉醒，并在许多人身上持续了两年之久。[13]

与此同时，怀特菲尔德也对爱德华兹一家人印象深刻。他曾住在他们家里，并在星期六早晨，不仅加入了他们惯常的家庭灵修，而且还应爱德华兹的请求，同他年幼的孩子们进行了交谈。萨莉（Sally，小萨拉）12岁，杰鲁沙10岁，以斯帖8岁，玛丽6岁。4岁的露西可能也包括在内（另外两个孩子，一个是两岁的蒂米〔Timmy〕，另一个是在那年夏天刚出生的苏珊娜〔Susannah〕）。令爱德华兹高兴的是，这位年轻福音布道家对这些女孩子的访问，产生了许多果效。爱德华兹把对女儿们得救的关切置于一切之上，表明了他对她们的爱。

怀特菲尔德印象格外深刻的是，爱德华兹的孩子们"没有穿着绸缎，而是穿着朴素的衣服，因为这对于在一切事上都应成为基督教简朴生活典范的那些人的孩子来说是合适的"。[14]在波士顿，怀特菲尔德曾抱怨人们"太过富裕"，并太多地"效法这个世界"，陷入"今生的骄傲"。妇女们在聚会时常常佩带珠宝、面罩，身着华丽服饰。"那被带来接受洗礼的幼小婴儿，被包裹在如此精致的东西里，以至于要费尽气力才能为他们穿戴整齐；这不禁使人想到，他们被带来，是要进入而不是弃绝这邪恶世界的浮华与虚荣。"[15]怀特菲尔德可能向爱德华兹夫妇做过相同的评论，他们则可能会欣赏这样被圣化了的讽刺。

怀特菲尔德对萨拉亦很欣赏。萨拉无疑保持着对波士顿时尚的适度兴趣，她既能够展示她所经营的家庭手工业，又能够谈论属灵之事。"我从未见过比他们更甜蜜的一对儿，"怀特菲尔德就萨拉与爱德华兹如此写到。他又补充道，"爱德华兹夫人温柔恬静，她不停地谈论上帝的事务，看来是她丈夫的绝佳伴侣。她促使我重新开始了那些祈祷；有几个月，我曾向上帝祷告，祈求他能赐给我一位亚伯拉罕的女儿为妻。"[16]

这绝不是什么随便的言论。这是一个处在极其痛苦与矛盾中的25岁年轻人的迫切祈求。怀特菲尔德是"循道"（methodist）运动的成员，事实上还是这场运动最杰出的发言人（尽管在英格兰这一角色正在被他朋友卫斯理兄弟所接任，后者很快就因怀特菲尔德的加尔文主义而与其决裂）。在行为上，循道宗要求牺牲所有尘世快乐以便服侍基督。怀特菲尔德起初试图追随使徒保罗的典范，守独身巡回布道，这样不受缠累。在他成名后不久，即使他在对待女性仰慕者与归信者上小心谨慎，他还是得出了这样的结论：保罗对他正确的警告是"与其欲火攻心，倒不如嫁娶为妙"（林前 7：9）。

　　虽然循道宗对情感的强调，与在 18 世纪出现的浪漫之爱的某些理想相类似，但是循道宗反对尘世之爱，如若这扰乱了他们一心一意事奉基督的话。不过，怀特菲尔德的问题，则是 1739 年在英格兰，他爱上了一位家境富裕的归信者伊丽莎白·德勒莫特（Elizabeth Delemotte）。明显是为了抑制自己渴望中的一切浪漫或激情的成分，1740 年 5 月，他最终求婚了，信中强调，唯有对基督的相互之爱才能维系婚姻，而且伊丽莎白应当知道将来会有艰难与困苦。在其他地方，他还提出，妻子不应使他少讲一次道。伊丽莎白则拒绝了他。

　　在访问爱德华兹夫妇的那个周末，怀特菲尔德刚刚收到这则令人沮丧的消息。他此时还没有放弃伊丽莎白，但等他到下一个春天返回英格兰后，他发现自己只能另寻他人。由于他急切地想要解决这个问题，他似乎要迎娶第一个愿意接受他条件的合格圣徒。结果发现，那个人是伊丽莎白·詹姆斯（Elizabeth James），一位相貌平平、年纪长于他十岁的寡妇。当他外出旅行时，她大多时候都留在家里，而他对她也没有多少情感牵挂。[17] 他结婚了，但这位巡回布道家却几乎无法开始复制爱德华兹夫妇那令人羡慕的、稳固的关系。对爱德华兹夫妇来说，他们通过持续不断的祷告提醒自己，他们的关系象征着基督对教会的爱，显然既把夫妻的关系置于第二位，又提升了彼此的关系。

　　习惯上，主人会陪尊贵的客人走完旅程的第一阶段，但爱德华兹做的要多得多。虽然天气寒冷并有大雪的威胁，但他还是在安息日晚上陪同怀特菲尔德一起离开，骑着马与他一起走了两天，并带着他到东温莎；在那里，他们拜访了爱德华兹年迈的双亲。怀特菲尔德对蒂莫西和以斯帖·斯托达德·爱德华兹亦印象深刻；他说道，"我以为我正坐在撒迦利亚与伊利莎白的家里。"[18]

　　与此同时，乔纳森也会听到怀特菲尔德在户外面对数千听众进行的布道。他们星期一的行程遭遇到了大风，康涅狄格境内大多数渡船都停止运行了，这使得参加的人数有所下降。星期二天气要好一些。不论他们走到哪里，报信使者都会先骑马在前面通告怀特菲尔德将要在附近城镇布道这激动人心的消息。随着这消息的传布，几乎所有能来的人，都会赶来聆听这位伟大的巡回布道家讲道。当布道时间临近之际，那些乡间的道路，正如一位农夫在那周晚些时候所描述的，就会"像低沉的轰隆雷声一样"震动，被飞扬的尘土所吞没，因为大批人群正在拥向那里，仿佛是要去逃命。"每一匹马都载着马背上的人奋力前行，去聆听那来自天国的、救赎他们灵魂的消息。看到这个世界处在争战中的情景，我感到恐惧战兢。"[19]

怀特菲尔德的访问改变了爱德华兹的生活，正如它改变了整个新英格兰和美国各殖民地的生活一样。当爱德华兹于10月21日星期二上午在萨菲尔德（Suffield）观看数千人聆听怀特菲尔德布道时，他正在见证一个新时代——人民时代——的开端。在康涅狄格河谷的觉醒是为人所熟知的；爱德华兹在那场触及的人数同怀特菲尔德同样多的觉醒中，也曾发挥过关键作用。然而这之间却存在着一些显著的不同。怀特菲尔德的旅程是真正的国际现象。它也是第一次跨殖民地的文化事件，是共同的美国文化身份认同的开端。而且，就像在美国取得成功的大多数其他事情一样，它的基础与其说是从上面强加下来的，不如说是生发于底下的大众回应。[20]

在新英格兰西部，所有先前的宗教奋兴，都是由当地牧师发动和控制的。实际上，觉醒运动，正如在爱德华兹的情况中，是获得对教区居民控制权的特别手段。它们首先关乎救赎，但亦关乎权威——终极性地关乎上帝的权威，但亦关乎上帝代言人的权威。爱德华兹的经验，所有他学自父亲和外祖父的经验，都适合于这种自上而下的传统权威模式。

怀特菲尔德，与其相反，属于一种新的现代模式，是权威的年轻反叛者。他虽为一位圣公会信徒，却因挑战圣公会教区权威而获得了声望。他反对阶层制的要求，抛弃社会传统的权重影响，从人民那里获得了他的权威。他是一位18世纪的革命者，爱德华兹则不是。

在萨菲尔德，怀特菲尔德以戏剧性的方式提出了这个关键问题。在那个星期二上午更早一些时候，在从斯普林菲尔德过来的路上，与他一道同行的人群里加入了一位牧师，那位牧师坚持认为"并不绝对要求福音传道人本人是归信者"。那位牧师（有可能是斯普林菲尔德现今安定下来的牧师罗伯特·布雷克，或者是他的一位同盟者）很明显地诉诸所罗门·斯托达德的权威来证明自己的观点——这一点也许旨在使爱德华兹处在一种尴尬境地。怀特菲尔德回答道，他非常敬佩斯托达德，但觉得他"力图证明未归信者也可以被接受来从事教牧事奉"，造成了严重损害。怀特菲尔德还表明，他完全同意一篇近期的布道：由吉尔伯特·坦南特（Gilbert Tennent）于该年春季在宾夕法尼亚所做的题为"一种未归信事奉的危险"。坦南特，一位慷慨激昂的年轻长老派，在怀特菲尔德近来访问宾夕法尼亚和新泽西时，一直都是他在当地的主要同事和向导。坦南特的布道所针对的，是那些对怀特菲尔德的奋兴方法持消极观点的、长老会圣职同事中那些更为古板的人（"老派"）。坦南特含蓄地指控对手为未归信者，这在长老会教会里制造了一场混乱。这场争论——很快就导致了长老会的分裂——以及这篇布道，在新英格兰人中也引发了诸多讨论。在波士顿，怀特菲尔德本人亦曾就未归信传道人这个主题进行过布道。

由于刚刚在马背上争论过这个问题，当怀特菲尔德看到在萨菲尔德聚集的人群里有许多传道人时，他决定再次就未归信事奉的危险性进行布道。他在日记里写道，"我在论说中主要坚持了重生教义，以及一个传道人在能够正确宣讲基督之前自己先归信的必要性。上帝的道带着大能，给参加聚会的所有人都留下了强烈印象。有许多传道人在现场。我没有放过他们。"[21]

怀特菲尔德那革命性的信息，可以被很好地描述为"被逆转的哀歌"。[22]一直到此时，在新英格兰，从来都是圣职人员像先知耶利米哀叹衰败那样，责备他们未归信的教区居民。而怀特菲尔德则表明，可以将这种形势扭转过来。属灵的人们也可以质疑那不够属灵的圣职人员的权威。职分本身并不带任何权威。虽然这种革命性的意义将在年内变得明显起来，但从怀特菲尔德布道里所激发起的争论，则最直接地涉及他将一些本地圣职人员称为"未归信者"。他说，大多数传道人都感谢他的坦率，但有一位深感冒犯；而怀特菲尔德确信，在新英格兰有更多像后者一样的传道人。

当怀特菲尔德及其随行人员前往温莎（"在那里，"怀特菲尔德记录道，"归信者就是传道人。"）和东温莎时，讨论还在继续。[23]在那一天某个时候，爱德华兹提出了一些友善的批评。他告诉怀特菲尔德以及其他在场者，他衷心赞同怀特菲尔德有关圣职人员必须是归信者的布道，但他认为年轻人据此就某个圣职人员是否已归信鲁莽地得出结论是不明智的。爱德华兹在评估其教区居民信仰告白的真实性时遇到种种困难，他自己又经历过多年得救确据不明确的痛苦，所以他知道有许多情形很难判断。[24]

爱德华兹表明，尽管怀特菲尔德偶尔有些不够谨慎，但他还是全心全意站在这位年轻巡回布道家一方。他将怀特菲尔德的访问和奋兴，不仅看作是对祷告的应允，而且看作可能是一个新时代的曙光，甚至或许是千禧年的黎明。爱德华兹确信，正如他在下一年出版的著述里所写的，"根据圣经预言，我们有理由推断，在上帝圣灵最终和最大程度浇灌的开端……其工作的方式将会是极不寻常的，甚或是前所未见的；我们到那时就有机会说，正如在《以赛亚书》66：8 里所说，'这样的事谁曾听见'。"[25]

与此同时，爱德华兹亦关注要"试验那些灵"（约一 4：1），要按照圣经来检验这种新现象。他对"圣经里没有直接记载的新做法或者不寻常的灵性表现"并无异议，只要它们不违背圣经。[26] 所以，怀特菲尔德的新方法及其所产生的情感的、有时是属灵的强大效果，爱德华兹为其中许多的益处欢呼，然而他并没有被这位年轻福音布道家影响到失去批判性的地步。

爱德华兹绝不把礼貌置于原则之上；爱德华兹已经把这个年轻人拉到一边，私下里同他谈到过依靠"刺激"（impulses）的危险性。怀特菲尔德以及他许多"觉醒者"同事，所遵循的是他们认为直接来自于上帝之灵带领的东西。在为一决定热切祷告之后，他们会确信，上帝直接告诉了他们应当做什么。而爱德华兹相信，这种"印象"通常都是想象的产物而不是"来自上面的感动"。他强烈赞成，祷告的灵性强度加上上帝恩典的奇妙意象，等等。但在爱德华兹看来，这些出神狂喜的经验，必须要受到理性思维的制约和圣经的指导。这一点是关键性的。如果每个拥有强烈灵性经验的人都能宣称它们是来自上帝的特殊信息，那么就没有办法检验各种错误与幻觉了。

几乎在这位巡回布道家一离开该地区，爱德华兹就发表了一系列布道，警告他的会众，不要受到怀特菲尔德如此轻易点燃的狂热的欺骗。在就"撒种的比喻"（太 13：3—8）所做系列布道里，爱德华兹用数次集中论述了那落在"土浅石头地上的"种子：它们发苗最快，但"日头出来一晒，因为没有根，就枯干了"。在提醒会众他们有许多人已经从五六年前的热忱中跌落的同时，爱德华兹决心不要让同样的事情再次发生。很明显，他对怀特菲尔德的某些方式感到不安，并告诫自己不要受到纯粹的"雄辩"、"恰当的表达"以及"优美的姿势"等等的干扰。爱德华兹高兴地看到，怀特菲尔德被上帝使用在他的会众中点燃了一场新觉醒，但他决定按照自己的方式来悉心培育它。[27]

当爱德华兹直率地批评怀特菲尔德随从属灵的"刺激"时，这位巡回布道者似乎并不以为然，而是相当冷淡地放下这一话题。怀特菲尔德可能意识到，爱德华兹还有其他的保留意见。这两位福音布道家仍然是坚定的盟友，但他们因在风格上相去甚远而很难密切合作。爱德华兹在一份罕见的个人评论中记录道，"我想怀特菲尔德先生不太喜欢我，因为我反对这些事情。虽然他对待我很友善，但他绝不会以我为密友。"[28]

美国历史引人瞩目的悖论之一，就是在"革命时期"以前殖民地三位最著名人物中，怀特菲尔德与富兰克林比与爱德华兹变成了更密切的私人朋友。爱德华兹一直都是怀特菲尔德最主要的维护者之一；当这位巡回布道家与妻子在1745年访问北安普敦时，爱德华兹高兴地看到，怀特菲尔德在观点上已经成熟了，在行为上也变得更加谨慎了；所以"我十分喜欢他"。[29]然而，怀特菲尔德却是与富兰克林成了亲密的朋友。每当访问费城时，他都会住在富兰克林家里，并与这位宾夕法尼亚事业家保持着频繁的书信往来。尽管富兰克林在宗教观上远非福音派，但这两人拥有许多共同之处。他们每人都是天生的创新者，知道该如何利用正在出现的商业时代的各种可能性。他们反叛旧有的阶层制权威，两人都是一些能够调动公众兴趣的协会与慈善机构的创立者。1756年，总是雄心勃勃并在寻找一些东西以使自己生涯更为光彩的富兰克林，甚至向怀特菲尔德提议，他们两人有可能在俄亥俄（Ohio）建立一个殖民地，以为印第安人树立比他们在贸易者当中看到的更好的基督教典范。[30]

爱德华兹，尽管对新时代全然开放并热切支持怀特菲尔德的事工，但在某些方面却属于另一个时代的人。至于爱德华兹实质上究竟是一个中世纪人还是一个现代人，这个问题已经花费了人们的许多笔墨。答案是，他两者都是。像怀特菲尔德和富兰克林一样，他正在探寻一种革命；但他又以一种上述两人所不具有的方式，彻底信奉君士坦丁时代。他夹在这两个时代之间，决然地、有时也是天才般地试图协调这两个时代，将余生花在完全肯定新事物又不放弃任何旧事物的痛苦挣扎之中。他正在试图将"新酒"装在"旧皮袋"里。

注释

[1] *A History of the Work of Redemption*, *Works*, 9: 435—436. In his letter to Josiah Willard, June 1, 1740, *Works*, 16: 83—84, 他要求为这些以及其他觉醒提供更多的信息。

有关更广阔的背景，见 W. R. Ward, *The Protestant Evangelical Awakening* (Cambridge: Cambridge University Press, 1992), and Ted A. Campbell, *The Religion of the Heart: A Study of European Religious Life in the Seventeenth and Eighteenth Centuries* (Columbia: University of South Carolina Press, 1991)。

[2] Isaac Watts and John Guyse, preface to *A Faithful Narrative of the Surprising Work of God*, *Works*, 4: 132.

[3] 爱德华兹写给科尔曼的信，May 27, 1738, *Works*, 16: 78。

[4] Michael J. Crawford, *Seasons of Grace: Colonial New England's Revival Tradition in Its British Context* (New York: Oxford University Press, 1991), 151—156. 对于事先的公开宣传做了有价值的概括。

[5] Edwards to George Whitefield, February 12, 1740, *Works*, 16: 80—81.

[6] 怀特菲尔德，"写给科尔曼的信"，July 4, 1740, pasted inside the cover of a copy of Benjamin Dorr's *History of Christ Church in Philadelphia* (Philadelphia, 1881) in Huntington Library, quoted in Harry S. Stout, *The Divine Dramatist: George Whitefield and the Rise of Modern Evangelicalism* (Grand Rapids, Mich.: Eerdmans, 1991), 117. 关于斯托达德，见乔治·怀特菲尔德，*George Whitefield's Journals* (Edinburgh: Banner of Truth Trust, 1960), October 17, 1740, p. 476。

[7] 见 Frank Lambert, "'Pedlar in Divinity': George Whitefield and the Great Awakening, 1737—1745," *Journal of American History* 77 (December 1990): 812—837; Lambert, *"Pedlar in Divinity": George Whitefield and the Trans-*

atlantic Revivals，1737—1770（Princeton：Princeton University Press，1994），chap. 2；Lambert，*Inventing the "Great Awakening"*（Princeton：Princeton University Press，1999）。

[8] Whitefield，*Journals*，September 22，1740，p. 461，and pp. 457—74，passim.

[9] Ibid.，October 12 and 14，pp. 472—474. Cf. Mark A. Peterson，*The Price of Redemption：The Spiritual Economy of Puritan New England*（Stanford：Stanford University Press，1997），225—226.

[10] 关于怀特菲尔德，见 Nathan Cole，"The Spiritual Trials of Nathan Cole," ed. Michael Crawford，*William and Mary Quarterly*，3d ser.，33（1976）：93。On Edwards，Whitefield，*Journals*，October 17，1740，p. 476.

[11] 参见怀特菲尔德同时代人所做的匿名描述。From the *New England Journal*，quoted in Arnold A. Dallimore，*George Whitefield：The Life and Times of the Great Evangelist of the Eighteenth-Century Revival*，vol. 1（London：Banner of Truth Trust，1970），435—436.

[12] Whitefield，*Journals*，October 17—19，1740，pp. 475—477. 另一封常常被引证的、描述怀特菲尔德在这个场合布道的书信——被假定是 Sarah Edwards 于 1740 年 10 月 24 日写给 James Pierpont 的——则是一种不足为凭的、19 世纪的杜撰。

[13] 爱德华兹致怀特菲尔德的信，December 14，1740，*Works*，16：87。爱德华兹致 Thomas Prince，December 12，1743，*Works*，16：115—127。

[14] Whitefield，*Journals*，October 19，1740，p. 477.

[15] Ibid.，October 12，1740，p. 473.

[16] Ibid.，October 19，1740，p. 476—477.

[17] 这种解释基本采用了下列作者的看法 Stout，*Divine Dramatist*，156—173. See Dallimore，*Whitefield*，1：465—476，for documentation and other information.

[18] Whitefield，*Journals*，October 21，1740，p. 479. Parkman's diary, October 20，1740，提到韦斯特伯勒东部，在星期一早晨，因大地覆盖着薄雪而非常寒冷。Ebenezer Parkman，*The Diary of Ebenezer Parkman*，1703—1782（Worcester，Mass.：American Antiquarian Society，1974），85.

[19] Cole，"Spiritual Trials," 93. Cole 的著名叙述，是对怀特菲尔德在离开爱德华兹两天后，在康涅狄格米德尔敦的出场所做的描述；这次出场，在怀特菲尔德日志里并没有引起什么特别评论，而只是说大约有四千人到场——这并不是什么不同寻常的人群。Whitefield，*Journals*，October 23，1740，p. 479.

[20] 关于作为一种前所未有的殖民地内部大众事件的觉醒，参见 Stout, *Divine Dramatist*, and Stout, *New England Soul*, chap. 10。关于作为一种国际现象的觉醒，特别参见 Susan O'Brien, "A Transatlantic Community of Saints: The Great Awakening and the First Evangelical Network, 1735—1755," *American Historical Review* 91 (1986): 811—832; and W. R. Ward, *The Protestant Evangelical Awakening* (Cambridge: Cambridge University Press, 1992)。

[21] Whitefield, *Journals*, October 21, 1740, p. 478.

[22] Harry S. Stout, *The New England Soul: Preaching and Religious Culture in Colonial New England* (New York: Oxford University Press, 1986), 194—195.

[23] Whitefield, *Journals*, October 21, 1740, p. 479.

[24] Edwards to Thomas Clap, October 29, 1744, *Works*, 16: 157.

[25] *The Distinguishing Marks of a Work of the Spirit of God*, *Works*, 4: 230.

[26] Ibid., 226, 229.

[27] 这种描述基于 Ava Chamberlain, "The Grand Sower of the Seed: Jonathan Edwards's Critique of George Whitefield," *New England Quarterly* 70, no. 3 (September 1997): 368—385。

[28] 爱德华兹致 Thomas Clap, October 29, 1744, *Works*, 16: 157。爱德华兹在下列著述中最全面地解说了自己的观点: *Religious Affections*, *Works*, 2: 432—458。

[29] 爱德华兹致"苏格兰的朋友们", 1745 年 9 月 16 日之后, *Works*, 16: 178。

[30] Stout, *Divine Dramatist*, 220—233.

13

上帝之手与基督之手

在 1740 年至 1741 年的严冬里，随着大雪下得越来越大，爱德华兹家里的喜乐看来也在不断增加。到 1740 年 12 月中旬，爱德华兹给怀特菲尔德写信，报告了自从他访问以来所出现属灵祝福的"喜讯"，特别是在这个城镇年轻人当中，也包括他自己的孩子在内。"我希望，自从你访问过这个家庭以来，救恩已经降临到这个家，至少临到我的一个孩子身上，如果不是更多的话。"或许他所指的是 10 岁大的杰鲁沙。她取了他那去世了的妹妹的名字。她就像他妹妹一样，正在变成一块灵性瑰宝。到 1741 年 3 月，爱德华兹在给科尔曼的书信里说道，"这个冬季是我的家庭经受到天国最明显祝福的时期"；他相信，"我四个大孩子（其中最年幼的在六到七岁之间）已经蒙恩得救，而最大的则在数年以前就得救了。"[1]

12 岁大的长女萨拉体弱多病。在夏天，她曾前去康涅狄格的莱巴嫩（Lebanon），访问她姑父与姑妈威廉与阿比盖尔·爱德华兹·梅特卡夫（Abigail Edwards Metcalf）。当爱德华兹给她女儿萨拉写信时，他以其特有方式首先提醒她，因为她"体弱多病"，可能"不会……长寿"（而结果却是，她活了 76 岁）；在这期间她除了享受"基督的同在以及与基督的交通"，可能得不到多少别的安慰。随后他要求她姑妈分派给她一份活计，即便她不能做得太多。他给女儿的唯一消息是，宗教信仰在这个城镇以及这个地区,比她离开时更为兴盛。[2]

到这时,爱德华兹正完全专注于一场比以往任何时候都更大的觉醒运动;在这场觉醒里,北安普敦只是一个配角。这场觉醒在以下三个方面,不同于六年前康涅狄格河谷的觉醒。第一,它似乎发端于波士顿并包括了那整个地区。而以前的觉醒(以及其更小的新英格兰先例)都兴起于偏远内地,并且从未渗透到其文化首府;第二,怀特菲尔德的巡回布道,直接将新英格兰事件与跨殖民地觉醒以及国际性运动关联在了一起;第三,怀特菲尔德的辉煌成就表明,与处在当地圣职人员严格指导下相比,觉醒运动更有可能是由巡回布道者或访问布道者所点燃的。当地牧师权威角色的弱化,很快就会具有一些更为革命性的涵义。

怀特菲尔德的巡回布道,更多是一种催化剂而不是一场全面复兴。至少它没有对新英格兰教会成员人数产生什么直接影响。[3]不过,对新英格兰大多数圣职人员的灵性状况表示怀疑的怀特菲尔德,还确保能有些跟进。1740年12月,吉尔伯特·坦南特到达了波士顿以继续推进怀特菲尔德的事工。在怀特菲尔德在中部殖民地取得胜利的过程中,坦南特一直都是怀特菲尔德的坚定支持者。与爱德华兹同龄的坦南特,是一位"苏格兰—爱尔兰长老会"成员,是受过良好教育的苏格兰人老威廉·坦南特(William Tennent Sr.)牧师的儿子。在1735年,老坦南特在费城东北部、宾夕法尼亚的内沙米尼(Neshaminy),创建了一所"木屋学院"(log college)以培训长老会牧师,其中包括他的儿子们。这所学校成为了后来的"新泽西学院"(再后来的普林斯顿大学)的最早雏形。新英格兰圣职人员与他们在中部殖民地的长老会同行保持着密切联系。长老会里支持觉醒运动一翼的首要领袖人物(亦是新泽西学院在1746年创立时的首任院长)乔纳森·迪金森(Jonathan Dickinson),出生于马萨诸塞的哈特菲尔德(Hatfield),是一位早期耶鲁毕业生。当爱德华兹于1735年访问新泽西时,迪金森必定是他的联络人之一。迟至1738年,迪金森曾在斯蒂芬·威廉姆斯教会里进行过布道,并将新泽西正在发生的小小觉醒运动的消息带给了威廉姆斯以及那整个家族。[4]

吉尔伯特·坦南特在波士顿的巡回布道,既有争议又获得了明显成功。老托马斯·普林斯，波士顿最热切的奋兴运动支持者之一，起初发觉坦南特在怀特菲尔德之后有点儿令人失望。这位长老会成员喜欢即兴发挥，内容常常令人吃惊，但表达方式却毫无戏剧性。不过，以谴责长老会里那些"未归信的事奉"而闻名的他，其属灵状况却是一目了然的；普林斯认为他挑战了那些彷徨者要鉴察自己的心灵。[5] 蒂莫西·卡特勒院长则大为震惊。波士顿这位最重要的圣公会信徒，利用18世纪典型的机智幽默，将坦南特描述成了"一个魔鬼"；这个"魔鬼"告诉听众，"他们受到了咒诅！咒诅！咒诅！这着魔般地控制了人们。在这个我所见过最可怕的冬季里，人们没日没夜地在雪地里跋涉，听取他那野兽般的咆哮。"查尔斯·昌西，波士顿公理会传道者中少数反对觉醒运动的人之一，则将坦南特描述为"怀特菲尔德先生的一位拙劣模仿者，常常用一些稀里糊涂的东西——以一种比你随便想象的更恶毒更刻薄的语调说出的——使听众感到兴味索然"。[6]

然而，就在坦南特于3月初离开后不久，毋庸置疑，有一场觉醒正在以一年前被认为不可能的方式席卷波士顿。到4月底，数以千计的人涌向了星期二与星期五的"讲座式布道"，以至于必须开放三个最大教堂才能容纳这些人群。"布拉特尔街教会"的威廉·库珀说道，前来为他们灵魂状况寻求咨询辅导的人，在一周里比在过去二十四年里还要多。另一位牧师则报告说，他辅导了一千个正在寻求的人。有好几百人，来自社会各个阶层，加入了波士顿各教会正式领受圣餐成员名单。还有好几百其他的人，尽管具有很深的宗教信念，却未能正式领受圣餐，因为坦南特曾警告过他们，在尚未真正归信时就领受圣餐将会面临的咒诅或惩罚。[7]

在那个春天里，当奋兴之火正在从波士顿传遍整个新英格兰时，爱德华兹正在享受着在北安普敦年轻人当中出现的一场相对适度但却令人感到满意的觉醒；但他亦乐意接受外来的帮助。许多近期的觉醒，都是由新英格兰年轻牧师们传开来的；他们效法怀特菲尔德与坦南特的榜样，在这一地区巡回布道，并且是即兴布道。

在6月，爱德华兹致函新英格兰最有成效的布道家之一埃利埃泽·惠洛克（Eleazar Wheelock，耶鲁1733届）。乔纳森直接的关切是他父亲的教区。那个教区由于一场有关教牧权威的持久争执而成为为数不多的未经历过奋兴的地方之一。[8]乔纳森的计划——它获得了成功——是让惠洛克访问那里并在那里布道，直到出现一场奋兴为止；由此他相信有可能打破那种僵局。[9]

乔纳森在致惠洛克的信函里补充道，"近来在我们当中已经出现了一场宗教奋兴"，但他希望惠洛克以及他的同事及同学本杰明·波默罗伊（Benjamin Pomeroy，与北安普敦一个杰出家族有关联）能够"到那里去帮助我们"，因为"你们的努力比我们的受到了更多更明显的祝福"。[10]在他写下这封书信时，北安普敦年轻人的奋兴正在发生某些显著转折。"在1741年5月，"爱德华兹后来记录道，"在一所私人房屋里，面对一群人进行了布道。在布道临近结束之际，有一两个认信者深深感受到神圣之事的伟大与荣耀，以及永恒之事的无限意义，以至他们无法隐藏自己的感受；他们思维的影响战胜了他们自己的力量，并在他们身体上产生出了明显的效果。"这群人随即转移到了另一间屋子里进行"宗教会谈"；在那里，受到影响的年轻人讲述了他们的体验。"那种情感……很快就在屋子里蔓延开来：许多属于认信者的年轻人和孩子们，似乎充满了对神圣之物的伟大与荣耀的意识，充满了崇敬、仁爱、喜乐、赞美之心，以及对那些自认为处在自然状态里的其他人的怜悯。而与此同时，还有其他许多人，则为他们的罪和可悲的状况而愁苦，以致整个屋子里都充满了哭喊、晕厥以及诸如此类的现象。"

这次聚会是为城镇的一个区域举行的，但有关它的谈论却传播了开来。爱德华兹继续记录道，"在城镇另外几个区域里，其他人很快就听说了此事，并找到了他们。而他们在那里所看到和所听到的东西，又极大地影响到了他们，以至于他们有许多人被以同样的方式所压倒。它如此这般持续了几个小时；那些时间全都花在了祷告、歌唱、辅导与磋商上。"

随后又举行了几次类似的聚会。随后，在一次安息日崇拜后，爱德华兹在一间相邻的房子里，会见了所有年龄在16岁以下的孩子们，并向他们更直接地提到了布道的内容。"孩子们因给予他们的警告和辅导而普遍深受触动，许多人完全不能自已；屋子里充满了哭喊之声。当他们离开时，他们几乎所有人都是一路上大声哭着回家，哭声传遍了城镇的各个角落。"在这次以及随后几次情形中，有些表现明显十分孩子气，随后几天就消失得无影无踪。但在其他一些情况下，正如爱德华兹在两年多后所报告的，"他们的情感变成了持久性的。"

大约在仲夏前后，爱德华兹召集了16到26岁的年轻人到自己家里来聚会；在聚会上出现了极其强烈的非凡情感，有许多人都被完全攫住了。"许多人似乎大大地且极愉悦地受到那些引发谦卑、自责、自厌、仁爱与喜乐的观点的影响。不少人在这些情感的作用下晕厥了。"出神狂喜的经验，很快就从这类聚会扩展到了安息日崇拜上。聚会人群里常常发出哭喊之声。有几次，会众里有许多人都在崇拜结束后留了下来，并同那些不能自已的人待在一起祷告与歌唱，而那种神奇的感染力也在传播之中。"[1741年的]8月和9月，是这一年里最为引人瞩目的时期，因为出现了罪人的认罪与归信、出现了认信者极大的复兴、复苏与慰藉，出现了这些事物不同寻常的外在影响。"家庭里举行的较小型聚会极其热烈。"经常会看到一屋子人都在喊叫、晕厥、抽搐等等，既有痛苦也有崇敬与喜乐。"与其他一些觉醒最为强烈的城镇相比，北安普敦通常并不举行深夜或通宵聚会。然而"经常发生的情形却是，有些人受到极大的触动，他们的身体无法自控，以致他们不能回家，只能整夜待在他们所在的房子里"。[11]

通常是一成不变的新英格兰居民被不能自已的出神狂喜表现攫住了，这为爱德华兹生平中最著名的事件提供了背景。在许多城镇里，恐惧与狂喜的身体反应与北安普敦的情形相当，甚至有过之而无不及。例如，乔纳森·帕森斯（Jonathan Parsons）牧师，在觉醒期间转向巡回布道的牧师之一，就报告道，在1741年5月14日选举日上，他教区的年轻人在通常都是寻欢作乐的时刻，却去参加了他的布道。"在这次布道中，许多人面容都发生了改变，他们的思想似乎使他们深感苦恼，以致他们的髋部关节开始松弛，他们的膝盖相互磕碰。许多的人都因灵魂痛苦而大声喊叫。几个壮实的男人轰然跌倒，仿佛是点燃了一门大炮；而一发炮弹已经穿透了他们的心脏。一些年轻妇女则陷入了歇斯底里的发作之中。"[12]当地巡回布道者，如帕森斯、惠洛克、波默罗伊以及其他至少十几个人，在那个夏天纵横交错地穿越这些殖民地的时候，类似的轰动现象也从一个教区传布到了另一个教区。奋兴布道，如今常常被痛苦或喜悦的呼喊，或者被惊厥、暴怒、抽搐与昏厥所打断。有时候，布道者只能等到出神狂喜者稍微恢复正常后才能继续布道。在这场范围与强度都是前所未有的大觉醒期间，有一段时间，似乎全新英格兰都被灵性的歇斯底里所攫住。通常它是神奇的，但往往也是令人恐惧的。不论它是什么，对于奋兴运动支持者来说，无可否认，许多人的生命正在得到改变，改变的方式似乎满足灵性转变的清醒检验，当然狂喜性发作除外。在许多城镇里，即使那些对领圣餐标准要求严格的城镇，正式教会成员的人数也在以显著速度增加。[13]对于爱德华兹来说，他既在寻求一种具有不朽意义的灵性觉醒，也知道撒旦将会试图用过度与自欺来对抗，所以他除了抓住时机别无可为。

怀特菲尔德改变了爱德华兹对最好怎么做的看法。我们不太清楚，爱德华兹自己在1741年那个不同寻常的夏季做了多少次巡回布道。但在夏末，他提到了他"事务极其繁重，身体极其虚弱"。[14]与此同时，他似乎一直在竭尽全力，既要照料家乡那被重新点燃的灵火，又要在其力量所及之处点燃外面世界的灵火。

我们发现他于7月8日星期三，出现在了靠近马萨诸塞与康涅狄格边界的恩菲尔德（Enfield），那里的背景使人想起整个新英格兰正在发生的事情。与其相邻的城镇萨菲尔德（在那里爱德华兹曾听过怀特菲尔德布道），正在经历一场巨大的复兴；在上一个星期天领圣餐者的名单基础上居然增加了95人。一群圣职人员聚集在那里，挑旺复兴的火，服侍诸多的询问者，并帮助将灵性之火从一个城镇传播到另一个城镇。斯蒂芬·威廉姆斯则从附近的朗梅多赶到那里，并记录下了一些具体细节。在这些有组织的活动中，发挥最主要作用的是康涅狄格考文垂（Coventry）牧师约瑟夫·米查姆（Joseph Meacham）。

米查姆的出现，又一次提醒人们谁是爱德华兹最亲密的同事。通常，那是威廉姆斯家族的事务。米查姆，一位现今五十余岁的严格正统加尔文主义者，与斯蒂芬·威廉姆斯的大姐以斯帖结了婚。以斯帖是另一位"被赎回的俘虏"，十多岁时曾在加拿大印第安人中生活过一段时间。把奋兴运动扩展到国际范围，包括扩展到印第安人中间，这依然是爱德华兹家族优先考虑的梦想。在他们认为有可能是那一阵线充满希望的神圣记号里，去年夏天，他们遗失多年的姐妹尤妮斯，在被俘虏了三十六年后，令人吃惊地偕同她的印第安人丈夫返回家乡探望了斯蒂芬。乔纳森·爱德华兹的表姐信奉了天主教，令人扼腕长叹。爱德华兹曾专程赶到朗梅多，去探望了她，并在那个场合做了一次布道。斯蒂芬对他姐姐在1741年这个夏天有可能再次返回家乡抱有极高的希望。他和他家的其他成员祈祷最多的就是，她能够被宗教奋兴所触动从而得救。[15]

约瑟夫·米查姆来自恩菲尔德，所以他为这个村庄没有同样经历见之于萨菲尔德的奇妙奋兴而深感苦恼。为了弥补这种差距，运动组织者组织了一系列周末崇拜：他们来回往返于敬虔的萨菲尔德与不敬虔的恩菲尔德之间，希望能传布奋兴运动的那种感染力。在星期二早晨，米查姆在恩菲尔德进行布道；同一天晚些时候，惠洛克则在萨菲尔德野外进行布道；紧接着则由米查姆在礼拜堂进行另一场布道。这一天的最后一次布道，威廉姆斯记录到，"在人群当中出现了明显的哭喊之声……是的，还在街道上出现了哭喊声。"次日早晨米查姆和惠洛克再次在萨菲尔德布道，"会众受到了极大触动——许多人都在哭喊。"[16]

这个团队随后转到了恩菲尔德；在那里，"亲爱的爱德华兹先生"做了布道。按照惠洛克事后的回忆，当牧师们进入礼拜堂时，人群是"轻率而自负的"，也"不太注意公共礼仪"。[17]但那一切很快就改变了。当爱德华兹开始布道后，他们就处在了这位瘦削牧师的几乎是催眠般魔力的影响之下。虽然爱德华兹没有怀特菲尔德或坦南特那样的夸张姿势，据说在布道时还一直盯着礼拜堂后部的敲钟绳，但他却十分令人信服。一位钦佩者曾描述他的布道演说，他的布道"平缓、自然、非常庄重。他没有强有力、洪亮的声音，但却显得非常严肃和庄重，所论说的也非常明白、清晰和准确。他的话语充满了思想观念，而且表达得十分清晰和突出，以至很少有讲员能够像他那样要求听众保持高度注意力"。他通过纯粹的强度而产生了情感。"他的话语常常带着很高的内在热忱而没有太多的喧闹或外在情感，并会在听众心灵上留下深深的烙印。他在讲坛上极少晃动头颅和双手，而是通过说来表达自己内心的变化；这是在以最自然和有效的方式来感动和影响他人。"[18]克制的但却显而易见的情感，在告诫与怜悯两方面由衷的真诚，环环相扣的逻辑，圣经主旨，这一切的结合可以使人们感觉到长期以来所熟悉的那些观念的实在性。

关于《申命记》32：35"他们失脚的时候"的布道，超越了爱德华兹以往所有的布道。它对那些最近心情轻松的会众所产生的影响，就仿佛他们突然意识到那可怕的末日就要来临。"在这篇布道结束以前，"正如斯蒂芬·威廉姆斯所记录的，"整个礼拜堂里充满了巨大的呜咽声和哭喊声：我做什么才能获救呢？噢，我要下地狱了！噢，我能为基督做什么呢？"

布道时一直在激发热情的爱德华兹，不得不停下来，要求保持安静，以便人们能够听清他的话。然而喧闹嘈杂却变得愈发强烈，因为"尖叫与哭喊声既具穿透力又令人惊奇不已"。在爱德华兹等待之际，恸哭仍在继续，所以也就绝不可能再听见他的话了。他没有完成那次布道。在惠洛克做了结束祷告后，圣职人员走到人群当中并对他们进行个别服侍。"那一晚，有好几个人心灵深受触动，有得救的希望，"斯蒂芬·威廉姆斯记录到，"噢，他们的面容是欢欣和愉悦的。"最终，会众又冷静下来，唱了一首令人感动的赞美诗，聆听了一篇祷告，然后散去。

就其主题而言，《落在愤怒上帝手中的罪人》，不论是对爱德华兹来说，还是对新英格兰布道来说，都不是不同寻常的。有关地狱的布道，是涵盖整个福音话题范围的一个常规组成部分；而其他布道在描绘地狱的痛苦上要更为令人毛骨悚然。[19] 在《罪人》这篇布道里，爱德华兹理所当然地认为，地狱及地狱中的痛苦是圣经已经证明、理性已经证实了的实在。固然，18 世纪的一些人的确在怀疑传统的地狱观念，甚至在新英格兰也是如此。然而爱德华兹在向听众演说时，仿佛那样一种否定并不是一种理智选择。他能够这么做本身就具有启发性。它表明，那将大多数现代读者与其原初听众的世界分隔开来的预设鸿沟，是何其巨大。在今天，很少有人，包括许多肯定传统基督教教义的人，能同情性地严肃对待 18 世纪普通殖民者的一些最深刻的感情。

《罪人》是一篇"觉醒布道"。建立在新英格兰人普遍采纳的这一前提之上，亦即地狱是一种实在，与"中国"具有同等的真实性，爱德华兹希望人们能够醒悟到，那种可怕的实在在此时此地对他们来说意味着什么。正如他所看到的，语言不只是被用来制造实在的诸观念——就像洛克所描述的，而且还首先会激发出情感，这些情感将在听众当中激发出富有活力的知识。就像他在《一种神圣与超自然之光》里所指出的，即使是魔鬼，也对许多灵性实在具有理论性的知识。他的听众需要以他们的情感、他们的整个心灵来领悟那些真理，以便他们能够被上帝的灵所感动，并按照那些他们如今活生生看到为真实的事情去行动。那种有关永刑的似乎无可逃避的圣经教导，爱德华兹本人也同样发现它是恐怖的，却有可能成为一种奇妙的恩赐——如若人们像被引导去注视火焰的话。唯有到那时，他们才会开始感受到它对他们的意义。具有讽刺意味的是，那种恐怖异象，有可能会成为上帝用以带来救恩之乐的手段。

这篇布道的主题是，就在此时此刻上帝将罪人攥在自己手中，延迟了他们因反叛而应当得到的可怕毁灭。尽管他的慈爱长阔高深，但上帝仍是一位公正的审判者，他必须惩罚罪人，因为他们反叛上帝并憎恶那真正良善的东西。然而——这也是经常被忽略的一点——交在上帝手里也意味着，此时此刻你们还没有被应得的地狱之火所焚烧。上帝在他令人称奇的长久忍耐中仍然给予了你们一种机会；上帝的手使你们还没有跌落。这种长久忍耐最明显的一点就是，上帝与此同时也对你们极其愤怒。然而正如他将会做的那样，如果他现在就允许你们在地狱被焚烧，他也会"被可怕地激怒"。你们就像是反叛者：在对一个极其公义与良善亲王的反叛中，你们破坏了一份神圣盟约，所以理应得到报复。然而上帝正在约束着他的愤怒。想要使这些熟悉神学的听众将注意力集中在这一主旨上的爱德华兹，并没有停下来去解释上帝的愤怒与爱的三位一体的复杂性。因而人们所看到的，就只是公义上帝反对不公义的义怒。

在《罪人》的逻辑里，另一个有时亦被忽略的不可或缺的观点是，严格说来，正是罪人自己罪的"沉重"将他们拖向深渊。虽然爱德华兹并没有分神去提供一种神学解说，但他的前提是，上帝不制造邪恶而只是允许它发生。最终，上帝也允许憎恨与不公正成为它们自己的报应。怨恨与恶毒为地狱之火增加了燃料。罪人喜欢他们的反叛，而他们对邪恶的喜爱也将不可避免地使他们走向其公正与可怕的后果。他们的罪是如此"沉重"，以至于在任何时刻，它都会拖着他们坠向那无尽憎恨的深渊——如果上帝松开他那限制性双手的话。[20]

这篇布道的非同寻常之处并不在于这些教义，而在于爱德华兹使用了能穿透听众心灵的持续不断的意象。因为他并没有停下来去描述和解说这次觉醒布道。相反，他将一切都集中在核心主旨上：落在上帝手中对犯罪的罪人来说意味着什么。在较早期的布道里，他偶尔会持续使用一些强有力的意象。[21]然而《罪人》这篇布道却是如此醒目，因为爱德华兹利用如此多的意象并如此直接地针对听众，以至他们无处可逃。这篇布道一开始，还在讲解"教义"；他描述了"未归信者如何行走在那盖着已然腐朽之盖子的地狱深渊之上。在那个盖子上有无数地方都薄弱得不足以承载他们的重量，而那些地方却是看不见的。死亡之箭在正午的阳光里是无法识辨的；最敏锐的目光也无法识辨"。[22]即使他的听众还尚未沉思过地狱的实在性，这些表达生命脆弱性的意象也会使他们不得不清醒起来。这是爱德华兹根据可怕的经验所获知的东西。还在青少年时，正如其"个人叙述"所说，上帝"就在地狱的深渊之上摇晃我"。从那时以后，他经历了许多疾病。他行走在死亡之箭的包围之中——就像这会众里的每个人一样。

那么，日常生活这种致命的不确定性，对于那未归信但却真正意识到在下面存在着一个可怕地狱的人，又意味着什么呢？如果罪人意识到，只有公义上帝的双手才能使他们不跌落到那永火中，那么他们会如何做出回应呢？爱德华兹通过一个接一个的意象，引领听众感受到他们罪的沉重正将他们拖向毁灭之中，并感受到上帝审判的可怕力量——为即将到来的末日积蓄几乎无法承受的压力。"你们的邪恶使得你们如同铅块般沉重，将会因其重量和压力而坠落到地狱里"。而"你们所有的正义"所能发挥的作用，就形同于用"蜘蛛网去阻止滚落的巨石"。"上帝愤怒的乌云如今就悬挂在你们头顶上，全是那致命的风暴，并且巨雷滚滚。"然而在上帝允许那"旋风"摧毁你们"像夏天禾场上被风吹散的糠秕一样"之前，还有一个时刻可以用来寻找庇护所。"上帝的愤怒就像被堤坝暂时拦截的洪水；它们会越积越多，越升越高。""上帝愤怒的大弓已经张开，箭已在弦上，而正义将把那箭对准你们的心脏，并绷紧那弓；唯有上帝——那位愤怒的上帝——乐意，而没有任何的应许或义务，才能使得那利箭暂时免于饱蘸你们的鲜血。"

随后出现了一段骇人听闻的文字：

> 上帝在地狱的深渊上举着你们，就像一个人在火焰上举着一个蜘蛛或者某种可憎的昆虫，他憎恶你们，并被可怕地激怒了。他对你们的愤怒像火焰般在燃烧。他将你们看作是一钱不值的东西，只配被投进火焰里。如果你们不出现在他的目光里，他的目光会更纯洁。你们在他的眼里，比最可恶的毒蛇在我们眼里，更可恶一万倍。你们冒犯他，远甚于顽固的反叛者冒犯他们的亲王。然而不是别的什么，而是他的手抓住了你们，你们才没有每时每刻坠落到火焰里。你们昨晚没有跌落地狱，绝不能归功于其他什么东西……上帝之手抓着你们，你们才没有跌落。绝不能提出其他理由来说明你们为什么还没有跌落地狱，因为你们坐在这上帝的家里，以邪恶的方式参加对他的庄严崇拜，激怒他那纯洁的双眼。是的，绝不可能提供其他理由来说明你们为何在此时此刻没有跌落到地狱里去。
>
> 噢，罪人！考虑一下你所面临的可怕危险吧。

到这时候，恩菲尔德听众可能已经陷入了歇斯底里的状态，而爱德华兹很可能没有完全讲完这一点。他可能无法继续提供圣经论证以提醒他们，地狱对于那个晚上坐在那里的一些人将会是什么样子的。他可能没有来得及提出希望——而这最终正是这次布道的要点所在："而现在你们拥有一个非同寻常的机会，基督将在这一天敞开仁慈之门，并站在门口大声呼叫和召唤那些可怜的罪人。……有许多人，前不久还像你们一样处在同样的苦难之中，但现在却进入了一种幸福状态，他们的心灵充满了对基督的爱——基督也爱他们并用他自己的血洗净了他们的罪——并在对上帝荣耀的盼望中欢欣鼓舞。在那样一个日子里，被撇在后面，那该是多么可怕啊！"

当艾萨克·瓦茨收到这篇布道的印刷本时，他在自己的副本上写道："一篇最骇人听闻的布道，应当在末尾加上一段福音里的话；不过，我认为它是完全正确的。"[23] 爱德华兹已经为这篇布道提供了一段简明的福音话语，但实际上，如果有人认为这篇布道就是爱德华兹的典型特征的话，那么就出现了严重失衡。而且，爱德华兹可能理所当然地认为，新英格兰听众非常清楚那种福音拯救之法。问题在于要促使他们去寻求它。

在此之前，爱德华兹至少有一次曾宣讲过这篇布道。那是在 6 月份，当新的奋兴运动正在形成之际，面对北安普敦会众宣讲的。那篇布道的末尾具有更强的教牧色彩。他那时的布道没有被打断，并以勉励结束：如果他们已经开始为自己的灵魂而担忧，那么"你就必须感觉到你需要基督；如果你达到了这一点，那么你就会感觉到你绝对需要有一个中保"。其他提纲笔记则表明，在恩菲尔德获得极大成功后，他又有几次宣讲过这篇布道。显而易见，当他在这个巡回布道的新时代里访问各个城镇时，这篇布道是他的标准布道辞之一。他亦用不同的墨色为这篇布道增补了一份有关寻求救赎六个实用步骤的纲要。这些内容可能会成为布道的一部分，也可能是供布道后的小组聚会使用，如他在北安普敦的年轻人中所做的那样。这些增补内容敦促探询者在灵性操练——譬如祷告和禁食——的时候要像"坚定的战士"那样坚持；同时亦提醒他们，"上帝绝不会因为你配得才施与你仁慈，而只是因为你需要。"像这样一篇布道的整个论点，就是要引导罪人产生一种他们完全无助的意识。吊诡的是，只有当他们达到这一点时，他们艰苦的属灵努力与他们完全投靠上帝的恩典，才是相一致的。[24]

从爱德华兹在那年夏天写给 18 岁姑娘德博拉·哈思韦（Deborah Hatheway）的引人注目的书信中，我们可以再次窥见，具有牧者心肠的爱德华兹如何与《罪人》布道里严厉的爱德华兹相平衡。哈思韦来自恩菲尔德的敬虔邻居萨菲尔德，在春季奋兴运动期间归信。萨菲尔德的牧师在 4 月份去世了；而爱德华兹曾访问那里去填补讲坛的空缺。爱德华兹帮助发起了觉醒运动，也许还帮助德博拉信主。作为对其请求的答复，他在 6 月初的回应，后来变成了一封著名书信。在 19 世纪中期出版并发行了数十万册的《给年轻归信者的建议》，成为了爱德华兹仅次于《罪人》的发行量最多的著述。[25]

其语调是温和且教牧性的，反映了爱德华兹在培育自己信仰上持续不断的努力。爱德华兹把她称作"亲爱的孩子"，他首先表明天国之路是艰苦的工作。正如"我们建议那些悔罪的人要诚心诚意、努力进入天国"（这体现了一个圣经用语）一样，那些归信者"也应当同样警醒、殷勤和诚恳"。在十九点建议中，他告诫德博拉要牢记，在归信后，更有一千倍的理由"为罪而悲伤和自卑"；但与此同时也"不能因此而完全气馁或心灰意冷，因为虽然我们罪恶深重，但我们在天父那里有一位辩护者，即公义的耶稣基督：他的宝血、他公义的美德，他长阔高深的爱和广大的信实，无限超越了我们罪的最高峰"。

在给这位年轻女士的建议里，有一项肯定是对他与自己那最微妙的罪持续斗争的评注。"切记，"他写道，"骄傲是位于内心里最恶的毒蛇，它最能扰乱灵魂的平静，破坏与基督甜美的相交。它是所有罪中的第一种罪，它位于撒旦整个大厦根基的最深处。"他继续写道，骄傲是"最难以根除的罪，是所有欲望里最为隐秘、不易察觉和具有欺骗性的，并常常在不知不觉间悄悄潜入宗教之中，有时还处在谦逊的伪装之下"。

牧者爱德华兹鼓励这位年轻信徒，成为其他与她同龄人的"牧师"，为年轻妇女确立一个私人宗教聚会所。他继续鼓励她，"当你与同辈交谈时，你在警告他们的同时，也要表达你意识到自己的不配和上帝主权的恩典对于你的改变；如果良心无愧，那么可以说，你自己比他们更不配。"爱德华兹非常清楚，将一个归信者塑造成这样一个角色，其义务永远都是勉励未归信者，会带来什么危险和困难。那些享受上帝白白恩典之恩赐的人，必须时刻提醒自己，他们获得特权，并不是因为他们的本性好于最糟糕的未重生者。

归信者不应当停留在旧经验里，而应当寻求新经验。"对基督脸上的荣光以及基督甜美恩典与慈爱之源泉的一种新发现，顷刻间就能更好地驱散黑暗与疑惑的乌云；这远胜于一整年用所能给予的最好标准去检查老经验。"而爱德华兹是根据自己的认识说的。

最终——这是对一位愤怒上帝之手的一种平衡——人必须变成一个小孩子，牵着温柔的基督那钉痕的手："在你所有路途上，都要像一个可怜无助的小孩子那样与上帝同行、追随基督，牵着基督之手，眼望着他手上与身上的伤痕，由此，他的宝血就能洗净你的罪，并以他公义的圣洁白袍遮蔽你的赤身露体。"

注释

[1] 爱德华兹致乔治·怀特菲尔德,December 14, 1740, *Works*, 16: 87。爱德华兹致科尔曼,March 9, 1741, ibid., 88。Ebenezer Parkman, *The Diary of Ebenezer Parkman*, 1703—1782 (Worcester, Mass.: American Antiquarian Society, 1974), December 1740, p. 87, 提到了大雪。

[2] 爱德华兹致萨拉·爱德华兹,June 25, 1741, *Works*, 16: 95—96。

[3] Kevin Sweeney, "River Gods and Related Minor Deities: The Williams Family and the Connecticut River Valley, 1637—1790" (Ph. D. diss., Yale University, 1986), 173.

[4] Ibid., 269.

[5] Thomas Prince, account of the awakening in Boston as quoted in Joseph Tracy, *The Great Awakening: A History of the Revival of Religion in the Time of Edwards and Whitefield*, repr. of 1841 ed. (New York: Arno Press, 1969), 115—116.

[6] Edwin Scott Gaustad, *The Great Awakening in New England* (New York: Harper and Brothers, 1957), 33—34.

[7] Prince's account as quoted in Tracy, *Great Awakening*, 117—120.

[8] 爱德华兹致埃利埃泽·惠洛克(Eleazar Wheelock), June 9, 1741, *Works*, 16: 90。

[9] Kenneth Minkema, "The Edwardses: A Ministerial Family in Eighteenth-Century New England" (Ph. D. diss., University of Connecticut, 1988), 126—136. 详情见第16章。

[10] 爱德华兹致埃利埃泽·惠洛克,June 9, 1741, *Works*, 16: 89—90。

[11] 爱德华兹致 Thomas Prince, December 12, 1743, *Works*, 16: 117—118。

[12] Jonathan Parsons, account dated April 14, 1744, regarding Lyme, Connenticut, as quoted from *Christian History* 2: 136, in Tracy, *Great Awakening*, 138.

[13] Tracy, *Great Awakening*, 120—212, 引证资料来自最接近同时期的来源,尤其是普林斯的《基督教历史》,并在许多地方提供了对这些现象的叙述。Harry S. Stout, *The New England Soul: Preaching and Religious Culture in Colonial New England* (New York: Oxford University Press, 1986), 200, 列出了一打本地的"年轻巡回布道者";毫无疑问,在他们之外还有更多,其中就包括帕森斯和爱德华兹。而指称这一时期更大范围之系列事件的"大觉醒

(great awakening)这个术语，最终也为人所熟知；它在那个时期并不是标准指称方式，尽管同时期人肯定会领悟其所指称的意义。

[14] Edwards to Deacon Moses Lyman, August 31, 1741, *Works*, 16：97.

[15] Stephen Williams, Diary, September 3, 1740, July 20, 1741（typescript），Storrs Memorial Library, Longmeadow, Mass. Cf. John Demos, *The Unredeemed Captive: A Family Story from Early America*（New York：Knopf, 1994），193—201，有详细描述。爱德华兹的布道是 1740 年 9 月就《诗篇》119：56 所做的布道。它的主旨是，人们在履行职责时常常会受到祝福保佑，即便当直接代价是巨大的时候。On Joseph Meacham, see *Sibley's Harvard Graduates*, 5：533—536.

[16] 这里以及下文对围绕这次布道所发生事件的叙述，来自斯蒂芬·威廉姆斯 1741 年 7 月 8 日的日记，除非有其他注明之处。

[17] 埃利埃泽·惠洛克的叙述来自比较靠后的时期并被收在了 Benjamin Trumbull, *A Complete History of Connecticut*, 2 vols.（New Haven, 1818），2：145。Trumbull 的注释指出，"惠洛克先生是从康涅狄格去的，他给我提供了这整个事件的报告。"

[18] Hopkins, *Life*, 47—48.

[19] Wilson Kimnach 为这次布道的处境和先例，提供了一种绝佳的叙述。他指出，严格说来，"罪人"并不是一种有关地狱之火的布道。见 *Works*, 10：168—179。甚至爱德华兹后来的对手查尔斯·昌西，在 1741 年 6 月也使用了一种类似于爱德华兹的"悬挂的蜘蛛"的形象比喻。见 C. C. Goen, "Introduction," *Works*, 4：56n。

[20] Christopher Lukasik, "Feeling the Force of Certainty：The Divine Science, Newtonianism, and Jonathan Edwards's 'Sinner in the Hands of an Angry God,'" *William and Mary Quarterly* 73（June 2000）：222—245，做出了一些敏锐的观察，将他的观点与爱德华兹对牛顿万有引力科学的兴趣关联在了一起，而这又相应地关联到了爱德华兹的由上帝安排的实在观。

[21] 例如，在 1739 年夏，他就中断了有关救赎史那常常是心平气和的系列布道，而围绕着太阳这一意象做了一次令人印象深刻的布道。基督的到来，对于邪恶者来说，"就像是令万物焦枯的太阳。是的，它将使他们像麦茬、像干枯植物那样处在烈火之上，将他们焚烧得一干二净，不留下任何枝干或根须……但对于那些敬畏上帝圣名的人，他的光芒不是灼伤性的而是治愈性的，并具有一种良性的、愉悦的和健康的特性。他的光明对他们而言是令其感到喜悦的；那就像是在漫漫长夜之后太阳升起时的辉煌早晨；而他们的灵魂也将在

那太阳的照耀下成长发育———一如充满生机的植物和动物在温暖阳光下茁壮成长——以便它们就像牛棚里的小牛犊一样成长壮大。"

就这样,在初夏的一天里,他在整个布道中,都在不断重复着这同一个太阳那可怕和有益之特性的生动意象;那是基督,他的到来就像一位提炼者的火:"基督到那时将显现为一位无限圣洁、公正的审判者。这种圣洁与正义的景象,对于圣徒来说是令其感到愉悦的;它在他们眼里将显现为一种令人陶醉的美。但不虔敬者会憎恶那种景象。基督那至纯的双眼将敏锐地穿透他们的灵魂,就像他们所无法忍受的那具有穿透性的火焰一样。"Sermon, Malachi 4:1—2(May 1739).

[22] *Sinners in the Hands of an Angry God*, Deuteronomy 32:35 (1741) 的文本见之于多种版本。此处的引文来自 *Reader*, ed. Smith, Stout, and Minkema, 89—105。

[23] Quoted from Ola Winslow, *Jonathan Edwards*, 1703—1758 (New York: Macmillan, 1940), 192,来自瓦茨在著作标题页上的手写评论;该书为北安普敦 Forbes Library 收藏。

[24] Sermon, Deuteronomy 32:35 (June 1741; original version of *Sinners*), edited for Yale edition. 我感谢编辑的介绍。

[25] George S. Claghorn, Introduction to Edwards to Deborah Hatheway, June 3, 1741, *Works*, 16:90—91. 随后的引文来自这封书信, pp. 91—95。

14

"不与我们相合的，就是敌我们的"

1741年8月31日标志着爱德华兹生涯的一个转折点。一直到这时，他都处在稳步上升之中：他作为一位觉醒布道家已经获得了国际声誉，并逐渐在新英格兰当局的系统里占据了一席之地。在西部，他是"斯托达德—威廉姆斯"贵族家族的一名杰出年轻成员。在其他地方，他不仅与耶鲁和康涅狄格精英关联在一起，而且还与本杰明·科尔曼以及波士顿最具影响力的领袖圈子保持着联系。通过他舅舅约翰·斯托达德，他与马萨诸塞政治领袖，包括总督贝尔彻在内，保持着稳固联系。总督是奋兴运动的热切支持者，也是爱德华兹的朋友和同盟者，他极其钦佩怀特菲尔德，是托马斯·普林斯所牧养的"老南堂"的教会成员。对所有这些人来说，波澜壮阔的觉醒运动，为他们的改革宗福音派文明的异象提供了希望。随着大奋兴以奇妙的方式继续推进，爱德华兹的知名度也继续上升。然而在其后来的生涯中，他所期望的能指向真新教信仰的联合推进的灯塔，却被风暴所笼罩。爱德华兹如今当之无愧是一位领袖，但他亦是种种争执、嫉妒与怨恨的"避雷针"。

8月31日星期一，爱德华兹在"事务极其繁重，身体极其虚弱"的情况下抽出时间，就觉醒运动中所谓的过激表现所引发的"大震动"——这震动如今正在撕裂着新英格兰的建制宗教——回应了一位前教区信徒执事摩西·莱曼（Moses Lyman）。在末尾，他加上了一个不祥的附记："哈特菲尔德的威廉姆斯牧师今晨去世了。"77 岁的威廉·威廉姆斯，已经病倒一段时间了。前不久，他还向"汉普夏县协会"——自从所罗门·斯托达德去世后他就一直是其指挥人物——的一次集会捎去了话，表示他不指望能在下次会议上再见到他们。不过，威廉姆斯的去世仍然比预期的更为突然，这令他在本县圣职人员中的同盟者备感伤痛。在"布雷克争执"之后（夏季较早时候威廉姆斯家族集体抵制了布雷克将要参加的一次按立仪式）仍然困扰着他们许多人的激烈争执中，以及在因觉醒运动而产生的越来越多躁动不安中，威廉·威廉姆斯是一位深受尊敬、通常也是深受爱戴的重要支柱，他维持着那脆弱的福音派建制免遭崩溃。[1]

　　爱德华兹写信给摩西·莱曼的理由，表明了由威廉姆斯过世所象征的老一代权威的丧失为什么会具有不祥的含义。于 1739 年搬离北安普敦的执事莱曼深受下列现象的困扰：在新觉醒中经常出现过度哭喊和身体反应，而且牧师广泛巡回布道加剧了许多这些反应。这是一位经历过 1734 至 1735 年北安普敦令人惊诧的奋兴的过来人；相比之下，他将时下觉醒中的种种表现看作是极端现象。新英格兰长期以来都因争执而存在着分裂，然而在较早期争执中，譬如在所罗门·斯托达德与马瑟父子之间或者近来的布雷克争执中，那几乎从来都是在那些最终将会站在一起的人当中的属于建制内部的事。而新近针对觉醒运动与怀特菲尔德访问所出现的抱怨，起初似乎也属于这一类情形。在 1741 年春，对于教会当局的明显属灵利益，有可能足以压过感受到其体面受到冒犯之人的牢骚或抱怨。但是到了夏末，这种争论进入了一个新阶段。甚至觉醒运动先前的朋友们也在想，福音派的狂热是否已经失控了。

　　使危机感越发严重的是，马萨诸塞处在了空前的民众政治暴动中。这些问题与觉醒运动存在显著的类似之处，尽管在那时很少有人将两者直接关联在一起。在 1740 年 9 月，亦即怀特菲尔德抵达的那个月份，一家私人"土地银行"在没有政府授权的情况下就开始发行票据。这些由土地抵押的信用票据，意在作为纸币或钞票来使用。这些钞票的价值亦将随市场变化而上下浮动，所以它们有可能会产生通货膨胀的影响。其拥护者许诺，这些纸币将会使普通人能在与英格兰贸易中，有机会享用数量日益增长的商品。

总督贝尔彻试图压制"土地银行"方案，但它拥有极强的民众支持，以致议会不肯进行合作。但贝尔彻还是开始采取行动，运用行政高压手段来抑制那些钞票的使用。他撤消了那些赞成银行方案的政府官员甚至军事人员的职务。民众的愤怒抗议极其高涨，贝尔彻在英格兰的对手则开始利用这种混乱来反对他。而在家乡，贝尔彻则担心会发生起义暴动。1741 年 5 月，他写信给年轻朋友托马斯·哈钦森（Thomas Hutchinson，他将在"美国革命"期间作为殖民地总督而成为有关起义暴动的权威）说，"这里的普通民众变得如此嚣张和鲁莽，以致如今快要组成一个团体进行造反了。"[2]

即使没有发生他所担心的武装暴动，贝尔彻本人也垮台了。虽然"白厅"（Whitehall）或"英国政府"也同意必须压制"土地银行"，但贝尔彻与人民的疏远，削弱了他在英国的地位。到 6 月底，他获知他已经被一个名叫威廉·雪利（William Shirley）的竞争对手所取代。8 月 14 日，失败的贝尔彻交出了总督职位。情况不妙的是，雪利是一位圣公会信徒。一位福音派总督与不从国教派圣职人员之间幸福联盟的时期过去了。

"土地银行"与觉醒运动都是预示着一个新时代的骚动的群众运动。二者都预示着对个体的一种新界定。"土地银行"为普通人作为国际性商业资本主义文化的参与者，提供了日益增加的选择自由。觉醒运动，尽管是作为上帝恩典的宣告，但亦强调个体的献身并将人们与一种新国际福音派文化关联在了一起。这两种运动似乎并无关联，但它们倾向于在同一人群中获得最兴盛的发展，特别是在乡村的非精英人群中。

它们各自的反对者，都为它们所标志的新民主文化的不稳定性感到悲哀。群众暴动的力量是难以约束的。而且，那不是受到中央集权机构和传统地方精英控制的东西，都易于假冒伪造。纸币既易于伪造又易于通货膨胀，它们会降低货币价值。同样地，巡回布道也易于伪造和夸大经验，它们会使属灵真理变得廉价。[3]

同时代人并不常将这两种运动联结在一起的一个原因就是，它们的直接信息似乎是相反的。"土地银行"呼吁物质主义的追求，而觉醒运动则谴责世俗利益的展示。譬如说，总督贝尔彻就希望"圣洁的怀特菲尔德"及其同盟军能够帮助压制他将其与"土地银行"关联在一起的那种贪婪以及"对自由的恣意妄为"。[4] 归信要求禁欲主义以及对使用物质的严格约束。自由也包括脱离对物质的依赖的自由。不过，在"土地银行"与觉醒运动之间的关系却是含混不清的。觉醒运动与"土地银行"吸引了同一个群体甚至同一群圣职人员中的一些人；但这两种运动的交叉重叠，并不足以表明清晰的因果关系模式。[5]

在 1740 年末和 1741 年上半年，当"土地银行"骚动与觉醒运动这两者都处在高峰时期时，爱德华兹及其赞同觉醒的亲近精英圣职圈子，并不是那被普遍归之于"土地银行"的那种不稳定性的盟友。就那个问题而言，他们也不将自己看作是在挑战旧有的宗教秩序。爱德华兹及其最紧密同事，忠心地维持当地教区首先是他们自己教区的宗教秩序。但是到夏末，这种秩序在那种狂热中是否能够持续下去，就变成了一个日益迫切的问题。威廉·威廉姆斯那使人平静、深受尊敬的声音的丧失，发生在最糟糕的时期。在 5 月，斯蒂芬·威廉姆斯曾在日记里写道："想到像我这样一个可怜、软弱、无知的人，竟在这样一个时刻被撇下，成为本县最年长的传道人，我颇感震动。"[6]

威廉姆斯的逝去，最直接地威胁到爱德华兹与他那强有力的威廉姆斯表兄弟们的关系；威廉姆斯那从事行政的儿子伊斯雷尔是他们中间的领袖，而伊斯雷尔已经对爱德华兹表现出了怠慢。威廉·威廉姆斯显然对他杰出的外甥评价极高。他们两人在教义关切与觉醒运动中一直都是同盟者。[7] 选择爱德华兹（而不是，譬如说，斯蒂芬·威廉姆斯）在威廉·威廉姆斯的葬礼上讲道，这可能反映了他姨父的明确愿望，并表明了他对领袖的选择。

如果他一些更世俗的表兄弟认为爱德华兹是一位严厉的极端主义者，那么他这篇葬礼讲道则意在淡化这种形象。他说道，威廉姆斯是"一位杰出福音派布道家"；而那篇布道也同样具有一种温和的福音派风格，也许反映了威廉姆斯自己的风格。[8] 爱德华兹没有像通常在葬礼上那样谈论死亡带给我们的永恒教训，而是作为一位温柔的牧者安慰那些他知道会极其悲痛的听众。他使用《马太福音》14：12 这节经文

（"约翰的门徒来，把尸首领去埋葬了，就去告诉耶稣"），用一个简单的叠句，敦促会众、家人和牧师同道，"去告诉耶稣"。正如他对家人所说的，"去告诉耶稣；告诉一位怜悯的救主，什么临到你们身上。"[9]不论爱德华兹的一些表兄弟怎样看待他，他们都很乐意以这篇布道作为对他们父亲的悼念，并同意"在那些尊敬的先生们、死者的儿子们的一致请求下"发表这篇布道。

威廉姆斯家族内的潜在斗争在目前还处在控制下，觉醒运动却并非如此，爱德华兹即将踏入一种争论的格斗场。在葬礼结束后的那一周，他被选定在耶鲁发表毕业典礼演说。他清楚意识到，纽黑文正在变成因奋兴运动而引发某些最剧烈躁动的中心，一些学生正处在接近于造反的状态。大约在他准备耶鲁演说的同时，他给执事莱曼写去了一封书信。这封书信就是爱德华兹观点的概要。他承认，存在"一些不谨慎和不正常之处，在这种不完美的状态中，过去一直存在，将来也一直会存在"。然而总体而言，觉醒具有"上帝真正工作的清晰、不容置疑的证据"。对此，爱德华兹不允许有丝毫的怀疑。"如果这不是上帝的工作，那么我必须重新学习我所有的宗教，并且不知道圣经会有什么用处。"1741年9月10日，在耶鲁，他将公开宣讲这同一观点。

耶鲁的躁动在怀特菲尔德于去年秋季访问时就已经开始了。那位伟大巡回布道家发现这所学院在灵性上有些萎靡不振。他情词迫切地论述"未归信者传道的可怕后果"；他的访问加速了一场奋兴的到来。[10]在怀特菲尔德之后，则是3月份吉尔伯特·坦南特的访问。这位长老会福音布道家的传道更为粗犷，甚至动辄谴责未归信者。在纽黑文地区一周布道多达17次的坦南特，将怀特菲尔德开启的事业推到了顶峰。正如那年春天在波士顿一样，坦南特的访问比怀特菲尔德前一年秋天的访问带来了更多人的归信。在当时还是学生的塞缪尔·霍普金斯（他是爱德华兹同名姐夫的侄子）后来回忆道，纽黑文人几乎被普遍激发起来了，估计有"数千人……觉醒了"。[11]

耶鲁的新院长，保守的托马斯·克拉普（Thomas Clap），起初欢迎觉醒并允许巡回布道者在学院礼堂做了三次布道。但日益增长的紊乱很快就使他改变了主意。[12]在传统上，学生的归信一直都是作为使学生与既定秩序的理念一致的手段。如今他们正在颠覆那种秩序。已经觉醒的学生，效法巡回布道者，开始攻击长者。他们谴责了许多圣职人员，并宣布耶鲁及其教职员工在灵性上已经死亡。当怀特菲尔德出版的日志在春季面世后，它表明这种颠覆全都可以追溯到他那里。在论及新英格兰圣职人员时，他写道，"许多，不，是多数，传道的人，恐怕并没有经验性地认识基督。"至于那两所学院——哈佛与耶鲁，"它们的光已经变得昏暗了——那种昏暗是能够感觉到的，而且最敬虔的传道人也会对此作出抗议。"[13] 这两所学院的朋友为此深感不快，而怀特菲尔德最终谋求和解的努力，也只能部分掩饰这种损害。[14]

与此同时，一位轰动一时的年轻巡回布道者，詹姆斯·达文波特（James Davenport），将觉醒的颠覆性推到了极致。7月份，新英格兰牧师譬如惠洛克、波默罗伊与爱德华兹等正在乡村里巡回布道，达文波特作为传教士抵达康涅狄格，他决心要重新收复他那背教的故土。达文波特远非一个地位低下的新贵，其实他具有最出色的资历。詹姆斯是纽黑文殖民地创立者和第一位牧师的孙子，深受尊敬的康涅狄格牧师和已故耶鲁校董的儿子，他曾经是耶鲁最年轻的毕业生之一，在1732年毕业时年仅16岁。在那里他曾经与波默罗伊和惠洛克是朋友。他亦与威廉姆斯家族关联在一起，因为他姐姐嫁给了斯蒂芬·威廉姆斯。

在接手了位于长岛（Long Island）的一个教区后不久，这个年轻人陷入了怀特菲尔德狂热。1740年，他会见并陪同怀特菲尔德一起在纽约和新泽西旅行。他亦会见了吉尔伯特·坦南特，并分享了那位长老会福音布道家对未归信圣职人员的观点以及对新英格兰的悲观看法。1741年，他相信自己直接受到了上帝的呼召，为了更伟大的事情而放下自己的教区，作为一位巡回布道者动身前往新英格兰。

在沿着康涅狄格海岸线——从斯托宁顿（Stonington）到纽黑文约八十英里的路程——行进的过程中，达文波特公开谴责说这个地区几乎所有的传道人都是未归信者，其中包括一些以圣徒品格而闻名的人。据说他曾告诉听众，他们的布道之"对于灵魂"，"就像老鼠诱饵之对于他们的身体"。他到达纽黑文参加毕业典礼周庆典；他耸人听闻的方式使学生通常的喧闹变成了另一种的喧闹。达文波特将觉醒的每一种倾向都推到了极端，他的批评者认为他已经疯了。前去崇拜时，他一路上都是歌唱着走过去："头颅高仰，双眼凝视着天空。"他在毕业典礼周期间的聚会通常都持续到晚上十点或十一点钟，并且按照当局标准而言，很不得体。在一次这样持续到深夜的毕业典礼周聚会上，正如一位批评者所描述的，所有的秩序规则都消失了，"一些人在祷告，一些人在劝诫和恫吓，一些人在歌唱，一些人在尖叫，一些人在哭泣，一些人在大笑，还有一些人在斥责，形成了我所曾听说过的最令人惊诧的混乱。"[15]

就耶鲁董事而言，他最重要的冒犯，就是鼓励严重的犯上。达文波特还特别宣布，"纽黑文第一教会"的牧师约瑟夫·诺伊斯（Joseph Noyes）是"披着羊皮的狼"。耶鲁学生要求参加与学院近在咫尺、位于绿地上的"第一教会"的崇拜。而达文波特却鼓励诺伊斯的会众抛弃他们那法利赛式的牧师，参加纯洁的独立聚会。[16] 深受震惊的学院董事会，担心会出现造反，于是要求会晤达文波特。但这位传教士用"迟延的答复"几次搪塞信使，使他们等待了两个小时，然后宣布他"认为留在原地就是他的职责"。[17]

在无力控制外部麻烦来源的情形下，克拉普院长开始转而镇压学生。他发布了一项禁令，禁止学生参加巡回布道者的聚会。他还特别担心由激进布道家的精神所怂恿的犯上行为。学生们仿效那些福音布道家，把自己当做彼此、圣职人员、甚或学院教职员工灵性状况绝对无误的评判者。而最明显的冒犯者亦是最聪明的学生之一，大卫·布雷纳德（David Brainerd），他以火热的灵性和论断（judgmentalism）而闻名。在毕业典礼周会议上，董事会在克拉普的坚持下，"投票决定，如果本学院任何学生，直接或间接宣称院长或董事长为伪善者、属血气者或未归信者，那么若是初犯应在礼堂里做公开悔改，再犯时将被开除。"[18]

爱德华兹在这种动荡中来到纽黑文。他的毕业典礼演说是在喧闹的董事会召开的次日；他也许还见证了达文波特聚会的混乱场面。另一位参加毕业典礼的访问者——他参加了两次巡回布道家召集的聚会——在日记里写道，"在纽黑文，今天白天和晚上，都发生了诸多混乱；出现了我曾见过的最奇怪安排和宗教伪装。"[19] 也许，克拉普院长及其同盟者希望爱德华兹——他既是真正觉醒又是正统秩序的知名朋友——能够警告学生，要尊重既定的权威，缓和一下他们的狂热。如果是这样的话，他们会失望地听到爱德华兹为觉醒提供了一种清晰无误的支持。那是一种更加强烈的支持，因为他承认了他们的抱怨所根据的那些事实，承认了存在着许多奇怪和不同寻常的现象与过度之处。

爱德华兹的确为奋兴之友提供了一些忠告。他告诫他们要防止属灵骄傲，并警告他们，正如他曾警告过怀特菲尔德本人，被那自以为来自上帝的"冲动或强烈印象"所引导非常危险。他指出，即便觉醒有可能预示着"教会正在临近的荣耀时刻"，但他并不认为那就是圣灵特殊恩赐降临的时刻，譬如直接默示或者奇迹恩赐。他相信，《哥林多前书》12 和 13 章已经表明，圣灵的一般恩赐——信、望、爱——是比这两章经文中所讨论的特殊恩赐"更大的恩赐"（林前 12：31）。而且，他还告诫学生要反对那些正在教导他们鄙视人类学识的大众布道家。

也许，对那些为觉醒运动的过度之处感到震惊的人来说，最重要的是，爱德华兹强烈警告了那在觉醒运动里正在变成一种流行症的苛责精神。随从巡回布道家的带领，像大卫·布雷纳德那样的归信者，正在论断，一些公开宣信的基督徒对真宗教一无所知，他们是假冒为善者。爱德华兹颇为强烈地指出，这种论断是不符合圣经，也没有根据的。圣经将麦子与糠秕分开要等到末日审判之际。而所有可见的教会所能够做的，就是判断谁是可见的圣徒，"按照公共爱德的眼光来接纳"。在这一领域，爱德华兹从 1734 年至 1735 年的奋兴运动那里获得了许多经验。"我曾未能想到，人心竟如此无法测透，"他承认道，"与过去相比，我现在更不宽厚，也更宽厚。"从目睹一场奋兴来而复去的艰难经验中，他如今意识到，恶人可能会显得比他设想的更圣洁（因而他在评判归信的人时更不宽厚）。而敬虔之人也可能会显得属血气和不圣洁（因而他在评判未归信者时更宽厚）。当他还仍在寻找区分甄别规则的同时，谦卑是最好的立场。[20]

假如爱德华兹没有把这些话置于这篇为觉醒强有力辩护的布道的末尾，它对谨慎的耶鲁保守者而言都是可以接受的。作为那个时代在这所礼堂里的辩论天才，爱德华兹知道如何削弱对手最有力的论证。爱德华兹逐一论述了那些通常被用以质疑觉醒运动的现象，并表明没有一种现象足以判定觉醒"是不是圣灵的工作"。一些现象，虽然实际上是奇特和不同寻常的，但却具有圣经的先例。所以，诸如"眼泪、颤抖、呻吟、哭喊、身体痛苦或者体力衰竭"之类的反应本身并不能证明什么。那些"留在他们想象中的强烈印象"，譬如出神的看见，亦不是对上帝真正工作的证明或证伪。说布道者诉诸圣经与理性以及感情因素，使用激发宗教情感的"手段"，这也不是有效的反驳。如果地狱果真存在的话，用地狱的可怕来恫吓罪人也没有什么错。存在"极不谨慎"与"罪的扭曲"，或者"在判断上的诸多错误以及一些与上帝的工作相混淆的撒旦的欺骗"，或者许多人"陷入谬误或丑闻"——所有这些都不能证明某项工作就不是上帝的工作。人们只要回顾新约时代就会看到，圣灵最大的浇灌甚至还伴随着撒旦这样的工作。[21]

这样绝妙地处理了那些所谓的消极迹象后，爱德华兹简明扼要地转向了新英格兰那持久存在的问题：什么是圣灵工作的充足证据。这些迹象就是诸如爱耶稣，弃绝尘世欲望与追求，喜爱圣经，渴慕真理，以及真正的基督徒之爱。这些就是真觉醒的"确定的、区别性的标志"。所以，由这些确切的"上帝之道的规则"出发，人们只要考查近期事件的"事实"，就能看到它们是否与之相吻合。他的结论是，这样一种坦诚的考查将会确定，"近来在这片土地上广为流行的，在人们心灵上所出现的，并导致他们对宗教事务表现出不同寻常的关注与参与的那种特别影响，毫无疑问，在总体上，来自上帝的圣灵。"[22]

假如爱德华兹没有攻击新英格兰建制教会内对觉醒十分冷漠的那些人，他对于觉醒运动的这份自信辩护也许不会引发那么大的震动。爱德华兹告诫克拉普院长以及审慎的耶鲁董事会，他们的谨慎有可能是一种可恶的罪行——如若他们在抵挡上帝的工作。说完这一切后，很明显，爱德华兹与布雷纳德那轻率的学生圈子，比与耶鲁当局更为接近。尽管他警告了学生们的苛责与过分之处，但他与他们一道坚持，觉醒的最本质特征就是它出于上帝的圣灵。

我们没有爱德华兹当时在耶鲁演说的准确文本，而只有不久后在波士顿出版的"经过许多扩充"的"增补本"。本杰明·富兰克林则于下一年在费城出版了一个版本；艾萨克·瓦茨则监管了它的伦敦版。约翰·卫斯理出版了它的一个节略本，这个节略本就像它的原本一样，重版了数次。[23]

任何打开这篇布道演说"波士顿版"的人,都不会忽略,它向那些对觉醒态度冷淡或不冷不热的人,所提出的对抗性挑战。"布拉特尔街教会"牧师威廉·库珀用一篇热情洋溢的序言,着重突出了这一点。库珀在一开篇就说道,由基督初次降临所开启的当前的"福音神定时代",是有史以来最明亮的日子。在宗教改革时期,"福音之光照耀进了教会"。但是从此以后,"在很长一段时间里,所有宗教改革的教会是何等的死气沉沉和荒芜。"他指明,"所有"那些死气沉沉和荒芜的教会,也包括(尽管有个别例外)新英格兰的教会。"一直到现在!而现在,请注意!我们所寻求的主,忽然进入了他的殿(玛 3∶1)。我们如今所处的恩典时代,肯定既不像我们也不像我们父辈所曾看到过的;这种情况是如此奇妙,我相信,自从我们的主升天后圣灵特别浇灌下以来,还没有出现过这样的情形。"

如果说这是自五旬节以来历史上最伟大的时刻,那么觉醒的批判者该当置身何处呢?库珀的立场是很清楚的。对于那些讥讽者,"我会认为,他们是不信者,是我们救主所行神迹与宣教使命的反对者,假如他们生活在耶稣那个时代的话。他们一些人所表现出的恶意,对我来说,近乎不可赦免的罪。"[24] 这是非常激烈的话。毕竟,库珀清楚,他的一些教牧同事就是对觉醒正在表示怀疑的人。新英格兰圣职当局常常陷入分歧;而(正如在布雷克案例中)他们的争论有时还会处于失控状态。不过,他们通常都认定他们的圣职同事还处在一定界限以内。而如今库珀以及其他人,如果要严肃对待他们的声明的话,正在表明,觉醒的反对者可能就是无望的被弃绝者。

爱德华兹自己也表明,反对觉醒有可能是"不可饶恕的罪"或"抵挡圣灵的罪"。在《马太福音》12∶22—32,耶稣就那些宣称耶稣医病的工作是魔鬼作为的人指出,亵渎圣灵的人是不可赦免的。爱德华兹指出,"基督还会再次降临,一种灵性的降临,以在这世上建立起他的王国";而当圣灵在末日降临时,可以预料,会出现一种类似于基督初次降临时在"犹太教会"里所存在的反对情形。圣灵在末日的大浇灌将会再次分裂教会。[25]

在其《救赎工作史》里,爱德华兹提出了什么是他所认定的历史关键所在。上帝通过间发性的觉醒而运行着。这已由圣经历史所证明。

而且，还可以断定的是，以五旬节为开端的这个福音神定时代，将会以圣灵的普世浇灌而获得完满实现。今天的人们无法准确断定他们处在这一场景的何处。但他们可以确定，如果出现了符合福音标准的觉醒，它们就是圣灵在历史工作中的一部分。由此可以推出，反对那种工作，就是反对圣灵。

建立在这样一种完全可靠论证的基础上，爱德华兹在出版他的耶鲁演说时，不仅敢于谴责那些反对觉醒的人，而且还敢于谴责那些没有公开支持觉醒的人。当一场觉醒像当前这场一样变得如此普遍，并"展现在这片土地上的大多数地方，展现在几乎每一个领域"的时候，一些牧师甚至都没有在祷告里感谢过它，那么肯定是有些事情出现了严重错误。"在这样一种情形中，长期的沉默毫无疑问是会激怒上帝的，尤其是在传道人中。它是一种隐秘的反对，的确很容易妨碍上帝的工作；这些沉默的传道人阻碍了上帝的工作；正如基督从前所说的，'不与我们相合的，就是敌我们的'。"

在引证了圣经对那些反对上帝作为的人的各种谴责后，爱德华兹指出，那些声称要等着看觉醒是否能结出好果子的人之"佯装谨慎"，就"像是愚人等在河边看着河水白白流走"。虽然在圣灵的工作中混杂着撒旦的反击，但还是存在着众多真归信的明确证据。那些质疑这整个工作的人，就要"提防因反对圣灵而犯那不可赦免的罪"。[26]

所以在这同一篇布道——如今是一部短篇论著——里，爱德华兹告诫巡回布道者和学生，不要对他人尤其是圣职人员的内在灵魂状态做出论断。而他提出的选择方案几乎也同样是分裂性的。他不是评判个体的灵魂，而是站在评判这项事业这一更可接受的根基上。他肯定，觉醒是真正伟大的、非同寻常的和史无前例的。他将其看作圣灵在末日的浇灌。如果出现正确的迹象，那么所有真信仰者都有义务承认，觉醒，至少部分地，是圣灵的工作。虽然爱德华兹没有直接说出，觉醒的反对者甚或对觉醒保持沉默者，事实上是与魔鬼结盟，但他清楚明白地表明，他们可能就是如此。[27]

觉醒运动的反对者不可能错过正在发生的一切。爱德华兹、库珀及其同盟者正在发出挑战。他们只能说，正如库珀简明扼要地总结的那样，他们相信，一些反对"近乎不可赦免的罪"，但其含义尚不明朗。除非那些如今在旁边质疑与嘲笑的圣职人员，能够转而支持觉醒运动，否则，新英格兰教会当局将会不可救药地陷入分裂。上帝可能会咒诅这片土地，而宝贵的机会也将被错失。一方，正如爱德华兹相信他已经证明了的，站在圣灵一边。那么另一方呢？[28]

一直到现在，大多数反对觉醒的圣职人员那么做时都是小心谨慎的，至少在公开场合是如此。在波士顿这个流言蜚语之城，人们很容易获知圣职怀疑者在其中表达讥讽嘲弄的那些私下会谈，但他们大都将公开攻击限制在使用匿名报纸信函这一安全距离之内；报纸上正在对这些轰动事件进行着激烈的争论。爱德华兹的挑战——受到了波士顿福音派圣职人员的支持——迫使那些反对派进入了公开状态。在接下来的几年里，爱德华兹将会把许多精力献给那可以说是与波士顿牧师查尔斯·昌西的言辞决斗之中；而后者则是他曾质疑过其荣誉的"旧光派"（Old Light）的最直言不讳的捍卫者。在一个多世纪里经过许多争论但却维持着一种实质性统一之后，新英格兰圣职当局将会在"新光派"（New Light）觉醒者与"旧光派"批评者之间发生永久性分裂。

注释

[1] 爱德华兹致摩西·莱曼执事的信，August 31, 1741, *Works*, 16: 97—98. Kevin Sweeney, "River Gods and Related Minor Deities: The Williams Family and the Connecticut River Valley, 1637—1790" (Ph. D. diss., Yale University, 1986), 298—300。Edwards' funeral sermon *The Resort and Remedy of Those That Are Bereaved by the Death of an Eminent Minister* (Boston, 1741).

[2] 贝尔彻致托马斯·哈钦森的信，May 11, 1741 (Belcher Papers, Massachusetts Historical Society), quoted in Michael Batinski, *Jonathan Belcher, Colonial Governor* (Lexington: University Press of Kentucky, 1996), 144。This account is from ibid., 139—148, and T. H. Breen and Timothy Hall, "Structuring Provincial Imagination: The Rhetoric and Experience of Social Change in Eighteenth-Century New England," *American Historical Review* 103, no. 5 (1998): 1411—1439.

[3] 这后两段主要依据 Breen and Hall, "Structuring Provincial Imagination," passim. See also Rosalyn Remer, "Old Lights and New Money: A Note on Reli-

gion, Economics, and the Social Order in 1740 Boston," *William and Mary Quarterly*, 3d ser., 47 (October 1990): 566—573; and Frank Lambert, *Inventing the "Great Awakening"* (Princeton: Princeton University Press, 1999), 134—136. "土地银行"的支持者倾向于来自"新光派"教会,即便这其间很少有直接的关联。

[4] Batinski, *Belcher*, 146.

[5] 与"旧光派"同事相比,"新光派"神职人员更有可能支持"土地银行",但在"新光派"神职人员中仍然有大多数人并没有成为其支持者。见 Harry S. Stout, "The Great Awakening in New England Reconsidered: The New England Clergy," *Journal of Social History*, 8 (1974): 26。John L. Brooke, *The Heart of the Commonwealth: Society and Political Culture in Worcester County, Massachusetts, 1713—1861* (Cambridge: Cambridge University Press, 1989) 探索了这两种运动支持者之间关系的复杂性,并表明了,作为对前一时期"贪婪性"的一种反作用,一些先前的"土地银行"支持者被吸引到了觉醒之中 (p. 70 and passim)。但根据下列调查,Breen and Hall, "Structuring Provincial Imagination," 141,在这两种运动之间并不能建立起什么因果关联。

[6] 斯蒂芬·威廉姆斯的日记,May 16, 1741, quoted in Sweeney, "River Gods," 300。乔纳森·爱德华兹在威廉姆斯的葬礼布道 *The Resort and Remedy of Those That Are Bereaved by the Death of an Eminent Minister* (Boston, 1741) 中评论道,"不多年前,这个国家还满是我们父辈的年迈牧师,但我们的父辈,他们在哪里呢?" (p. 22)

[7] Philip F. Gura, "Sowing for the Harvest: William Williams and the Great Awakening," *Journal of Presbyterian History* 56, no. 4 (winter 1978): 338,指出威廉姆斯保护着爱德华兹免遭威廉姆斯儿子们的攻击。

[8] Edwards, *Resort and Remedy*, 14. 威廉姆斯留给"汉普夏县协会"的最后讯息 (quoted in a note, p. 21n),结尾提出了这个建议:"爱你们的主,爱你们的事工并彼此相爱。"这个注解还补充道,"他自己的灵是如何表达的?就像受喜爱的门徒约翰。"

[9] Ibid., 19. 该主题这个版本是专门针对儿童的。

[10] George Whitefield, *George Whitefield's Journals* (Edinburgh: Banner of Truth Trust, 1960), October 25, 1740, p. 480. 怀特菲尔德受到了"皮尔庞特先生"的招待;后者是萨拉的一个兄弟。

[11] Samuel Hopkins, "Autobiography," in Edwards A. Park, "Memoir," in *The Works of Samuel Hopkins*, 3 vols. (Boston, 1852), 1: 16. Norman Pettit,

"Introduction," *Works*, 7：38—39.

[12] Louis L. Tucker, *Puritan Protagonist：President Thomas Clap of Yale College* (Chapel Hill：University of North Carolina Press, 1962), 124—125. 伊莱沙·威廉姆斯于 1739 年以健康为由辞去了院长职务。Proceedings of the Trustees, October 30—31, 1739, in Franklin Bowditch Dexter ed., *Documentary History of Yale University：Under the Original Charter of the Collegiate School of Connecticut*, 1701—1745 (New Haven：Yale University Press, 1916), 337.

[13] George Whitefield, *A Continuation of the Reverend Mr. Whitefield's Journals：The Seventh Journal* (London, 1741), 54—55, as quoted in Edwin Gaustad, *The Great Awakening in New England* (New York：Harper and Brothers, 1957), 30. 这个条目是对 1740 年 10 月 19 日的记录。

[14] Gaustad, *Great Awakening*, 32.

[15] 匿名信来自 Stonington, Connecticut, *Boston Weekly Post-Boy*, July 29, 1741, p. 1；anonymous letter, *Boston Weekly Post-Boy*, September 28, 1741, p. 3. Gaustad, *Great Awakening*, 36—41. "James Davenport," Franklin Bowditch Dexter, *Biographical Sketches of the Graduates of Yale College*, vol. 1 (New York：Henry Holt, 1885), 447—450. "Head thrown back" quote comes from *Boston Evening Post*, July 5, 1742, quoted in Gaustad, *Great Awakening*, 39, 但与 1741 年的描述相一致。

[16] *Boston Weekly Post-Boy*, September 28, 1741, p. 2. Tucker, *Puritan Protagonist*, 137.

[17] *Boston Weekly Post-Boy*, September 28, 1741, p. 3. 这同一封信（p. 2）一般性地描述了巡回布道者，指出他们如何告诉人们，"他们正悬挂在永恒惩罚的深渊上"。

[18] Proceeding of the Trustees, September 9, 1741, in Dexter, ed. *Documentary History*, 351, cf. p. 350 re Brainerd.

[19] Daniel Wadsworth of Hartford as quoted in Tucker, *Puritan Protagonist*, 122.

[20] *The Distinguishing Marks of a Work of the Spirit of God*, *Works*, 4：276—287. 参见 Ava Chamberlain 根据从第一次奋兴中所获知内容而做的有价值观察，"Self-Deception as a Theological Problem in Jonathan Edwards's 'Treatise Concerning Religious Affections,'" *Church History* 63, no. 4 (1994)：541—556。

[21] *Distinguishing Marks*, *Works*, 4：228—248, quotes from pp. 228, 230, 235,

243，244. Cf. pp. 273—274. "有可能，对这项事工的阻碍在某些方面将会增加而非减弱。"

[22] Ibid., 248—260. Quote from p. 260.

[23] *Works*, 4：53n.

[24] William Cooper, Preface, *Distinguishing Marks*, *Works*, 4：215—223. Quotes from pp. 215，216，217，223.

[25] *Distinguishing Marks*, *Works*, 4：271—273. 早在 1741 年 4 月，"汉普夏县协会"就有了这样的争论问题，"那通常被称之为反圣灵的罪，是什么罪？" "Introduction," *Works*, 4：55n.

[26] *Distinguishing Marks*, *Works*, 4：272—276. 在引用《马太福音》12：30 耶稣的话时，爱德华兹将"我"改成了"我们"。

[27] 他的主要限定条件，ibid., 275—276，是隐晦的："那些恶毒反对和诋毁这项事工并将其称做魔鬼事工的人，只会得到不可宽恕的罪，而那样做也就是在反对内在的信念。"

[28] Ibid., 276.

15

"天国乐园"

  与此同时，1741年8月与9月觉醒之光在北安普敦一直都是明亮的，爱德华兹每天都会获得新的证实：这工作确实是圣灵的工作。随着奋兴之火继续在整个新英格兰燃烧，人们也十分需要他。在11月与12月，他进行了行程广泛的布道旅行；在次年1月下旬，他还要再次离开两周时间，在马萨诸塞与康涅狄格至少要停留八站。[1]

  1742年1月21日，就在爱德华兹开始旅行前不久，他就向他的年轻朋友约瑟夫·贝拉米（Joseph Bellamy）牧师讲述了觉醒的状态。贝拉米1735年毕业于耶鲁，1736年来到北安普敦跟随爱德华兹学习神学；他可能是第一位这么做的学生。贝拉米随后成为康涅狄格西部新定居点伯利恒（Bethlehem）的牧师。他是一位个子高大、仪表堂堂和举止略显粗犷的年轻人，以机智聪颖而闻名，是一位强有力的布道家。他成为了爱德华兹最为看重的朋友和同盟者之一。[2] 爱德华兹最亲密的朋友是一些比他年轻的追随者，包括几位继贝拉米之后在爱德华兹家里成为其学生与客人的年轻人。

  "宗教近来在这个城镇以及相邻的城镇里，一直处在衰退中，"爱德华兹向贝拉米报告道，然而"在过去的一年里，在此地孩子们中间，出现了迄今最为奇妙的工作"。而且，在更大的场景里，"上帝今天在这片土地上的工作，要大于以往任何时候。"爱德华兹断定，"不论是尘世还是地狱，都不能阻碍上帝在这个国家正在做的工作。今天基督在荣耀里得胜。"他继续写道，鉴于他受邀去莱切斯特（Leicester）布道，一座处在前往波士顿途中的城镇，在那里"最近出现了上帝伟大的工作"，他可能不会在康涅狄格海岸沿线的吉尔福德（Guilford）聚会上看到贝拉米了。而且，他还提到，"他需要在此时回家处理一些非同寻常的事情。"[3]

家里发生的"非同寻常的事情"，指的是在整个爱德华兹的故事里所出现的最为发人深省的片断之一。1742年1月20日星期三早晨，萨拉·爱德华兹因属灵的狂喜而处于迷狂之中，并持续了两个多星期。她反复因属灵的狂喜身体无法承受；有时会突然不由自主地赞美上帝，但更经常地，是因喜乐与激动到极点，以致她身体陷入崩溃。除了发生这些奇事的前两天之外，乔纳森都不在城里，他已经事先安排好了外出布道旅行。有一个时刻，邻居中有位妇女曾说道，她恐怕萨拉"会在爱德华兹先生返回以前死去；而他会认为是人们杀死了他妻子"。萨拉即便是在反复陷入狂喜状态的时候，也似乎保持着头脑冷静，她只是将这看作一种属灵功课。她向聚集在她身旁的人保证，"我将选择最合乎上帝心意的死亡方式；我愿意在黑暗与恐惧中死去——如果它最有益于上帝荣耀的话。"[4]

回到家里，乔纳森很欣慰地获知了他的爱人与上帝那穿透人心的相遇。它们远远超越了他自己经历的狂喜，然而它们都合乎同一模式。爱德华兹永远都是18世纪的哲学家与证据收集者，他在妻子口述时记录下了她对整个事件的叙述。她记忆良好；能够回忆起她大多数经验的日期甚至时辰，能够详细阐述带给她无以言表之感受的那些观念。在这整个过程中，家里除了有七个孩子和一些仆人——她是他们主要的女主人与看护人——之外，还挤满了客人。然而她仍然在料理家务。她常常独自躲在一边沉思（她自从孩童时代就喜欢这么做），她的许多狂喜经验都发生在孤独时或夜间。而当客人在场并为他们的评论所触发之际，还发生了许多其他事情。她以最合乎加尔文主义精神的方式，"十分欣然地"料理她的"尘世事务"，并报告道，"这么做与祈祷一样好。"[5]

萨拉的属灵榜样给乔纳森留下了深刻印象，以至于他将她叙述的一种改装本，整合进了他正在撰写的一部长篇论著（《关于当前宗教奋兴的一些思考》[1742 年]）中，作为《区别性标志》的一部续篇。他指出，萨拉的经验，完全吻合于大多数成熟基督徒都应渴望达到的最高灵性标准。这些就是不容置疑的证据：那常见之于觉醒中的明显身体反应，其本身并不能被当作可悲的"狂热"或者灵性不成熟的证据。爱德华兹用若干页篇幅叙述了她的经验以及她真正恩典状态的证据后，他情不自禁地做出结论说："如果这些事情是狂热，是失常大脑的产物，那么就让我的大脑被那种幸福的失常所俘获吧！如果这些是错乱，那么我祈求上帝，让全世界的人都被这种良善、温柔、仁爱、至福与荣耀的错乱攫住吧！"

在结束时的热情中，乔纳森最终为自己留下了一点空间，来表达自己对于萨拉的情感。那从头到尾是对萨拉充满爱意的刻画，然而却完全是掩饰的，差点让人看不出来。这部论著前面的许多页内容，是爱德华兹对 13 岁的萨拉的灵性之美所撰写的"萨拉·皮尔庞特"赞歌的成熟续篇。然而，除了在北安普敦，几乎没有读者会知晓这一点。他谨慎地删除了他所描写对象的所有具体处境甚至性别指称。他只是报告说，他熟悉这个案例，"就他人所能判断的而言，其中仰慕、爱与喜乐之情，被提升到了极点，超过了我所观察到或听到的任何其他案例。"[6] 虽然他融入了萨拉自己叙述的许多用语并增添了其他细节，但他还是似乎不动情地将她称作"这个人"。不过，当我们意识到那个对象时，毫无疑问，他所描述的正是他深深爱恋和仰慕的人。

上帝对于乔纳森与萨拉来说是最为突出的主题，但这些叙述仍然成为我们了解他们的关系与优先性的最佳线索来源。譬如，我们可以获知，乔纳森仍然肯定了自己对她年轻时灵性状态的评估。"这个人，"他写道，不是"处在轻浮的青春时期"，而是"信主已经 27 年了"。这个细节会甩开大多数读者，因为它将萨拉信主时间确定在四岁或五岁的时候。[7] 顺便一提，它亦解释了为什么在较早的奋兴期间，爱德华兹愿意承认菲比·巴特莱特（Phoebe Bartlett）在四岁时灵性觉醒的真实性。

正是在这里，爱德华兹记录道，萨拉，"较少蒙恩时"，总是容易"起起伏伏"、"身体常常有郁气；常常处在忧郁之中，有时几乎被压垮"。她较多蒙恩及出现蒙恩所产生的身体反应,在 1735 年北安普敦觉醒期间就已经开始了。但这在 1739 年达到了"一种更高的程度,并且更加频繁",那时并没有什么觉醒运动。这一点对爱德华兹的论证是十分重要的,因为他能够强调,这些激动,"绝非起源于由怀特菲尔德先生或坦南特先生所带来的骚动"[8]。自从在 1739 年出现了这些更为神奇和更为频繁的经验以来,萨拉的忧郁,"被信靠上帝以及交托的力量所克服和驱散了;这个人常常平静安稳,谦卑地以上帝为乐,确信上帝的恩惠,心中没有一刻是忧郁或阴暗的。"这是尤为引人注目的,因为"郁气对身体具有极大的影响,就像以往那样,但灵魂却总是在它们的影响范围之外"。[9]

位于萨拉新灵性力量核心的,是她对上帝近乎于完全顺从的态度。爱德华兹想要提到的是,即使是"在爱与喜乐的最光明与最高潮时刻",她也不相信能"当下完全脱离罪"(这是卫斯理兄弟及其追随者,以及那个时代其他一些自称很属灵的人所赞成的观念)。顺着这条思路,爱德华兹为萨拉穿着要考究的看法补充了一种委婉的辩护;他注意到,这个人"特别不喜欢将宗教过多地放在装饰里,不喜欢在那些本身无关紧要的事情上耗费太多热情",而且看起来常常显出外在的谦卑。她也不相信,敬虔者需要伪装出"一副庄重与忧郁的面容"。[10](他欣赏她在社交场合比他看起来更欢乐)。不过,在回避循道宗的教义与形式的同时,她却是敬虔的,她竭力全神贯注于上帝主权之爱的奇妙,乃至将世上的每一样忧虑都交托给上帝。她越交托,就越充满了属灵的喜乐。

萨拉叙述的原初版本高度集中在顺服的主题上。多年来,她一直在努力与这个世界"断奶"。作为一位抚养了多个儿女的母亲,"断奶"是萨拉最喜爱的用语之一。它意味着,要完全服从于上帝的意志,使她能够放弃对"所有地上之事"的担忧。然而有两样事情是她无法平静面对的。一件事情是,"这城镇人的恶意对待"。作为牧师妻子,她易于遭受这个城镇挑剔的批评;而这是她无法忍受的。她觉得她极为看重"我自己的好名声和在人们当中的好声誉,尤其是这个城镇对我的尊重与公正对待"。另一件事情,也是更加令人烦恼的缺点,就是她无法忍受"我丈夫的任何恶意"。或者从积极的角度来说,她过分看重

"我丈夫的尊重，以及愉快与体贴的对待"。

与乔纳森的一件小事情触发了这次危机。就萨拉一方而言，"他认为，我在与哈德利（Hadley）的威廉姆斯先生的某次交谈中，多少有点不够审慎。"切斯特·威廉姆斯（Chester Williams）是附近哈德利的牧师，是他们家的一位远房表兄弟。尽管切斯特是奋兴运动的朋友，并在爱德华兹离开时做过一些布道，但乔纳森可能还是特别敏感，担心出现任何事情使他的同事感觉受到冒犯。无论如何，萨拉因他的批评而感到羞愧，并将自己的受伤与怨恨看作是自己不够圣洁的证据。

第二天，1月20日星期三，她仍然担心自己无法"在上帝里完全安息"，就与家人和客人于上午十点左右聚集在一起祷告。恩菲尔德的牧师彼得·雷诺兹（Peter Reynolds）做了祈祷；其间，萨拉发现自己希望能称上帝为"父"。她极其渴望能够"心里毫无顾虑地称上帝为父"。退下来单独沉思这一点时，她心里充满了狂喜。"天父上帝，救主耶稣基督，似乎是不同的位格，两者都展现了他们不可思议的可爱、温和、温柔，以及他们对我永恒不变的爱。"随后而来的平安"是完全无法言表的"。与此同时，"意识到自己的不配，我体会到了对全体人类的怜悯与仁爱，以及灵魂深深的降卑。"按照新英格兰敬虔的方式，她将自己不配的意识，看作是上帝正在她生命中工作的一种迹象。

在接下来的几天里，即使在继续从事"各项职责"时，萨拉的情感也被这些崇高的狂喜所主宰。到接下去的星期一晚上，亦即五天半后，她面临将她一切的忧虑交给上帝的新挑战。她听说塞缪尔·比尔（Samuel Buell）将要到本城来布道。25岁的比尔刚刚从耶鲁毕业。他原打算跟随爱德华兹继续学习，但却被证明是一位有效的奋兴布道家，所以他转而成为了一名获得正式许可的巡回布道家。当萨拉听说他要到这里来时，她希望他能在北安普敦获得巨大成功。然而她亦懊恼地意识到，如果这个年轻人点燃一场比她丈夫近来所培育的更大的新奋兴的话，那么她内心深处会感到嫉妒。在1734年至1735年的奋兴中，乔纳森的成功胜过了他所有的同行。萨拉对乔纳森的忠诚是深厚的。她对这个城镇亦缺乏安全感。她知道丈夫有批评者，他们将会乐于削弱他作为最重要宗教奋兴家的权威。

当比尔在星期三下午开始布道时，萨拉不仅克服了她的嫉妒心，而且还成为了他获得可观成功的主要"途径"之一。崇拜后,看到有几个人在灵里被感动,萨拉亦完全被天国的异象所征服,以致浑身无力。她和其他人在礼拜堂里又待了三个小时,一直到天黑以后,因为她感到"上帝引导她极其恳切地与身边的那些人交谈"。可能是,她正在勉励这个群体里的妇女和男人——在见证超常经验的情况中,乔纳森允许"女人不应教导男人"这条规则有例外。[11]当她回到家时,比尔与其他六位客人已经在那里了,并在谈论着神圣事物。她再一次被征服,时而浑身无力、时而被驱使着要从椅子上跳起来,用赞美诗的歌词来赞美上帝。

次日早晨,在类似情景中,她甚至越发被征服:先是陷入昏厥之中,随后又"无意识地"瘫在椅子上;比尔正在诵读艾萨克·瓦茨那"感人至深的赞美诗",其中的某些话语尤其令她感动。比尔极力拥护新式的赞美诗诵唱,他不仅在私下聚会中使用赞美诗,就像爱德华兹那样,而且还第一次将它们引入北安普敦教会的正规崇拜中。[12]就是在平时,萨拉也经常歌唱。这个星期四早晨,萨拉感到自己"完全被上帝所吞没",而且"天上世界那无以言表的喜乐令她感到如痴如醉",她被完全征服了。从中午十二点到下午四点,她躺在床上,同那些照顾她的敬虔妇女谈论着这些事情。那个夜晚是"我一生所经历的最美妙夜晚",因为她整个晚上都好像是在"天国乐园"里一般:"在基督之爱明亮而美妙的光中徜徉或飘荡。"每分每秒似乎都是永恒的一部分,似乎"都比我终生所享受的外在的所有慰藉与愉悦更有价值"。

伴随这些更大狂喜的,是更完全的顺服。在星期五,她遇到了比克服对待比尔成功的混合情感更大的试验。切斯特·威廉姆斯,显然不是萨拉喜欢的那种人,按计划将在下午进行布道。她早晨醒来时不清楚,"我是否愿意他,这位相邻地区的传道人,受到非凡的祝福,并成为这个城镇比爱德华兹先生更大的善的器皿。"当她甚至在这一点上顺服时,她在公开与私下里的狂喜持续了一整天并延续到了下一周。

在将她的嫉妒交托给上帝后,萨拉开始考虑,她为上帝荣耀所能忍受的,是否存在着任何的限度。她已经培育起了一种死亡的意愿,并曾说过"我过去常常对活着的念头感到不耐烦"。乔纳森的描述还补充道,"当实际处在极端强烈的痛苦下时,以及面临马上要死的威胁时"，她已经表现出了这种交托。我们切莫忘记，萨拉那个时代的妇女，持续不断地面临着不仅来自疾病而且还有来自分娩的死亡威胁。她们亦生活在如下的阴影中，即她们的子女有可能会因流行病而突然死亡。学会顺服，学会面对死亡，以及学会面对忧郁，是持续不断的要求。萨拉指出，自从她1739年出现那种经验以来，她感谢上帝使她愿意经受任何死亡，甚至是在"绞刑架或火刑柱上"。

在基督教属灵操练中，长期以来都在培育这样一种态度，因为信仰者要考虑他们是否能够面对殉道之死。约翰·福克斯（John Foxe）的《殉道史》（*Book of Martyrs*，1563年），在新英格兰是标准读物。萨拉可能亦熟悉，譬如说公元4世纪圣徒狄奥多拉（Theodora）殉道的故事；这个故事经由罗伯特·波义耳（Robert Boyle）在《狄奥多拉与狄迪莫斯的殉道》（1687年）中的小说化描写，而在英国文学里为人所熟知。即使是在文雅的英格兰，培育这种顺服的态度，亦被看作是一种可敬慕的理想，这可通过下列事实得以表明：在40年代后期最初上演的亨德尔（George Frederick Handel，1685—1759年）的《狄奥多拉》里，女主人公在沉思"一种比死亡更糟的命运"（被迫为娼）时呼喊道，"带领我，卫兵们，带领我到绞架上，或者到烈火中。"[13]

萨拉相信，她如今已经获得极大的恩典，可以面对比被折磨至死更严酷的命运。没有明确具体所指，她现在相信，她不仅能够忍受天国喜乐的延迟，而且还能忍受"一千年的恐怖，假如那是出于上帝的旨意的话"。即使她承受的"身体折磨是如此巨大、可怕、让人难以忍受，以致没有人能忍受生活在看到这种场景的国家；即使我在心灵上承受的折磨与恐怖要远远大于我身体所承受的折磨"，她还是能够承受这一切，如果这是为了上帝的荣耀的话。上帝的恩典"似乎征服了我并把我吞没了"。

离家更近时，她如今可以想象，她不但能平静接受来自乔纳森的温和批评，就算是他不知怎么地变成一个魔鬼，她也能忍受。她所说的部分内容是如此详细生动，以至于塞雷诺·德怀特，第一位发表萨拉叙述的曾外孙，将那些内容删掉了。在爱德华兹手里存留下来的一小段文字中，她说道，"与此同时，我设想自己被最亲近、最亲爱的朋友所抛弃，就像我先前设想爱德华兹先生把我赶出家门并最终将我抛弃一样，现在我向自己提出，我如何能够承受他在家里对我最糟糕的虐待；并设想，假如他用最残忍的方式对待我、每天用马鞭抽打我，我仍能安息在上帝之中，因为那不会抵达［我的心灵］或者减少我的幸福。我仍然能够履行我对丈夫所有应尽的职责，而我的幸福仍然是完整无缺和毫发无损的。"[14]

在我们这个时代，殉道与顺服的传统已经荡然无存，心理分析传统四处泛滥，我们很难从它们自己的处境里来看待这些经验。今日我们很容易根据马鞭抽打段落来揣度萨拉的心理或者爱德华兹夫妇关系的情况。不过，这么做之前，我们应当牢记，训练有素的心理学家和心理分析学家，常常在长时间听取患者证言后，也无法诊断出他们问题的根源所在。所以人们不应当根据只言片语就贸然得出结论。当然，如果对人性持有一种现实主义观点（正如加尔文主义者自己所持的那样），那么人们就应当承认，在每一个人以及在每一种人际关系里都存在着阴暗面，即便我们没有证据能确定出那些具体情况。这段文字倒是表明了一点，即爱德华兹夫妇远比我们今日更为看重顺服。

萨拉越彻底地思考她的顺服，就越自由地摆脱了世上的忧虑，而她对被上帝接纳的经验也就越是崇高。至少在接下去的一个星期里，萨拉看见的异象、无法抑制的狂喜以及对他人的证词，都在持续不断更新着。比尔每天都在继续布道和进行辅导。在他的领导下，新奋兴扩展到了相当的程度或规模。

当爱德华兹在两周后骑马返回城镇时，他从一个又一个人那里听到了比尔服侍时所发生的那些奇事。到家后，他热情欢迎了比尔，并聆听了萨拉及其他人的报告。他静静地在角落里坐下，眼里充满了泪水。人们询问他时，他解释道，他感到了卑微。"我实在是不配的，我的劳作竟会受到如此的祝福！"[15]

爱德华兹对他认为是上帝通过这个年轻人所做的一切，尤其是对他从萨拉那里获知的一切，深感欣慰。但他很快便开始关心起对更不成熟的信徒所产生的影响。许多人，特别是有些已经归信者，都效法萨拉进入了更高的宗教热情之中，他们在聚会后长时间滞留不走，而且被宗教异象和喜悦所征服。一些人长达二十四小时都处在某种出神状态。还有一些人被带向了如此高度，按照爱德华兹后来的判断，以致"被撒旦利用"。[16]

以下我们对萨拉的了解——源自一个有关妇女生活的存留证据通常都是支离破碎的时代——取自一种真正隐晦的来源。它是当地医生塞缪尔·马瑟（Samuel Mather）在1742年12月底以前的某个时候为萨拉开出的一个药方。她可能正在接受某种药物治疗，"朱庇特牛黄丸"（Jovial Bezorardick）与"艾蒿煎汁"（decoction of mugwort），每天早晨与晚上各服一次直至服完，并将另外一种药物用湿毛巾经常敷在额头上。另一种名叫"Mynsichtu's Emplastrum Matricale"的药物，马瑟认为对治疗"歇斯底里症"非常有效，值得到波士顿去求购。它应当敷在肚脐处并保留"数周或数月"；它对"所有源自歇斯底里的病症"都是"一种极佳的治疗"。[17]

我们了解到马瑟医生的处方，只是因为一贯节俭的乔纳森用这张纸写下了1742年12月的那篇布道。而这同一篇布道所使用的另一张纸上则包含有一份祈祷提议，即教区居民写给牧师的一种书面祈祷请求。这份请求来自莱曼家的一个女儿，她感谢上帝在12月8日那场可怕的家庭火灾中对她的保守；在那场火灾里，她的两个姐妹失去了生命。在萨拉·爱德华兹较早的叙事里，她曾叙述道，她长期以来向自己提出的试验之一，就是看自己是否能够承受——那显然是她最大的恐惧之一——"我们的家以及其中的全部财产都被烧毁了，而我们在那个夜晚被迫赤裸着身体逃了出来。"现在她看到那一切就发生在了邻居身上；都是有声望的居民，也有一家子姑娘，可能还是她自己的朋友。[18]

在写有同一篇布道的这两张纸上所记录的火灾与处方，两者之间是否存在着其他关联，人们只能推测。那份未标注日期的处方也可能是在很早以前写下的。而且，我们也不确定萨拉病症的性质。"歇斯底里"在18世纪通常指的是神经失调，并被看作是起自子宫里的病症。马瑟医生所提及的"留有一种歇斯底里起源的病症"，就表明了那样一种诊断。[19]

一种可能是，萨拉，据人们所知情绪容易起伏不定，正在经受着某种精神与身体痛苦（用湿毛巾把煎汁敷在额头上，表明她有头痛症状），这种症状可能因莱曼家可怕的失火而加剧。当然，也存在着许多其他可能。她的问题（每当这些问题出现时）也可能与生育分娩有关。在1742年，萨拉自从1728年生育头胎以来，第一次没有按照常规周期两年生育一个孩子。一些人推测，她在1742年初所经历的显著灵性经验，可能与流产有关。在1742年12月，她又有孕在身，可能都已经怀了四个月（他们的第八个孩子，尤妮斯［Eunice］，出生于1743年5月8日）。

如果我们将萨拉在1742年初那些极度愉悦的经验，看作是对新英格兰敬虔的某些典型模式的一种强调，那么我们的根据便更加可靠。清教徒将婚姻中妻子的顺从，看作是所有人都应当渴望的在灵性上顺从基督的一种象征。教会是基督的新娘。加尔文神学一直都在强调，只有当圣徒完全停止偏行己路时，上帝才会使盟约生效。一些最有效果的布道，包括乔纳森自己的一些布道，都在敦促妇女与男人，将自己看作是为"新郎"基督预备的"童女"。[20]人们有可能因基督之爱而狂喜并被圣灵所充满。在接受了这种亲密的永恒盟约后，信仰者就会乐意顺服上帝爱之诫命的权威，并承诺以生命来事奉上帝、上帝的家以及邻人。

虽然清教徒并不认为妇女应当比男人更顺服上帝，但妇女似乎更常活出那必需的顺从。在好几代人里，作为教会的正式成员，妇女在人数上超过了男人，有时还超过了很多。近来，一些性别历史学家亦将妇女在灵性上的顺服，看作是建立她们属灵权威的一种方式。安妮·哈钦森（Anne Hutchinson）就是一个引人瞩目的例子；她主张要比所谓"依靠善工之义的"圣职人员更加彻底地顺服在上帝的恩典之下，并以此挑战他们的世俗权威。更为常见的则是，通过既顺服上帝又顺服正当指派的男性权威，而成为灵性典范的那些妇女。安妮·布雷兹特里特（Anne Bradstreet，约1612—1672年）的诗歌，表明了经由这种顺服而来的灵性力量。玛丽·罗兰森（Mary Rowlandson）将她在"国王腓力的战争"期间被俘的经历，看作与以色列的救赎性苦难是同一种类型的。[21]萨拉·爱德华兹的出神狂喜，同样也具有确立她为一种灵性权威的连带作用——尽管这样一种表述可能是误导性的，因为那正是她所表达意图的反面。无论如何，在比尔访问期间，她既一丝不苟地坚持站在她的位置（例如，在正式崇拜结束后，为那些迟迟不愿离去的教堂会众，再进行长达三个小时的见证），又与他竞相成为了奋兴的倡导者。[22]

鉴于强烈的女性敬虔在新英格兰的持续存在，可以断言，1740年至1742年的"大觉醒"是极其引人瞩目的，因为有相当数量的男性亦被那样的狂喜攫住。乔纳森在这种新式觉醒里是天然的领袖，因为他长期以来就具有那种属灵的感受力。到18世纪40年代初期，在大西洋两岸和整个殖民地，有许多男性亦在经历着那种灵性狂喜。不过，乔纳森的敬虔楷模几乎全都是女性。年轻时的萨拉·皮尔庞特以及他妹妹杰鲁沙，是他年轻时期的典范；萨拉此后一直都是他的典范，而他女儿杰鲁沙——如今12岁了——则成为了他的另一个典范。在他对"1734至1735年奋兴运动"的《忠实叙述》里，菲比·巴特莱特与一位年轻女性阿比盖尔·哈钦森，构成了他主要的典范。只是到随后几年里，当他进而结识了垂死的大卫·布雷纳德时，他才发现了一个他如此喜爱的顺服之敬虔的男性典范。

不论萨拉的性情多么变化无常，根据存留下来的记录叙述，她都是极受敬重仰慕的。对萨拉写得最多的外部观察者塞缪尔·霍普金斯，在萨拉出现狂喜的那几周里以及后来一些时间里，就居住在爱德华兹家里。在1740至1741年觉醒期间，霍普金斯曾是耶鲁学院的毕业班学生（比尔的同班同学）。作为一个天生矜持与聪颖的人，霍普金斯曾一直为自己是否归信而苦恼。尽管他认同改革宗教义并对"觉醒者"持完全同情立场，但他还尚未经历那如今似乎是必需的压倒性情感。在霍普金斯就读毕业班那年，充满激情的二年级学生大卫·布雷纳德有一天拜访了他的宿舍以调查他的灵魂状态。而沉默寡言的霍普金斯决定，不让任何人发现自己缺乏热情。然而他在内心里却相信布雷纳德在这一点上是正确的，即他至少在某个时候应经历面对基督的压倒性的情感。在这期间，霍普金斯认为吉尔伯特·坦南特是他曾听过的最伟大的布道家，并计划到新泽西去跟随他学习。随后在9月份里，他聆听了爱德华兹的毕业典礼布道。虽然他没有向他的新英雄提及自己的想法，但他知道他必须跟随谁去学习了。[23]

在与世隔绝地待在家里并闷闷不乐地寻求真正虔敬中度过了差不多一个秋季以后，22岁的霍普金斯在12月份到达了北安普敦。他到达时，爱德华兹正在外地布道。几天后，萨拉来到他的房间，正如他所回忆的，"就像我久已是这个家庭一员似的对我说，她觉得她对我的福祉深感兴趣，因为她发现我显得有些消沉和沮丧。她希望我不要觉得她因为想要了解这些而打扰了我，并询问了我如此这般的因由。"霍普金斯尽管无法对他人做到这一点，但却对萨拉敞开了心扉。他告诉萨拉，他担心自己处在"一种无基督、无恩典的状态"。萨拉向他保证，她正在为他多多祈祷，并相信他会"获得光明与慰藉"，相信"上帝还想要经由我成就一些伟大的事情，等等"。[24]

在几个月内，霍普金斯将会发现萨拉所预言的那种灵性慰藉；他最终成为了爱德华兹最著名的继承者和他那一代人中最重要的美国神学家。在其早期灵性塑造时期，萨拉·爱德华兹的辅导与范例，对他产生了持久的影响。霍普金斯 19 世纪中叶的传记作者爱德华兹·帕克（Edwards A. Park）在解说萨拉有关出神狂喜叙述的部分内容时指出，她的反思"'如今'可以被称之为霍普金斯式的"。[25]如果是为了上帝更大的荣耀，萨拉愿意在世上度过一千年地狱时光，这在 19 世纪的人听来，带着"霍普金斯式的"特质。霍普金斯将爱德华兹"对整体存在之爱"的强调，重新解释为"公正无私的仁慈"（disinterested benevolence）。霍普金斯自己在革命时期成为了反对奴隶制的重要倡导者；而"公正无私的仁慈"也成为了美国改革者强有力的座右铭。哈丽雅特·比彻·斯托（Harriet Beecher Stowe）在其《牧师的求婚》中，将霍普金斯刻画为在人格上与神学上生硬僵化的牧师，但他最终通过将"公正无私的仁慈"置于他的浪漫兴趣之前而拯救了自己。

就霍普金斯而言，他成为了爱德华兹的遗稿保管人和第一位传记作者。他那出版于 1765 年的传记性回忆录，包括了对萨拉的一篇热情洋溢的颂词。他仰慕她拥有众多美德，其中包括"言语亲切"，霍普金斯的描写也遵循了这同一原则。他说她"容貌出众，令人赏心悦目"。她真实的敬虔体现在她对穷人的关爱以及对客人与陌生人格外的仁慈里。而且，她"对爱德华兹先生保持着应有的敬重"，迎合了他那斯巴达式饮食的特殊习惯，并在他生病时成为他温柔亲切的看护者。她也经常"在身体不适和痛苦之中劳作"，但却是愉快的，也没有什么抱怨。

霍普金斯亦赞赏她"管教孩子的杰出之道";她"没有使用大声、愤怒的言辞或打骂手段",就使孩子们心悦诚服了。尽管萨拉是坚定的,但她也是温和的并总是为那些约束管教解释她的理由。其结果是,孩子们都变得彬彬有礼并很少(霍普金斯说"从不")争吵。当出现特殊困难时,她就会与乔纳森协商,而后者也会严肃对待这一切。乔纳森还被特别请来平息在年幼孩子们当中出现的任何任性固执的苗头。他在纪律约束上,既表现出最大的坚定又表现出"最大的平静","结果就是,孩子们都崇敬、尊重和爱戴他。"[26]

霍普金斯毫无疑问浪漫化了爱德华兹的家庭;那个家庭曾在一个关键时期培育出了属灵的温暖;他也时常返回到那里,起初是作为学生,后来是作为朋友。那七个孩子的作用必定是极其引人瞩目的。较大一些的孩子全都变得非常敬虔。当霍普金斯初次到达时,瘦弱的长女萨拉13岁。她下面三个妹妹杰鲁沙、以斯帖和玛丽分别11岁、9岁和7岁。正如爱德华兹·帕克所说,她们全都"漂亮、活泼"。在他后来于1743年7月的一次访问中,霍普金斯在日记里记录道,"送给杰鲁沙小姐一本圣经作为礼物。"[27]属灵的杰鲁沙如今已经13岁了,作为赞赏褒奖的对象这个年龄也许不算太幼小了。

萨拉·爱德华兹一直都是霍普金斯敬仰的原型典范。[28]他特别欣赏她的家务管理,说她既能干又节俭。她时常会对孩子们重复耶稣的话:告诫门徒收拾起剩下的饼和鱼的零碎,"免得有糟蹋的"(约6:12)。霍普金斯认为,萨拉"在全面操持家务上胜过了她的大多数同性"。[29]这部分是出于必然,因为乔纳森竭力试图使自己免于尘世关切;他,按照霍普金斯的话来说,几乎从不关心自己周围的家务与农活。[30]因而萨拉不得不成为现实事物的唯一操持者,监管照料着孩子、仆人、动物以及一个包括饮食起居在内的活泼的家庭。

在18世纪40年代初期,我们还特别发现她曾往返于波士顿之间,可能是出于家庭事宜。有一回,她与陪伴她同行的一位年轻人,在韦斯特伯勒(Westborough)的埃比尼泽·帕克曼(Ebenezer Parkman)牧师家里停留了一晚。事后,1744年,帕克曼记录道,"家里来了北安普敦的爱德华兹夫人以及她女儿杰鲁沙,并由谢菲尔德(Sheffield)的霍普金顿(Hopkinton,亦即塞缪尔·霍普金斯)牧师先生陪同着。"

霍普金斯在前一天的日志里亦记录道,"今天动身从北安普敦前去波士顿,陪同着爱德华兹夫人以及她女儿;她女儿坐在我身后"(骑在同一匹马上)。这种安排是否不仅仅反映了"公正无私的仁慈",我们不得而知。[31]

注释

[1] *Works*,16:98n.

[2] Mark Valeri, *Law and Providence in Joseph Bellamy's New England: The Origins of the New Divinity in Revolutionary America* (New York: Oxford University Press, 1994), 14. 爱德华兹后来将贝拉米描述为"略显粗莽"但却具有极大的天赋, Edwards to Thomas Foxcroft, February 5, 1754, *Works*, 16:619.

[3] Edwards to Joseph Bellamy, January 21, 1742, *Works*, 16:98—100.

[4] Sarah Edwards, "Narrative" (1742), reprinted in Dwight, *Life*, 171—186, quotation p. 181.

[5] *Some Thoughts Concerning the Present Revival of Religion*, *Works*, 4:340.

[6] Ibid., 331.

[7] Ibid., 334. 萨拉出生于1710年1月9日。

[8] Ibid., 333—334.

[9] Ibid., 334—335.

[10] Ibid., 341. 约翰·卫斯理将罪界定为一种有意的选择,因而相信"基督徒的完满"——在人有能力避免有意违犯已知律法这个意义上。而爱德华兹相信人性内在的败坏——在重生者当中并没有被完全根除。Cf. C. C. Goen's note, *Works*, 4:341n.

[11] 也许他们已经提到了它,如果这个群体只是妇女的话。乔纳森写道,"的确,在普通情形中,谦虚会限制一些人,譬如妇女及年幼者,进行公开谈论,当有许多人在场的时候,至少当在场的一些人是长辈的时候,除非受到攀谈。然而有时情形会极其不同寻常而要求不得不如此……[譬如,当他们被闪电击中的时候]……我曾看到过一些因宗教原因而处在这种情形中的妇女和孩子;在我看来,让他们自由言说,并不是对谦卑与谦虚法则的冒犯;假如他们将要死亡,就应允许在场的人言说。"*Some Thoughts*, *Works*, 4:486.

[12] 乔纳森欣然采纳了这种创新。那年稍后时他写道,"断定下面这一点是不合理的:基督教会应当永远,甚至在她赞美上帝及其羔羊的最光明时期,都被限

定为只能使用旧约的话语；而那作为她赞美的无限伟大主题的、福音之最伟大和最荣耀事物，却只能在某种遮掩下来言说。"Ibid.，407.

[13] Handel，*Theodora* (1749)，Aria, act 1.

[14] Fragment (in Edwards' hand) of Sarah Edwards' Narrative, Edwards Collections, ANTS, Works of Edwards transcription. 更含糊的通信段落见 Dwight，*Life*，183。这些残片就是我们拥有的全部原本；我们不清楚德怀特还编辑掉了其他什么内容。现下这个概括所依据的萨拉叙述，则来自 Dwight，*Life*，171—183. Jonathan's version in *Some Thoughts*，*Works*，4：331—341.

[15] William Patten, *Reminiscences of the Late Rev. Samuel Hopkins*，D. D. (Boston, 1843)，26. 虽然这种较晚来源可能是成问题的，但霍普金斯目睹了那些事件。Patten 是比霍普金斯（1721—1803）小 21 岁的知己朋友，并写下了这个版本的霍普金斯那常常被加以重复的回忆录。

[16] 爱德华兹的叙述是在他致托马斯·普林斯的一封信里，December 12，1743，*Works*，16：120—21。

[17] 塞缪尔·马瑟致爱德华兹，n. d.，in sermon, Luke 12：35—36（December 1742），Edwards Collection, Beinecke, Works of Edwards transcription。

[18] Stephen J. Stein, "'For Their Spiritual Good'：The Northampton, Massachusetts, Prayer Bids of the 1730s and 1740s,"*William and Mary Quarterly*，3d ser.，37, no. 2 (April 1980)：273. 莱曼的两个女儿死于 1742 年 12 月 8 日。爱德华兹的布道是关于《路加福音》12：35—36 的；它敦促人们要时刻准备好主的即时降临。他还为这次火灾做了一次布道，是关于《弥迦书》6：9 的；其中第一个论点就是，"上帝向一个城镇呼叫的声音，有时是包含在他神佑的可怕斥责中的。"在 1749 年的税收清单中，约翰·莱曼上尉被列在了该城镇较富裕公民之列。James R. Trumbull，*History of Northampton*，*Massachusetts*，*from Its Settlement in* 1654，2 vols.（Northapmton, Mass.，1898，1902），2：185.

[19] "The Works of Edwards" 为其抄本提供了下列注释："在前现代医学诊断中，歇斯底里被界定为，由子宫功能紊乱所致神经系统失调而引起的一种致病性诱发状态。见 George Hartmann, *The Family Physician* (London, 1696)；William Salmon, *Medicine Practica*：or，*Practical Physick* (London, 1692)；and John Harris, *The Divine Physician* (London, 1767)。"标准歇斯底里史认为，它在 18 世纪被看作是一种神经性失调，尽管到那时一些人已经在质疑其子宫性起源了。见 Ilza Veith, *Hysteria*：*The History of a Disease* (Chicago：University of Chicago Press, 1965), esp. 120—198. 对历史学家解释的概述

见，Mark S. Micale, *Approaching Hysteria*: *Disease and Its Interpretations* (Princeton: Princeton University Press, 1995), 33—107。（我亦感谢我的同事 David Hartley 对这个论题所做的一些评论。）支持萨拉的"问题"可能与怀孕有关这一假定的，是爱德华兹所做的一个注解（Edwards' account book, Beinecke, Works of Edwards transcription），他在 1745 年 1 月——那是在小乔纳森·爱德华兹于 1745 年 5 月 28 日出生大约四或五个月前的时候——曾派人去买"歇斯底里滴剂和粉剂"。另外亦支持这一假定的，是马瑟医生在 1742 年 12 月——在她另一次分娩四或五个月前的时候——为其开具了处方。

[20] Cf. Catherine Brekus, *Strangers and Pilgrims*: *Female Preaching in America*, 1740—1845 (Chapel Hill: University of North Carolina Press, 1998), 38. Ava Chamberlain, "Brides of Christ and Signs of Grace: Edwards' Sermon Series on the Parable of the Wise and Foolish Virgins," in Stephen J. Stein, ed., *Jonathan Edwards's Writings*: *Text, Context, Interpretation* (Bloomington: Indiana University Press, 1996), 3—18.

[21] Amanda Porterfield, *Female Piety in Puritan New England*: *The Emergence of Religious Humanism* (New York: Oxford University Press, 1992), esp. chap. 7—8. Cf. Porterfield, *Feminine Spirituality in America*: *From Sarah Edwards to Martha Graham* (Philadelphia: Temple University Press, 1980). 我在这一部分的解释，获益于 Porterfield 以及其他所引证性别史学家提出的观点。

[22] Cf. Sandra M. Gustafson, *Eloquence Is Power*: *Oratory and Performance in Early America* (Chapel Hill: University of North Carolina Press, 2000), 51—74. Julie Ellison, "The Sociology of 'Holy Indifference': Sarah Edwards' Narrative," *American Literature* 56, no. 4 (December 1984): 479—495; and Porterfield, *Feminine Spirituality*.

[23] Samuel Hopkins, "Autobiography," in Edwards A. Park, "Memoir," in *The Works of Samuel Hopkins*, 3 vols., ed. Edwards A. Park (Boston, 1852), 1: 16—18.

[24] Ibid., 19.

[25] Ibid., 22.

[26] Samuel Hopkins, *The Life and Character of the Late Reverend Mr. Jonathan Edwards* (Boston, 1765), appendix 2, "containing a Short Sketch of Mrs. Edwards's Life and Character," 92—98. Levin 的重印本没有包含这个附录。有关爱德华兹的自制，见 Hopkins, *Life*, 43。

[27] Samuel Hopkins, "Journal," July 23, 1743, in Park, "Memoir," *Works of Samuel Hopkins*, 1：49.
[28] 在以斯帖过早去世后，他亦为她写了一篇颂词，称赞了她的美丽和才智。Hopkins, *Life*, appendix 1, pp. 88—92.
[29] Ibid., "Sarah Edwards," 95.
[30] Hopkins, *Life*, 49, cf. quotation in chapter 8, above.
[31] Ebenezer Parkman, *The Diary of Ebenezer Parkman*, 1703—1782 (Worcester, Mass.：American Antiquarian Society, 1974), April 1 and 2, 1740, p. 76, and May 25, 1744, p. 97. Samuel Hopkins, "Journal," May 24, 1744, in Park, "Memoir," *Works of Samuel Hopkins*, 1：49. 1743年12月，霍普金斯在靠近北安普敦的胡萨托诺克（Housatonock；亦即大巴灵顿）一个小小边境教会里，被按立为牧师。据说，此后不久，他开始向北安普敦一名年轻女子求婚；后者是"该地区的第一美女"。但她毁掉了他们的婚约——当她一名前求婚者返回后。霍普金斯最终于1748年结婚。根据William Patten, *Samuel Hopkins*, 31.

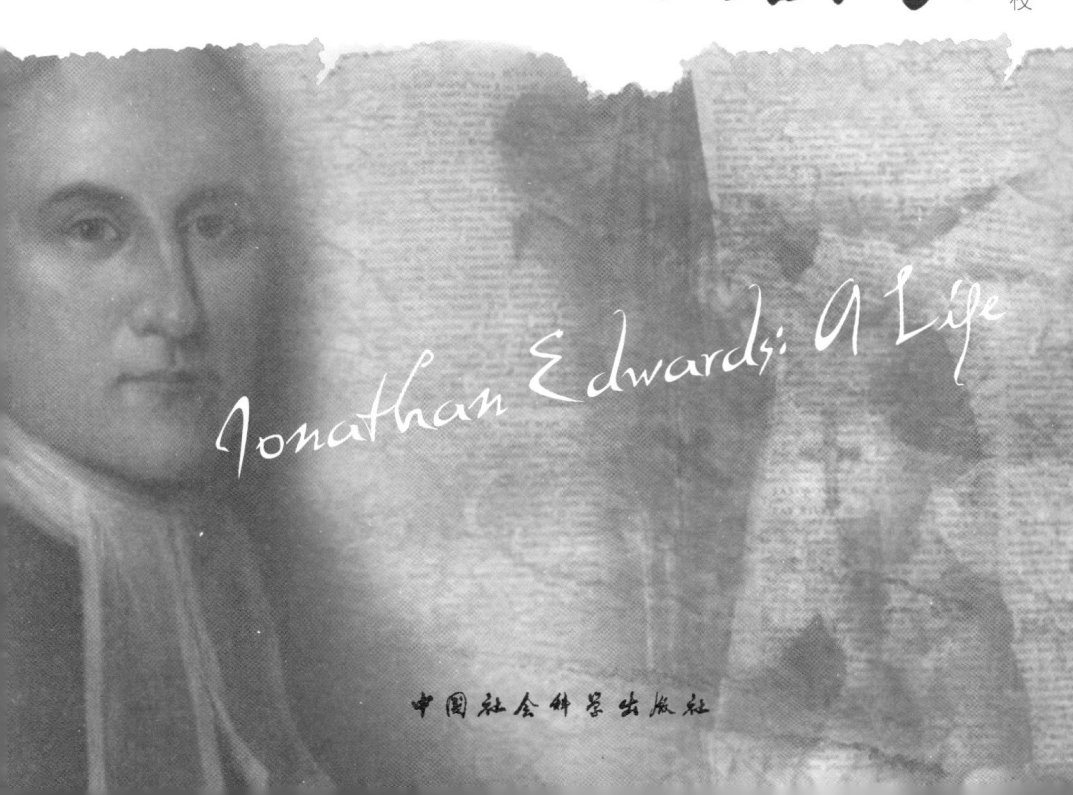

历史与思想研究译丛 | Studies on History and Thought

Jonathan Edwards:
A Life

[美] 乔治·M·马斯登 (George M.Marsden) 著
董江阳 译　游冠辉 校

复兴神学家爱德华兹

下

Jonathan Edwards: A Life

中国社会科学出版社

目录

（上）

导论 …………………………………………………（1）
1　出生的年代 ………………………………………（13）
2　压倒性的问题 ……………………………………（32）
3　天路历程 …………………………………………（56）
4　一切知识的和谐 …………………………………（72）
5　焦虑 ………………………………………………（101）
6　"一种低落、消沉的状态与情形" ………………（122）
7　在所罗门·斯托达德的舞台上 …………………（138）
8　在更广阔舞台上 …………………………………（164）
9　上帝的以及撒旦的巨大工作 ……………………（186）
10　王国的政治 ………………………………………（210）
11　"一座建在山上的城" ……………………………（229）
12　上帝"将重新点燃那火光，
　　即使在最黑暗时期" ……………………………（248）
13　上帝之手与基督之手 ……………………………（263）
14　"不与我们相合的，就是敌我们的" ……………（279）
15　"天国乐园" ………………………………………（294）

（下）

16　保守的革命者 …………………………………（311）
17　自相纷争 ………………………………………（330）
18　不再是一座典范之城 …………………………（358）
19　殖民地战争 ……………………………………（376）
20　"愿你的旨意成就" ……………………………（394）
21　"我生来就是不和之人" ………………………（419）
22　严峻考验 ………………………………………（439）
23　传教 ……………………………………………（462）
24　边境斗争 ………………………………………（485）
25　战争时期 ………………………………………（512）
26　反对一种"几乎无法察觉的有害"教义 ……（533）
27　"在这个光明与自由之快乐时代
　　里的"原罪 ……………………………………（552）
28　挑战时代的预设 ………………………………（566）
29　未完成的巨著 …………………………………（581）
30　短暂的与持久的 ………………………………（601）

附录1　爱德华兹亲属谱系表 ……………………（620）
附录2　爱德华兹的姊妹们 ………………………（623）
附录3　爱德华兹的直系家庭成员，
　　　　来自他的家用圣经 ………………………（625）
资料来源注释 ………………………………………（627）
索引 …………………………………………………（629）

16

保守的革命者

尽管爱德华兹在笔记、布道、出版物以及存留下来的两百多封书信里，留下了大量文字著述，但他却很少透露个人性的东西，除非是那些深具个人性的灵性与理智关切。我们对他日常生活与工作大多数细节的了解，主要来自塞缪尔·霍普金斯那深怀仰慕之情的传记式回忆录。从霍普金斯的描述来判断，爱德华兹非常属灵、勤勉、理智、内省，性格有些内向。他以最严格的行为准则来规范他的生活。[1]

与爱德华兹见面留下的印象是什么样的呢？霍普金斯承认，那些不太了解爱德华兹的人，会觉得他"生硬与孤僻"。但这位传记作者很快就补充道，"这是因为对他不够熟悉。"霍普金斯解释道，爱德华兹持守绝不说他人坏话的决心，所以他不参与那些常见闲谈中的打趣逗笑。爱德华兹亦遵循圣经中要"慢慢地说"（雅1：19）的建议，所以他只有在有话要说时才会开口。爱德华兹还认为与陌生人陷入言辞争论是无益的，并觉得"自己当提笔在手时才拥有最大的优势"。而且，"他精力不是很旺盛，也没有多少富余的肺活量；而为了使他能在各种人群中成为一个平易近人、诙谐有趣的绅士，这两点却是必需的。"

然而他的朋友们，霍普金斯坚持认为，却知道指控他"生硬与孤僻"是"毫无根据的"。他们像他家人一样，了解他热烈与深情的一面。朋友们"总是发现他平易近人、亲切和屈尊俯就；虽然不甚健谈，但却是和蔼和随意的"。他那受到信赖的同盟者，喜欢同他谈论严肃的灵性与理智问题。那些密友可以自由地质疑他的观点并与他进行辩论。对于他所关注的主题，霍普金斯说，"他的口才与笔头一样敏捷"；而他的密友也会发现他那些真诚的话语"是最动人和具有启发性的"。对于萨拉，霍普金斯报告说，"他与她的交谈及对她的举止体现出颇多的温柔与亲切。"[2]

霍普金斯将爱德华兹刻画成一个热情的人，尽管他有时缄默起来几乎让人难以忍受，在公共场合十分拘于礼节，如果我们考虑到爱德华兹在觉醒运动中的成功的话，霍普金斯的刻画便是可信的。没有哪位牧师能像他在1734年至1735年那样，将如此大一个会众群体控制在自己的影响之下。在那时，以及在1741年至1742年的"续篇"中，城镇居民在他书房前排队寻求教牧辅导。至少在那期间，以及很明显，在他居住于北安普敦十五年的大部分时间里，许多人——不论贫富老幼——都发觉他是充满魅力和令人鼓舞的。虽然在某些方面他也许有点像一个沉默寡言的知识分子，但几乎没有学者比他更强调情感的优先性。在他的布道里以及在真诚的个人相遇中，他人格的那种情感侧面就会不经意地显露出来。

理解对爱德华兹这一系列反应的关键，就是要认识到，他一心一意地奉献给了一项事业。就像许多这样的人一样，他寻求完全的忠诚。霍普金斯注意到，他会谨慎小心地挑选密友；并且在此基础上，而且也只有当与密友在一起时，他才会真正敞开心扉。毫不奇怪，他许多密友都是比他更为年轻的人，尽管他能够与任何忠诚于那项事业的人形成密切关系。他与和他具有同样关切的他的那大家族的成员保持着密切关系，尤其是在所罗门·斯托达德与威廉·威廉姆斯的时代。对于孩子们，他遵循着新英格兰的要打破他们任何任性迹象的惯例，并在他们很小时候就培养强烈的灵性生活。他几乎也是以同样方式来对待北安普敦人的：保持严格的纪律，要求真心的忠诚；而当他们表现出其他情形时，他就会感到不满意。他将他所寻求的忠诚，看作只是附带性地忠诚于他自己，因为那首先是对三一上帝的一种真心实意的忠诚；那意味着要弃绝所有纯属尘世的情感与效忠。

爱德华兹会呈现为什么样的人，主要依赖于人们在多大程度上分享有他的异象。无同情心的陌生人会把他的沉默解释为冷漠，把他的教条立场解释为傲慢。随着新英格兰在觉醒问题上出现了分裂，那些不同于他的人，越来越多地将他看作一个顽固的派系拥护者。即使是在觉醒之外，他也因坚持下面这一点而名声在外，即圣职人员"在审查教牧事奉候选人时，应对其信仰原则以及宗教意向和道德，保持高度的批判性"。为此，霍普金斯说，"他遭遇到了极大的困难和反对。"[3] 在反对者觉得这种谨慎显得冷漠和缺乏爱心的同时，站在爱德华兹一方的人则认为这是一种可敬的诚实。爱德华兹试图摧毁对手立场的那些论证，既可能被看作傲慢的诡辩，也可能被看作绝佳的阐明。他在布道论辩中的激情，既可能被看作无情的操控，也可能被看作热情、仁爱的灵性。他在谈话中矜持沉默的性格，既可以被看作不顾他人的冷淡，也可以被看作自我否定的约束。他一心一意委身他的工作，既可以被看作是缺乏社交性的自我中心，也可以被看作是尽心、尽性、尽力、尽意侍奉上帝及邻人的无私奉献。

我们还必须考虑到，爱德华兹在尽可能地保持着他严格的牧师角色；他将自己理解为，在秩序化权威统治的宇宙里，受到了一种崇高的召唤。他认为自己蒙召带领他的会众，肯定就像摩西蒙召带领以色列一样。他是这个城镇人的"父亲"，既是权威的也是仁爱的。像摩西一样（圣经将他描述为谦让的和言语和缓的）[4]，他对他那些时常任意随性的人民怀有怜悯之心。他亦知道，就像摩西一样，他也具有弱点。然而他毫不怀疑，他被按立圣职要带领人们行走在上帝规定的道路上，而人们则必须要跟随作为上帝代言人与仆人的他。

奴隶制

我们可以在他那以等级制为前提的环境里，来考虑一下爱德华兹对待奴隶制的态度。没有什么比这个问题更能将 18 世纪与 21 世纪的世界分割开来了。许多新英格兰精英都拥有非洲奴隶；而爱德华兹及其近亲，一般每个家庭也都拥有一两名奴隶。虽然留下的记录是不完整的，但我们知道，1731 年，爱德华兹曾旅行到罗得岛的纽波特；在那里，他购买了一位名叫维纳斯（Venus）的年轻奴隶。到 1736 年，另一位非洲人——名叫利亚（Leah）——似乎已经取代了维纳斯（也许是爱德华兹夫妇给维纳斯起了一个更适合于这个教牧家庭的圣经名字）。1740 年，乔纳森与萨拉共同签署了一份文件，以保证为"杰思罗·内格罗（Jethro Negro）及其妻子露丝（Ruth）"提供经济支持——他们是根据萨拉继母的遗愿而获得解放的。无论如何，爱德华兹夫妇自己似乎一直都拥有至少一名奴隶。[5]

虽然在爱德华兹时代以前或期间，在欧洲裔美国人中存在着对非洲奴隶制的一些零星抗议，但最早在态度立场上的普遍革命，却是直到爱德华兹去世后的那几十年里才得以发生。在"美国革命"时期，许多美国精英，包括爱德华兹的追随者譬如塞缪尔·霍普金斯与小乔纳森·爱德华兹，都成为了奴隶制直言不讳的反对者。在大多数英裔美国人直接将非洲奴隶制吸收进他们的社会等级制观念里以前，一般都认为，更高级的社会秩序需要有仆人来从事家务和农务劳动。白种仆人，大都签订了一定年限的契约，也会像奴隶那样被对待。他们完全依赖于主人的等级制权威。他们结婚、买卖财产或者离开居住地，都需要获得许可。他们可以被加以买卖、抓去偿还债务或者遗留给继承人。当然，其间极大的不同在于，非洲奴隶一般都是非自愿性的，而且通常都是永久性的。"奴隶拥有者"很清楚这些反常畸变情形，也很清楚非洲人在其奴隶状态下的悲惨状态。[6] 然而在革命时代以前，英国殖民者一般都将对非洲人的奴隶化合理化为对长期被接受的奴役与依附做法的一种延伸。[7]

我们对爱德华兹观点的所有了解，均来自一份新近发现的片断资料。在 1741 年夏季或秋季的某个时候，正当"大觉醒"达到高峰时期，爱德华兹抽空匆匆写下了一份秘密论证清单，以回应就奴隶制所产生的一场争论。触发这些思考的那场争论是极其不同寻常的；大约在这一时期在新英格兰几乎没有任何已知的对等事件。诺斯菲尔德（Northfield；邻近迪尔菲尔德）教会的一些教区居民，谴责他们的牧师本杰明·杜利特尔（Benjamin Doolittle）拥有非洲奴隶。这种指控只是在杜利特尔与部分会众——在该城镇一些年长者的领导下——之间更大争论的一部分。那些"不满的弟兄"指责杜利特尔——他从

1716 年起就是他们的牧师——提出了过高的薪俸要求；爱德华兹与其他许多牧师也碰到了这个问题。其中一些不满还出自这样一些怀疑：杜利特尔具有阿明尼乌倾向并对觉醒运动态度冷漠。不过，在此刻，就拥有奴隶所产生的争论，已经摆在了"汉普夏县协会"面前；而爱德华兹则被选定来起草一份回应。[8]

爱德华兹认为对蓄奴的指控是不真诚的，并将他的主要任务看作是维护一位牧师同事的权威。他能这么做格外引人注目，因为他或许也持有这一怀疑，即杜利特尔具有非正统信仰和"旧光"倾向。爱德华兹为其论证所写的便条不完整，也常常难以解释。不过有一点很明确：他相信那些持异议者提出奴隶制问题，"只是要在人们当中制造混乱和引发不安，以反对他们的牧师并对宗教造成巨大伤害。"

爱德华兹和他的蓄奴同事，以及他的"河谷诸神"朋友与亲属，在 1741 年必定格外渴望，蓄奴现状不要受到扰乱。在那个夏天，纽约城再次发生了许多人相信是想要焚毁该城市的一次重大奴隶阴谋。纽约人镇压所谓的恐怖分子的疯狂，在波士顿报纸上进行了广泛报道；对奴隶叛乱的恐惧已经扩展到了新英格兰。[9]而使爱德华兹感到最为不安的，则是诺斯菲尔德指控的这样一个特征，即杜利特尔的指控者"吹嘘"，他们对奴隶制不道德性的论证"难住了"他们的牧师。尽管爱德华兹没有提及其含义，但如果这样的话流传开来，亦即，就像他们所声称的，那位牧师在维护蓄奴问题上"无法说出任何值得一提的东西"，那么这种言论将会激怒奴隶们。

尽管他的兴趣是要维护教牧权威和保护他的蓄奴者同类，但爱德华兹的论证却揭示了他对待非洲奴隶制所具有的深刻矛盾性。他的主要论证是，"不付报酬地利用邻人的工作"本身并不是有罪的，因为圣经明显允许奴隶制，而且圣经也不会自相矛盾。虽然上帝会暂时"默许"后来表明是应当加以反对的一些古代做法（他可能想到了一夫多妻制），但奴隶制在新约里并没有受到谴责，而且"也不存在其他没有被明确提及并加以严厉禁止的普遍性的罪"。

在爱德华兹维护奴隶制本身并无过错的同时，他还特意谴责了非洲奴隶贸易。"其他国家，"爱德华兹追问道，"有权利或职责来剥夺所有非洲国家的权利吗？"尽管，奴隶制长期以来已被证明为是比在战争中杀死战俘更加人道的选择，但这个原则并不适用于这一主张，即欧洲人声称，他们拥有把他们能抓住的任何非洲人变成奴隶的普遍权利。唯一看似有理的理由就是，基督教国家似乎有权利占有他们从非基督教国家所想要获得的东西；例如，就像以色列被告知他们可以从埃及人那里夺走财产那样。但爱德华兹指出，要把这样的先例解释为一种普遍原则是荒谬的。相反，所适用的原则只能是"所有人类都是邻人"，所以道德律适用于对待所有的国家。因而，欧洲国家没有权利从非洲人那里进行盗窃。[10]

即便爱德华兹认为非洲与土著美洲文明大大低于基督教世界，尤其是那些异教徒还长期处在撒旦统治之下，但他认为他们在权利上和潜质上与基督教国家是平等的。在其于 1739 年就《救赎工作史》所做的布道里，他使北安普敦人确信，虽然这些人如今在某些方面几乎就像野兽一样生活着，当不会总是如此。在千禧年时代里，也就是数百年以后，他向会众断言，"可以指望，到那时有许多黑人和印第安人都会成为神学家；圣经将会在非洲、埃塞俄比亚和土耳其出版发行；不仅学问渊博的人，而且还有更为普通的人，都将深谙于宗教之道。"[11]

爱德华兹明确否认，在上帝眼里，不同人群之间存在着任何内在的高低优劣。"我们出于同一人类种族"，他于 18 世纪 30 年代早期曾就《约伯记》31：15 在一份笔记里如此写道——也许是在他最初成为蓄奴者后不久。"在这两者里，"他写道，"包含着反对主人虐待奴仆的最有力理由，亦即，他们两者都拥有同一位造物主，而他们的造物主也使他们拥有了同一种本性。"[12]

出于同样理由，爱德华兹认为非洲人与印第安人在灵性上是平等的。在其事奉期间，北安普敦教会已经接受了九名非洲黑人为正式领受圣餐成员。其中有六位，包括爱德华兹家的奴隶利亚，是 1734 至 1735 年大觉醒的产物，并于 1736 年成为了正式成员。大约在这同一时期，教会还接受了两位印第安人成员：玛丽（Mary）与菲比·斯托克布里奇（Phoebe Stockbridge）。

忠实于其等级制本能，爱德华兹从这种福音派基督教平等主义的政治性破坏含义上撤退了。作为辩论中足智多谋的人，爱德华兹在有关杜利特尔案例的便笺里，利用非洲奴隶贸易的不道德性，表明了那些不满牧师蓄奴的批评者所提出的论证，证明了过多的东西。爱德华兹指出，整个新英格兰经济，都依赖于非洲奴隶生产出的产品（在新英格兰贸易中，一个关键部分正是与加勒比地区的奴隶经济有关的）。假如直接参与到这个系统里是错误的，那么间接参与其中也可能是错误的，譬如购买由奴隶劳动所生产的产品。如果反对者想要声明，间接获益于奴隶劳动是可以接受的，那么"他们最好能确定出具体步骤"，以使人们摆脱他们从中获益的奴隶制。通过这种"归谬法"，爱德华兹实际上是说，在一个充满了罪恶的世界里，一个人不可能使自己免于从他人之邪恶中获益。因此，在千禧年的归信触及这个问题核心之前，人们应当只是尽量利用这种不完善的社会安排。[13]

家长制权威

259

　　爱德华兹对待奴隶制的观点，就像他对待教牧角色的权威主义观点一样，属于本能就是一个社会保守派的观点。他将宇宙与世界看作是等级制的，并断定对社会关系的控制，应当是对上帝所设立权威的尊重。他在圣经里为这种悠久立场找到了充足的证实理由，因为圣经作者亦理所当然地接受了等级制。而且，爱德华兹还是一个精英、男性、英国殖民地公民，并处在一个存在着强烈身份区别与尊重预期的时代里。他在许多方面都是一个彻头彻尾18世纪的人——一个18世纪的传统派。按照美国政治与社会观点来看，他是革命前的。

　　看似矛盾的是，在他自己的时代里，没有什么比他极力推动的觉醒运动所具有的群众精神更具革命性的了。[14]况且，爱德华兹的加尔文神学传承亦包括有革命性潜质，正如上一个世纪清教革命所表明的。他对未来种族平等性的观点也表明，归信派神学潜在地就具有一些平等含义。在爱德华兹的历史千禧年观里，他构思了基于觉醒运动与改革宗神学这二者基础之上的一场伟大的世界革命。不过，在他正确预见了福音派新教的一场重大世界性扩展的同时，他却没有预料到它显著的群众性特征。相反，他相信，一场伟大的国际性改革宗革命，将会帮助建立起正当确立的权威，尤其是那些正确解释圣经的有学识圣职人员的权威。

爱德华兹从保守的蒂莫西·爱德华兹那里继承来的社会观，反映了17世纪美国清教徒的这一理想，即建立由权威性大家长或族长领导的合乎圣经的共同体。爱德华兹所期待的是"改革宗—福音派"文化——这显然等于那些清教理想——的一种世界性胜利。他是一位改良派，因为他在帮助调整觉醒运动以适应于那一目的。然而那建构于新英格兰文明内的却是其他一些进步潜质——一种日益增长的个人索取性的现代文化以及一种更为大众性的权威，对此他实质上又感到了不安。

当爱德华兹于18世纪40年代在北安普敦面对各种挑战时，他的回应是以一种老式权威主义的父亲家长制为基础的；而后者正处在日益增加的张力之中。[15]他的方针原则，他父亲会予以认可，在半个世纪前的新英格兰小村庄可能也行得通。事实上，持这种旧观念所导致的张力，在任何地方都没有在东温莎本地变得更为明显。在那里，由于对蒂莫西·爱德华兹处罚一对夫妇——他们在未经女方父亲同意下就结婚了——的努力而引发的激烈争论，使得他在从1738年到1741年长达三年时间里停了他们的圣餐；在那里，如果说有的话，那也是一个父亲与教牧权威的问题。[16]在这些事情上，乔纳森坚决站在父亲一方。而在北安普敦，他继续为会众提供着一幅宏大的未来景象；但在18世纪40年代这个困难时期，他亦将发现越来越难以按照他的社会与灵性预期来影响这个城镇。

被印证了的觉醒

1742年3月，北安普敦处在奋兴热情的又一个高峰期。爱德华兹于2月份从巡回布道中返回后，他不仅遭遇到了萨拉的奇妙狂喜，而且还发现这个城镇在塞缪尔·比尔的布道下已经接近于失控。在接下来与比尔一道工作的几个星期里，爱德华兹同时既试图推动奋兴，又试图压制其过度之处。他写道，"我发现必须要用诸多警告和努力，才能使人们——他们中的许多人——免于走向疯狂。"教区居民在狂热程度上正在试图相互超越对方，并散布出了这样一种虚假印象，即情感越是强烈，热情表达越是激烈，真敬虔就越大。[17]爱德华兹竭尽全力想要表明，正如他在整个觉醒运动期间所做的，极度激动对真灵性并非是必需的——即便它们常常与真灵性是兼容并存的。

与此同时，当奋兴之火还在热烈燃烧之际，爱德华兹提出了一项计划以图巩固所获成果。从痛苦的经验中，他已经获知奋兴激情是短暂的。他不想再重复那在30年代后期所发生的事情。在那时，正如他后来承认的，他受到了一些肤浅热情的蒙骗，并发现自己处在这样一种令人窘迫的地位：正当这个城镇在国际上作为灵性转变的典范而著称之际，它自身却在灵性上变得萎靡不振了。

这一次，爱德华兹试图将宗教奋兴那易于消散的极度愉悦感，转化为一种更稳定的灵性生活——能够通过固定的盟约渠道加以控制。在3月初，他起草了一份详细的教会盟约，并把它提交给了会众中一些重要人物。随后又把它带到了在城镇几个区域成立的各种宗教协会。在获得认可后，他宣布一天为禁食祷告日，并在1742年3月16日星期二正式接受这项盟约。在那一天，整个会众都聚集在礼拜堂里，在严肃庄重的仪式中，所有年满14岁的人都起立并认可了这份文献。

盟约更新仪式是以旧约为模式的；盟约自新英格兰创立以来就是它的一项重要支柱。根据改革宗神学，律法的用途之一，就是作为基督徒回应恩典生活的一种指导。所以，清教徒在传讲我们得救是因着完全不配的（unmerited）恩典的同时，还用一种仿效古代以色列做法的道德律（而不是仪式律）的律法体系来指导教会。在欢喜地为他们所得那不配的救恩感恩时，真正的信仰者很乐意立约采纳全面道德律作为他们的生活指南，即便他们知道他们永远都无法完全遵守它。

爱德华兹的长篇盟约，对一个典范城镇来说是一种引人瞩目的宪章。在承认上帝恩典和请求上帝宽恕他们早前的倒退之后，人们接受了一系列详细的关于应当如何生活的承诺。其中最大一部分涉及的是基督徒邻人应当如何共同生活。这一部分可以称之为"基督教爱的典范"；它令人回想起了马萨诸塞第一任总督约翰·温思罗普（John Winthrop）的著名宣言，亦即应当如何用爱的纽带将这个基督教共同体联合在一起。由于爱德华兹的文件是一份正式盟约，所以他没有太多论及那总括了这律法的爱的原则（就像他在《爱及其果子》里所做的），而是详细解说了应用那种原则的具体规定。在这过程中，他还罗列出了时常陷入争吵的北安普敦人以往的那些失误，并使他们承诺要抛弃所有那些邪恶。

那些以任何方式欺骗邻舍的人，承诺不仅要改变他们的行为之道，而且"在做出道德平等性规则所要求的那种赔偿或赎罪之前，我们就不会获得安宁"。同时，每个人都承诺要放弃背后诽谤、报复心态、仇恨、恶意以及秘密嫉妒。特别是在公共事务上，他们同意放弃那臭名昭著的党派精神，并"避免所有不符合基督教的抨击、谩骂、讥讽、品评与嘲弄他人，不论是在公开集会中，还是在私下交谈里"。

在一个较为简短但很快就具有重要意义的部分，年轻人承诺，"我们将严格避免交友结伴中的一切随意与放肆，因为它们很容易挑逗或满足淫荡的欲望"，避免任何他们害怕参与其中的行为，如果他们知道在几小时后必须向圣洁的上帝交账的话。最后，所有人都承诺，"将我们全部生命都孜孜不倦地花在宗教事务上"，并"以恒久忍耐之心奔跑那摆在我们前面的路"。在承认这些誓言将来会与他们堕落倾向相对立的同时，他们"将时常按照这些承诺来严格省察自己，尤其是在领受圣餐之前"，并祈求恩典"来保守我们，免得这些庄重誓言受到邪恶的蒙蔽"。[18]

在北安普敦盟约里所揭示的爱德华兹立场最明显的一个方面就是，他试图将奋兴精神制度化。在这方面，他不仅遵循着旧约盟约模式，而且还要求会众确认他们信守新约对基督徒生活所做的规定。然而，更大的实际问题，则是如何防止奋兴之光再次暗淡下去。就像使徒彼得在"耶稣显荣"的山上一样，爱德华兹正在提议建造一永久性的结构，以便能保存如此壮观的圣灵浇灌。

他亦在间接处理另一个令他越来越感到不安的问题。在他正在加入其中的国际与跨殖民地圈子里，有许多奋兴主义者强烈反对斯托达德式开放领受圣餐的做法。爱德华兹不同意那些声称他们能够可靠区分归信者与非归信者的观点，但他也体会到了他们观点的说服力，亦即教会应当审查要求成为正式领受圣餐成员的候选人，并确保他们在信仰与实践上表明了信守的可见迹象。怀特菲尔德钦佩所罗门·斯托达德的福音派著述，但他惊讶地发现，斯托达德那开放领受圣餐的做法，甚至都会允许未归信的人做牧师。在怀特菲尔德与爱德华兹拜访乔纳森父母那一天（1740年10月21日），他们很可能就讨论了这个问题，因为怀特菲尔德正是在这一天的日志里评论了斯托达德。[19]蒂莫西·爱德华兹无疑对乔纳森在感情上有些影响，他曾在1732年发表的选举日布道里，公开批评了斯托达德式的在教会成员问题上的宽大仁慈，并含蓄地批评了他儿子对这一做法的继续认同。[20]

如果实际上，教会里每个年龄达到成为领受圣餐成员年纪的人（显然是14岁），都表明了某些归信证据的话，那么乔纳森在这个话题上所体会到的不安就会得到缓解。爱德华兹似乎相信，这个城镇正在达到1734至1735年觉醒期间的那种普遍归信的水平，但是一些人随后的行为，使他确信事实并非如此。1742年冬季，觉醒，或者至少是对于宗教事务的兴趣，又一次不再是普遍性的了。即便他并不确定每个人都愿意提供归信证据，他还是劝说"所有年龄在14岁以上的人"都对盟约进行郑重宣誓。而且，他还强调，特别是在领受圣餐以前，人们应当"按照这些承诺严格省察自我"。[21]

荣耀日的黎明？

不论爱德华兹对1734年至1735年觉醒的长期影响产生过什么样的失望与幻灭，在1742年的冬季与春季，他对这场规模更大得多的觉醒的前景，仍持着极乐观的看法。他为之付出了全部时间与精力。他不仅经常外出旅行，而且当他回到家里时，教区居民也会排队等待他的教牧辅导。此外，他还奉献出了他大部分思想精力，来为奋兴运动撰写一部篇幅更长的辩护；这份辩护在次年春天成为了一部长达378页的论著，标题为《对新英格兰当前宗教奋兴的一些思考，以及它应当被认可与促进的方式》。[22]

《一些思考》展示了面对觉醒运动处在令人振奋的高峰期时的爱德华兹。的确，当他于1742年撰写这部论著时，奋兴运动正在变得越来越分裂，然而他坚持，这样一种潜在的革命值得所有基督徒付出全心全意的支持。他在序言里间接提及了当下英国与西班牙之间的冲突，亦即新英格兰也为其派遣出了一支远征军的"詹金斯耳朵的战争"（War of Jenkins' Ear），但他更是宣布，"我们今天在新英格兰正在进行一场更加重要的战争。"[23]正如任何战争里都存在许多混乱一样，《一些思考》意在成为一部甄别真理与谬误的详尽而全面的手册。它的实质性论证与《区别性标志》（*Distinguishing Marks*）是相同的。爱德华兹的第一个目标就是要无可辩驳地证明，觉醒实质上是上帝的一项伟大工作。与此同时，他也谴责了它的过度之处，并在真灵性生活当中，仔细区分出了那些超越圣经规范的做法与出神狂喜经验——后者对灵性生活来说既不是必需的，也不是必然相排斥的。虽然他将这场争斗描述为一场战争，但他却将自己看作是一位居中调停者。他特别谴责了彼此双方的挑剔苛责。他不仅警告了那些由于觉醒运动的过度之处而谴责整个运动的人，而且还警告了那些太急于谴责教会许多成员与圣职人员为未归信者的觉醒者。

尽管他竭力想要开辟出这种审慎而明智的中间立场，并希望所有正直基督徒都能站在这个立场上，但他的论著还是因一句体现了他对新英格兰觉醒抱极大希望的不慎言辞而变得最为著名。为了试图确立"反对觉醒就是反对上帝伟大工作"这样一种更大的论点，他写道："这不可能不是圣灵的工作；它是如此非凡和奇妙，是上帝那荣耀工作的黎明，或者至少是序曲；它在圣经里被时常预告；在它的进展与流布中，将会更新人类世界。"

而且，既然这些事件预示了末日的到来，最终预示了人们长久等待的千禧年，或者基督在世上的千年统治期的到来，他指出，"我们只能是合乎情理地认为，上帝那伟大工作的开端必定临近了。"假如爱德华兹没有紧接着补充道："有许多事情使其成为可能，即这种工作将会始于美洲"[24]，这样的预言也许不会是不同寻常的。

他接着用八页曲折繁复的论证来表明，为什么救赎史的模式，使得这种工作的黎明最先见之于美洲成为了可能。毫不奇怪，在其他方面会表示同情的艾萨克·瓦茨对此评论道，"我认为他有关美洲的推理缺乏说服力。"[25]按照爱德华兹的看法，《以赛亚书》60章的预言（它开始于"兴起，发光！因为你的光已经到，耶和华的荣耀发现照耀你"；结束于对这样一段时间的描述，那时太阳与月亮都不再落下，"耶和华必作你永远的光"，而"你的居民都成为义人"），似乎适合于美洲，因为它指的是发生在遥远群岛上的事件以及异教徒的归信。爱德华兹还推论道，在上帝救赎工作里存在着某种对称性。既然最先的伟大工作是在"旧半球"完成的，那么新的伟大工作将在"新半球"完成。那最后的要成为最先的。上帝不会在"一个已经存在着良好增长的地方，而会在荒野里"建立一个天国乐园。与自然相反，灵性的太阳如今将从西方运行到东方（爱德华兹的地理观，就像他的灵性史观一样，是彻底欧洲中心论的）。所有这些以及其他圣经预表，导致爱德华兹得出结论："如果这些事情是如此的话，就给我们提供了更充足的理由去希望，如今在美洲尤其是在新英格兰所看到的一切，可能证明了那荣耀日的黎明。这种工作那极其非凡与神奇的情形与事件，似乎向我强烈表明，上帝想要使它成为某种极其伟大事物的开端或前兆。"[26]

奋兴运动的许多朋友都认为，当异教徒被聚集起来时，那就是荣耀末日的开端，并将导向千禧年。威廉·库珀为《区别性标志》所做的热情洋溢的序言，只是许多这类表述中的一种；这类表述理所当然地接受了那样一种重大期盼。德博拉·普林斯——爱德华兹赞成奋兴运动之友、波士顿老托马斯·普林斯那天资聪颖的女儿——在 1743 年（她不幸早逝的前一年）写道，"这是许多杰出神学家的观点：认识耶和华的知识要充满全地，好像水充满洋海一般，这就是那荣耀日的黎明。"[27]

爱德华兹并没有解释他自己对于当下末日构想的"变奏曲"；那是他在还尚未出版的《救赎史》系列布道里所宣告的，是在他私人笔记里所提出的。他解说的基本梗概，类似于他同辈人中最常见的看法。他并不期望很快就在某个时刻看到全面展开的千禧年。相反，他将奋兴看作是得胜与斗争这样一个重要时代——将终结于千禧年的和平里——的开端。[28] 末日将通过一系列伟大奋兴、异教徒的聚集以及对千禧年灵性生活的特别期待开始。然而这些末日亦将是冲突前所未有的日子。

因为爱德华兹没有解释他那千禧年观"变奏曲"的细节，所以他受到了这样的指控,即他主张千禧年已经在美洲开始了。两年后,他向一位苏格兰通信者抱怨道,"出现了针对我的诽谤性报告与印刷品,即指控我时常说千禧年已经开始了,并且是从北安普敦开始的。新英格兰一位神学博士〔查尔斯·昌西〕,从一个人那里——这个人隐藏了身份并躲在幕后——冒昧地向世界发表了这份报告;但那份报告与我所说过的却大相径庭。"爱德华兹进而解释了自己的真实观点:在教会安息在千禧年的和平里之前,将会"出现许多剧烈的冲突与可怕动乱,以及许多变化、更新与间断"。[29]

事实上,爱德华兹并不相信他正在目睹千禧年自身的开端,但当时或从那以后,将他在《一些思考》里的评论解释为暗示千禧年可能正在肇始于美洲,却是可以理解的。他确实曾说过,那在新英格兰正在发生的一切,可能证明了"那荣耀日之黎明",并是"那极其伟大事物的开端或先兆"。爱德华兹所设想的"荣耀日"是一系列漫长的事件,它们对千禧年来说是预备性的。那些事件将开始于大奋兴,继续经由大冲突以及更大的奋兴,并终止于安息与和平的夜晚。[30] 在1742年,他的确相信,新英格兰的大觉醒,可能就是一个由美洲扩散出去的世界宗教奋兴时代的开端。[31]

爱德华兹对正在发生事情的过高评估,是对他自己的经验、他的神学观以及当年那些非凡事件交汇在一起的一种反映。我们必须把他看作是这样一个人,亦即他时常被上帝的荣耀所压倒或征服,以至他似乎是直接感受到了上帝的荣耀。而他的直接经验则证实了他所说的那些灵性实在。而且,位于他上帝观的核心的,是在基督里显明的上帝那无法遏制之爱的荣美。在他亦预料到会有持续性的邪恶,或者由对如此纯全之良善的反叛所引发的恐怖的同时,他的神学要求历史终结于普遍的爱对仇恨的得胜之中。在这种末日胜利中,福音将最终在万国万邦获胜。

如今他发现自己就处在这样一个非凡时期,在整个新英格兰有成千上万人正在分享着他十分熟悉的对于灵性实在的那种直接经验。他的周围充满了数不胜数的祷告蒙应允和真实的灵性经验的证据。他极其激动地看到了妻子的灵性狂喜,看到了女儿们生命改变成为属灵的宝贝。爱争吵的北安普敦人,已经承诺要把他们复兴的灵性生活变成模范社团。即便他是个十足的加尔文主义者,能够认识到,根据新约彼此相爱与忍耐的原则生活,有可能与残存的"堕落倾向与血气欲望"相对立,但他的教区居民已经同意要全力以赴去追求那最崇高的理想。虽然爱德华兹并不期望能看到千禧年,但他为这个城镇提供了一部宪章,而这正是对千禧年生活是什么样子的一种预示。

在一种如此令人兴奋的氛围里,爱德华兹无法理解,基督徒如何能够摒弃在新英格兰为人人所见证的这最伟大的事件。然而事实却是如此。甚至一些圣职人员都在贬低那很可能就是末日恢宏的万邦聚集的起头。[32]

过错并不仅仅出现在教会里。世俗权威亦应受到责备。通过援引上帝与新英格兰盟约的传统语言,他挑战了政府:"我们是否没有理由担心上帝会对这片土地感到震怒,因为世俗权威没有更多地注意到,救主近来所完成的这种荣耀工作。"通过提及圣公会总督雪利去年到达时的庆典,爱德华兹指出,在这类场合缺乏欢庆可以被解释为一种冒犯。以此类推,"当众天使之首、宇宙之主以如此奇妙的方式从天国降临到这片土地上时,所有人都要远远地站着,并且一声不吭、毫无表示吗?"[33]

通过再次提起新英格兰的学院——哈佛与耶鲁——这一敏感问题,爱德华兹继续推进了他向那些对觉醒态度冷漠者发出的挑战。这两所学院的朋友,还仍然在为怀特菲尔德的尖锐评论,亦即"他们的明灯变得暗淡了",而恼怒不已。而怀特菲尔德对批评的答复,尽管在语气上是积极的,但却没有首肯任何事情,而只是为吉尔伯特·坦南特的巡回布道在学生当中带来更大光明而感到欣喜。[34]爱德华兹,尽管承认学院"并不属于我的正当范围",但却指出,他将作为谈论灵性事务的牧师,以及"(自由表达对公共事务的看法的)'英国人'",冒昧表明自己的看法。

爱德华兹对学院的评价,几乎同怀特菲尔德一样尖锐。特别是,他对如今学院允许他认为不敬虔的事情感到震惊。因为这些学院主要是培训圣职人员的,所以这是"所能想象的最大的胡闹与荒唐"。"既然它们不是最有利于真敬虔的地方,那么把孩子送到那里,就不可能不面临孩子在道德上被污染的重大危险,正如在这些社交场合里时有发生的。这是完全不可容忍的；出现什么情形也比出现那种情形要好。"[35]

回顾起来，我们能够看到，"大觉醒"的确是正在出现的、跨大西洋两岸的、将对世界历史产生重大影响的福音派运动的一部分；但在新英格兰，它远非爱德华兹所希望的。它并不是这样一个时代的黎明，在这个时代，觉醒的新英格兰，用约翰·温思罗普著名的话来说，将是"山上的一座灯塔"，亦即一种改革宗文明的典范。相反，觉醒运动预示着老式清教徒那种理想观的"黄昏"。就像大多数革命那样，新英格兰的变革是逐渐发生的，有时还是未曾察觉的。圣职人员已经丧失了他们的诸多权威，而如今他们更无法佯装以一种声音在言说了。公共道德正在变得更加像英格兰；即便圣职人员在谴责这种松懈，但却无法阻止它们。同样地，也无法太多期望马萨诸塞政府会像爱德华兹理解的那样来支持真宗教。总之，爱德华兹正确地意识到一个前所未有的时代正在到来，但他希望用"大家长领导下的盟约式清教共同体"的旧皮囊来装新酒，可惜被证明是不现实的。

注释

[1] Hopkins，*Life*，39—51。霍普金斯描述的更多细节，见前文第 8 章开首部分。

[2] Hopkins，*Life*，41—42。

[3] Ibid.，53。

[4]《民数记》12：3。《出埃及记》4：10。

[5] Kenneth P. Minkema, "Jonathan Edwards' Defense of Slavery," *Massachusetts Historical Review* 2 (2000). 对于可能的名称变化这一点，我感谢 Kristin Kobes DuMez 的见解。当爱德华兹一家搬迁到斯托克布里奇时，他们带去了一个名叫 Rose 的奴隶。但在 1758 年爱德华兹财产清单里并没有提及 Rose，而是提到了她儿子，一个名叫 Titus 的男孩。而到 1771 年，Rose 已经自由了并是斯托克布里奇教会的一名正式成员。这就提出了这种可能性：在 1758 年前，爱德华兹一家使她获得了自由或者允许她丈夫为她赎回了自由。亦有可能的是，爱德华兹一家将她转卖给了别人，而后者在后来给了她自由。在 18 世纪 50 年代，萨拉·爱德华兹曾迫切想要购买一名奴隶，并让爱德华兹询问约瑟夫·贝拉米（February 28，1754，*Works*，16：622）和女儿以斯帖·爱德华兹·伯尔（November 20，1757，*Works*，16：731），看看是否有可能在他们的

奴隶中购买一名。

[6] Samuel Sewall, *The Selling of Joseph：A Memorial* [Boston, 1700], ed. Sidney Kaplan (Amherst：University Massachusetts Press, 1969), 10, 认为这种知识是理所当然的，即"他们被禁止的自由，使得他们成为了不情愿的仆人"。

[7] Gordon S. Wood, *The Radicalism of the American Revolution* (New York：Knopf, 1991), 52—55. 有关殖民地时期的弗吉尼亚，在"契约合同性奴役"与"所有性奴役"之间的动态关系，参见 Edmund S. Morgan, *American Slavery, American Freedom：The Ordeal of Colonial Virginia* (New York：Norton, 1975)。

[8] 对与杜利特尔争论的这种叙述，所依据的是 Minkema 对这一历史事件细致入微的重构：Minkema, "Edwards' Defense"。

[9] Minkema, "Edwards' Defense," Wintthrop D. Jordan, *White over Black：American Attitudes Toward the Negro* 1550—1812 (Baltimore：Penguin, 1969 [1968]), 116—121.

[10] "Draft Letter on Slavery," 1741, *Works*, 16：72—76. 爱德华兹在有关埃及人那个部分画下了一条竖线，但有时他那么做则是表明他已经利用了草稿的那一部分。我对这封书信的解释要感谢 Kenneth P. Minkema, "Jonathan Edwards on Slavery and the Slave Trade," *William and Mary Quarterly* 3d ser., 54, no. 4 (October 1997)：823—830。Minkema 的文章包括有那封书信的内容，第 831—834 页。他的注释还列出了与这个问题有关的参考书目。

[11] *A History of the Work of Redemption*, Sermon 27, *Works*, 9：472, 480. 引文接续以《以赛亚书》32：3—4："那能看的人，眼不再昏迷；能听的人，耳必得听闻。冒失人的心，必明白知识。"

[12] MS "Miscellaneous Observations on the Holy Scriptures" ("Interleaved Bible"), Beinecke, as quoted in Minkema, "Edwards' Defense," n68.

[13] "Draft Letter on Slavery," *Works*, 16：72—76.

[14] 许多评论者都指出过，在"'大觉醒'的大众宗教"与"'美国革命'的大众政治文化"这两者之间的平行性。Alan Heimert, *Religion and the American Mind：From the Great Awakening to the Revolution* (Cambridge：Harvard University Press, 1966), and Harry S. Stout, "The Ideological Origins of the American Revolution," *William and Mary Quarterly*, 3d ser., 34 (1977)：519—541, 则指出了一些直接因果关联的重要性。John M. Murrin, "No Awakening, No Revolution? More Counterfactual Speculations," *Reviews in American History II* (1983)：161—171, 对这些争论提供了一种有益的概述，

结论（第 169 页）是，"假如没有'大觉醒'及其后继者，在 1775 年仍有可能发生一场革命，但却没有可能，在 1861 年发生'内战'。"

[15] 这个主旨以及爱德华兹革命议程的矛盾性，在下列著作中有很好的论述：Patricia J. Tracy, *Jonathan Edwards, Pastor, Religion and Society in Eighteenth-Century Northampton* (New York：Hill and Wang, 1980), esp. 188—194. 参见第 22 章。

[16] Kenneth Minkema, "The Edwardses：A Ministerial Family in Eighteenth-Century New England" (Ph. D. diss., University of Connecticut, 1988), 126—136. 爱德华兹通过鼓励埃利埃泽·惠洛克和本杰明·波默罗伊于 1741 年在东温莎布道，而帮助解决了这场争执。爱德华兹致惠洛克，June 9, 1741, *Works*, 16：89—90, 这些派别在随后的觉醒期间和解了。

[17] 爱德华兹致托马斯·普林斯，December 12, 1743, *Works*, 16：121, 125—26。

[18] "A Copy of a Covenant Entered into and Subscribed by the People of God at Northampton … March 16, 1741/42," in ibid., 121—125. 这份盟约亦包含了一小段这样的承诺，"根据基督教原则所要求的，在家庭里，履行有关父母及孩子、丈夫及妻子、兄弟及姊妹、主人及奴仆的相对职责或义务。"

[19] George Whitefield, *George Whitefield's Journals* (Edinburgh：Banner of Truth Trust, 1960), October 21, 1740, pp. 478—479.

[20] 见第 7 章。

[21] 爱德华兹致普林斯，December 12, 1743, *Works*, 16：121, 124—125。

[22] *Some Thoughts Concerning the Present Revival of Religion*, *Works*, 4. 尽管它标有一个 1742 年的日期，但一直到 1743 年 3 月才得以发表。Goen, *Works*, 4：65n.

[23] *Some Thoughts*, *Works*, 4：291.

[24] *Some Thoughts*, *Works*, 4：353.

[25] 艾萨克·瓦茨致本杰明·科尔曼，September 14, 1743, quoted in *Works*, 4：71。

[26] *Some Thoughts*, *Works*, 4：353—358.

[27] Quoted in Stephen Foster, *The Long Argument：English Puritanism and the Shaping of New England Culture*, 1570—1700 (Chapel Hill：University of North Carolina Press, 1991), 298.

[28] James Davidson, *The Logic of Millennial Thought：Eighteenth-Century New England* (New Haven：Yale University Press, 1977), 122—175; Gerald McDermott, *One Holy and Happy Society：The Public Theology of Jonathan*

Edwards (University Park: Pennsylvania State University Press, 1992), 56.

[29] 爱德华兹致 Reverend William McCulloch, March 5, 1743/44, *Works*, 16: 135—136。

[30] McDermott, *One Holy and Happy Society*, 50—92 中的讨论, 非常有助于指出, 爱德华兹并没有认为千禧年正在开始于美洲。与大多数解释者的说法相反, 他倾向于弱化爱德华兹确实说过的这些内容, 即一个最后的、伟大的和荣耀的奋兴时期正在开启, 而它显然肇始于美洲。爱德华兹亦似乎暗示, 千禧年本身也将以美洲为中心——当他说到上帝在荒野里开辟出了一个"天堂"时。

[31] 虽然"大觉醒"这个术语还不是对"大奋兴"的一种标准指称, 但爱德华兹以及其他许多人对其末世论重要性的高度评价, 应能平息这样一种非议, 即宗教奋兴的伟大性是 19 世纪的一种杜撰发明。Cf. Frank Lambert, *Inventing the "Great Awakening"* (Princeton: Princeton University Press, 1999).

[32] *Some Thoughts*, *Works*, 4: 497.

[33] *Some Thoughts*, *Works*, 4: 372—373. Charles Chauncy, *Seasonable Thoughts on the State of Religion in New England* ··· (Boston, 1743), from excerpt in *The Great Awakening: Documents Illustrating the Crisis and Its Consequences*, ed. Alan Heimert and Perry Miller (Indianapolis: Bobbs-Merrill, 1967), 299—300, 回应道, 当人们在宗教问题上陷入重大分歧时, 民事权威应当不站在任何一方。

[34] 虽然怀特菲尔德的书信——写于出航的船上——标注的日期是 1741 年 7 月 25 日, 但它一直到 1742 年 3 月 16 日才发表在《波士顿公报》上。见 Richard Bushman ed., *The Great Awakening: Documents on the Revival of Religion*, 1740—1745 (New York: Atheneum, 1970), 38, for Whitefield's letter, and pp. 35—38 for a reply to Whitefield's original remarks, *Boston Gazette*, April 20, 1741。

[35] *Some Thoughts*, *Works*, 4: 510—511.

17

自 相 纷 争

"大觉醒"不但没有恢复宗教在殖民地的主导地位,反而削弱了那已经弱化了的旧有圣职阶层的权威。不仅仅是平信徒在以宗教名义攻击圣职人员,而且在公理会的圣职人员中,任何合一的表象也都处在崩溃的边缘。这种裂隙只是逐渐地才变得明显起来。在波士顿,新英格兰真正的中心,有几位公理会牧师自从怀特菲尔德访问以来就对觉醒态度冷淡。不过,他们在人数上被包括该城市所有高级牧师在内的奋兴支持者以九比三的比例所压倒。[1]起初,正如塞缪尔·马瑟牧师在1741年所发现的那样,对奋兴运动的反对既危险又具有破坏性。马瑟,科顿·马瑟之子,是"波士顿第二教会"支持奋兴运动的牧师约书亚·吉(Joshua Gee)的助理牧师。马瑟曾斗胆对怀特菲尔德提出了批评。而拥护奋兴运动者也认为马瑟的布道在教区居民中间使人对"悔罪的工作"感到气馁。1741年夏,一个当地圣职委员会试图调和吉与马瑟之间的分歧。该委员会建议马瑟做出改正。不久他们判定马瑟没有做出改正,并投票将他解职了;由此制造了激烈的争论以及诸多的议论。[2]

查尔斯·昌西,是"第一教会"里地位比托马斯·福克斯克罗夫特(Thomas Foxcroft)低一级的牧师,他正在逐渐成为对觉醒态度冷淡的少数派的发言人。昌西以其理智能力而获得了尊重,并被认为在实质上是正统派的，即便他强调宽容与理性（只是到后来他才成为了公开的自由派）。在 1741 年，昌西 36 岁，比爱德华兹小一岁。他身材矮小、性格坚定。"第一教会"以"老砖头"而闻名，而昌西最终也用了这同一个绰号，也许是因为他既在外表上又在坚定性格上都像一块"砖头"。[3]

在 1741 年里，随着就觉醒与马瑟案件所产生张力的加剧，昌西开始小心谨慎地发表自己的看法。他承认道，一些人无疑正从觉醒中获益，而重生也确实应当涉及触动内心深处的经验。然而人们很容易受到无法控制的情感的欺骗。那些为所有真正重生者强加上一套标准化的情感预期的福音布道者，正在鼓励一种危险的派系精神。真正的新生经验可能具有多种形式，并往往是一个渐进性的自制过程。类似地，在提到马瑟时，昌西强调，圣职人员具有多种多样的恩赐与风格，不能用一个模式来要求所有的圣职人员。[4]

到 1742 年，昌西对觉醒的过度之处深感震惊。在怀特菲尔德，甚至在坦南特访问期间，很少出现过度的身体影响、异象与出神狂喜。而如今，特别是由于达文波特、惠洛克、比尔与波默罗伊等巡回布道家所激发的激动情绪，这些出神狂喜正在变成标准的甚或是被期待的现象。针对所谓的未归信者的评判司空见惯；会众被怂恿去抛弃他们的牧师。不仅是巡回布道家，如今各种非圣职人员也在做一些未经证实的声称，说他们拥有驱动力、主的带领以及异象。平信徒正在告诫和要求不属于他们的属灵权柄。与爱德华兹不同：爱德华兹将这些现象看作是与一种实质上是良善的工作关联在一起的外围或附带性的过度行为；而昌西认为这些过度行为超过了奋兴所可能带来的任何好处。在昌西看来，这样一些极端做法只能导致对真宗教的损害和对既有秩序无可弥补的破坏。[5]

昌西这时发现，巡回布道家越来越多地运用一些夸张的方式来进行布道，试图吓唬人们或者激发人们的激情。通过诉诸粗俗的情感，他们就能制造大众性的歇斯底里，并鼓励人们将其看作圣灵工作的证据。数十人甚或数百人会尖叫、昏厥和陷入痉挛。"难以想象，"昌西写道，"人们会陷入或被鼓励进入到什么样的过度与夸张之中……在同一个［崇拜］场所，并且是同时性地，一些人在祷告，一些人在勉励，一些人在歌唱，一些人在拍手，一些人在大笑，一些人在哭泣，一些人在尖叫和呼号。"昌西观察到，最糟糕的效果通常出现在夜晚。"正是在晚上，特别是在深夜，当礼拜堂只有几盏烛火时，才会出现最大程度的哭喊和尖叫；受到如此这般影响的一般都是儿童、年轻人和妇女。"而任何胆敢批评这些不当之处的人，都会被斥之为"圣灵的对手，魔鬼的子女"。

更糟的是，所谓的归信者可以立即成为劝诫勉励者。这些人甚至可能是妇女或儿童，尽管他们"通常都是稚嫩、无知、软弱、自负的年轻小伙子"。而这些羽翼未丰的劝诫勉励者，"一般都被认为要胜于任何牧师——除非是那些属于'新道'的牧师"。作为秩序与服从的拥护者，昌西对这些偏离新英格兰那来之不易礼仪传统的做法深感震惊。[6]

随着巡回布道家日益使出神狂喜宗教成为一种规范，并鼓励人们贬低任何胆敢批评他们的人的权威，昌西也相应地觉得应当勇于表明自己的想法。一种反作用力正在形成；而他也准备说出自己的观点了。奋兴运动的朋友很快就感受到了这种变化着的气氛。在北安普敦取得胜利后不久即 1742 年 4 月开始在波士顿进行布道的年轻塞缪尔·比尔，报告说取得了巨大成功，但他亦注意到正在迅速增长的反对力量——"一想到它的后果就会令人颤抖"。[7]5 月中旬，在"第一教会"邀请为圣灵浇灌而祈祷的那一天，昌西露出了自己的真实面目。在敦促波士顿人的确应当为圣灵浇灌而祷告的同时，他强调他们亦应认识到，正在发生的许多事情"对上帝来说是一种不名誉，有可能会大大阻碍真正宗教的进步"。怨恨、中伤、诽谤以及非圣职勉励者对牧师表示的轻蔑，绝不是上帝的工作。通过使人们的想象产生过热现象并将其结果称作真宗教，"轰动效应制造者"（sensationalists）正在出卖人们。[8]

在接下来的两个月里，昌西关于觉醒已经失控的判断，通过詹姆斯·达文波特得到了一个实例。巡回布道家中最具争议性的达文波特，仍然以激进先知的角色返回到了康涅狄格。在 5 月份召开的"康涅狄格议会"，对其教区教会的分裂感到震惊，并具有了一种强烈的反奋兴运动情绪；它通过了一项严格法律，禁止进行巡回布道——除非受到当地牧师的邀请。[9]5 月底，康涅狄格斯特拉特福镇的公民提起了一项指控，即达文波特和本杰明·波默罗伊在他们那里煽动教会分裂。这两人在纽黑文（他们正在那里教唆另一个教会分裂）被逮捕，并被带到了哈特福德以在议会面前进行听证。在这两天诉讼的大部分时间里，只要有可能，达文波特就继续进行布道和预言。议会放弃了对于相对较为温和的波默罗伊的指控。而对达文波特，他们宣布，处在如此"狂热的印象与冲动之下，并由此在心灵的理性上感到困扰，因而应当受到同情与怜悯，而不应当受到本来可能受到的对待"。[10]议会命令将他遣送回他在长岛的教区。

不论是长岛海峡还是康涅狄格议会都不足以阻止一个先知。达文波特听到了上帝的声音：他在康涅狄格遭到的反对正在将他导向一种更伟大的使命。不到6月底，他就出现在了波士顿。赞成奋兴运动的圣职人员对此感到懊恼，并担心他可能会造成伤害。当地牧师协会碰巧正在举行会议；他们立即召见会晤了达文波特。很快地，他们就发现他仍同以往一样桀骜不驯。该协会发表了一份针对达文波特过激举动和混乱行为的尖锐批评。几乎所有波士顿牧师都签署了那份文件。不过，查尔斯·昌西的名字没有出现十分引人注目，他显然出席了那些讨论。这份由本杰明·科尔曼第一个签署的文件，在结论中肯定了觉醒中"上帝那伟大而荣耀的工作"，尽管撒旦在以这样或那样的计谋反对它——包括"它朋友的不谨慎，或者它敌人的恶毒对抗"。[11]

昌西很快就转向了一场全面反对觉醒的战争。那终于使其不堪忍受的"最后一根稻草"，如果需要的话，就是达文波特向昌西提出了个人要求，邀请他"探究在我里面那种盼望的缘由"。昌西所提供的理由却是，为何他相信达文波特处在"狂热想象"之下并受到了蒙骗。"极其明显而无法否认的是，"他告诉这位巡回布道家，"你常常把你自己的思想活动当成了上帝的信息。"

昌西利用哈佛毕业典礼之后的那个礼拜天这一契机，亦即许多访问圣职人员都还待在城里时，直接抨击了"宗教狂热"（enthusiasm）。他迅速将这篇布道发表了，并以一封致达文波特的公开信作为序言。昌西既指出圣灵工作在当今时代比在新约时期受到了更多的限制，又指出新约明确禁止了许多奋兴做法（譬如混乱无序和妇女在聚会中发言）。"宗教狂热，"他说道，"可以说是一种病，一种疯狂。"几乎所有人都有可能被它感染，但那些倾向于忧郁的人尤其易于遭受其害。上帝正在新英格兰运作，但为了使圣灵产生功效，宗教情感必须受到圣经与理性的严格限制。宗教狂热分子正在公然反抗这一基本原则。[12]

昌西如今能够公开表明看法，是因为达文波特的访问使支持奋兴者陷入了如此混乱之中。托马斯·普林斯记录道，"在我们当中出现了一种最为激烈的争论精神"，每一方都"可悲地犯了"尖刻讥讽的"罪过"。达文波特留在这一地区，通过反复谴责波士顿大多数圣职人员为未归信者，并带领追随者盲目走向地狱，而愈发加剧了这种形势。他鼓励普通信徒反叛他们那不冷不热的牧师。"把他们拉下讲坛；把他们赶出去，并请别人来取代他们的位置。"最后，在经过了两个月可观的忍耐后，波士顿当局已经听够了这样的话。他们收集起了达文波特蛊惑与煽动言论的足够证据，并逮捕了他。不过，有几位圣职人员，在尊敬的本杰明·科尔曼领导下，还是请求法庭对他宽大处理。法庭同意，就像康涅狄格的判决一样，达文波特受蒙蔽，因而当他谴责其他牧师时，他的神智是不正常的。[13]

尽管在1742年有这些争执、混乱与分裂困扰着觉醒运动，爱德华兹仍然在不屈不挠地维护它。虽然没有证据表明，在达文波特争吵期间，他曾访问过波士顿，但在波士顿发生的一切受到了广泛报道，而他也密切关注着这些问题。1735年及以后的事件证实了他的看法：成功越大，撒旦的反击也就越大。所以，这位北安普敦牧师在恒久忍耐着，并付出了几乎所有时间来关照或维护觉醒运动。争论越大，他也就越是紧迫地撰写他的《对当前宗教奋兴的一些思考》（*Some Thoughts Concerning the Present Revival of Religion*）。他认为该书将解决许多存有争议性的问题。

昌西亦将全部精力转向觉醒运动，并抨击在他看来席卷了自己家乡的"集体歇斯底里症"。就像一位18世纪优秀的科学家一样，他向遍布新英格兰的通讯者发送了数十封信函并收集起了有关滥用的大量卷宗。他用第一手观察来支持这些报告，并在新英格兰、纽约和新泽西进行了三个月的旅行，以追踪最臭名昭著的巡回布道家的行踪。在爱德华兹的巨制论证于1743年3月问世以前，昌西已经完全准备好将他计划中的著作聚焦于驳斥奋兴支持者。

昌西越来越公开的反觉醒斗争，在公理会圣职人员中造成了一种正在逐步扩大的裂隙。面对着过度狂喜、各种紊乱、不顺从，甚至受到某些巡回布道家鼓励的分裂，即便是一些曾欢迎过怀特菲尔德并为无数人的信主而感到欢欣鼓舞的人，如今也开始改变他们的看法了。既有的秩序正在分崩离析；唯一的问题是，谁应为此负责，觉醒者还是他们的反对者？

虽然昌西以及其他一些反奋兴运动者，在其神学上或者属于或者正在变成温和的自由派，但反奋兴运动，或者"旧光"运动——正如它行将被称之为的——却反映了对"新英格兰之道"的一种真正保守主义，而这对不同神学倾向的人都有可能产生吸引力。昌西本人深深忠于那被他视为清教传统之本质的东西。也许，这种保守冲动的最佳证据就是，自从蒂莫西·卡特勒叛教以来，他就具有了强烈的反圣公会倾向，并一直都在收集资料以撰写一部论述主教制危险性的著作。到美国革命前夕，1771年，当担心出现一位美国主教的恐惧将新英格兰人联合起来反对英国之时，他最终发表了《对主教制的全面看法》。终其一生，昌西都准备为建立在真宗教与良好秩序基础上的新英格兰而奋斗。[14]而在1742年，正统的以及阿明尼乌倾向的圣职人员，都有可能将觉醒的紊乱看作是对既有秩序的威胁。而这一点在最先提出"旧光"标签的康涅狄格尤为如此。

爱德华兹被来自威廉姆斯家族一位原同盟者的不祥背叛所激怒。1742年后期，迪尔菲尔德牧师乔纳森·阿什利对奋兴运动进行了猛烈抨击。与威廉·威廉姆斯女儿多萝西（Dorothy）结婚的阿什利，只要大族长还在世，就一直是威廉姆斯家族事业的一位忠实同盟者。他曾在布雷克案件里支持过这个家族，并于1735年和1741年在迪尔菲尔德主持过宗教奋兴。如今，随着威廉·威廉姆斯的过世以及爱德华兹接掌了领袖衣钵，家族怨恨开始发挥作用。毕竟，多萝西·阿什利是伊斯雷尔·威廉姆斯的姐姐，而她丈夫如今也正在成为对表兄弟爱德华兹，或至少对其宗教领袖风格，持冷淡态度的更年青一代人的一部分。

阿什利对爱德华兹立场的公开拒绝，还曾引起了一场小小的轰动。1742年11月，这位迪尔菲尔德牧师成为了波士顿"布拉特尔街教会"

的嘉宾布道者；而这所教会正是由本杰明·科尔曼与威廉·库珀事奉的，并是波士顿觉醒运动的指挥部。不论东道主所期待的是什么，他布道的语调对一些会众来说极其令人反感，他们中途就退场了。阿什利宣告，在新约哥林多教会那恶名昭著的混乱与当下的觉醒运动之间，存在着极其相像之处。在这两种情形里，教会聚会都变得极其混乱，因为妇女与男人一样具有发言权——每当她们觉得受到圣灵感动时。不顺从随处可见，妻子评判他们的丈夫，教区居民谴责圣职人员，争斗与缺乏爱心四处盛行。保罗在《哥林多前书》13 章里的解决之道则是，圣灵最高的恩赐就是爱。[15]

威廉·库珀对此极为愤怒，一位奋兴运动批评者，居然如此将自己包裹在爱的外衣之下。而进一步激怒库珀的是，阿什利竟然鲁莽地将这篇极具争议性的布道发表了。作为回应，库珀在《波士顿报》首页上发表了一封书信；随后于 1742 年至 1743 年冬季，在报纸上引发了一场圣职人员之间的丑陋争吵。[16]

在爱德华兹的《一些思考》于 1743 年 3 月在波士顿付梓以前，他的乐观暗示，亦即新英格兰有可能在日益临近的千禧年里发挥一种荣耀作用，看来已经过时了。不仅圣职人员彼此陷入了激烈争吵，而且詹姆斯·达文波特又回到了新英格兰，比以前更加疯狂。

这一回，达文波特出现在了康涅狄格的新伦敦（New London），一个靠近罗得岛的海岸城镇。新伦敦是觉醒已经导致了教会分裂的几个海岸城镇之一。它亦是奋兴派或"新光"活动的中心，因为一位当地福音布道家蒂莫西·艾伦（Timothy Allen）组建了"牧者的帐篷"（Shepherd's Tent），以作为与耶鲁相竞争的一所奋兴派学校。大约有十几个十多岁的男孩在那里学习。3 月 6 日安息日，达文波特带领着分裂群体——为数约有一百人并且主要是年轻人——进行了仪式性的焚烧宗教图书活动，以表明他们是纯洁的，截然有别于腐败的新英格兰当局。那些图书包括著名清教和公理会神学著作，譬如约翰·弗拉维尔（John Flavel）、英克里斯·马瑟（Increase Mather）与本杰明·科尔曼等人的著作。第二天，他们转向了偶像崇拜问题；达文波特要求他的追随者焚烧珠宝、假发、披风、睡袍以及任何达文波特说他们过于喜爱的服饰。按照一种广为流传的说法，达文波特——显然患了身体疾病并比以往更加疯狂了——将他唯一一条马裤也抛进了火堆里。一支更为温和的"新光"力量干预了此事,并提出了达文波特有可能被鬼附。[17]

数周后,爱德华兹在康涅狄格进行布道旅行。3月25日,他从妹妹阿比盖尔·梅特卡夫(Abigail Metcalf)位于黎巴嫩(Lebanon)的家里写信告诉萨拉,他的归期将会推后,因为一些牧师已经说服他前去新伦敦以试图平息那场风波。他还说道,他只有在其他牧师与他同去的情况下才会前去那里,并且他们已经组成了一个代表团,其中包括他表兄弟所罗门·威廉姆斯、约瑟夫·米查姆以及最重要的本杰明·波默罗伊——达文波特在某个时期的同伴。[18]等他们抵达新伦敦时,其他几个人包括约瑟夫·贝拉米和塞缪尔·比尔也加入了这个委员会。领导着这个代表团的爱德华兹,做了"一次讲座布道……为防止狂热所带来的普遍混乱和干扰……做了正当其时的见证"。[19]

这个"新光派"委员会是一个巨大的成功,也是对爱德华兹领导才能的认可。爱德华兹塑造了一派的主要分支,该派在维护觉醒的那些新做法的同时,还避免了它的分裂主义与过度之举。新伦敦的大多数分裂分子又回到了他们原初的会众当中。达文波特显然受到责罚而有所改变,开始聆听他同事们的持续服侍,尤其是所罗门·威廉姆斯和埃利埃泽·惠洛克(当爱德华兹访问新伦敦时,他一直在北安普敦布道)的服侍。在下一年里,爱德华兹还在达文波特的康复中发挥了直接作用。在那时,爱德华兹向惠洛克保证,"达文波特先生真的十分警觉了",而且"我相信他现在完全乐意为他的重大错误做出公开、谦卑和适当的认罪与悔改"。两周后,达文波特完成了这样一封书信并把它交给了所罗门·威廉姆斯;而后者则把它交由托马斯·普林斯发表。这封书信读起来就像《一些思考》里的话语。"这项荣耀工作的几种附项,"达文波特承认道,"本身并不是本质性的组成部分,而是具有不同和相反的属性与倾向。"他收回了他对未归信者、分裂主义、平信徒布道,以及聆听从冲动或自认为来自上帝的信息的论断。现在,他相信,过去他对这些错误以及其他非本质问题十分热衷,是因为受到了一位"虚伪之灵"的引导,尤其是在新伦敦焚烧图书和服饰这件事情上。[20]

爱德华兹与昌西及"旧光派"一样怀着对良好秩序的许多关切，但他相信，只要使"新光派"遵从旧有的权威与顺从规则，就能够维持良好的秩序。例如，他强烈反对平信徒布道——这是在那些获得觉醒精神的人当中一种常见的做法。当他听说前北安普敦居民摩西·莱曼执事将要"勉励公共会众"时，他敦促莱曼加以拒绝。虽然平信徒布道在短期内会有良好效果，但上帝已经"为那项事工与职责任命了一类特定的人"。如果每个人都可以布道，那么就将是混乱。莱曼可以在私下里做出警诫，但不应该面对公众，或者"通过正式演说来辅导一屋子的人，除非那是儿童或比阁下年幼许多的人"。[21]

1743年早期，爱德华兹曾会见了马萨诸塞韦斯特菲尔德的一个牧师委员会，以处理类似的但却更困难的拔示巴·金斯利（Bathsheba Kingsley）的案件；拔示巴是一位与丈夫陷入争吵的热切的"新光派"。两年前，金斯利夫人面对韦斯特菲尔德会众承认，出于对邻近城镇人做见证的热情，她"未经丈夫同意，就偷了一匹马在安息日骑走了"。现在她恢复正常了。按照这个委员会的说法，她几乎将所有时间都花在了在本镇和邻近城镇里，"挨家挨户地游荡，以为自己是在做上帝的工、传递上帝的信息"。她宣告的那些信息通常都涉及对本地牧师的谴责。这个委员会——爱德华兹为其起草了答复书——似乎想要恢复原状而不是施加惩罚。他们判定她缺乏自知之明、谦卑以及对圣灵工作的识辨力，也没有"使自己的意志服从于上帝"。他们发现她的身体"有一种虚弱的忧郁习惯"，而撒旦则利用了那一弱点。（尽管一种"忧郁气质"意味着女性的轻佻，但这个诊断类似于对达文波特的判断。）她的灵魂"这些年来……几乎一直都处在躁动中，就像风暴中的海洋；她的灵魂也不具有其他基督徒所享有的那种在上帝里的和平与安宁"。不过，就像在摩西·莱曼的情形中那样，他们建议，只要与"她的身份"相宜，她可以继续做见证。就她的情形而言，这意味着在家庭里或者私下访问邻人的时候。经过许多努力，这个委员会说服她接受了这些限制并同意对丈夫保持应有的顺从。当她批评丈夫时，不应使用粗暴严厉的语言，而应"私下里以谦卑顺从的关爱方式"。相应地，他们也建议她丈夫，"应当用耐心和温柔来对待她，而不是用粗话或拳头。"[22]

到 1743 年春，通过劝告他们保持适当的尊重来约束"新光"运动已经太晚了。随着惠洛克们和金斯利们遍布整个农村地区，四处是烟火，无法逐一扑灭，由此引发了诸多连锁反应。有更多的平信徒布道者在谴责圣职人员，并形成了分裂团体——在其中灵性激动成为了标准规范。一些激进的分裂派公理会将会变成浸信会（Baptist），而其他一些将会成为分裂派公理会。即便这好几十起分裂中的大多数都发生在随后几年里，然而到 1743 年，已经有如此多的分裂，并足以导致一场反对奋兴运动的主要保守回应了。最终，大约有三分之一康涅狄格教会和五分之一马萨诸塞教会，承受了教会分裂。[23] 一旦总是伴随着激烈的指控与反指控的分裂变成常见现象，几个派系之间的和平共处就变成不可能的了。

在康涅狄格，保守派反应产生了最严重的创伤。1742 年 5 月通过的反巡回布道法律，为约束更加狂热的福音布道者提供了武器。本杰明·波默罗伊与埃利埃泽·惠洛克两人的事奉都丧失了税收支持，而不得不依靠来自他们会众的志愿奉献。塞缪尔·芬利（Samuel Finley，后来的新泽西［普林斯顿］学院院长），作为一位访问此地的长老会信徒，当他试图在纽黑文布道时，被当作流浪者逮捕。1743 年 5 月，"旧光"立法议会采取了一项更严厉的措施以制止教会分裂：它废止了一项 1708 年承认宗教异议者权利的法规。持有宗教异议的团体仍然可以请求议会免除必须支持康涅狄格建制教会的义务，但他们必须证明他们果真既不是公理会也不是长老会。

原先曾出任耶鲁院长，如今从事商业与政治的表兄伊莱沙·威廉姆斯，成为了反对这些压制性法律的"新光派"主要代言人。1744 年，他出版了一部反对这些法规的论著。根据英国洛克式的和不从国教的"联邦共和"传统，他就宗教自由问题，提供了那个时代最重要的论述之一。[24]

爱德华兹也发觉那些法律是令人难以接受的。1742 年，当他在《一些思考》里写到世俗政府应当支持觉醒时，他所瞄准的却是康涅狄格议会将会反其道而行之的一个倒钩。1743 年，虽然他讨厌公开赞成分裂主义，但却忍不住在私下里同情康涅狄格米尔福德的一个"新光派"分裂团体，后者正在试图加入纽约一个长老会组织。"很明显，"

爱德华兹于 1743 年 12 月写信给纽约长老会信徒说，"在那个政府里［康涅狄格］有许多人处在来自世俗与教会权威的最可怕压制下。"在这样的情形里，不能要求"这些人在那些极其重要的事情上，屈从于……他们那些被激怒的敌人……即使是那种程度的偏见与态度，在我看来，也是某种疯狂"。[25]

此后不久，他写信给哈特福德"第二教会"牧师、他的表弟埃尔内森·惠特曼（Elnathan Whitman，他们的母亲是斯托达德姊妹），因为一些"新光派"教区居民从这所教会里脱离了出来。爱德华兹曾经是惠特曼在耶鲁的指导教师，并对他施加过尽可能多的约束管教；他就良心自由问题给这个年轻人上了一课。即使——正如可能的——那些脱离者是些无知的普通人，他们对惠特曼的抱怨也没有什么根据，爱德华兹指出，他们的疑虑仍可能是诚实和发自良心的。在那种情形下，试图运用法律迫使他们在永恒救赎问题上表示认同，就是对良心自由的侵犯。[26]爱德华兹的社会与教会保守主义，在此受到了清教异议的一条悠久原则的调节。

当"旧光派"与"新光派"的分歧逐步凝固为政治派系，并将界定康涅狄格在美国革命以前的政治生活的时候，在马萨诸塞，最引人注目的公共分裂，却发生在相互争斗的圣职人员各派系之间。1743年 5 月，反觉醒圣职人员——他们直到这时还处在守势——设法组成了一个小团体。每年 5 月，马萨诸塞许多圣职人员都会到波士顿来，以参加殖民地立法议会的开幕式。根据惯例，圣职人员也会召开"马萨诸塞公理会牧师大会"，以对当下感兴趣的问题做出讨论，并提出建议性通告。爱德华兹显然出席了 1743 年 5 月的这次集会。[27]

发现自己属于微弱多数派的"旧光派"，通过起草"马萨诸塞湾省教会牧师证词"而将大会拖入了混乱当中。这份证词谴责了一系列与觉醒运动相关联的做法，包括依赖"冲动"（他们将其比做反律主义）、未经邀请的巡回布道、平信徒布道、教会分裂主义、对谁为"未归信者"的苛刻评判以及宗教狂热式的混乱。几乎所有人都同意要谴责这些错误，但是支持觉醒运动的人坚持，这些谴责，应当通过既谴责阿明尼乌主义又谴责反律主义，特别是通过称赞对觉醒的合理祝福，而加以平衡。在对重新起草这份文件激烈争论和复杂尝试之后，"旧光派"获胜了。

由于担心一个约由 40 位牧师组成的团体——大约是全省牧师的五分之一——似乎是在为整体说话,"新光派"立即组织了一场反集会。在 7 月份,他们在哈佛毕业典礼的同时举行了集会;这个团体由波士顿支持觉醒运动的最重要人物领导,他们包括本杰明·科尔曼、托马斯·普林斯、约瑟夫·休厄尔、威廉·库珀、托马斯·福克斯克罗夫特以及约书亚·吉。他们发表的"证词与建议",热情洋溢地将觉醒称赞为他们所见过的最伟大事物。他们亦谴责了与反对觉醒者所提出的几乎相同的一系列的过度行为,但他们实质上还是采取了爱德华兹已经全面提出的一条界线——那些过度行为属于附带性的。68 位与会者签署了这份证词,另外还有 45 人通过书信添上了他们的名字。谢绝进行另一次长途旅行的爱德华兹,则发去了一封由汉普夏县七位赞成觉醒的牧师签署的支持函。不祥的是,尽管竭力想要获得广泛支持,但这七个人却代表了汉普夏县圣职人员的少数派。[28]

在波士顿,圣职人员当中的唇枪舌剑,在公众出版物上因更加不客气的争论而被放大了。在支持觉醒一方,1743 年 3 月,托马斯·普林斯为《基督教历史》(*Christian History*)举行了创刊仪式;这是一份由他儿子、新近从哈佛毕业的汤姆负责编辑的周刊,包含有当前国际奋兴运动的消息。[29]时年 56 岁的老普林斯是最有学识的波士顿牧师、科学专家和一部新英格兰历史的作者,他有时被比做晚年的科顿·马瑟。普林斯成为了爱德华兹在波士顿最亲密的朋友,而爱德华兹一家也很乐意访问普林斯的家庭。就像他其他的紧密关系一样,爱德华兹与普林斯的友谊,建立在对一项共同事业之彻底奉献的基础上。爱德华兹的《忠实叙述》,曾经成为出版物如何能够促进奋兴的一个范例;而爱德华兹也分享了普林斯对《基督教历史》的热情。

而《波士顿晚邮报》的出版人托马斯·弗利特(Thomas Fleet),则通过讥讽回应了这项拟议中的新出版物。按照它自己所承认的,《基督教历史》计划只发表有关奋兴运动的正面报告。对此弗利特则提议了一项替代方案:"发表所有时代与国家的狂热进展,以及由它所引发的混乱。"迪尔菲尔德的乔纳森·阿什利,沾沾自喜于他在与库珀争论中所确立的反奋兴运动的角色,亦加入了攻击之列。弗利特使得反奋兴"通信"成为了他那份周报的一个首要特征。阿什利与弗利特两人都指责老托马斯·普林斯不真诚，因为他说小汤姆·普林斯是这份出版物的编辑，而他们断定老托马斯在控制那份出版物。弗利特还单独发表了"一封来自苏格兰绅士的信，致他在新英格兰的朋友"，嘲讽了近来对苏格兰一场"大觉醒"所做的叙述。对近来据说已经改变了整个苏格兰城镇之辉煌奋兴的报告，成为了《基督教历史》的灵感之一。当汤姆·普林斯试图反驳弗利特时，这位出版人则报之以讥讽与嘲弄。1743 年 7 月 4 日（正值"新光派"集会时的哈佛毕业典礼周），《波士顿晚邮报》刊登的首页书信，就是致"汤米少爷"的。通过将小普林斯称为"小少爷"和"孩子"，弗利特得出结论，"我将这看作是一件神奇之事：那答应要成为《基督教历史》有关苏格兰问题一位作者的人，会对苏格兰事务如此一无所知。"[30]

不到二十年前，波士顿圣职当局在马瑟父子领导下还能够压制詹姆斯·富兰克林的《新英格兰报》；但那个时代似乎已经很遥远了。如今，圣职人员出现了更多的自相争斗，以致双方的平信徒都觉得可以自由谴责他们的教牧"上司"。出版社也很乐意将原则与利润结合起来，并因这些争论而繁荣起来；而报纸则进入了街道和酒馆。没有人再能够，仅仅因为其教牧职分，而要求得到普遍的尊重。

9 月份，昌西的《对新英格兰宗教状态的及时思考》在这个唇枪舌剑的氛围里出版了。这部著作罗列出了五百多位订阅人，不仅有圣职人员，而且还有杰出的平信徒。佩里·米勒适当地将它称作新英格兰的"社会登记簿"——以总督威廉·雪利为首。[31] 尽管昌西在上一个秋季和冬季一直都在收集资料，但他却是在爱德华兹著作于 3 月份问世后，才将自己著作的大部分内容合在一起的。（在高科技的今天，光出版社，至少需要一年时间才能完成那样一部神学著作的出版。）昌西的书名暗暗指向爱德华兹的书名，并直接攻击了那位北安普敦牧师的许多观点。他亦在自己著述里填充了许多他从自己收集的评论或其他受尊重权威那里摘录的引文，所以他这部 424 页的著作比爱德华兹那部 378 页的著作也更为厚重。[32]

由于爱德华兹已经承认了觉醒的大多数过度行为，昌西的论证，与其说依赖于他所收集的证据——除非是为了效果，不如说依赖于一个人视什么为核心性的、什么为边缘的。在正统加尔文主义框架内提出自己立场的昌西,将圣经与理性看作是新英格兰之道的规范性指南。他指出,近来的躁动不安是对安妮·哈钦森(Anne Hutchinson)时期反律主义争论的重复。而新英格兰经过许多艰难才赢得了秩序与合一,战胜了不受约束的情感这一持续存在的威胁。[33]他还将这场觉醒与整个教会史上的过度之举进行了比较,譬如,极其臭名昭著的"法国先知";后者在撤消"南特敕令"后兴起于胡格诺(另一个"改革宗"团体)信徒当中,并以极其怪诞的精神亢奋行为而闻名。昌西指出,近期宗教狂热所带来的混乱远非是附带性的,而是当前奋兴主义不可或缺的区别性特征。虽然上帝无疑将继续在新英格兰运行,而一些人也确实归信了,但还是应将这些过度之举与其他任何异端一视同仁。它们是上帝对那些会使人脱离真信仰的欺骗做法的警告和惩罚。[34]

爱德华兹与昌西对觉醒看法的深层分歧,是一个关键的哲学问题。"显而易见的真理,"昌西写道,"是被开启的心智,而不是被激起的情感,它应当永远成为那些称自己为人之人的指南;而这既包含宗教事务,也包含其他事务。"[35]昌西的人类灵魂(psyche)观,是那个时期从古代希腊哲学里采纳的最常见理论之一;它认为情感(affections)与人之动物属性中的激情(passions)极紧密地关联在一起,并需要受到更高级理性官能的约束。

爱德华兹明确批评道,在《及时思考》里对"情感"的这种低调看法,所依据的是哲学而不是圣经。"一些人使哲学而不是圣经成为这种工作的评判准则,"他斥责道,"尤其是他们所持有的有关灵魂属性——其官能与情感——的哲学观念。"若要与圣经观点相一致,他坚持,就必须承认,"灵魂的情感不能正当地与意志区分开来,仿佛它们是灵魂里的两种官能似的。"通过将宗教情感与意志等同起来,爱德华兹使它们成为一种更高官能不可或缺的一部分。当然,也存在着发自人之动物属性的低级卑下的激情;它们会误导人,并且也无法为人所依赖。然而,源自对上帝真实可感的知识的那些崇高情感,却不能与这些低级冲动相提并论。只有忽视圣经对心灵改变之情感特征所做描述的那些僵硬刻板的哲学范畴,才会无法做出这样一种关键性区分。[36]

爱德华兹将这些原则应用在一则关于"好布道的本质"的颇具启

发性的说明上。觉醒的批评者断言,当人们在一个星期里聆听了许多布道时,他们并不能记住他们所听到的大部分内容。爱德华兹反驳道,"通过布道所获得的主要益处,就是当时在心灵上产生的影响,而非后来通过回忆布道的内容所产生的后果。"[37]换言之,布道必定首先要触及情感。

仔细阅读爱德华兹的讲章将会证实,爱德华兹对情感的推重,从未以牺牲理性为代价。当"因宣扬上帝之道的重要真理并受到适当论证与动机的敦促与强化而感到激动之时",[38]他说道,即便出现身体反应,譬如哭喊或晕厥,也是合情合理的。他坚持认为,必须检验宗教是否与圣经和理性一致。在其他语境中,爱德华兹曾将理性称作"最高贵"或"最高级"的官能。[39]虽然他反复强调纯推理知识与心灵的感觉或实践知识之间的区别,但他亦始终主张——正如他在1739年一份布道里所说的,"在这个方面,一种推理知识也极其重要;没有它,我们就不会有任何灵性或实践知识。"[40]昌西钦佩爱德华兹的理智能力,事实上他曾在《及时思考》里评论道:令人感到奇怪的是,他"比任何我所知道的人……都更多地运用了哲学",却在质疑理性的优先性。[41]

当然,昌西很清楚,即使是在清教徒圈子里,基础性的争论也是一种古老和熟悉的争论。昌西代表着"唯理智论"(intellectualist)和更为亚里士多德主义(与托马斯主义)的传统,认为意志应当遵从理性的最佳指令。而爱德华兹则位于更加奥古斯丁主义的"唯意志论"(voluntarist)阵营内,将整个人看作是受意志之情感的引导的。[42]两人都同意,属灵的人必须受到圣经与理性的严格指导。但唯意志论强调,缺少真实情感的理智对于真宗教来说是不够的。意志的适当情感必须要与理智真理一同进行统治。与此相对,唯理智论则将情感看作是完全难以驾驭的感情,认为它只有服从以准确知识为基础的理性时才会有益处。其间的区别是微妙的,但它们在影响人们的宗教表达风格上,却会产生巨大的实际后果。

如此微妙的区分将会消失,至少暂时消失,因为在这两位伟大倡导者之间极具预兆性的口诛笔伐中,所发生的各种事件将使爱德华兹处在一种灾难性的不利地位。1743年秋昌西的著作问世,1742年秋爱德华兹的著作完成;这两个秋天新英格兰的状态极其不同。爱德华兹所描绘的那种光明场景，即圣灵的明亮之光使任何附带性的过度之举都黯然失色，已经过时了。普遍性的奋兴正在迅速衰减，而存留的热忱也大都转变成了苛责挑剔的分裂主义。与此相对照，昌西的著作被证明是真正"合时宜的"。逐渐地，将这些事件描述为危险的混乱，典型地反复出现于激进的教派主义当中，这种做法获得了可信性。在新英格兰圣职当局内部，有相当一部分"新光派"留存了下来，并致力于维护和促进持续性的宗教奋兴。然而在当前，他们只能是一个派系。

爱德华兹不仅认识到了这种灾难，而且还承认它是由奋兴之友的过度之举所招致的——他们由此为敌人打开了方便之门。1743年5月，当马萨诸塞圣职人员当中的裂隙正在公开之时，爱德华兹在给苏格兰基尔赛斯（Kilsyth）的詹姆斯·罗布（James Robe）牧师的一封信里，描述了新英格兰当前的状态。大致与新英格兰发生"大觉醒"同时，奋兴之火也席卷了苏格兰，所以与苏格兰长老会同行保持联系，对新英格兰奋兴运动的支持者来说就变得极其重要。罗布的奋兴经验与爱德华兹极为相像。罗布不久前亦发表了自己的《忠实叙述》，描述了在基尔赛斯发生的一场势不可挡的奋兴运动——类似于1734至1735年在北安普敦的情形。爱德华兹在听到来自苏格兰持续不断的好消息感到高兴的同时，亦悲叹道，"我们却没有如此喜悦的消息送给你；乌云最近变得浓厚了。"新英格兰现在可悲地分成了两派。爱德华兹补充道，"这在很大程度上要归因于奋兴之友的不谨慎运作、撒旦寻找到途径掺入其中的腐败，以及我们的多重过犯；通过这些，我们让圣灵担忧，而且熄灭了圣灵的感动。"[43]

引人注目的是，爱德华兹指责激进"新光派"而非"旧光派"使得新英格兰分裂为相互苛责的不同派系；这部分反映了他在北安普敦的经验。1743年12月，在写给托马斯·普林斯并在《基督教历史》上发表了的书信里（因而尽可能用积极的眼光来看待事物），爱德华兹承认，1742年北安普敦的觉醒因这一点而遭到了破坏："我们的人听到了，一些人则看到了，其他地方的这一工作；在那里，出现了比这里更喧闹的场面，而外在表现也比这里更不寻常。"北安普敦人"很容易认为那些地方的工作远比我们当中的优越；他们的双眼被从其他地方来的一些人所做的高调宣信和非凡表现所迷惑"。爱德华兹将觉醒的衰退归因于由这些过度之举所引入的腐败堕落。一些人受到了表面狂喜和身体被征服的欺骗；而结果却是，他们比许多没有被如此征服的人更不具有"谦卑、和蔼、杰出的基督徒"的那种性情。[44]

在给罗布的信里，爱德华兹对他从目睹这两场来而复去的奋兴中所领悟到的东西，提供了一份简明总结。"温柔"与"真正自我否定的谦卑"，远比单纯的强烈经验是更好的真正圣徒品性的证据。"我们当中有许多人倾向于认为，所有高度的出神狂喜都是神圣的"，爱德华兹解释道，"但经验清楚地表明，决定了我们支持它们的，不是出神狂喜的程度（虽然到'三重天'应当是），而是出神狂喜的性质与类型。"伴随真正出神狂喜的，不是一种"嘈杂喧闹、夺人眼目的谦恭承让"，而是"深深的谦卑、心灵的破碎、灵里的贫穷、对罪的悲叹、精神的严肃庄重、对上帝战战兢兢的崇敬、精神的温柔、自我警惕与畏惧、心灵的完全投入、追求生命的圣洁，以及乐意尊重他人胜于自己"。[45]

《宗教情感》

爱德华兹曾尽最大努力向北安普敦人表明了这些观点。随着觉醒的消退——被它自己的过度行为所击败，他就宗教情感在基督徒生活中的适当地位，做了一系列布道。[46]在接下来的几年里，他将这些布道修订和扩充为《宗教情感》（*Treatise on Religious Affections*）——它最终于1746年问世。这部详尽的论述立即在英国重印，而且至今仍是爱德华兹最被广泛阅读与赞赏的神学著作。

觉醒运动在1742年突然裂变，被爱德华兹视为欺骗性狂热。他对觉醒运动进行了极其冷静的评估。如果把《宗教情感》放在这个背景当中，那么很清楚，它并不是人们所设想的与昌西交锋的又一次辩论。他先前的两部觉醒著作首先想要向批评者表明，出神狂喜现象并不能以这样或那样的方式证明任何事情；而《宗教情感》则首先指向了极端"新光派"——他们将许多人引向了傲慢的自我欺骗——那些被误导的侧重点。爱德华兹在序言里强调，在整个教会史上，真宗教表面上的朋友比公开的敌人造成了更多的伤害。撒旦最有效的花招就是，当信仰者正在防守他们前面的公开敌对力量时，"魔鬼却从后面进来了，并在不知不觉间发起了致命一击。"在这种偷袭中，撒旦最主要的策略就是伪造真宗教经验，并因此致命性地败坏宗教运动。伪造的宗教经验能够诱使未重生者进入"自我扩张"这一最为有害的形式。"通过这种途径，他［撒旦］所引入的，即使是宗教的朋友，也会在不知不觉间，通过摧毁宗教，并以一种比公开敌人所能做到的更为有效的方式，去做敌人的工作。"[47]

其次，但却并非偶然，爱德华兹亦为昌西提供了一种答复。这部论著的开篇部分就是对下列命题的一种简明辩护："真宗教，在很大程度上，是由神圣情感组成的。"不是像昌西那样，将情感看作主要是与低级动物激情相关联的，"灵魂的情感"（the affections of the soul）并不真的是与指导整个人的"意志"（will）相区分的。意志，或者人的倾向或爱，可以被称之为整个人的"心灵"（heart）。而且，"圣经在所有场合都很大程度上将宗教置于情感之中；譬如畏惧、希望、仁爱、憎恨、愿望、喜乐、悲伤、感激、怜悯与热忱。"[48]

然而爱德华兹的首要关切，还是针对那些和他一样已经具有"宗教情感之核心"这一前提的人。对这些人来说，关键的问题是，如何区别真宗教与撒旦的伪装。单纯被激发起来的情感，正如他在较早期论著中所说的，并不是这种或那种决定性的证据。他在这里重申了这一观点，并扼要阐释了"不能确定表明宗教情感是真正出于恩典的，或者不是真正出于恩典的"十二种标志（实质上是宗教热忱的各种表现）。随后是一个篇幅长得多的部分，也是这部论著的核心所在：论述了"真正感恩与圣洁情感的"十二个"区别性标志"。

由这个系统性列表，人们也许会推测，爱德华兹为将真信仰者与自欺的伪装者区别开来，提供了决定性的判定标准。正相反，他最为小心谨慎地指出，这样一种方案是不可能的。唯有上帝才能评判人心。人们所遇到的一切，都是"外在的表现与外观"。[49]评判真情感，就像是在我们清晰视野范围之外试图评判物体。"在晴朗的天空里，恒星［真信仰者］是很容易与彗星［狂热的伪善者］相区分的；但是如果我们是透过云层来观察它们，就有可能看不出两者的区别。"根据他的科学思考，爱德华兹永远都对认识问题保持着警觉（譬如，当我们认识绿色时，我们所遇到的只是叶子使我们看上去为绿色的那种能力）。尽管他在处理评判灵性事物的问题时，并没有引入那种困难的类比，但他的确指出，不仅对象超越了我们所能胜任的视域，而且"腐败的普遍性……也使得我们所看见的所有灵性对象——恩典是其中之一——变得黯淡"。他进而解释道，"罪，就像是眼睛的疾病，使得事物显现为与它们本身色彩不同的颜色；亦像是其他许多疾病，使得口舌丧失了味觉。"[50]

所以，即使是个体自身也不能单纯依靠向内审视他们自己的强烈灵性经验——虽然它们是明亮可观察的。正如在《一种神圣与超自然之光》里所做的，爱德华兹描述了"灵性意识"，并将它与他所谓真实情感的"第一标志"联系在一起。这种意识，作为在堕落里丧失的对神圣事物之爱的恢复，并不是一种新官能，而是为发挥现存的各种官能而"在灵魂本性里奠定的新基础"。换言之，重生，通过改变位于人存在之中心里的爱，而改变了整个人。由此而出现的灵性意识，亦奇妙地不同于原先经验到的任何事情。所以，爱德华兹在著名的一处对洛克的间接提及中，将这种新意识比做"某些形而上学家称作新的简单观念的东西"。[51]不过，撇开这一切，这种直接经验性的经验，并非就是这种经验真实性的充足证明。

爱德华兹的"第一标志"并不是有关个体经验的（自从大觉醒以来，这在美国福音派里就变成了一种趋势），而是有关那种经验的神圣起源的。正如他对这种标志所总结的，它不是一种经验性的检验，而是一种同义反复："那些真正属灵与出于恩典的情感，的确源自对心灵的那些影响与作用，它们是属灵的、超自然的与神圣的。"[52]而这种神圣工作的真实经验，具有某些能够加以鉴定的特征。不过，尽管这种经验对真正信仰者是极其重要的，爱德华兹作为科学观察者还是警告道，罪能够扭曲感知，而撒旦也能够制造出这些特征的伪装品。所以，单单在看似深刻的经验这一基础上，人永远都无法很确定。

在对那些如此轻易依赖主观感觉的激进"新光派"展开全面进攻时，爱德华兹利用了自己年轻时的探寻发现，以及被北安普敦某些教区居民所误导的沮丧经验。《宗教情感》里最为尖锐的段落之一——如果人们意识到当撰写那些内容时，他对某些最有希望的归信者所产生失望的那种程度——是这样开始的:"在上帝的教会里,一件常见的事情就是,这些满有希望的宣信者,被看作是圣徒中的杰出圣徒,却跌落了,结果一无所成。"爱德华兹接着花很长的篇幅描述了这些徒有其表的圣徒,他们似乎完成了所有正当的预备步骤,适当地表现出了所有深刻的忏悔与极度的喜乐,他们以痛哭流涕、热爱圣经、赞美上帝、关爱他人等等证实了他们的信仰。最后他几乎在大声呼喊:"在伪善者与真圣徒之间,就所有外在表现与外观而言,是何其相像啊!"[53]

魔鬼常常通过伪造来挫败觉醒,正如他在使徒时代、宗教改革期间以及"大约一百年前"的新英格兰所做的那样。虽然爱德华兹避免使用被昌西及其他人嘲讽性地使用的"反律主义"这个术语,但他在头脑里清楚地记着围绕安妮·哈钦森所发生的争论。激进"新光派",就像他们之前的哈钦森一样,利用强化了的主观经验,来作为建立自己权威并由此评判他人的基础。爱德华兹对此回应道,"在基督所提供的指导或建议里,没有什么比他赋予我们、指导我们判断他人真诚性的规则更加清楚明白的了;亦即,我们应主要根据果子来评价树木;但这还是无法做到;还是要发现其他被设想为更具区别性与肯定性的方法。"[54]

爱德华兹的论著事实上是对宗教情感优先性的一种强有力的维护,但它论证的主体部分却是对单凭主观经验之权威性的一种抨击。既然在觉醒中压倒性的危险是自我扩张式的自我欺骗,爱德华兹寻找了一些可以遏制撒旦怂恿之恶行的迹象。在他有关真实情感的十二种标志里,有一些标志既作为那些情感的来源又作为那些情感的对象而涉及上帝。那些具有一种主观向度的标志,强调自我克制与温柔,就像被他称为"福音的谦卑"、"像羔羊或鸽子那样驯良"以及"柔和"的那些标志。真情感将表现为美德的"优美对称与协调",与常见之于伪善者那转瞬即逝的热情中的不对称相对立。

人们在这些真情感的迹象里能够看到自传性的反思。譬如,培育一种"像羔羊或鸽子那样的驯良"以及"柔和精神",正是他自己灵性操练的目标,这对处于权威位置上的人来说尤其不容易。他强烈反对骄傲的、苛责的精神,并竭尽全力要遏制传记里面的这种精神。同样地,在他对"福音的谦卑"的描述中,他亦探讨了这样一种看似矛盾的说法，即真正杰出的圣徒并不会将自己看作是比他人更杰出的圣徒。根据他对善与恶之关系的审美理解，他发现，人对神圣者之荣耀与完美的意识越深，人对自己畸形缺憾的意识也就越深。因而，在承认真正的圣徒有可能知道他们拥有某种真恩典的同时，他在结束对谦卑的论述时，严厉谴责了那些因自己的敬虔洋洋自得或表现出属灵优越感的人。"这可以被看作是可靠的标准：谁若是动辄认为，与别人相比，自己是非常出众的圣徒……并且这是他的第一念头，是自动冒出来的，是自然而然地表现出来的；那么他肯定错了。"[55]

所有恩典证据的顶点是第十二种标志："感恩的与圣洁的情感在基督徒实践里具有它们的运作与结果。"爱德华兹对这种检验赋予了迄今最长篇幅的关注。"宗教主要表现为圣洁情感，"他重复道，"但情感的那些运作——它们是真宗教最具区别性的特征——则是这些实践性的运作。"[56] 所以，判定一个人信仰的真实性，不是要去看他的情感，而是要去看他的实践。爱德华兹是作为一个经验科学家在言说的。"由于它被称为试验哲学——使观点与观念接受了事实的检验，所以也被正当地称为试验宗教——使宗教情感与意图接受了类似的检验。"[57]

爱德华兹是一个信奉圣经的人，也是一个遵守规则的人。他没有发现任何圣经规则能万无一失地确定真宗教情感，尤其是在他人那里，因为唯有上帝才能洞察人心。不过，他就真实情感应当像什么样的却发现了许多圣经规则，并坚持认为人们所能做的不过是以这些标志为自己的指导。那些按照这些指导准则省察自己的成熟的真圣徒，能够获得一种高度的确信或确据，即便他们会发现在自身之内仍有许多不完善之处，并越来越多地了解到自己的自我欺骗性。而较软弱或倒退的圣徒，可能永远都无法确定他们的真实状态，但仍会通过坚持使他们的经验符合圣经标准而获益。

爱德华兹在《宗教情感》的结尾，回答了以下的反对：这种对实践的强调可能看起来像是一种新的律法主义。正相反，爱德华兹说道，恩典的真正工作将导致对上帝诫命的遵守，这完全是审慎建立在标准加尔文主义教义的基础上的。爱德华兹完全持守旧有的新英格兰之道，即称颂恩典并按律法生活。他不想让奋兴狂热来取代那经过操练深入其骨髓的平衡。

特别是，他担心撒旦的这样一种能力：通过诉诸人的自我中心而颠覆觉醒。膨胀的人类自我是魔鬼的游戏场；在奋兴运动期间，魔鬼最喜爱的计谋就是刺激福音派的经验。爱德华兹拒绝全盘谴责对个人见证的依赖，这种个人见证后来成为福音派的规范，但他亦看到了撒旦如何利用奋兴狂热的感染性来作为他利用人类自大的手段。"真圣徒，"爱德华兹以典型的上帝中心论指出，会"对上帝的事……感到无以言表的愉悦与喜乐"。与此相对，伪善者则为自己而沾沾自喜。"伪善者在心里，首先是为自己的特殊利益，以及自认为已经获得或者将要获得的幸福，而感到愉悦与喜乐。"[58]

对这种肤浅性的最佳回答，就是克己的基督徒行为。爱德华兹在他末尾那段写道，如果"更多地通过和善的、与众不同的行为，而不是通过夸夸其谈地声称他们的经验，来表明他们的基督教更受人们的欢迎"，那么信徒群体就会变得好得多。如果他们，"以基督徒合宜的谦卑与恭敬，通过认真事奉上帝和我们的世代，而不是通过我们口头的认真与热心，站在房顶上用口来宣告那圣洁与杰出的行为以及我们心灵的活动"，那么基督徒在他们的见证上就要有效得多。产生这些结果的觉醒，他总结道，"不但不会使旁观者的心刚硬或者大大促进不敬虔和无神论，反而会通过使他们的良心确信宗教的重要性与卓越性，从而比任何事情都更加使人确信在宗教里存在着一种实在性，大大唤醒并赢得他们。"[59]

虽然爱德华兹仍然捍卫觉醒那珍贵的祝福，语气完全是建设性的，但他完全能够理解这个世界上"昌西们"所反对的那些事情。即便他的整部论著是对昌西的"理性对情感具有优先性"这一前提的反驳，但是对觉醒所发生的转向，爱德华兹几乎与那位波士顿牧师一样采取了批评态度，并采用了几乎同样的方式。新英格兰陷入了深深的分裂，并处在了宗教混乱之中。带来灵性宗教的那些过于热情的、忽视了圣经规则的人，不仅为"旧光派"的嘲讽提供了支持，而且也不知不觉助长了无神论与不敬虔。爱德华兹热切企盼的宗教奋兴到来了，但它的许多结果却不是他所预期的。

注释

[1] Edwin Gaustad, *The Great Awakening in New England* (New York: Harper and Brothers, 1957), 55.

[2] 使其立场更加脆弱的是，在前一年，马瑟一直是反对解聘 Samuel Osborn 牧师的几个当地牧师之一；而大多数人都认定 Samuel Osborn 持有自由神学观点并倾向于阿明尼乌主义。Edward Griffin, *Old Brick: Charles Chauncy of Boston, 1705—1787* (Minneapolis: University of Minnesota Press, 1980), 48—59.

[3] Ibid., 6. 在他的画像中（见本书 270 页）——时年 81 岁，人们能够看到，他的方型脸让人想起一块砖。而他手里拿着一本摆成一定角度的书，看起来也像一块砖。

[4] Ibid., 59—63.

[5] Cf. Ibid., 63.

[6] Charles Chauncy, *A Letter from a Gentleman in Boston, to Mr. George Wishart, One of the Ministers of Edinburgh, Concerning the State of Religion in New England* (Edinburgh, 1742), reprinted in Richard L. Bushman, ed., *The Great Awakening: Documents on the Revival of Religion, 1740—1745* (New York: Atheneum, 1970), 117—119. 这封信标注为 1742 年 8 月 4 日。

[7] Samuel Buell to Eleazar Wheelock, April 20, 1742, reprinted in Bushman, *Great Awakening*, 44.

[8] Charles Chauncy, *The Outpouring of the Holy Ghost*, preached May 13, 1742 (Boston, 1742), 43—44, quoted in Griffin, *Old Brick*, 65.

[9] "An Act for Regulating Abuses and Correcting Disorders in Ecclesiastical Affairs," reprinted in Bushman, *Great Awakening*, 58—60.

[10] "Extract of a Letter from Hartford, June 15th, 1742," *Boston Weekly News—Letter*, July 1, 1742, reprinted in Bushman, *Great Awakening*, 45—49. Quotation is from the Assembly's proceedings.

[11] "Declaration with Regard to the Rev. Mr. James Davenport and his Conduct," by the associated pastors of Boston and Charlestown, July 1, 1742, reprinted in Joseph Tracy, *The Great Awakening*, repr. of 1841 ed. (New York: Arno Press, 1969), 242—243.

[12] Charles Chauncy, *Enthusiasm Described and Cautioned Against: A Sermon Preached … the Lord's Day after the Commencement …* (Boston, 1742). Available in Alan Heimert and Perry Miller, eds., *The Great Awakening: Docu-*

ments *Illustrating the Crisis and Its Consequences* (Indianapolis: Bobbs—Merrill, 1967), 228—256, quotation from p. 231. Quotations regarding Davenport are from "A Letter to the Reverend Mr. James Davenport" (prefaced to the original), xi.

[13] 这遵从了 Tracy 那具有良好文献支持的叙述: *Great Awakening*, 243—248. Tracy's quotation from Prince (p. 244) is from *Christian History*, vol. 2, around p. 408. 归之于达文波特的引文来自"大陪审团证词": Grand Jury testimony, August 19—20, 1742。

[14] Griffin, *Old Brick*, 29—31, 71—89, 127—138. Griffin 提出了"大众歇斯底里"这个用语, p. 71。

[15] Jonathan Ashley, *The Great Gift of Charity Considered and Applied* ⋯ (Boston, 1742), passim. 有关背景, 参见 Gregory Nobles, *Divisions throughout the Whole: Politics and Society in Hampshire County, Massachusetts, 1740—1775* (New York: Cambridge University Press, 1983), 50—52。

[16] Jonathan Ashley, *A Letter from the Reverend Mr. Jonathan Ashley, to the Reverend Mr. William Cooper,* ⋯ (Boston, 1743), 3. Cooper, letter in *Boston Gazette*, January 11, 1743. Other comments are in *Boston Gazette*, February 1, 1743; *Boston Evening—Post*, January 17, 24, and February 7, 1743; and J. F., *Remarks on the Rev. Mr. Cooper's Objections to the Rev. Mr. Ashley's Sermon* (Boston, 1743). 有关卒于 1743 年 12 月的库珀的传记资料, 见 *Sibley's Harvard Graduates*, 5: 624—634。

[17] *Boston Weekly Post—Boy*, March 28, 1743, reprinted in Bushman, *Great Awakening*, 51—53, 提供了一种极其片面的和无疑夸大其词的叙述。不过, 它似乎被达文波特后来的某种退让所证实, 即达文波特至少在"后来"相信他曾被邪灵附体并在身体上有病。Cf. the accounts in Tracy, *Great Awakening*, 248—249, C. C. Goen, *Revivalism and Separatism in New England, 1740—1800* (New Haven: Yale University Press, 1962), 68—70, and Peter S. Onuf, "New Lights in New London: A Group Portrait of the Separatists," *William and Mary Quarterly*, 3d ser., 37, no. 4 (October 1980): 627—643, for context.

[18] 爱德华兹致萨拉·爱德华兹, March 25, 1743, *Works*, 16: 104—105。

[19] Goen, *Revivalism and Separatism*, 70, quotation is from *Diary of Joshua Hempsted* (New London, 1901), 407.

[20] "The Rev. Mr. Davenport's Retraction," July 28, 1744. 与它一同发表的还有

有关其处境的一些信息，见 Tracy, *Great Awakening*, 249—255。Tracy 指出一种虚弱的身体状况伴随着达文波特的精神躁动，并推测从先前状态中的康复有助于解释他的退让。爱德华兹的直接作用，尽管没有直接言及，但却通过他于 1744 年 7 月 13 日写给惠洛克的书信——这个引文就来源于它——这第一手报告而得到了表述。

[21] 爱德华兹致摩西·莱曼，May 10, 1742, *Works*, 16：102—103。

[22] "Fair copy of Kingsley Case, Congregational Library, London, MS II c 1/59," typescript furnished by Works of Edwards project. 有关金斯利更早的信仰告白，见 Catherine A. Brekus, *Female Preaching in America*：*Strangers and Pilgrims*，1740—1845（Chapel Hill：University of North Carolina Press，1988），23。参见 Brekus 对这一事件的有益叙述，ibid., 23—26，以及对"新光派"女性布道者所做更大范围的论述。

[23] Stephen Foster, *The Long Argument*：*English Puritanism and the Shaping of New England Culture*，1570—1700（Chapel Hill：University of North Carolina Press，1991），291。Foster 对这些分歧的长期动态发展提供了富有见地的观察。

[24] Geon, *Revivalism and Separatism*，58—64；Gaustad, *Great Awakening*，74—76。Elisha Williams, *The Essential Rights and Liberties of Protestants*：*A Seasonable Plea for the Liberty of Conscience and the Rights of Private Judgment*（Boston，1744）。一份摘录见之于 Heimert, *Great Awakening*，323—339。

[25] Edwards to the Reverend Ebenezer Pemberton，December 2，1743，*Works*，16：113—114。爱德华兹在这里具体面对的是这一问题，即米尔福德"新光派"是否必须使自己服从于殖民地的大多数教会规则。尽管有这些强烈声明，但爱德华兹还是未能对这一特定案例做出评判，其借口是未能听取双方的意见。

[26] 爱德华兹致埃尔内森·惠特曼，February 9，1744，*Works*，16：128—133。Biography of Elnathan Whitman in Franklin Bowditch Dexter, *Biographical Sketches of the Graduates of Yale College*，vol. 1（New York：Henry Holt，1885），343—344。

[27] 1743 年 5 月，爱德华兹在女儿萨拉陪同下，骑马前往波士顿去；其中部分路程是同托马斯·克拉普结伴而行的，见 *Works*，16：153—172。

[28] Tracy, *Great Awakening*，286—302，提供了对这些集会的最全面叙述，包括重印了这两份声明和来自相关文献的资料。1743 年 6 月 30 日的汉普夏县信件——其中斯蒂芬·威廉姆斯是第一个签署者——参见 *Works*，16：

111—112。

[29] 一份有助益的述评，可参见 John E. Van de Wetering, "The *Christian History* of the Great Awakening," *Journal of Presbyterian History*, 44, no. 2 (1966): 122—129。

[30] *Boston Evening Post*, July 4, 1743. Cf. March 14, May 30, and June 13. Cf. account in Frank Lambert, *Inventing the "Great Awakening"* (Princeton: Princeton University Press, 1999), 193, 201—203; and "Thomas Prince," *Sibley's Harvard Graduates*, 5: 356.

[31] Perry Miller, *Jonathan Edwards* (New York: William Sloane, 1949), 175. 双方在他们徒劳无益的斗争中正在玩弄一种数字游戏，以试图为他们的竞争性宣言赋予这种神职人员集会应当具有的那种权威性。即便"证词与建议"比更早的"旧光派""证词"拥有更多的圣职人员签名，但1743年8月25日的《波士顿晚邮报》指出，它的111位圣职人员，在新英格兰大约400名建制教会圣职人员中，仍远未达到多数派地位。见 Lambert, *Great Awakening*, 203—204 对人员的总结。"新光派"争取到了马萨诸塞250名牧师中的90个位子——这是他们的首要关注焦点。

[32] Griffin, *Old Brick*, 73—79.

[33] C. C. Goen, "Introduction," *Works*, 4: 82n—83n, 提供了一份分两栏排列的论证与反证的对照表。

[34] Charles Chauncy, *Seasonable Thoughts on the State of Religion in New-England* (Boston, 1743), vi—xxx, 329—330, and passim. Cf. Griffin's excellent discussion, *Old Brick*, 81—88. Goen, "Introduction," *Works*, 4: 89—97, 为这种交流争论提供了一种有益的总结。昌西还帮助了下列匿名著述的出版：*The Wonderful Narrative; Or, A Faithful Account of the French Prophets ... To Which Are Added, Several Other Remarkable Instances of Persons Under the Influence of Like Spirit ... Particularly in New England* (Boston, 1742), Gaustad, *Great Awakening*, 89n. 大约与此同时他还出版了 *A Letter from a Gentleman in Boston*, 出处同上。

[35] Chauncy, *Seasonable Thoughts*, 327.

[36] *Some Thoughts Concerning the Present Revival of Religion in New England*, *Works*, 4: 296—297.

[37] Ibid., 397. 我感谢 Timothy Keller 指出了这个段落。

[38] *Some Thoughts*, *Works*, 4: 399.

[39] 正如在一些布道里, *The Pure of Heart Blessed* (1730), *Works*, 17: 67;

Charity Contrary to an Angry Spirit (1738), *Works*, 8:277.

[40] *Christian Knowledge: Or, The Importance and Advantage of a Thorough Knowledge of Divine Truth* (1739) in *Works of Jonathan Edwards*, ed. Hickman, 2:158.

[41] Chauncy, *Seasonable Thoughts*, 327, 384. Cf. Griffin, *Old Brick*, 85—87. See *Old Brick*, p. 197n74. 后来，在回答以斯拉·斯泰尔斯就最伟大美国人所做询问时，昌西对其做出了高度评价：与斯托达德相比，"他外孙'爱德华兹先生'是最伟大的人。"

[42] Norman Fiering, *Moral Philosophy at Seventeenth-Century Harvard: A Discipline in Transition* (Chapel Hill: University of North Carolina Press, 1981), and Norman Fiering, *Jonathan Edwards's Moral Thought and Its British Context* (Chapel Hill: University of North Carolina Press, 1981), 提供了对这一点的最佳解说。

[43] 爱德华兹致詹姆斯·罗布，May 12, 1743, *Works*, 16:108—109。

[44] 爱德华兹致托马斯·普林斯，December 12, 1743, *Works*, 16:125—126。在爱德华兹的下列书信里：Edwards to William McCulloch, March 5, 1744, *Works*, 16:134, 他将新英格兰觉醒开始衰退的日期确定在了两年以前。而这同比尔在北安普敦事奉余波中出现过分之处是同时发生的。Described in Edwards to Prince, *Works*, 16:120—121.

[45] 爱德华兹致詹姆斯·罗布，May 12, 1743, *Works*, 16:109。

[46] Dwight, *Life*, 223, 认为这些布道可能是在这个时候发表的。

[47] *Religious Affections*, *Works*, 2:86—89. 参见，标题页上所引用的《利未记》9章和10章的段落。讲述的是在人们向主所带给祭坛的火欢呼膜拜后，亚伦的儿子，"拿答和亚比户，又献上了耶和华没有吩咐他们的凡火"，于是主就毁灭了他们。

[48] Ibid., 95, 96—97, 102.

[49] Ibid., 181.

[50] Ibid., 194—195.

[51] Ibid., 205. 有关爱德华兹的科学思维及与洛克的分歧，参见前文，第4章。

[52] Ibid., 197.

[53] Ibid., 182—183. 见 Ava Chamberlain, "Self—Deception as a Theological Problem in Jonathan Edwards's 'Treatise Concerning Religious Affections,'" *Church History* 63, no. 4 (1994): 541—556, 这对一些当今分析是一种重要的基础。爱德华兹在下列书信里明确承认了他的过高评估：Edwards to

Thomas Gillespie, July 1, 1751, *Works*, 16: 380—387。
[54] *Religious Affections*, 87, 185.
[55] Ibid., 329.
[56] Ibid., 453.
[57] Ibid., 452.
[58] Ibid., 249—250. John Piper, *God's Passion for His Glory* (Wheaton, Ill.: Crossway Books, 1998), 35, 指出了这些观察所具有的"令人惊奇的现代相关性"。
[59] *Religious Affections*, 461.

18

不再是一座典范之城

爱德华兹被他的会众驱逐了吗？1744年初，在经过了教区教牧史上最为引人瞩目的几十年中的一个"十年"后，很难想象到1750年之前他会离开。心怀钦佩之情的塞缪尔·霍普金斯——他于1744年仍然是爱德华兹家里的常客——后来写道，"爱德华兹先生非常高兴人们多年来对他表示的尊重与热爱，而且他的余生也极可能受到同样的对待。"事实上，霍普金斯宣称，"他几乎是新英格兰最不可能受到他的人民反对和被抛弃的牧师。"[1]

爱德华兹本人在公开场合是乐观的，如果不是有所保留的话。1743年12月，在为托马斯·普林斯的《基督教历史》撰写一份有关北安普敦过去几年里觉醒状况的报告中，他对事情还做了最佳解释，并希望通过他"这座山上之城"的经验来陶冶教化国际读者。虽然奋兴之火在去年已经冷却，而他也在担心，有"相当数量的人"可能会"可悲地自欺"，但这一点被"一大批"当中"存在突出恩典的亲切表现"的人远远超过了。就他所知道的而言，在认信的基督徒当中并没有发生几例触犯"可耻之罪"的情形。而在过去三十年里为害这个城镇的臭名昭彰的党争精神也大大减弱了。本城镇居民近来还解决了一种极其麻烦的争执——它使得公共土地的老理想与新近对私有财产的强调发生了冲突。在为这个问题争斗了十五年后，他们允许居民砍伐位于私人的但却未开垦的指定地带上那些急需的林木。[2]这种约定限于十年之内,但却证明了爱德华兹在1742年通过制订城镇盟约所希望培育的那种基督教精神。[3]

到1744年3月,爱德华兹对觉醒之长期影响的希望遭到了严重挫折。在写给一位苏格兰通信者威廉·麦卡洛克(William McCulloch)牧师的书信里,他承认,他曾过于乐观地认为,觉醒可能是千禧年之前岁月的黎明。麦卡洛克曾经在他靠近格拉斯哥的坎伯斯朗(Cambus-lang)教区里,有幸目睹到苏格兰最伟大的宗教奋兴之一。然而麦卡洛克对它的直接前景却比爱德华兹更为谨慎。他同意爱德华兹的看法,《以赛亚书》59:19明显预言了上帝将在从西方向东方扩展的最后世界性觉醒中获得胜利,但他相信爱德华兹未能提及必定会在那些"荣耀之日"之前出现的"某种可怕的打击或试炼"。[4]而总是试图对撒旦的反击保持警觉的爱德华兹,也准备从发表在《一些思考》里的那些更振奋人心的希望中退却。他如今则报告到,新英格兰当前的状态"在许多方面都非常令人沮丧"。[5]

在北安普敦,爱德华兹在过去十五年里所建立起来的东西,在一场小城镇的争吵中分崩离析了。大约在爱德华兹给麦卡洛克写信前后,他获知,他会众里一些年轻人,全都介于21岁到29岁之间,一直都在传阅一些有关民间医学与助产术的图书;他们以一种猥亵玩笑的方式从那些图书里为彼此引用一些东西,并利用那些图书里的知识来讥讽年轻女性的月经现象。使事情更加糟糕的是,这些图书被用于这种淫秽乐趣已经长达五年之久了。三个年轻人,奥利弗·沃纳(Oliver Warner)——一位有进取心的学徒,用十先令的价码将那本主要图书提供给他人传阅——以及堂兄弟俩蒂莫西(Timothy)与西蒙·鲁特(Simeon Root),是首要冒犯者,但有二十来位大都是未婚的男青年也顺带被卷入其中。除三人外,其余全都是教会成员。[6]

塞缪尔·霍普金斯——他至少在发生这个事件的部分时间里待在波士顿(正是在5月份他护送杰鲁沙去了波士顿)——报告道,爱德华兹在北安普敦地位的转折点,是他最初处理这场危机的策略失误所引发的。按照霍普金斯的说法,当爱德华兹获知这种猥亵行为并收集了一些初步证据时,他将这个问题带到了教会。"又要谨慎,恐怕有人失了神的恩，恐怕有毒根生出来扰乱你们，因此叫众人沾染污秽。恐怕有淫乱的，有贪恋世俗如以扫的……"（来 12：15—16）爱德华兹就这段经文进行了布道后，要求"教会的弟兄"在主日崇拜后留下来听取这件事情。他们很快就同意挑选这个群体里一些重要人物以辅助牧师听取这个案件。这对一件至少具有半公共特征的事情来说，全都是标准程序。

爱德华兹宣布了该委员会在他家里集会的时间，并犯了一个重大的失误，他宣读了一份被指令到那里去报告者的名单。这份名单既包括一些被指控者也包括一些见证者，但爱德华兹没有做任何的区分。其中一些被点名的年轻人来自一些名门望族，或与他们有关。按照霍普金斯的说法，在这些城镇居民到家以前，一些重要公民就已经在谴责这一程序了。而到该委员会开会时，"整个城镇突然处在了群情激昂之中"。[7]

这个案件并不只是一位过于热情的牧师，当他获悉一些年轻人对有关性与助产术图书做了色情利用后，试图压制一些轻微不当性行为。爱德华兹憎恶，特别是作为对更高级灵性事物之美的一种干扰的性放纵，但他也知道，年轻人总是易于落入隐秘的性犯罪，并且可能除了宗教奋兴的高峰期之外，在这个城镇年轻人中总是存在着一些放荡的社交行为。他不能指望压制每一种私下里的不端行为。教会纪律通常是为重罪譬如通奸所保留的；而即使是这类事情，在成为一种教会纪律问题之前，也会在私下加以处理。[8]爱德华兹也清楚，对医学书中性知识的淫秽利用，算不上当库房门关上之后所发生的更糟糕事情。然而他确信，在这个案件里存在着一些因素——他起初也说服了会众里的那些重要人物——使得它成为了不仅仅是普通性行为不端的事情。

随着这个城镇出现的躁动，爱德华兹为自己的行为提供了辩护。我们仍然还拥有他留下的笔记（一直都很节俭的爱德华兹将这些笔记记在了三张扇形纸上，显然那是萨拉和女儿们制作纸扇剩下的碎纸片）。[9]人们在说，牧师不应该主动发起这样一种调查。他反驳道，"当担心船只会触礁时，船长不应做出调查吗？"所有协会，包括教会，都有自我保护的权利。作为守护者，他有义务敲响警钟。即便没有其他人提起正式申诉，如果他本人看到了一种危险，他也不能不负责地忽视它。

使他将这个案件带到教会里的关键一点在于，这种冒犯属于公共事件。假如它是私人事务，那么他会遵从圣经《马太福音》18章的命令在私下里加以处理——正如一些人现在认为他应当做的。他的回答是，这个事情已经成为了一桩颇为著名的事件，而且如果不审查证人也无从断定这种淫秽行为的程度，那必将使整个事情变得更加臭名昭著。

即使按照今天的标准，这种行为也会引起公众的关注。男人在就性问题戏弄或嘲讽女性。譬如，乔安娜·克拉克（Joanna Clark）作证说，大约一年前，奥利弗·沃纳曾奚落过她和其他人，"什么时候月亮会改变姑娘？过来，让我看看你的［脸］，看看你脸上是否有青眼圈。"这是人们从一系列由托名亚里士多德撰写的著名手册中，所能够获知的一种"学问"。一个流行版本，《由三部分组成的亚里士多德名作全集：揭示在人之产生上的自然奥秘》，正如其副标题所表明的，主要描写了男女解剖学和性功能方面的知识与"学问"——是以一种科学语调加以表述的但又想用"秘密"知识来挑逗人们的好奇心。[10]另一本书则是更为直白的助产士手册：《助产士正确指南》；来自北安普敦一个显赫家族的伊丽莎白·波默罗伊（Elizabeth Pomeroy）作证说，她发现这本书藏在她家的烟囱里——不是被她母亲藏在那里。[11]玛丽·唐宁（Mary Downing）作证说，两年前，奥利弗·沃纳和其他人曾读过一本书："他们全都读过。他们对女孩子嘲笑与取乐的内容是肮脏的、令人不齿的。他们似乎在吹嘘他们了解女孩子，知道那些属于女孩子们自己的事情。"塞思·波默罗伊少校的一名奴隶芭谢巴·内格罗（Bathsheba Negro）则补充道，那些取笑书本和女孩的人"想要吻她们，想要抓住女孩子并摇晃她们。尤其是蒂莫西·鲁特"。玛丽·唐宁则进一步作证说，就在最近两周前，另一个男青年还提到过"一本接生婆的书"，然后大笑起来并"谈论了极其下流淫秽的东西，我从未听到有哪个家伙会说得那么过分"。在他离开后，那里所有的年轻女孩都同意，"我们从未听到从哪个男人嘴里说出那样的话。我觉得那几乎不可能是从人嘴里说出的话。"[12]

按照今天的标准，这将是一个性骚扰案例。我们可以补充的是，爱德华兹毕竟是一些正值青春期女儿们的父亲。所以人们可能会明白，为何他会被那种反复出现的行为方式所激怒。就那些见证人而言，他已经得知那些冒犯发生在了一群女性身上——他女儿们或他家里其他女性还可能与她们有联系。他的行为可以被看作是站在了那些女性一方；而那些女性，一旦被鼓励开口，就有真实的申诉。

不过，试图按照我们当代的规范来为爱德华兹做出辩护，至少是部分地犯了时代误植错误，因为他是透过完全不同的透镜来看待这些事情的。调戏妇女实际上会引起严重的公众关注。[13]爱德华兹一生中大部分时间都生活在女性围绕的家庭里，由此产生的敏感性也许增加了他对"男性对女性所说话语打破了那些禁忌"所产生的厌恶。然而他思想最突出的部分，却是极其不同于当今大多数标准的。他不仅严格从一位牧师的角度来对待这件事情，将个人情感置之度外，而且，就像对待其他任何事情一样，他是从圣经的角度来看待这些事情的。他对北安普敦人表明的主要观点是，这些冒犯是"丑闻性的"。而在圣经意义上，"丑闻"意指一种绊脚石或者会在灵性上损害人的东西。他引用了无数圣经经文来证明这一点：最清楚的是《罗马书》14：13："谁也不给弟兄放下绊脚跌人之物。"他指出，其他一些章节则明确谴责了性犯罪，譬如偷看女性裸体，即便在想象中。而这件事情成为一种教会公共关注的关键则在于，那些冒犯者将那些行径勾当传递给了他人并导致了他人的跌倒。《歌罗西书》3：8说道，"你们要弃绝这一切的事，以及恼恨、忿怒、恶毒、毁谤，并口中污秽的言语"；而其他章节也使得这种圣经要求成为了确凿无疑的。[14]

爱德华兹在那时并没有将这个问题看作是一个性问题，而是一个威胁灵魂的具有传染性的公共言论问题。年轻人已经组成了一个淫欲好色的"秘密组织"，并在腐蚀败坏着其他年轻人。大多数卷入其中的人都是正在领受圣餐的教会成员。那些在年轻人中正在鼓动一种亵渎文化的人，已经制造了绊脚石，并威胁着他们邻人的永恒命运。[15]

对于爱德华兹来说，这个发现最令人恼火的一点就是，大多数卷入其中的年轻人都是他的属灵儿女。他清楚，他们在酒馆里面和库房后面所推动的那种引诱文化，正是觉醒的一种强有力的对抗运动。一种亵渎与不敬虔的年轻人文化的重新出现，能很快颠覆在国际上闻名的宗教奋兴的成功。年轻人曾一直是他作为牧师成功的核心。他在他那著名的《忠实叙述》里，已经告诉了世界这样一个故事：当他从外祖父那里继承了这个牧群时，许多年轻人都处在失控状态——在聚会中失礼失敬，并习惯于在主日夜晚嬉笑打闹、粗鄙放荡的言辞以及其他一些淫荡行为。他在 1734 至 1735 年觉醒中最大的胜利，就是大大减少了这类行为在公众中的表现——不是通过压制它，而是通过组织年轻人的宗教聚会，通过培育一种具有感染力的属灵氛围，这样在一段时间里年轻人似乎只谈论属灵事务。

大部分涉足淫秽性利用图书的年轻人，在第一次觉醒时还处在青少年初期并从那时加入了教会。[16] 在两次觉醒的间隔时期，爱德华兹感到北安普敦的灵性状况降至低谷，并看到一些旧有的习俗惯例重新出现。1738 年，在一次圣餐主日的下午布道里，爱德华兹讲述了约瑟是如何逃脱波提乏妻子的引诱。他指出，所有人性经验都表明，某些做法会导致罪恶。譬如，流连于酒馆里酗酒和打牌，在整个历史上都表明会导致诸多恶行。更可怕的是，"尤其是不同性别的青年男女和衣同睡的习俗——尽管它本身没有什么，尽管随便的人会为它受到谴责而发出嘲笑。"不仅男女和衣同睡的习俗，还有深夜嬉笑打闹和跳舞的惯例也在死灰复燃。"当聪明人说，'跳舞有时'时，"他讽刺地指出，"那并不证明深夜就是跳舞的时间。"夜晚寻欢作乐，肯定会导致"严重罪行的经常性发生；尤其是通奸罪"。如果有年轻人刚刚领受了圣餐，但却尚未逃离这种难以抗拒的诱惑，那么（正如圣经所说）他们就是在"吃喝自己的罪了"。[17]

由于一直都对斯托达德式的教会成员标准感到不自在——因为那增加了世俗之人亵渎对上帝最圣洁的崇拜的可能性，爱德华兹长期以来都在利用圣餐礼拜的机会，来警告伪善的可怕危险。不按理吃喝，他警告会众，就像嗜血动物吃基督的身体，就像谋杀者在恶意中吃掉它："就是干犯主的身、主的血了"（林前 11：27）。这就好比是穿着蓄意用粪便玷污的服装来到一位伟大国王面前。[18] 因为爱德华兹很看重基督圣洁的属灵临在，不仅是在饼与酒里，而且还是在所有崇拜里，所以那些警告延伸到了对正当崇拜"仪式指令"的任何不崇敬上。伪装赞美基督，而所过的生活却在嘲讽他，而且无意改正；这就像是加入了那些嘲笑他被钉十字架并大叫"恭喜，犹太人的王啊！"的人。[19]

世俗之人在圣餐礼上的伪善性尤其应当加以谴责，因为那种仪式涉及对盟约的最庄重更新——基督在圣餐礼中为盟约加上了封印。"那会是多么可怕的一种嘲弄啊"，爱德华兹在一典型的段落里呼喊道，"明确答应并承诺拥有那种盟约……但实际上……却听凭自己生活在相反事物中：与福音相反，与基督的圣洁宗教相反！"这些伪善者"沉湎于他们那肮脏的肉欲里并从它们那里而来，却佯装像圣徒那样，纪念基督的死，吃他的身体、喝他的血，并把自己献给基督，然后从上帝的圣餐桌前离开，又重新返回到了他们的老路上"。[20]

到 1744 年这仍然是问题的核心。在他为自己所做辩护的笔记里，他的结语是，"我为什么不能给这些人举行圣餐仪式。"考虑到他未来与会众的关系，这些话语可以被看作是夜间响起的无人不知的火警。他正与其进行斗争的这种令人震惊的反灵性文化，是一种教会值得关注的事情，因为教会本身正在受到腐蚀。那些按照斯托达德风格在教会与城镇之间不做区分的城镇居民，认为那些年轻人的行为不过是通常的不检点行为，试图压制消除它们是不现实的。而爱德华兹则认为，它对教会的纯洁与年轻教区居民的健康至关重要；他们中可能会有越来越多的人自食其果，受到审判。斯托达德式的做法，的确会禁止犯有丑闻行为的人领受圣餐。然而对爱德华兹来说，如果这个城镇不愿意仔细省查那种规定究竟意味着什么，那么就应该重新思考这如此混淆教会与城镇界限的整个系统了。

爱德华兹在两年前就已经试图通过庄严的盟约来解决这个问题了。当成年人宣布放弃各种争斗并承诺活在基督教的爱里时，年轻人——他们再次处在觉醒的核心——亦承诺放弃青春期的各种罪。他们庄重承诺，"决不让自己参与青年人的那些消遣和娱乐"，它们"会罪恶地妨碍宗教里最敬虔、最投入的精神"。特别是，他们发誓"要在结伴交友中严格避免旨在激发或满足淫秽欲望的放肆和过分亲密行为"。[21] 如今，爱德华兹发现，一些年轻的教会成员，一直都在参与他们已经郑重宣布放弃的那种行为。虽然他总是对性方面的罪感到不安，但这个案例则因既违背了盟约又背叛了国际觉醒运动而变得非常复杂。

爱德华兹对更大的问题怀有极大的关注。他刚刚在托马斯·普林斯的《基督教历史》上发表了对最近奋兴的报告；其中，他主要描述了这种庄重盟约作为供整个世界观看的典范。爱德华兹的叙述的确注意到，"一些年轻人可悲地丧失了宗教上的敏锐与活力，以及许多严肃与庄重的精神。"[22]而现在，他对某些年轻教会成员的这种颠覆性亚文化的深度，又有了新的认识。

根据初步调查，爱德华兹发现，那种行为不仅在性质上是一种性丑闻，而且它还涉及一种年轻人的、有意蔑视教会权威的"地下组织"的扩展。几位主要见证人——她们讲述了一些调戏年轻女性的最卑鄙实例——作证说，那些男青年一直在阅读"一本他们戏称为圣经的书"。尤其是蒂莫西·鲁特还将其称作"年轻人的圣经"。[23]在一个很少有什么神圣的对象、圣经是其最高权威的加尔文主义社团里，这是严重的亵渎神圣行为。

对教会权威的不恭不敬，很快就变成了一个更大的问题。在早先教会聚会期间，当爱德华兹要求会众在常规崇拜后留下来以便提醒他们注意这一情况时，就有人看到蒂莫西与西蒙·鲁特在耳语和发笑。很快地，也许是因一些重要公民对这一程序怀有抱怨壮了他们的胆，他们的不尊敬转变为了公开蔑视。被指控者与见证者聚集在爱德华兹家里等待教会委员会的面谈。这个委员会是一个令人敬重的团体，包括约翰·斯托达德上校、爱德华兹以及其他四位重要人物。当该委员会审议和召见证人时，要求其他人在外边等候，可能是坐在几条硬长凳上。那是一个天气晴朗的春日时光。当委员会的房门打开时，西蒙·鲁特大声说道，"我们在这里干吗？我们不要在这里待一天。"接着，鲁特兄弟还让人进去询问，他们是否能出去吃点东西。那个人回来告诉说，"委员会非常不高兴。"蒂莫西·鲁特则戏剧性地宣称，"我不会崇拜假发套。"当其他人提出反对并认为一些人应当受到尊重时，鲁特只是不断重复说，"我不会崇拜假发套。"

在大肆挑衅后，蒂莫西·鲁特和他堂兄弟西蒙平静地走了出去。接着有人看到他们在酒馆里与"一群人待在一起，他们要了一大杯蛋奶酒并喝干了它"。返回爱德华兹家后，这两个造反者劝说其他年轻人也到外面去。蒂莫西·鲁特，以"加尔文主义对人性的负面看法如何使人成为一个革命者"这一出色的例子，宣布这个委员会"只不过是由一点泥土塑造成的人而已"。他还接着说道（以不那么加尔文主义的用语），"我屎也不在乎他们任何人"、"我屁也不在乎他们任何人"。不过，这种革命受到了限制，因为那些男青年最远只是走到爱德华兹家院子的后边，并在那里玩起了蛙跳和其他游戏。然而他们却表明了他们的蔑视姿态。蒂莫西·鲁特最后完全离开了这里，并怂恿其他人也这么做。"如果他们与我有什么事，"他大声宣告，"他们会来找我。我没有必要再在他们的臭屁股墩上等下去了，像我已经做过的那样。"[24]

最终，这个委员会还是惩处了鲁特，但这个案件一直拖到6月份才得以解决。与此同时，随着争执的持续，这个城镇充满了怨恨之情。最后，该委员会只是要求为首者做出了公开忏悔。这可能反映了这个城镇抵制使每个冒犯者都成为一种公共警戒的意图，但它亦与爱德华兹的这一观点相一致，即他最关注的是那些冒犯具有丑闻或绊脚石的特征。

最后，蒂莫西与西蒙·鲁特的忏悔根本就没有提到性冒犯，即使这在证词里获得了大量文献证据。相反，他们的忏悔只涉及"在后来处理这个事件的程序中，他们对这种教会权威的耸人听闻的轻蔑行为"。[25] 也许，城镇压力迫使爱德华兹和该委员会放弃了对那种性不检点行为的任何公开申斥。爱德华兹为奥利弗·沃纳起草了一份只是涉及性行为的忏悔书，其意图可能是通过使沃纳在教会前宣读这份忏悔书而使他成为一种公共警戒。在其中，沃纳会承认那些"非常下流与淫秽的表达"，尤其是在（报告了他那些调戏话语的）乔安娜·克拉克与芭谢巴·内格罗所见证的情形中。那种语言"对一个基督徒是不适宜的，具有一种极坏的丑闻性质"。爱德华兹注明，鲁特兄弟的忏悔"在1744年6月得到认可"；但却没有为沃纳的忏悔留下类似的标注。所以有可能是，爱德华兹为最大的公共性冒犯案例起草了那份忏悔书样本，但它却从未获得实施。对此我们无法断定。[26]

这个事件如今往往被称作"坏书案"，但这是误导性的。这种指称适合于图书审查的老套故事。19世纪一些大众解释者推测，爱德华兹试图压制诸如《帕梅拉》（*Pamela*）那样的小说（结果却是，我们现今发现那正是爱德华兹家拥有的一部小说）。[27] 另一种指称，"'年轻人的圣经'案",要稍微好一些。它表明,那种冒犯更多在于公开言说的东西而不在于私下阅读的东西。它亦突出了亵圣、伪善与"丑闻"等问题,而这些对爱德华兹因那些淫秽公共言论感到惊愕是至关重要的。

解读这个事件的一种方式,就是将它看作是变化中的性风俗与性别关系事件。清教徒长期以来都试图约束性行为并压制放荡的性言论。18 世纪 40 年代在北安普敦发生的冲突,与 17 世纪头几十年在清教统治下英国城镇所发生的那些冲突,在性质上大同小异。[28]任何性压抑方案,都将卷入与酒馆和青年文化的持久斗争。不同之处在于,在像北安普敦这样一直拥有权威主义教牧领导的城镇,性言论显然在公共领域受到了长期压制。

在"'年轻人的圣经'案"这一尴尬结局中,最显著的特征就是那些冒犯者并不是 14 岁的男孩,而是像 14 岁男孩一样行事为人的二十几岁男青年。他们被女性生理学基本知识而激发的兴奋程度,表明了一种明显的性不成熟。而相应地,这类主题能够成为经年欢愉的来源,亦表明了对那种知识之公开来源的显著压制。

1734 年至 1735 年非凡大觉醒的起源,可能是与一大群未婚年轻人关联在一起的。由于没有新土地,年轻男女推迟了婚姻并继续同父母生活在一起。[29]具有这种不明确身份地位的年轻成人,极其易于接受宗教奋兴。但无论如何,当觉醒的热情逐渐消失后,那些多年来生活在公共约束下的男青年,很容易为最简单的性暗示而兴奋。使他们的处境愈加紧张的是,性风俗与性别关系在不列颠世界里也处在变化之中,它们一直以来都是这样。历史学家阿娃·张伯伦(Ava Chamberlain)指出,在 18 世纪 40 年代,除了"年轻人的圣经"案,爱德华兹还处理过三宗有争议的父亲身份案。在每个案例中,年轻男性都对爱德华兹与教会的评判提出了质疑或争辩,并因而被额外指控为蔑视权威或逃避责任与惩罚。根据张伯伦的理解,这些案例表明了旧有社团理想的崩溃,以及对允许男性比女性享有更大性自由的肯定。[30]

如果我们在英国文化越来越肯定男性性自由权利这样一种处境里,来考虑在觉醒了的北安普敦对年轻男性之公共性言论的压制,那么我们就能想象,那种怨恨一直都在积聚或增加着。即使当爱德华兹和觉醒看来正在取得巨大成功之时,对未婚年轻男性的压力也是巨大的——还更是如此，因为他们意识到了在其他地方存在着完全不同的标准。一旦觉醒崩溃了，由此产生的怨恨就会毫无约束地暴露出来。爱德华兹将至关重要的意义赋予了那在城镇其他许多居民看来是无足轻重，甚或是孩子气和令人反感的琐细行为。他越是那么做，他就越是丧失了人们的支持。霍普金斯指出，作为这次事件的结果，爱德华兹"大大丧失了他的影响力"，尤其是在年轻人当中；而这"似乎在很大程度上结束了爱德华兹在北安普敦的有用性"。[31]爱德华兹本人后来则将它指称为"产生了极大反感的事情，由此我变成了极其讨厌的人"。[32]

针对爱德华兹一家的怨恨如今以其他方式表现出来了。[33]正如在许多新英格兰城镇一样，就牧师的薪俸已经产生了一些张力——这是在每年城镇会议上加以决定的一个税收问题。1744年，当"年轻人的圣经"丑闻演变成熊熊烈火之时，这个问题就成为在表面下郁积燃烧的事情。[34]而构成薪俸争执基础的则是通货膨胀。爱德华兹的薪俸，尽管相对不少，但却无法赶上物价上涨与家庭增长的双重压力。而且，由于金钱不足，支付常常拖延。1744年3月，掌管家庭财务的萨拉，请求城镇支付拖欠的薪俸，并表示"爱德华兹先生处在如此大的负担之下，没有那些薪俸他的生活就难以为继"。[35]

到11月，随着牧师与城镇之间的关系受到年轻人争执的损害，一个小城镇的所有狭隘小气都在薪俸问题上呈现出来了。萨拉和女儿们面对批评首当其冲，以至于爱德华兹写了一份正式答辩，他抱怨说，当城镇在春季慷慨表决为他额外增加五十英镑时，出现了"对我和我家人的许多嫉妒，仿佛我们在铺张浪费似的"。一些城镇居民"觉得我们花费的方式，我们穿戴的服饰以及诸如此类……有诸多过失"。爱德华兹相信存在着一些事实性错误，所以他提议就一些存疑问题，特别是"对我为孩子们积存财富的问题"，提供一份完备的报告。[36]

这个家庭偶尔展示某种贵族作派的一条线索，是一张留存下来的账单——爱德华兹在1743年3月用它写上了布道笔记；这个账单表明用11镑（大约一周的薪俸）为"爱德华兹夫人"购买了"一副金项链和链坠"。[37]另一条线索，是一个银质美人斑盒（silver patch box），用以装毡制的"美人饰片"；它是后来在爱德华兹于斯托克布里奇的财产中发现的。而另一方面，当爱德华兹于 1758 年去世时，他的遗产清单也表明他没有多少奢侈品。这个家庭拥有十八套餐具刀叉，这在仍然经历着向现代饮食习惯转化的一代人那里，是上流绅士阶层的考究之处。他们还拥有几个茶壶——用来享受当时的一种新美味——和十二套瓷茶杯碟。他们拥有一打葡萄酒杯、一些其他瓷器和许多白镴盘碟。[38] 不过，在北安普敦，即使是一些时新式样的展示，也足以产生背后中伤了。

一直都随机应变的蒂莫西·鲁特，为了自己的目的，想方设法将这两种争论合并在一起。当调查委员会询问他，说"我不会崇拜假发套"是什么意思时，鲁特回答说，他只是担心某些证人不能充分表达他们的观点，因为他们会被"委员会某些成员的华丽服饰所吓倒"。他声称自己并不想表达"任何不屑或轻蔑"。很可能穿戴最好法庭服装和假发的斯托达德上校，肯定是令人敬畏的，该委员会其他一些成员显然也是如此。爱德华兹，除佩带着假发外，穿着比较朴素，而深知华贵服装问题是痛处所在的鲁特，则充分利用了这一点。

为了金钱每年向城镇提出请求，一旦提高薪俸获得同意，随后又要忍受怨恨；对此爱德华兹深感懊恼，他因此提议将他的薪俸固定下来，除非出现通货膨胀需要做出调整。即便如此，他还是不得不使他们放心，这并非是"要将你们引向陷阱里"。事实是他需要抚养一个庞大和不断增长的家庭。而且，他们的家庭差不多变成了一个旅馆，并承担着因不断增加的访客数量而带来的开支。"由于我家熟人的增多……我的家更是变成了一个人们常来常往的地方，这点在过去许多年里变得越来越明显。"[39] 尽管如此解决这种争执具有显而易见的好处，但这种争论又继续进行了四年之久。城镇继续给他增加薪俸，甚至超过了通货膨胀率；但每一年都是一场战斗，而爱德华兹并不认为他的收入能够跟得上不断增加开支的步伐。[40]

爱德华兹与教区居民日益增加的张力，具有一种更广阔的经济与灵性的维度。他试图引领这样一群人们：他们正在经历"一种从自耕农社会向农业资本主义的转变"。[41] 在正在增长着的北安普敦，资本主义市场革命刚刚处在初始阶段；但爱德华兹并不在它的赞赏支持者之列。不同于一些对自我调节市场持更乐观态度的英国同时代人，爱德华兹强烈反对自由企业，并认为它会使人性中最坏的东西暴露出来。他长期以来都在谴责渗透到社会中的自私自利的贪婪，并尖锐地将通货膨胀和价格波动等同为道德问题。"那肯定不是好规则，"他断言，"人们可以尽其所能地低进高出。"爱德华兹相信，市政当局应当做的不是纵容一种自由经济，而是调控物价，以便商品能按照它们内在的价值来出售。他断言，灾难性的价格波动，是那些"以公共社会的巨大损失和损害来推进他们私人利益"者之"贪婪精神"的结果。[42]

爱德华兹的公平社会观，与马萨诸塞第一任总督约翰·温思罗普于 1630 年在船上宣讲的《基督教爱的典范》（*Model of Christian Charity*）中的观点近似。上帝指定了等级秩序，以便作为一个共同体来加以统治，并由爱之律法将它维系在一起。在 1742 年的北安普敦盟约中，爱德华兹要求城镇居民承诺，按照公平贸易和仁爱原则来生活。1743 年，在经过四年努力后，爱德华兹终于说服他的会众，在每个安息日崇拜时为穷人设立一份募捐基金。[43]在保险业出现之前的时代，这是一项不可或缺的公共服务。塞缪尔·霍普金斯认为，爱德华兹对"向贫穷与困苦者表示出的慷慨与仁爱"保持着极大的敬意。爱德华兹常常向会众谈起，有必要为穷人保持"一种公共储备"。据霍普金斯所说，他还用私人行动证实了他的公共建议。他的许多赈济施舍都是秘密进行的。霍普金斯曾亲身经历过这样一个案例：爱德华兹听说一个人，既非熟人亦非血亲，因疾病而处在极大困苦之中；他要求霍普金斯向那个人转交了"相当大一笔金钱"，但却没有告诉其他任何人。霍普金斯深信，还存在着许多类似的事情——这些秘密会"一直保持到复活之时"。[44]不过，在 18 世纪 40 年代，这个城镇的居民倾向于看到，爱德华兹本人在坚持自己的薪俸要求而毫不松懈。相应地，他也认为他们许多人，不仅是贪婪的，而且还不愿意承认典范社会的一项基本原则：那处在权威中的人应当得到他们应得的。

对于爱德华兹来说，这个城镇争吵或争斗的恢复，预示着一个更深刻和更令人沮丧的问题。许多领受圣餐的教会成员并未显出重生生命的适当证据。"年轻人的圣经"争论以及城镇居民对其严重性的漠然处之，可能是使他失去耐心并将心思集中在长期折磨他的问题上的"最后一根稻草"。1745 年，当他撰写《宗教情感》时，在描述那将真信仰者与伪善者区分开来的标志中，这必定是他予以诸多思考的问题。许多陷入争斗中的北安普敦教区居民，欠缺某些那样的证据，譬如具有"羔羊、鸽子般的柔和精神以及耶稣基督的性情"，抑或展现出"基督教实践"这第十二种和最为实质性的标志。他在《宗教情感》里隐约提到了他观点的改变。例如，他曾说道，"应当有很好的理由，根据〔信仰〕告白的处境，认为信仰告白者不要以一种纯粹习惯性的顺从和一种指定的形式，做出了那样一种信仰告白……因为信仰的告白常常是这么签署的。"[45] 然而，目前，因认识到如果他宣布他将背离尊敬的外祖父斯托达德做法，在这个城镇很可能会引起极大的震动，他只向萨拉和一些亲密朋友透露了自己思想的全部涵义。[46]

注释

[1] Hopkins, *Life*, 53. 霍普金斯可能夸大了这个案例，因为我们的确知道那些由来已久的薪俸争执，也知道萨拉在叙述其灵性经验时所提及的与城镇人的紧张关系。

[2] Patricia J. Tracy, *Jonathan Edwards, Pastor: Religion and Society in Eighteenth-Century Northampton* (New York: Hill and Wang, 1980), 148.

[3] 爱德华兹致托马斯·普林斯，December 12, 1742, *Works*, 115—127。

[4] 威廉·麦卡洛克致爱德华兹，August 13, 1743, reprinted in Dwight, *Life*, 198—200. 见 Arthur Fawcett, *The Chambulang Revival* (London: Banner of Truth Trust, 1971).

[5] 爱德华兹致威廉·麦卡洛克，March 5, 1744, *Works*, 16: 134—142。爱德华兹现在承认，这些奋兴有可能是一个虚假的春天。利用他喜欢的这个类比，他写道，"我知道这样一些情形，在春季里会突然变得十分温暖，而没有寒流阻止万物的生长，以至于许多枝条在经过短暂的快速生长后又死掉了。也许，上帝带来灵性春天的过程同带来自然春天是一样的，即不时有阳光普照的时候，不时又间以乌云和风雨，直至最终，随着太阳越来越接近和越来越明亮，而彻底打破冬天的力量。"

[6] Thomas H. Johnson, "Jonathan Edwards and the 'Young Folks' Bible,'" *New England Quarterly* 5 (1932): 37—54. 仍然是最有价值的文献来源，因为它包括了相关文献的抄本。Patricia Tracy 在 *Jonathan Edwards, Pastor*, 160—164 中的细致探究，为这个群体增加了极有价值的人口统计数据。Tracy 在 257 页的注释里，证明这 21 个人除 3 人外都是教会成员。最为直率的带头者蒂莫

西·鲁特,就是教会成员。参加下文,注释第 25。Hopkins,*Life*,53 亦将他们描述为教会成员。Ava Chamberlain, "Bad Books and Bad Boys: The Transformation of Gender in Eighteenth-Century Northampton, Massachusetts," *New England Quarterly* 75 (June 2002): 179—203,为这个案例所揭示的正在变化中的性别关系,增加了一些重要发现。

[7] Hopkins, *Life*, 53—54。这篇布道显然丢失了。Tracy, *Jonathan Edwards, Pastor*, 161, 指出 "这个传统是 1765 年由塞缪尔·霍普金斯的传记……发明的",并表明了霍普金斯的叙述是不可靠的。Tracy 发现,只有一、两个被指控者来自 "最重要家族"(尽管霍普金斯还增加了一句 "或相关联的")。Tracy 认为城镇人能够将这份名单上的被指控者与女性证人区分开来。我们拥有看来是爱德华兹手写的那份名单;它包括十个年轻男性,然后是两名城镇医生,最后是十名女性和一名男性,见 Johnson, "'Young Folk' Bible,'" 42—43。然而,即便这就是爱德华兹所阅读的那份名单,其中也没有任何事情是与霍普金斯的叙述相抵触的。霍普金斯对这个事件的了解,或者是作为一个见证人,或者是在争论进行期间听到了城镇人的广泛议论;这个事件看来给他留下了栩栩如生的记忆。

Sylvester Judd, 1789—1860, 在有关该地区历史的一部手稿里,Forbes Library, Northampton, Mass., 指出,Sarah Clark 是在那个委员会前作证的被指控者之一,见 Johnson, "'Young Folk' Bible,'" 43。不过,她的名字并没有出现在爱德华兹的名单上,也没有出现在爱德华兹所保存的证词中,抄本来自 Johnson。

[8] Tracy, *Jonathan Edwards, Pastor*, 256n36, 引证了 "汉普夏县协会" 于 1731 年做出的一项决定。

[9] Notes titled "Defense of Actions," ANTS, Works of Edwards transcription. 我们并不完全知道,在这场争论的什么时候,他提供了这种辩护。那可能是在争论早期,因为它没有涉及在全面调查中出现的一些问题。

[10] 这是来自该书的 "第二十六版",于 1755 年 [在伦敦?] "由书商印刷和销售的"。大概是,在新英格兰这时候还有该书或类似著作的更早期版本。已经知道,有一个英语版本,早在 1685 年就出现在了美国。那是 *The Problems of Aristotle with Other Philosophers and Physicians: Wherein Are Contained Divers Questions, with Their Answers, Touching the Estate of Man's Body*, printed in 1679 for J. Wright. Johnson, "'Young Folk' Bible,'" 52—53。

[11] 这部书是 Thomas Dawkes, *The Midwife Rightly Instructed: or the Way, Which All Women Desirous to Learn, Should Take, to Acquire the True Knowledge and Be Successful in the Practices of the Art of Midwifery. With*

a *Prefatory Address to the Married Part of British Ladies*, etc. (London: J. Oswald, 1736). 其平淡的内容见 Chamberlain, "Bad Books"。

[12] Edwards' notes on the testimony, ANTS, Works of Edwards transcription. 大部分证词亦被抄录在下列著述里——略有不同之处: Johnson, "'Young Folk' Bible,'" 43—51。

[13] 参见下文 Oliver Warner 的供词; 他的过错在于, 被指控用语言嘲讽两名女性。

[14] "Defense of Actions," ANTS, Works of Edwards transcription. 还有一份更简明的"问题清单"; 它是爱德华兹用以评述这件事情的。Ola Winslow 认为, 这份清单可能是用来同他(肯定是同情性的)父亲进行讨论的, 因为它被写在了这样一些物品清单的背面, 而这些物品(譬如巧克力)是被带去或带回"平原地区"的。Ola Winslow, *Jonathan Edwards*, 1703—1758: *A Biography* (New York: Macmillan, 1940), 225.

[15] "The Confession of Oliver Warner,"将那些话语表述为"具有非常可耻的性质", Works of Edwards transcription from Edwards' hand, ANTS document. 有关新英格兰言论规范的重要性, 参见 Jane Kamensky, *Governing the Tongue: The Politics of Speech in Early New England* (New York: Oxford University Press, 1997)。

[16] Tracy, *Jonathan Edwards*, *Pastor*, 257n38, 认为, 在 1736 年后, 除两人外, 所有教会成员都已经加入了。在斯托达德式体系中, 无法知道有多少人可能成为归信者。

[17] *Temptation and Deliverance: Joseph's Great Temptation and Gracious Deliverance* (1738), in *Works of Jonathan Edwards*, ed. Hickman, 2: 230—233.

[18] *Self-Examination and the Lord's Supper* (March 21, 1731), *Works*, 17: 270—271.

[19] *A Warning to Professors, or the Great Guilt of Those Who Attend on the Ordinance of Divine Worship and yet Allow Themselves in Any Known Wickedness* (before 1733), in *Works of Jonathan Edwards*, ed. Hickman, 2: 187.

[20] *Self-Examination*, 271.

[21] 爱德华兹致托马斯·普林斯, December 12, 1743, *Works*, 16: 123—124。

[22] Ibid., 125. 他的记述发表在 *Christian History* (1743) 和 James Robe's *Christian Monthly History* 4 (1745)。

[23] Edwards' notes of testimony of Rachel Clap, in Johnson, "'Young Folk' Bible,'" 45. Cf. Rebekah Strong's testimony, 44. Cf. Bathsheba's testimony, Works of Edwards transcription.

[24] Edwards' notes, Johnson, "'Young Folk' Bible,'" 48—51. Also from Edwards' "Fair copies of foregoing testimonies," 它以略有不同方式报告了这种见证,并被抄录在 the Works of Edwards project。

[25] "Confession of Timothy and Simeon Root," "owned June 1744." Works of Edwards transcription, ANTS manuscript. 爱德华兹,他草拟出了这份忏悔,注意到下面括号里那部分内容,被包括在了教会成员 Timothy 的忏悔里,但没有包括在 Simeon 的忏悔里:"[并违背了我作为这个教会成员的义务——通过庄重盟约而服从于这个教会权威之下]"。

[26] "Confession of Oliver Warner," Works of Edwards transcription, ANTS document. 这些忏悔都在爱德华兹手里。Warner 在提到那些证词时,承认他可能也使用过那些语言,虽然他声称自己不记得具体细节了。Hopkins, *Life*, 54,注意到,一旦不同看法变成了普遍性的,"在这件事情上就不可能再做什么了"——这似乎暗示 Warner 逃脱了这次公共忏悔。

[27] 见 Johnson, "'Young Folk' Bible,'" 38。亦参见下文有关 *Pamela* 的部分。

[28] 例如,可参见对英格兰 Dorchester 的一项研究:David Underdown, *Fire from Heaven: Life in an English Town in the Seventeenth Century* (New Haven: Yale University Press, 1992)。多切斯特曾是英格兰最为清教化的城镇。多切斯特移民则是康涅狄格温莎的最早定居者之一。

[29] Tracy, *Jonathan Edwards, Pastor*, 38—50, 91—108. 亦参见第 9 章。

[30] Chamberlain, "Bad Books." 有关男性与女性的不同标准以及正在变化着的模式,Cornelia Hughes Dayton, *Women Before the War: Gender, Law and Society in Connecticut*, 1639—1789 (Chapel Hill: University of North Carolina Press, 1995), 是极具价值的。Lisa Wilson, *The Domestic Life of Men in Colonial New England* (New Haven: Yale University Press, 1999),解释了男性对自我角色的看法,包括在求爱期。

[31] Hopkins, *Life*, 54.

[32] *A Farewell Sermon Preached at the First Precinct in Northampton, After the People's Public Rejection of Their Minister … on June 22*, 1750 (Boston, 1751), in *Reader*, 234.

[33] Sarah Edwards, "Narrative" (1742), reprinted in Dwight, *Life*, 指出, 她担心她没有完全托付给上帝的一件事情, 就是"受到城镇人的不公对待", p. 174, cf. p. 172. 至于她是否感觉到已存在着不公对待, 则不清楚。她将这种担忧, 类比于无法接受"我丈夫的不公对待"。

[34] 在 3 月初, 城镇拒绝了爱德华兹要求为他女儿萨拉从 Brookfiled 返回支付费用的请求。我们不清楚爱德华兹为什么会认为这项费用应当由城镇来支付。

也许她是陪同她父亲前往那里的并因病而滞留在了那里。James R. Trumbull, *History of Northampton, Massachusetts, from Its Settlement in* 1654, 2 vols. (Northampton, Mass., 1898, 1902), 2: 99.

[35] Tracy, *Jonathan Edwards*, *Pastor*, 158. Tracy 对薪俸问题做出了最佳探讨。在前一年，当新城镇南安普敦——是北安普敦的延展并包括了爱德华兹许多原先的教区居民——为 Jonathan Judd 举行牧师按立仪式时，爱德华兹在布道中就提醒教堂会众要为他们的牧师提供足够的报酬。他还发表了这篇布道：*The Great Concern of the Watchman of Souls* … (Boston, 1743)。内容提要见 Tracy, *Jonathan Edwards*, *Pastor*, 155—156。

[36] Edwards to "Gentlemen" [Committee of the Precinct], [November 1744], draft, fragment, *Works*, 16: 148—149. 他有可能增添的细节已经遗失了。

[37] Tracy, *Jonathan Edwards*, *Pastor*, 157.

[38] "Jonathan Edwards' Last Will, and the Inventory of His Estate," taken from *Bibliotheca Sacra* 33 (1876): 438—446；原件保存于 the Hampshire County Courthouse, Northampton, and a MS copy is at the Beinecke. Works of Edwards transcription。

[39] Edwards to the First Precinct, Northampton, November 8, 1744, *Works*, 16: 150—151.

[40] 爱德华兹在 1749 年写道，他享有这个地区最高的教牧薪俸，但也拥有一个花费最多的家庭。Edwards to James Foxcroft, May 24, 1749, *Works*, 16: 284.

[41] Mark Valeri, "The Economic Thought of Jonathan Edwards," *Church History* 60, no. 1 (March 1991): 53. Valeri summarizes a formulation by Allan Kulikoff. 以下内容主要来自 Valeri, 37—54。

[42] Sermon on Exodus 22: 12, as quoted in Valeri, "Economic Thought," 50.

[43] Valeri, "Economic Thought," 46. John Winthrop, "A Model of Christian Charity," is often reprinted, as in Perry Miller, ed., *The American Puritans: Their Prose and Poetry* (New York: Columbia University Press, 1956), 79—84.

[44] Hopkins, *Life*, 45—46.

[45] Edwards, *Religious Affections*, *Works*, 2: 417. Cf. 413—420. 他后来说道，在《宗教情感》里，他已经为他的新观点做了"一些暗示"。"Narrative of Communion Controversy," *Works*, 12: 508.

[46] 参见 21 章。

19

殖民地战争

　　1744年至1745年，爱德华兹没有透露"自己有关教会成员身份的巨大思想转变"的一个原因就是，新英格兰在实际和比喻的意义上都正处在战争中。实际的战争，是指"国王乔治的战争"或者"奥地利王位继承战"（1740—1748年）；当法国于1744年春加入针对英国一方后，它成为了新英格兰的一种主要关切。约翰·斯托达德上校是西部马萨诸塞的主要军事指挥官；而在1745年，因法国的猛烈进攻和针对印第安人的防御，城镇居民也与爱德华兹团结在了一起。从爱德华兹对圣经预言理解的角度看，这些对抗意义重大，主要是因为它们符合上帝在末日福音扩展计划这一更大的图景。与此同时，在比喻意义上，爱德华兹也深深卷入了一场痛苦的跨殖民地战争。

　　"旧光派"针对"新光派"的敌意，到1743年底已经变得很强烈；到1744年，随着听说怀特菲尔德将在秋天重返新英格兰的消息，这种敌意达到了狂热的顶峰。对许多人来说，分裂主义的扩散，威胁着将要带来令人震惊的社会混乱。因这种恐惧而获得增强的反奋兴派，已经在精英圈子里获得了有利地位。如今他们则宣称，怀特菲尔德是一位危险的狂热分子。"许多牧师，"爱德华兹在次年一封公开信里描述道，"对他的到来，比对一支法国舰队的到来，感到更为惊恐；他们很快就开始对他进行口诛笔伐，并警告人们要当心他这位最危险的人物"。爱德华兹是波士顿各种报纸的热心读者,他已经看到,在《波士顿晚邮报》以及怀特菲尔德对手所写的小册子上,是如何持续不断地对他进行了无情嘲弄、讥讽和严重警告。在对这种夸张做法进行了历史比较后,爱德华兹写道,"我怀疑,历史上是否还有与此相类似的实例,居然会如此不遗余力地诋毁一个人的品格,并使他成为可憎的。"[1]

爱德华兹本人正处在一些不太具有陶冶意义的争论中。在1744年7月哈佛毕业典礼活动期间,耶鲁院长托马斯·克拉普告诉许多人,他正是从爱德华兹本人言论中获知,怀特菲尔德参与了一个旨在推翻新英格兰现有秩序的阴谋。克拉普是一位彻底保守的"旧光派",是清教正统信仰的坚定维护者;他不同于昌西,后者是一位开明的"旧光派"或者原始自由主义的反奋兴派。如果他的主要传记作者和那一代耶鲁学生是可信的话,克拉普亦是一位执拗的专制人物。正如其传记作者路易斯·伦纳德·塔克(Louis Leonard Tucker)所说,他用路易十四的精神统治了耶鲁学院二十五年:"学院,就是我!"[2]

克拉普自从1741年9月起就对爱德华兹十分恼怒,因为在那时的耶鲁毕业典礼上,爱德华兹通过在其《区别性标志》里维护奋兴狂热的极端表现,而削弱了克拉普和学院董事会的权威。克拉普与爱德华兹——他们同岁但性情截然不同——在布雷克案件中曾是正统信仰的同盟支持者。克拉普甚至还曾谨慎地鼓励过怀特菲尔德和在学院里的觉醒,直至,随着吉尔伯特·坦南特的造访,他看到觉醒将学生转变成了宗教狂热和分裂主义者。在爱德华兹访问后的那一学年里,克拉普压制那些趋势的铁腕策略,曾引发学生做出强烈反应,以致在春季他被迫中止了课程而让学生回家。在说服康涅狄格立法议会试图通过法令来压制"新光"运动上,克拉普亦是一位主要人物。[3]

1743年5月,克拉普与爱德华兹碰巧在去往波士顿的路上相遇;他们都是要去参加年度选举周活动的(在那个场合,"旧光"多数派首次针对觉醒发出了教牧宣言)。爱德华兹与长女萨拉同乘着一匹马(母亲萨拉被迫留在家里,她刚刚生下第八个孩子:女儿尤妮斯)。克拉普与爱德华兹一道骑行了几个钟头,并就当时的事件和他们之间的分歧与爱德华兹进行了争论。而路上的其他人则是一大帮旅行者,其中包括罗伯特·布雷克；这可能迫使爱德华兹与克拉普走在了一起。

时隔一年后，在1744年7月，当波士顿所有议论都是怀特菲尔德重新返回的消息时，克拉普告诉许多人：爱德华兹曾说过，怀特菲尔德"告诉我，他计划将这里大多数牧师都逐出其位，并从英格兰、苏格兰和爱尔兰带领牧师过来取代他们的位置"。[4] 这下，爱德华兹震怒了。克拉普的报告使怀特菲尔德处在了一个反对新英格兰教牧当局阴谋的核心；果真如此，必将毁坏那位巡回布道家的声誉。爱德华兹（仍处在试图恢复春季"'年轻人的圣经'案"所造成的尴尬结局当中）写信给克拉普以澄清事实真相。在经过几番书信往来后，克拉普不仅没有让步，反而诉诸印刷出版，并用那些书信来证实自己的主张。爱德华兹做出了回答并在每封书信后附加上了"第二封"小册子式的书信。

对于谁究竟说过什么的争执，不可能是具有什么教化意义的。爱德华兹指出，假如他从怀特菲尔德那里听到了克拉普所说的那样一种令人震惊的阴谋，那么他也不可能选择克拉普那样的人来透露这一消息。爱德华兹承认，他的确曾从怀特菲尔德那里听说，想要从英格兰（肯定不会是从爱尔兰，那里根本就没有发生宗教奋兴）带来一些圣职人员，以在中部殖民地支持"坦南特们"的事业。他对怀特菲尔德也持有一些批评意见，但不记得他曾同克拉普讨论过怀特菲尔德。永远都是逻辑学家的爱德华兹，在他一封私人书信里仍然试图解决这个问题：在可以想象他曾说过什么——但可能忘记了——与不可想象他曾说过什么这两者之间做出区分。

抓住爱德华兹承认所知道的东西，以及在爱德华兹所谓可以想象所说的东西与克拉普所宣称的东西之间的一些微小差异，克拉普坚持他的叙述在实质上是正确的，并斥责爱德华兹为如此微不足道的事情而大动干戈。克拉普在他第二封发表的书信中，指责爱德华兹以"非基督徒的方式"对待他；同时又假惺惺地宣布"圣经和我自己的天性禁止我以恶对恶"，并提出要"白白地宽恕他"。[5] 爱德华兹将克拉普的指控看作是人们不遗余力地诋毁怀特菲尔德名声的证据。鉴于爱德华兹确信那些错误指控将会损害福音事业，因而他没有完全像羔羊一样被牵到宰杀之地，而是通过引用克拉普提供的赦罪与祷告而结束了这场口角：将来，当克拉普情绪冷静下来，他也许"能够真正严肃地看待自己的行为，正如在上帝眼里所看到的"。[6]在这场为荣誉而进行的牧师决斗中，每位参战者都展示了高超的逻辑与雄辩，他们谁也无法打破对方的盔甲；而当最后一发徒劳无益的炮弹于1745年夏在出版物上发射出去时，怀特菲尔德以及其他事件就已经解决了那原初的问题。

怀特菲尔德于1744年秋到达了新英格兰。自从上次取得胜利的访问以来，他还在苏格兰于1742年爆发"大觉醒"期间，享受到了另一场辉煌的成功。爱德华兹亦在苏格兰宗教奋兴中发挥了作用。几个城镇发生的觉醒，尤其在詹姆斯·罗布的基尔赛斯教区和威廉·麦卡洛克的坎伯斯朗教区，先于怀特菲尔德的访问，部分地受到了爱德华兹《忠实叙述》的鼓舞。这些觉醒，在许多出神狂喜的身体表现上，与1741年和1742年新英格兰发生的事十分相似。苏格兰领袖们热烈欢迎爱德华兹的"区别性标志"，并很快就成为了他最重视的通信者和最坚定的支持者。爱德华兹也很快就在苏格兰比在自己家乡受到了更多的尊敬。[7]怀特菲尔德的苏格兰胜利，将这位伟大巡回布道家与爱德华兹，在同一个国际福音派圈子里，更密切地联系在了一起。

怀特菲尔德与这些苏格兰领袖的联盟，对美国争论具有特别重要的意义，因为他们是国立长老会圣职人员。在1741年，怀特菲尔德最初的苏格兰联系对象主要是一个分离团体："联合长老会"（the Associate Presbytery）。这些分离派将从国立教会中的分离看作是他们信仰的试金石，并很快就开始攻击怀特菲尔德，因为后者在圣公会按牧而且愿意与那些不那么纯洁者一道工作。在这之后，怀特菲尔德就以一种偏见看待分离主义；而在美国，他可以指出，他与那些分离者的决裂，就是他未参与任何革命性阴谋的明证。[8]

几乎就在怀特菲尔德于11月下旬一抵达波士顿，他原先支持者的核心团体——科尔曼、普林斯、休厄尔与福克斯克罗夫特——就立刻会晤了他，以听取他真实的意图。克拉普及其他人的指控已经发挥了效应，所以这些原先的支持者详细询问了怀特菲尔德。他们询问了他发表的对新英格兰神职人员与学院的谴责，并特别询问了他对分离主义的看法。他们很快就确定了怀特菲尔德并未参与任何阴谋，并立即对他开放了他们的讲坛。[9]

怀特菲尔德在波士顿重新恢复他的日常事奉只是增加了攻击者的

密集出版作品。最著名的是《反对乔治·怀特菲尔德：来自哈佛学院院长、教授、教师以及希伯来语讲师的证词》，发表于 1744 年后期。怀特菲尔德以谦卑姿态——远不同于他在 1741 年使用的评判语气——答复了这项以及其他一些严重指责。他承认，他过去曾过多地受到了"印象"的指引，并过快地做出了苛责性的评判，特别是还不明智地发表了它们。他尤其拒绝了克拉普的指控。他从未构想过任何取代新英格兰圣职人员的计划，也无意于成为一个使人们反对他们的牧师那样一个派系的一部分。在怀特菲尔德的诋毁者仍然将他看作一个冷酷的宗教狂热者和人民的危险欺骗者的同时，他带着懊悔的答复帮助他重新获得了他先前得到的诸多支持。[10]

新英格兰的另一场战争为这位福音布道家提供了额外机会，使他赢得更多民众的赞誉并在这个地区的传统之中确立了自己的地位。为了反击法国对英国在新斯科舍（Nova Scotia）的殖民地以及对新英格兰渔业、商业和海岸的威胁，殖民地领袖设计了一个大胆计划，试图占领一个难以对付的法国要塞，这个要塞就位于紧邻新斯科舍北部的布雷顿角岛（Cape Breton Island）上的路易斯堡（Louisbourg）。怀特菲尔德的一位虔敬仰慕者威廉·佩珀雷尔（William Pepperrell）被挑选来统率这支远征军。在接受这项使命前，佩珀雷尔及其妻子（两人后来都成了爱德华兹的通信者）曾征求过怀特菲尔德的意见，并在出征前请怀特菲尔德给部队做了布道。怀特菲尔德的另一位朋友，请求这位福音布道家为这支远征军的旗帜提供一句格言。意识到怀特菲尔德的参与，他说道，将会成为一种重要的动员手段。怀特菲尔德在经过短暂推辞后，提供了这样的警句："*Nil desperandum Christo duce*"（有基督作我们的元首，不必害怕）。[11]

1745 年 7 月中旬，怀特菲尔德和妻子（他于 1741 年非常不浪漫地迎娶的那位寡妇）到北安普敦爱德华兹家里访问了近一周时间。那两场战争为他们提供了许多谈资。怀特菲尔德注意到战争与福音传教之间的相似处。当对路易斯堡的远征还处在早期阶段时，他注意到，许多寄回来的书信都说，那个要塞比他们想象的更为强大，当时的情况令人绝望。"我笑了，并告诉朋友们，"怀特菲尔德叙述道，"我相信我们现在应当拥有路易斯堡；因为所有人都承认了他们的绝望无助，而上帝则会张开双臂并使我们的尽头成为他的机会。"[12]

在灵性上，新英格兰不再承认自己的无助，所以即使怀特菲尔德面对许多热心的群众进行了布道，但却没有发生新的觉醒。按照爱德华兹的看法，过错并不在怀特菲尔德。他发现这位 30 岁的巡回布道家比五年前更加"坚定和睿智了"，也更加确信对他持续不断的猛烈抨击是极其不公正的。爱德华兹相信，怀特菲尔德最近在新英格兰的事奉是极有助益的，但其影响却受到了那些诋毁者发出警告的限制。[13]

就在怀特菲尔德访问期间，北安普敦正在欢庆新英格兰在路易斯堡取得的辉煌胜利。大约有二十名爱德华兹的教区居民作为远征军的一部分，参与围困并占领了法国人的要塞。来自北安普敦显要家族的塞思·波默罗伊少校，率领着当地军团；而正在考虑事奉的约瑟夫·霍利三世（Joseph Hawley III，耶鲁 1742 届），则担任了军团的随军牧师。没有谁比爱德华兹更感到欢欣鼓舞了。当军队返回家乡时，他试图了解这场胜利的所有详情细节。他尤其感到鼓舞的是，波默罗伊少校所描述的"为了我们伟大目的所发生的各种明显的上帝护理"。[14] 就像在觉醒期间那样，爱德华兹再一次相信他发现了上帝在历史里运作的确凿证据。按照他的既定角色，即有关"上帝在历史里运作"的一位科学报道者，他为这次围攻撰写了一份长篇报告，作为詹姆斯·罗布在苏格兰出版的《基督教历史月刊》上所发表书信的一部分。

爱德华兹的书信表明，他将上帝在新英格兰军事胜利中和在国际觉醒中的护理，看作是同一模式的一部分。他开始强烈支持"协同祈祷"；这是一场由苏格兰同事提议的、为圣灵浇灌而协调国际祈祷的运动。他承认，在灵性上，"目前的新英格兰是非常黑暗的。"然而，他却能够为苏格兰的觉醒而欢呼，并能够报告在美国其他地方出现的一些有希望的迹象。坦南特及其同事们的事奉已经扩展到了弗吉尼亚；在新泽西，长老会领袖为回应牧师短缺而提议建立一所自己的学院（最终确定在了普林斯顿）。尤其引人注目的是大卫·布雷纳德在印第安人中传教事业的成功——另一项接近爱德华兹心灵的事业。就在提到布雷纳德后，爱德华兹在其叙述里引人瞩目地过渡到了这次军事战役。"在我说到上帝近来在美国的奇妙工作时，"他写道，"我不能漏过其中的一项工作，尽管它与已经提到过的那些工作隶属于不同种类；

然而它却是那至高者以最明显和最非凡的方式展现的工作；它可以被看作是作为那伟大事物的一天以及上帝在世界这个地方那奇妙工作的证据。"[15]

在爱德华兹的计划里，如果人们追踪上帝在历史里运作的模式，那么就会发现，针对法国的一场辉煌胜利正是觉醒的一种适当结果。多年来，爱德华兹一直都在笔记里记录着天主教挫折的消息。如今他拥有了他认为是上帝在政治事务中护理干预的不可辩驳的证据。也许他们正在目睹着千禧年黎明前的些微光芒。按照他惯常的彻底性，他对这种证据做了最大程度的利用或发挥。

新英格兰人民，尽管他们对觉醒产生了可悲的分歧，仍以"一种非凡的祈祷精神"联合了起来——大于爱德华兹所能记得的为任何公共事务所做的联合。爱德华兹常常警告人们，他们的罪会妨碍上帝垂听他们的祈祷。在1744年发生"年轻人的圣经"丑闻期间，他曾为一个禁食日就《诗篇》66：18做了布道："我若心里注重罪孽，主必不听。"[16]同年6月，在为与法国开战而宣布的禁食日上，他布道说以色列在艾城的失败就是因为一个未悔改的罪人，同时还宣讲了这一教义："罪会先于任何事情削弱交战中的一方。"[17]与此相对，在1745年4月为支持对布雷顿角岛的冒险远征而实施的禁食日上，爱德华兹的布道更多地强调了积极的一面。国家可能会为许多原因而被正当地呼召开战；普通公民当受到呼召时也必须事奉于它——除非是"臭名昭彰地显明，那场战争是非正义的"。他强调，人们真正悔改性的祷告对于获胜是至关重要的。新英格兰在过去就是这样受到祝福保佑的；而旧约里以色列的许多实例也证明了上帝会垂听这样的祷告。[18]

新英格兰人有关"完全信靠上帝是攻取路易斯堡坚固要塞的关键"这样一种信念，使得他们受到了那些认为此次远征纯属鲁莽之举者的讥讽。本杰明·富兰克林嘲笑了新英格兰的敬虔。在5月份写给他兄弟约翰的信里，这位费城人怀疑，这支业余军队要占领那样一个要塞是否具有任何现实性。他打趣道，"一些人似乎认为占领要塞是不费吹灰之力的事情。""你们进行了一天的禁食和祈祷，"他继续说道，"在其中，我估计为新英格兰献上了五十万次祈求。"另外，如果从1月25日以来（在那一天，州议会勉强批准了这项军事计划），新英格兰每个家庭为胜利每天祈祷两次,那么就有"四千五百万次祈祷。这些祈祷与那个边塞里几个神父向圣母玛利亚所做的祈祷形成了对立,并占据了悬殊的优势"。富兰克林总结道,"如果你们没有取胜,那么我恐怕,只要我活着,就只能是对这类情形中的长老会祈祷漠然视之了。事实上,在攻城掠寨上,我会更依赖工作而不是信心。"[19]

爱德华兹对这场胜利的描述,是有关祷告蒙应允与护理这些证据的一部短篇论述,似乎亦直接回应了诸如富兰克林那样的讥讽者。假如新英格兰人更清楚那座堡垒的力量,这位神学家指出,他们可能永远都不会采取这种冒险。更突出的是,在布雷顿角岛上的法国人一直都没有获悉新英格兰的意图,尽管它受到了广泛关注并在奥尔巴尼为人所知晓——与法国人友好的印第安人常常造访那里。那个冬季罕见地比较温暖;这可以让新英格兰人做好各项预备。而天气一直都有利于新英格兰的事业。即使是因天气恶劣受到了耽搁,那也只是阻止了他们在冰雪融化前抵达那里。一艘英国军舰,在保护新英格兰海岸的航行中,拦截了一艘渔船并获悉了新英格兰军队正在向北行进。舰长从这艘渔船上带走了一位熟练领航员(一位逃避兵役者),改变了自己的航线前往布雷顿角岛,并发布了致使另外三艘军舰前来援助这场围攻的命令。出其不意的进攻,使得法国人面对一支较小军队很快就放弃了大炮台。逃跑的法国人曾试图破坏大炮,但未能奏效。法国人虽然带走了火药,但却留下了更加不可或缺的炮弹。当新英格兰人一门大型迫击炮毁坏后,却发现另一门刚刚从波士顿送到。有一回,一块无法移动的巨石妨碍了英国人挖好他们的战壕,而法国人的一发炮弹正好就落在那里并炸碎了那块岩石。经过数周徒劳无益的围攻后,英国军队决定他们只能进攻主要堡垒的城墙。假如他们付诸实施的话,他们将毫无机会可言;那些围墙的高度是他们估计的两倍,因为下面还有十二英尺隐藏在一道堑壕里。神奇的是,就在他们计划进攻前,法国人投降了。通过这些以及其他许多奇妙方式,上帝将新大陆最大的法国堡垒以及法国骚扰新英格兰渔业与贸易的主要集结地,"交在了我们手里"。爱德华兹的叙述,是夸张性和选择性的,但这次冒险远征的全面成功却是极其非同寻常的,以至所有事情,都吻合于"一种神佑时代——这是最为引人注目的,且持续了许多时代;并构成了上帝垂听祈祷者的重大证据"。[20]

持这种神佑爱国主义观点的人不只有爱德华兹一人。查尔斯·昌西在一篇欢庆胜利的布道里，就叙述了一系列类似的"神佑事件"。通过援引将新英格兰比做旧约以色列这一标准类比，昌西宣称，"自从约书亚和士师时代以来，我不知道上帝之手在哪次征服中会比这次更为明显。"[21]通过《基督教历史》而成为爱德华兹在波士顿最亲密同事的托马斯·普林斯，也有同样夸张的言辞。他亦列举了一系列神佑现象，并鼓励新英格兰人为他们海岸与商贸获得的更大安全而欢呼。"让我们的喜乐更加高涨，因为一支重要的反基督教势力被拔除了，而可见的基督王国也被扩大了。"与爱德华兹极为相像，普林斯将"罗马敌基督"的失败，与应许的福音向万国万邦的传布联系在了一起。在以华丽辞藻结束自己的论说时，普林斯表明，当打开路易斯堡南门以让得胜的殖民地人进入时，"那荣耀之王也同他们一道进入了城堡……那战斗中最强大的主。"他祈祷，"这次愉悦的征服是我们神圣的救主将胜利带给整个北部地区的真正开端；他将扩展他的王国……从加拿大河一直到美洲末端。"然后，上帝的圣名将在"世界每个角落里"得到真正的颂扬。[22]

在新英格兰人能够完全领会上帝祝福那些令人兴奋的意义之前，从海外传来了上帝警告要审判英国这个国家的令人清醒的新证据。1745 年 7 月，查尔斯·爱德华·斯图亚特亲王（Prince Charles Edward Stuart）进入苏格兰并组建了一支军队。英国最后一位天主教国王詹姆士二世的孙子"小僭君"，提议要使他父亲"老僭君"登上合法王位。到 9 月，主要受到"高地"天主教军队支持的"查理美王子"（Bonnie Prince Charlie）攻占了爱丁堡，并在 12 月威胁到了伦敦。但由于未能获得英国大众的支持，他撤退了，被击败了，并在次年春季被迫返回了法国。

爱德华兹密切关注着这些事件。他为苏格兰朋友遭受的苦难送去了慰问，并提醒他们上帝的仁慈与严厉同时并存。"在大动荡与大动乱之后，往往都是教会状态的荣耀改变。"[23]特别是，他将教皇"敌基督"势力的挫败，看作是那预言的"干涸幼发拉底河"的具体表现。后来，他又报告了上帝之手在加速"敌基督"毁灭上的另一种具体表现。

1746年秋，一支受命前去夺回路易斯堡并骚扰新英格兰的法国舰队只得无功而返，因为他们遭遇到了强烈风暴和指挥官的死亡。诸如这种事件以及"僭君"落败这样的神佑，对于信奉新教的英国人民来说，正是上帝赦免他们的明确信号，尽管他们在挥霍"宗教改革"祝福上罪恶深重。[24]

就其本身而言，爱德华兹严格按照字面意思理解圣经的反天主教立场，与英国新教世界的诸多观点都是一脉相承的。尤其是，自从汉诺威新教君主于1714年登基以来，英国民族主义与新教事业牢牢结合在了一起。英国与苏格兰的布道者，一般都将他们的国家比做以色列。当乔治二世于1727年继承新教王位时，乔治·弗雷德里克·亨德尔献上了一首加冕颂歌；它特别表明了与那膏所罗门为王的祭司撒督和先知拿单的相似性。反天主教立场一般都是英国辉格党政治的一部分。

在新英格兰，爱德华兹的政治观完全是传统的。18世纪的新英格兰人已经摆脱了他们清教局外人的形象，而使自己认同于新教与英国事业。宗教与政治利益可以等同在一起，因为处在汉诺威王朝统治下的大不列颠是国际新教信仰的最有力支持者。[25]"旧光派"与"新光派"同样持这些观点。查尔斯·昌西，在一次针对"僭君"反叛的布道里，提到"那些教皇派亲王之道，就是固执于敌基督宗教"，固执于"罗马与地狱的利益"。他提醒新英格兰人当心"教皇与专制原则"，那些原则于17世纪80年代在詹姆士二世统治下曾压迫过他们。[26]托马斯·福克斯克罗夫特，爱德华兹最紧密的"新光派"同盟，在1747年元旦，提醒他的波士顿会众，"切勿忘记1714这一荣耀之年；通过使尊贵的汉诺威王朝最得人心和最合乎时宜地荣登英国王位，那一年是表明那至高者施以正义之手的一年。"[27]

而在其他传统"宗教—政治"观上，那将爱德华兹、"新光派"以及国际改革宗福音派圈子，与英国、新英格兰新教同时代人分离开来的，是前者希望能够将国际新教事业的政治推进与一种世界性觉醒的千禧年期望结合在一起。这两种理想的结合，并不完全是相适宜的。福音派是热切的民族主义者，至少当国家事业可以被看作是反教皇事业之时。然而他们亦将新教国家看作是极其腐败的。上帝已经拣选了他们作为真宗教的维护者，作为当代新的以色列；然而他们却背离了他。对于那些给予很多的人，对他们的要求也很多。所以他们的邪恶比那些从不知道真宗教的国家更应当受到谴责。悔改与觉醒是他们唯一的希望。况且正如对待旧约的以色列一样，上帝并没有放弃他们。

在更广阔历史视域里，"排他论—归信论"基督教与"包容论"新教民族主义，尽管不对等地匹配在了一起，但却拥有一个共同的未来。在接下来的几个世纪里，它们将发起一场革命性的世界传教运动。到21世纪初，虽然这场运动并非如爱德华兹及其异象之友所想象的，既非普遍性的亦非改革宗的，但的确如他们所预期的，这场运动使得比此前历史上加在一起的人数还要多的人经历了基督教的归信经验。

由于他们依赖于新教民事力量来获得自身安全，由于他们是这样一个漫长时代的继承者——在那个时代里如果没有政治征服就难以设想福音推进，所以他们相信上帝将会为其福音目的而使用自己的国家，尽管这个国家是不完善的。毕竟，上帝一直都在通过古代以色列——一个远非完善的国家——而祝福着整个世界。1746年8月，在为"对反叛者获胜"感恩日上所做的布道里，爱德华兹提醒北安普敦人，在他们受到上帝祝福的"新教英国"这一身份与其可悲的灵性状况之间，存在着的不对等或不平衡。"有时上帝乐意，"他指出，"打破其常规行为方式。有时［他］会给予极其邪恶之人以暂时的仁慈。"在福音时代里尤其如此，因为这是一个仁慈的时代，在这个时代里，上帝常常会抑制他那可怕的审判，以便人们能够注意到他神佑性的警告并有时间做出悔改。[28]

北安普敦正在收到许多警告。从1745年夏季开始，这个城镇遭受到了"一种严重疾病和重大死亡"的打击。从1745年一直到1748年这四年里，这个城镇人口中有超过十分之一人死亡，亦即每年大约有三十五人死亡，几乎每个月都有三场葬礼——这对一个大约有一千二百到一千三百人的城镇来说是毁灭性的。[29]这样一种痛苦折磨——牧师向他们确保是上帝之手在警醒他们要悔改——进一步削弱了这个城镇低落消沉的士气。

与此同时，这个城镇也面临着印第安人再次进攻的威胁。起初，这场战争的舞台距离北安普敦相当遥远。尽管如此，这个城镇仍然深涉其中。斯托达德上校，依托他的大本营，负责在靠近纽约边界地方向西建立起了一道新的要塞防线。他还使北安普敦成为了他进攻加拿大——计划在路易斯堡胜利之后——的指挥部，但这个计划从未实施。参加过路易斯堡战斗的本地英雄塞思·波默罗伊少校，则负责为这项永远都深受欢迎的美国事业组建军队。[30]

到 1746 年 8 月，大约在该城镇正在庆祝"小僭君"失败时，马萨诸塞开始处于防御戒备状态。早在春季里，面对防护一条漫长荒野边境线的种种困难而深感苦恼的斯托达德，曾写信给康涅狄格总督沃尔科特（Governor Wolcott）说，"我有约伯那么多报告坏消息的信使，我却没有那么多忍耐之心。"[31] 8 月 19 日，法国人与印第安人占领了新要塞之一：位于北安普敦西北大约三十英里处的"马萨诸塞要塞"。一小股印第安人一直都在骚扰沿着整个边境线分布的定居点，而如今则已经突破了外围防御线。在迪尔菲尔德，当两个家庭的几个外出打草料的男人被印第安人杀死且剥去头皮时，前一代人的恐怖记忆又重新复活了。8 月 25 日，一小群印第安人威胁到了位于北安普敦西南八英里处的第二个新区南安普敦，洗劫了两个人员已经逃走的家庭房屋。北安普敦进入了高度警戒中。[32]

在这种紧张氛围里，我们对爱德华兹的家庭获得了匆匆一瞥。爱德华兹经常在夏末进行旅行；而在 1746 年，他旅行到了长岛的东汉普顿（East Hampton），以便为塞缪尔·比尔牧职按立布道；那位年轻布道家曾将北安普敦最后一次觉醒带到了顶峰。不论是出于社会原因惧怕印第安人，还是为了使其受到灵性熏陶，爱德华兹带上了两个女儿萨拉和以斯帖——分别 18 岁和 14 岁，与他同行并将她们留在了那里。爱德华兹的女儿们经常旅行并往往会对一些朋友或家庭进行延长时间的访问。在 11 月初，爱德华兹写信给以斯帖（她的确特别害怕印第安人）[33]，描述了战时的北安普敦。北安普敦得到了严密防御，但它亦是一个有可能会成为攻击目标的军事指挥部。在秋季里，有几个士兵临时宿营在爱德华兹家里。"我们家现在设立了哨所，"爱德华兹说，"每天晚上都有一个哨兵在那里执勤。"然而，法国和印第安军队在占领"马萨诸塞要塞"后，并没有对附近地区造成任何实质性毁坏。爱德华兹相信，那支军队可能是转向了新斯科舍以与法国舰队会师；而后者已经被上帝奇妙地挫败了。在提醒以斯帖上帝遍在于各处之后，爱德华兹对她做了一些安慰，其中一些还特别令人感到宽慰："你在东汉普顿的情形在某种程度上比家里你姐妹们舒适多了，因为你白天黑夜并没有什么可害怕的。而我们在这里却非常害怕会有一支军队在夜晚突然发动袭击并摧毁这个城镇。"[34]

尽管有防御和士兵，但生活的日常事务仍在继续。在 10 月份，爱德华兹写信给位于康涅狄格伯利恒的牧师、他的朋友和门生约瑟夫·贝拉米，谈到了一件不常见的实际问题（至少在存留下来的书信中）。爱德华兹想购买二十只羊，如果贝拉米能够发现价格合适的货源的话。也许印第安人的威胁抬高了当地羊毛的价格。[35] 通常，是萨拉在管理着家庭事务，而羊毛对纺线和家庭制衣是必不可少的。爱德华兹也许有其他原因需要联系贝拉米，所以他接手了价格协商事宜。在次年 1 月份发出的第二封信里，他耐人寻味地提到，"由于某些原因，在目前，那也许是权宜之计；别让人知道那些羊是给谁的。"[36]

正如我们可能预期的，这同一封书信表明，在爱德华兹头脑里还有更重要的事情。贝拉米请求爱德华兹为他寻找一些经典改革宗神学著作。爱德华兹提到了 17 世纪瑞士改革宗教义系统化者弗朗西斯·图瑞丁（Francis Turretin，1623—1687 年），认为他在加尔文主义五点教义和论辩神学上是极为优秀的。而更好的，他说，则是荷兰神学家、17 世纪后期的彼得·范·马斯特里赫特（Peter van Mastricht）。爱德华兹的建议是，"以马斯特里赫特著作作为一般性神学、教义、实践与争论著作，或者一种普遍的系统神学。在我看来，除圣经外，他比图瑞丁或世界上任何其他著作都要强得多。"其间，爱德华兹说到，他正在深入阅读阿明尼乌争论并将有关它的看法记在了自己的笔记里。"我如此深地进入了这种争论之中，以至于在我最大程度地了解他们的问题之前，我不想丢开它。"[37]

随着战事的拖延，印第安人的威胁在接下来两年里一直都在继续。在 1747 年和 1748 年，一小股印第安人曾两次接近南安普敦，而每一次他们都杀死了一名居民。在第二次，亦即 1748 年春，这种攻击还引起了恐慌，以至定居者放弃了南安普敦；他们大多数人都蜂拥进了北安普敦，并在那里度过了夏天。对印第安人的恐惧，在试图抵抗游击战上遭遇的挫折，在参战男人当中的伤亡，过于拥挤的难民与暂时扎营的士兵,以及持续性的高自然死亡率,这一切都严重打击了北安普敦的士气。[38] 1748 年 10 月 18 日艾克斯拉沙佩勒(Aix-la-Chapelle;亦即亚琛的法文名)和平协定,所导致的战争的正式结束,主要是一件欧洲事务,亦很难成为一种令人欣欢的因由。英格兰做出了令人难以置信的事情。令殖民地人懊恼的是,它交换掉了上帝明白无误交在新英格兰手里的重大战利品。路易斯堡重新交还给了法国。新英格兰再次为骄傲受到了审判,尽管许多人并不愿意牧师这么说。

爱德华兹是在上帝长期救赎计划这一更大视域里,来看待这些艰难时日的。促进"协同祈祷",是他为援助那最重要的国际事业——战争只是其一小部分——所做的主要公共贡献。而在靠近家乡的地方,这些年来持续不断地谈论印第安人的威胁与军事战斗,只是增加了他的传教热情。总是和舅舅约翰·斯托达德保持着密切关系的爱德华兹对军事事务十分了解,同时他无疑也使敬虔的斯托达德领略到了更宏大的属灵图景。我们不太清楚这对舅甥之间究竟有多少合作,但斯托达德长期以来都是与印第安人谈判的主要参与者,而在当前的冲突中,他还积极协调了纽约附近一些部落之间的关系。我们能够管窥一斑的是,斯托达德似乎是"公平往来"原则的支持者。1747 年 5 月,他向总督雪利写道,"印第安人具有这样一种古怪念头:如果我们能公正和仁慈地对待他们,他们将以命相报;但如果用欺骗方式对待他们,那么将很快激发起对我们的憎恶之情。"[39] 英国人本可以更多加以利用的这种睿智建议,反映了他多年的经验和军事关切。然而它亦反映了上校与他外甥一同分享的对印第安人传教这一更大关切。斯托达德帮助建立了靠近纽约边界的斯托克布里奇传教团;而在他努力想要获得当地印第安人心态的情报期间,很可能就置身那里。就在他给总督雪利写信几周后,就他们在印第安事务上的终极目标而言,他得到了生动的提醒:5 月末,大卫·布雷纳德到达了爱德华兹家里。

注释

[1] 爱德华兹致"苏格兰的朋友们"[after September 16, 1745], *Works*, 16: 175—176。最初发表于 *Christian Monthly History* 9 (December 1745): 259—263。在波士顿报纸上,看到了一封书信的残片,在要求前几期报纸——"某位北安

普敦人"没有送给他而"你们自己已经看过了"那些报纸。Edwards to "An Unknown Recipient," June 4, 1745, *Works*, 16: 172.

[2] "The college, it is I," Louis Tucker, *Puritan Protagonist: President Thomas Clap of Yale College* (Chapel Hill: University of North Carolina Press, 1962), 267.

[3] Ibid., 114—135. 1742 年 5 月，当分裂者离开了毗邻耶鲁学院的、位于纽黑文绿地上的、由 Joseph Noyes 主持的"第一教会"时，斗争的激烈程度加强了。

[4] Thomas Clap, *A Letter from the Rev. Mr. Thomas Clap … to the Rev. Mr. Edwards of North Hampton* (Boston 1745), 4; quoted in Edwards to the Reverend Thomas Clap, May 20, 1745, *Works*, 16: 164.

[5] Clap, *A Letter from … Clap … Edwards*, 11.

[6] Edwards, *An Expostulary Letter from the Reverend Mr. Edwards* (Boston, 1745), *Works*, 16: 163—172, quotation, p. 172. See also Edwards, *Copies of the Two Letters Cited by the Reverend Mr. Clap* (Boston, 1745), *Works*, 16: 153—162.

[7] See Christopher W. Mitchell, "Jonathan Edwards's Scottish Connection and the Eighteenth-Century Scottish Revival, 1735—1750" (Ph. D. diss., St. Mary's College, University of St. Andrews, Scotland), 1997.

[8] Harry S. Stout, *The Divine Dramatist: George Whitefield and the Rise of Modern Evangelicalism* (Grand Rapids, Mich.: Eerdmans, 1991), 133—155; Arnold Dallimore, *George Whitefield: The Life and Times of the Great Evangelist of the Eighteenth-Century Revival*, 2 vols. (Westchester, Ill.: Banner of Truth Trust, 1970), 2: 83—98.

[9] George Whitefield, Tuesday, November 27, 1744 in *George Whitefield's Journals* (Edinburgh, 1960), 528—529.

[10] Luke Tyerman, *The Life of the Rev. George Whitefield*, 2 vols. (London, 1876), 2: 129—142, 总结了怀特菲尔德做出的十项抨击和三项答复。

[11] 这基于怀特菲尔德在一封私人书信（收信人不明）里的叙述: from Boston, July 29, 1745, reproduced in Tyerman, *Rev. George Whitefield*, 2: 150—151。

[12] Ibid. 我假定怀特菲尔德在数周前同爱德华兹所说的，与他在这封书信里所说的是相同的。

[13] Edwards to "Friends in Scotland," *Works*, 16: 175—179.

[14] Seth Pomeroy to his wife, July 30, 1745, in James R. Trumbull, *History of Northampton, Massachusetts, from Its Settlement in* 1654, 2 vols. (Northampton, Mass., 1898, 1902), 2: 119.

[15] Edwards to "A Correspondent in Scotland," *Works*, 16: 180—197. quotations, pp. 180, 185.

[16] Sermon, Psalm 66: 18, part 2 (April 12, 1744). Earlier, March 29, 1739, 他对同一段经文的布道一直都是这个主旨, "只要人们继续姑息罪, 就不可能期望他们的祈祷为上帝所听见" (Works of Edwards summaries)。

[17] Sermon Joshua 7: 12, "Fast for the Occasion of War with France" (June 28, 1744).

[18] Sermon, I King 8: 44—45, "Fast for Success in Expedition against Cape Breton" (April 4, 1745). 在新英格兰, 广泛流行的对路易斯堡胜利所做的千禧年解释, 参见, Nathan Hatch, *The Sacred Cause of Liberty: Republican Thought and the Millennium in Revolutionary New England* (New Haven: Yale University Press, 1977), esp. 36—51。

[19] 他继续说道, "因为, 就像天堂王国一样, 他们是被力量和暴力所带走的。而在法国要塞, 我认为就有那类魔鬼, 他们是不会被祈祷和禁食所逐出的, 除非是因为他们自己缺乏后备供应。" Benjamin Franklin to John Franklin, [ca. May] 1745, in *The Papers of Benjamin Franklin*, vol. 3, ed. Leonard W. Labaree (New Haven: Yale University Press, 1961), 26—27.

[20] Edwards to "A Correspondent in Scotland," *Works*, 16: 185—197. Cf. Ian Marshall, "Taking Louisbourg by Prayer: Responses of Jonathan Edwards and Benjamin Franklin to a Millitary Episode in Colonial American History," *University of Dayton Review* 20, no. 1 (summer 1989): 3—19, 他发现爱德华兹认定这次攻击完全是个意外是不正确的, 并在其叙述上是选择性的, 譬如忽略了英方的许多伤亡情形 (p. 9). G. A. Rawlyk, *Yankees at Louisbourg* (Orono: University of Maine Press, 1967) 则提供了一种现代叙述。

[21] Charles Chauncy, *Marvellous Things Done by the Right Hand and Holy Arm of God in Getting Him the Victory* (Boston, 1745), 12. Cf. pp. 12—19.

[22] Thomas Prince, *Extraordinary Events the Doings of God, and Marvellous in Pious Eyes* (Boston, 1745), 34. Cf. p. 35. The "King of Glory," etc. 来自《诗篇》24。昌西的 *Marvellous Things* 亦在布道结尾提到了基督即将到来的统治与和平时代, 但却是用更为一般性的表述。

[23] Edwards to the Reverend John MacLaurin, May 12, 1746, *Works*, 16: 204; and Edwards to the Reverend William McCulloch, May 12, 1746, *Works*, 16: 209 (quotation). Gerald McDermott, *One Holy and Happy Society: The Public Theology of Jonathan Edwards* (University Park: Pennsylvania State University Press, 1992), 32, 总结了爱德华兹在整个 1745 年秋所做的布道, 即对上帝审判的警告, 尽管上帝有对尘世的仁慈。

[24] Edwards to the Reverend William McCulloch, January 21, 1747, *Works*, 16: 219—220. 1746 年 10 月 16 日, 在法国舰队到达之际, 爱德华兹就《以赛亚书》33: 19—24, 做了一次禁食日布道。在 11 月 27 日, 他就《以赛亚书》37: 27—29, 做了一次感恩布道, 以庆祝其"毁灭"。

[25] 在有关这些主题的大量文献中, 极为有用的是 Linda Colley, *Britons: Forging the Nation*, 1707—1837 (New Haven: Yale University Press, 1992)。在英格兰 18 世纪 40 年代的反天主教论辩, 特别参见 pp. 30—33, 和 Paul Langford 的 *A Polite and Commercial People: England*, 1727—1783 (New York: Oxford University Press, 1992), 202。有关爱德华兹对汉诺威王室的钦佩之情, 见 McDermott, *Holy and Happy Society*, 76, 127, and passim on Edwards' political views. 亦可见 Harry S. Stout, "The Puritans and Edwards," in Nathan O. Hatch and Harry S. Stout, eds., *Jonathan Edwards and the American Experience* (New York: Oxford University Press, 1988), 142—157, 论述了爱德华兹继续使用国家盟约的清教观。有关新英格兰正在变化中的政治宗教身份认同, 我得益于 Thomas S. Kidd, "From Puritan to Evangelical: Changing Culture in New England, 1689—1740" (Ph. D. diss., University of Notre Dame, 2001)。

[26] Charles Chauncy, *The Counsel of the Two Confederate Kings ... A Sermon Occasion'd by the Present Rebellion in Favour of the Pretender. February 6th*, 1746 (Boston, 1746), 24, 25, and 27.

[27] Thomas Foxcroft, *A Seasonable Memento for New Year's Day* (Boston, 1747), quoted in Hatch, *Sacred Cause of Liberty*, 50. Hatch 对这些主题提供了有价值的解说 (巧合的是, 福克斯克罗夫特是"波士顿第一教会"的高级牧师, 而昌西是他的助理牧师)。

[28] Sermon, Exodus 33: 19, "Thanksgiving for Victory over the Rebels" (August 1746).

[29] 按照 Trumbull, *History of Northampton*, 2: 101n, 登记的死亡案例是, 1745 年 39 例, 1746 年 32 例, 1747 年 27 例, 1748 年 43 例。

[30] Ibid., 149—150; and Kevin Sweeney, "River Gods and Minor Related Deities: The Williams Family and the Connecticut River Valley, 1637—1790" (Ph. D. diss., Yale University, 1986), 364—375.

[31] Quoted in *Sibley's Harvard Graduates*, 5: 115.

[32] Trumbull, *History of Northampton*, 2: 147—152.

[33] 至少她作为成年人是这样的。见 *The Journal of Esther Edwards Burr*, 1754—1757, ed. Carol Karlsen and Laurie Crumpacker (New Haven: Yale University Press, 1984), e. g., 60—61 and 142. 参见第 25 章。

[34] 爱德华兹致以斯帖·爱德华兹，November 3，1746，*Works*，16：214—215。随着他妹妹尤妮斯的丈夫西蒙·巴克斯的死亡，这场战争最直接地触及了爱德华兹的家族。巴克斯是进攻路易斯堡军队的随军牧师，并于1746年2月死于那里。Edwards to MacLaurin，May 12，1746，*Works*，16：205.

[35] Edwards' account book，Beinecke，Works of Edwards transcription，表明，他曾于1745年5月（在当地印第安人威胁之前）和1746年5月，派人前往罗得岛购买羊毛和糖浆。

[36] Edwards to the Reverend Joseph Bellamy，October 3，1746，*Works*，16：211；and Edwards to the Reverend Joseph Bellamy，January 15，1747，*Works*，16：217.

[37] Edwards to the Reverend Joseph Bellamy，January 15，1747，*Works*，16：217.

[38] Trumbull，*History of Northampton*，2：153—164.

[39] John Stoddard to Governor William Shirley，May 13，1747，quoted in Trumbull，*History of Northampton*，2：169.

20

"愿你的旨意成就"

　　如果以作为模范妻子和体贴的女主人而闻名的萨拉·爱德华兹，曾经体会到完全被压倒的感觉的话，那么大卫·布雷纳德在1747年5月28日星期四的到来，可能就是其中的一次。就在三周前，她生育了第八个女儿伊丽莎白。在八个女儿之外，还生育了两个男孩：接近九岁的蒂莫西和刚刚年满两岁的小乔纳森。不同寻常的是，所有这十个孩子迄今都存活下来了。相比之下，在与他们家必定保持着密切往来的约翰·斯托达德家里，所生的十个孩子中只有五个活到了成年时期。[1]

　　当因患肺结核而消瘦憔悴的布雷纳德到达时，爱德华兹家里已经有另一位身患重病的"新光派"。埃利埃泽·惠洛克正与他们住在一起；爱德华兹曾写信告诉贝拉米说，这位年轻福音布道家可能再也不能布道了。[2]但惠洛克却康复了（并且一直活到创立了一所面向印第安人的慈善学校和达特茅斯学院）。爱德华兹一家被疾病和其他麻烦所困扰着。北安普敦在战争期间已经变成了极其不利于健康的地方。这个城镇许多人对待其牧师的冷淡态度，并没有使事情变得对这个家庭更为容易。战争本身也增加了张力。这个城镇仍然受到了警戒防御，虽然士兵可能不再在爱德华兹家里宿营。斯托达德上校仍然希望发起对加拿大的进攻，但在大部分时间里，他都在忙于一项令人懊恼的任务：监督防守那有时是不可防守的边境地区。

尽管有这些负担，爱德华兹的家庭仍然差不多在顶峰期很兴盛；我们可以尝试着对这个家庭是什么样子感知一二。这个家有一座坚固宽敞的两层建筑，采用了18世纪的框架结构，并靠一个大型中央壁炉和烟囱来取暖——大多数独立房间都与它相毗连。壁炉是家庭生活的中心。房屋内部可能没有涂刷墙壁的灰泥，装饰布置也简单朴素。屋里还有当时典型家庭手工业所必需的梳棉机和纺车。爱德华兹家拥有一块园地并有权使用附近一大片土地——他们可以耕种或用以放牧羊、猪和家畜。一个可能有自己孩子的非洲裔女奴帮助料理家务。[3]

访问者来到爱德华兹家的第一印象是，这家有许多孩子。第二印象则是那些孩子都受到了良好的管教。乔纳森辅助萨拉，在孩子们很小时候就开始训导他们。"当第一次发现孩子们有任何程度的任性和固执，"塞缪尔·霍普金斯写道，"他就会关注他们，直至使他们完全服服帖帖并表示出顺从之心。"爱德华兹是"以最大的平静，通常并没有什么大声言语"做到这一点的。很快，他就能"有效建立起父亲的权威，并由此带来心悦诚服的顺从"。

当然，关心孩子们的灵魂是他首要的关切。在早晨灵修中，他会就圣经提问他们一些与其年龄相适宜的小问题。在星期六晚上，亦即安息日开始之际，他会教导他们《威斯敏斯特小教理问答》，并确保他们既能背诵又能理解那些问答。[4] 为了维护以地狱烈火和永恒惩罚教导孩子们这一做法，他近来写道，"孩子们在我们看来也许是天真无邪的；但如果他们处在基督之外，那么他们在上帝眼里就并非如此，而只是一些小蛇，比小蛇还要可恶得多。"到审判日，那些未重生的孩子将不会感谢他们父母那多愁善感的温柔，因为那阻止了他们认识到他们状态的真实危险性。[5] 他总是寻找机会以使年轻人对自己的状况有清醒的认识；例如，他曾带领这个城镇的孩子们，去探视那曾吞没两个女孩生命的莱曼家火灾的废墟。[6]

而抚养孩子的更大重担则落在了萨拉身上。按照塞缪尔·霍普金斯的说法，"她有一种绝佳方式来管教孩子们：她知道如何使他们心悦诚服地尊敬和顺从她，既不用起高腔，也不用诉诸打骂。"霍普金斯报告说，她责备孩子的方式，是用"简短的几句话，既不吵也不闹，而是待之以平静与温和的心态"。通常，她只需说一遍，就会得到"高高兴兴的遵从"。怀有钦佩之心的霍普金斯宣称，"在孩子们中常见的拌嘴与争吵，在他们当中却闻所未闻。"

在孩子们还很小的时候，萨拉就开始约束训导他们，以便抑制他们的任性执拗。"她会仔细观察在年幼孩子那里对任何人表示出怨恨与恶意的最初迹象，"霍普金斯说道，"不像许多照看孩子的人所做的，她既不默许它也不纵容它，而是有意识地表明自己对它的不喜悦，并最大程度地抑制它。"[7] 克制任性，既是为恩典所做预备中必需的一步，也是家庭和睦安宁的关键。

爱德华兹家年龄较大的女儿们必定在帮萨拉照料较小的孩子，但这并没有阻止她们离家进行长期访问。被称作"萨莉"的小萨拉（与紧接着她的三个杰出妹妹杰鲁沙、以斯帖和玛丽相比，她可能略为逊色），似乎就在纽黑文度过了相当长的时间——她 1744 年和 1747 年秋就待在那里。[8] 杰鲁沙和以斯帖有时也随同前去访问波士顿，并有可能在那里度过了一些被延长了的时光。以斯帖与老托马斯·普林斯的女儿萨拉·普林斯成为了密友。虽然约翰·斯托达德上校的女儿们据说曾在波士顿接受过教育（就像爱德华兹的姐妹们那样），但却没有任何证据表明爱德华兹的女儿们也曾接受过那种正式学校教育，虽然她们看来在家里接受了良好的教育。

"大萨拉"，作为这个大家庭的母亲，作为农务、饮食、穿戴、洗刷、清洁、忠告以及诸多教育的监督管理者，是清教徒勤勉典范的化身。如果像塞缪尔·霍普金斯所说的，她真是"一位代理丈夫"或者家庭与农活实际的经营者以及十一个孩子的母亲，那么她的成就是非常了不起的。[9] 有一回，在 1748 年，她出城去了，乔纳森很快就一筹莫展、不知所措了。两个最大的女儿，他写道，都"精疲力竭，患了头疼"，睡过了头。所有其他年龄的孩子，从一岁大的起，都需要照料。"没有你，"爱德华兹感叹道，"真不知道我们会成什么样子。"[10]

除了照料自己的家人和家务，萨拉还管理一个相当于小旅馆那样的地方，为旅行者（大多都是未曾预约的）和各种前来追随丈夫学习的年轻寄居者提供住宿膳食。年轻的塞缪尔·霍普金斯作为学生第一次到他家来时，她对他的悉心照料表明，她极为关心客人。霍普金斯后来写道，"她会不遗余力地使他们受到欢迎，为他们提供方便和舒适。她对来到她家的陌生人极为仁慈。"[11]

所以在萨拉为以自我牺牲而闻名的大卫·布雷纳德的到访在灵里感到高兴的同时，她的圣徒品格如今也受到了试炼，因为有两位患重病的年轻布道家成为了他们家庭的一部分。毕竟，萨拉内心易于躁动，精神容易消沉。幸运的是，埃利埃泽·惠洛克不久就康复了；而她还有女儿们，尤其是杰鲁沙，来帮助护理布雷纳德。刚刚年满 17 岁的杰鲁沙，在属灵热情方面，是最像她父母的孩子。在一个最高目标就是要使自己的意志顺从于上帝意志的家庭里，无私牺牲是至高的美德。大卫·布雷纳德，为了努力将福音传给印第安人，愿意承受任何艰难困苦，他已经成了传奇人物。相应地，杰鲁沙也愿意奉献自己，以照料这位在身体上遭受着病痛折磨的她属灵典范的化身。

爱德华兹及其圈子敏锐地意识到，国际改革宗运动的一大弱点就是，它未能维持对印第安人的有效传教。爱德华兹的姐夫大塞缪尔·霍普金斯、表兄斯蒂芬·威廉姆斯以及舅舅约翰·斯托达德，早在十年前就率先在斯托克布里奇重建了一支新英格兰传教团。而当前的战争，只是强化了需要扩展那种努力的紧迫感。赢得印第安人的人心将会具有不可估量的战略优势。而与此同时，国际觉醒运动也加强了对他们灵魂的关切。苏格兰与英格兰的福音派协会也渴望能支持传教士，但候选人却很少。

大卫·布雷纳德是一个被驱使着去事奉的人。在 1739 年强烈的归信经历后，他进入了耶鲁学院，时年 21 岁，为服侍做准备。随着怀特菲尔德、坦南特和达文波特于 1741 年在纽黑文制造了轰动现象，布雷纳德作为一个新归信者的热忱，很快就在觉醒之火中熊熊燃烧起来。1741 年 9 月，亦即爱德华兹发表毕业典礼演说那一周，克拉普院长反对学生谴责教师属灵权威的规定，主要就是针对布雷纳德制订的。在接下来的冬季里，一个经过布雷纳德房间的新生，无意间听到他说，指导教师昌西·惠特尔西（Chauncey Whittelsey）"所具有的恩典还不如这把椅子"。那个新生将这话告诉了城里的一位女士，而后者则告诉了克拉普院长。专横的克拉普，也许正在等待着这个机会，立即发起了一项调查并要求布雷纳德公开忏悔。布雷纳德反对为"私下评论"做出"公开忏悔"。克拉普为了这件事情，为了他未经允许就参加了一次"新光派"会议,并为了所谓的一则言论,即他认为克拉普应当为处罚前去聆听吉尔伯特·坦南特布道的学生而"突然暴毙",[12]而开除了他。

从耶鲁被开除后,布雷纳德跟随一位当地牧师继续学习。与此同时,他试图使自己重新恢复学籍。然而即使是经过包括乔纳森·迪金森(Jonathan Dickinson)和阿伦·伯尔(Aaron Burr)这样一些最受尊敬的耶鲁毕业生的介入,克拉普还是不肯做出让步。1742年夏,在没有正当许可的情形下,布雷纳德在康涅狄格的伯利恒与约瑟夫·贝拉米一同进行布道。在那时,迪金森和伯尔为他谋求到了一项新任命,即在"苏格兰基督教知识传播协会"的资助下,成为一名面向印第安人的传教士;布雷纳德在1743年春接受了这一职务。大约有一年时间,在斯托克布里奇传教士约翰·萨金特(John Sergeant)指导下,他在距离斯托克布里奇大约二十英里的考纳米克(Kaunameek)马希坎人村庄里进行工作。

使布雷纳德在耶鲁恢复学籍的努力,在这期间已变成了一个广受关注的问题。布雷纳德最后的尝试是,在他私下学习的基础上,于1743年9月与他同班同学一道毕业。前往纽黑文参加毕业典礼的爱德华兹,在那里第一次会见了布雷纳德,就这个问题同他进行了讨论,并有可能帮助他写了一份悔过声明。现今,耶鲁虽然愿意接受他进行一年额外的学习,但却不愿意授予他学位,尽管事实是——按照爱德华兹的看法——他本会是班级里的佼佼者。[13]

到这时,布雷纳德已经献身于他的传教工作了。尽管在考纳米克没有取得多少成功,他仍然在1744年春谢绝了一份传统牧师职位,并前往特拉华河(Delaware river)与萨斯奎汉纳河(Susquehanna river)流域,以寻求特拉华印第安人的归信。已经罹患疾病的他,忍受了非同寻常的艰难困苦,但却很少有所表露。最终,1745年秋,在经过许多挫折后,他那弃绝世界的努力开始产生明显的效果。在新泽西特伦顿(Trenton)南部克罗斯维克森(Crossweeksung)的特拉华印第安人村庄里,爆发了一场觉醒。但到1746年秋,布雷纳德已经病重得无法继续工作了。在走投无路的情况下,他动身返回家乡新英格兰,并相信他"没有希望康复了,除非多多骑马"。他亦认为他有"义务""在多年未见面的朋友当中使自己转移一下注意力"。[14]他只是走到了新泽西伊丽莎白镇他主要赞助人乔纳森·迪金森的家里,就崩溃了。在那个冬季里,他留在那里休养。到4月份,他觉得恢复得足以重新开始前往新英格兰骑马治疗。5月末,他到达了斯蒂芬·威廉姆斯位于朗梅多的家里;在那里停留了五天后,他骑马前往北安普敦。

当布雷纳德到达时,爱德华兹发现他并非像听说的那样已经病得奄奄一息或者"神志不清"。他印象深刻的是,布雷纳德在一天里就从朗梅多骑行了二十五英里。这个年轻人亦显得"欢快愉悦而没有什么悲伤之情"。当马瑟医生对他做了检查后,认为他已经无可救药了。但城镇的另一位医生平琼(Dr. Pynchon),像爱德华兹那样对他还抱有一些希望。和通常一样,爱德华兹对属灵热情印象最深。他发现布雷纳德在家里所做的祈祷是绝佳的。即使他为食物而感谢上帝的祈祷也是极鼓舞人心的。布雷纳德与爱德华兹发现他们在千禧年盼望上具有许多共同之处。"在他的祈祷里,他大大坚持锡安的繁荣,基督国度的扩展,以及宗教在印第安人当中的兴盛与传布。"[15]

永远都乐意采用那已发挥作用的治疗方式的医生,认定骑马旅行对布雷纳德是有益的。因而,在北安普敦待了两周后,他出发前往波士顿去;杰鲁沙陪伴着他,"以便当他处于虚弱与低落状态时能有所帮助"。这段通常需要两天半的旅程,他们走了四天。就像爱德华兹家人通常所做的,他们在韦斯特伯勒的埃比尼泽·帕克曼牧师家里过了一夜。到波士顿后不到一周,布雷纳德的病情再次恶化。杰鲁沙写信告诉父亲,医生说他或者会随时死亡,或者会有一个为期数月的缓解期。到7月末,他获得了那个缓解期,于是与杰鲁沙和弟弟伊斯雷尔——一位耶鲁学生,骑马慢慢返回了北安普敦。[16]

再次返回到爱德华兹家里,患者恢复得足以每天外出骑行一小段时间,也许还希望能重返新泽西。[17]到9月初,他已经虚弱得无法离开住处。杰鲁沙,虽然她自己也极其不适,仍从5月起就一直照料他。他还仍然能记录和编辑他的日记,并就严肃的灵性问题与杰鲁沙、她父亲以及她家其他成员进行交谈。

10月4日星期日,他已濒临死亡。当杰鲁沙走进房间时,正如爱德华兹所记录的,"他愉悦地看着她说道,'亲爱的杰鲁沙,你愿意与我分别吗?我很愿意与你分别;我愿意与我所有的朋友分别;我愿意与我亲爱的弟弟约翰分别，虽然他是所有生灵中我最喜爱的；我把他和所有朋友都交托给上帝，我能够把他们留给上帝。尽管，如果我认为我不会在另一个世界里看到你并与你幸福地在一起，我不能承受与你的分离。但我们将一同共享那幸福的永恒！"三天后，他弟弟约翰赶到了。大卫视约翰为"所有生灵中我最喜爱的"，部分是因为约翰是他在新泽西面向印第安人的最重要事奉的合作者与继任者。"与布雷纳德精神颇为相通"的杰鲁沙，能够理解上帝之国的优先性。两天后，在最亲近的人的陪伴下，大卫·布雷纳德去世了。

爱德华兹强调，葬礼应当简朴，而不应出现"排场与铺张"，而排场和铺张正是布雷纳德担心如果自己死于波士顿将会出现的情况。[18]爱德华兹做了"真圣徒，当离开身体时，就与主同在"的布道；充满激情地赞颂了以基督为中心的天国状态的奇妙。他强调——也许是特别牵挂着杰鲁沙的悲伤，圣徒不是在地狱边缘（limbo）等候主的回归，而是立刻就"与基督同在"了。那意味着他们是与基督处在完美的融合之中。在基督里，所有罪之黑暗，"在太阳正午时分的夺目光芒面前将都会烟消云散。"不过这并不是盲目的出神狂喜状态。那在尘世上已与基督订婚的人，在天国里将同他结婚，并在最完美的互爱中作为密友与他交谈。所以"已故圣徒的灵魂将在天国里与基督同在，而基督就像是对他们敞开了心扉，向他们展现了爱的无限宝藏，并与他们驻留那里直至永恒"。那些灵魂，要比它们拥有身体时好得多，"将享有丰盛的饮食，并徜徉在爱的海洋里。"爱德华兹为听众提供了大量圣经意象。作为基督的配偶，他们是"王的女儿"，并将与基督同享天父荣耀之"难以言表的喜悦"。而在"永恒地沉浸于无限光明中，沉浸于神圣之光的无限柔和与甜美的光芒中"的同时，他们也会以强烈的兴趣与喜乐追踪着基督王国在世上的扩展。他们会热切盼望着那一天：在那时他们将与基督一同返回，帮助基督审判这世界，并与基督一起作王到永远。大卫·布雷纳德能够以极大的平静来忍受痛苦和将至的死亡，是因为他如此清楚地看见了处在这种宇宙背景中的实在。这种以上帝为中心的视域，使得他能够像那"将一切都交托给基督"的人那样去行动，甚至在死亡里也保持着对基督王国的优先关切，这关切发自于"对基督纯洁无私的热爱和对基督荣耀的渴望"。[19]

"就像一株被砍掉的花"

尽管爱德华兹极力拥抱天国之爱完全到一个地步，甚至连世上最珍贵的情感相比之下都显得苍白，但他还是没有为四个月后出现的后果做好完全准备。2月14日，一个安息日，他可爱的杰鲁沙因发高烧而死。爱德华兹曾向一位苏格兰通信者透露，她"被大家尊为家庭之花"。[20] 她的病情持续了不到一周，所以根本没有时间为这个巨大痛苦作好准备，尽管他终生都在为这种事情做着准备。

在接下来的安息日上，深感悲痛的爱德华兹，根据《约伯记》里的哀痛主题，为杰鲁沙做了葬礼布道，"青春就像一株被砍掉的花"。1741年，在"后怀特菲尔德觉醒"即将开始之际，他曾就一个年轻人的死亡，在一次青年聚会上宣讲过这个布道的教义部分。那个难以忘怀的主题因为过于适宜而无法被放弃；而增添的部分则是爱德华兹所有布道中最具个人性的内容。被砍掉花朵那失去的美，"对于处在花季的年轻人是一种适宜的象征；他们具有可爱的、愉悦的和大有前景的资质——不仅有花期的身体而且还有花期的心灵，具有称心如意的自然与道德天赋。"而杰鲁沙则是"明显弃绝"这尘世的典范；"她对任何属于尘世本性的事物都毫不关心，而将心灵置于"另一个世界里。她"言行一致地表明，[她]更愿意舍弃她自己，并在所有事情上都真诚地探询哪种方式最能够荣耀上帝"。

爱德华兹向会众保证，他并不是要在那里夸口他女儿的圣徒品格，或者夸口他自己，而是为了让她的死亡成为他人的益处。她的死来得很突然。"正是在青春花季，[她]在上上个星期在这里聚会时，还没有发现死亡迫近的任何可感知迹象。"每个人都能够看见她留下的空位并由此接受警告。从上帝而来的这种警告并非是孤立的。三年来，"就宗教状态而言……在我们当中一直都是令人悲伤的"；上帝通过"许多年轻人"的死亡已经反复送来警告。然而，在那些留下来的人当中，有许多人的行为却比以往更加糟糕。

爱德华兹感谢因杰鲁沙的去世而从城镇居民那里获得的衷心吊慰

之辞，但他决定要将他们的感伤化为永恒的福祉。有如此多的年轻人似乎是毫无准备，因为他们不是与圣徒为伴，而是沉浸在那只是培养感觉本能的欢愉与轻浮的聚会。而更糟糕的，则是他们的嬉笑打闹，"以及触摸女性乳房和男女在床上混睡的淫秽陋习"。如果那些年轻人被突然夺去生命，会如何呢？

面色苍白的爱德华兹将会众的注意力转向了自己显而易见的悲伤。即使那"在青春花季去世的人是我自己亲爱的孩子"，他也知道一个父母的慰藉就是能够看到，所有证据都表明她已经将自己的爱放在基督身上。如果父母看到的是相反的证据，那该是多么可怕啊？！当父母回想起"我那已故孩子因寻欢作乐而闻名，是个酒色之徒"时，这个父母的安慰将会是什么呢？爱德华兹最后说道，虽然这种神意"本身对我来说是极其痛苦和悲伤的"，如果这能成为"你们当中，我羊群中的年轻人，一次普遍觉醒与更新的开端"，[21]那对他来说将会是一种莫大的安慰。

爱德华兹将杰鲁沙那凋谢的遗体紧挨着布雷纳德下葬了。在垂危之际，布雷纳德曾告诉杰鲁沙，如果他没有确定他们将一同共享那永恒的话，他将无法忍受与她的分离。爱德华兹深信，他们两人的灵魂已经在基督里幸福地团聚在一起了。然而，在对他来说似乎是不同寻常的尘世情感表露中，他将她的遗体紧挨着布雷纳德下葬，期待着他们的身体复活。八个月后，在提到杰鲁沙过世时，爱德华兹承认，"最近以来"他仍然"在经受上帝所安排的痛苦"。他相信，上帝正在教导他"如何去同情那痛苦中的人"。[22]

大卫与杰鲁沙的事迹，是历史上流传的属灵爱情故事之一，并引发了人们的诸多猜测。爱德华兹记录的布雷纳德与杰鲁沙分别时的话语，表明他们彼此深深关爱着对方，即使他们最深的爱是对属灵事物的爱。有传说认为他们订婚了，但对此并没有任何真实的证据。一些人甚至还表明，布雷纳德前往北安普敦是为了去看望杰鲁沙，但没有任何迹象表明他们先前曾相遇过。[23]

乔纳森本人也喜爱布雷纳德。这个年轻人一去世，他就搁置了自己重视的一些计划，以编辑布雷纳德的日记——最终他将其以《大卫·布雷纳德生平叙述》（*An Account of the Life of David Brainerd*）

为题出版了。迟至 1747 年夏，他还给一位苏格兰通信者约翰·厄斯金（John Erskine）写信说，他想要"专门就阿明尼乌争论撰写一些东西"，并将以"论意志自由，以及道德动因"作为开首部分。他在次年则写道，上帝"出乎意料地将"出版《布雷纳德生平》（*Life of Brainerd*）的责任放在我的身上，它似乎"不可避免地成为了"更高的优先。[24] 而有可能曾帮助过这项计划的杰鲁沙的去世，恰恰增加了他想要完成它的热情。

完成《布雷纳德生平》意义至关重大，大到让他推迟了他计划已久的反对阿明尼乌威胁的力作，因为爱德华兹确信他最主要的优先就是国际觉醒。他刚刚完成了促进跨大西洋的为宗教奋兴而"协同祈祷"的著述，并把对布雷纳德的纪念看作是上帝批准的后续之作。在他的工作里，正如在他生命里，敬虔先于理智。

其次，但却并非偶然，《布雷纳德生平》对改革宗内部赢得北美的争夺是关键性的。在过去几年里，改革宗教会（长老会和公理会）已经在"旧光派"与"新光派"之间发生了不祥的分裂。在新英格兰，哈佛与耶鲁都牢牢处在了"旧光派"控制下。作为回应，迁移到新泽西的新英格兰人，通过与坦南特圈子的"新光派"（"新派"）长老会结为同盟，而刚刚在那里创建了他们自己的学院。

布雷纳德处在学院之争的近乎核心地位。他从耶鲁的驱逐，变成了象征着这整场争执的试金石。谁拥有权利去教育并因而控制牧职按立？耶鲁的托马斯·克拉普院长与爱德华兹之间的口角，源于克拉普的这样一种担忧：怀特菲尔德及其追随者将会摧毁耶鲁与哈佛对提供圣职人员所具有的近乎垄断的地位。克拉普亦促成了康涅狄格议会禁止为那些不是从耶鲁、哈佛或欧洲某所大学毕业的人——譬如布雷纳德——按立牧职。而 1744 年，"新光派"长老会在新泽西为布雷纳德按立了牧职。

这些新泽西长老会信徒的领袖是乔纳森·迪金森；布雷纳德在 1746 年末至 1747 年初的冬天就是在他家里差一点儿死去。迪金森，不到 60 岁，出生于马萨诸塞的哈特菲尔德，并因而为"新泽西—纽约"长老会与"斯托达德地区"之间提供了一条主要联系纽带。在布雷纳德造访的那个冬季里，迪金森正在组建新的"新泽西学院"；他随即被选为它的第一任院长。在布雷纳德离开迪金森家前往新英格兰几天后，这所位于伊丽莎白迪金森家的学院于 1747 年 5 月迎来了它的第一批学生。当迪金森于 1747 年 10 月突然辞世时，这所学院转而由爱德华兹一位年轻门生、纽瓦克（Newark）的阿伦·伯尔牧师来负责；他成为了这所学院的下一任院长。[25] 伯尔后来据说曾表示，"如果布雷纳德先生在耶鲁没有受到那种对待的话，新泽西学院将永远都不会建立起来。"[26]

在通读了布雷纳德的日记后，爱德华兹写信给约翰·布雷纳德以补充一些详情细节，特别是有关他从耶鲁被开除的情形。爱德华兹想要确保，他的叙述是对"那件事情准确而肯定的叙述，好让院长没有任何借口也没有任何余地抱怨在任何方面有些微不实之处"。[27] 在总结那个事件时（爱德华兹尊重布雷纳德经由杰鲁沙留下的遗愿：应毁掉他在耶鲁那些年间的日记），爱德华兹承认了布雷纳德"过度的、不谨慎的热情"。爱德华兹唯一为他做出辩护之处就是写道，"在那时他不仅年纪非常轻，而且信仰与经验也非常年轻。"而关键的一点，爱德华兹反复强调的，就是布雷纳德已经为这些年轻时的过度彻底忏悔过。因而，爱德华兹在承认耶鲁官方纪律处分布雷纳德是正当的同时，亦表明克拉普及其同党的过错在于，在 1743 年没有全面恢复一个已成为悔改典范者的正当身份。[28] 事实上，在爱德华兹叙述里，布雷纳德变成了成熟的、均衡的、克制的、不论断的、反分裂的、非常属灵的、自我谦卑的正统基督徒的典范。

当然，爱德华兹怀有比学院争执更大的意图，将布雷纳德描述成一个典范性的"新光派"。按照爱德华兹的叙述，这个传教士具有了模范基督徒的一切特征。从更宏大的观点看，《布雷纳德生平》，就是属灵传记形式的《宗教情感》。

它也可以被部分看作一部属灵自传。虽然这部著述的主体部分是经过编辑的日记，但在作者与编者之间却常常难以做出区分。根据一小部分我们拥有原稿的最早日记，可以发现，就像那时编辑常做的，爱德华兹在尽量采用布雷纳德原话的同时，亦做了一些相当大的改动。有时，他会省略掉一些用词或话语，或者因为它们太冗长，或者因为它们是重复的，或者因为它们的神学不准确。他亦倾向于调整布雷纳德对其宗教经验的一些描述，使之更非个人化，而且使他的一些用语更为准确，譬如，他将布雷纳德后悔于"嬉闹"更改为了"（所谓的）嬉闹"。在其他地方，他会更改布雷纳德的某些意思，以适合自己的议程。例如，他省略掉了一条布雷纳德为怀特菲尔德成功消息而欢呼的记录，因为这是一种爱德华兹想要避免的可能引发争论的因素。[29] 当然，我们不清楚，爱德华兹究竟省略掉了多少实质性内容。布雷纳德要求毁掉他耶鲁期间的日记，其理由无疑是因为它们包含了对具体人物的批评。而我们也知道，爱德华兹删掉了那些段落，譬如，在保留下来的内容里，就完全删去了 1743 年 7 月在耶鲁为恢复身份而做的痛苦的、面对面的尝试，那会使布雷纳德显得有些怨愤。爱德华兹希望被记住的布雷纳德，是作为（基本复述了《宗教情感》的"第八种标志"）"耶稣基督像羔羊和鸽子那样的精神的化身！充满了爱、温顺、安宁、宽恕与仁慈！"[30]

因为爱德华兹的目标是要提供一种典范性属灵传记，所以有些事情最好能被省略掉或得到修正。对灵性经验的典范式叙述，是一种确立已久的清教形式，并适合于用出版印刷来促进觉醒这一更广大的斗争。《基督教历史》及其海外同类出版物，就定期发表有关宗教奋兴的一些教诲性报告，而波士顿出版界也仍然在重印清教徒的灵性叙述作品。布雷纳德本人，在波士顿与北安普敦患病期间，就曾经为托马斯·普林斯于 1747 年出版的、深受尊敬的清教神学家著作《托马斯·谢泼德先生的沉思与灵性经验》，撰写过一篇序言。[31]

与现代传记相比，爱德华兹的《布雷纳德生平》最引人瞩目的就是，它以这位传教士的内在灵性生活为中心，其传教旅行的外在事迹只是被作为建立真正故事的支架。爱德华兹更感兴趣的是布雷纳德事奉中所涉及的牺牲而不是成功。事实上，甚至毫无成绩可言也愿意恒久忍耐，这一点使得布雷纳德的故事变得极为令人景仰。这位传教士已经发表了他《日志》（*Journal*）里有关在新泽西获得外在成功的那一部分内容。爱德华兹在强烈建议读者购买这部已经发表的《日志》——以作为这整个故事中最令人愉悦的一部分——的同时，他至少认为一位承受苦难圣徒的灵性挣扎，也具有同样多的启发意义。

布雷纳德在性情气质上与爱德华兹有诸多相像之处，会不定期地陷入抑郁与灵性低潮，以及强烈的灵性狂喜之中。爱德华兹承认，"抑郁症"引发的这种"心灵的忧郁"或"思想的幽暗"可能"十分有害"。在其灵性生活早期，布雷纳德曾将这些片断归结为"属灵的被离弃"（spiritual desertion）。后来，他学会了，正如在与爱德华兹那极有见地的讨论中所表明的，不将这种反复发作的疾病看作属灵的被离弃，而是看作真正的谦卑与敬虔的悲伤的契机。在此，我们获得了这样一条极有价值的线索，即爱德华兹本人是如何学会应对自己的灰暗忧郁时期的。

爱德华兹承认删节或概括了布雷纳德日记里所记录的一些最阴暗反思。尤其是当他在萨斯奎汉纳河上进行寂寞、危险并常常是毫无结果的旅行期间，这位传教士曾长时间停留在约翰·班扬《天路历程》里提到的"绝望之沼"里。然而对于爱德华兹来说，弃绝尘世的安逸舒适，甚至像十字架上的基督那样被带至感觉被上帝抛弃的地步，正是圣徒身份的证据。[32]

1746年5月，在克罗斯维克森取得成功的高峰时期，布雷纳德亦表达了令爱德华兹极其钦佩的基督那样弃绝尘世的品格。按照爱德华兹对他日记的复述，他曾极想在这个村子里定居下来。"但如今，"布雷纳德写道，"这些念头似乎烟消云散了。不是出于必然，而是出于选择。因为在我看来，上帝对我的处置已使我适合于一种孤独与艰苦的生活了。我觉得我没有任何东西可以失去；既然没有什么东西关乎这个世界，因而通过完全弃绝它，也就不会丧失任何东西。这看来是正确的：我应当没有房屋和家庭，以及生活的诸多安逸舒适——我很高兴看到上帝的其他子民能享受它们。"[33]

爱德华兹与布雷纳德对随时准备为了天国而弃绝世界的强调，有助于说明《大卫·布雷纳德生平》的巨大影响；它是爱德华兹最为流行的著作，也是整个历史上最有影响力的传教士传记之一。约翰·卫斯理出版了它的一个节选本并多次印行。在19世纪上半叶觉醒期间，以各种版本多次重新出版的《布雷纳德生平》，成了既在国内又在海外最为流行的美国文学作品之一。布雷纳德的榜样，为"公正无私的仁慈"这一极具影响力的福音派理想，赋予了具体意义。许多传教士都随身携带着《布雷纳德生平》。本杰明·富兰克林的《自传》，一个"自我奋斗"者的故事，最终成了美国理想的典范；但至少在内战前，爱德华兹的《布雷纳德》，一个"自我弃绝"者，提供了一种主要的替换选择。[34]

假如爱德华兹的叙述是围绕一个相对有限的传教成功故事（布雷纳德算起来带领还不到一百人信主），那么他的《布雷纳德生平》绝不会有如此持久的影响。爱德华兹深深关注着面向印第安人传教的实际问题，并为布雷纳德最后逗留波士顿期间鼓舞人们在那里创立了一个新传教协会而高兴。[35]然而，问题的核心却是，布雷纳德树立的为了那无限崇高事业而"舍弃世界的敬虔"（world-sacrificing piety）典范。

"基督王国在世界上的扩展"

"这个早晨，"大卫·布雷纳德于1747年8月23日主日在日记里写道，"想到，对，盼望和期待基督国度的扩展的时候，我的精神振作起来；我只能希望那个时刻就在眼前，即大巴比伦将'倾倒而不再兴起'。"[36]当布雷纳德访问爱德华兹家时，重要的是要记住，北安普敦正处在战争期间而他家里也设立了防御哨所。有传言说，怀有敌意的印第安人就在附近。就在布雷纳德写下这则日记四天后，一队印第安人杀死并剥了伊莱沙·克拉克（Elisha Clark）的头皮；后者是当地一位知名农夫，当时他正在南安普敦的仓库里打谷。[37]尽管他的希望出现了令人痛苦的逆转，但布雷纳德还是能够与爱德华兹一家为长远的前景而感到高兴。

布雷纳德自我牺牲的传教热情与爱德华兹的更广泛行动主义，必须要在他们今世乐观主义的背景里加以理解。爱德华兹的神学，并不仅仅源于对上帝与天上的永恒所做沉思的一些哲学反思。相反，由于它一直都经过了圣经的折射，所以它植根于一种激动人心的历史视域——而后者则为永不松懈的福音行动提供了刺激或激励。

当布雷纳德在北安普敦期间，爱德华兹正在完成另一部有关觉醒的著作；而这必定为他们的祈祷与交谈提供了长时间的话题。这部完成于1747年9月的著作，《通过超常的祈祷，为了宗教奋兴与基督国度在世上的扩展，按照圣经应许和有关末日的预言，促进全世界上帝子民达成明确认同和可见联合的一种谦卑尝试》，其复杂标题表明该书具有两个焦点。第一个焦点是为国际"协同祈祷"而呼吁。然而这部论著的大部分篇幅都是有关第二个焦点的：世上即将到来的千禧年王国的前景。

祈祷协会，尽管不是新出现的，但对福音派觉醒却是不可或缺的组成部分。从1734至1735年宗教奋兴之前起，爱德华兹就已经为北安普敦各种团体和社区组织了祈祷与赞美聚会。苏格兰的觉醒同样也是通过每周一次的祈祷会加以维持的。在1744年，苏格兰领袖，包括爱德华兹的通信者约翰·麦克劳林在内，组织了为期两年的、在指定时间为国际奋兴而举行的协同祈祷。爱德华兹热切地应许要提供帮助。到这时，新英格兰的大觉醒（与苏格兰大觉醒不同）正处在混乱不堪当中，而祈祷似乎是唯一的希望。"显然，我们无法帮助我们自己，"爱德华兹于1745年11月向一位苏格兰通信者写道，"也无路可走，而唯有转向上帝。"[38] 在《一种谦卑尝试》里，爱德华兹支持一项苏格兰提议，即使"协同祈祷"成为正式的并扩展它，包括对于为觉醒所做的特别祈祷，这些祈祷是在常规计划中，或在协会里或在私下里，或在星期六晚上或安息日早上以及在季度性的祈祷日上做的。爱德华兹尽其所能地鼓励北安普敦各祈祷会之间的这种"协同性"，但这个城镇正处在灵性消沉期，没有产生什么反响。

爱德华兹在《一种谦卑尝试》里推行"协同祈祷"的案例，在很大程度上是围绕着他对千禧年的希望而建立的；后者是他一直想要撰写的一个主题。这两个主旨之间的关联并非是人为的。毕竟，位于基督教典范祈祷核心的是，"愿你的国降临。愿你的旨意行在地上，如同行在天上。"[39] 爱德华兹，以他惯常的彻底性，就基督的国降临以及基督的旨意行在地上将会意味着什么，收集了圣经在这一方面的所有资料。

圣经有关将要降临国度的描述是极其令人鼓舞的。爱德华兹允许千禧年既可能指"一千年"，也可能指"一个极漫长的时期"，并对那些试图确定准确日期的权威们采取了批评态度（尽管他本人在较早时候曾推断它将会始于公元2000年左右）。而在随后的漫长时代里，几乎所有人都会真正追随基督。其结果是，战争将会终止，国家将像兄弟般共同相处，"豺狼将与绵羊同卧"。将会出现"知识的极大增长"，"所有异端与虚假教义将会烟消云散"。总之，基督国度的得胜，"是一个无法言喻的幸福与荣耀事件"。[40]

这种奇妙未来具有引人瞩目的神学含义。在千禧年期间，人类彼此之间以及与自然之间都将和谐相处。"健康与和平"的结合，爱德华兹指出，会带来人口的显著增长。即便人口只是每百年翻一番，世界人口在千禧年之后也将是千禧年之初的上千倍。如果每五十年翻一番（低于新英格兰的增长率），人口将会增加百万倍。而且，在千禧年里，每个人都会得到重生。耶稣的预言，"我若从地上被举起来，就要吸引万人来归我"（约 12：32），所指的就是这样一个时期。因而，由于所有曾生活过人类的绝大多数，实际上所有被拯救的人，都将在千禧年期间生活着，因而被咒诅的人类百分比将会极其微小。[41]

爱德华兹没有解释这个观点，但他间接评论了一个极为困扰着他以及许多同时代人的问题。他指出，如果上帝本质上是爱，那么主怎么会宣判一些人在地狱里遭受永恒苦难呢？爱德华兹的千禧年逻辑并没有解决这个基本问题——他将在其他地方处理这个问题。而且，如果上帝咒诅的人远少于千分之一，那么上帝对宇宙的全面统治，就会比只有少数蒙拣选者能够得救，看起来要仁慈得多。十年后，爱德华兹的亲密盟友约瑟夫·贝拉米发表了一篇包括这样一份表格的布道：它用同样的统计数字表明，获救者与失丧者的比率将会高于 17000 比 1。在一篇相关布道里，贝拉米指出，如果像耶稣所教导的，在天国里对一个被寻回罪人的喜乐要大于对九十九个未失丧者的喜乐，再如果所有人类中只有三分之二获救，那么在宇宙里由允许恶而造成的喜乐的盈余，将会成百万倍增长。[42] 爱德华兹此后肯定与贝拉米就这些问题进行过长时间和大费气力的交谈，但他在《一种谦卑尝试》里并没有论及恶的问题。因为现今，他正在证明，肯定值得多多祈祷以加速那一天的到来，到那时，这个痛苦的反叛时代，将会被正义的统治所取代。

这种即将到来的以基督为中心之乌托邦的光明前景，与当前的灰暗色彩形成了鲜明对照。尤其是在新英格兰，宗教已经处在低谷。激烈争斗分裂了教会。人们藐视牧师。教会纪律松懈不堪。魔鬼蛊惑的种种幻觉在狂热分子中大肆盛行。其他人则蔑视各种具有生命力的敬虔。各种各样的邪恶与不道德正在"大行其道"。而在祖国家乡，事情则更加糟糕。这越发具有讽刺性，因为"就像人们所认为的，这是一个极其光明、思想自由、宗教真理大发现以及发现我们祖先弱点与固执的时代"。然而，这种所谓"极其光明时代"的所谓进步正在削弱或破坏道德。而在另一个战线上，"罗马势力"正在增加对新教的攻击。法国重新开始了对胡格诺信徒的迫害，而最近还出现了"在英格兰这一新教事业的主要堡垒恢复教皇派政府"的努力。[43]

尽管有魔鬼的这些阴谋诡计，上帝还是使得历史在朝千禧年方向运动。正是在这里，爱德华兹收集整理出了上帝近期干预的证据，譬如"僭君"的失败，近来发生的保护新英格兰免于法国舰队的攻击，以及对布雷顿角岛上路易斯堡要塞的"近乎奇迹的"占领。他相信，上述最后事件，在"这些末后时代里"，最为类似于上帝在圣经时期的神奇干预。即使是一些微小迹象也可能预示着历史的一个转折点。虽然"可能有些微不足道"，他指出，但对布雷顿角岛的占领使得教皇派国家丧失了大量渔业产品，而"它们的迷信又禁止他们在一年近三分之一时间里食用任何肉类"。[44]他坚持认为，世界前景是足够光明的，有很好的理由相信，上帝可能会指定"协同祈祷"来作为向更好阶段剧变的一部分。

爱德华兹的一些惯常支持者认为他过于乐观了。同往常一样，包括托马斯·普林斯在内的五位波士顿福音派圣职人员，为这部著作撰写了一篇序言；但他们的认同态度却是不冷不热的。他们说道，读者最好能就"作者对那些预言的独到观察"做出自己的判断。特别是，他们质疑了作者对《启示录》2章"对见证人的屠杀"所做的解释。他们相信，正如在他们那个圈子里盛行的解释所主张的，一场巨大的迫害还尚未到来，而满怀希望的爱德华兹却说它所指的，是过去在宗教改革时代圣徒所遭受的苦难。爱德华兹认为，对近期未来的悲观看法会抑制对"协同祈祷"的热情；并试图表明，并没有什么必然理由认定，近期的觉醒就不能被证明为是即将到来王国的早期迹象。[45]

与爱德华兹的许多著述一样，对《一种谦卑尝试》的最好即时认同是在苏格兰；然而，同样正确的是，他的观点——或与其观点相仿的变化形式——最终在19世纪的美国变成了一种巨大影响力。一直到内战时，千禧年乐观主义变成了主导性的美国新教教义。虽然爱德华兹一般不被看作美国希望派的前驱，但是迟至"共和国战歌"（The Battle Hymn of the Republic）甚或进入到进步时代后，人们都很容易看到，在《一种谦卑尝试》与改革性千禧年乐观主义之间的连续性。[46]

在他自己的时代，爱德华兹可能会被看作——甚至被他自己那一派的一些人——在努力抓住一些救命稻草。他越来越专注于揣测基督王国的前景。几乎在大卫·布雷纳德葬礼一结束，他在笔记里就开始了一个有关《启示录》的新部分，题名为"对可能是实现将上帝愤怒的第六碗倾倒在幼发拉底河上之事件的描述；从1747年10月16日以来所收到的有关消息"。而在刚刚完成的《一种谦卑尝试》里，这种论证的一部分是这样的："敌基督"（教皇派）的兴起——将在经过1260年后被推翻——不一定是指一个具体日期（譬如公元756年），也可能是指一系列事件。因此，上帝推翻教皇派的工作有可能是已处在过程中的一系列事件，而不需要被延迟。这样，即便千禧年本身并没有到来，但导致那一王国到来的巨大事件却可能近在眼前。[47]具体地，如果这种计算正确的话，那么它意味着，他们现在正生活在倾倒上帝愤怒第六碗（一共七碗）的时期；它将使幼发拉底河"干涸"（启16：12）。而这，爱德华兹认为，也可以被解释为巴比伦亦即罗马教皇派的"收入与供应""干涸"了。[48]

爱德华兹相应在一本笔记里，转录了主要来自波士顿报纸的有关天主教势力失败的详细报道，因为那可以被解释为使供应巴比伦（或罗马）的财富"干涸"了。每当英国人俘获法国船只的时候——早期收入的支柱，爱德华兹都会抄录下所俘获的人员与武器数量。并非为了学识本身，爱德华兹将一份来自维也纳的报道看作是上帝工作的最早证据之一；这份报道说，一座耶稣会图书馆，"欧洲最精致和最珍稀的图书馆之一"，被雷电击中并烧毁了。[49]

上帝毁灭"敌基督"的对应物是福音的传布；爱德华兹认为后者也同样将会取得极大进展。相应地，在1748年春，爱德华兹为他有关《启示录》的笔记增加了一个部分，其中罗列了对"宗教状态积极方面之事件"的报纸报道。[50]他在《有关宗教奋兴的一些思考》（1742年）中所提出的那受到了诸多讨论的评论里曾指出，美国觉醒有可能是预示着千禧年黎明的星火之光。如今，他不再谈论美国的优先性，而是认为那些火光将在整个新英格兰熄灭。然而，在更广大的国际视域里，仍显现出了许多火光。布雷纳德的牺牲事工就是其中的一点。即使是在黎明前最黑暗的时刻，也仍然有理由保持希望和进行祈祷。

在考虑朝向基督王国的推进中，爱德华兹并没有在灵性与政治之间划出明确界线。大卫·布雷纳德的事工、"协同祈祷"以及与法国及其印第安同盟军的战争，全都是一体的。福音的传布是最为突出的目标，但他从未怀疑，一个先决条件就是新教针对"教皇"政权的军事成功。新教国家事实上需要重新找回真正的加尔文主义的敬虔，但与此同时上帝也会利用名义上新教英国的炮舰和世俗士兵，来彻底挫败反基督教的教皇派意图。

爱德华兹相应地也搜寻政治迹象，以增添到"那本收支账簿"的积极一方，并证明福音的推进。他给一位他正与其就预言解释交换长信的苏格兰通信者写信，以证实有关英国政府一小部分成员转向了正统基督教的报道。[51]同样令他高兴的还有，另一位苏格兰弟兄曾提到现任坎特伯雷大主教是"正统的"，还有报告说怀特菲尔德，通过赢得极高地位的人、"甚至凯撒家的人"的尊重，已经挫败了那些嘲讽性的世故者。[52]

在更靠近家乡的地方，他也希望能有政治兴趣与福音兴趣的可喜交汇。除了斯托达德上校的地方影响，马萨诸塞政府对觉醒态度冷淡，而康涅狄格则掌握在"旧光派"手里。但是，南方的前景已经变得更加明亮了。1747年，新泽西不信奉国教派成功说服英国政府任命了他们的老朋友乔纳森·贝尔彻为新泽西总督。贝尔彻的任命巩固了新英格兰人譬如迪金森和伯尔等正在增长着的力量。新总督亦将成为正处于雏形期的新泽西学院的一位支持者。[53]

爱德华兹对这种新的政治前景十分高兴，并写信给贝尔彻请求将他的《布雷纳德生平》题献给总督。贝尔彻显然谢绝了这种荣誉（使自己如此公开地与一位具有争议性的"新光派"结为同盟是不策略的），但他不厌其详地向爱德华兹保证，后者可以"确定我是这类传教士的朋友和父亲，我将会以所有力量和勇气来传布我们救主上帝的永恒福音"。[54]

爱德华兹还就小小的新泽西学院的管理运作向总督提供了一些建议；这所学院在 1747 年秋因首任院长乔纳森·迪金森的突然去世而深受震动；而总督也正在为它谋求一份新的许可证。贝尔彻有可能曾敦促爱德华兹接受院长职务。[55]无论如何，他都热情地向爱德华兹保证，他会将这所学院视同自己的"女儿"，并尽一切可能使它恪守福音之道。这位总督以一种他知道会令爱德华兹高兴的未曾更改过的怀特菲尔德式语调说道，"我收到的报告，使我深有理由担忧阿明尼乌主义、阿里乌主义甚或苏西尼主义；它们会毁坏自由恩典教义，并每日每时都在新英格兰的学院里得到传播。这些有害观念是何其可怕、何其邪恶啊，它们会根除我们优秀先辈将那些神学院建立于其上的那些高贵敬虔原则！"总督还进而赞扬了爱德华兹的著作促进了"协同祈祷"，并答应要尽一切可能帮助约翰·布雷纳德以及另外两位面向印第安人的传教士：以利户·斯潘塞（Elihu Spencer，爱德华兹的门生）和来自北安普敦的乔布·斯特朗（Job Strong）。[56]

"新光派"的残余政治力量，只是存在于大不列颠帝国的边缘，苏格兰的部分领域，以及美国的年迈行政当局人员中，譬如约翰·斯托达德与乔纳森·贝尔彻均已接近 70 岁了。然而在爱德华兹看来，他们的事业却具有光明的前景，因为他们顺从于上帝的计划。他们综合性计划的所有部分都是吻合的：觉醒，为此他们需要有"协同祈祷"；教育，为此他们需要有新建的新泽西学院；传教，为此他们需要有更多像大卫·布雷纳德那样的人；而政治影响，则将建立在觉醒了的领袖人物身上。尽管当前光景有些黯淡，但爱德华兹确信，对于那些依靠上帝、祈祷与事奉的人来说，有许多理由心存盼望。

注释

[1] James R, Trumbull, *History of Northampton, Massachusetts, from Its Settlement in* 1654, 2 vols. (Northampton, Mass., 1898, 1902), 2: 177—178. 并不清楚在 1747 年有多少还存活着。

[2] Edwards to Joseph Bellamy, June 11, 1747, *Works*, 14: 223.

[3] 在 11 年后爱德华兹去世时，这个家庭拥有一把扶手椅和二十把普通坐椅，可能是直背靠椅。他们拥有一张桌子外加一个写字台，一张书桌，以及爱德华兹那精致的、分成许多空格的书桌。这个家庭还拥有两辆推车、一辆大车、一架梳棉机、一些布匹以及一些未加工的皮革和生皮；所有这些都是对那个时期典型家庭手工业的证明。乔纳森留在斯托克布里奇的所有物，包括两副眼镜、一枝枪以及两个火药筒。在斯托克布里奇，他们自己没有养羊，但他们拥有一对公牛、一对阉牛、九头家畜、六头猪以及所有典型的农业装备。就像在北安普敦那样，除了一块家用空地外，他们还拥有其他一些地块以供耕作和放牧。"Jonathan Edwards' Last Will, and the Inventory of His Estate," is printed in *Bibliotheca Sacra* 33 (1876): 438—446. The original is at the Hampshire County Courthouse, Northampton, and a MS copy is at the Beinecke, Works of Edwards transcription. 在 1758 年，他们的主要财产就是在斯托克布里奇及周围拥有数百英亩土地；可能比他们在北安普敦时拥有的要多。有关 "quick stock" 的清单还包括 "一个名叫 Titus 的非洲裔男孩"。参见第 16 章注释 5。

[4] Hopkins, *Life*, 43.

[5] *Some Thoughts Concerning the Revival*, *Works*, 4: 394.

[6] 附加在 1742 年 12 月就《弥迦书》6:9 所做布道之后的注释。我感谢 Kenneth Minkema 提供了这条信息。爱德华兹也用教理问答法来教导城镇的孩子们，并为他们提出了根据圣经进行探索的问题（譬如，"我们所读到的，那在旷野里与摩西在一起的，大卫祖先的名字是什么。[for] Ezra Clark"）。"Questions for Young People," MS, Beinecke, Works of Edwards transcription.

[7] Hopkins, *Life*, appendix 2, "Containing a Short Sketch of Mrs. Edwards's Life and Character," 95—96. 关于 "不任性"，参见第 1 章注释 24。

[8] 爱德华兹致托马斯·克拉普，May 20, 1745, *Works*, 16: 164。萨莉与 "旧光派" 牧师 Joseph Noyes 待在一起并是克拉普院长女儿们的朋友；这表明，尽管存在着尖锐分歧，但最重要教牧家庭之间仍可能保持着友好关系。

[9] See Laurel Thatcher Ulrich, *Good Wives: Image and Reality in the Lives of Women in Northern New England*, 1650—1750 (New York: Vintage, 1980), 35—50.

[10] 爱德华兹致萨拉·爱德华兹，June 22, 1748, *Works*, 16: 247。

[11] Hopkins, "Mrs. Edwards's Life and Character," 97.

[12] *Life of David Brainerd*, *Works*, 7: 155, 219.

[13] Norman Pettit, "Introduction," *Works*, 7: 51—54; *Life of David Brainerd*, *Works*, 7: 218—220.

[14] *Life of David Brainerd*, *Works*, 7: 436.

[15] 爱德华兹致约瑟夫·贝拉米，June 11, 1747, *Works*, 16: 223; *Life of David Brainerd*, *Works*, 7: 445—446。

[16] *Life of David Brainerd*, *Works*, 7: 445—457。埃比尼泽·帕克曼正在阅读这位传教士那出版的日志，这时他惊奇地看见这位返回来的旅行者出现在了他门口。他在波士顿曾拜访过布雷纳德，并不指望能再次看到他。Ebenezer Parkman, *The Diary of Ebenezer Parkman*, 1703—1782 (Worcester, Mass.: American Antiquarian Society, 1974), 156—158.

[17] 他兄弟约翰说，他打算"从波士顿返回新泽西，但因加剧的身体不适而滞留"。Thomas Brainerd, *The Life of John Brainerd* (Philadelphia, 1865), 107, quoted in Pettit, "Introduction," *Works*, 7: 68.

[18] *Life of David Brainerd*, *Works*, 7: 474, 475, 474n, and 472n.

[19] *True Saints, When Absent from the Body, Are Present with the Lord*, sermon, II Corinthians 5: 8 (October 9, 1747), in *Works of Jonathan Edwards*, ed. Hickman, 2: 26—36.

[20] Edwards to John Erskine, August 31, 1748, *Works*, 16: 249. Sarah Edwards Parsons to Mary Edwards Dwight, April 18, 1758, in Esther Edwards Burr, *The Journal of Esther Edwards Burr*, 1754—1757, ed. Carol Karlsen and Laurie Crumpacker (New Haven: Yale University Press, 1984), 303, 指出杰鲁沙是死于"一种急性热症"。

[21] Sermon, Job 14: 2 (February 1741 and February 21, 1748).

[22] Edwards to John Erskine, October 14, 1748, *Works*, 16: 265.

[23] Pettit, "Introduction," *Works*, 7: 68—71. 杰鲁沙陪伴布雷纳德前往波士顿，只是意味着她正在照料他。布雷纳德在朗梅多的斯蒂芬·威廉姆斯那里住了几天，这表明他并不是急于要赶到北安普敦。

他们早先曾相遇过的最大可能，是爱德华兹于1743年在耶鲁毕业典礼期间指导布雷纳德的时候——假如那时14岁的杰鲁沙曾陪同父亲前往纽黑文的话。这一点是可能的，但却纯属推测。像布雷纳德这样在灵性关切和促进传教愿望驱使下，他有足够的理由从众人当中挑选出著名的爱德华兹——后者四年前在纽黑文曾善待过他。

Pettit 表示杰鲁沙感染了布雷纳德的病症。但是，她去世的突然性以及北安普敦在那一时期其他死亡案例的数量，使得这一点成为了不可能。他们被肩并肩埋葬在一起可能具有某种重要意义，但却无法加以确定。

[24] Summer 1747 letter quoted in Dwight, *Life*, 250. 原件显然已经遗失，所以它没有出现在书信集里。Edwards to John Erskine, August 31, 1748, *Works*, 16: 249.

[25] This account is drawn from Pettit, "Introduction," *Works*, 7: 54—56; Mark Noll, "Jonathan Dickinson," in *American National Biography*, ed. John Garraty and Mark Carnes (New York: Oxford University Press, 1999), vol. 6, 571—572; Leonard J. Trinterud, *The Forming of an American Tradition: A Re-examination of Colonial Presbyterianism* (Philadelphia: Westminster Press, 1949), 53—134; and Thomas Jefferson Wertenbaker, *Princeton: 1746—1896* (Princeton: Princeton University Press, 1946), 1—26.

[26] The Burr quotation, in Pettit, "Introduction," *Works*, 7: 56, is from Archibald Alexander, *Biographical Sketches of the Founder and Principal Alumni of the Log College* (Philadelphia: Presbyterian Board of Publication, 1851), 77—78. 这个引证，基于一位妇女的记忆，她说自己还是个女孩时在父亲家里曾听到过这种评论。它至少是对普林斯顿传说的一种准确再现，并具有相当的可信性。

[27] Edwards to John Brainerd, December 14, 1747, *Works*, 16: 242.

[28] *Life of David Brainerd*, *Works*, 7: 153—155; 219—220.

[29] Ibid., 102, 149. (*Works*, 7, 用两个并列栏目列出了原文和爱德华兹的版本)。我感谢 Pettit 对这些段落的分析：Pettit, "Introduction," *Works*, 7: 80—83。例如，爱德华兹就没有提及一种班扬式的异象（"我想我看见了一座庄严的房屋……［等等］"），而布雷纳德则将它用做了他归信前种种努力之无价值性的一种延伸隐喻。也许，正如 Pettit 所表明的（p. 81），这是因为布雷纳德并不想容忍那可能被当作一种实际异象的东西。

[30] *Life of David Brainerd*, *Works*, 7: 507. Cf. *Religious Affections*, *Works*, 2: 344—345. 关于对 1743 年 7 月事件的忽略，参见 Pettit, "Introduction," *Life of David Brainerd*, *Works*, 7: 45, 但对爱德华兹动机的分析则是出于我的研究。

[31] Charles Hambrick-Stowe, "The Spirit of the Old Writers: The Great Awakening and the Persistence of Puritan Piety," in Francis Bremer ed., *Puritanism: Transatlantic Perspectives on a Seventeenth-Century Anglo-American Faith* (Boston: Massachusetts Historical Society, 1993), 277—291.

[32] *Life of David Brainerd*, *Works*, 7: 299, 91—93. 爱德华兹将忧郁看作一种"疾病"——能够被误解为"上帝的遗弃"——无疑也适用于他对自己早期日记所做的反思。

[33] Ibid., 400—401. 这个段落否定了下列看法，即布雷纳德在那年晚些时候动身前往北安普敦时，曾对杰鲁沙怀有一种浪漫兴趣。

[34] Joseph A. Conforti, *Jonathan Edwards, Religious Tradition, and American*

Culture (Chapel Hill: University of North Carolina Press, 1995), 62—86. 有关爱德华兹与富兰克林相互对立的理想, 参见 Barbara B. Oberg and Harry S. Stout, eds., *Benjamin Franklin, Jonathan Edwards, and the Representation of American Culture* (New York: Oxford University Press, 1993), esp. Daniel Walker Howe, "Franklin, Edwards, and the Problem of Human Nature," 75—97. Lewis O. Saum, *The Popular Mood of Civil War America* (Westport, Conn.: Greenwood, 1980), xxiii, 27, 56, and passim, 用文献证明了, 在"内战"以前的美国, 自我是如何被普遍看作某种应当加以克服或制约而不是应当庆贺的东西。

[35] Edwards to John Erskine, October 14, 1748, *Works*, 16: 265.

[36] *Life of David Brainerd*, *Works*, 7: 461.

[37] Trumbull, *History of Northampton*, 2: 155. Cf. Edwards, sermon, Isaiah 9: 13—14, *After Elisha Clark Was Killed* (August 1747).

[38] Edwards to "A Correspondent in Scotland," November 1745, *Works*, 16: 181. 我对协同祈祷的总结主要依据下列文献 Stephen J. Stein, "Editor's Introduction," *Works*, 5: 37—38. 有关在新英格兰和觉醒中祈祷以及祈祷协会的作用, 参见 Thomas Kidd, "From Puritan to Evangelical: Changing Culture in New England, 1689—1740" (Ph.D. diss., University of Notre Dame, 2001), 222—244, 292—294。

[39] Cf. *An Humble Attempt to Promote Explicit Agreement and Visible Union of God's People*, *Works*, 5: 349, 在这里, 他引用了一位曾谈到过主祷文的苏格兰牧师的话,"在六种祈求中有三种, 以及由第一种所限定的这些祈求, 全都关系到这个案例。"

[40] *Humble Attempt*, *Works*, 5: 333—340, 396—397.

[41] Ibid., 342—343, quotation p. 342.

[42] See Joseph Bellamy, "The Millennium" (1758), excerpted in Alan Heimert and Perry Miller, eds., *The Great Awakening: Documents Illustrating the Crisis and Its Consequences* (Indianapolis: Bobbs—Merrill, 1967), 609—635; and Joseph Bellamy, *Four Sermons on the Wisdom of God in the Permission of Sin* (1758), excerpt in H. Shelton Smith, ed., *American Christianity: An Historical Interpretation with Representative Documents*, vol. 1 (New York: Scribner, 1960), 350—354.

[43] *Humble Attempt*, *Works*, 5: 358—359.

[44] Ibid., 361—62, 424.

[45] Ibid., 310, 378—394, and Stein, "Introduction," *Works*, 5: 43. 就像在他所

有著述中一样，爱德华兹是在一个发展良好的解释传统内部进行探究的。See ibid., 1—74.

[46] 关于后者，参见 James H. Moorhead, *World without End: Mainstream American Protestant Visions of the Last Things*, 1880—1925 (Bloomington: Indiana University Press, 1999).

[47] *Humble Attempt*, *Works*, 5: 394—427. 参见 p. 399，有关爱德华兹与 Moses Lowman 的不一致之处。Moses Lowman 是一位深具影响力的近代圣经解释家；他指出教皇制的兴起，应当从公元 756 年开始计算。Cf. Stein, "Introduction," 44—45.

[48] Ibid., 414.

[49] "An Account of Events Probably Fulfilling the Sixth Vial on the River Euphrates, the News of Which Was Received since October 16, 1747" (notebook), *Works*, 5: 253—284, with quotation on p. 253.

[50] "Events of an Hopeful Aspect on the State of Religion" (notebook), *Works*, 5: 285—297.

[51] See Edwards to John Erskine, August 31, 1748, *Works*, 16: 249, and Edwards to William McCulloch, October 7, 1748, *Works*, 16: 255—256.

[52] "Events of an Hopeful Aspect," *Works*, 5: 285—291 (entries in 1747—1748).

[53] Wertenbaker, *Princeton*, 25—26.

[54] Edwards to John Erskine, October 14, 1748, *Works*, 16: 261，引用了乔纳森·贝尔彻于 1748 年 2 月 5 日致乔纳森·爱德华兹一封书信的部分内容（显然如此）。而这封书信则是对乔纳森·爱德华兹致乔纳森·贝尔彻一封已经遗失了的书信所做的答复；爱德华兹在那封书信里"想要获得允许以将这部著作献给他"，并请约翰·布雷纳德转交了那封书信，December 14, 1747, *Works*, 16: 241—242. 贝尔彻说，"你能感觉到，我的好朋友，总督处在一种耀眼的光芒之中。"

[55] Ola Winslow, *Jonathan Edwards*, 1703—1758: *A Biography* (New York: Macmillan, 1940), 218, citing *Extracts from the Itineraries and Other Miscellanies of Ezra Stiles*, ed. Franklin B. Dexter (New Haven, 1916), 246.

[56] Edwards to John Erskine, October 14, 1748, quoting Jonathan Belcher to Jonathan Edwards, May 31, 1748, *Works*, 16: 262—263.

21

"我生来就是不和之人"

"他们从未丝毫维护过他",在 1747 年至 1748 年冬,就在杰鲁沙去世前不久,萨莉为这个城镇如此对待她父亲而抱怨道。在概括了近来的薪俸争执后,萨莉继续说道,"我感觉到,这些事情已经使得我父亲想要离开他的[人民],如果有适当机会出现的话。"萨莉这是在以惊人的坦率给她的传教士朋友以利户·斯潘塞写信;后者是爱德华兹向总督贝尔彻推荐的在新泽西与约翰·布雷纳德同工的人之一。斯潘塞,就像大卫·布雷纳德一样,于 1747 年夏访问了爱德华兹的家。显而易见,在那个夏天,发生了不止一件离奇的事。萨莉说明了自己在书信中如此坦白的原因:"向我敬为挚友的人我感受到了最大的自由。"她亦提到,杰鲁沙近来的健康比斯潘塞访问时好多了,尽管"这一天极不寻常,但我们希望它只是短暂的"——这表明这封书信有可能写于杰鲁沙开始陷入最终病症的当天。无论如何,我们得知,就在那场灾难之前,爱德华兹与北安普敦的关系仍然处在低落状态。[1]

萨莉的书信提醒我们,爱德华兹在从事所有其他事情的同时,还一直陷入拥挤的、日渐兴旺的、常常有需要的家庭生活中。萨莉报告说,爱德华兹向城镇提交了一份有关自己家庭必要开支的说明,而那比城镇认为所能负担的要多出几百镑。这封书信还表明,到这时,主要是女性的爱德华兹家,在不断应付着对十几岁女儿们的求婚者。从早在塞缪尔·霍普金斯似乎看上杰鲁沙时起,那些访问这个十分属灵的爱德华兹家庭的年轻仰慕者,就浪漫化了这些女儿们的潜力。我们有一个具有充分证据的案例表明,有一些热爱和阴谋必定会常常光临一个如此显要家庭的日常生活。

1748年秋,16岁的以斯帖,后来被描述为"极其美丽"[2],吸引了一位热切的仰慕者。一位年轻的马萨诸塞牧师约瑟夫·埃默森(Joseph Emerson),在参加完耶鲁毕业典礼返回的路上遇见了爱德华兹。爱德华兹邀请他与自己同行并到北安普敦来访问。他们的安息日是在东温莎与蒂莫西和以斯帖·爱德华兹一起度过的;在那里,爱德华兹上午布道,埃默森则在下午布道。第二天晚上,他们是与爱德华兹在斯普林菲尔德的姐姐以斯帖·爱德华兹·霍普金斯及其丈夫(大)塞缪尔·霍普金斯一起度过的。当星期二晚上抵达北安普敦后,埃默森立即就被他在私人日记里描述为"我所知道的最令人愉悦的家庭"所深深吸引。毫无疑问,这种评断是与他在那几天里遇到的第三位、令人极其难忘的以斯帖有关,不过那种愉悦亦因"上帝在此间的诸多临在"而得到了强化。以利户·斯潘塞也住在这里,但他的主要兴趣显然并不是萨莉。他将要作为面向强大的"六族联盟"(Six Nations)印第安人的传教士而离开了。"我所遇到过的自我弃绝的最杰出的范例,"埃默森对此写道。

虽然在爱德华兹家里只待了一整天,但埃默森已被不可救药地迷住了。到接下来的周末,他开始既给爱德华兹又给以斯帖写信,以斯帖"十分让人喜爱,我打算凭借上帝的允许向其致函"。一个月后,他动身前往北安普敦"以协商婚姻事宜"。但在爱德华兹家待了四天后,埃默森在紧接着的星期一失望地离开了。"我无法从那位年轻女士那里获得再来这里的丝毫鼓励,"他在日记里写道,"她的主要反对理由是她还年幼;我希望随着时间的推移能消除这一点。"

仍怀一丝希望的埃默森,决心到下个春天再试一回。而与此同时,他因思念以斯帖而心神不宁,万分痛苦,在日记里写道:"如此心烦意乱,我无法进行学习";"我读了会儿书,但这一天主要是用来沉思我的苦恼";"我给北安普敦写了两封信,其中一封是给亲爱的以斯帖·爱德华兹小姐的,我发现她占据了我太多的心思。"最终在1749年3月,他不是从以斯帖那里而是从萨莉那里得到了回复:"她完全不赞成我再次旅行到那里去访问她妹妹——那如此贴近我心灵的人。"他伤心欲绝,最后说,"主的教导使我获益。但愿我能接受。"[3]

庇护人

一直到这时,乔纳森的祷告可能没有多大变化,虽然他还尚未放弃想要重新赢得北安普敦人心的强烈恳求。城镇许多人正与他处于不和之中,只有在长期关系中的昔日情侣之间才会出现这种不和。在1748年春曾出现过一个短暂的缓和期,也许是杰鲁沙在2月份的去世,暂时为爱德华兹夫妇带来了一波同情浪潮。不管怎样,第二个月,在多年来拒绝了爱德华兹持续不断地请求稳定他的薪俸的请求后,城镇会议"以绝大多数"形式表决通过了一项慷慨的抗通货膨胀协议;这使得他成为了这个地区获得最高薪俸的牧师之一。[4]

然后另一种打击——同样是一位大家长的去世——动摇了爱德华兹与这个城镇关系的基础。1748年6月19日,约翰·斯托达德上校出人意料地在波士顿去世了。爱德华兹的世界是建立在家长制之上的;而他生命中的那些重大转折点,均因他保护人的去世而加速到来了。在政治领域里,舅舅约翰·斯托达德对爱德华兹的重要性是难以估量的。也许,在18世纪的美国,没有哪一位圣职人员能够与一位如此强有力的地方行政长官维持更加密切的关系了。爱德华兹的历史与千禧年观,投射出了改革宗教会与敬虔行政当局之间大规模的紧密合作。在北安普敦,约翰·斯托达德是他多年来的保护人。最近,"斯托达德老爷"还出任了建议给爱德华兹提供稳定薪俸的那个委员会的首领。行政长官与牧师,舅舅与外甥,肩并肩地成为了维持旧秩序和促进真宗教的上帝代言人。

时年66岁的斯托达德上校,在持续的战争期间,作为监督西部军事作战的指挥官肩负着沉重责任。1748年5月末,他像往常一样前往波士顿以履行北安普敦在"议会"里的代表职责。"议会"则委派他前往奥尔巴尼,以再次执行与易洛魁人谈判的艰巨任务。就在他离开波士顿前，他经受了一次中风并于数日后去世。[5]

有关爱德华兹家与斯托达德家紧密关系的一条线索就是，当斯托达德上校遭受中风时，正是萨拉·爱德华兹在照料着他。有可能是，她已经到了波士顿并留在了那里。[6]这两个家庭长期以来都是紧密联系在一起的。一直到1736年，爱德华兹的外祖母以斯帖·沃勒姆·马瑟·斯托达德都住在斯托达德家里，而爱德华兹的姐姐玛丽也一直都在那里照料她。斯托达德上校的妻子普鲁登丝·切斯特·斯托达德（Prudence Chester Stoddard），在年龄上接近于爱德华兹夫妇；斯托达德家的孩子们每人也能在爱德华兹家的孩子中找到年龄相当的同伴。

爱德华兹推重斯托达德为神学正统的坚定拥护者。在布雷克案例中，斯托达德动用他作为该地区最强有力评判者的权威，将对正统的维护转变成了一种法律问题。在对"1741年至1742年大觉醒"争论期间，斯托达德撰写了一篇论著（现在遗失了），维护了那与他外甥大同小异的观点。乔纳森发现他"绝非微不足道的神学家"，而是与最好神学家一样，能在良心案例中提供建议；也能像一个"在经验上熟知那些事情"的人一样，"谈论经验性的宗教"。

爱德华兹为斯托达德所做的悼词，在这位乡绅老爷去世后的安息日上宣讲并很快发表；他极力称颂了自己的这位保护人。斯托达德属于最睿智的政治家，对人物与事物的最佳评判者，最精明和最具有前瞻性的辅导者，最可靠的朋友，最忠实、最有公益心以及最精通新英格兰、加拿大和所有印第安人部落事务的人。他真的关心人民就像父亲关心孩子一样。"也许在新英格兰还从未出现过一个人，"爱德华兹宣称，"比他更配得上'伟人'这一称谓。"

从不过分讲究策略的爱德华兹，无法抗拒这个机会，来将他姨父的美德与许多围绕行政权威之人的邪恶加以对照，而他们一些人就在听众当中。汉普夏县的领袖们，包括他一些"威廉姆斯"表兄弟，当爱德华兹颂扬这位故去的大族长时，也许会充满自豪之情；但这位警告者亦将那种钦佩转向了一种挑战："[斯托达德]从未通过诡诈和隐秘的运作手腕，用对劳工、士兵或下属的欺骗性克扣或暴力性敲诈之所得，来中饱私囊。他从未从其委任或权威中牟取个人利益。""他也从未在私底下收受过贿赂。"与此相对照的是，一些怀有"狭隘自私精神"的人，会运用一些"小花招"来多捞几镑，"恬不知耻地盘剥穷人，欺诈邻人。"就这样，爱德华兹继续描述了在战争期间已变得臭名昭著的一些行径。[7]在威廉姆斯家族里，一些人是审慎正直的，而另一些人则未必如此；他们控制着汉普夏县战时的军事给养生意及其相关利益。譬如，下面这一点就绝非偶然：由其姐夫为首的一个团所选择的三个主要驻扎区，正好是威廉姆斯家族势力的三个中心：迪尔菲尔德、哈特菲尔德和斯托克布里奇。[8]

爱德华兹与现存汉普夏县精英的关系是不可靠的，因为对斯托达德许多权利的明显继承者是他表弟伊斯雷尔·威廉姆斯。这位年轻"河谷神灵"，迎娶的是普鲁登丝·切斯特·斯托达德的妹妹萨拉·切斯特（Sarah Chester）；但他长期以来都在经常性访问斯托达德家时，有意冷落了爱德华兹家。伊斯雷尔与迪尔菲尔德的乔纳森·阿什利（他娶了伊斯雷尔的姐姐）一道，就觉醒与爱德华兹进行了公开决裂；而爱德华兹则怀疑他的宗教原则。爱德华兹向这些不得不听他宣讲的听众指出，约翰·斯托达德不仅是宗教奋兴的支持者，而且还一贯支持"新英格兰最早先驱们的宗教原则与教义——通常被称作'恩典教义'，并极其厌恶那些时髦神学与其背道而驰的谬误"。

在论及这一点的同时，爱德华兹利用斯托达德的美德抨击了一些更为普遍的邪恶。他追问道，"有谁曾看见过他在进行神圣崇拜时，不敬或不雅地斜靠着、低头睡觉或者左顾右盼？"斯托达德是"虚妄或不敬言谈的反对者"，爱德华兹说道，并间接提及了他会同舅舅，在试图压制"'年轻人的圣经'案"的邪恶上，所留下的伤心痛处。斯托达德的去世是"上帝不悦的另一种证明；这越发加重了上帝近来带给我们的所有其他乌云，以及他对我们极大的不满不悦"。这种不悦之一就是令人震惊的死亡率：仅仅在1748年，就有43人死亡，超过了北安普敦人口的3%。[9]

革命

爱德华兹很难挑选一个更坏的时间来发起他的保守派革命了。这个情绪低落的城镇已经失去了其首要公民——最后一位伟大的斯托达德——而爱德华兹也失去了他最坚强的同盟。几乎就在这位牧师一开始他的运动时，他似乎就是在出卖斯托达德的名声与记忆。随着约翰·斯托达德不再碍事——在爱德华兹的对手们看来是如此——他试图发起一场"政变"，以废除所罗门·斯托达德有关教会成员和圣餐的做法。

他的第一步，或者失策之处，就是对会众管理政体提出了一种反民主的修正。在 1748 年 6 月所做的一篇由四部分组成的布道里，爱德华兹指出，"上帝的想法是，不是一群混杂的民众，而只是一些具有杰出能力和品格的被拣选者，才适合于评判事宜。"爱德华兹从所罗门·斯托达德那里继承了这一做法，即把教会纪律案带到由男性领受圣餐者组成的整个会众面前加以解决。爱德华兹指出，教会纪律的目的就是要"治愈教会的创伤"，但长期的经验证明，这种习惯性做法所达到的结果适得其反。它反而成为了"许多重大创伤［与］争斗，与牧师争吵，以及彼此争吵"的机会或因由。由这种治疗方式所导致的分歧，常常比原初的病症更加糟糕，并一直持续到"至死方休"。

爱德华兹提议组成一个长老委员会，就像在荷兰、日内瓦、苏格兰、中部殖民地长老会以及几乎所有加尔文主义教会里所采用的那种做法。他向教会保证，他并不想重新返回新英格兰与北安普敦那种更古老的做法，即只让一两个平信徒长老拥有与牧师相等的权力，包括按立牧师的权力。相反，他认为与圣经更相一致的做法是，拥有一个代表性的司法委员会以辅助牧师管理教会。

爱德华兹的主要论证来自圣经，但他亦指出，在民事政府和军队里，群众不应审判每项案件或者平等参与每项决策，已经是常理了。按照这种具有启发性的思维线索，他指出，人们不能运用"人性权利"来作为"在教会里享有评判权利的基础"。这样一种主张——在 18 世纪人们当中变得越来越流行了——将会被证明太过了。如果人性是那种权利的基础，那么妇女也将拥有同样的权利，因为"她们拥有完全的人性、所有人性的官能，如果唯有人性是那种主张的基础的话"。"在基督教会里，"他继续说道，"有许多妇女比一些男人要能干得多。"譬如，"就很难说清楚在人性里究竟有什么东西表明了，一个聪明女人就不应当，与一个尚不具有十分之一理解力的男仆一样，在教会里享有同样多的权利。"圣经必须要成为最主要的指导，即便当它看来与本性的要求相左的时候。[10]

爱德华兹提出这种管理形式改革的理由并不清楚，可以预见他的提议不会有什么结果。[11] 但在几个月内，他将提出一项远为激进的变革，即否定他外祖父斯托达德有关领受圣餐条件的观点。人们立即提起了时机选择的问题：约翰·斯托达德才刚刚去世不久。而爱德华兹则回应说，他等待的就是这样一个时机。正如所发生的，几年来都没有人加入这个会众，这本身就是一种注评。他一直在等待某位有充足敬虔表现并达到了他新的更严格标准的人，来寻求获得教会成员身份。爱德华兹并没有像他父亲那样依然要求一步接一步的归信叙述，但他的确想要某种超越形式认同的东西，而形式认同则满足了他外祖父斯托达德的要求。他要求的是对发自内心的信仰与委身侍奉上帝的一种"可信的告白"——他将对其做出判定。[12]

最终，1748 年 12 月，在刚收到战争结束的消息后不久，一位显然很敬虔、即将结婚的年轻人想申请教会成员身份。这正是爱德华兹想要的那种情形，因为他并不想以拒绝一位申请者来作为他新标准设立的记号，那将会使这一动议显得有些狭隘和个人化。除了按照信仰正统、道德诚实和没有丑闻等通常的斯托达德式标准审查了这个年轻人之外，爱德华兹还给了这个年轻人一些他会认同的对发自内心的信仰进行简明告白的样本，并告诉他可以用自己的话语来草拟某种类似的东西。这个申请者表示，他认为他能够认可这样一份声明，并会考虑一下这个问题。这拟议中的事情一经流传出去，立刻就在全城引发了轩然大波。这个年轻人由于并不想与这种不受欢迎的创新相关联，返回告诉爱德华兹，他不想在这些新条件下加入教会。

在接下来的 2 月份里，爱德华兹向教会委员会解释了他的观点，并询问他是否能就这一主题进行布道。对他观点的敌意是如此巨大，以至于这个委员会绝大多数人都拒绝让他就此问题布道。但作为一种替换选择，他们允许他自由发表他的观点。爱德华兹立即开始着手撰写一篇论著。

此后不久，一位年轻妇女向他表示想要加入教会，并愿意按照爱德华兹的标准声明一份信仰告白。1749 年 4 月，爱德华兹将她的申请提交给了该委员会，要求在这些条件下将她接纳进教会。他向他们保证，他不会用这个案例来作为一种先例。在大大强调了这一点——而事情变得何等紧张——后，他向他们提交了一份带有签名的声明，答应如果他们在阅读了他正在准备的论著后仍然拒绝他的观点，他将会辞职。尽管有这份带条件的辞职承诺，该委员会还是以十五比三的票数，拒绝了这个年轻妇女的会友申请。[13]这场争论还将拖延一年之久，但这个城镇的人们心意已决。

使他们的愤怒火上浇油的，不仅有他们由来已久的怨恨以及对爱德华兹所提议事情的强烈反对，而且还在于他们认为，他是不坦率的，甚至是诡诈的。为什么他一直等到获得了一份固定薪俸后才宣布他的新观点？为什么他没有在斯托达德上校还健在时透露那些观点？是因为他知道，曾经长期保护他的所罗门·斯托达德的儿子，将会成为否定他父亲传承的最可怕反对者吗？

爱德华兹回答道，他早就对外祖父的观点产生了怀疑，并在多年前，大约在撰写《宗教情感》时，就已经确定了他现今的信念。由于知道让城镇里的人接纳对所罗门·斯托达德方针的否定是何等困难，所以他决定，最好能逐渐使自己的观点为人所知，以便人们能够逐步适应这个观点。他已经在《宗教情感》里公开（尽管是隐晦地）提到了他的立场，并曾与朋友和一些城镇里的人公开讨论过他的观点。他曾经想要与斯托达德上校——他知道后者将会反对自己——全面讨论他的观点，但一直都在等待一个要求成为教会成员的合适申请者这样一种机会。[14]

在这种怨毒气氛里，许多人并不相信这些。他们不是面对真正的问题，而是相互抱怨爱德华兹对他们是何其不坦率与不真诚。最终，随着争执的持续拖延，爱德华兹从人们那里获得了一些证词，肯定了他在固定薪俸或者斯托达德去世前的确曾公开谈论过他的观点。这些证词为"交谈中的爱德华兹"提供了罕见的一瞥。

最生动的是与萨拉的一次交谈，可能是在 1746 年初，当时他们正一起在外面骑马，因为她生病了，而骑马对她的康复有利。正如萨拉所叙述的，乔纳森利用这个机会，向她详细说明了自己对斯托达德接受那些"并未做出可信圣洁告白"的人为教会成员这一做法的疑虑。他还曾预先告诉过她,他已经将一些表明他立场的段落,加入到了即将出版的《宗教情感》里。但是当她询问他是否能就这一主题撰写更多东西时,他回答说他不愿意公开反对外祖父,而且仍不完全确定自己的观点。

萨拉继续说道,不久以后,他就肯定了自己的观点,并在一些场合表示他决心不再接纳任何没有可靠衷心告白的人为教会成员。而且,他还觉得在这种机会出现之前,最好能让这样的话语逐渐为人所知。在接下来的两年里,萨拉作证说,爱德华兹将自己的观点公开表达给了一些著名人士,譬如塞缪尔·比尔、约翰·布雷纳德和阿伦·伯尔。而当本城镇人也在场或者中途加入交谈时,他也没有想要掩饰自己的观点。爱德华兹曾对伯尔表示过,他的教区居民有可能会抛弃他并使他的家庭陷入贫困。伯尔则回答说,到那时,他也许就会立即接受新泽西学院院长一职了。

在斯托达德上校去世前,萨拉在纽黑文和哈特福德曾听到公开谈论过爱德华兹的观点;而她本人也曾在斯托达德上校去世前,在去往波士顿的路上,与本城镇一位杰出人士伊莱沙·波默罗伊谈论过此事。尽管萨拉肯定地强调了对爱德华兹有利的事实,而其他证人只是证实了爱德华兹没有完全对本城镇的人隐藏他的观点。[15]一位前北安普敦居民约翰·瑟尔(John Searle)回忆起一次发生于1747年初极其难忘的谈话,在其中牧师说到了他先前的争论,以及他清楚会有什么在前面等待着他。这时牧师极其动情地说道,"好像我生来就是不和之人。"爱德华兹曾对萨拉悲叹,前景对他来说就"像一个无底深渊"。[16]

爱德华兹愿意将他正在搁浅的牧师之舟航行到风暴威力之下,并十分清楚他和他的家庭有可能会沉没;这在很大程度上说明了他的性格。首先,他是一位无可救药的坚守原则之人。一旦得出某种结论,他就不会轻易屈服。同许多18世纪的人一样,他相信,通过观察与逻辑,就能够解决几乎所有的问题。他自己的逻辑能力,亦增加了他能够通过论证来解决问题的意识。即使在面临人们敌视的威力后,他仍然对此怀有希望:只要人们阅读他的论著,他就能说服他们。[17]爱德华兹对圣经的崇敬,亦强化了他对从中所得出信念的权威意识。当他相信永恒灵魂的生死受到威胁的时候，他愿意让自己的福祉遭受危险。

为了崇高原则，他甘愿使自己的舒适与地位遭受风险；但这并不意味着他就没有过错。其中之一就是，他冷淡的、不合群的性格，促成了他与城镇里的人一度还算温暖之关系的破裂。尽管他通过培育温柔、仁爱与不说恶语等基督徒美德来力图调和自己的自然性情，但他仍然显得有些冷漠或冷淡。他没有能建立起许多牧师所享受的那种人际亲善的储备库。爱德华兹也敏锐地意识到了这些失败之处；随着灾难的演变，他曾多次表示，自己可能除了写作之外不适合于任何其他事情。[18]

此外，爱德华兹并不是对人类全方位行为的敏锐评判者。这一点必须要加以仔细表述，因为他是评判人心欺诈和分析宗教情感的大师。然而，总是透过圣经与严格改革宗传统之"眼镜"来看待这些事物的那种强烈性，使得他对可能之事失去了一般的精明。虽然他在神学上是一位加尔文主义者，但他在本性上却是一个完美主义者。他所要求的超越了对人们所能指望的；他将自己持守的纪律标准应用到了一个城镇身上。1742年的北安普敦盟约，也许就是这种过度延伸的最明显实例。这明显就像是要求整个城镇按照他个人的决心来生活。抑或，就像是要求一个18世纪40年代的城镇变得与一百年前的清教徒村庄一样。而当这个城镇重新返回到其18世纪的方式后，在它无法恪守自己所做出的承诺后，双方都会心灰意冷、怨恨不已。

爱德华兹陷入了从其传统那里继承而来的一种进退两难的窘境。清教及其改革宗敬虔派先驱一直都摇摆于以下两种观点之间：究竟是通过使各城镇并最终使国家成为实质上的基督教社会而重建基督教王国，还是倡导一种纯洁的、撤离性的教会。爱德华兹坚定持守这两种理想。作为清教制度的继承人和一个强有力统治家族的一部分，他十分珍惜牧职威望在城镇和行省里所享有的特权。随着千禧年的临近，他盼望着出现一种世界性改革宗"基督教王国"。

然而他也是国际觉醒运动中的一位权威专家；而觉醒者所坚持的归信主义——就像较早的清教信仰一样——有可能扰乱既有秩序。觉醒者是在这一前提下运作的，即许多教会成员，包括许多圣职人员，都是未归信的。其暗含的意思似乎就是，真正的教会应当只是由真正的信徒所组成。爱德华兹曾批评过那些轻易评判他人灵性状态的"新光派",并强调要鉴定谁是真正归信者是何其困难。然而,在新英格兰,有几十个"新光派"会众团体,已经与他们各自城镇建制教会里的所谓不纯洁者发生了分裂。[19]一些人已经变成了浸礼派,并将唯独归信者的纯洁性逻辑应用到了两种圣礼上。所以很容易看出,爱德华兹的反对者为何会指责他转向了分离主义。

爱德华兹则想不诉诸分离主义而解决这个古老难题。[20]他想要表明如何维持教会与当权领袖这两者的纯洁性。正如在他许多思想里所表明的,他似乎决心要证明,他在其中成长起来的那种清教传统,如何能够在18世纪处境里发挥作用。他对先驱们并非亦步亦趋。相反,依据自己对圣经的重新考察,他在他认为是更坚实的基础上,重新表述了他们的理想。[21]

一个重大问题就是如何协调旧约与新约。按照清教教导,教会,作为"新以色列",是旧约国家盟约的继承者。这一点对于婴儿受洗是关键性的,因为对儿童接受盟约之新约记号与印记的主要理由,是上帝将儿童包括进了与以色列盟约的应许之中,并且是通过割礼的记号而得到认可的。

所罗门·斯托达德曾试图通过强调旧约模式来解决这一左右为难的困境。由于是在清教徒已经不再能确保控制殖民地政府这样一个时期形成自己观点的,所以斯托达德强调了传承的这一面,即认为应当有一个国家(或地区)教会。所有正直的并认可基督教原则的人,都应当成为那个教会的正式成员。归信将在以后出现,而这正是教会律令、圣餐以及福音布道所要促成的。[22]与"半途盟约"结合在一起,这种政策意味着,几乎所有的儿童——正如在欧洲旧有国教里——都将是教会的受洗成员。大多数成人都将成为领受圣餐者,即便一些人因为道德失误、疑虑或单纯的漠不关心而留在了外面。圣职人员因而对几乎整个社团都保持有道德权威。[23]国家,就像古代以色列一样,将会作为一群恪守上帝命令的人而出现在上帝面前。[24]

斯托达德主义的结果,就是教会与城镇的空间范围或多或少成为共同的。斯托达德家族(以及他们在邻近城镇里的圣职及行政同盟与亲属)能够主持或统辖某种类似于旧约部落的东西。新约培育归信的议程仍然是一个首要目标，但它是在这种旧约框架里加以追求的。

爱德华兹在希望平衡这两种盟约的同时，可以被理解为是在坚持新约应当拥有优先性——如果人们试图要发现某种教会模式的话。鉴于上帝确实对整个以色列都表明了恩惠，即便并非它所有的人民都重生了，那么上帝同样也对整个国家都表明了他的恩惠，即便他们是非常不完善的新教徒——上帝是"按照肉体"这么做的。与此相对，教会是由圣灵建立的。这就意味着它真正的正式成员是那些其心灵因重生而改变的人。的确，唯有上帝才能够可靠地评判人的心灵，然而那些被接纳为可见正式教会成员的人，应当至少能活出重生的外在记号，包括发自内心的信仰告白。[25]

爱德华兹确信自己，在分离派想要一个纯洁教会之尝试与主张生来就是教会成员这一更开放做法之间，发现了一条真正的中间之道。爱德华兹一旦走向公开，就不允许有对他观点的任何反驳。1748年初春，经过马不停蹄的写作，他完成了这部论著，《对上帝之道的规则的一种谦卑探究，关于……在可见基督教会里的完全相交》；他希望这部论著能够说服这个城镇的人们。

他写道，他曾经也持有他外祖父的观点并"遵从他的做法"，然而他一直都对它们感到不自在。如今，经过多年的思想斗争，他愿意执行这一令人不愉快的任务以反对一位如此深受敬重的先辈。斯托达德本人，他从一开始就强调，曾经说过，"偏离我们前辈的道路有可能会犯错；但在某些事情上偏离他们，也可能是一种美德，是一种杰出的顺从行为。"[26]

从一种角度看，乔纳森的问题在于，他是蒂莫西·爱德华兹的儿子，要大于他是所罗门·斯托达德的外孙。从未赞同过斯托达德主义的蒂莫西，仍然是他生命里的一种力量；而这个儿子也经常拜访他年迈但仍活跃着的父母。乔纳森一直都愿意"在某些事情上"偏离他父亲，但那从来都不是一件易事。由于不愿意放弃一项论证，在《宗教情感》里，他从令他自己满意的角度，解决了他与父母就作为归信证据的精确预备步骤所发生的争论。一旦消除了那一障碍——这对他个人是一种敏感伤心之处——他就能够将焦点集中在那将父亲与外祖父分离开来的问题实质上。他父亲要求未来的教会成员叙述归信经验的正当步骤,确实是要求得太多了;然而他外祖父则走到了另一个极端。乔纳森的方式要求有一种发自内心的信仰告白但却不必遵从固定的形式,既保持了他父亲观点的实质性长处,同时又避免了其过度之处。

一种高圣礼观——低教会风格

无论其心理根源是什么,爱德华兹坚持信仰告白必须要表明发自内心的证据;这源自于他神学的核心。他长期以来都坚持,真宗教必定涉及情感。人的意志必定要经历从自然的自我之爱向爱上帝的彻底转变。有些人心灵沉浸在这种爱与美之中,有些人心灵自我放纵,拒绝这种爱与美,这两种人之间存在着巨大的鸿沟。不论他们怀有什么样的良好意愿,那些无法表明发自内心的重生证据的人,必须要被判定处在错误的一方。[27]

为了理解他思想的转变,人们必须想象,爱德华兹有关"神圣与超自然之光"这一异象的庄严宏伟性;这足以使他进入无以言表的至福喜乐中——与他对这个城镇的失望沮丧形成对照。他曾经认为大多数教区居民都会与这种耀眼的荣美发生改变生命的相遇,所以他更不愿看到他们日复一日专注于琐碎的嫉妒、贪婪与情欲,也更难于忍受他们履行每周一次的崇拜形式时沉闷的表现和使人厌倦的不敬。如果爱德华兹对待城镇的态度似乎就像是遭到背叛的丈夫,那是因为他所思考的那种问题受到了威胁。爱德华兹将圣餐看作是"更新和肯定盟约"的最不可或缺的记号与印记。他说,它"至少就像一个妇女结婚时从新郎那里接受的一枚戒指,是她接受他为自己丈夫的一种告白与印记"。轻易做出这类誓言并反复打破它们,将会是可怕的犯罪。无怪乎《哥林多前书》11章将它描述成吃喝自己的罪。[28]

在对圣餐的论证里,爱德华兹对盟约与庄重承诺的强调颇具启发性。在阐述圣餐的重要性时,他解释道,"在圣餐里所确立的记号是完全等同于话语的。"[29]他接着提到了戒指对婚姻承诺的类比。爱德华兹实际上持有一种高圣礼观,但他却是在一种彻底低教会框架里来理解它的。他的宇宙充满了记号与预表。一切都指向基督的真实临在。崇拜的每一部分，包括最庄重的圣餐，都旨在引发一种对那不可言说的灵性临在的意识。然而，尽管是遵循圣经至上的新教徒，但他却将话语看作是指导心灵与上帝的基督之爱交流的最重要象征。话语提供了解开围绕人们的所有其他丰富象征的钥匙。上帝在圣经里的启示是对人类的一种详尽应许，是一种婚姻邀请。基督将会以他的人民为配偶。圣餐记号则证实了基督以自己的宝血印证的这种应许。

即使话语是打开神圣奥秘所有象征的钥匙，但象征本身则指向了圣餐中的基督实在性。在一次圣餐布道里，爱德华兹宣称，"经由他自己的特别显现和他临在的一些标记，就有了一种基督的临在；由此就可以说基督是临在于基督徒而非其他所有人身上。"作为一种引发基督与信仰者同在意识的象征，这种圣餐礼是如此有益，以至于爱德华兹同意他苏格兰通信者的看法；后者主张应每周都举行圣餐礼。[30]

既然基督真实临在于与人们的相交之中，那么对于那些背叛了他并重新做出誓言的人就是一种嘲弄，就像在婚姻中他们从未忠实于那些誓言一样。1745年，临近开始透露他的新观点时，他在一次圣餐布道中告诉人们，这就像那些见证基督被钉十字架的人们。那些聚集在垂死的基督周围的人，可能是他的"门徒"，也可能是他的"谋杀者"。圣餐也是这样，只有这两种可能。那些领受主的"身体和血"的人，或者是他的"朋友和门徒"，或者是"嗜血的食人者"。庄重的盟约仪式所能够印证的，要么是"与基督的相交"，要么是"咒诅"。[31]

这个城镇的人们很快就困惑地发现，这种激进的圣餐观并不是全部——爱德华兹正在将他那非此即彼的逻辑应用于洗礼仪式上。他正在拒绝那种半途而止的盟约。他推断，基督的伪善背叛者，不配使他们的孩子受洗。所以他提议——这令北安普敦人极为懊恼——要求为孩子施行洗礼的父母必须是正式信奉的教会成员。当这种消息流传出去后，这个城镇的喧嚣，如果可能的话，变得更加激烈了。1749年5月，心情沮丧的爱德华兹在给波士顿的朋友和作品代理人托马斯·福克斯克罗夫特牧师的信中说道，"我无法确定，但我的人民，经过漫长时间并克服极大困难，也许最终会认同有关圣餐资格这一点，尽管这非常不确定。但就另一种圣礼［洗礼］而言，几乎没有任何希望。而这很有可能会推翻我，它不仅关乎我的侍奉在这里的有用性，而且关乎在任何地方的有用性。"[32]

我们完全能够理解，为什么对洗礼所提议的这种限制，会更加激怒这个城镇的人们。爱德华兹不仅否定了深受敬重的斯托达德，而且他还在拒绝大多数基督教世界由来已久的做法：正直的基督徒公民让他们孩子接受洗礼的特权。即使许多"新光派"，譬如新泽西长老会信徒，也没有走得那么远——这也是为什么他担心自己的侍奉可能在"任何地方"都会不再有用。

在北安普敦，他所抨击的做法之一是这样一种惯例：当年轻人结婚时，至少有一方会成为领受圣餐的教会成员，以便使他们的孩子能受洗。爱德华兹不仅要终止这种做法，而且他还提议要取消中途盟约（它为受洗过的非圣餐领受者的孩子受洗提供了一种途径），以作为完成这同一事情的后援。虽然婴儿受洗在新英格兰并非像在圣公会的英格兰那样是一件理所当然之事，但它如今实际上被认作是一种权利。对于受人尊敬的家庭来说，拥有未曾受洗的儿女或孙辈，将是一种耻辱。

爱德华兹相信那种态度有些"愚蠢"。怎么会这样呢，他反问道，父母会为自己的孩子缺少"基督教这一荣誉标志"而深感不安，而父母自己又满不在乎这样一个事实，即他们自己实际上是"魔鬼的孩子，并遭受了永火的刑罚"？缺少实质的标记会是什么呢？这就像孩子的父母遭到了致命的毒蛇噬咬，但这父母却在为孩子的衣服受污损而生气。通过拒绝施与洗礼，他希望使父母受到震动，以便使他们首先关注起什么才是真正重要的东西。[33]

爱德华兹正是按照那种标准来对待自己的孩子的。他总是将他们的永恒命运摆在最前列，即便是在与自然感情相左时。1749 年 7 月末，在北安普敦争论中间，他写信给正在新罕布什尔朴次茅斯（Portsmouth, New Hampshire）访问的 15 岁女儿玛丽。爱德华兹首先说道，"父母自然会关心距离自己那么遥远的孩子"，因为甚至在父母获知她生病前，她就有可能死去了。"但是，"他紧接着又说道，"我最大的关切是你灵魂的福祉。"在最后一次觉醒时还只有 8 岁的玛丽，还尚未被看作处在恩典状态之下。所以，她慈爱的父亲勉励她，"假如我们听到有关你的下一个消息是你的死亡（当然那将是非常令人悲伤的）"，而如果能获知"有极大的根据希望她是死于主里面",要比一直与她在一起并知道她死于基督之外,是一种更大的安慰。到仲夏前后,他继续提醒她,近年来在北安普敦一直都是重大"死亡时期",已经有家庭丧失了他们唯一存留下来的儿子。只是在做出了这些冷静警告后,他才转向了对玛丽即将前往波士顿的一些指导,以及家人还算健康的消息——尽管有持续不断的争论。[34]

玛丽活到成为了美国一个最杰出福音派家族的女性大家长,她具有一种幽默感,即便她父亲压抑了他的幽默感。她后来讲述了爱德华兹在那年春天访问朴次茅斯的故事。玛丽先于爱德华兹到达了他将要为自己一位门生乔布·斯特朗按立牧职进行布道的地方。而干旱状况则拖延了爱德华兹的(水上)行程,所以他在仪式即将开始之际还未到达。来自约克的年迈牧师约瑟夫·穆迪(Joseph Moody),"以他完全独一无二的方式"同意接手这项任务。在进行布道前的祈祷期间,爱德华兹到达了。"显然还是行色匆匆、风尘仆仆的他"立即登上了布道坛,而对此未有察觉的穆迪仍在继续祷告。也许是仍在有意拖延时间,穆迪极力而详尽地向上帝和会众讲述了爱德华兹的诸多美德,并在最后为玛丽做了祈祷——他指出玛丽还仍处在未归信状态。当穆迪做完祈祷并转过身来时,他惊讶地看见爱德华兹就站在他身后。"爱德华兹弟兄,"他宣布,"我们全都很高兴在此时此地看到你,也许没有人比我更高兴了;但我还是希望你能到的稍早一些,或者稍晚一些。""我并不想当面恭维你,"他大声说道,"但有一件事情我要告诉你:人们说你妻子去天国比你走的路更便捷。"从来都不会随即应答的爱德华兹,没有做出回应。他只是鞠躬,诵读经文,然后宣讲了他所思考着的东西,即牧师必须成为基督的效仿者。那意味着,不仅要具有温柔的基督那样的美德,而且还首先要寻求永恒灵魂的救赎与福祉。[35]

注释

[1] Sarah Edwards Jr. to Elihu Spencer, n. d., George Claghorn transcription, from pages from MS sermon notes on Job 36:26—27 and Hosea 3:1—3, Beinecke. 日期是在1747—1748年的冬季,就在杰鲁沙于1748年2月14日去世前不久。鉴于提到了杰鲁沙在前五天里病得非常厉害,所以这封信有可能是写于2月

10 日。这是冬季末期了（冬季的"前段"已经过去了，而最年幼的妹妹［伊丽莎白］在"整个冬季"都病得很严重）。这份草稿是所知道的唯一一份；我们不知道这封信是否送出了。小萨拉在 1750 年与以利户·帕森斯结婚了。

[2] Thomas Jefferson Wertenbaker, *Princeton*：1746—1896（Princeton：Princeton University Press，1946），29，引用了 1752 年新泽西学院一名学生的话。

[3] "Joseph Emerson's Diary, 1748—1749," *Proceedings of the Massachusetts Historical Society* 44 (1911)：267—280，entries from September 17，1748，to March 11，1749. 有关爱德华兹家庭活动的另一个参考指标：当埃默森于 1748 年 11 月 9 日至 14 日待在那里的四天时间里，爱德华兹在星期三晚上参加了 "Mr. Searle" 在一个人家里做的布道，听了 "Joshua Eaton of Leicester" 的布道，做了主日上午的布道，而埃默森本人则做了主日晚上的布道。

[4] James R. Trumbull, *History of Northampton, Massachusetts, from Its Settlement in* 1654, 2 vols.（Northampton，Mass.，1898，1902），2：196—197.

[5] *Sibley's Harvard Graduates*，5：113—118. Cf. Trumbull，*History of Northampton*，2：165—177.

[6] 正是在这个场合，爱德华兹写道，"没有你，我们几乎一筹莫展。"Edwards to Sarah Edwards，June 22，1748，*Works*，16：247.

[7] 此处以及下文引用的斯托达德悼词来自 *God's Awful Judgment in Breaking and Withering of the Strong Rods of a Community*，June 26，1748（Boston，1748），from *Works of Jonathan Edwards*，ed. Hickman，2：37—40。

[8] Kevin Michael Sweeney, "River Gods and Related Minor Deities：The Williams Family and the Connecticut River Valley，1637—1790"（Ph. D. diss.，Yale University，1986），393—401. 斯托达德，尽管自己具有显著的正直性，但亦保护了他的家族成员，ibid.，399。伊莱沙·威廉姆斯，从前的院长，如今的商人和政治家，其商业亦在他成为康涅狄格军事指挥官后而获益。伊莱沙虽然是雄心勃勃的并是一位施与性的庇护者，但仍然是虔敬的，也可能是诚实的。他于 1749 年前往英格兰，并迎娶了怀特菲尔德圈子里的一位女士。Ibid.，385—392.

[9] Trumbull，*History of Northampton*，2：101.

[10] Sermon，Deuteronomy 1：13—18（June 1748），part 1, 2, and 4. 提到"奴仆"似乎表明，属于教会正式成员的男性非洲裔奴隶也是投票成员。

[11] 在这时，他正在处理一个棘手的父亲身份案例并牵涉到了他年轻的表弟伊莱沙·霍利中尉（见第 22 章），或者他仍在回应"年轻人圣经案"中所经受的挫折，或者他已经会见了长老委员会以作为改革圣餐礼的第一步。

[12] Cf. David D. Hall,"Introduction," and Edwards, *Misrepresentations Corrected* (1752),*Works*,12:61—62;361,有他所要求的那种简明忏悔的样本。

[13] "Narrative of the Communion Controversy," *Works*,12:507—511.

[14] Ibid.,507—508. Testimony of Sarah Edwards,June 17,1750,from *The Congregationalist and Christian World*,October 3,1903,reprinted in Iain Murray,*Jonathan Edwards*:*A New Biography* (Carlisle,Pa.:Banner of Truth Trust,1988),485—487.

[15] Testimony of Sarah Edwards,485—487. John Searle to Edwards,June 4,1750,Hartford Seminary Foundation,as transcribed by George Claghorn,叙述道,在1746—1747年冬季,他曾住在执事小埃比尼泽·波默罗伊家里;后者是想要解职爱德华兹的最重要家族的一名成员。在那个冬季里,他听到爱德华兹与几名城镇人讨论过他的观点;而Searle本人也曾与执事波默罗伊讨论过它,并给他读过《宗教情感》中的那段论述。他知道,其他人必定也在他们自己中间谈论过此事。Searle惊讶于在北安普敦会有许多人变得如此健忘。Searle是一位前北安普敦居民;他曾返回那里跟随爱德华兹学习。其他证词来自Noah Parsons,Joseph Bellamy,and James Pierpont;参见Hall,"Introduction," *Works*,12:53n。

[16] Searle to Edwards,June 4,1750. Testimony of Sarah Edwards,487.

[17] 约瑟夫·贝拉米也持同样的想法。在1749年5月6日致托马斯·福克斯克罗夫特的一封信里(Harvard,Houghton Library,MS Am 1472.1[1]. Transcribed by George Claghorn),贝拉米报告说,在对那个城镇做了几天访问后,"我认为,那部著作出版后,人们将被普遍争取过来。"

[18] 例如Edwards to John Erskine,July 5,1750,*Works*,16:355。

[19] 在总共八十个教堂会众中,到1750年,在马萨诸塞约有五分之一、在康涅狄格约有三分之一经历了分裂。Stephen Foster,*The Long Argument*:*English Puritanism and the Shaping of New England Culture* (Chapel Hill:University of North Carolina Press,1991),291,370n. Foster的著作在探索这一困境上是极有价值的。

[20] 虽然在新英格兰处境里并不是一个分裂者,但爱德华兹指出英国国教会在回应这样一个建议上是背教的,即一个康涅狄格教堂会众通过附属于英国国教会来摆脱一个无法接受的牧师。爱德华兹致摩西·莱曼执事,September 30,1748,*Works*,16:251—252。

[21] 正如David Hall指出的("Introduction," *Works*,12:67—68),虽然爱德华兹在*An Humble Inquiry into the Rules of the Word of God*,*Concerning the*

Qualifications Requisite to a Complete Standing and Full Communion in the Visible Christian Church 后面包括了一个由托马斯·福克斯克罗夫特起草的附录,并叙述了早期清教作者的观点,但爱德华兹本人是在圣经基础上展开论证的,很少直接提及他的先驱们或者关注与他们的内在一致性。

[22] 尽管斯托达德主张一种全国性教会——或多或少依据的是一种"旧约"模式,但他否认"旧约"有关逾越节的做法为圣餐提供了一种准确指导,因为他的对手,譬如英克里斯·马瑟和爱德华·泰勒,认为"旧约"的仪式规定,是接受圣餐规定的预示。E. Brooks Holifield, *The Covenant Sealed: The Development of Puritan Sacramental Theology in Old and New England*, 1570—1720 (New Haven: Yale University Press, 1974), 217—219.

[23] 北安普敦对大多数成年人都会变成领受圣餐成员的期望,使得半途盟约问题与其他地方相比不那么重要了,因为它只适用于那些没有变成圣餐领受者的受洗者。Paul R. Lucas, *Valley of Discord: Church and Society along the Connecticut River*, 1636—1725 (Hanover, N. H.: University Press of New England, 1976), 136. 斯托达德并没有说服北安普敦接受他所有的观点,并且也只是到1714年才获得认同,以将城镇所有受洗者都置于教会纪律之下,而不论他们是否承认了盟约。Ibid., 157—158.

[24] 在 *Faithful Narrative*, *Works*, 4: 157, 爱德华兹说, "我们有大约620名圣餐领受者,几乎包括了所有成年人。" Kenneth Minkema in "Old Age and Religion in the Writings and Life of Jonathan Edwards," *Church History* 70 (December 2001): 674—704, 表明 (p. 699), 教会成员总数(包括受洗者), 从1735年的823人下降到了1750年的747人。而与此同时, 总人口数量却从1735年的1100人上升到了1750年的1355人。当然, 这种纪录并不完全。例如, 教会成员人数就是"最低"数目。Minkema还表明, 在"年轻人的圣经"丑闻案中, 爱德华兹不仅疏远了一些年轻人, 而且还疏远了一小群由斯托达德培养起来的年长一辈的人; 后者对爱德华兹的解职发挥了作用。

[25] Edwards, *An Humble Inquiry*, *Works*, 12: 266—283. 在答复下列反驳时,即以色列人在离开埃及时全都领受了逾越节仪式而不需要有信仰告白,爱德华兹指出,这种反驳所证明的东西太多,因为当前所有派系都认为,"某些"信仰告白应成为一种先决条件, p. 274. 另外,爱德华兹还说道,当"新约"是清楚明白的时候,"旧约"先例很难是具有相关性的, p. 279. Christopher Grasso, *A Speaking Aristocracy: Transforming Public Discourse in Eighteenth—Century Connecticut* (Chapel Hill: University of North Carolina Press, 1999), 131—136, 对这一点具有一些有益的探讨。

[26] "Author's Preface," in *An Humble Inquiry*, *Works*, 12：167—170.

[27] Ibid., 174—262.

[28] Ibid., 257—262, quotation p. 257. 将自己看作一个代理者，他使用了这一类比，即一位被派往王子那里的使者；而那位王子则要求这位女士提供一种可感迹象，以表明她接受了王子的求婚，p. 258. 爱德华兹将"哥林多前书"11：29 翻译为"eateth and drinketh judgement to himself"（p. 260），而不是"damnation to himself"；后者是"英王钦定本"的译法以及他自己有时在布道里所使用的译法，参见下文。也许他并不想将自己的论证建立在一种有争议的翻译上。

[29] Ibid., 257.

[30] Sermon on Matthew 9：15 (date uncertain), quoted in William J. Danaher Jr., "By Sensible Signs Represent：Jonathan Edwards' Sermon on the Lord's Supper," *Pro Ecclesia* 7, no. 3 (summer 1998)：269. Edwards to John Erskine, November 17, 1750, *Works*, 16：366.

[31] Sermon on I Corinthians 10：16 (August 1745；August and October 1755), as quoted in Danaher, "By Sensible Signs," 283. 我非常感谢 Danaher 对圣餐布道所做的分析，尽管正如这些引文所表明的，我并不认为爱德华兹将圣餐提到了比盟约更高的地位（就像 Danaher 所说的，p. 287），而是将它们看作谈论同一事物的两种方式。

[32] 爱德华兹致托马斯·福克斯克罗夫特，May 24, 1749, *Works*, 16：283—284。

[33] *An Humble Inquiry*, *Works*, 12：315—317, cf. p. 213.

[34] 爱德华兹致玛丽·爱德华兹，July 26, 1749, *Works*, 16：288—290。1741 年，爱德华兹曾写道，"我四个最大的孩子（其中最小的处在六七岁之间）已经受到了救赎性的做工，最大的则是在几年前"，爱德华兹致本杰明·科尔曼，March 9, 1741, *Works*, 16：88，但很明显他对玛丽改变了看法。

[35] Dwight, *Life*, 284—285.（玛丽成为了德怀特家族的女族长）。Cf. Edwards to Ebenezer Parkman, September 11, 1749, *Works*, 16：291—292，详述了他旅途中的困难以及为什么没有在帕克曼家里停留。*Christ the Example of Ministers*, preached at Portsmouth, at the ordination of the Rev. Mr. Job Strong, June 28, 1749 (Boston, 1750) in *Works of Jonathan Edwards*, ed. Hickman, 2：960—965.

22

严峻考验

"喧嚣混乱要比你在这里时大得多,"爱德华兹于1749年12月给朋友约瑟夫·贝拉米写信说,"并且还在变得越来越激烈。"受人欢迎的贝拉米,在那年春末曾试图在北安普敦进行调解;他甚至相信,一旦爱德华兹的论著问世,就会使城镇一些关键人物回心转意。[1]如今,爱德华兹告诉他,他们的对手已经对贝拉米生发出了如此大的怨恨,以至于"他们在谈论起你时表现出了巨大的愤怒和蔑视"。自从贝拉米访问以来,城镇和教会委员会已经举行了无数次会议。几乎没有人阅读过爱德华兹的论著,也没有什么人想要阅读。而且,他们既不允许爱德华兹就这个主题举行公开辩论,也不允许他就此进行布道。相反,他们只想通过使某个人——最好是爱德华兹最杰出的表兄、耶鲁前院长伊莱沙·威廉姆斯——撰写一份答复,来抵消这部论著。他们不但不允许任何新成员加入教会,而且还诉诸极端措施,暂时中止了圣礼。[2]

在接下来的几个月里,事情只是变得更加糟糕,因为城镇和教会大多数人都在极力迫使爱德华兹辞职。就程序问题进行的大费时日的争吵,在不断煽动着争论的火焰。马萨诸塞教会当局以如此紊乱无序的方式卷入了此事,以至于几乎从不十分清楚谁究竟应负责什么。到爱德华兹写信给贝拉米之前,"选区"(城镇)会议已经要求教会管理委员会探索一种分离方式了。爱德华兹反对说，城镇不应从事教会事务；但既然这事牵涉到的是相同的领袖人物，所以他在两边都不太可能获得同情。

带头罢免他的，是 80 岁高龄的城镇大家长埃比尼泽·波默罗伊执事和他儿子塞思·波默罗伊少校——当地的路易斯堡战役英雄。波默罗伊家族已经在铁器贸易中建立起了一种垄断。加入他们的是爱德华兹的表弟、年轻而雄心勃勃的约瑟夫·霍利三世（Joseph Hawley III）；他是一位律师，他父亲的自杀使 1735 年的觉醒陷入低潮。

年轻霍利的背叛是一种打击。数年前，爱德华兹曾称赞过他表弟霍利是个"优秀而敬虔"的人——在那时这个年轻人一直都在路易斯堡驻军里担任随军牧师。[3]爱德华兹可能还曾对这个年轻人行使过监护人和导师一类的职责，霍利在父亲去世时还只有 11 岁。年轻的约瑟夫曾适时地前往耶鲁求学（1742 届），并返回家乡追随他杰出的表兄学习神学。[4]而如今，霍利与爱德华兹因为两件事情产生了争吵。首先，正如城镇里近来对爱德华兹的许多怨恨一样，关于男性性自由这一变化着的道德习俗问题存在一种基本争执。在一个由玛莎·鲁特（Martha Root）提起的有关父亲身份案件里，约瑟夫·霍利站在了他弟弟伊莱沙·霍利（Elisha Hawley）中尉一方，而玛莎则声称那个士兵是她双胞胎孩子（有一个存活了下来）的父亲。爱德华兹拒绝承认这两家的议和计划；这两个隶属于不同阶层的家庭提出了一项金钱解决方案。而牧师则指出，根据旧约律法，这两人应当结婚。他坚持，"这是完全不适当的"；并主张"男人应当考虑放弃行乐；而对他们视为快乐对象的人，就应当与其结合"。这个案件，开始于 1747 年，却拖延到了 1749 年夏；到那时，一个由当地圣职人员组成的特别委员会做出了与爱德华兹相反的判决，并认定霍利只需要承认私通罪即可。两年后，伊莱沙·霍利迎娶了一位波默罗伊家的女性。[5]

约瑟夫·霍利与爱德华兹的决裂亦是神学性的。到霍利于 1748 年底从随军牧师任职上返回时，令他先前导师懊恼不已的是，这个年轻人开始公开宣扬一些时兴自由观点或者阿明尼乌派观点。正如他在 1749 年初给兄弟伊莱沙的信中所写的，他相信，真宗教就是"所有人公正无私的理性与意识所认为正确的东西"。爱德华兹表示，他在表达新信仰上是"非常开放和大胆的"。也许是与他在神学上的转变有关，霍利已经放弃了侍奉的任何计划，并作为一名律师在北安普敦定居下来。[6]

爱德华兹的确拥有几个重要同盟军，其中包括塞缪尔·马瑟医生，以及最为著名的蒂莫西·德怀特上校——他是那个地区最重要的商人和绅士之一。虽然德怀特是一个"说话方式粗鲁"的人，但他却敬虔、有公益心，并是伊斯雷尔·威廉姆斯作为约翰·斯托达德权利继承人的竞争者。[7]不过，爱德华兹的支持者属于一个较小的少数派。

要使一个教会与其牧师断绝关系，就需要有邻近一些教会组成的一个特别委员会的批准。在1749年至1750年的整个冬季和春季里，围绕着如何组成那种委员会产生了越来越大的紊乱与骚动。在提名哪个教会应当选派代表上，两派被赋予了同等发言权。但爱德华兹坚持，由于他没有机会举行一次公正的听证会，所以应当允许他在汉普夏县之外来选择一些教会。正如其批评者所注意到的，他现在采取了与十五年前在布雷克案件中正好相反的立场。然而，他觉得自己没有其他选择，因为几乎整个"汉普夏县协会"都在反对他。布雷克及其朋友们都还活跃着，而威廉姆斯家族以及其他斯托达德派则控制着其余的大多数教会。

令爱德华兹深感痛切的是，他甚至都不能使城镇的人们听取他的观点。最终在2月份，他开始自行处理这件事情，并宣布将就这个主题举行五次"礼拜四讲座"。可以预见，他的会众中几乎没有什么人参加，尽管来自邻近社区的人们坐满了听众席。爱德华兹将第一次讲座安排在2月15日，亦即县法院在该城镇举行会议的日期。他表弟伊斯雷尔·威廉姆斯对于这种策略安排，以及对于"民事诉讼法庭"（Court of Common Pleas）休会前去聆听讲座，感到怒不可遏。而由他威廉姆斯上校本人主持的"议会和平法庭"（Court of General Session of Peace）则拒绝休会；威廉姆斯还针对他表兄发表了几次措辞激烈的言说，将他称作"对人民作威作福的""令人无法忍受的""暴君"。[8]

这种革命性语言甚至惊动了爱德华兹在汉普夏县圣职人员中的一些对手。他们担心，世俗人员推翻教牧专制者的无节制热情，将会树立一个不好的先例。哈德利（Hadley）附近的切斯特·威廉姆斯，萨拉·爱德华兹偶尔的报复者，现今则领导教牧驱逐爱德华兹的行动；他向"汉普夏协会"圣职同行发出了警报。"除非我们协商出一些办法，"他警告道，"否则就面临着被推翻的危险，而北安普敦将会采取极端措施———一些对教会牧师并没有看管权的先生所采取的行动。"[9]

圣职人员设法将北安普敦的革命情绪控制在他们的监察之下，或许是因为大多数当地圣职人员都站在被激怒的城镇人民一方。他们有理由感到担忧，因为在18世纪50年代，许多新英格兰城镇的人民都处在一种反叛情绪中。针对教会和民事专制者的革命，是他们历史传承的一部分。在波士顿，自由派圣职人员乔纳森·梅休（Jonathan Mayhew），刚刚于1750年1月30日，宣讲了一篇《论无限制的顺从》，以纪念对查理一世的处决（现在常常被看作是美国革命意识形态的一种早期声明）。在那时，没有人会将梅休的观点与偏僻内地针对圣职的动荡联系在一起。然而，近期发生的多起"新光派"分裂，亦是来自清教徒的一种传承。世俗人员以及像梅休这样的圣职人员，正在越来越多地谈论他们的"权利"。在1750年初，人们无法预言这种革命情绪将会走向何方。[10]

在整个春季期间，北安普敦可谓危机重重，骚动不断，由城镇、教会、地方圣职或无数核心骨干召集的种种紧急会议也是接二连三。然而，尽管有过热的辩论，以及就像新英格兰春季解冻期间的道路一样令人烦恼的程序泥沼，但每个人似乎都决定要按照某种规则来行事。最后，作为对爱德华兹或对他那执拗性的一种让步，他被允许在本县之外选择两个教会。这样，双方可以各自挑选五个教会，并由被挑选的教会分别选派代表，来参加这个共由十个教会的代表所组成的特别委员会。不幸的是，爱德华兹所挑选的外县教会之一科尔德斯普林（Cold Spring）教会与其牧师爱德华·比林（Edward Billing，他两年后也遭到了驱逐）的不和，同北安普敦教会与爱德华兹的不和几乎不相上下。比林，作为爱德华兹的好友，无论如何都成为了那个委员会的一员，但他的教会却拒绝按照每个教会被邀请的那样再选派出一名平信徒代表。

这意味着，当这个关键性委员会最终于6月19日至22日在北安普敦召开时，爱德华兹在这种派系的划分中比对方要少一票。少数派要求减缓程序推进，以便能够寻求某种协调。但城镇舆论已不愿意再听到任何耽搁。唯有立即分离才能使他们感到满足。

领导指控并实施了北安普敦人最后一击的是约瑟夫·霍利；他在该特别委员会面前暗示自己是教会的主要代言人。霍利虽然反复无常但却能言善辩；他不同意做出任何耽搁或协调。会众中绝大多数人都支持他的主张。当该委员会要求教会就是否愿意继续维持这种教牧关系表达看法时，在230名男性教会成员中只有23人投票站在爱德华兹一方。其他一些人没有出席；而爱德华兹觉得他也许在一些女性成员——她们不能投票也不敢表达自己的观点——中会有额外的支持，但反对一方仍然是压倒性的。而在那个特别委员会里，也包括了他一些长期的对手，譬如罗伯特·布雷克和乔纳森·阿什利，他们投票要求他立即辞职。[11]

不过，该委员会也免除了在个人层面上针对爱德华兹广为流传的指控，即指控他在这件事情上缺乏真挚和诚实。他们总结道，他"正直地遵从了自己良心的要求"，并称赞了他的"基督徒精神与性情"。他们宣布，在任何认同他观点的教会里，他都会"非凡地胜任福音事奉的工作"。[12]

在这一连串过程中，爱德华兹显然非常平静，甚至在对手那里都获得了这种肯定。他的支持者则干脆将他视同圣徒。其中有一人，大卫·霍尔牧师，在日记里记录道："在这整个星期里，我从未看到他面容上有丝毫不悦的迹象；他看上去就是个追随上帝的人，他的福祉是敌人鞭长莫及的，他的珍宝不仅是未来而且也是现今的善；这胜过了所有可以想象的生活磨难，甚至都令许多不驱逐他便不得安宁的人感到惊讶。"[13]

在1750年7月1日所做的告别布道里，爱德华兹坚定地提醒会众要记住永恒的角度——这也一直都是他教牧事奉的核心主旨。以他们如此习惯的强烈程度和周密逻辑，他描绘了一幕动人的场景：他们在审判日上如何再次相会于上帝的宝座前。在那种相会中，他们必须要陈述，在这二十三年里他们作为属灵的父亲与孩子是如何对待彼此的。这位被排挤的牧师语调里含着怜悯，然而他并没有让任何人错过这一点：他的良心是清白的；他确信在最后审判中将被证明是无辜的。他顺便提到，他们将会发现，他有关谁能接受圣礼的立场是否是"基督自己的教义"，但真正的问题则是他的教牧事奉整体。他能够指出他对他们灵魂不知疲倦的看顾。他的所作所为，绝不是出自为了自己或家人自我利益的那些世俗关切。如果这一点在薪俸争执中曾经被模糊过，那么他在圣餐礼争执中已经证明了，他并没有将世俗关切放在首位。他选择了一条将会"使我陷入烦恼与悲伤深渊"的道路。

在审判日，他的会众也必须要做出一种陈述。他们的永恒灵魂处在危险之中。他们无法否认，那一直都是爱德华兹最首要的关切。通过环环相扣的论证，爱德华兹表达了担心他们也许达不到标准的理由。如果在最后审判中，他"被宣判无罪并与基督一同升天"，他祈祷，那将不是他与先前会众最终的、最悲伤的分别。

爱德华兹通过重申他经常给予城镇的建议而结束了布道。对于年轻人，他说，他知道他压制恶习的努力使得他变得"极其可憎"，但"最美好的事情"还是，年轻人能够真正热爱并追随上帝。对于父母亲，他强调，"家庭秩序"是另一件不可或缺的事情。"每个基督徒家庭都应该在某种程度上成为一个小教会。"城镇里的人需要避免他们经年累月的争斗，不仅是与他之间的，而且也是彼此之间的。而且，他们还需要格外当心阿明尼乌主义；它正在他们当中抬头。"如果那些原则在这个城镇占上风，正如它们最近在另一个我能指出其名字的大城镇所发生的，而那个大城镇早先也以宗教敬虔著称"，他说道，那将会成为一场大灾难。北安普敦必须找到一位具有这些正统关切的——特别是对于他们的灵魂——新牧师。爱德华兹承诺将继续祈祷，他们能够真正"拥有一盏竖立在这座烛台上的燃烧着的明灯"。[14]

当爱德华兹表示在末日他将被证明为清白，而他们许多人将被无可挽救地判定为有罪的时候，会众里有许多人必定十分恼怒地坐在那里。而且，爱德华兹还对他们的灵魂状态表现出了明显的关切；而他相信他的布道是有效的。"会众里有许多人似乎深受感染，一些人还极其悲伤。"虽然有个别人态度会有所缓和，但绝大多数永远都不会。[15]

爱德华兹深受创伤，即便他控制了外表风度。他写道，"几乎没有人能知道一个处在我这种情形下牧师的心。"[16]他相信，上帝允许这些磨难，是作为使他谦卑的一种手段；而他也开始怀疑他是否拥有成为一名牧师的个人技能。他担忧他那"人口众多、开支巨大"的家庭将会出现什么问题；既然中止了他的薪俸，他们也就被"抛掷在世界那无边无际的海洋里"。对最支持他的苏格兰通信者约翰·厄斯金，他写道，"除了研究，我不适合做任何事情。"[17]

厄斯金以及爱德华兹的其他苏格兰朋友试图挺身相救，并征询爱德华兹是否能在苏格兰接受一个牧师职位。爱德华兹在 1750 年 7 月回复说，他没有任何困难接受"'威斯敏斯特信纲'的主旨"，而且他也长期仰慕"苏格兰长老会"的教会政体形式，特别是在考虑到新英格兰教会政体的混乱状况下。但是他不敢设想让这么大一个家庭横跨大洋的前景，尤其是在他已年届 46 岁之际。更重要的，他担心，他的"恩赐和管理"是否适合于任何不加试用就接受他的会众。不过，尽管有这些表达出来的顾虑，他肯定没有关闭这扇大门，并确保"我认为我妻子会完全赞成这种安排"。[18]

爱德华兹就其个人技能而言适当地变得谦卑了，但他丝毫不怀疑他在争论中是完全正确的，并受到了这个城镇的人极其不公正的诽谤。他认为自己对他们来说在这一点上是显而易见的：他是在按照原则行事，因为他的所作所为极不利于他自己和家人的世俗利益。正相反，城镇里的人已经散布了无数虚假谣言，譬如，他在试图"使教会落入陷阱"，其行为是出自"险恶的观点，僵化的精神，骄傲之心，武断与专横的精神，以及强迫所有人顺从自己意愿的筹划与奢望"。[19]

尽管与他们大多数邻居的关系令人痛苦，但爱德华兹这个"庞大而开销巨大的家庭"在 1850 年却有自己的生活和遭遇。在 4 月份，萨拉生育了他们的第十一个孩子（第十个存活下来的），亦即第三个儿子皮尔庞特。而他们的二儿子，小乔纳森，在春季和夏季里罹患了严重而危险的疾病；但他将活下来并追随他父亲作为一个牧师（甚至也被他的教会解职了）、神学家和学院院长的足迹。

1750 年 6 月 11 日星期三，就在决定命运的特别委员会召开前 8 天，21 岁的萨莉嫁给了一位蒸蒸日上的当地年轻人以利户·帕森斯（Elihu Parsons）。在 11 月份，年方 16 岁但却聪明又漂亮的玛丽，与 24 岁的小蒂莫西·德怀特（Timothy Dwight Jr.）结婚了；后者是他们的邻居，是支持爱德华兹的一位当地贵族的儿子。年轻的德怀特夫妇将居住在北安普敦，尽管玛丽同当地会众的关系一直处在紧张状态；她会在每个圣餐主日旅行到另一个城镇去。

他被解职后的迫切问题就是，他和他的家庭没有其他地方可去，所以他们尴尬地在北安普敦又待了一年。他们与这个城镇的关系充满了张力。例如，在他被解职大约一个月后，城镇人投票决定，不再允许爱德华兹继续使用往常提供给他的那块牧场。深为家庭财务状况担忧的爱德华兹，抗议（但无效）道，他已经被允许在那一年里使用那片牧场。[20]

与爱德华兹家人仍在那里参加崇拜的教会之间的关系，则显得尤为怪异。教会并不总是能找到访问布道者，而不得不诉诸笨拙的权宜之计，即以一周为单位来邀请爱德华兹进行布道。爱德华兹指出，虽然他们经常邀请他布道，但他们总是在最后关头极为勉强地那么做。最终到11月份，由于一些教区居民不愿意继续忍受他们所驱逐牧师的抗议非常强烈，所以在一次公众会议上，投票决定不再邀请他进行布道，即便有时会出现没有布道的情形。[21] 而一小群爱德华兹的支持者，则敦促他创建一个独立的会众团体。

与此同时，他也在寻找迁移到新英格兰其他地方的可能；而在12月份，他获得了一个很有吸引力的机会。他曾在10月份旅行到马萨诸塞的斯托克布里奇——位于山那边以西四十英里，部分是为了照管他在那里拥有的一些土地，同时也是为了探寻一种新的开端。现在他则收到了一份邀请，考虑这样一种可能性：作为英国人会众的牧师和面对印第安人的传教士定居在那里。虽然深感兴趣，但爱德华兹还是谨慎从事，也许是出自他对自己牧师恩赐的疑虑。为了检验这种情形，他在1月份前往斯托克布里奇并一直在那里待到初春，既对白人又对印第安人进行布道，并获得了定居在那里的正式邀请。[22]

尽管有这种可能，但当他于1751年春返回北安普敦不久，这个城镇就再次处在喧闹骚动之中。爱德华兹的支持者正在发起一种运动，以开创一个当地教会，让爱德华兹当牧师。在整个新英格兰，教会分裂近来已经变成解决会众内部不可协调分歧的常见方式。而极力主张这种解决方式群体的核心成员是蒂莫西·德怀特上校——他儿子刚刚与玛丽·爱德华兹结婚。在过去的那个冬季里，德怀特上校一直致力于使会众成员与爱德华兹达成和解。那被证明是一项吃力不讨好的任务。当爱德华兹本人不在的时候，他的敌人就把愤怒转向了德怀特，并"威胁要将我撤职"。[23] 到春季，德怀特一伙人准备与他们的老会众团体决裂。他们以及爱德华兹的其他支持者指出，他们对于领受圣餐心存疑虑，因为在那里大多数人都对圣餐圣礼持有一种更自由的（斯托达德式的）观点。他们从邻近村镇一些具有类似想法的人那里获得了确认，即他们将加入一个爱德华兹式的北安普敦教会。[24]

爱德华兹后来说，他从未考虑过要成为北安普敦一个新教会的牧师，并试图劝阻那场运动。不过，既然他的一些忠实朋友，也许还有他的两个已婚女儿，都在强烈恳求他留下来，所以他对那种可能性保持着开放态度。[25] 也许，在他家庭里，对于搬迁到一个具有潜在危险性的边境村镇，还存在着一些惶恐不安。而爱德华兹，不是以个人方式来阻止要求他留下来的热心恳求，而是遵循着他每当考虑一项动议时自认为属于正当程序性的东西：他同意召集一次圣职人员的特别委员会会议；他们将在5月份集会以建议他该何去何从。[26]

爱德华兹在城镇里的敌人再次予以强烈反对。他们确信，他要召集一个委员会会议，就证明了他是要创立一个竞争性教会这一阴谋背后的策划者。在波默罗伊父子和约瑟夫·霍利的带领下，他们再次上演了去年夏天的尖酸刻薄言行。他们告诉自己的支持者，最近的动议，证实了他们早先的断言，即爱德华兹的动机从一开始就是要强化他自己的权利。虽然他们拒绝承认这个委员会为正当教会团体，但却向它提交了一份措辞激烈的"抗议"。相应地，爱德华兹则向该委员会表示，他更愿意去斯托克布里奇，而不是在北安普敦主持一个残余会众团体。毫不奇怪，这个委员会一致建议，他应接受斯托克布里奇的邀请。[27]

"歪曲得到纠正"

差不多与此同时，爱德华兹在试图消除重燃的虚假指控之火；他懊恼地看到有人正在向那火堆里添加新的燃料。由本城镇人出资印刷、他表兄弟所罗门·威廉姆斯撰写的一本书的副本运送到了该城镇。在这本题名为《有关基督教圣礼中合法圣餐之必要资格这一问题的真实状态》的书里，威廉姆斯针对爱德华兹的批判，维护了他外祖父所罗门·斯托达德的观点。爱德华兹认为他表兄弟严重歪曲了自己的观点，觉得有必要做出详尽答复。[28]在初夏，他只身前去承担起了他在斯托克布里奇的职责；并于8月份在那里接受了正式任命。为了准备搬家，他有许多事情要做，但只要有可能，他就将余暇用于澄清事实真相这一全神贯注的写作过程当中。他于次年春季完成了自己的答复。

从一开始，北安普敦大多数人，尽管他们心意已决，但仍在寻求一位理智支持者，以对爱德华兹做出正式回应。就像许多18世纪的人一样，他们认为使道理和原则处在自己一方十分重要。起初，最可能的候选者似乎是伊莱沙·威廉姆斯。当爱德华兹风闻这一消息后，他担心他那难以对付的表兄会介入这场争执，并于1749年5月写信给波士顿的托马斯·福克斯克罗夫特，看看后者是否能够劝止威廉姆斯。[29]

离开耶鲁的职位后，威廉姆斯院长开始从事商人和政治家的职业生涯。由于深深卷入了康涅狄格的政治斗争，他于1744年曾匿名出版过一部维护"新光派"良心自由的重要著作——爱德华兹显然会称赞这部著作。[30]在战争期间，伊莱沙担任了路易斯堡的随军牧师，并在随后被任命为准备入侵魁北克的康涅狄格军团的指挥官。实际上，他的士兵大部分时间都在休假。伊莱沙还领导着一群投机者，他们在当时为士兵支付了薪俸，并期望将来能从英国那里获得更大的补偿。但在战争结束后，英国却不愿意为那些大部分时间都待在家里的士兵支付薪俸。于是，康涅狄格政府于1749年末派遣威廉姆斯前往英格兰以收回他们的损失。

在英格兰，威廉姆斯将他的时间分别用于政治、经济、灵性和浪漫的兴趣上。他为士兵的薪俸获得了部分补偿，并将自己的商业转化成了一项国际事业。同时他还保持着作为一个"新光"加尔文派的热忱，并与英国著名福音派，譬如乔治·怀特菲尔德、亨廷顿伯爵夫人（Countess Huntingdon）以及菲利普·多德里奇博士（Dr. Philip Doddridge；他是爱德华兹亦表示敬佩的一位圣经注释者），保持着交往。当威廉姆斯在英格兰期间，他收到了妻子去世的消息。多德里奇很快就给他介绍了福音派圈子里最非凡出众的女性之一，伊利莎白·斯科特（Elizabeth Scott）——她以赞美诗写作而著称。由于威廉姆斯家族因反对敬虔的爱德华兹而经常受到福音派作者的抨击，所以有必要在此引用一下菲利普·多德里奇对伊莱沙的评价："我把威廉姆斯上校看作是这世界上可贵的人之一；在他身上结合了热切的宗教感、坚实的学识、完美的审慎、巨大的坦诚、宜人的性情以及灵魂的某种高贵性。"[31]

很容易理解，爱德华兹为什么会担心即将出版的反驳，可能是来自他这位深受敬重的表兄；而当伊莱沙·威廉姆斯放弃这种答复计划时——很可能是因为即将到来的英国之行，爱德华兹必定会感到一些宽慰。伊莱沙显然将他的笔记移交给了他兄弟、康涅狄格莱巴嫩的牧师所罗门；而后者则完成了这项计划。[32]

在北安普敦以外，爱德华兹的主要反对者，来自于一个确定无疑的重要来源：他先前的保护人、已故威廉·威廉姆斯的后代。他们一些人，就像雄心勃勃的年轻行政官员伊斯雷尔·威廉姆斯一样，长期以来都对爱德华兹抱有敌对情绪。迪尔菲尔德的乔纳森·阿什利牧师（他娶的是威廉·威廉姆斯的女儿多萝西），亦在早先（就觉醒）与爱德华兹产生了不和，并帮助北安普敦人将爱德华兹解职。[33]而老威廉姆斯最具影响力的两个儿子，所罗门和伊莱沙，曾是爱德华兹长期的紧密同盟者；因而也可以理解，他们特别愤慨于爱德华兹背叛了这个家族的事业。[34]

所罗门·威廉姆斯在对爱德华兹的答复里，犯下了夸大其案件的错误，因而也就使自己成为了他逻辑学家表兄弟大加挞伐的靶子——后者进而将其论证变成了密集的枪林弹雨。威廉姆斯将爱德华兹描述为，要求教会获得"一个人所能给予的有关其诚实性的最高证据"。在威廉姆斯的描述里，爱德华兹的观点就等同于这样一种古老做法，即要求"对上帝圣灵在人内心里的成圣工作这一经验做出报告"。[35]

在出版于1752年的《歪曲得到纠正，真理得到澄清……》中，爱德华兹的确有一些歪曲需要进行纠正。他坚持，他并没有要求"一个人所能给予的有关其诚实性的最高证据"，而只是要求真正的圣洁（real godliness）的可信证据，以对立于道德诚实性的可信证据——而后者对所罗门·斯托达德就足够了。爱德华兹表明，他曾反复说过，不可能评判人们的心灵，教会在评价可见圣徒性上所涉及的只是或然性。而且，他还曾明确说过，必须给予那些对自己的圣洁证据怀有疑虑的人一些爱心。所以，他并没有要求圣洁的最高证据；他所要求的是一个候选人真正圣洁的一些可以相信的证据。[36]

爱德华兹也许用数页篇幅就说出了所有这些看法并进而澄清了他与斯托达德的分歧，但他确信，威廉姆斯的著作是如此混乱和自相矛盾，以至于与斯托达德就像与爱德华兹具有同样多的冲突。所以，在长长的最后一部分，他罗列出了威廉姆斯逻辑谬误与不一致的大量例证。他以一封致北安普敦会众的书信作为结尾，警告他们当心潜伏在威廉姆斯著述里的危险，而这则超越了当下的争论。他承认，威廉姆斯本人是正统的，但他在试图维护自己立场时，已经不知不觉地引进了一些混乱和错误的论证；而假如遵循那些论证的思路，则将导致阿明尼乌主义。正如在告别布道里所做的，爱德华兹最后警告了"近来在北安普敦已经变得明显的一些趋势"，它们"会迅速引导你们当中的年轻人去喜爱新型的、时髦的、松弛的神学体系；而这近来在新英格兰已经大为流行了"。[37]

爱德华兹对北安普敦人民的反复警告，最终确实带来了一些小小的证实或澄清。约瑟夫·霍利后来否定了自己在这件事情中的作用。霍利，同他父亲一样，能够被罪恶和忧郁所压倒。他在1754年给爱德华兹写了一封道歉信。爱德华兹感恩但却冷淡地回答说，既然霍利的过失引导城镇陷入了公众罪过中，因而他现在应当引导他们进行公众悔过。在爱德华兹去世后，霍利的确发表了一封包含有最强烈措辞的悔过信，宣布自己相当于犹大和其他圣经上的叛徒。他供认，他以及其他人，曾轻率地促进了"对爱德华兹先生严厉的、无情的，如果我记忆正确的话，也是凭空的、诬蔑性的毁谤，并用恶毒语言表达了出来"。[38]

乔纳森·爱德华兹的悲剧？

美国最伟大的神学家和美国殖民地时期最强有力的思想家，被赶出城镇并被迫流落到一个边境村庄里；这一景象从那时起就激发了观察者的兴趣。这是一位伟人由于遵从自己的崇高原则而被扼杀的悲剧吗？抑或，这是一位杰出但不现实的知识分子——其一本正经和控制欲招致了一个小城镇那潜在的卑微褊狭——所特有的悲怆吗？正如在大多数超越了平庸的真实生活中那样，它是既有褒扬又有感伤的混合体。

传记作家和历史学家力图通过探寻一两个实质性根本原因，来理解这场戏剧性事件。在20世纪中叶美国民主制鼎盛期写作的奥拉·温斯洛（Ola Winslow），在美国革命的萌芽精神里发现了这种实质性主旨。正如她所说，"1750年的教会成员是一个民主主义者，尽管他并不知道这一点；许多'76年的小伙子'已经出生了。"为她这种解释增加了可信性的是这一事实：约瑟夫·霍利在"印花税法"危机中成为了一位爱国领袖，并在革命时期的马萨诸塞政府里成为了一名议员；塞思·波默罗伊少校亦在美国革命中作为一名将军去世。作为对照，约翰·斯托达德上校生前被看作"托利党"，而爱德华兹的女婿小蒂莫西·德怀特在革命期间也是一名托利党人。[39]

帕特里夏·特雷西（Patricia Tracy）提供了一种更细致的分析。在写于社会史正在流行的20世纪70年代的一本著作中，她仔细考察了这场争论里所涉及的社会与经济力量。她指出，爱德华兹与年轻人变化着的道德习俗所产生的张力，是与新土地的相对匮乏以及由此处于上升中的初婚平均年龄关联在一起的。不过，特雷西未能发现对爱德华兹驱逐者的明确经济或社会学解释。例如，老蒂莫西·德怀特与伊斯雷尔·威廉姆斯，就是同一精英行政社会阶层里的竞争者；而在美国革命期间，伊斯雷尔·威廉姆斯最终变成了一名托利党人。[40]此外还可以指出，爱德华兹家族以及支持者的绝大多数人都支持美国革命。

特雷西应被认为提出了这一观点：爱德华兹与城镇人友好关系破裂的一个主要根源，就是他采取的老式教牧家长制的观点。爱德华兹试图行使所罗门·斯托达德曾行使了六十年的权威父亲与道德仲裁者的角色。她正确地指出，那种理想曾经是17世纪的特征，但在18世纪中叶正在破裂。特雷西还指出了这样一种反讽，即爱德华兹既是一个权威主义保守派也是一个革命派。而她结论性的话则是，"也许，就像所有好父亲一样，当孩子们长大成人之时，爱德华兹为他们提供了反叛的内在源泉。"[41]

爱德华兹具有一些悲剧性的缺陷并促成了他在北安普敦的失败，所以这个问题不能化解为无可避免的社会张力或者他与时代的脱节，即便这些都是其中的因素。爱德华兹是一位完美主义者，但他却没有足够的方法来应对他人的不完美。这种特征，再加上他权威主义的傲慢和保守的性观点，就在社团里制造了一些张力，最明显的是在"年轻人的圣经"系列事件中。然而与城镇的真正张力，与其说来自他所维护的旧方式，不如说源自他依赖于某种相对较新的东西，亦即近乎普遍性的觉醒。在 1734 年至 1735 年觉醒以后，他意识到他过高地提升了自己的希望。而且，他无法逾越使他的教会成员恪守他们在觉醒高峰期所做的承诺。爱德华兹的问题部分在于，他将自己对这个城镇长期灵性力量的近乎完美的希望，建立在了其本身就不稳定的宗教奋兴的沙地上。

而且，我们必须记住，爱德华兹与北安普敦的冲突，主要并不是他压制恶习的努力，而是就接受圣礼的条件所产生的争执。假如他没有在这个主题上举止笨拙地转换方向，他也许仍然是北安普敦的牧师。确实，当机会出现时，就会有积压的怨恨倾泻出来。[42] 不过，接受圣礼的问题本身就是一个重大问题；它可能扰乱牧师与城镇之间哪怕是和谐的关系。

或许对于爱德华兹，最大的悲剧在于，他是因为信守原则而被解除牧师职务的。正如他向会众指出的，由于试图逆转他外祖父的政策，他失去了许多东西。而为了保护永恒灵魂的事业，他甘愿放弃自己和家庭的世俗保障。他之所以遵循那条会招致个人痛苦的道路，是因为他确信，他的悔改归信神学（conversionist theology）的逻辑要求他这么做。

还应当注意到，在某种程度上就所涉及的抑制恶习问题而言，可以肯定的是，爱德华兹在一个方面正在远离斯托达德式的家长制，亦即牧师对城镇大多数人都具有道德监察义务。在"年轻人的圣经"案件中，他的深层关注之一就是，领受圣餐的教会成员正在沉湎于对神圣言说的粗俗而拙劣的模仿里。相应地，他的激进改革则指向了教会成员的标准。他由此正在转向那变得更为典型的现代福音派态度，亦即圣职人员只对那些被圣礼分别出来的会众成员拥有道德监察义务。福音派布道者将挑战男性的大男子主义（以及其他事情），但福音派社会将是，在一个从主导文化标准下撤离出来的教会里，被分别出来的一群人。[43]

爱德华兹自己的分析

1751年7月1日，在到达斯托克布里奇后，爱德华兹坐下来，在一封致苏格兰托马斯·吉莱斯皮（Thomas Gillespie）的书信里，对城镇动态做出了自己的分析。[44]通常，爱德华兹都是以纯神学术语来撰写历史，并将其看作上帝或撒旦的行动；他被批评为不是按照现代世俗原因分析来理解历史。[45]然而他对北安普敦争执中一些潜在因素的考察，尽管是从一种他深感兴趣的视角写作的，但却表明了，当机会出现时，他也能够按照那种世俗意识来应对历史。

他注意到，正如美国殖民地历史学家后来发现的，就像民族和个人在自然性情上各不相同一样，城镇也是如此。北安普敦人长期以来"都以激动暴烈、封闭狭隘（亦即小气吝啬）、难以相处和不易约束而闻名"。正是在这封书信里，他记录下了在过去四五十年里（或从约翰·斯托达德兴起时起）存在着"某种类似于英国宫廷党与乡村党一类的东西"。一些人在城镇和教会里拥有巨大的财富、权利和影响，而其他人总是嫉妒他们，并导致了"无数纷争"。爱德华兹由此表明，城镇纷争存在着一种"社会—经济"基础。不过，他并不是要表明，他被解职就是基于这样一种基础；他对斯托达德圣餐观的否定，才导致这两个惯常阵营里的人们与他产生了疏远或背离。

城镇骄傲——因其属灵名声而膨胀，也是一个相关问题。北安普敦不仅已经繁荣，而且也已经变得著名了。"存在着这样一种为难之处，"他承认，亦即"要负责发表对上帝在一群人中之工作的叙述；而在人甚至是好人的心里存在着这样一种败坏，亦即存在极大的危险使之成为属灵骄傲的理由"。

此外还在于,"斯托达德先生,尽管是一个非常圣洁的人,但却天然地具有一种武断性情"。所以在他手下成长起来的人,尤其是他们的领袖们,"似乎认为在这个方面像他那样就是一种优秀"。而且,斯托达德主持这个社团已经有 60 年了,许多老一代人"几乎将他奉若神明";而反对斯托达德的教导,"在他们看来就是一种可怕的亵渎"。

尽管尊重外祖父,但爱德华兹认为,北安普敦人"已经深陷宗教的某些错误观念与方式中,以至于我发现他们耽于那些错误里而永远都不可能摆脱了"。尤其是,他们很容易强调,他们将其当作自己归信经验的"对想象的印象";而很不愿意看到,作为重生真实证据的"心灵的持久感觉与性情",以及"恩典的运作与果实"。爱德华兹承认,作为年轻人,"我并没有完全意识到那样一种惯例所具有的不良后果";他还同样承认,他被城镇里的人所强调的、所设定归信具有的那些激动表现所蒙骗。假如在 1734 年至 1735 年觉醒时期他更为成熟的话,他就会坚持更仔细地检验那些灵。虽然"出现了救赎性归信的无数实例",他承认,"但真正归信者的人数并没有在那时想象的那么多"。

在帮助北安普敦人培养起了属灵骄傲后,爱德华兹最终收获了它的结果。"这场争论是一种宗教争论",这对他的对手来说,特别是在鼓动普通人上,具有一种极大的优势。因为"上帝之道的一种宝贵与重要教义"据说正面临危险,人们因此就会"将他们反对我的热情看作一种美德"。他们甚至能够"将他们在这样一项事业中的愠怒与激愤冠之以圣化的名义,以便使他们没有良心谴责地放任和纵容他们愠怒与激愤的观点"。只是在表明了这场争论里的这些以及其他因素后,爱德华兹才在最后提出了一种证实自己坚定立场的神学分析。他写道,"我认为,由于反对斯托达德先生的教义以及那种宜人的实践——它们在北安普敦已经得到长久确立并在这个国家获得了广泛流传,魔鬼就受到了巨大震动。"上帝允许撒旦"以这种超常方式做出反对,正如上帝在真理诞生之际通常所做的"。

虽然比以往更加确信,他对这个城镇在告白与行动之间不一致的分析,证实了自己的原则,但爱德华兹也笼统地承认自己亦有过错。在这些痛苦年间,在他祈祷里必定反复出现这样一种旋律,他写道,"上帝知道我心灵的邪恶,以及我在北安普敦事奉期间的罪恶的缺陷与过犯。我愿意上帝向我多多指明这一切，那么我就能有效地谦卑自己，克制我的骄傲与自负，完全倒空我自己，并使我知道我为何应当被抛弃，就像一条可憎的树枝，就像一个不蒙喜悦的器皿。"[46]他以清教徒的经典方式，将自己的耻辱看作是对自己完全不配的一种提醒，并祈求上帝将它作为炼净之火以使他适合于更完全的侍奉。

爱德华兹通过数十年的自我省察知道，他的"骄傲与自负"是他最需要谦卑的特征。也许是再次认识到了这些倾向，他运用了他长期培育起来的约束与自制。虽然爱德华兹相信他的对手受到了魔鬼的利用，但他还是竭力展示出了他所倡导的个人温和风度。他亦将他牧师角色的建设性意图置于首要地位，并时常提醒北安普敦会众，照料他们永恒的灵魂才是他最首要的关切。

然而，在他个人与牧师的自制也许缓和了人际关系中的骄傲与自负表现的同时，他在作为个人恶习的骄傲及自负与在坚持上帝真理上的自信这二者之间划分出了一道明确界线。如果人们确信上帝的启示真理，那么自信就是一种圣灵激发的美德。爱德华兹相信，在与性情暴烈的北安普敦人的多年斗争中，他已经学到了一些东西并成熟了；然而，那种教训与他对骄傲及自负的长年斗争却具有一种矛盾关系。他认为他所学到的最好教训，就是从一开始就应当更加坚定自己的信念。他应当在更早一些时候，就专心致志于上帝之道所要求的东西，并抛弃一切个人顾虑。然而这种教训与他在同一封书信里对外祖父斯托达德"武断性情"的批评这二者之间的矛盾，则未曾引起他的关注。

爱德华兹能够为他的行为辩护，而其他人则会将他的行为看作是固执不化和教条武断，因为他将自己看作是一位改革者，隶属于宇宙性争战的一部分。魔鬼的盛怒是预料之中的"真理诞生之际"的剧痛。像路德一样，他认为周围的教会陷入了自满与腐败之中，并将其祝福赋予了世俗。如果宗教改革教会要引导人们走向所应许的荣耀新天地，那么它们自己就必须再次得到净化。他深信，圣经以及他照料永恒灵魂的教牧职责，驱使他不论付出任何代价都要坚守自己的立场。

作为一个以对情感在宗教中的中心性分析而著称者，爱德华兹亦对充分论证的原则将会获胜的能力保持着高度信心。正如他在回顾中所指出的，因为这是一场宗教争执，所以他的对手将其立场上升到了原则高度，并认为至高的灵性关切面临危险。一旦感情纽带破裂了，每一方，正如在任何争执中一样，都很快会将对方看作是蛮不讲理和刚愎自用的。而在北安普敦案例中，情感强度则因这一事实而得到了强化：双方曾经是深深相爱者，而如今每一方都认为自己受到了背叛。

注释

[1] 约瑟夫·贝拉米致托马斯·福克斯克罗夫特，May 6, 1749 (Harvard, Houghton Library, MS Am 1427. 1 [1]), transcribed by George Claghorn。

[2] 爱德华兹致约瑟夫·贝拉米，December 6, 1749, *Works*, 16: 308—309。(我在第一段引文里已经把"was"改成了"were"以适合现代用法。) 参见，爱德华兹对这些事件的详细叙述见之于下列著述 "Narrative of the Communion Controversy," *Works*, 12: 507—619。

[3] Edwards to "A Correspondent in Scotland," November 1745, *Works*, 16: 185, 将塞思·波默罗伊与约瑟夫·霍利称作"两个值得尊重的虔敬人"。

[4] "Joseph Hawley," in Franklin Bowditch Dexter, *Biographical Sketches of the Graduates of Yale College*, vol. 1 (New York: Henry Holt, 1885), 709. Iain Murray, *Jonathan Edwards: A New Biography* (Carlisle, Pa.: Banner of Truth Trust, 1988): 148, 提及爱德华兹对至少一个霍利表弟的教育提供了援助。

[5] Patricia J. Tracy, *Jonathan Edwards, Pastor: Religion and Society in Eighteenth-Century Northampton* (New York: Hill and Wang, 1980), 164—166, 257n, and Kathryn Kish Sklar, "Culture versus Economics: A Case of Fornication in Northampton in the 1740s," *University of Michigan Papers in Women's Studies* (May 1978), 35—36, 对这一历史事件提供了有益描述。有关男性性行为问题之不断增加的重要性，参见 Ava Chamberlain, "The Immaculate Ovum: Jonathan Edwards and the Construction of the Female Body," *William and Mary Quarterly*, 3d ser., 57, no. 2 (April 2000): 289—322, and Cornelia Hughes Dayton, *Women Before the Bar: Gender, Law, and Society in Connecticut, 1639—1789* (Chapel Hill: University of North Carolina Press, 1995)。

这段引文来自爱德华兹一篇未标注日期的手稿，其内容是对《出埃及记》22: 16 所规定律法在这一点上有效性的拓展论证，"Some reasons ... [for] the obligation of a man to marry a virgin that he had humbled." ANTS, Works of Edwards transcription. 他还指出，这些律法必须要在民事社会里和通过教会审查而得到强化；它们关系到"人类在社会里的良好礼仪与福祉，尤其是人们的美德与纯洁"。

[6] Joseph Hawley to Elisha Hawley, Northampton, Mass., January 16, 1749, Hawley Papers, New York Public Library, George Claghorn transcription. Edwards to John Erskine, July 5, 1750, *Works*, 16: 353.

[7] Edwards to Speaker Thomas Hubbard, August 31, 1751, *Works*, 16: 403.

[8] 爱德华兹致托马斯·福克斯克罗夫特, February 19/20, 1750, *Works*, 16: 323。使这种主张，即爱德华兹试图赋予自己以专制权利，变得越发加剧的是，他在 1749 年 12 月曾向一个顾问委员会透露过，他想要在教会成员身份问题上拥有否决权——他说所罗门·斯托达德就拥有那种权利。见 Tracy, *Jonathan Edwards*, *Pastor*, 178。

[9] Chester Williams to members of the Hampshire Association, February 20, 1750, as transcribed in "Narrative of the Communion Controversy," 599.

[10] Jonathan Mayhew, *A Discourse Concerning Unlimited Submission* (Boston, 1750). [Elisha Williams], *The Essential Rights and Liberties of Protestants, A Seasonable Plea for the Liberty of Conscience* ... (Boston, 1744), 更直接地将 18 世纪对权利的讨论与"新光派"争论关联在了一起（见下文）。

[11] Dwight, *Life*, 399—403, 421—427. Edwards to John Erskine, July 5, 1750, *Works*, 16: 352—353. Edwards to Thomas Gillespie, July 1, 1750, ibid., 386.

[12] "The result of a council of nine churches, met at Northampton, June 22, 1750," in Dwight, *Life*, 399—401. （第十个教会，科尔德斯普林 [Cold Spring] 教会，没有正式参加，但其牧师爱德华·比林被允许参加会议并投票）。

该委员会总结了这个问题，指出，爱德华兹坚持被接受为正式领圣餐成员的候选者"应当对圣化性恩典做出一种信仰告白"，而教会大多数人认为"圣餐是一种归信性的指令，相应地，人们如果具备一定的知识，并具有一种无过错的生活，就可以被允许领受圣餐"。

[13] Ola Winslow, *Jonathan Edwards*, 1703—1758: *A Biography* (New York: Macmillan, 1940), 256, quoting Diary of David Hall, MS in Massachusetts Historical Society, Boston.

[14] *A Farewell Sermon Preached at the First Precinct in Northampton, After the People's Public Rejection of Their Minister* … *on June 22*, 1750 (Boston, 1751), in *Reader*, 212—241.

［15］Edwards to Erskine，July 5，1750，*Works*，16：354. 他还提到，尽管有这场争论，但在过去一年里，该城镇几个年轻人还是大有希望地觉醒了，p. 356。

［16］Edwards to the Reverend Peter Clark，May 7，1750，*Works*，16：346.

［17］Edwards to John Erskine，July 5，1750，*Works*，16：355.

［18］Ibid.，355—356.

［19］Edwards to Hawley，November 18，1754，*Works*，16：648—649. 四年后，爱德华兹仍对这些冒犯深感恼怒并无法原谅，除非这个城镇做出全面悔改。参见下文对这封书信的探讨。

［20］James R. Trumbull，*History of Northampton*，*Massachusetts*，*from Its Settlement in* 1654，2 vols.（Northampton，Mass.，1898，1902），2：235.

［21］Edwards to Erskine，November 15，1750，*Works*，16：364. Hopkins，*Life*，61—62. Trumbull，*History of Northampton*，2：227，235—236.

［22］Dwight，*Life*，449. Timothy Dwight Sr. to Thomas Foxcroft，October 12，1750，Dwight Family Papers，box 1，Beinecke，Claghorn transcription，提到了爱德华兹到斯托克布里奇的旅行。在秋季，他可能也收到了一份来自Canaan，Connecticut 的呼召，见 Winslow，*Edwards*，264。一篇有关《路加福音》15：10 的布道，标注的是日期是 1750 年 9 月，并标注他在下列地点做了布道："Canaan/Westfield/Ipswich"。另一篇有关《玛拉基书》1：8 的布道，所标注的是 1750 年 10 月和朗梅多。斯蒂芬·威廉姆斯，由于存在着有分歧的忠诚关系，而置身于这场争论之外。但他邀请他表兄弟前来他的教会布道，则表明了他们之间持续存在的忠诚与友谊。

［23］Timothy Dwight Sr. to Thomas Foxcroft，February 17，1751，Dwight Family Papers，box 1，Beinecke，Claghorn transcription. 不清楚德怀特在这个时候的职务是什么。也不清楚争取一个分离教会的运动是从什么时候开始的。可能与后者相关的，是在 11 月和 12 月，爱德华兹在一个邻居家里做了几次布道。Sermons，Proverbs 8：17，pt. 1，II Corinthians 3：18，pt. 2，and John 12：73（Works of Edwards transcriptions），标注的日期是 1750 年 11 月或 12 月，并标注了它们是在 "Neighbor Allyns" 或 "Sgt. Allyns" 家里宣讲的，两者都标明是在 "安息日晚上"。

［24］Winslow，*Edwards*，262，365n.，quoting undated MS，Beinecke. 将他们的关切告知了爱德华兹的一些教牧朋友（托马斯·普林斯、托马斯·福克斯克罗夫特，等等）；他们的结论指出，如果其他方法失败，他朋友们可能会考虑创建一所学院，并补充道（作为对爱德华兹性格的一种评论），他们将"使他们〔创立人〕全都考虑到，爱德华兹先生居住在这个国家的这样一个地

方，那里物品供应是充足而低廉的，娱乐消遣是稀有而罕见的"。Winslow, *Edwards*, 262.

[25] 爱德华兹致霍利，November 18, 1754，*Works*, 16：650—652.

[26] 爱德华兹致 Joseph Sewall 及托马斯·普林斯，April 10, 1751, *Works*, 16：368—369, 证实了他对在北安普敦另行组建一个教会的冷淡。

[27] 爱德华兹致霍利，November 18, 1754, *Works*, p. 651. 就在爱德华兹做出前往斯托克布里奇的决定后不久，一个由塞缪尔·戴维斯派出的代表团再三恳请爱德华兹定居在弗吉尼亚。塞缪尔·戴维斯是一位长老会福音布道家，他成功地促进了在弗吉尼亚的觉醒运动。Murray, *Jonathan Edwards*, 364—365.

[28] *Misrepresentations Corrected*, *Works*, 12：498, 表明北安普敦人资助并发行了这份出版物。

[29] 爱德华兹致福克斯克罗夫特，May 24, 1749, *Works*, 16：284—285.

[30] [Williams], *Essential Rights and Liberties*. 虽然威廉姆斯的著作包括有对斯托达德主义的辩护，但爱德华兹还是将这本书借给了他的教区居民，并在他的 "Diary or Account Book," 27 将其标记为 "Rector Wms. Seasonable Plea"。参见 Kevin Michael Sweeney, "River Gods and Related Minor Deities：The Williams Family and the Connecticut River Valley, 1637—1790" (Ph. D. diss., Yale University, 1986), 441.

[31] *Sibley's Harvard Graduates*, 5：592—597, quotation p. 596; Sweeney, "River Gods," 387—393. 他的第二任妻子伊丽莎白·斯科特，是位具有一定声望的赞美诗作家。

[32] Cf. Hall, "Introduction," *Works*, 12：69.

[33] 北安普敦人在等待所罗门·威廉姆斯那公开出版的答复的同时，他们还邀请阿什利前来发表一些布道以反驳爱德华兹的观点。

[34] 另一个反对者是附近 Hadley 的 Chester Williams，一位远房表兄弟。他母亲姓 Chester，并可能与分别嫁给约翰·斯托达德和伊斯雷尔·威廉姆斯的 Chester 姊妹有关联。Chester Williams 的祖父是马萨诸塞的 Roxbury——这个家族的发源地——的塞缪尔·威廉姆斯。"Chester Williams," in Dexter, *Biographical Sketches*, 1：546.

[35] Solomon Williams, *The True State of the Question Concerning the Qualifications Necessary to Lawful Communion in the Christian Sacraments, Being an Answer to the Reverend Jonathan Edwards* (Boston, 1751), 5—8, as quoted in Hall, "Introduction," *Works*, 12：70—71. 对威廉姆斯论证的概括，参见，

ibid.，69—73。

[36] *Misrepresentations Corrected*，*Works*，12：355—360。

[37] Ibid.，502。

[38] 约瑟夫·霍利致 David Hall，May 9，1760。这封信应霍利要求曾在波士顿一份报纸上重印过，并被收录于 Dwight，*Life*，421—427。在这封信里，霍利亦写道，"我在这篇著述里提到了几乎所有上述反省的基本内容，但并不完全按照向爱德华兹先生及拥护他的弟兄们所表述的方式。"而且，他还肯定道，"我有理由相信，他［爱德华兹］，出于极大的坦率与仁爱，而衷心原谅了我并为我而祈祷。"霍利与爱德华兹有可能在 1755—1758 间在北安普敦见过面并谈论过此事。

霍利道歉信的原件已经不复存在了。爱德华兹在 1754 年 11 月 18 日的回信收录于 *Works*，16：646—654。霍利于 1755 年 1 月 21 日对爱德华兹的回信草稿则收藏于 the Hawley Papers，New York Public Library。在这封回信里，霍利懊悔地详述了他认为在这场争论中所做的错误事情，并就爱德华兹的回复坦言，"已经收悉和阅读了它，并对你在其中乐意使用的直率与自由没有丝毫怨恨和不满。"在更早时候，亦即在 1751 年 5 月至 1752 年 5 月间，马萨诸塞北安普敦"第一教会"的人们，已经向爱德华兹发去了"撤消函"（"Retractions，" Edwards Collection，fold 46，Beinecke）。在其中，他们缓和了在早先提出"抗议"里所使用的一些尖锐措词；早先那份"抗议"的内容，涉及他谋求一个分离教会的行为以及指控他干涉他们为教会寻求一位新牧师的努力。我感谢 George Claghorn 对这些文献的抄录。

在其后来岁月里，霍利会因为在"阵发性狂喜"后出现的"抑郁期"而不时丧失活动能力。不过，在他为对表兄所做不公行为深感懊悔的同时，他亦使自己逐渐成为了北安普敦一位最受尊敬的公民。作为一名成功律师，他在数十年里担任着该城镇在"马萨诸塞议会"的议员一职，即使在他进行公开忏悔后。在一直导致了"美国革命"的那些年里，他被看作是 Sam Adams 在西部的对等人物，是自由事业中的领袖人物。Trumbull，*History of Northampton*，2：534—549；Dexter，*Biographical Sketches*，1：709—712。

[39] Winslow，*Edwards*，242. Cf. Tracy's similar summary，*Jonathan Edwards*，*Pastor*，186—187。对这些人生平的总结，参见 Trumbull，*History of Northampton*。James F. Cooper，*Tenacious of Their Liberties*：*The Congregationalists in Colonial Massachusetts*（New York：Oxford University Press，1999），esp. 197—217，对觉醒时期见之于教会争论中（包括北安普敦）的某种程度的世俗民主兴趣，做了细致入微的探究。

[40] Tracy, *Jonathan Edwards*, *Pastor*, 186—187, 264.

[41] Ibid., 188—194. 当下的分析，参见第 16 章，在这一点上是类似的，并补充道，对于爱德华兹的老式父权家长制而言，蒂莫西·爱德华兹可能是比斯托达德更重要的典范。

[42] Kenneth P. Minkema in "Old Age and Religion in the Writings and Life of Jonathan Edwards," *Church History* 70 (December 2001): 674—704, 对领受圣餐成员的模式提供了一种有价值的分析，证明了在爱德华兹的教堂会众中，年龄在 25 岁以下的年轻人所占的比例，在 1750 年（11.5%）远低于 1740 年（38%）。Minkema 指出，正是年长一辈人的疏远使爱德华兹失去了他的牧师职位。很明显，正是年长一辈人对斯托达德和斯托达德主义怀有更大的敬重之情。这种统计数字还证实了，"年轻人的圣经案"标志着爱德华兹在成功赢得年轻归信者上的终结。Minkema 指出，在年龄较大者中间，他从未在赢得归信者上获得过重大成功。

[43] Ava Chamberlain's observations in "Immaculate Ovum" and "Bad Books and Bad Boys: The Transformation of Gender in Eighteenth-Century Northampton, Massachusetts," *New England Quarterly* 72, no. 2 (June 2002), 179—203, 指出了爱德华兹在抵制与男性性行为相关联的一些新特权；这对这一点是尤其具有帮助性的。Tracy, *Jonathan Edwards*, *Pastor*, 193, 则将他在这个问题上看作是更为反动保守的。爱德华兹仍认为自己对整个社团具有某种权威性，因为他坚持"全国盟约"，而且，正如第 21 章所讨论的，在"旧约"与"新约"模式关系上是矛盾性的。

[44] *Works*, 16: 380—387. 这个总结和下面的引文来自这些段落。

[45] Peter Gay, *A Loss of Mastery: Puritan Historians in Colonial America* (Berkeley: University of California Press, 1966), 91—116.

[46] Edwards to Gillespie, July 1, 1751, *Works*, 16: 383.

23

传　　教

当爱德华兹于1751年6月搬到斯托克布里奇时，他有理由重燃希望。他能够看到伯克希尔地区（Berkshires）胡萨托尼克河（Housatonic River）上壮美的景象；它们传递着基督救赎性的爱。这个村镇本身就能激发起高度的期望。它计划要成为一个典范社区，成为英国人与印第安人和平共处这种未来传教模式的一种原型。在爱德华兹看来，这种福音热情的产物，预示着千禧年黎明的一丝光芒；到那时，所有部落和国家都将看到上帝正义之光并和谐地居住在一起（参赛60）。然而他也知道，这个村庄短暂的历史上也曾经历过急风暴雨。当福音之光传布时，正如他在北安普敦的经验所证实的，撒旦肯定也会利用人的自私自利来发起反击。尽管满怀希望，但爱德华兹亦预料到会经历一场斗争。

斯托克布里奇试验是围绕着数百名马希坎印第安人（Mahican Indians，亦被称作 Mohican，Muhhakaneok，Stockbridge，Housatonic，Housatunnuck）进行的。[1]这些印第安人是一度强大的"马希坎联盟"残部中最大的一支，如今正在为生存而斗争，并愿意处在英国人保护之下。1730年，贝尔彻总督提议建立一个面向印第安人的传教村。四年后，一群生活在胡萨托尼克河附近的马希坎人，向爱德华兹的姐夫西斯普林菲尔德的（大）塞缪尔·霍普金斯，表达了要求向他们派遣一名基督教传教士的意愿。于是"在新英格兰印第安人中传布福音之马萨诸塞委员会"选择了一位耶鲁新近的毕业生，约翰·萨金特，他成为了第一位传教士。不久，一位来自斯普林菲尔德的教师蒂莫西·伍德布里奇（Timothy Woodbridge）与萨金特会合。1736 年至 1739 年间，他们建立起了斯托克布里奇：一个包括有四个英国人（新英格兰人）家庭的马希坎印第安人村镇。[2] 其想法是，如果印第安人学着与英国人在一起并按照英国人的原则来生活，就能更有效地使他们福音化。人们认为，文明开化应当与福音化携手并进。政府将靠近河边的最好地块提供给了印第安人，而把河边草场以外位于山坡上的土地提供给了英国人家庭。虽然爱德华兹的几位近亲和同事，包括约翰·斯托达德上校和斯蒂芬·威廉姆斯，曾帮助领导过这一尝试，但他唯一的直接参与，则是他与几位圣职人员一道购买了一位较早荷兰定居者所拥有的一些偏远土地。[3]

几乎每个直接参与这项计划的人，都与当时以哈特菲尔德的威廉·威廉姆斯为首领的、"威廉姆斯—斯托达德"、"加尔文主义—福音派"家族具有某种关联。这位大家长的弟弟伊弗雷姆·威廉姆斯（Ephraim Williams）于 1737 年搬迁到了斯托克布里奇；到这个村镇于 1739 年注册成立时，他已经承担起了这个村镇"英国人乡绅老爷"的职责。两位印第安人，约翰·孔卡鲍特上尉（Captain John Kunkapaut）和保罗·乌姆皮奇纳中尉（Lieutenant Paul Umpeecheanah），被选举为村镇管理委员。伊弗雷姆·威廉姆斯则被推举为仲裁调解者。[4]（有关爱德华兹的威廉姆斯家亲属，参看本书附录 1 "爱德华兹亲属谱系表"。）

真挚的爱情进一步确保了这个家族与这项传教事业的关联。传教士萨金特牧师完全愿意过一种自我牺牲的生活，但他并不希望独自一人做到这一点。当他最初开始传教之际，他曾有过向爱德华兹妹妹汉娜不成功的求婚。在他独自到达斯托克布里奇一段时间后，伊弗雷姆·威廉姆斯一家的到来，似乎是上帝的一种意外恩赐。萨金特很快就深深迷恋上了伊弗雷姆那漂亮迷人的女儿阿比盖尔；他们两人于 1739 年结婚——阿比盖尔时年只有 17 岁。"你将会原谅我，先生，"萨金特向他波士顿资助人之一本杰明·科尔曼写信说，"如果我认为，自从我采取了一种原本如此舍己的生活以来，这个最机智聪颖的女性并不是我所接受神圣恩惠的最小恩赐。我越是温柔地爱她，我就越是感恩；上帝仿佛专门为我创造了她，并将她恩赐给了我，就像他认为（同人类之父一样）我在这里独居不好似的。"[5]

阿比盖尔也愿意扮演萨金特这位亚当的夏娃。虽然她敬虔到乐于嫁给一个传教士圣徒，但她亦具有新英格兰 18 世纪精英阶层的英式爱好，并要确保他们按照她已经习惯了的方式来生活。萨金特已经在邻近印第安人的平地上修建了一座简朴房屋。而阿比盖尔，作为那个时代最杰出的女性之一，则使他确信，他们必须要生活在一座具有最高质量的、位于山坡上俯视着村镇的房屋里。这座"传教之家"（被保存了下来）是对阿比盖尔高雅品味的一种致敬；它是从康涅狄格用牛队运回来的，装饰着优雅的饰板，并在正门上方安装了一块别致的雕刻品。[6] 它亦是对长期见之于美国精英传教中一种经典张力的纪念碑。

萨金特在对这些真正友好的印第安人工作中取得了适度成功。他的事业受到了由波士顿科尔曼圈子成员组成的"马萨诸塞委员会"的支持；更重要的，还受到了以伦敦为基地的"在新英格兰传布福音公司"的支持。艾萨克·霍利斯（Isaac Hollis），一位富有的不奉国教派牧师，是主要赞助人。正如历史学家埃德蒙·摩根（Edmund S. Morgan）所指出的，斯托克布里奇试验，"对于那些听说它的人，其吸引力大小与他们距离现场的远近成正比。"[7] 在 1743 年，本杰明·科尔曼发表了一封书信："包含有萨金特先生对一种教育印第安孩子更有效方法的建议：如果可能的话，通过在他们当中引入英国语言，而把他们培育成一群文明而勤奋的人。"萨金特的主旨是，为了克服印第安生活方式那些似乎属于破坏性习惯的东西，有必要更加强调教导他们英国制造业和农牧业的习惯。具体地，萨金特提议为各个部落的印第安孩子建立一所寄宿学校；这将提供机会，以一种更彻底的基督教与欧洲的方式来培训新一代印第安人。[8]

萨金特有关建立一所寄宿学校的计划因"国王乔治的战争"而耽搁。不过，艾萨克·霍利斯还是在 1748 年送来了足够的资金，以在一个比斯托克布里奇更安全的地方，为 12 名印第安孩子开设一所学校。萨金特获得了康涅狄格纽因顿（Newington）的马丁·凯洛格（Martin

Kellogg）上尉的帮助；后者则在他那里指导这些孩子"进行学习和艰苦劳动"。学校强调农业生活训练；英国人认为缺少农业是印第安人最大的失败之一。一般地，印第安男人将大部分农业活动都交给了女人；而按照严格的"扬基佬"标准，那些男人显然缺乏教养。[9]凯洛格上尉是个六十多岁、性格粗野的人，曾在边境地区受到过艰苦经验的磨练。在孩童时期，他曾是迪尔菲尔德俘虏之一，并因此学会了一些印第安语言。这种宝贵技能此后使他在新英格兰处理印第安事务中成为了一名翻译。1749年初，在"国王乔治的战争"结束后不久，萨金特让凯洛格将学校搬迁到了斯托克布里奇；在那里，它在一片由马希坎人捐赠的具有吸引力的土地上，占据了一座部分完工的建筑物。这时灾难降临了。就在这所学校在斯托克布里奇安顿下来的时候，萨金特罹患了热症和喉疾，并在1749年年中去世，享年39岁。

到萨金特去世时，有218名印第安人生活在斯托克布里奇，其中有125人已经受洗，42人是教会领受圣餐成员。除了凯洛格那正在起步中的寄宿学校外，还有蒂莫西·伍德布里奇主持的一所拥有55名学生的走读学校。这个村镇在1749年，正如爱德华兹在下一年访问这里时所看到的，拥有一条规划凌乱的主要街道，两旁有53处印第安人住所，其中有20处是英国式的房屋。在周围地区，英国人家庭的数量已经从最初的4户增加到了10户左右。[10]

萨金特的去世使得这个模范村镇陷入了危机。张力已经在加剧。这个问题，在英国与美国扩张时代里，是困扰每个传教士与土著人关系的典型问题。紧随传教士之后的是定居者；而那些定居者，即便同情传教士，其更强烈的兴趣也仍然是他们自己的土地、经济机会以及他们增长着的家庭安全需要。尽管斯托克布里奇仍主要是一个印第安村镇，但它也是一个英国人的村镇。印第安人习惯于一种更为集体性的所有制体系，而不情愿采纳更为个体化的英国模式。然而，他们也知道，如果他们的所有权要继续得到认可的话，他们就必须遵照英国人的规则。而熟悉自己体系的新英格兰人，总是能够在计谋手腕上胜过他们。在1749年末，印第安人向一个政府委员会抱怨说，没有人曾告诉过他们，英国家庭数量将会从4户扩展到现在的10户。新英格兰人还在大量买进并囤积一些最佳土地；而在测量他们用以交换的土地亩数时，却不提及他们已经包括在内的一些池塘和沼地。最令印第安人恼怒的是，乡绅老爷伊弗雷姆·威廉姆斯及其已经成年的儿子们所施展的土地手腕；他们正在通过强化对优质不动产的所有权来积累自己的家庭财富。[11]伊弗雷姆·威廉姆斯的女婿约翰·萨金特曾在印第安人与威廉姆斯家族之间发挥过缓冲作用；但随着萨金特牧师的去世，印第安人对威廉姆斯家族的不信任与日俱增。

到1750年春季，威廉姆斯小集团在阿比盖尔和她父亲领导下，已经为萨金特的接替者物色到了他们的候选人。仍然还只有27岁的阿比盖尔，在以不止一种方式考虑接替者。[12]在4月份，以斯拉·斯泰尔斯（Ezra Stiles），一位温文儒雅的23岁耶鲁毕业生，前来在连续两个安息日上进行布道，而在中间那一周里则住在了这位孀妇家里。斯泰尔斯（后来成为了耶鲁的一位杰出院长）与阿比盖尔在才华上旗鼓相当，他们两人在一起谈论了生命的意义———一如他所说，在"我待在贵府上令人愉悦的那一周，那时悲伤本身也显得美好"。

斯泰尔斯正在经历对自己信仰发生深刻怀疑的阶段；他甚至冒险超越了时兴的阿明尼乌主义而转向了自然神论。正如他向阿比盖尔透露的，"除了自然和圣经的宗教"，他不相信"任何其他宗教"；事实上，他对圣经也持有自己的怀疑。在与阿比盖尔相处的那一周里，斯泰尔斯发现阿比盖尔也具有一种自由精神，也许比她家族里大多数人都更具自由精神。约翰·萨金特在与她结婚后，就改变了自己的立场（爱德华兹后来说过，后者作为一位传教士的有效性在结婚后受到了损失）。[13]萨金特在觉醒期间变成了一个"旧光派"，是查尔斯·昌西《及时思考》一书的签署者，并以对加尔文主义某些传统教义的质疑而震惊了威廉姆斯家族的一些亲属。[14]

与此同时，在蒂莫西·伍德布里奇领导下，这个传教村镇的大多数英国人都属于坚定的"新光"加尔文主义者；他们很快就对斯泰尔斯产生了怀疑。但这位学校教师在印第安人中深受欢迎并能够获得他们的支持。

当在秋季乔纳森·爱德华兹突然取代以斯拉·斯泰尔斯，成为填补这一空缺的头号候选人时，我们能够想象威廉姆斯小集团的惊愕之情。阿比盖尔无法理解，曾在春季做出了保证的斯泰尔斯，为什么不再追逐这一候选职位。她写信就他的退出提出了警告，并在这个过程中意味深长地坦陈，"我发现我感到了极大的失望。"斯泰尔斯则解释道，他陷入了进退维谷的困境中。他父亲艾萨克·斯泰尔斯牧师（爱德华兹原先在学院里的被保护人，后来成为了一名"旧光派"牧师）建议他退出。假如要接受那个职位，以斯拉就必须接受波士顿那个"委员会"的审查。而他们察觉异端的触角极其敏锐；他们肯定会发现他那令人无法接受的观点，而他的声誉也将毁于一旦。

当爱德华兹于1750年至1751年冬季访问斯托克布里奇时，威廉姆斯家族起初强烈反对他；但到2月底村镇邀请他们这位表亲作为牧师定居在这里时，阿比盖尔和她父亲的立场有所缓和。爱德华兹后来认为他们的默许是完全不真诚的，只是因为他们知道自己没有足够多的票数击败他。[15]事实上，阿比盖尔倒是产生了真正良好的印象。"爱德华兹先生现在与我们在一起了，"她在2月份写信给斯泰尔斯说，"他表现出了智慧和审慎……他学识渊博、态度礼貌、言谈随和，比我想象的要更为宽宏大度。"[16]阿比盖尔也许欣赏任何能够理智性地谈论一些较深刻话题的人。无论如何，这都是一个原先准备诋毁这位在她看来声名狼藉的亲戚的人所发出的高度赞扬之辞。

阿比盖尔的同父异母哥哥小伊弗雷姆·威廉姆斯上尉，一个从军的年轻人，仍在坚持他的疑虑。小伊弗雷姆在最近"国王乔治的战争"中为自己树立了声誉，并作为指挥官仍驻扎在"马萨诸塞要塞"上。1751年5月，他写信给他的姐夫迪尔菲尔德的乔纳森·阿什利牧师，历数了他反对爱德华兹的原因。第一，"他不善于社交"，因而（按照圣经）"不适于教导人"。第二，"他是个偏执狂，因为除了那些完全赞同他观点的人，他不接受任何人进入天国；而这种教义则深深带有罗马教会的意味"。（小伊弗雷姆和他妹妹一样喜欢一般意义上新教的"普世性"或开放性。）第三，他年纪太大而无法学会印第安语言。第四，这个军人既不理解也不同意爱德华兹有关圣礼的原则；他写道，"我听到这个国家几乎每位绅士都是这么说的。"尽管小伊弗雷姆，"就像一个诚实小伙子一样"，也将这些观点传达给了爱德华兹本人，但他最终还是缓和了他与斯托克布里奇大多数人的公开对立，"因为他们如此执著于他"。而且，他也不认为爱德华兹会为这个村镇带来任何好处，除了

（在一种透露真相的招认中）"提高我土地的价格"。他认为，爱德华兹完全不切实际。他用在他所熟知的"绅士们"中必定很流行的观点总结道，"我很遗憾，一个满脑子神学的人，竟会对政治一窍不通。"[17]

斯托克布里奇的威廉姆斯家族，并非如人们有时认为的那样，是坚决反对爱德华兹及其"新光派"倡导者的"旧光派"。这个家族本身在观点上是分裂的、含混的，而且处在变化之中。1748年5月，小伊弗雷姆在被约翰·斯托达德上校任命为"马萨诸塞要塞"指挥官后不久，曾拟订了一份遗嘱，指定爱德华兹作为三位"加尔文主义信仰与原则"的牧职监督者之一，来监管留作教育斯托克布里奇印第安人的一小笔基金。而且，乡绅老爷老伊弗雷姆就像他家族的大多数人一样，是"新光派"和加尔文主义者。1749年，他将幼子伊莱贾（Elijah）送到了新泽西学院跟随阿伦·伯尔学习。他源源不断地给这个年轻人写信，鼓励他要关注自己灵魂的状态。[18]他也许是担忧——也许是很有理由的——他的孩子们正在脱离严格的加尔文主义。而这个家族却具有一种"新光派"的正统声誉。

威廉姆斯家族亦对向印第安人传教有某种真实的投入。指出这一点十分重要，因为爱德华兹与这个家族关系的故事，大都涉及他与他认为他们利用传教来为自己谋取利益之行为的对立；而几乎每个解说者在这些争论中又都站在了爱德华兹一边。而且也正如小伊弗雷姆的随口评论——爱德华兹的到来将会提高他土地的价格——所表明的，财务问题确实很少远离这个家族的关注。在斯托克布里奇地区购置土地，对于一个正在扩张着的精英家族的经济发展是至关重要的；然而他们并不认为这种兴趣与他们支持传教事业相冲突。威廉姆斯一家曾冒险搬迁到了这样一个试验性边境村镇里，尤其是通过阿比盖尔与萨金特的结合，已经深深卷入到了这项传教事业当中。

如果我们将斯托克布里奇威廉姆斯一家的故事，置于一个更广大的历史背景中，我们就能够将这个家庭的经历，看作是许许多多正在驱赶印第安人的"欧洲—美国基督徒"的原型。到美国革命以前，伊莱贾·威廉姆斯——曾在普林斯顿学习的那位幼子——已经接替他父亲成为了这个地区最富有的人，并购买囤积了大量印第安人的土地。随着斯托克布里奇日益变成一个白人村镇，它对印第安人的吸引力下降了，即使是对那些已被基督教化的印第安人。威廉姆斯一家成功培育这种转变的道路，是由善良意愿、某种真实的敬虔和一种使印第安人和白人共同获益的意愿所铺就的。然而引导他们脱离那条道路并最终模糊了他们原初意图的，却是自我利益和事业的动机；这使得这个家庭理所当然地认为，他们应当尽量利用他们的经济机会。到爱德华兹于18世纪50年代到达斯托克布里奇时，经济上自私自利的势力，正如他格外警觉地看到的，已处于控制地位。然而敬虔压力和传教兴趣还仍然存在着，所以威廉姆斯一家在将其控制在他们指导下的努力中，还能够表现出一些真正的义愤之情。

至于印第安人，有关斯托克布里奇的更广阔视域，是与《最后的莫希干人》这部长篇传奇存在一种关联的。詹姆斯·费尼莫尔·库珀（James Fenimore Cooper）的这部小说，其背景就是1757年处在与法国及印第安人战争期间的新英格兰，并非常松散地依据隶属于罗伯特·罗杰斯（Robert Rogers）"游骑队"的一些斯托克布里奇马希坎人的原型加以创作的。爱德华兹可能认识所涉及的那些原型人物。现实中的斯托克布里奇马希坎人，曾忠实效力于英国人以反对法国人，也曾忠实效力于美国人以反对英国人；但在美国革命后，在斯托克布里奇已经没有什么能使他们留在那里了。他们迁移到了纽约州；正是在那里，于19世纪初期成长起来的库珀，也许遇到了这个一度伟大部落的一支残余。[19]

当爱德华兹于1751年夏到达斯托克布里奇时，传教成功的潜在性——尽管有萨金特去世所带来的扰乱——仍接近于高峰时期。其前景是令人激动的，因为新的寄宿学校在凯洛格上尉指导下，已经吸引了超出马希坎人之外一些部落的关注。马希坎人在数量上已经锐减，但能够获益于英国人的保护。而与此同时，英国人也亟需强大的"易洛魁六族联盟"的友好关系；后者占据了纽约州的领土，从哈得孙河对岸起一直延伸到安大略湖和萨斯奎汉纳河发源地。与"六族"最紧密的是莫霍克人（Mohawk），而后者的头领们已经对斯托克布里奇寄宿学校表现出了兴趣。1751年8月，与位于奥尔巴尼（斯托克布里奇以西仅三十英里处）英国人的其他谈判相关，莫霍克头领同意到斯托克布里奇来商讨一项协议，其中包括将莫霍克人的孩子，可能还有其他部族的孩子，送到寄宿学校里来。

这样一种前景对于英国人具有巨大的战略重要性，他们希望与法国人重新开战并亟需尽力赢得印第安人的忠诚。对传教的这样一些实际利益的热情，常常是与对属灵利益的热忱交织在一起的，尽管我们不应假定这种联合必然会导致某一种动机不够真诚。18 世纪的基督徒没有人认为这两种利益是相互分离的。尤其是在英格兰，由这种寄宿学校体现的尘世与永恒兴趣令人愉悦的一致性，吸引了广泛关注；而在霍利斯牧师传教协会的捐助人中，也已经包含威尔士亲王在内。[20]

斯托克布里奇，经过两年斗争，作为新英格兰传教的潜在中心，似乎正在活跃起来。自从到这里起，爱德华兹就在布道，并监督着对约翰·萨金特原先在村镇里房屋的大型扩建，以准备在秋季里用以安置爱德华兹一家。

1751 年 8 月 10 日星期六，由约瑟夫·德怀特准将（Brigadier General Joseph Dwight）——一位来自布鲁克菲尔德（Brookfield，靠近伍斯特）的爱德华兹的仰慕者——率领一个西部马萨诸塞显贵组成的委员会，抵达了这个村镇。紧接着的星期二，几乎所有莫霍克人族长，"带着一大队人"——整个团队大约有 92 人——到达了这里。英国人提议莫霍克人定居在新英格兰，并把他们的孩子送到位于斯托克布里奇的寄宿学校里。族长们则提醒英国人说他们已经破坏了许多承诺，并要求绝对不能再发生同样的事情。不过，他们赞成这一提议，"并赠送了一挂贝壳串珠作为谢礼"。正如爱德华兹所总结的，他们表明，"这不仅是代表他们自己，而且也是代表所有印第安部族［想必指所有易洛魁部族］；由此他们为所有部族打开了大门，使他们也能把孩子送到这里接受指导；而作为一种确认，他们将会尽可能劝说其他部族把他们的孩子送到这里。"[21]

8 月 16 日星期五，在一个清教徒风格的庄重聚会中，爱德华兹面对莫霍克人做了布道。前一夜的暴风雨已经驱散了炎热，但想必爱德华兹不论什么温度，都会穿戴上假发和长袍。印第安人可能知道这个高个子英国人作为一个大圣人的声誉。莫霍克人与当地马希坎人关系良好（尽管他们所说的方言不同）；而马希坎人则已经知道爱德华兹系圣徒大卫·布雷纳德——后者曾在附近与他们一些人一道工作过——

的朋友。爱德华兹亦曾会见了尊敬的亨德里克族长（Chief Hendrick）。作为一个伟大演说者而闻名的亨德里克，是一个基督徒，访问过英格兰，并被尊为英国最忠实的印第安同盟之一。爱德华兹还对亨德里克的哥哥亚伯拉罕·康瑙斯坦赛（Abraham Conaughstansey）留下了深刻印象，后者也是一位虔诚的基督徒，而且是寄宿学校最有力的支持者；爱德华兹曾说，"我不得不视他为杰出之人。"[22]

爱德华兹的布道，是对福音的简明总结，亦概括了他对印第安人的看法。虽然爱德华兹在许多方面是通过典型英式范畴来看待土著人的，但他亦通过圣经和神学透镜折射出他的看见；这使得他的评价与那些持有其他优先性的英国人明显不同。在爱德华兹看来，人们首先并不是根据国籍来评判的，虽然国家对他而言是一个重要范畴。他的确相信上帝对待那些国家，就像旧约里所表明的那样。然而更重要的则是他的新约和"新光"观，即在每个国家内将重生者与未重生者区分开来。爱德华兹在1751年比以往任何时候更敏锐意识到，许多英国人，即使是在新英格兰，也隶属于撒旦的部族。所以，爱德华兹在相信上帝会对大多数印第安文化的堕落状态极其不悦的同时，也认为在北美的大多数欧洲人也具有同等程度的堕落，甚至更糟——因为他们拒绝了那么多聆听福音的机会。

他的信息是围绕光明与黑暗的比喻建立起来的。爱德华兹描述了福音是如何潜在地使所有人都处在了平等地位。他使他们确信，"我们祖先的情形，与你们的一样。""他们原先也处在巨大黑暗之中。"按照爱德华兹的历史观，在不到六千年前，所有人都以亚当和夏娃为共同的祖先，并全都同样坠落在黑暗之中。所有人都需要上帝之光这同一种恩赐。"我们在任何方面都不比你们强，"他解释道，"只是上帝使得我们有所分别并乐意赐予我们更多的光明。而如今我们愿意将这种光明传递给你们。"

大多数欧洲人都未能做到这一点；"他们没有对你们履行他们的义务。""法国人，他们佯装教导印第安人宗教，但却不教他们阅读。不让他们阅读'上帝之道'。"其他大多数人也好不到哪里去。"还有许多英国人和荷兰人也反对让你们接受教导。他们为了从你们那里获得利润而宁愿让你们留在黑暗里。"爱德华兹使福音教育之光与印第安人的实际利益之间保持着密切关联。"因为只要使你们处在无知蒙昧当中，"他继续说道，"他们就更容易在与你们的贸易中欺骗你们。"

不过，没有任何事情同福音本身一样重要。"与福音相比，他们在奥尔巴尼年复一年对你们所怀的尘世关切，只不过是孩童般的琐碎之事。"魔鬼使人们对福音保持盲目和无知，以便能够毁灭他们和他们的孩子。"我曾听说一些部族，"他告诉印第安人，"当他们在战争中俘获孩子后，会善待他们一段时间，直至把他们养胖，然后才杀死并吃掉他们。魔鬼通过邪恶之人也是这么做的。"爱德华兹知道印第安人喜爱他们的孩子。因而，如果印第安人想要保护他们的孩子免于那种欺骗性的奴役，他们就应当考虑，教育是使他们接受上帝之道这种光明的最佳途径，借此他们就能够看到自己真正的利益。[23]

像惯常那样将自己看作卷入了重大历史时刻的爱德华兹，向"马萨诸塞议会"议长托马斯·哈伯德（Thomas Hubbard）报告说，与莫霍克人签署的斯托克布里奇协定，可能是"上帝在其神佑中……比以往任何时候都更多地为福音在这些部族中的传布……打开了大门"。不过，这位新任传教士的热情，为对实际问题的冷静评估所缓和。他告诉哈伯德，法国人正在极力争取印第安人。英国国教会则在劝阻亚伯拉罕·康瑙斯坦赛让他的族群处在"不信奉国教者"的庇护之下。其他印第安人也在嘲笑亚伯拉罕所具有的基督教兴趣和对英国教育的信任。英国人常常给了印第安人太多的朗姆酒，以至于建设性地生活在一起，变成了不可能的事情。凯洛格上尉指导的寄宿学校，其处于"糟糕状态"的设施亟需得到维修或改善。那里需要一位能够学会莫霍克人语言的"年轻绅士"来担任教师。此外，还需要任命一位或多位杰出人士常驻这里以监督这项事业。约瑟夫·德怀特准将是他抗衡威廉姆斯一家实际控制权的第一位候选人。

采取所有这些行动的时间，爱德华兹在这份长篇报告里强调，"机不可失，失不再来"。除了这些灵性关切，教育莫霍克人并按照新教信仰来指导他们，将会极大地支援英国的事业。"神圣护佑留给我们按照英国利益争取这些印第安人的唯一途径，"他写道，"就是…完全按照新教信仰来指导他们，并教育他们的孩子。"一位英国官员曾向爱德华兹保证，单单根据这些理由就值得推动这项计划。给予传教事业全面支持对马萨诸塞政府来说至关重要。[24]

爱德华兹了解得越多,就越是为英国对印第安人的政策感到震惊。在次年冬季写给约瑟夫·佩斯(Joseph Paice)——一位英国长老会商人和潜在的传教支持者——的一封内容涉及广泛的信里,他说道,英国的疏忽失算,已经"使得整个英属美洲都处在了非常困难和危险的处境里"。相比之下,法国人要更为聪明。他们的传教士有好几代人都忠实生活在印第安人中间。当然,把传教描述为英国人在北美生存至关重要的事情,是出于爱德华兹的一种自我利益,然而他却声称这是为印第安人自己所证实了的。在斯托克布里奇的第一年里,爱德华兹写道,"我已经认识了许多易洛魁人或'六族人'(我们如此称呼他们);并经常与他们一些头领进行交谈。"英国贸易者常常欺骗这些印第安人。国王每年500英镑的赠礼,在到达他们手上之前,大部分就已经被侵吞挪用了;而印第安人还被引诱用那些剩余的资金去购买朗姆酒。易洛魁人非常不信任他们的英国同盟者;许多人认为,如果他们把孩子送到英国人学校里,英国人就会奴役那些孩子。法国人对印第安人的战略重要性保持着清醒的头脑,而英国人则处在昏睡之中。爱德华兹的印第安情报员曾告诉过他,法国人是如何嘲笑英国人的笨拙无能的。"事实上,"爱德华兹警告道,"法国国王很有可能占据北美最大一部分领土;而英国国王只是在这里拥有最多的国民。"约瑟夫·佩斯被爱德华兹所做的分析深深打动了,以至于他将一份副本呈交给了坎特伯雷大主教——尽管他必须要为其中一个段落而道歉,在那个段落里,爱德华兹痛斥圣公会传教士为"大顽固派":他们想要根除所有"不信奉国教者",并"想要使自己在这里建立于新教和英国利益的废墟之上"。[25]

在这些有关印第安事务的信函里以及在他待在斯托克布里奇的岁月里,我们看到了一个新的爱德华兹,至少是爱德华兹的一个新侧面。如果我们拥有的所有资料就是爱德华兹发自斯托克布里奇的书信(在"耶鲁版"中足有四百多页),我们就会知道他作为一个传教士深深卷入了那个时期的实际事务。他的书信提供了从一个双族共居村镇的人际动态到帝国战略这一系列主题的详尽记录。他仿佛曾听到了小伊弗雷姆·威廉姆斯有关"一个满脑子神学的人竟会对政治一窍不通"的评论，并决心向他们表明相反的情形。

也许，在爱德华兹沉思北安普敦残局的同时，他只是决心要更多掌握实际事务。也许，这里的处境需要他去关注更广泛的问题。在斯托克布里奇，许多事情都没有先例可循；他也不再有什么"约翰·斯托达德"可以依靠。在这里，爱德华兹被迫要更多地自己去应对一些事务。当然，也有可能，他一直都展示出了更广泛的实际兴趣，而我们之所以对斯托克布里奇期间了解得更多，只是因为他被迫要把它们写在书信里。如果是这样的话，我们有关他在北安普敦的形象就应当加以修正，而将他看作更为接近于18世纪的其他著名人物——他们对一切事情都具有知识渊博的兴趣。不过，我们知道，当他离开北安普敦时，他背着"不切实际或想入非非"的名声；而在斯托克布里奇的六年半里，他不仅就实际问题同一些可怕对手进行了斗争，而且还常常获胜。

必须注意到，这些实际关切，并没有占据他大部分时间，也没有妨碍他的神学写作。在斯托克布里奇，除了布道和牧养之外，他写下了四部主要论著，其中有两部常常被看作基督教史和美国理智生活史上的经典作品。爱德华兹在经过了北安普敦火的试炼后，在斯托克布里奇树立的形象，尽管不能说毫无瑕疵，但的确非同寻常。

他立即发生兴趣的一个主题，是教育印第安人的方法。正如在对莫霍克人布道里所表明的，他认为识字是有效传教的关键，因为印第安人需要能够阅读和理解上帝之道。由于没有当地印第安语言的圣经，爱德华兹相信，如果要获得真正的进展，印第安人就必须熟悉英语。事实上，他相信，"印第安语言极其粗鄙和贫乏，非常不适于传达道德和神圣事物，甚至也不适于思辨和抽象事物。总之，它们完全不适于那些拥有文明、学识和修养的人。"[26]爱德华兹不太推重印第安文化，但却高度信任印第安人的潜能。

爱德华兹对在斯托克布里奇和整个英国人中使用的教授印第安人学习英语的方法感到诧异。就他所能看到的而言，千篇一律的情形是，"孩子们在学习阅读中，看到那种符号就发出那种声音，但却不知道他们所说的是什么；通过所阅读的东西，他们既没有什么收获也没有什么乐趣；而当他们离开学校后，就会将其置之脑后，并很快忘得一干二净。"

爱德华兹对这种极其浪费时间的做法提出了矫正。最基本的,"应教导孩子既理解词语也理解事物。"这种评论,除了来自常识外,源于爱德华兹的一些更深刻的思考,即词语是激发与实在有力相遇的符号。他从孩提时代就反对死记硬背式地学习语言。他的解决方法是,教师不仅需要解释那些词语的意义,而且还"应当与孩子一道谈论它们"。教师应就课程内容提出问题,并鼓励孩子们"自由发言,并相应地让孩子也提出问题"。爱德华兹相信这就会"使孩子从幼年起就习惯于思考和反思,并培养起对知识的早期兴趣,以及不断增长的求知欲"。根据自己教育孩子的做法,爱德华兹相信,圣经故事是吸引孩子们的最佳途径。他们最终能够领会整个圣经救赎史这一传奇那引人入胜的精妙复杂之处。

爱德华兹建议女孩应像男孩一样接受教育;不仅应教导他们阅读,而且还要教导他们拼写和算术基础知识。应当鼓励那些具有最佳天赋的孩子继续学习下去。不时地,学校还应举行有家庭和所有头领参加的公开集会。孩子们可以进行背诵比赛并受到奖励。

他还相信,教授他们唱歌将会深受印第安人的欢迎;而这在引导他们采取文明态度上具有强有力的效果。"音乐,尤其是神圣音乐,在这些事情上具有一种强有力的功效:使心灵变得柔和,使情感变得和谐,以及赋予心灵一种对于崇高事物的兴趣。"

这些旨在使学校变得有趣味和令人愉悦的创新,最好还能补充一些更有力的措施以消除文化裂隙。应当把一些英国孩子整合到印第安学校里,由此强化英语作为一种活生生语言的观念。更为激进地,应鼓励印第安孩子同最好的英国家庭在一起生活一年。爱德华兹一家在家里最终至少接纳了一名印第安男孩,也许还有其他孩子。[27]

爱德华兹信任印第安人的能力,如果他们能受到适当教育的话。在致约瑟夫·佩斯的书信里,他指出,"他们是一个具有识辨力的民族。"而这一点,在他看来,使得英国人对法国人具有了一种优势。他说道,法国人禁止他们阅读圣经,也没有教授他们阅读和写作。与此相反,英国人(至少英国不信奉国教者)同真理站在一起,因而也就没有什么需要隐藏的。"而且,我们还具有这种优势,我们的宗教比法国人的宗教更多地被他们的理性以及他们里面的自然之光接受。"同往常一样，笃信理性能力的爱德华兹肯定道，教育与福音结合在一起就是启蒙土著民族的关键。[28]

除了试图决定如何将斯托克布里奇转变为一个对印第安人进行学校教育的有效中心，爱德华兹还在搬迁家庭上具有许多实际关切。爱德华兹在约翰·萨金特那简朴的传教之家寻找到的安静，每天都会因工匠们修建一个更大的附属建筑——以适合于一个大家庭——而被打断。[29]这期间，他在北安普敦的房子还没有卖掉。虽然他收到了朋友们募集的一些资金，尤其是苏格兰的朋友，但他当下的经济状况仍是令人沮丧的。[30]

1751年10月，爱德华兹返回北安普敦去搬家。那是在10月16日（按照我们的日历就是10月27日），大约是寒冷冬季降临之前所能拖延的最迟日期了。在许多焦虑与悲伤中，这家人离开了他们的家和朋友。17岁的玛丽与丈夫蒂莫西·德怀特留在了北安普敦。萨莉和丈夫以利户·帕森斯计划搬到斯托克布里奇去，但暂时先留在北安普敦，可能就住在他们尚未卖掉的房子里。当家庭其余成员与载满物品的马车一道离开时，一种失败与放逐意识强化了那不可避免的失落感。

尽管有种种艰难，但斯托克布里奇仍被证明是受欢迎的喘息之机。即便爱德华兹正在竭力纠正他认为威廉姆斯一家及其盟友凯洛格上尉对传教学校的不当运作，但与亲戚们的个人关系仍然是亲切友好的。即便不是这样，在这么多年感觉被北安普敦大多数从前的朋友放逐后，斯托克布里奇的紧张情形对于爱德华兹一家来说已经算不得什么。到1752年1月，爱德华兹能够令人放心地向他年迈的父母亲写道，他的家人非常喜欢斯托克布里奇，"他们远比他们所预想的要喜欢这里。到目前，在这里，我们生活在久已未能得享的和平宁静里。印第安人看来非常喜欢我的家人，尤其是我的妻子。"[31]

刚刚20岁的以斯帖，特别喜欢冬季里的斯托克布里奇，因为有在河上滑冰和坡上滑雪橇的激动与乐趣。"我和妹妹有两个印第安男孩帮我们推雪橇，"她写道，"在指引他们越过雪地后……我们从一个下坡冲向另一个下坡，直至最后抵达我们宁静街道的那个平地上。"[32]她的二弟，六岁大的小乔纳森，很快就有了印第安玩伴，在家庭外很少听见有人说英语。小乔纳森后来回忆道，"我知道一些东西的印第安名称，但却不知道它们的英语名称；甚至我全部思维都是按照印第安方式运作的。"[33]

虽然家庭士气高昂，但他们的经济状况却相当拮据。爱德华兹告诉父亲，"按照这个行省的货币单位，他欠下了大约2000镑的债务"，因而无法帮助他孀居和贫困的妹妹尤妮斯；后者刚刚遭受了两个"可能蛮有前途的孩子"不幸去世的打击。[34]在斯托克布里奇，这个家庭感谢上帝赐给了他们健康，但家庭财务状况却空前低落。萨拉和女儿们通过制作装饰扇来帮衬家用。乔纳森则被迫在一些无用小册子的空白处、用过的信封以及制作扇子剩下的零碎纸片上，来书写他想要记录下来的东西。[35]

春季里令人激动的大事是阿伦·伯尔的到访；他是爱德华兹的"新光派"仰慕者、新泽西纽瓦克的牧师和位于那里的新泽西学院的院长。尽管斯托克布里奇地处偏远，但它经由奥尔巴尼和哈得孙河却相对易于到达"纽约城—新泽西"地区。36岁的伯尔此行的意图是向以斯帖求婚。他迅速的成功引发了许多评论。"他到斯托克布里奇访问爱德华兹先生的女儿只用了三天时间，"新泽西学院一位学生约瑟夫·希彭（Joseph Shippen）叙述道，"在如此短的时间里，尽管他有六年……没有见过这位女士了，但我猜他完成了整个安排。"当希彭在纽瓦克看到以斯帖时，他判断道，20岁的她是个"非常美丽的人"，但"对院长来说太年轻了"。[36]

萨拉陪伴以斯帖到了纽瓦克；婚礼于1752年6月29日在那里举行。爱德华兹的长子，刚刚14岁的蒂莫西，也一同前去在该学院注册并同伯尔夫妇生活在一起。乔纳森留在了家里，也许是因为在斯托克布里奇有要紧事情，也许是因为他已经答应在秋季前去新泽西。他的确于9月份访问了这对新婚夫妇，那时正值学院毕业典礼期间。他尤其高兴的是在那里会见了塞缪尔·戴维斯（Samuel Davis）牧师，后者是近来在弗吉尼亚偏僻地区出现的宗教奋兴的主要策划者。爱德华兹还有几次前去老朋友乔纳森·贝尔彻总督家里做客。在这同一次行程中，他还会见了"基督教知识传播协会"的通讯员，并为纽约长老议会做了布道——这篇布道后来以《与魔鬼经验相区别的真恩典》为题出版。[37]

在斯托克布里奇的头一年里，爱德华兹作为布道家确立了面向英国人和印第安人的明显有效的教牧事奉。虽然教会既包括英国人又包括印第安人，但爱德华兹分别单独向这两个群体进行布道。面对印第安人的布道是通过翻译进行的；担任译员的一般是约翰·沃沃皮库瑙特（John Wauwaumpequunnaunt），爱德华兹认为他"在某些方面是一个非凡的人"，是一个杰出翻译，并对他阅读和书写英语的能力留下了深刻印象。他尤其看重沃沃皮库瑙特对圣经和神学的理解，并认为他在这方面超越了美洲任何一位印第安人。即便沃沃皮库瑙特酗酒，但爱德华兹仍看重他作为一个翻译和蒂莫西·伍德布里奇学校里一个助手的能力，并敦促为他勤勉的努力提供更好的报酬。[38]

爱德华兹对印第安人的布道，反映了他对听众的一种切合实际的判断。一方面，他并没有宣讲对英国人布道的某种简明版本；而对英国人的布道几乎全都是他在北安普敦的原有布道。相反，与他对印第安人教育的建议相一致，他挑选了一些涉及叙述和简明生动比喻的主题。他还用如此纤细的字体写下了布道提纲，以至于需要借助眼镜才能加以辨认。也许他或多或少记住了那些内容，而只是在译员翻译时才看上一眼。他的提纲证实了一位传教士同行的回忆，"面对印第安人，他是一位简明而实际的布道家；在任何时候他都没有在布道坛上展示他的形而上学知识。他的话语，简明扼要而意义充实；他的布道方式，庄重而自然。"[39]

在试图将福音解释给那些对其一无所知者的过程中，爱德华兹主要宣讲的是新约经文，尤其是《马太福音》和《路加福音》。他一些最具成效的布道系列均来自寓言比喻。在对印第安人的早期布道里，爱德华兹强调——正如他在北安普敦一直所做的——他们的罪过与恶习。但在一年后，他很少再逐一罗列印第安人的罪过了。这也许部分反映了加尔文主义福音传教的逻辑，抑或反映了在布道策略上的一种有意识转变。也有可能是，爱德华兹的经验证实了他从大卫·布雷纳德那里所学到的东西；后者写道，"我越是讲述上帝差遣圣子为人的罪承受苦难的爱与怜悯，越是邀请他们前来分享他的爱，他们便越忧伤，因为他们觉得自己不能前来。我惊奇地看到，我还没有对他们说一丁点儿恐怖的事情，他们的心灵就被福音温柔和融化人心的邀请所深深打动。"[40]

爱德华兹并没有回避向印第安人宣讲恐怖的事情，或者回避用叙述方式来解释加尔文主义的一些难点，譬如原罪和上帝愤怒与审判的因由，但他尽可能用上帝的仁慈来调和这些论点。审判与爱的怜悯交织存在于爱德华兹所有的布道和神学里。他所描述的上帝是充满爱的，但却对那些拒绝爱并生活在魔鬼控制下的人表明了公义的愤怒。上帝在承受苦难、为众人提供救赎上亦是极具宽恕性的。在未改变其神学的同时，爱德华兹格外集中于上帝在允许自己的独生子受苦与受死上的仁慈与怜悯。在关于《启示录》3:20的一篇感人布道里，爱德华兹描绘了一位流血的基督站在门外叩门的场景。"让他进去，"爱德华兹恳请道，"当他来找你并用受伤、流血的手叩门时，难道你会把他拒之门外吗？"[41]

虽然爱德华兹在他的斯托克布里奇印第安会众那里得到了尊重，但在那里并没有出现宗教奋兴，他也没有报告有什么引人瞩目的归信。在这个会众里，有许多成年印第安人已经是领受圣餐的成员了。我们不清楚，又有多少人变成了领受圣餐的成员，但我们却的确有几份印第安人信仰告白的底稿：它们出自爱德华兹之手，并遵循着在争论期间他为北安普敦人拟就的告白样本标准。[42]

爱德华兹显然与印第安人保持着良好关系，这既是通过他面对他们的服侍，也是通过他按照相同属灵标准来评价所有人的不偏不倚方式。他每周一次通过圣经故事来教导印第安孩子了解基督教的精要实质。爱德华兹和他的家庭就生活在印第安人中间，所以他们必定有许多日常接触或联系，因为萨拉和女儿们与印第安家庭拥有同样的日常关切，并需要应对疾病、出生、死亡、婚姻和养育孩子等事宜。乔纳森也许看上去是一位庄重严肃、冷漠超然的人物，一天到晚大部分时间都关在自己的书房里。毫无疑问，他和家人会让印第安人知道哪些行为是他们所不赞成的，正如他们在北安普敦英国人当中所做的那样。他们也存有那个时代英国人的许多偏见，假定印第安文化中几乎所有的一切都是低劣的。然而同样明显的是，就灵性问题而言，爱德华兹一家坚持认为这是最为重要的，他们能真诚地更赞许一个属灵的印第安妇女而不是一个世俗的英国绅士。

注释

［1］他们不同于"莫希干印第安人"（the Mohegan Indians）；后者是17世纪新英格兰定居者所遭遇到的、居住在康涅狄格南部的一个部落。詹姆斯·费尼莫尔·库珀（James Fenimore Cooper）在他有关"Mohicans"的虚构文学作品里，通过合并这两个群体的名称和部分历史，而混淆了这个问题。

［2］我在这里使用的"英国人"，就像在那时一样，是一种语言群体分类。威廉姆斯家族的原籍是威尔士。定居者全都来自新英格兰；我用"新英格兰人"来指称在新英格兰的英国和欧洲定居者，并承认土著美洲人亦生活于此并对定居者所谓的"新英格兰"拥有所有权。

［3］Lion G. Miles, "The Red Man Dispossessed: The Williams Family and the Alienation of Indian Land in Stockbridge, Massachusetts, 1736—1818," *New England Quarterly* 67, no. 1 (1994): 46—49; "John Sergeant," in Franklin Bowditch Dexter, *Biographical Sketches of the Graduates of Yale College*, vol. 1 (New York: Henry Holt, 1885), 394—397; William Kellaway, *The New England Company*, 1649—1776 (London: Longmans, Green, 1961), 269—273. Rachel Margaret Wheeler, "Living upon Hope: Mahicans and Missionaries, 1730—1760" (Ph.D. diss., Yale University, 1999), 47—76; Patrick Frazier, *The Mohicans of Stockbridge* (Lincoln: University of Nebraska Press, 1992), 28—49. 总督贝尔彻在私下里表示，他希望英国定居者能够与印第安人通婚，就像法国人那样，以减少他们之间的差异。Frazier, *Mohicans of Stockbridge*, 26—27.

有关新英格兰的这一看法，即开化的印第安人是使他们朝向福音化的最佳第一步，参见 James Axtell, *The Invasion Within: The Contest of Cultures in Colonial North America* (New York: Oxford University Press, 1985), esp. 131—178。Axtell discusses Stockbridge on pp. 162—163, 196—204.

［4］Sarah Cabot Sedgwick and Christina Sedgwick Marquand, *Stockbridge*, 1739—1974 (Stockbridge, Mass.: Berkshire Traveller Press, 1974), 31.

［5］Samuel Hopkins (the elder), *Historical Memoirs Relating to the Housatonic Indians* (New York, 1972 [Boston, 1753]), 89. On Hannah Edwards, see Wheeler, "Living upon Hope," 46.

［6］Sedgwick and Marquand, *Stockbridge*, 31. "传教之家"已经从山坡上的位置搬

到了城中心，距离萨金特原初房屋旧址和爱德华兹宅第不远处。有关 18 世纪美国人对优雅与品味的兴趣，参见 Cary Carson, Ronald Hoffman, and Peter J. Albert, eds., *Of Consuming Interests: The Style of Life in the Eighteenth Century* (Charlottesville: University Press of Virginia, 1994)。

[7] Edmund S. Morgan, *The Gentile Puritan: A Life of Ezra Stiles*, 1727—1795 (Chapel Hill: University of North Carolina Press, 1962), 81.

[8] Reprinted in Hopkins, *Historical Memoirs*, 107—111.

[9] Frazier, *Mohicans of Stockbridge*, 96—97, 101.

[10] Hopkins, *Historical Memoirs*, 145—154. Frazier, *Mohicans of Stockbridge*, 85，确定了英国人家庭数量为十家；这比霍普金斯估计的十二或十三家更为可靠。

[11] 见 Frazier, *Mohicans of Stockbridge*, 82—88，记述了在爱德华兹到来之前，印第安人所有的抱怨。

[12] 下列叙述以及文献证明主要依据 Edmund Morgan 那部著作奇妙的第 5 章，"Abigail" in Morgan, *Ezra Stiles*, 78—89。"不止一种方式"引自该书 85 页。Edmund Morgan 的著作是最佳传记的典范。斯泰尔斯与阿比盖尔·萨金特之间往来书信的摘要见之于 *The Literary Diary of Ezra Stiles*, 3 vols., ed. Franklin B. Dexter (New York: Scribner's 1901), 1: 210—211。

[13] Edwards to Secretary Andrew Oliver, February 10, 1752, *Works*, 16: 424.

[14] Kevin Michael Sweeney, "River Gods and Related Minor Deities: The Williams Family and the Connecticut River Valley, 1637—1790" (Ph. D. diss., Yale University, 1986), 464—465.

[15] Edwards to Sir William Pepperrell, January 30, 1753, *Works*, 16: 555.

[16] Abigail Sergeant to Ezra Stiles, February 15, 1751, Stiles Papers, quoted in Iain Murray, *Jonathan Edwards: A New Biography* (Carlisle, Pa.: Banner of Truth Trust, 1988), 362.

[17] Ephraim Williams Jr. to Jonathan Ashley, May 2, 1751, in *Colonel Ephraim Williams: A Documentary Life*, ed. Wyllis E. Wright (Pittsfield, Mass.: Berskire County Historical Society, 1970), 61—62.

[18] Sweeney, "River Gods," 465—466. 他还让伊莱贾跟随科尔德斯普林的要求严格的爱德华·比林进行预备性学习；后者在共融圣礼争论中是爱德华兹的最坚定支持者之一，他不久也因类似原因而失去了自己的布道坛。

[19] Frazier, *Mohicans of Stockbridge*, xi, 117, 234—245. Cf. Alan Taylor, *William Cooper's Town* (New York: Vintage, 1995), 36, 19—40, 56. 最终斯托

克布里奇人又迁移到了威斯康星。库珀的历史，就像他对印第安人的描述一样，是非常不准确的。他的"莫希干人"是一种虚构合成物，并可能就包含进去了一些马希坎因素。对于把斯托克布里奇的"马希坎人"与库珀的"莫希干人"过于紧密地等同在一起所做的批评，参见下列著述对 Frazier 的 *Mohicans of Stockbridge* 所做的评论：Daniel K. Richter, *Pennsylvania Magazine of History and Biography* 119, nos. 1/2（January/April 1995）：151—153。

[20] Frazier, *Mohicans of Stockbridge*, 98—99.

[21] Edwards to Speaker Thomas Hubbard, August 31, 1751, *Works*, 16：394—398.

[22] Ibid., 398. On Hendrick, see Milton W. Hamilton, *Sir William Johnson：Colonial American*, 1715—1763（Port Washington, N. Y.：Kennikat Press, 1976）. 天气情况来自 *The Diary of Ebenezer Parkman*, 1703—1782（Worcester, Mass.：American Antiquarian Society, 1974）, 242, August 13, 1751（"酷热"），August 15—16（整个早晨"雷雨交加"）。大概是，较早的那同一个天气系统经过了就在一百英里以西的斯托克布里奇。

[23] "To the Mohawks at the Treaty, August 16, 1751," in Wilson H. Kimnach et al., eds., *The Sermons of Jonathan Edwards：A Reader*（New Haven：Yale University Press, 1999）, 105—110. 有关爱德华兹对印第安人的看法，参见 Gerald McDermott, "Jonathan Edwards and American Indians：The Devil Sucks Their Blood," *New England Quarterly* 72, no. 4（December 1999）：539—557。

[24] Edwards to Hubbard, August 31, 1751, *Works*, 16：394—405.

[25] Edwards to Joseph Paice, February 24, 1752, *Works*, 16：434—447.

[26] Edwards to Sir William Pepperrell, November 28, 1751, *Works*, 16：413.

[27] 这些教育建议见之于 Edwards to Hubbard, August 31, 1751；尤其是 Edwards to Pepperrell, November 28, 1751, *Works*, 16：404, 407—413. Edwards to Jonathan Edwards Jr. June 2, 1755, *Works*, 16：666—667，提到一位"过去住在我们家"的印第安男孩的死亡。Cf. Edwards to Thomas Prince, May 10, 1754, *Works*, 16：638，提到一位莫霍克男孩住在他们家里，而另外五个住在约瑟夫·伍德布里奇家里。

[28] Edwards to Paice, February 24, 1752, *Works*, 16：442.

[29] 爱德华兹在 1751 年 10 月 5 日请求向印第安人购买土地以用作他的宅地，并购买村镇附近的其他地块以用作木柴林地。前者很可能是要提供更多土地以

在房屋周围种植园艺，就像他们在北安普敦那样。Ola Winslow, *Jonathan Edwards*, 1703—1758: *A Biography* (New York: Macmillan, 1940), 278, 367.

[30] Christopher W. Mitchell, "Jonathan Edwards's Scottish Connection," paper delivered at "Jonathan Edwards in Historical Memory" conference, Coral Gables, Fla., March 9—11, 2000. 爱德华兹的苏格兰朋友还向他提供了他所要求的许多书籍，这使得他在搬到斯托克布里奇后不至于发生理智隔绝。Mitchell 还用文献证明，迟至 1751 年 2 月，约翰·麦克劳林和约翰·厄斯金仍在试图为爱德华兹在苏格兰找到一个职位，尽管斯托克布里奇呼召可能使得这一点没有实际意义了。

[31] Edwards to Timothy Edwards, January 27, 1752, *Works*, 16: 420.

[32] Quoted from Esther Burr, Diary, 1752, Beinecke, photostat in Stockbridge Library, in Frazier, *Mohicans of Stockbridge*, 94.

[33] Robert L. Ferm, *Jonathan Edwards the Younger*, 1745—1801: *A Colonial Pastor* (Grand Rapids, Mich.: Eerdmans, 1976), 15—16. 不过，老乔纳森本人却拒绝学习印第安语言，并认为他的时间可以更好地用于教授他们学习英语。Edwards to Pepperrell, January 30, 1753, *Works*, 16: 562. 显然，他认为学习印第安语言对于年轻人是一种更好的投资，并最终送年幼的小乔纳森同一个传教士一起生活在了印第安人当中。

[34] 爱德华兹致蒂莫西·爱德华兹，January 27, 1752, *Works*, 16: 420—421.

[35] Dwight, *Life*, 487n.

[36] Princeton University Library MSS, AM 9261, as quoted in Thomas Jefferson Wertenbaker, *Princeton*: 1746—1896 (Princeton: Princeton University Press, 1946), 29. 以斯帖仍对这一话题非常敏感。她妹妹露西于 1754 年 8 月 20 日给姐姐玛丽写道，"她根本不能听任何人说起任何好像他们不喜欢她结婚方式的话。" Letter in *The Journal of Esther Edwards Burr*, 1754—1757, ed., Carol Karlsen and Laurie Crumpacker (New Haven: Yale University Press, 1984), 289.

[37] Edwards to John Erskine, November 23, 1752, *Works*, 16: 540. Edwards to William McCulloch, November 24, 1752, *Works*, 16: 544.

[38] Edwards to Jasper Mauduit, March 10, 1752, *Works*, 16: 451—452; Edwards to Secretary Andrew Oliver, May 1752, *Works*, 16: 476.

[39] Gideon Hawley, "A Letter from Rev. Gideon Hawley of Mashpee, Containing an Account of His Services among the Indians...," *Collections of the Massa-*

chusetts *Historical Society*, 1st ser., 4 (Boston, 1794), 51, quoted in Wheeler, "Living upon Hope," 165. Ibid., 166, notes also his remark in *Original Sin*, Works, 3:160, "根据我对美洲印第安人所了解和听说的，我有足够理由判定，在他们当中并没有多少好哲人。"此处对爱德华兹向印第安人布道的叙述，主要依据 Wheeler 在 131—207 页的精彩论述，以及我自己对这些布道的抽样研究。

[40] 这一点以及前面那一点直接来自 Wheeler, "Living upon Hope," who quotes, p. 178, from David Brainerd, *Mirabilia Die Inter Indicos ... A Journal ...* (Philadelphia, 1746), 19.

[41] Sermon outline, Revelation 3:30 (Beinecke), as quoted in Wheeler, "Living upon Hope," 177.

[42] Ibid., 133—36, 198—201. Indian professions of faith, Works of Edwards transcription.

24

边境斗争

在爱德华兹一家看来正与他们的印第安邻居和平相处的同时，到1752年春，他们与最强有力的英国人邻居威廉姆斯家族的关系却急转直下。为了确保反对威廉姆斯一家的立场，爱德华兹所做的几乎第一件事情，就是说服当局任命他的朋友布鲁克菲尔德的约瑟夫·德怀特准将为那些学校的常驻督察，并说服这位准将定居在斯托克布里奇。换言之，爱德华兹的第一本能，就是寻找一位敬虔的行政贵族来发挥牧师保护人的作用，正如约翰·斯托达德在北安普敦长期所做的那样。莫霍克人在谈判期间就已经喜欢上了德怀特；而这位准将在圣餐争论期间也一直都是爱德华兹的支持者。德怀特那相当大的军事头衔，源自他曾在著名的路易斯堡战役中担任过炮兵部队的指挥官；他亦在最近的战争中，在约翰·斯托达德之下担任过西部军队的副指挥官。这位与爱德华兹同龄的准将，原初来自哈特菲尔德，是北安普敦第一位约瑟夫·霍利（他在17世纪后期确立了那个家族的财富）的外孙。他是一个典型西部马萨诸塞政治家、商人和贵族。[1]

德怀特对爱德华兹来说似乎是理想的行政保护人。这位准将在1751年夏与印第安人谈判期间，一直都是爱德华兹的挚友、知己和顾问，并曾告诉爱德华兹他永远都希望能聆听到爱德华兹的布道。相应地，爱德华兹也需要有德怀特从威廉姆斯家族那里夺取对霍利斯资助学校的控制权。尤其令他担心的是，已有提议，拟由阿比盖尔开办一所面向莫霍克女孩的学校。爱德华兹与德怀特之间的联盟似乎是天造地设的——只有一件事情除外。

德怀特的妻子玛丽在1751年春去世了。虽然这使他有了更多变动的可能，但爱德华兹没有算计出这整个方程式。爱德华兹式布道和印第安传教，并不是这个鳏夫发觉斯托克布里奇令人着迷的唯一事物。这里还有阿比盖尔。几乎在爱德华兹获知这件事之前，那位杰出的年轻女士与那位令人敬佩的准将——两人几乎相差20岁——就已经赢得了彼此的心。1752年2月，在德怀特到达后不久，他们就订婚了。[2]

爱德华兹目瞪口呆。2月份，就在他给父母写信说这些年来他们第一次"生活在和平宁静里"之后不到一个月，他就给"波士顿委员会"秘书安德鲁·奥利弗（Andrew Oliver）写信说，结果发现，德怀特准将是监督这项传教的"最不具有那些最必要资质的人"。[3]这位准将不是帮助爱德华兹完成对腐败的威廉姆斯那"山上堡垒"的包围，却要投身到敌方阵营里去了。突然之间，德怀特就颠覆了他对那些爱德华兹原本希望他加以纠正问题的看法：老伊弗雷姆·威廉姆斯上校的影响，凯洛格上尉对男子寄宿学校的领导，以及最关键的，阿比盖尔开办女子学校的适宜性。

在爱德华兹反对斯托克布里奇威廉姆斯小集团以及反对阿比盖尔个人的过程中，有三个因素交织在了一起。第一，虽然他在通信里从未直接提及，但他肯定对阿比盖尔的神学持有某种怀疑。他肯定知道阿比盖尔会反对自己的最严格原则；而他也的确报告说，印第安人认为约翰·萨金特在结婚后变得不如从前了。第二，爱德华兹将老伊弗雷姆·威廉姆斯上校（他是正统的）对自己的反对，看作是更大的威廉姆斯家族在圣餐礼争执中反对自己的一部分。老伊弗雷姆是已故大族长哈特菲尔德的威廉·威廉姆斯的弟弟，因而也是爱德华兹主要反对者的叔叔。而使爱德华兹在那一方面越发担心的是这样一则消息，正在英格兰的难以对付的伊莱沙·威廉姆斯，已经被任命为支持这些传教学校的"艾萨克·霍利斯伦敦协会"的一名委员。

第三个因素，潜伏在爱德华兹所有抱怨之下的，是对财务方面不当行为的暗示。其根源是老伊弗雷姆·威廉姆斯的一些阴谋。爱德华兹曾向"波士顿委员会"报告说,"印第安人对威廉姆斯上校怀有非常不好的看法和最深刻的成见;他时常就他们的土地和其他事务骚扰他们。"这些印第安人,在"没有任何人说过任何话引导他们"的情形下,曾在爱德华兹家里表达过对阿比盖尔的类似消极看法,因为她在这些事情上与她父亲完全沉瀣一气。[4]

爱德华兹一家与阿比盖尔的关系因另一因素而变得复杂了:她是阿伦·伯尔的朋友。阿比盖尔钦佩具有聪明才智的人,并可能与这个极其中意的单身男士培育了一种友谊(她弟弟亦是新泽西学院的一名学生)。就在他结婚之前,可能是试图修复与各种朋友的关系,伯尔向德怀特准将写信,祝贺他与阿比盖尔"这样一位优秀、擅长交流和分享崇高、纯洁友谊的人"订了婚。"她深受我的敬重并长期位居我的特殊朋友之列。"伯尔对阿比盖尔所说的某件事曾导致了误解;伯尔为此向爱德华兹道了歉,但那个问题究竟是什么并不清楚。[5]

爱德华兹坦陈,他的意图就是要"完全遏制我所知道的会对这里人们产生不利影响的事情";但他越是了解斯托克布里奇的财务管理,他就越是感到震惊。尤其令他感到震惊的是,自从约翰·萨金特去世以来由艾萨克·霍利斯捐赠给传教事业的基金的使用状况。在阿比盖尔和她父亲控制下,那些基金要么被浪费掉,要么就用于"自私自利的安排和出于个人利益的计谋"。霍利斯的一些金钱还流向了凯洛格上尉的学校里;而在爱德华兹看来,凯洛格完全不胜任学校教师工作。威廉姆斯小集团承认凯洛格的不足,但却仍然让他担任那一职务,因为他是一位坚定的盟友;而德怀特准将,爱德华兹认为,希望由自己的儿子来取代他。

与阿比盖尔被任命为拟议中的莫霍克女子学校女教师相关联的那些自私安排,消耗掉了霍利斯捐赠的大部分余款。阿比盖尔领取了一份薪俸,并把校舍建在了威廉姆斯家的私人土地上——爱德华兹(正确地)怀疑这随后将会转变成威廉姆斯家的收益。阿比盖尔还让她的仆人们从公共基金那里领取薪俸报酬。原初就是一位商人的德怀特,则成为了寄宿学校的管家,并从自己商店里按照一份利润向学校出售所有供给品。最初在2月份,亦即刚刚获悉阿比盖尔与德怀特订婚消息后,就开始撰写这些内容的爱德华兹,抛开了一切顾虑来揭露这一令人难过的乱局。随着即将到来的婚姻,"事情将会变得越发荒唐怪诞",因为这位准将将会变成由"议会"委任的实际上的唯一监督者,来监督如今已是他自己妻子的财务状况。[6]

在这根杠杆的另一端,爱德华兹获得了学校教师蒂莫西·伍德布里奇、大多数其他白人定居者和大多数印第安人的支持。自从这个村镇出现以来就面对斯托克布里奇马希坎印第安人工作的伍德布里奇,是爱德华兹最宝贵的盟友。"他的公平与诚实得到了长期的证明",爱德华兹写道,"因此获得了印第安人的极大尊重。而这些印第安人在这一方面的特别之处就是,一旦他们发现一个人卑鄙、诡诈,就绝不再信任他;而公平诚实的交往则会极大地赢得他们的友谊。"相反,爱德华兹反复强调,这些印第安人不信任他的英国人对手。[7]而爱德华兹自己那显而易见的诚实,看来已经为他赢得了印第安人的信任。

爱德华兹找到了自己的候选人,新近从哈佛毕业的吉迪恩·霍利(Gideon Hawley),前来这所寄宿学校教授那些莫霍克男孩子。霍利于1752年2月初到达这里;爱德华兹报告说印第安人非常喜欢他。在包括莫霍克人和其他易洛魁人在内的那36名印第安男孩之外,霍利的学校里还包括了"几个英国人"(可能就有六岁的小乔纳森),以便他们将来能够成为传教士或者印第安人的教师。[8]可想而知,在凯洛格上尉与霍利之间很快就爆发了冲突。凯洛格拒绝将学校移交给霍利,并宣称仍对学校拥有部分职权。有时,他会把孩子们叫到学校外面,或者是为了自己的目的,或者是他自己来教育他们。这在学校里引起了极大混乱,在印第安人中也引起了不满。凯洛格因此仍保留着某种借口,即他在继续指导着他所谓的"霍利斯学校",并从霍利斯那里领取一大笔薪俸,但实际上他只是不规律地隔数周时间才来教教那几个孩子。[9]作为应对,爱德华兹在4月份召集了斯托克布里奇马希坎印第安人的一次会议。在会上,蒂莫西·伍德布里奇和爱德华兹的其他盟友说服他们撤回了仍在所谓"霍利斯学校"接受凯洛格上尉指导的那几个孩子。[10]

到5月份,这种冲突产生了一场危机,带来了毁掉整个莫霍克人传教事业的威胁。"凯洛格上尉的好友"乔纳森·哈伯德(Jonathan Hubbard)来到寄宿学校并殴打了一位印第安头领的孩子。印第安极为愤怒。吉迪恩·霍利前去向爱德华兹寻求建议，但爱德华兹拒绝干预，因为德怀特准将已经明确告诉他不要涉足莫霍克人事宜。而这位准将一听到此事就怒不可遏地赶到了正在上课的学校里，并"整整有三个钟头的时间"都在大声斥责那位年轻教师霍利。按照爱德华兹的记述，莫霍克孩子深受震惊并说道，"他们只知道那位大人物可能会杀了他们的教师，也非常害怕霍利先生会离开。"[11]紧接着这场冲突后，大约有一半莫霍克孩子离开了。

到这时，控制斯托克布里奇的斗争全面上演了。爱德华兹报告说，"那位准将显然找到了许多计谋来把钱财装进自己的口袋"；威廉姆斯一家正在把女子学校建在自家土地上，以便能够把它出卖给国家赚取利润。[12]威廉姆斯一家则反驳说，爱德华兹也想要做同样的事情。由于亟需现金，爱德华兹通过其盟友蒂莫西·伍德布里奇，向"马萨诸塞议会"提出申请，请求他们购买他在斯托克布里奇的房屋和房屋附属用地以作为牧师住所。深受欢迎的伍德布里奇刚刚被选为斯托克布里奇在议会下院的代表，因而能够向爱德华兹提供一些政治支持。于6月份召集的议会，却拒绝了爱德华兹的请求。爱德华兹从中获悉，问题就出在小伊弗雷姆·威廉姆斯上尉身上；后者"在议会召集整个过程中都待在那里，并不断忙于会见代表，和忙于酸橙汁饮料与葡萄酒"。爱德华兹的结论是，对这项申请的反对，只能是来自那位上尉。[13]

尽管面对敌对势力联合一致的攻击，但爱德华兹仍然希望能够获胜。随着一半莫霍克人已经离开了斯托克布里奇，以及几乎整个村镇，不论是英国人还是印第安人，都站在伍德布里奇和爱德华兹一方，威廉姆斯一家不得不重新考虑斯托克布里奇了。老伊弗雷姆的健康正在走下坡路，他也变得越来越暴躁和烦乱。他在考虑返回迪尔菲尔德，他的另一个儿子住在那里。凯洛格上尉，虽然无所事事但仍然从霍利斯基金中领取补助；他也在谈论着要离开了。即将于1752年8月12日结婚的约瑟夫·德怀特与阿比盖尔，也不确定他们是否要住在斯托克布里奇。[14]

不过，就在德怀特与威廉姆斯两家联姻前夕，随着这个家族最杰出成员伊莱沙·威廉姆斯上校和他那著名新婚妻子伊丽莎白·斯科特·威廉姆斯的到来，力量的天平又突然倾斜到了威廉姆斯家族那一方。作为艾萨克·霍利斯传教协会的一名委员，伊莱沙宣称有权裁决斯托克布里奇争执。而住在山坡上的威廉姆斯一家与村镇其余人之间的人际关系，已经变得十分紧张了。爱德华兹一家没有被邀请参加婚礼；这位牧师在通信里提到这种对他的有意冷落时说道，"正如我们被告知的"，那场婚礼已经举行过了。[15]

伊莱沙·威廉姆斯及其新婚妻子的确曾拜访过爱德华兹家一次，但那进行得并不顺利。乔纳森不在家，所以萨拉接待了这对著名夫妇。萨拉，可能是想要对敬虔的伊丽莎白·斯科特解释在北安普敦令人尴尬的情形，提起了那一话题，并指出所罗门·斯托达德的一贯做法就是"接受各种类型的人"领受圣餐。而盛气凌人的伊莱沙则打断了她。"夫人，你应该明事理些"，仿佛她所说的是不实之言似的。"斯托达德先生在他的著作里已经明确宣布了他对这个主题的看法，即只应当接纳可见的圣徒。"萨拉承认她没有阅读过斯托达德的著作。伊莱沙则用另一句噎人的话回应道，"那么夫人，我请求你的原谅。我想当然地认为，当你使用那些词语时，你已经阅读过它了。"萨拉表达了一些怨愤不满；于是"另一个人"（正如伊莱沙所报告的）指出，"假定你已经阅读过斯托达德先生的著作是自然而然的，因为这争论就肇始于此。"[16]

伊莱沙·威廉姆斯更大的任务是作为伦敦协会代理人来调查这项传教工作为什么陷入了这样一种僵局，并协调彼此争斗的各方势力——如果可能的话。他尤其想知道爱德华兹坚决反对阿比盖尔担任女子学校负责人的真实理由。迄今，爱德华兹所提供的理由（直接而公开地针对阿比盖尔）只是，如今需要照料两个家庭的阿比盖尔，她本人没有时间指导学校工作。他还没有进入这一微妙复杂的主题，即他认为她作为伊弗雷姆上校的女儿不被印第安人信任。他也没有提出，她通过将学校财务和家庭财务合并在一起而获取不当经济收益。[17]

在爱德华兹看来，伊莱沙·威廉姆斯是最不可能不偏不倚裁决这种争执的人之一，所以他拒绝会见他这位从前的教师或者承认他的权威。爱德华兹深信，在斯托克布里奇对他的反对，是同北安普敦争执紧密联系在一起的，而伊莱沙已深深卷入了那后一场争论中。[18]不是去会见伊莱沙,爱德华兹在他们两人都在斯托克布里奇之际选择了与他通信。爱德华兹同意,应当由一个委员会来评估这场传教争论,但伊莱沙对这个问题的看法,已经被其朋友和家族期待他履行的那种角色严重扭曲了。对萨拉的无礼——萨拉将其解释为在指责自己说谎——就是一个明证。对那个更大的问题,威廉姆斯不无道理地回应道,作为一名委员,他有义务听取各方意见并寻求某种基督教的和解。但爱德华兹不接受这一点。[19]

现在则变成了全力以赴控制斯托克布里奇的斗争。"威廉姆斯—德怀特—凯洛格"小集团,因伊莱沙保证艾萨克·霍利斯将继续提供资金而得到了支持或鼓舞,他们不但没有撤退,反而进一步发起一场运动以使这个村镇摆脱爱德华兹。小伊弗雷姆·威廉姆斯于 7 月份从"马萨诸塞要塞"返回,从他年迈体衰的父亲那里接管家庭事务。这位善于交际的军人告诉人们,他愿意花费 500 镑来使这个村镇摆脱它的牧师。

老伊弗雷姆同时失去理智又痴迷于恢复他家庭的地位,他在 9 月份一个凌晨,一觉醒来又有了另一个计谋。(1752 年 9 月是英美历史上最短的一个月,为了改革历法而从这个月份减掉了 11 天。)在黎明前起床的这位老乡绅,挨家挨户走访了大约十二户英国人家庭中的大部分人家,试图将他们全都收买过来。在将一些人从睡梦里唤醒后,他手里挥舞着钞票向他们出了大价钱,并要求立即但要完全保密地起草一些文件。不久消息就泄露出去了,而这个计谋也随之破产。他的家人和所有卷入其中的人将其归于"精神错乱",并担心这个老人还会做出其他什么破坏之举。[20]

爱德华兹更为关注的是德怀特准将,他于 11 月份前去波士顿就传教工作做汇报。[21]爱德华兹尤其担心,德怀特可能会使他从前的指挥官、殖民地最著名"新光派"平信徒威廉·佩珀雷尔爵士(Sir William Pepperrell)反对自己,并担心佩珀雷尔会说服伦敦协会将自己解职。[22]作为应对,爱德华兹向佩珀雷尔提供了有关威廉姆斯家族反对自己的最全面报告(包括如今极具影响力的伊斯雷尔·威廉姆斯长期以来的冷淡态度),并逐一回答了德怀特的指控。特别地,他表明自己从"委员会"那里获得了权柄来向莫霍克人布道,并引进吉迪恩·霍利来担任教师。

爱德华兹特别希望能决定性地反驳这样一种如今尾随着他的指控，即他的"性格极其生硬、僵化"。因为斯托克布里奇争执紧随北安普敦争执之后，所以德怀特提出了一种论据或理由：位于这些麻烦核心的正是爱德华兹的"僵硬和固执"。用一种不常见的尘世形象，爱德华兹指出，"我已经被描述为，宁愿使自己和家人失败，也不屈服于一张王牌。"爱德华兹回应道，他的坚定不屈只是关乎宗教原则，而基于良心坚持宗教真理的人常常被指责为僵化。"你必定，先生，"他全力以赴地写道，"非常熟悉殉道者的历史，并清楚这从来都是针对宗教受难者的叫嚣，即他们是生硬、固执、任性和僵化的。"[23]

爱德华兹相信他能够这样有把握地说出这些，因为他常常都在苦苦思索自己是否在实际上出现了过错。正如他后来向一位批评者所写的，如果他的行为源自"私人怨恨，不愿和解的精神，或者性情的生硬、固执［等等］"，他将"永远都不能……期待在伟大主人和审判者面前站立住"。面对如此高的赌注，他在不断省察自己并确信，"如果我的所作所为是出自这些非基督教原则，并丝毫不痛恨这些原则在我里面的所有残余……那必定是因为我完全丧失了自知之明。"[24]

爱德华兹在波士顿的朋友会看到，他在斯托克布里奇拥有太多的支持，问题不可能像德怀特所声称的那样首先出在爱他的过错上。行省秘书乔赛亚·威拉德（Josiah Willard）于1753年2月给威廉·佩珀雷尔爵士写信说，"印第安事务委员会"已经仔细审查了德怀特的指控；并"对爱德华兹先生的总体行为深感满意"。而且，他们还肯定道，"他已经获得了印第安人的一般性情感，并对印第安人产生了他始终将其用于最佳目的上的影响。而这种成功毫无疑问将会更加明显，假如没有一些人出于个人偏见而无休无止地与他作对的话。"佩珀雷尔则回信向威拉德确保，"在我生命里从未想过要写只言片语来反对［爱德华兹］。"[25] 佩珀雷尔并不打算代表德怀特干预伦敦事务。况且，任何有关传教学校的重大行动，最终都只能是来自提供了大部分基金的艾萨克·霍利斯。而考虑到跨大西洋通信的速率步调，那是不可能很快就发生的事情。

与此同时，传教学校的情况每况愈下。1753年2月，吉迪恩·霍利的寄宿学校，包括他的全部书籍和所有物，都被焚毁了。有传言说，那可能是威廉姆斯家族纵的火。[26] 留下来的少数莫霍克人，已经厌倦了他们所看到的"英国部落主义"，并宣布了想要离开的意图。头领亨德里克——他一直都是寄宿学校计划最有影响力的支持者——告诉爱德华兹，他的人民已经彻底厌恶了凯洛格和德怀特。[27]

吉迪恩·霍利，对在一个彼此争斗的英国人定居点上面向印第安人传教大失所望；认定如果自己能把传教工作直接带到易洛魁人自己的村镇，也许会做得更好一些。在斯托克布里奇期间，他同大约两百英里外、位于纽约萨斯奎汉纳河发源地的奥诺夸加（Onohquaga）村的一些奥奈达人（Oneida），建立了良好关系。奥诺夸加村的奥奈达人早先就听说过寄宿学校；他们一些人在斯托克布里奇生活了一段时间，以便他们的孩子能够受到教育。[28] 霍利现在则计划把他的传教工作搬到奥诺夸加村去。爱德华兹非常热切地赞成这项计划，并希望苏格兰传教协会与"马萨诸塞委员会"能够协调派遣至少三名传教士定居在易洛魁人中间。而最终，只有霍利一人前往。陪伴霍利最初旅程的有蒂莫西·伍德布里奇；他们带上了斯托克布里奇最宝贵的两位译员丽贝卡·凯洛格·阿什利（Rebecca Kellogg Ashley，马丁的妹妹）及其丈夫、一位热切的"新光派"本杰明（Benjamin）；此外，还有"三四名黑人"。[29]

"在我们将基督教培植在旷野里这一重大使命启动之际"，乔纳森、萨拉以及其他人陪伴这一行人走了相当长一段路程：一直到通往奥尔巴尼的道路变成了一条印第安小道为止。前往萨斯奎汉纳河发源地的旅程本身就是骇人听闻的：它与詹姆斯·费尼莫尔·库珀描写的情况，抑或，更有可能是，库珀阅读到的情况，几乎一模一样。这群人不止一次要为他们的生命感到担忧。在奥斯蒂戈湖（Lake Ostego）附近，他们犯了个错误而同一位朗姆酒商人汇合在了一起。其后果在他们停留的那个印第安村庄里就是灾难性的。霍利写道，"我们很快发现，印第安妇女和孩子们都潜伏在了附近的丛林里，因为害怕那些正喝得越来越酩酊大醉的印第安男人。妇女们藏起了火枪、战斧以及一切致命或危险的武器，以便不发生杀戮或伤害。这些可怜而不幸的人们！没有法律、宗教或政府，也就没有了约束或克制。"次日早晨在独木舟上，只是碰巧移动了一下自己的头,才使得霍利免于被一个仍然沉醉和心怀不满的印第安向导用猎枪打掉脑袋——霍利怀疑这可能是一次暗杀企图。尽管有重重困难,但这些人还是安全到达了;而霍利在奥诺夸加村的传教也取得了一些初步成功。[30] 爱德华兹夫妇委身的深度则表现为,1755 年,在完全清楚这些危险的情形下,仍把十岁大的小乔纳森送到了霍利那里,以便为他可能的传教生涯做好预备。

这期间,由于希望转向了这种"在旷野里的使命",在斯托克布里奇建立面向莫霍克人寄宿学校的大理想,实际上已经破产了。但是彼此争斗着的英国人小集团也陷入了死扣僵局之中,而不愿意放弃他们的控制权。对村镇的控制以及威廉姆斯家的财富均处在胜负难料之下。教会也同样如此。既然不可能将爱德华兹从那片领地里驱逐出去,德怀特与威廉姆斯干脆停止了所有这类企图。约瑟夫·德怀特并不正式隶属于当地教会,但阿比盖尔和小伊弗雷姆上尉却是;所以,爱德华兹使他们的缺席变成了教会纪律问题。[31]

到 1753 年秋,爱德华兹获胜的希望正在增加。老伊弗雷姆迅速衰败;他离开了村镇,前往迪尔菲尔德去度过他为数不多的余日。老伊弗雷姆把自己的土地留给了即将从新泽西学院毕业的儿子伊莱贾。马丁·凯洛格上尉返回了纽因顿并于秋季去世。德怀特准将亲自接管了霍利斯学校几名剩下的学生,直至他能够找到另一位教师。他在等待着艾萨克·霍利斯的指示,并希望能够由此确认自己的控制权。与此同时,爱德华兹自己的希望,则因"波士顿印第安事务委员会"的大力鼓舞和新泽西总督贝尔彻的干预,而得到了极大的提升。[32]

1754 年 2 月,爱德华兹终于收到了他等待已久的证明或澄清。艾萨克·霍利斯任命他为寄宿学校的监管者。爱德华兹立即通知了德怀特准将,并到寄宿学校通知了德怀特最近聘请的教师科顿·马瑟·史密斯(Cotton Mather Smith);后者正教导着剩下的六名学生。

爱德华兹如今面临着使人不得不冷静的前景:他的胜利有可能是空的。从秋季以来,莫霍克人就表达了想要在来年春季里离开斯托克布里奇的意愿。霍利斯的支持是具体面向具有跨部族重要性的莫霍克人的;他们有可能提供一个进入"易洛魁联盟"传教的切入口。而现今,莫霍克人就要为春天熬制槭糖而离去了,并宣布了不再返回这里的意图。爱德华兹立即在自己家里同莫霍克男女老幼进行了协商，询问他们是否愿意处在一种新的管理体制之下。尽管有他的恳请，但他们仍然坚持自己的计划，并声称这是在去年秋季会议上就已经决定了的事情。不过，在接下来的几天里，一些父母亲还是找到爱德华兹，请求他在他们的孩子从熬制槭糖季返回来后接受这些孩子进入学校。这为继续保留这所学校提供了足够多的鼓励。[33]

德怀特准将退却了，但在撤退前又施放了一排炮弹。注意到就在爱德华兹掌控了学校后，莫霍克人决定性地离开了斯托克布里奇，德怀特将他们的出走归咎于对爱德华兹的不满。爱德华兹愤怒地做出了回应，用文件证明了莫霍克人反复宣布离去的意图是在他接管之前，并证明了莫霍克人常常表达对于凯洛格和德怀特破坏承诺的不满。"他们这么做已经有数年了，"爱德华兹气愤地写道，"用残忍手段肆意践踏莫霍克人事务；如今在这行将过期之际，他们却把那显然是自己所干的不端行径安插在我身上。"[34]

到春季末，爱德华兹有六名学生待在学校里，其中五名是斯托克布里奇印第安人，一名是莫霍克人。爱德华兹在自己家里为那名莫霍克男孩提供了食宿，而斯托克布里奇学生则同另一个英国人家庭生活在一起。他们都跟随蒂莫西·伍德布里奇上学；后者在找到一位固定教师前，给予了他们特别的关照。爱德华兹相信，莫霍克人成群返回的唯一希望，就是当他们看到有一个管理有方、牢牢确立的学校之时。[35]

传教者、定居者与帝国

不过，眼下，在整个斯托克布里奇事业上空聚集着最浓重的乌云。有关法国与英国再起纷争以及由此而来的印第安战争的流言蜚语，正在四处传布。更糟的是，一些斯托克布里奇马希坎人，已经对英国规则彻底丧失了信心。还有一些人甚至威胁要举行暴动。[36]

激怒印第安人的主要事件发生于去年；它成为了这一经典故事的一个版本，即英属美洲人与本地美洲人共同生活的最佳努力，似乎总是流于失败。1753年4月，最重要的斯托克布里奇马希坎人所罗门·沃瑙鲍古斯（Solomon Waunaupaugus）的儿子和孙子，外出去熬制槭糖。他们发现了两名他们认为正在偷盗马匹的英国人。当印第安人试图加以阻止时，英国人开枪射杀了所罗门的儿子。印第安人义愤填膺。而令爱德华兹懊恼的是，虽然所罗门和许多斯托克布里奇马希坎人是他的教区居民，但他们却按照自己的仪式埋葬了那个年轻人。村镇治安官抓住了那两个人，并答应要在斯普林菲尔德对他们加以审判；但一些印第安人却提到了要自行伸张正义。

在9月份举行的审判中，英国人法庭宣布其中一人无罪，并只判定另一人为过失杀人；印第安人感到愈加愤怒。怨恨还在不断增加，尤其是在一些较年轻的马希坎人当中。英国人知道莫霍克人和其他印第安人也对这一事件感到沮丧与不安。大约就是在这个时候，当地莫霍克人会议决定在次年春季永远离开斯托克布里奇。这期间，自己内部分歧重重的英国人，也联合起来以图安抚印第安人，蒂莫西·伍德布里奇向总督雪利写信，敦促"议会"送一些钱来以为所罗门·沃瑙鲍古斯"抹去眼泪"。

到冬季，"议会"投票决定送来六英镑。这时，在获悉斯托克布里奇局势正在恶化，并在伍德布里奇和约瑟夫·德怀特敦请下，"议会"将钱数增加到了二十镑。但一直到1754年5月，这笔钱还未送达。震惊之余，爱德华兹写信给行省秘书乔赛亚·威拉德，呼吁将那笔钱尽快送来，以免一切都变得太迟了。

惊愕的爱德华兹报告道，他已经发现，一些年轻马希坎人同一些心怀不满的莫霍克人一道，正在谋划屠杀居住在斯托克布里奇的英国居民。据说印第安人还试图将非洲奴隶拉进这项阴谋；但那些奴隶显然将这报告给了他们的主人。爱德华兹相信这些指控，但他很快又补充道，"我并不认为大多数印第安人都参与了这个阴谋。"一个不愿意透露自己姓名的友好印第安人曾告诉爱德华兹，斯托克布里奇杀人案在易洛魁联盟中受到了广泛讨论；在法国人鼓励下，一些人正在传言，英国人计划把这个地区所有印第安人都驱赶出去。还有人曾告诉策划那项阴谋的年轻斯托克布里奇印第安人，他们的人民都是傻瓜，都被英国人仁慈友好与教育指导的伪装欺骗了；其实，英国人"只是张大了嘴巴，等合适机会出现时，就会把他们一口吞掉"。[37]

使许多在斯托克布里奇生活了一段时间的印第安人产生不满的这些事情，揭示了英国人面对土著美洲人宣教中的巨大背叛，也说明了他们为什么远远无法企及他们的法国同行所取得的成功。英国人几乎总是试图定居在他们福音化的地方。而英勇无畏的法国耶稣会传教士却生活在印第安人中间；他们对土著人的领地或利益几乎不构成什么直接威胁。与"新英格兰"相比，"新法兰西"的法国人口为数甚少而且相当分散。爱德华兹及其他英国传教士面对的是这样一种处境，在那里，殖民化是通过持有土地的英国人家庭定居方式加以推进的。因而，印第安人遭到置换驱赶就是无可避免的。即使是在像斯托克布里奇这样一个定居点——一个真正努力平衡这两个种族利益的地方，不断增长着的英国人口也不可避免地使天平倾向了有利于自己的一方。当法国人及其土著同盟说道，英国人"只是张大了嘴巴，等合适机会出现时，就会把他们一口吞掉"时，很难证明事情就不是如此。[38]吉迪恩·霍利将传教工作带入土著人领地的努力，也许还有在他之前大卫·布雷纳德的尝试，似乎就是对这些问题的一种回应。不过，英国定居的推进速度是如此迅速，以至于这已经太晚了。

虽然1754年夏在斯托克布里奇又重新确立了一种令人有些不安的平静，但国际形势正变得越来越不稳定。6月份，来自七个殖民地的代表，在本杰明·富兰克林率领下，在附近的"奥尔巴尼议会"里会见了易洛魁联盟代表，以讨论重新出现的法国威胁。英国人提议在他们自己中间成立一个殖民地联盟，来帮助协调防卫和控制边境。伊莱沙·威廉姆斯是康涅狄格代表之一；哈特菲尔德的奥利弗·帕特里奇（Oliver Partridge）——在一定程度上介入过斯托克布里奇事务的一位威廉姆斯家亲戚——则是马萨诸塞代表团的成员。马丁·凯洛格的弟弟、现今在斯托克布里奇的约瑟夫·凯洛格，则担任了印第安人的译员。

在"奥尔巴尼议会"幕后，蒂莫西·伍德布里奇将他在印第安人中的好意，变成了对新英格兰白人的一种有利之处。宣称在帕西菲克（the Pacific）有一条边界的康涅狄格，在与宾夕法尼亚竞争萨斯奎汉纳上游河谷的数百万英亩土地——易洛魁人看来愿意卖掉那片土地。

在陪伴吉迪恩·霍利进行初次传教旅行时，伍德布里奇就已经听说了这片土地。作为康涅狄格"萨斯奎汉纳公司"的主要代理人，通过与一位声名狼藉的印第安商人约翰·亨利·利迪乌斯（John Henry Lydius）的合作，伍德布里奇就这片土地与一些印第安首领订立一份条约。伍德布里奇与该公司声称亨德里克酋长赞成他们这项购买协定。不幸的是，亨德里克并不满意那种安排；而宾夕法尼亚深受尊重的谈判者康拉德·韦泽（Conrad Weiser）则说服他将那片土地转让给了自己的殖民地——由此导致了康涅狄格与宾夕法尼亚之间半个世纪的争执。亨德里克对他认为伍德布里奇所使用的不光明正大手段大失所望，并进而损害了莫霍克人对斯托克布里奇传教团的看法。[39]

这个事件再次说明，甚至在怀有最好意图的、政府支持的传教团里都存在着那种缺憾。尽管属于斯托克布里奇马希坎人的真正朋友，但这并不是伍德布里奇第一次利用他正在增长着的政治影响，来使白人获得有利地位和使他自己获益。[40] 毕竟，他正在成长为斯托克布里奇最重要的行政官员，而他所做的也是新英格兰西部几乎所有行政官员所做的事情——投资土地以获取家庭地位。而与此同时，他的所作所为也足以使印第安人保持对自己的信任。在拓展他在"萨斯奎汉纳公司"的利益中，虽然可能让"扬基佬"的贪婪占据上风，但他无疑也将自己看作是在履行一项共同服务。在他看来，印第安人的真正利益是属灵的，所以新教新英格兰的推进与印第安福祉是携手并进的。

爱德华兹虽然没有卷入这种土地交易的具体细节，[41] 但却认同伍德布里奇——他最紧密的斯托克布里奇盟友——运作的那种根本概念架构。对爱德华兹而言，最突出的目标就是以福音接触到印第安人。从一种君士坦丁式观点出发，他从未怀疑过这一前提，即上帝利用基督教帝国来将他的信息带给未福音化的人民。在他看来，最首要的关切，就是随着英国的推进，切勿使他们忽略了向印第安人教导改革宗基督教的义务。这首先是一种属灵义务，但同时也是一种人道的文化方案。一旦被基督教化并被授以欧洲方式，印第安人就能够与他们的新邻居和平共处，并从一种有诸多东西可提供的文明里获益。而与此同时，像伍德布里奇这样的基督徒——他们是印第安人的真正父亲——也有可能获得一种与自己地位相适宜的收益，只要他们是诚实做到这一点的。

这种观点的一个重要缺陷就是，几乎没有欧洲定居者能像蒂莫西·伍德布里奇那样关注印第安人的福祉；他尽管不完善，但却终生都在与土著人一起工作。大多数定居者只是关心保护他们自己的利益；一旦出现什么问题，他们就会立即指责身边最近的印第安人。而支撑着殖民地化的欧洲政府及其军队，则主要为遥远的国际事务所支配——在其中印第安人基本上是一种可有可无的小卒子。况且，英帝国主义的利益对大多数印第安人也没有什么用处；可想而知，他们愿意为自己的家乡而战斗。使这些困难越发严重的是，各种印第安人在自己内部也分歧重重，并在整体上并不比欧洲人更道德。

到 1754 年夏，有太多这样的势力交汇在这里，使人无法抱有这样的希望，即一个和平王国，譬如应由斯托克布里奇所体现的，很快就会实现。甚至当代表们在"奥尔巴尼议会"集会之前，他们就已经听说了，法国人与在一个名叫乔治·华盛顿的年轻上校领导下的弗吉尼亚人之间所发生的流血冲突。到这次集会于 7 月份结束时，他们听到了华盛顿投降的报告。"奥尔巴尼议会"所提议的跨殖民地联合与相互保护未能取得结果。英国人、法国人及印第安人之间的战争又重新开始了。再一次，边境上的任何定居点，包括斯托克布里奇在内，都面临着遭受攻击的威险。[42]

1754 年仲夏，也许部分是由于紧张、疲惫、失望与焦虑，爱德华兹陷入了一场自学生时代以来拖延时间最长的疾病中。从 1754 年 7 月到 1755 年 2 月，在这七个月的大部分时间里，他起初感到"极其虚弱"，接着，在 9 月份度过了一段缓和期后，出现了"热症发作"或发烧，"变得骨瘦如柴"、极其虚弱——他担心自己"就要出现水肿了"。[43] 如果说他的长期疾病牵涉到灰心失望，那么存在着太多的事情足以令人感到灰心失望。传教学校处在悲惨状态，战争似乎已无可避免，而在斯托克布里奇任何英国人的生存都是一个悬而未决的问题。另外，疾病的发作还中断了他平生宏伟的写作计划。在斯托克布里奇，在众事纷繁中，他已经完成了对所罗门·威廉姆斯的长篇答复，以及一本论自由意志的论著；他还真切希望，在他去世前能够完成一书架的其他论著。

9月1日星期日，亦即爱德华兹第一轮生病后返回布道坛的头一个主日，这个村镇突然被恐惧和惊慌所席卷。在聚会中间，一个男人急急忙忙跑进村镇报告，他刚刚碰到一个加拿大印第安人，从住在外围的英国人家里绑架了一个孩子。发现有人追赶后，那个印第安人砍死了那个孩子，逃跑了。那个惊恐万状的英国人回家发现，一个仆人和一个婴儿已经死了；而当这个父亲和两个孩子在另一个印第安人面前畏惧退缩时，那个印第安人立即就逃走了。一小时后，那些印第安人在村镇外围地带又杀死了一个男人。

可以推想，在已经高涨的恐惧中，这个地区的欧洲人是何等恐慌。惊慌万状的定居者从一个村庄到另一个村庄向南部逃去。北边的人们吵吵闹闹拥进了斯托克布里奇，而斯托克布里奇居民则开始逃亡南部地区。阿比盖尔·德怀特离开得如此匆忙，以至于她不得不让一个仆人负责带走她的女婴。爱德华兹的朋友小塞缪尔·霍普金斯，南部大巴灵顿（Great Barrington）附近的牧师，两天后在一封致约瑟夫·贝拉米的书信里描述了当时的景象。当在下午崇拜期间收到这消息后，村镇陷入了混乱，一些人开始逃走。不久后，"从斯托克布里奇逃来的妇女、孩子和印第安妇女都蜂拥到了这里，他们衣衫不整，失魂落魄。"惊人的流言在四处流传：敌人正在斯托克布里奇另一边聚集，并将要发起进攻。

接下来几天里，这个地区武装起来的英国人和荷兰人蜂拥进入了这个村镇。他们在位于村镇中心的爱德华兹家周围建立起一道防护栅栏；而爱德华兹家则不得不帮助他们提供食宿。村镇的一些新保护者，受到早先马希坎人起义传言的煽动，指责斯托克布里奇印第安人鼓动了进攻并威胁要杀死他们。事实上，这次进攻来自"阿布纳基印第安人"；他们早在"国王腓力的战争"以前就被驱赶到了新英格兰北部和加拿大，而如今则受到了法国人的鼓动。村镇一位对这种来源表示怀疑的绅士，为获得"加拿大"印第安人的头皮提供了一份悬赏。几个流窜到这里的英国人无赖，挖出了最近去世的一个当地印第安人的尸体并企图领取那份悬赏。虽然这几人被抓住并受到了惩罚，但斯托克布里奇印第安人，再次因英国人的野蛮行径大为震怒。[44]

对此感到恼怒的塞缪尔·霍普金斯指出，"两个印第安人，就可以使新英格兰付出十万镑的花费,而又永远都不暴露他们自己。"蜂拥而来的军队,随后离开了,却没有做任何好事:"他们查看了斯托克布里奇,吃光了他们所有的粮食,并使自己疲惫不堪,这就是一切;而现在我们又同以往一样无所保护了。"[45]

爱德华兹家首当其冲,承担了照料这个村镇"未来"保护者的义务;他们践踏掉了所能看见的几乎一切东西。到 10 月份,当局势稳定下来时,爱德华兹签署了一份呈交"议会"的报告,要求为下列服务做出补偿:"提供了 800 份饮食,放牧喂养了 150 匹马,7 加仑西印第安优质朗姆酒",以及"为所有因恐惧而逃离家园的穷人"所提供的食物。另外,他们还为修建堡垒的工人提供了 180 份饭,并供应了一些木材。[46]

爱德华兹一家如今生活在连续不断的恐惧中。11 月份,安全生活在新泽西的以斯帖,因一个从奥尔巴尼来的人所带来的这一报告而吓得"几乎魂不附体":除两三家外,所有斯托克布里奇印第安人家庭,都因极其痛恨英国人而离开了村镇,甚至还扬言要派遣相邻部落来摧毁这个村镇。乔纳森和萨拉采取了一些防备措施,把好几个孩子都送去与亲戚同住了。以斯帖写信给 18 岁的露西——她已经前往北安普敦去与姐姐玛丽同住,她很高兴"平迪"(四岁的皮尔庞特)和"贝蒂"(七岁的伊丽莎白)也在北安普敦,并希望他们"在危险完全结束前,不要回到斯托克布里奇"。[47] 我们只能尽量想象那个时代的痛苦悲伤:在那个时期,谣言总是不胫而走,真相总是姗姗来迟;人们往往要在"灾难也许已经发生了"的担惊受怕中,苦苦煎熬数周或数月之久。以斯帖竭力祈祷,她能"将他们交托给上帝;上帝以怜悯安排万事,他不会有意使他的子民遭受痛苦或悲伤的"。她无法使自己像被教导的那样去接受上帝的旨意。"为什么会这样,"她叹息道,"上帝为什么会让他最怜爱的子民这样被追杀!但这是一种非常错误的心态。我希望我能够依靠上帝的帮助来胜过它。"[48]

到深秋,斯托克布里奇局势已稳定下来了。但这个村镇现在变成了一个武装军营,而爱德华兹家的大房子就是几个军事堡垒之一。[49] 1755 年 2 月,爱德华兹给德怀特准将写了一封短信,表示自己家里无法为四个以上的士兵提供食宿,并陈述了自己持续不愈的病情(因此

"比其他人更不利于筹备伙食")。[50]

到了春天，爱德华兹只是在慢慢康复，而他的沮丧却比以往更加严重了。[51] "在这个战争与混乱时期"，他几乎就要完全放弃霍利斯印第安学校了。除了那些新出现的外在威胁，"来自内部"，来自"德怀特—威廉姆斯"小集团的困难，却"有增无减"。[52] 德怀特准将正在利用他在波士顿的所有影响，试图重新收回对学校的控制权。爱德华兹在斯托克布里奇的前景已经跌落到最低点，以至于北安普敦的其他"德怀特们"，对他重返他们那里又抱有了希望。老蒂莫西·德怀特（爱德华兹女婿的父亲）写信给托马斯·福克斯克罗夫特说，特别是由于"因印第安人如此依赖德怀特准将所产生的种种困难"，爱德华兹在斯托克布里奇，"就像是被放置在大斗底下的灯"。[53]

蒂莫西·伍德布里奇反对德怀特准将重新控制学校的努力，他率领了一个印第安代表团前往波士顿，以证实他们对爱德华兹和学校教师的钟爱。德怀特准将则通过游说他的朋友威廉·雪利总督展开了反击。他还争取到爱德华兹的老对手哈特菲尔德的伊斯雷尔·威廉姆斯上校来作为他"挑选的代表"；后者现今是这个行省最具影响力的人之一。在 6 月份，爱德华兹听说，"他们对实现其意图，最近又抱有了新的希望。"[54]

唯一的亮点是吉迪恩·霍利在奥诺夸加的传教工作。一场战争正在进行中，但正是在这个时候（1755 年 4 月），爱德华兹夫妇把小乔纳森和这位传教士一同送上了路途；他们要跋涉两百英里的危险行程，才能到达那个印第安定居点。在那个遥远村庄里，这个英国男孩对印第安方言的技能，被证明是一件大受欢迎的事情。霍利写道，"爱德华兹先生的小儿子同我在一起；这令印第安人感到很高兴。""印第安人喜欢他；随着他对他们语言的越来越熟练，他们也越发喜欢他了。"[55]

5 月份，在小乔纳森十岁生日后的第二天，爱德华兹给他写了信，并采用了他惯常给孩子们写信的风格。他说道，他十分想念这个男孩子，但也很高兴他能时常在上帝里面。这个孩子应当记住的一件事情就是，他随时都有可能会死去。前不久，戴维就死去了；戴维是曾在爱德华兹家生活过的一个印第安男孩，并一直是小乔纳森的玩伴。"这是上帝让你为死亡作好准备的响亮呼召。""永远都不要使自己稍有放松，"这位慈祥的父亲恳切地说道，"除非你有良好的证据，你悔改信主了并成了一个新造的人。"

奇怪而具有启发性的是，爱德华兹的信几乎没有涉及什么家庭消息。他只在结尾处提到，他听说小乔纳森的姐姐和哥哥在纽瓦克"很好"，并转达了"年迈的爷爷和奶奶"对他的致意问候——爱德华兹之前在温莎访问过他们。然而，表明了他优先性的是，他并没有提到（正如他数日后向一位朋友所做的），"在最近到温莎的旅行中，我因从马背上惊险跌落而受了重伤，那匹马四脚朝天并整个压在了我身上。"[56] 大多数父母都会认为，这种惊险奇遇，对一个十岁大的孩子，至少是有趣的，或者是提醒他要当心的一种教训——正如爱德华兹自己父亲会那么做的。然而，这位神学家只有一种关切；他不打算用个人琐事来冲淡它——人们在一封保罗书信里是不会看到这样的干扰的。

死亡，在18世纪生活中其实是一种突出的存在，并得到了其盟友"战争"的"为虎作伥"；它正在迅速改变着就斯托克布里奇传教所发生争斗的性质。老伊弗雷姆·威廉姆斯和凯洛格上尉已经离开人世了。在7月份，前耶鲁院长和爱德华兹最有影响力的对手之一伊莱沙·威廉姆斯上校也去世了。在这个夏季结束前，这场战争本身还将带走其他人的生命。在接下来几年里，战争的消息将会掩盖其他的尘世关切，因为在那些消息里，许多斯托克布里奇家庭，不论是印第安人的还是英国人的，都具有一种个人性的重大利害关联。

战争还使得这所学校的主要意图——教育易洛魁孩子——成了某种争论未决的事情。在9月份，爱德华兹收到了一封来自艾萨克·霍利斯的信函，并为继续开办学校和把入学人数增加到16人提供了资金。这些资金再次确认了爱德华兹的控制权。他聚集了11名男孩——显然全都是斯托克布里奇马希坎人，并使其保持着一所学校的样子；很明显，蒂莫西·伍德布里奇仍然是他们的教师。爱德华兹告诉托马斯·普林斯，他为"四五个莫霍克人男孩预留了位置"；但他也意识到，只要战争还在继续，就不大可能找到他们。[57]

注释

[1] "Joseph Dwight," *Sibley's Harvard Graduates*, 7: 56—66. 他的首任妻子是

Mary Pynchon，来自康涅狄格河谷地区一个显要家族。

[2] 并不清楚德怀特是何时到达并居住在那里的，尽管有可能是在 1751 年 12 月或者 1752 年 1 月。迟至 1751 年 11 月 28 日（*Works*，16：413）爱德华兹还在写道，有必要将阿比盖尔控制的女子学校，交由一位常驻管理委员会成员来监管。爱德华兹对德怀特及其关系的评论见之于他的书信里，尤其是 1752 年 2 月 18 日致秘书安德鲁·奥利弗，1753 年 1 月 30 日致威廉·佩珀雷尔爵士，以及在这期间致其他人的一些书信。德怀特是由"议会"任命监管传教的一个三人委员会的成员之一。不过，按照爱德华兹的说法，另外两人，Col. Joseph Pynchon 和 Capt. John Ashley，很少去那里，并允许德怀特实际上实施全权监管。Edwards to Secretary Andrew Oliver, February 18, 1752, *Works*, 16：423.

[3] Edwards to Secretary Andrew Oliver, February 18, 1752, *Works*, 16：423.

[4] Ibid., 423—424.

[5] Aaron Burr to Brigadier Joseph Dwight [June 1752], Jonathan Edwards microfilm, reel 8, II, 12, (10), Jonathan Edwards Manuscript Collection, ANTS, transcription furnished by George Claghorn. Aaron Burr to Jonathan Edwards [July—August 1752], Aaron Burr letterbook, ANTS (no date, file no. 1)，为他向阿比盖尔说的某些话——后者用那些话来反对爱德华兹一家——道了歉。Burr to Abigail Sergeant, Aaron Burr letterbook, [1752], ANTS, transcription furnished by George Claghorn，涉及到了一个起源于伯尔的不正确报告（也许是就同一个未指明的话题），即阿比盖尔曾指责过萨拉·爱德华兹。Edwards to Aaron Burr, May 6, 1752, *Works*, 16：477—79，告诉伯尔，他相信伯尔在一个有关伯尔的报告里——据说伯尔谈论了爱德华兹有关共融圣礼的著作——受到了歪曲。

[6] 爱德华兹致奥利弗，February 18, 1752, *Works*, 16：422—430。一些详情细节参见 Edwards to Oliver, May 1752, *Works*, 16：475。参见 Patrick Frazier, *The Mohicans of Stockbridge* (Lincoln：University of Nebraska Press, 1992), 99—100，涉及到伊弗雷姆·威廉姆斯给在伦敦的伊莱沙·威廉姆斯的指示。这块土地，原本是要捐献给传教工作的，但实际上却变成了一桩买卖；它在那里没有得到合法登记，因为它在马萨诸塞没有被记录在案。"换言之，"Frazier 写道，"这种行为是非法的。"见 100 页。

[7] 爱德华兹致艾萨克·霍利斯，July 17, 1752, postscript, summer 1752, *Works*, 16：506。

[8] 爱德华兹致 Jasper Mauduit, March 10, 1752, *Works*, 16：456。

[9] 爱德华兹对凯洛格最详细的批评，见之于下列书信里：Edwards to Speaker

Thomas Hubbard, March 30, 1752, *Works*, 16: 461—468, and March 19, 1753, pp. 572—574。

[10] Joseph Dwight and John Ashley, Report to General Court, November 22, 1752, from typescript from George Claghorn, from Massachusetts Archives (hereafter MA), 32: 299—309. Edwards to Sir William Pepperrell, January 30, 1753, *Works*, 16: 559—560, 在此爱德华兹宣称,他召集会议只是要警告印第安人为收获而解散所具有的道德危险,以及是伍德布里奇发起了推翻凯洛格学校的举动。德怀特为凯洛格辩护说他的行为是预料之中的(尽管也提到了一些欠缺之处),并批评霍利没有住在寄宿学校里。他还报告说,莫霍克人的离开,不仅是因为学校的危机,而且也是因为新近出现了有利可图的生意"采集人参"。爱德华兹在下列书信里也提到了同样的事情:Edwards to William McCulloch, November 24, 1752, *Works*, 16: 543。

德怀特则报告说,爱德华兹召集了4月份的会议,但牧师只是警告斯托克布里奇男人在麦收期间不要进入荷兰人领地,因为那里有种种诱惑,特别是酗酒。他然后就转向其他人谈起了学校问题。

[11] 爱德华兹致奥利弗,May 1752, *Works*, 16: 471—73. 爱德华兹说德怀特想要让自己的儿子担任寄宿学校校长。德怀特则宣称爱德华兹想要使自己一个女儿成为女子学校校长。Edwards to Speaker Thomas Hubbard, March 30, 1752, *Works*, 16: 470n.

[12] 爱德华兹致奥利弗,May 1752, *Works*, 16: 474—475. Edwards to Oliver, August 27, 1752, *Works*, 16: 526, 指控德怀特计划挪用国王的500英镑赏金,亦即经由自己的手"从他的商店里分发给印第安人",以获取"一大笔"利润。

[13] Edwards to Colonel Timothy Dwight, June 30, 1752, *Works*, 16: 485. 爱德华兹要求德怀特帮自己卖掉在 Winchester 的一些土地。Cf. Wyllis Wright, *Colonel Ephraim Williams* (Pittsfield, Mass.: Berkshire County Historical Society, 1970), 64.

[14] 爱德华兹致奥利弗,August 27, 1752, *Works*, 16: 521。

[15] E. g., ibid. 爱德华兹早在1752年2月就获悉了对伊莱沙的任命。见 *Works*, 16: 423。

[16] 这是伊莱沙的叙述:Elisha Williams to Jonathan Edwards, August 19, 1752, Rhode Island Historical Society (hereafter RIHS), transcribed by George Claghorn. 威廉姆斯断言,他妻子能够证明这接近于一种准确的叙述。

[17] Edwards to Sir William Pepperrell, January 30, 1753, *Works*, 16: 556, 叙述了

他与阿比盖尔的谈话——他认为那是"全然友好的"交谈。他经常表述的对阿比盖尔立场的反对意见，其最全面概述，参见爱德华兹致奥利弗的信，April 13, 1753, *Works*, 16: 587—592。

[18] 爱德华兹致艾萨克·霍利斯, July 17, 1752, *Works*, 16: 493—509。

[19] 爱德华兹致伊莱沙·威廉姆斯, August 15, 1752, and August 18, 1752, *Works*, 16: 512—519。威廉姆斯致爱德华兹, August 19, 1752, RIHS。

[20] 爱德华兹致奥利弗, October 1752, *Works*, 16: 534 报告了这个事件。Abigail Dwight to Thomas Williams, November 1, 1752, in Wright, *Colonel Ephraim Williams*, 67. (September 2, 1752, was followed by September 14.)

[21] 在 11 月末，德怀特准将向"马萨诸塞议会"提交了监管传教之立法委员会的报告。这个由德怀特和一位非常驻同盟者组成的委员会宣称，在凯洛格上尉指导下传教工作进行得同预期一样顺利，直至爱德华兹通过引入吉迪恩·霍利而做出了灾难性干预。爱德华兹和霍利，在能够影响印第安人的蒂莫西·伍德布里奇支持下，用"激烈的反对、侮辱和谩骂"破坏了凯洛格的工作，并违抗了该委员会旨在恢复良好秩序的努力（这就是他向霍利咆哮了三个钟头的德怀特版本）。有各种各样手段正在摧毁这个学校；莫霍克人正在离开，部分是基于这一原因，部分是因为近来欧洲人痴迷于人参根茎——由此而来的利润引诱他们返回了森林。学校唯一的希望就是摆脱这种影响（即爱德华兹）。Dwight and Ashley, Report to General Court, November 22, 1752, MA. 爱德华兹同意人参是问题的一部分。

爱德华兹获悉了这些不光彩勾当的一切消息，可能是从蒂莫西·伍德布里奇那里——后者仍是议会代表。预料到了德怀特进攻的伍德布里奇，则提交了一份由斯托克布里奇几乎所有英国和马希坎家庭男性首领签署的反驳书。Kevin Michael Sweeney, "River Gods and Related Minor Deities: The Williams Family and the Connecticut River Valley, 1637—1790" (Ph. D. diss., Yale University, 1986), 477, referring to "a rebuttal" in MA, 32: 365—374. 爱德华兹报告说，有两位斯托克布里奇印第安人告诉他，他们曾被凯洛格上尉带到 Wethersfield，在那里伊莱沙·威廉姆斯及其他人告诉他们"他们有一个坏牧师"，鼓励他们签署一份反对他的请愿书，并在这么做时不断给他们饮酒。爱德华兹致奥利弗, April 12, 1753, *Works*, 16: 590。

[22] 约瑟夫·德怀特事实上转交了一封伊莱沙·威廉姆斯写给威廉·佩珀雷尔爵士的书信（标注日期为 1753 年 8 月 29 日），敦促佩珀雷尔写信给 Joseph Paice——这项传教事业的伦敦主要赞助者之一，以支持德怀特反对爱德华兹（德怀特则向佩珀雷尔提供了爱德华兹的缺点）。这封信来自 Williamsiana

Collections，Williams College，as transcribed by George Claghorn。

[23] 爱德华兹致威廉·佩珀雷尔，January 30，1753，*Works*，16：553—563. Cf. Edwards to Hubbard，March 19，1753，*Works*，16：564—576，是对德怀特指控的一种更正式驳斥，意在呈交立法机构。爱德华兹在这之前，就曾对他"僵硬"的指控写出过下列书信：Edwards to Secretary Josiah Willard，July 17，1752，*Works*，16：509—510。

[24] 爱德华兹致伊丽莎白·斯科特·威廉姆斯，October 30，1755，*Works*，16：677。撰写这封具有启发性书信的原因是，在伊丽莎白的丈夫伊莱沙·威廉姆斯去世后不久，爱德华兹听说她正在散布对爱德华兹品格与性情的诽谤。爱德华兹恳求她考虑一下，她的观点有可能因他已故的丈夫及其美国亲属而发生了偏见。看重诚实而不是圆滑的爱德华兹，在书信的结尾处，简单表达了对"你尊敬配偶"去世的哀悼，但没有另外说到他的品性或者他在爱德华兹生活里的角色。可以预料，伊丽莎白·斯科特·威廉姆斯仍然相信她原先的观点。Ibid.，674—678。

[25] 行省秘书乔赛亚·威拉德致威廉·佩珀雷尔爵士，February 24，1753，printed in Usher Parsons，*The Life of Sir William Pepperrell*（Boston，1855），252。佩珀雷尔致威拉德，March 6，1753，Ibid.，253。

[26] Wright，*Colonel Ephraim Williams*，68—69. Gideon Hawley，"A Letter from Rev. Gideon Hawley of Mashpee, Containing an Account of His Services among the Indians ...，" *Collections of the Massachusetts Historical Society*，1st，ser.，4（Boston，1794），55，说道，"有许多人，有一定根据地，认定这所房屋是被蓄意烧毁的。"爱德华兹则没有提到这种指控。

[27] 爱德华兹致哈伯德，March 19，1753，*Works*，16：572。爱德华兹说道，同时离开的奥诺夸加印第安人明确表示，他们之不抱希望是针对德怀特和凯洛格的，而不是针对爱德华兹或其任何支持者。爱德华兹致托马斯·普林斯，May 10，1754，*Works*，16：633。

[28] 爱德华兹致 Mauduit，March 10，1752，*Works*，16：455。

[29] 霍利，"Letter from Rev. Gideon Hawley，" 61. Edwards to Oliver，April 12，1753，*Works*，16：581—586，概述了这个计划。爱德华兹还推荐将阿什利夫妇包括在内。阿什利夫妇，尽管有其家族关系（本杰明是迪尔菲尔德的乔纳森·阿什利牧师的兄弟），但却忠实于爱德华兹，帮助霍利在学校里的工作，并受到了印第安人的欢迎。本杰明被约瑟夫·德怀特指责为一个"分裂者和宗教狂热者"（Dwight and Ashley，Report to General Court，November 22，1752，MA），甚至也被霍利看作是"一个狂热分子"（Hawley，"Letter from

Rev. Gideon Hawley,"56)。有关霍利的生平，参见"Gideon Hawley," *Sibley's Harvard Graduates*, 12：392—411。

[30] 霍利，"Letter from Rev. Gideon Hawley," 57—65，对这次旅行提供了一种描述——直接利用了他在那时记下的日记。

[31] 爱德华兹致德怀特，July 5, 1753, *Works*, 16：597—598；Edwards to Major Ephraim Williams Jr. et al., September 11, 1753, September 18, 1753, and November 19, 1753, *Works*, 16：601—605, 611—617, 涉及了这些问题。亦参见 Williams Jr. to Edwards, May 2, 1753, in RIHS, George Claghorn transcription。

[32] Edwards to Thomas Gillespie, October 18, 1753, *Works*, 16：610. 在传教中，一个明显的缺陷，就是有如此多的代理者卷入了监察工作，以至于很少能搞清楚，在斯托克布里奇谁究竟有什么权威。这种无效率的安排也保护了爱德华兹，因为很难控制所有的代理者。

[33] 爱德华兹致威拉德，March 8, 1754, and Edwards to Prince, May 10, 1754, *Works*, 16：626—627, 629—643。

[34] 爱德华兹致普林斯，May 10, 1754, *Works*, 16：637。

[35] Ibid., 638—639.

[36] 在马希坎人与莫霍克人之间原先可能有一些张力。一开始，马希坎人欢迎他们的老对头成为他们亟需的盟友，并在一片优美的河弯处出借了 200 英亩土地供寄宿学校使用。但这两个部族之间的蜜月期很快就结束了；英国人管理寄宿学校的失败，以及偏袒性地对待莫霍克人，冷淡了马希坎人对待这项计划的态度。从学校在纽因顿开办时起，凯洛格上尉就总是将一些马希坎孩子置于自己关照下。可是，在斯托克布里奇，他很少关照他们了。最终，随着事态的恶化，他们的酋长警告凯洛格不要进入他们的领地。他们据此以及其他事情而向政府提交了一份长篇请愿书，抱怨德怀特不接受他们的意见。这后一事件表明，爱德华兹的马希坎教区居民，同意爱德华兹与伍德布里奇对凯洛格与德怀特的看法。爱德华兹致普林斯，May 10, 1754, *Works*, 16：630—633. Sarah Cabot Sedgwick and Christina Sedgwick Marquand, *Stockbridge*, 1739—1974 (Stockbridge, Mass.：Berkshire Traveller Press, 1974), 39, 69—70。

[37] 爱德华兹致乔赛亚·威拉德，May 22, 1754, *Works*, 16：644—645。对这个事件的叙述，依据爱德华兹书信，以及下列叙述：Frazier, *Mohicans of Stockbridge*, 105—106；后者是建立在多种来源基础上的最全面描述。Cf. Wright, *Colonel Ephraim Williams*, 74—75。

[38] 对法国与英国传教的批判性比较，参见 James Axtell, *The Invasion Within*: *The Contest of Cultures in Colonial North America*（New York：Oxford University Press，1985）。

[39] Milton W. Hamilton, *Sir William Johnson*: *Colonial American*, 1715—1763 （Port Washington, N. Y.：Kennikat Press，1976），Wright, *Colonel Ephraim Williams*, 74—75；Fred Anderson, *Crucible of War*：*The Seven Year's War and the Fate of Empire in British North America*, 1754—1766 （New York：Knopf，2000），78—79。Frazier, *Mohicans of Stockbridge*，103—104，指出亨德里克在这个事件后向伍德布里奇送去了一封警告信。但亨德里克仍然是小伊弗雷姆·威廉姆斯的朋友；后者（虽然也是"萨斯奎汉纳"投资者）成为了他的庇护人并很快成为了密切军事同盟者。Wright, *Colonel Ephraim Williams*, 71—72。

有关这个故事的宾夕法尼亚一方，尤其是诸如 Conrad Weiser 这些中介者的作用，参见 James H. Merrell, *Into the American Woods*：*Negotiations on the Pennsylvania Frontier*（New York：Norton，1999）。它提供了一种饶有意味和具有启发性的叙述。

[40] Frazier, *Mohicans of Stockbridge*，83—84, and passim.

[41] 爱德华兹在"萨斯奎汉纳公司"有一小笔投资，"Jonathan Edwards' Last Will, and Inventory of His Estate," taken from *Bibliotheca Sacra* 33 (1876)：438—446；the original is at Hampshire County Courthouse, Northampton. 到1759年7月25日开列财产清单时，他的利息是214先令，大约等于他最好的5英亩土地——位于他斯托克布里奇房子与河流之间——的价值，即30英镑。爱德华兹持有的土地大部分看来都是供自己使用的。可以推想，由于只了解这个故事的伍德布里奇版本，爱德华兹认为"萨斯奎汉纳"交易是诚实的。

[42] Anderson, *Crucible of War*, 50—85.

[43] Edwards to John Erskine, April 15，1755，*Works*, 16：662—663。只有在9月里爱德华兹才能履行自己的职责；他在那个月里分别向印第安人和英国人进行了五次布道。除此之外，他在7月末至11月末没有进行布道，在1月或2月里也没有布道。Rachel Margaret Wheeler, "Living upon Hope：Mahicans and Missionaries, 1730—1760"（Ph. D. diss., Yale University, 1999），162，逐月列出了向印第安人布道的次数。The Works of Jonathan Edwards 则提供了向英国人布道的列表，并证实了一种类似的模式。

[44] 这种叙述主要依据下列著述 Frazier, *Mohicans of Stockbridge*, 107—109,

who quotes, p. 107, the letter from Samuel Hopkins to Joseph Bellamy, September 3, 1754. Also Sedgwick and Marquand, *Stockbridge*, 73—75, for some details. Also Edwards to Erskine, April 15, 1755, *Works*, 16: 663—664。

[45] Hopkins to Bellamy, September 3, 1754, quoted in Frazier, *Mohicans of Stockbridge*, 109.

[46] Edwards petition... October 22, 1754；由另一个人起草但有爱德华兹的签名。MA, 13: 581—82. Photocopy furnished by George Claghorn. 引文亦见之于 Sedgwick and Marquand, *Stockbridge*, 75。爱德华兹拥有"7加仑西印第安优质朗姆酒", 表明禁酒尚不是新英格兰"改革宗"文化的一部分。

[47] Esther Edwards Burr to Lucy Edwards, November 4, 1754, in *The Journal of Esther Edwards Burr*, 1754—1757, ed. Carol Karlsen and Laurie Crumpacker (New Haven: Yale University Press, 1984), 292.

[48] *The Journal of Esther Edwards Burr*, November 8, 1754, 60—61. 这篇"日记"采取的形式是, 她给朋友波士顿托马斯·普林斯的女儿萨拉·普林斯的一封延长版书信。以斯帖的担忧为一些最有见识的人所共有。1754年11月18日, 伊斯雷尔·威廉姆斯上校——他接替已故舅舅约翰·斯托达德担任了边境地区的总指挥官——建议派遣更多部队来保护斯托克布里奇, 因为他担心斯托克布里奇印第安人会发动叛乱。在现场的约瑟夫·德怀特则维护了斯托克布里奇印第安人, 并担心外来者会更加恶劣地对待他们。Frazier, *Mohicans of Stockbridge*, 110.

[49] 在11月末, 亦即在他第二轮生病后初次返回布道台时, 爱德华兹向英国人会众做了一次感恩布道——他原先曾于1746年以"对反叛者的胜利"为题发表过这篇布道。也许, 其理由是, 在约瑟夫·德怀特协商下, 马萨诸塞政府与斯托克布里奇印第安人成功达成了和解, 并同意将许多印第安人"吸收为为行省效力的士兵"。爱德华兹提醒人们, 上帝常常向与他订立盟约的国家赐予巨大的现世仁慈, 甚至当他们邪恶之时, 就像他过去经常对古以色列所做的那样。这种祝福, 也就是惩罚, 并呼召人们进行悔改。Sermon, Exodus 33: 19 (August 1746 and November 1754), Works of Edwards transcription.

[50] 爱德华兹致约瑟夫·德怀特, February 26, 1755, *Works*, 16: 657—658。

[51] 爱德华兹致托马斯·福克斯克罗夫特, June 3, 1755, *Works*, 16: 668, 说道, "我的健康还处在一种不好的状态。"

[52] 爱德华兹致托马斯·普林斯, April 14, 1755, *Works*, 16: 659；及爱德华兹致托马斯·福克斯克罗夫特, March 8, 1755, *Works*, 16: 658。

[53] 蒂莫西·德怀特致托马斯·福克斯克罗夫特，April 1, 1755。德怀特认为福克斯克罗夫特可能听说了爱德华兹要离开的计划。在 1753 年 6 月 6 日、1753 年 12 月 7 日以及 1754 年 2 月 22 日，德怀特还就北安普敦情况写信给福克斯克罗夫特和爱德华兹。在这后一封信里，他表示了对爱德华兹的替换者 John Hooker 所怀有的怨言；他认为后者缺乏经验性宗教并"倾向于一种阿明尼乌式称义论"。Beinecke, George Claghorn transcription.

[54] 爱德华兹致托马斯·福克斯克罗夫特，June 3, 1755, *Works*, 16: 668。有关印第安代表，参见 Claghorn's note, *Works*, 16: 659n。

[55] Hawley manuscript, Congregational Library, Boston, 4, November 20, 1755, quoted in *Sibley's Harvard Graduates*, 12: 396.

[56] 爱德华兹致小乔纳森·爱德华兹，May 27, 1755, *Works*, 16: 666—667。爱德华兹致福克斯克罗夫特，June 3, 1755, *Works*, 16: 668。

[57] 爱德华兹致托马斯·普林斯，September 15, 1755, *Works*, 16: 673。到下个夏季，爱德华兹将他教导的这些斯托克布里奇男孩子们转移到了更安全的伯利恒，由他朋友约瑟夫·贝拉米在那里教导他们。爱德华兹致约瑟夫·贝拉米，[June 1756], *Works*, 16: 688—89。爱德华兹致约瑟夫·贝拉米，February 12, 1757, *Works*, 16: 700—701。爱德华兹致约瑟夫·贝拉米，August 6, 1757, *Works*, 16: 724—725。

25

战 争 时 期

"哦，多么痛苦，多么可怕的消息啊！爱德华·布雷多克（Edward Braddock）将军阵亡了，他的部队战败了，"以斯帖·爱德华兹·伯尔在纽瓦克惊呼道，"天哪，我们会怎么样呢，我们会遭遇什么呢！哦，我们的罪，我们的罪——它们达到天上，疾呼报应，就是我主降下的报应——这是正义的，这是正确的。"[1]

1755 年 7 月 9 日，在接近"迪尤肯要塞"（Fort Duquesne）时，爱德华·布雷多克将军那令人自豪的"红衣军"（redcoats）所遭受的毁灭性失败，震惊了整个殖民地。从弗吉尼亚到新英格兰北部，英国的边境定居者陷入了恐慌之中。布雷多克曾经有把握地希望能占领那个具有战略意义的法国要塞（今为匹兹堡），作为展开多路进攻的英国势力的一部分，以便利用优势兵力将法国人从其边境据点上驱赶出去。但事与愿违，英国人未能争取到更多印第安人的支持，在这场血腥丛林遭遇战中被证明是灾难性的。而法国人却证明了他们统率印第安联盟的能力；在莫农格希拉（Monongahela）的这场胜利，立即就使更多印第安部落投向了法国人一方，并使其他一些部落脱离英方联盟转入了中立状态。在主要部落中，只有东部的莫霍克人在老酋长亨德里克领导下还愿意加入英方势力。[2]而人数较少的马希坎人，则是为数不多为英国人提供支援的土著美洲人之一。

一场普遍性的印第安人起义——另一场"国王腓力的战争",更多的迪尔菲尔德——没有什么能比这一威胁在殖民者心里激发起更大的恐惧了!以斯帖为她斯托克布里奇家人面临的危险深感担忧。即使是在新泽西,她也没有体会到安全。在秋季末,她从总督妻子贝尔彻夫人那里听到了这样的报告:一千五百名法国人和印第安人正聚集在新泽西边境上。甚至在这之前,以斯帖就预料到了更糟的情况。"我亲爱的朋友,你无法想象,"她给她所爱的在波士顿的通信者萨莉·普林斯——老托马斯·普林斯的女儿——写信说,"一位慈母在这个时刻为她的孩子会经受什么样的担忧,当她想到,所抚养的孩子会被野蛮的敌人摔死在石头上,抑或,更糟糕地,会被他们所奴役,并被迫变成教皇派。"[3]

以斯帖的恐惧植根于阿伦·伯尔的千禧年神学——它极其类似于她父亲的神学但却更加悲观。在这一年(1755 年)元旦,伯尔院长就重新出现的法国与印第安威胁,做了一篇禁食祷告日的哀伤布道。爱德华兹相信教会已经经历了最坏的迫害,而伯尔则相信,在千禧年之前最可怕的"生产剧痛"还尚未到来。在迅速变迁着的时代里的中部殖民地服侍,看到邪恶猖獗而觉醒稀疏,这些可能会使伯尔倾向于将当前的新教状态看作是黯淡无望的。在他的布道里,他用骇人听闻的话语描述了上帝如何可能利用法国人和印第安人来进行审判。"我们的男人会被屠杀!——我们的妻子儿女会曝露在一支无法无天军队的情欲与狂暴之下!——我们无依无靠的婴儿会被摔死在石头上。"以斯帖——她的女儿萨莉还不满周岁——害怕得离开了。她于当天给萨莉·普林斯写道,"很可能,你和我都会经历迫害,并被呼召为上帝的事业和清白的良心而放弃一切——甚至被烧死在火刑柱上。"第二天,她在信中又补充道,她心怀感激地看到,人们因面临"被教皇敌人吞噬的危险",而从灵性沉睡中惊醒。[4]

返回到斯托克布里奇,从一切迹象来看,爱德华兹肯定是越发镇定了。尽管他有充分的理由担心灾难随时可能袭击斯托克布里奇,而且总是易于陷入忧郁,经过多年的磨练,他亦变得坚强,为上帝任何可能的意旨都作好了预备;而他的女儿,作为一个年轻母亲,则担心自己无法效仿父亲的这种态度。他甚至鼓励以斯帖,当蒂米(Timmy)

于 9 月毕业典礼前从学院返回时，一同前来访问这里。

在为布雷多克将军失败而设立的禁食日布道中，爱德华兹让他的那些焦虑不安的英国人会众放心，"我们根本没有理由失望"，即便"上帝在这次失败里已经可怕地教训了我们"。爱德华兹的长远信心是建立在他的乐观主义末世论基础上的。他选取的经文《诗篇》60：9—12，是为以色列战胜以东——预表"敌基督"的古代国家——的一种祈祷。当敌人是"敌基督"，是"上帝教会在世上迄今最大的敌人"时，尽管英国人遭受了挫折，但却有极大的理由对胜利充满希望。

爱德华兹在他题名为"对可能是实现'第六碗愤怒'事件的纪录"——它涉及巴比伦河（亦即罗马）的干涸——这篇笔记里，仍然在搜寻教皇制衰落的迹象。在其中，他不厌其详地记录下一切关乎对教皇及其帮凶不利的财经消息等新闻报道。（一条近期记录是："《波士顿晚邮报》，1755 年 7 月 21 日，［法国］神职人员……被要求为国家紧急需要提供一份无偿捐赠"；接着则是对各种数目的细节记录。）[5] 鉴于这种轨迹，爱德华兹对英国在"新世界"的最终胜利保持着高度信心。

然而在近期则可能出现失败与灾难；它们既是撒旦的反击也是上帝对悔改的大声疾呼。布雷多克的失败正是对英国骄傲与自信的一种审判。那种神圣的信息是很明显的，因为上帝使英国人在印第安人面前大大蒙羞了。"这么多重要将士都阵亡了［牺牲人数约有三分之二］，"爱德华兹在布道里悲叹道，"他们的军装、盔甲、财宝和头皮都落入了敌人之手，并被欢呼着带回了法国在美洲的定居点；这是上帝对我们骄傲和虚妄信心的最严厉斥责。"[6] 至于最近的前景，爱德华兹将印第安人的背叛看作是最大的危险。他对苏格兰的威廉·麦卡洛克解释道，虽然在这里英国对法国有二十比一的人口优势，但英国殖民地却面临着真正的危险，因为法国在争取印第安人方面手腕高明。[7]

最为直接地，爱德华兹和这个村镇其他英国人，于 1755 年 9 月初，强烈呼吁爱德华兹具有政治影响力的表弟伊斯雷尔·威廉姆斯上校派遣足够规模的军队来保护斯托克布里奇。30 名斯托克布里奇印第安人，已经前去参加在威廉·雪利总督指挥下的战斗了；而他们提出的条件则是派遣军队前来保护这座村镇。爱德华兹指出，敌人将会为摧毁斯托克布里奇及其数个堡垒而自豪，因为"这样就打破了英国人与印第安人之间的联合,并带走了这个部落;自从俄亥俄失利以来,已经有许多部落放弃了英国利益而加入了法国一方"。[8]

几天后,斯托克布里奇被靠近乔治湖(Lake George)——大约在奥尔巴尼以北50英里接近钱普林湖(Lake Champlain)南端的地方——一场激烈战斗的消息彻底震撼了。一个大约有一千名殖民地士兵的军团,在斯托克布里奇的小伊弗雷姆·威廉姆斯上校指挥,并在伊弗雷姆的朋友、75岁的亨德里克酋长及200名莫霍克人陪伴下,前进到了由法国将军巴龙·让-阿尔芒·德·迪斯考(Baron Jean-Armand de Dieskau)指挥的加拿大印第安人与法国精锐部队设计的埋伏地带里。亨德里克酋长和小伊弗雷姆在战斗初期就双双阵亡。但与布雷多克的类似遭遇不同,剩下的殖民地士兵极有见识地打破军阶等级重组了军队,并对法国人和印第安人的进攻展开了反击。在威廉·约翰逊(William Johnson)将军率领部队的支援下,殖民地人最终打退了敌人的进攻,并在战场上俘获了受伤的迪斯考将军。[9]

爱德华兹认为这是一场得不偿失的胜利。"约翰逊将军指挥的部队对法国人取得了某种胜利,"他写道,"然而我们在战斗中损失惨重。"除了亨德里克和小伊弗雷姆·威廉姆斯,爱德华兹一家知道,至少有五位来自北安普敦的年轻人(包括他们的表亲伊莱沙·霍利上尉,他是约瑟夫那位有时有些任性的兄弟)在战斗牺牲了。[10]

不论爱德华兹一家怀有什么样的混杂情感,阿比盖尔因她哥哥的阵亡而备感伤痛。她悲叹道,"在部队里有一个人本该是最有可能逃生的啊。"阿比盖尔和德怀特准将再次谈起要离开斯托克布里奇。阿比盖尔向纽约城一位朋友写信说道:"我渴望与你一起,吃龙虾、螃蟹与牡蛎,喝柠檬饮料;但却必须满足于淡啤酒和乡村炉火,而这对我来说已经太好了,因为我还痛苦地活着,而我那么多最亲爱的朋友却归入了死者之列。"[11]德怀特的确留了下来。在春季,这位准将争取到了一些康涅狄格士兵来帮助保护这个村镇。尽管小伊弗雷姆离去了,但老伊弗雷姆·威廉姆斯的两个小儿子却留了下来(小伊弗雷姆留下了一份持久遗产。1755年7月,在他获悉布雷多克将军阵亡的第二天,他修订了自己的遗嘱。他取消了较早时候给斯托克布里奇印第安学校的一项小额捐款,但却留下了一大笔资金,以在威廉斯敦〔Williamstown］附近创办一所学校。1785年，这笔资金被捐赠给了"威廉姆斯学院"［Williams College］）。[12]

爱德华兹将"乔治湖战役"看作只是"某种程度的胜利"，除了付出了巨大生命代价的原因外，还在于这支英国远征军的原初目标，是要驱逐属于"钱普林湖基地"的克朗波因特（Crown Point；靠近泰孔德罗加［Ticonderoga］）要塞——那是通往蒙特利尔的所经之地——里的法国驻军。而这场战役却导致了一种僵持局面。不过有一支英国军队驻扎在他们北部，也为他们提供了某种保护，使他们免于遭受各种印第安攻击的灾难——而这如今在弗吉尼亚和宾夕法尼亚边境上已成了常事。总的说来，1755年是"神圣佑护对英属美洲甚为不悦"的一年。英国军队只是在新斯科舍半岛取得了胜利。而在大陆上，法国人仍坚守着阵地，巩固了与印第安人的联盟，并比以往显得更为强大。[13]

在听到"乔治湖战役"的消息后不久，爱德华兹动身前往纽瓦克；他准时赶到那里是要参加1755年9月末举行的学院毕业典礼。除了看到女儿和蹒跚学步的外孙女的喜悦外，爱德华兹发现自己处在了令人惊惧的殖民地战时政治旋涡中。毕业典礼一结束，他和阿伦·伯尔就动身前往费城，去参加"纽约与新泽西宗教会议"的一次集会。[14]伯尔是跨殖民地联合的一位坦率拥护者。[15]如果说爱德华兹曾遇见过本杰明·富兰克林的话，那就是在这次费城之行中。富兰克林已经出版并阅读了爱德华兹的一些著作，而费城的精英圈子也并不大。如果说他们确实见过面，那么他们的谈话也许会包括他们与怀特菲尔德的友谊，并分享一些自"莱克乔治战役"以来的军事消息。

我们还可以想象，当爱德华兹返回到纽瓦克后，他与以斯帖及其圈子的另一种谈话。在那里的话题，将转向塞缪尔·理查森（Samuel Richardson）的小说《帕美勒，或被奖赏的美德》（*Pamela, or Virtue Rewarded*）。以斯帖在春季里已经阅读了那本小说。她父亲，就算没有亲自阅读过它，也肯定在斯托克布里奇从家人那里听到了许多有关它的内容。吉迪恩·霍利在日记里记录道，当他于1754年夏拜访爱德华兹家时，他在那里发现了一本《帕美勒》，而爱德华兹则在阅读和欣赏这本书。[16]那正是爱德华兹生病期间；所以有可能的是，这位神学家在养病期间曾阅读过它。当以斯帖在阅读这个有关一个地位低下女仆的道德故事时——那个女仆在拒绝被主人引诱后与主人结了婚，她相信，作者将"财富与荣誉确立为幸福最不可或缺的要素"。而当帕美勒的丈夫发生不忠行为时，以斯帖深表反感并相信它的标题应当是"被考验的美德"。不过，以斯帖钦佩帕美勒天使般的性格、典范式的婚姻义务观，并欣慰地看到，她恒久忍耐的美德最终在丈夫那里赢得了忠诚。[17] 以斯帖的父亲将会对所有这一切进行一些神学反思。他已经开始撰写一部题名为"真美德的本质"（The Nature of True Virtue）的论著；这部论著将提炼福音派对18世纪受到诸多讨论的"美德"这一主题的思考。

爱德华兹在适当的朋友和家人圈子里可以很健谈，只要谈话保持在严肃而具有陶冶性的主题上。一年前，以斯帖曾为这种惯常聚会描绘出了一幅栩栩如生的图景。在写给萨莉·普林斯的信中——当时阿伦·伯尔已经到波士顿去了，而她父亲也可能在那里，以斯帖使在萨莉父亲托马斯·普林斯家里聚会的场景变得形象化了。"我能想象，这个傍晚，伯尔先生就在你们家里。父亲，还有其他一些人，也在那里。你们全都坐在客厅中间，父亲在谈话，伯尔先生在欢笑，普林斯先生间或插上一两句话。你们其他人坐着、看着、听着，并形成自己的看法……而当你上楼后，你会说出自己的想法，并希望我也在那儿。"[18]

在这一描述里，妇女深深参与了这种"理智—灵性"盛宴，但处在从属地位。她们在心里记住了那些问题，当回到卧室单独在一起时才展开争论。尽管没有质疑其社会从属地位，但以斯帖已经习惯于被作为与男性在灵性和理智上（如果不是教育上）的平等者严肃对待。由于无法忍受那些只是"谈论时尚与服饰"的"琐碎妇女"，以斯帖曾将"一帮来自特伦顿（Trenton）的年轻妇女"斥责为"像马一样愚蠢的可怜而虚荣的年轻人"。不过，以斯帖也并不怯于杀杀某些男性的威风，如果他们贬低妇女能力的话。有一回，一位男性客人错误地说道，他认为妇女不懂得什么是真正友谊，因为"她们几乎无法领悟像友谊那么冷静与理性的东西"。而与其他智识水准很高的女性建立了不同寻常友谊的以斯帖，则让那个男人尝到了一点儿苦头。"（你知道，我口齿伶俐，思如泉涌——我拼命叽叽喳喳说个不停），"她对萨莉·普林斯写道，"你可能会猜到，他的话语有多么大的漏洞。在他有时间再开口之前，我以一些严肃的事情回击了他。他有些不好意思和手足无措。"他们争论了一个小时，直至那位客人最终认输。"他站起来，说了声'你的仆人'，离去了。我让他哑口无言了。"[19]

当爱德华兹于1755年10月离开纽瓦克和他那令人钦佩的女儿后，他转往纽约城去乘船返回；但由于逆风而耽搁了几天。在那里，他的时间是同长老会信徒们一起度过的；而后者几乎就像他三十多年前在那里担任见习牧师时一样四分五裂。当前他们正处在一场挑选新牧师的争吵中，并因一个"苏格兰派"坚持只唱诗篇而变得复杂化了。[20]爱德华兹在纽约城里仍然有朋友；我们能够想象，即便他们正在为教会政治而争论，但仍然能够以龙虾、螃蟹、牡蛎和柠檬饮料招待他。而且看起来，他对所有受造物的欣赏也允许他享受这一切，尽管他在数量上总是保持着严格的自制。无论如何，我们都可以肯定，他带回家一些巧克力；而这则变成了为大家喜爱的一种家庭享受。[21]

返回到斯托克布里奇，1756年的冬季相对来说没有什么令人震惊的事情，但战争正在对印第安传教工作造成令人痛苦的损害。对爱德华兹来说，尤其痛苦的是，他寄予厚望的吉迪恩·霍利在奥诺夸加村的传教工作，面临着"完全中断"的危险。法国人已经挑动起了如今控制着萨斯奎汉纳河上游大部分地区的特拉华（印第安）人。12月中旬，奥诺夸加村在收到特拉华人已经对所有英国人宣战的消息后——与这个消息一同到达的还有几个英国人的头皮，这个村庄就变成了整天令人担惊受怕的地方。只要还有任何英国人留在村里，印第安村民就会为他们的生命感到担忧。所以，在1月初，霍利和小乔纳森经过雪地艰难跋涉回了安全之地。他们大半个冬季都是在奥尔巴尼西北部、威廉·约翰逊爵士的堡垒建筑里度过的；后者最近曾在代价高昂的莱克乔治胜利中担任指挥官。强有力的威廉爵士——他一直都是亨德里克酋长的密友和与印第安人联系的最佳纽带——邀请霍利担任情报员，并为一次旨在巩固恶化着的各方关系的印第安代表大会担任译员。[22]

虽然小乔纳森在冬季末从他危险的冒险中平安返回了家乡，但爱德华兹夫妇担心斯托克布里奇很快将会变得和奥诺夸加一样危险。马萨诸塞和康涅狄格正在征召新的志愿部队，以对克朗波因特发动另一场进攻；但这项计划使边境定居点面临危险。殖民地军队主要是业余人员；爱德华兹及其朋友担心，进攻失败将会招致法国和印第安军队对防御薄弱的边境城镇采取军事行动。在这种战时环境下，组织或指导一所印第安学校已经不现实了。作为保存这所残余印第安学校的一种权宜之计，爱德华兹将斯托克布里奇的孩子们送到了康涅狄格的伯利恒跟随约瑟夫·贝拉米学习。

贝拉米认为，爱德华兹应当更为关心他个人的安全。他在 5 月末恳切地说道，"我极为担心，我们进攻克朗波因特的部队会失败。唯有上帝知道将会是什么结果。"如果爱德华兹把家人带到伯利恒来，贝拉米愿意提供"我们家所能提供的一切便利"。[23] 爱德华兹的灵性操练是对灾难的终生预备；他意志坚定，不可动摇。所有事情都在上帝手里；他决心做自己被呼召去做的事情。假如一切都终于一场可怕的印第安进攻，他也完全接受。在任何情况下，死亡都总是在悄悄接近家人和朋友。爱德华兹将继续留守在他的职位上，并接受上帝所愿意的一切。

我们对战争最黑暗时期在斯托克布里奇产生的恐惧，有一幅栩栩如生的画面。不知用了什么方法，乔纳森和萨拉说服女儿以斯帖，于 1756 年夏末从新泽西前来进行一次已被推迟了的访问；如今以斯帖带着他们家最近出生的外孙、六个月大的小阿伦·伯尔前往这里。这位年轻母亲充满了恐惧，但正如她所说，"我尽力想要知道我的职责，并认为我正在履行那种职责。"以斯帖为她旅居生活的每一天都留下了坦诚记录；那是她写给波士顿的萨莉·普林斯的。[24]

经过五天的车马劳顿，又被一场暴雨淋透了的以斯帖，于 1756 年 8 月 30 日到达。她的家人吃惊得"几乎不知所措"。她两个妹妹露西（20 岁）和"苏吉"（苏珊娜，16 岁）兴奋得"都快要晕过去了"。但随后"我带给他们的忧郁消息又使屋里充满了愁闷"。那是法国人和印第安人占领纽约的"奥斯威戈（Oswego）要塞"的消息。在遭到一阵短暂抵抗后，法国将军蒙特卡姆（Montcalm）成功地让英属美洲人投降了，并承诺保证那些战俘的人身安全。蒙特卡姆真心实意按照欧洲惯例行事，但他没有完全领会印第安同盟军的战争规则，后者要求有头皮、战俘和缴获物等战利品。在蒙特卡姆能够阻止他们之前，印第安人相应地袭击和杀死了几十名战俘并带走了其他战俘。[25] 殖民地人确信，这个要塞，正如以斯帖所说，是"通过背信弃义"被占领的。

以斯帖待在斯托克布里奇的三周时间里，大部分时候"都因敌人而吓得魂不附体"。她到达那里两天后，出现了"一次警报"。这个村镇的人们在围绕这所房子的堡垒处设立了一个观察哨；有两个晚上，"大多数印第安人都前来这里借宿。"一些人还报告说他们在夜晚看见了敌人。数天后以斯帖写道："这个地方处在极其缺乏防御的状态——村镇里没有一名士兵。"几乎所有能参战的印第安人都加入了军队；白人也同样如此。以斯帖感叹道，"10个印第安人就能轻而易举地把我们全部毁灭。"而她还听说，在30英里范围内已经发现了敌对印第安人。"我想要能按照上帝所定意的任何方式去死，"忧心忡忡的以斯帖在经过许多不断被惊醒的夜晚后写道，"但我不想被野蛮敌人所屠杀，也不能使自己愿意接受那种结局。"

使事情更糟糕的是，在以斯帖住了大约一周后，她母亲宣布她要去北安普敦；在那里，另一个女儿玛丽·德怀特即将要生她的第三个孩子。很明显，萨拉是最能使家人保持士气的人。"我母亲离开了！"以斯帖抱怨道，"这使得一切都加倍地沉闷。"几天后，有17名士兵赶到这里来保护这个村镇。但以斯帖认为他们人数太少而难以防守这三个当地堡垒。一些士兵住在爱德华兹家里，而这则带来了更多的工作，尤其是对露西——她在母亲萨拉不在时负责管理家务。

在安息日，乔纳森宣讲了《阿摩斯书》8：11，"日子将到，我必命饥荒降在地上。人饥饿非因无饼，干渴非因无水，乃因不听耶和华的话。"以斯帖得出结论——正如她父亲所明确警告的，"上帝将要从这大地上收回他的道和指令，因为人们可耻地滥用了它们；上帝这么做是公义和正确的。"晚上，她又以这样的确信来安慰自己，"上帝仍将得着荣耀。噢，亲爱的，这是令人振奋的，即永远配得称颂的上帝在他的荣耀里不会失去任何人，就让世人或魔鬼尽其所能地作恶吧。"

如果她和她儿子在斯托克布里奇没有被屠杀掉，她推想，上帝也将会得着同样多的荣耀。所以第二天，她向父亲提议，她要尽早回家。而他不会听取这些。"如果印第安人抓住了我，"她坚定地将自己交托给上帝，"他们抓住我，这是我所能说的一切，但我的义务就是要使我自己尽可能放松一些。"最终，在最后一个安息日前夜，以斯帖与父亲进行了坦率的交谈："昨晚，我与父亲就一些关乎我最大利益的大事，进行了一些自由交谈；我开诚布公地向他表明了我的困难，而他也同样开诚布公地向我提出了建议和指导。这次谈话消除了一些令人沮丧的疑惑——它们曾使我在我的基督徒争战中深感气馁。他向我提供了一些可以悄悄遵守的、能使灵魂靠近上帝的极佳指导，以及其他一些能够以更公开方式遵守的建议。幸亏我有这样一位父亲！这样一位导师！"

爱德华兹本人，尽管知道如何找到属灵慰藉，但对尘世事务却远非那么自信。以斯帖离开几周后，他于10月初向吉迪恩·霍利写道，"我们会怎么样，唯有上帝知道。"战争已经使得霍利离开了他在奥诺夸加的传教工作；这位传教士，显然是在爱德华兹鼓励下，正在为一支预备进攻克朗波因特的大型殖民地远征军效力。而如今在灾难性的"奥斯威戈要塞"失败的余波中，殖民地人放弃了对钱普林湖的进攻，解散了这支远征军，采取了防御态势。霍利近期的一封书信，包括了对这支远征军的一些"非常感人的记述"。爱德华兹回应道，的确，上帝似乎"在每个地方都对我们极其不悦"，英国人在印第安人眼里正在迅速丧失可信性。"似乎是，某种重大事情，也许还是决定性的事情，将要在冬季以前发生。"战争可能已接近尾声，而更糟的很快就会到来。唯一的希望就是祈祷，"对万军之上帝的谦卑呼求"。[26]

吉迪恩·霍利与军队在一起的机会，使他对英国与美洲军队如何利用面对印第安人的传教工作，具有了一种新的看法。霍利发现，人们期待他在军队里发挥的职能，就是试图使少数留下的印第安同盟军保持忠诚。他还目睹了新英格兰士兵中一些放纵行径，以及一些战争的残忍行为。由于曾经在易洛魁人中间生活过，所以霍利能比他大多数欧洲同时代人更好地理解与印第安人战争中的一些含混与矛盾之处。[27]譬如，他在日记里就记录下了英国人将一位过路的印第安人斩首的草率之举，因为后者愚蠢地吹嘘自己曾在俄亥俄获得过英国人的头皮。

霍利的实战经验使他与自己的导师爱德华兹产生了不同看法；后者倾向于通过他的"千禧年范畴"与"君士坦丁预设"的角度来看待战争。1756年秋，霍利回到斯托克布里奇短暂停留；在那里，他可能还对露西·爱德华兹——"一个有魅力的姑娘"，正如他后来所说的——怀有一厢情愿的好感。霍利随后试图重返奥诺夸加，但为提早到来的冬季所阻。结果他在附近的设菲尔德（Sheffield）度过了那个冬季，跟随塞缪尔·霍普金斯学习。到这时，他对自己被要求扮演的战时传教士角色感到了不平和失望。而爱德华兹则属于那些称赞传教士这一双重角色的人：既作为福音的传布者又作为赢得印第安联盟的代理者。霍利在私人日志里愤懑地写道，"我不会再以基督教传教士的角色进入到印第安人中间，除非我能够按照基督教原则行事。""但在这种情形里，我为什么要谈论基督教热忱；它是一种政治事务。""那些谈论在印第安人中间传布基督教的人，并不太关心他们任何人是否会上天堂，"他如此写道——显然所指的是许多行省官员和军队指挥官。霍利还深信，即使是爱德华兹，也难免让政治利益妨碍了更高的目标。"爱德华兹先生……对事情的看法盲目，他只知道一些听闻而来的东西，而事情的另一半他从不知晓。如果他竭力激励我去从事我的使命，并只是出于在基督教里所隐含的那些动机，那么我会更喜欢这项使命。爱德华兹先生是个非常好的人，但也有偏见。"[28]

霍利在军队里所服用的现实主义"药剂"，有助于他认识到英属美洲人对印第安人传教的实质性缺憾；而爱德华兹则没有。英属定居者的数量意味着，不论所宣布的意图是什么，英国人对印第安人的几乎所有兴趣，都是与驱逐他们的终极目标相关联的。许多不那么宗教性的英国人和美洲人已明确承认了这一点。而其他那些将政治与宗教交织在一起的人，譬如爱德华兹，倘若认为将福音用于军事招募而又不会使福音受损，在霍利看来则是幼稚的。

1757年夏，霍利重返奥诺夸加的尝试再次受挫，这次是因为那一地区发生的天花。他再次返回斯托克布里奇并陪同爱德华兹到了波士顿。可能是他向爱德华兹表达了一些疑虑；这次访问的结果是，"印第安事务委员会"委派霍利去视察位于科德角（Cape Cod）马什皮（Mashpee）一个孤立定居点上的一些老印第安教会。霍利很快就使马什皮成为了他那漫长而富有成果的终身工作的根据地，并远离了战争和政治动荡——它们扰乱了西部包括斯托克布里奇在内几乎所有地方的传教工作。[29]

在1756—1757年的冬季里，斯托克布里奇仍然易于遭受攻击，十分令人忧虑。在11月，爱德华兹、伍德布里奇以及其他村镇人向马萨诸塞"议会"送去了一份请愿书，恳请向这里派遣保护部队。因为斯托克布里奇印第安人在上一年曾作为英国为数不多的土著同盟军参加过战斗，所以人们担心这个村镇会遭到报复。到1757年春，仍然没有得到保护的村镇人又送去了两份请愿书；其中后一份由德怀特准将起草的请愿书，不仅有他本人和老伊弗雷姆·威廉姆斯两个留下来的儿子的签名，而且还附有爱德华兹的签名。共同的危险促成了他们难得一见的合作。最终，马萨诸塞和康涅狄格都为夏天的到来而派遣了一些部队，因为到那时，大多数印第安人又将要出征了。[30]

虽然军事状况仍然是危险的，但爱德华兹一家却能欢庆在赢得北美灵魂这一更大的属灵争战中所取得的一场辉煌胜利。一场宗教奋兴——除弗吉尼亚外，近来在他们圈子里已经很罕见了——在新泽西学院爆发了。就在几个月前，亦即1756年11月，学院从纽瓦克迁到了它在普林斯顿的新址。在那里，他们建造了一栋令人赞叹的新建筑——被描述为"这个大陆上最宽敞的"建筑。为向老总督和他们最大捐助人致敬，伯尔和学院管理委员会曾将它命名为"贝尔彻厅"。而贝尔彻则通过谦逊地建议应将这栋建筑命名为"拿骚厅"，以纪念国王威廉三世，并因而将它奉献给新教"政治—宗教"事业，使历代学生避免了一个"拙劣的玩笑"。伯尔一家在这里搬进了一套优美典雅的院长住宅里。[31]

这场1757年2月在"拿骚厅"学生中爆发的引人注目的奋兴，似乎是这所学校在普林斯顿历史上最奇妙的开端。阿伦·伯尔和以斯帖两人都激动地抓紧时间给爱德华兹写信。作为1740—1742年"大觉醒"的一位"亲历者"，以斯帖报告道，"伯尔在近期奋兴中从未看到过比昨晚看到的更令人惊奇的景象。""宗教关切变成普遍性的了，"阿伦·伯尔补充道，"没有一个学生例外。"尽管唯有时间能判断究竟有多少人被长久地改变，但伯尔相信，许多人都表现出了最有希望的迹象。搬迁学院的这种吉兆，立即重新激活了对北美所亟需改革的期望。[32]

爱德华兹的希望也略略增加了。他向约翰·厄斯金报告说，在"沉沉黑暗"中，有普林斯顿奋兴和其他几处零星奋兴的"大好"消息。[33]尽管他没有本地奋兴的消息可以报告，但他至少感到欣慰的是，"与多年的情形相比，近来在印第安人中酗酒已经减少了。"[34]以斯帖在整个春季里都会继续为普林斯顿学生中的持续工作而感到欣喜，并希望他们在5月份返回各自家乡时也能够把奋兴热忱带回去。和往常一样，她也担心撒旦将会阻击奋兴的进展。[35]

8月里，阿伦·伯尔（他总是有应接不暇的任务）匆匆赶到斯托克布里奇看望爱德华兹。在他停留期间，还发生了另一场军事灾难——对新英格兰人来说还是迄今最可怕的灾难。蒙特卡姆领导的法国军队，在人数空前、包括远至密歇根湖岸边的印第安人的支援下，包围并占领了位于莱克乔治的新英属美洲人要塞："威廉·亨利要塞"（Fort William Henry）。这一回，在投降后，印第安人要求获得他们认为是正当的胜利果实，并实施了比在"奥斯威戈要塞"更大的狂暴；他们杀死了近两百名士兵——大多数是伤员，并将数百人据为战俘。伯尔返回家后，告诉以斯帖，"他们能清楚地听到要塞上的枪炮声"；所指的是，约在70英里外，在围困要塞期间，法国重型大炮发动的猛烈炮轰。他还说，"家人对敌人极为害怕。"爱德华兹几乎要让步了。他在致贝拉米的一封信里，增加了一段"附言"——写于他们初次听到遥远处那不间歇的炮轰声的当天，"我不知道，但我们可能很快就要逃往伯利恒了。"[36]

一个新开端？

那将在下一年沉重打击这个家庭的攻击，来自一个不同的方向，并且是一个更古老的敌人。阿伦·伯尔于9月1日刚抵达普林斯顿，就收到了总督贝尔彻在前一天去世的消息，并被邀请赶到伊丽莎白敦（Elizabethtown）去做葬礼布道。虽然贝尔彻已经75岁了，但他的过世对伯尔一家仍是沉重的打击。以斯帖写道，"这是我们不能指望在总督那里得到弥补的损失。"当阿伦听到这个消息后，变得非常忧郁，无法考虑其他许多事情。第二天，他在起草那篇布道时，出现了"一阵间歇性的发热症状，并在随后的整个晚上都神志不清"。不过，他仍然设法赶到伊丽莎白敦，并于9月4日做了葬礼布道。三周后，伯尔也去世了，年仅41岁。[37]

以斯帖悲痛欲绝，但也被彻底改变了。她曾深深眷恋着她那充满活力的丈夫。以斯帖致萨莉·普林斯的书信曾提到过无数个场合，她与伯尔一起畅谈着共同的关切和熟悉的事情。而现在她和两个年幼的孩子突然变成了孤儿寡母。然而，当几乎所能想象的最坏事情发生之时，她也发现了她原先未曾意识到自己拥有的一些灵性源泉。10 月初，亦即葬礼后不久，她在给母亲的信中写道："上帝似乎就在面前……我认为上帝使我意识到了这世界的虚空，以及所有尘世欢乐的不确定性；而我以前从未有过这种意识。世界从我的视野里退去了！天国和永恒比以往任何时候都显得更加真实和重要。"

次月，她给她渴望能看到其面的父亲、给她那"如此亲切慈祥的父亲与导师"写了信。她年幼的儿子小阿伦曾发烧，近乎丧命。然而即使是那时，她发现她也能够呼喊，"哦，上帝是何等良善。"上帝赐予了她孩子，上帝也能"收回他所出借的"。因而她发现自己愿意"通过信仰奉献出孩子"，并知道基督"愿意接受所奉献给他的"。以斯帖自己已被彻底改变了。一年前，在斯托克布里奇，她无法交托。而如今她能够与约伯一道说，"你虽杀我，我仍要信靠你。"

就在以斯帖发现这种顺服的力量几天后，一个夜晚，当她正"谈到我已故亲爱的丈夫必定在那荣耀中"时，她经历了典型的"爱德华兹式"的出神狂喜——对此她父母都能够产生共鸣。"我的灵魂完全充满了对这种荣耀的憧憬与渴望，"她告诉父亲，"我被迫要离开家人才能掩饰我的喜悦。当单独一人时，我如此出神喜悦，我的灵魂充满了对上帝完善与全然喜悦的热切渴望，并愿意不被干扰地事奉他——我认为我的天性不能承受更多了。亲爱的先生，我想我在那个夜晚预尝到了天国的滋味。"

从来都是睿智辅导者的爱德华兹立刻就写来了回信，在为上帝的祝福而欢喜的同时，他提醒以斯帖，真正的信心并在不于长久的出神狂喜，而在于上帝盟约的信实。"上帝以大大摇头来纠正你的时候，他温柔的爱与怜悯的心肠是如何显现的！确实，他是一位信实的上帝；他会永远记住他的盟约，从不会辜负信靠他的人。但是，如果在这种光明过后，黑暗阴云重新返回，你也不必感到惊讶，或者认为发生了什么奇怪的事情。"[38]

当以斯帖正在寻找她灵性慰藉的同时，新泽西学院在其位于普林斯顿的新址上，因丧失了其资助人总督贝尔彻以及其院长阿伦·伯尔这双重打击，震惊得不知所措。在1757年春，因奋兴而燃烧着灵性之火的新"拿骚厅"，曾经是这个大陆新教事业最明亮的灯光。它现在如何才能恢复原状呢？出路不难设想，而学院董事会也没有浪费时间去发现它。9月29日，亦即伯尔去世五天后，管理委员会秘书理查德·斯托克顿（Richard Stockton，他后来是"独立宣言"的签署者之一）致函爱德华兹，告知董事会选择他来接替他女婿的决定。他们希望他及其家人能够在六周内到达那里。[39]

在10月19日一封冗长、透露内情的书信里，爱德华兹仍在支吾推诿。他首先说道，如此仓促的搬家会导致没有时间处置他们的财产，这有可能是一种财务灾难。他们刚刚才从由北安普敦到斯托克布里奇的灾难性搬迁中恢复过来。不过，在表明了他的大家庭需要有更好的补偿这一惯常观点后，他转向了两个主要的反对理由。第一个是他的身体健康问题。他描述了自己"尤其不幸的"体质，表明长期的消化不良，导致了情绪低落，"言谈、仪表与举止懦弱、卑劣，带着孩子气；沉闷、生硬，不擅与人相处，这不仅使我很不适于交谈，而且更不适于学院管理。"[40]

他详细阐述的第二个反对理由，似乎是最主要的。他已经将平生每一点儿空闲时间都用于撰写各种各样的主题，到如今已积累了一大堆笔记。他已经接近完成一系列著述；在其中，他要思考阿明尼乌主义与加尔文主义之争的"所有……争论不休的点"。而完成这些著述后，他打算再撰写两部毕生最主要的著作和许多小书。最恢宏的作品将是"一部巨著，我将其命名为《救赎工作史》；它是以全新方法撰写的神学体系，将被置于一种历史形式里，来考虑基督教神学事务；它在整体上和每一个部分里，都将关涉到耶稣基督所施行的伟大救赎工作"。而他已完成了其中不少工作的第二部巨著，则是《旧约与新约的和谐性》；它将分为三个部分，计划是，第一部分，所有圣经预言及其应验的一份全面汇编；第二部分，旧约所有指向在基督里将会应验的预表；第三部分，一种解释或解说，有关"旧约与新约的和谐性，关于教义和准则"。

"我的心思是如此沉迷于这些研究，"爱德华兹继续说道，"以至于我在心里发现我不可能不去探究它们。"部分地，这也是一个协商谈判的要点。假如他成为院长，他不能像伯尔那样承担所有那些教学工作。伯尔曾教授所有语言课程，并承担了高年级的整个指导工作。爱德华兹只愿意担任神学教授，并对指导高年级学生的人文科学提供一些帮助。他不想教授什么语言课程，也可能希伯来语是例外，因为那有助于他的圣经研究。[41]

即使获得了所有这些让步——学院董事会很快就同意了那些要求，爱德华兹仍然把这种动议交由一个当地牧师委员会来做出决定。"那个委员会会做出什么决定，我无法预料，"他在11月给以斯帖的信中写道。"伍德布里奇执事是一个精明的人，也是一个雄辩的演说者，"他如此警告道；并且，他也知道，伍德布里奇将会提出一种强有力的理由来使他留下来，并有可能说服印第安人也那么做。[42]

被大雪耽搁了的那个委员会，最终于1758年1月4日在斯托克布里奇集会。它听取了双方意见，并很快就决定爱德华兹应当接受普林斯顿的提议。他的密友、身为那个委员会成员的塞缪尔·霍普金斯写道，"当他们向爱德华兹先生及其教区民众公布他们的判定和建议时，他看起来深受触动，在那个场合潸然泪下。这对他来说非同寻常，因为是当着其他人的面。不久，他对那位提出建议的先生说道，这在他看来是一件奇妙的事情：能如此容易地，正如看起来那样，克服他对自己离职所提出的反对理由，以成为一所学院的院长——而这在他看来是伟大而重要的事情。"[43]

爱德华兹为什么会流泪？也许这是他对会众情感的流露——与对北安普敦那个委员会形成了如此鲜明的对比。也许他是为将要离开印第安传教和学校而感到难过。不过，他应当留下来事奉印第安人这一点，似乎并不是他首要的关切。就那一点而言，他相信当地的前景还会得到改善，因为英国人和印第安人都同意，将尽力邀请约翰·布雷纳德从新泽西过来担任面向印第安人的传教士。[44]也许他的哭泣是因为重返学院的前景，而他并不确定自己是否适合那个职位。抑或，更有可能，他是被一种失落感所压倒，亦即他可能再也无法从事拟议中的重要著述了。在致普林斯顿董事会的信函里，他数次提及，"我的心是多么深地……沉浸在那些研究之中。"

听到委员会决定后,他一平静下来,就表示自己愿意遵从他认为是上帝旨意和自己职责的事情。数周内,他将离开这里前往普林斯顿,并计划到 5 月份再让家人从危险的斯托克布里奇搬走。[45]

注释

[1] 以斯帖·爱德华兹·伯尔致萨拉·普林斯,July 19,1755,in *The Journal of Esther Edwards Burr*,1754—1757,ed. Carol Karlsen and Laurie Crumpacker (New Haven:Yale University Press,1984),136。

[2] Fred Anderson,*Crucible of War:The Seven Year's War and the Fate of Empire in British North America*,1754—1766 (New York:Knopf,2000),86—114,提供了最有价值的叙述。

[3] 以斯帖·爱德华兹·伯尔致萨拉·普林斯,November 5,1755,in *The Journal of Esther Edwards Burr*,163—164 and August 8—9,p. 142。以斯帖·伯尔几乎每天都给萨拉·普林斯写信;那实际上是一种日记,如今则是一种极有价值的文献来源。

[4] Aaron Burr,*A Discourse Delivered at New—Ark,in New Jersey,January 1,1755. Being a Day Set Apart for Solemn Fasting and Prayer,on Account of the Late Encroachments of the French ...* (Philadelphia and New York,1755),40 and passim. 伯尔以一种预示了美国革命的论辩做了结尾,并阐明了自由与新教的关联。"是时候了,唤醒我们英人的每一分英勇豪气;心甘情愿地奉献出我们的钱财、力量和生命,去捍卫我们的国家、我们的神圣宗教、我们的卓越宪法和无价自由。没有自由,就没有生命,就不能享受基督那荣耀的福音。"我感谢下列著述 Nathan O. Hatch,*The Sacred Cause of Liberty:Republican Thought and the Millennium in Revolutionary New England* (New Haven:Yale University Press,1977),34,指出了伯尔与爱德华兹的不同之处,published in Aaron Burr,*The Watchman's Answer ...* (Boston,1757)。以斯帖·爱德华兹·伯尔致萨拉·普林斯,January 1 and 2,1755,in *The Journal of Esther Edwards Burr*,76—77。

[5] "An Account of Events Probably Fulfilling the Sixth Vial," in "Notes on the Apocalypse," *Works*,5:283. In another section of "Notes on the Apocalypse," titled "Events of an Hopeful Aspect on the State of Religion," Edwards last entry was March 25,1755,*Works*,5:296—297.

[6] Sermon on Psalm 60:9—12,"Fast after General Braddock's Defeat," August

28，1755. 这是对 1746 年 8 月一篇布道的重新宣讲，但其有关布雷多克的应用则是新内容。Works of Edwards transcription.

[7] 爱德华兹致 William McCulloch, April 10，1756，*Works*，16：686。

[8] Edwards et al.，Petition to Colonel Israel Williams, September 4，1755，*Works*，16：670. Cf. Edwards to Colonel Israel Williams, September 5，1755，*Works*，16：671—672。

[9] Anderson, *Crucible of War*，118—120；Wyllis Wright, *Colonel Ephraim Williams：A Documentary Life* (Pittsfield，Mass.：Berkshire County Historical Society，1970)，127—149.

[10] 爱德华兹致 John Erskine, December 11，1755，Works，16：680. James R. Trumbull, *History of Northampton, Massachusetts, from Its Settlement in 1654*，2 vols. (Northampton, Mass.，1898，1902)，2：285。

[11] Abigail Dwight to Abram Bookee, November 1755, as quoted in Sarah Cabot Sedgwick and Christina Sedgwick Marquand, *Stockbridge, 1739—1974* (Stockbridge，Mass.：Berkshire Traveller Press，1974)，81—82. Cf. Edwards to Aaron Burr, March 16，1756，*Works*，16：683，and Claghorn's note p. 669.

[12] Wright, *Colonel Ephraim Williams*，110—111，153—161.

[13] 爱德华兹致 John Erskine, December 11，1755，*Works*，16：679—681。

[14] Burr, *Journal of Esther Edwards Burr*, September 26 to October 11，1755，pp. 153—158.

[15] Burr, *Discourse Delivered at New-Ark*，39.

[16] Ola Winslow, *Jonathan Edwards, 1703—1758：A Biography* (New York：Macmillan，1940)，287. George Claghorn in his "Character Summary：Gideon Hawley," furnished to the author, dates this as July 1754, Gideon Hawley, Journal, Congregational Library, Boston.

[17] Burr, *Journal of Esther Edwards Burr*, March 10 to April 12，1755，pp. 98—108.

[18] Ibid.，October 13，1754，pp. 54—55.

[19] Burr, *Journal of Esther Edwards Burr*, April 12，1757，p. 257, cf. p. 248.

[20] 爱德华兹曾远距离地卷入过纽约长老会的斗争。他的密友约瑟夫·贝拉米在 1754 年曾收到过一份极具争议性的呼召，邀请他去担任那个已经分裂的教堂会众的牧师；但最终他拒绝了这份邀请。贝拉米是个来自偏僻乡村的强有力的大块头，在那种微妙处境里，那就像一头公牛闯进了一家瓷器店。而且，纽约人装扮出了英国人的神态。"我对他们来说不够文雅，"贝拉米告诉一个

朋友说，"我可能在森林里还能当个牧师，但却不适合城市。" Quoted in Joseph A. Conforti, *Samuel Hopkins and the New Divinity Movement* (Grand Rapids, Mich.: Eerdmans, 1981), 10, from Glen P. Anderson, "Joseph Bellamy: The Man and His Work" (Ph. D. diss., Boston University, 1971), 466. 在1755年7月，那个教堂会众邀请了长岛的David Bostwick，并指定爱德华兹为他们的下一个选择——假如Bostwick拒绝他们的话。以斯帖认为她父亲"绝不会为他们做事，如果他能来的话"，并希望他不要考虑那种邀请（*Journal of Esther Edwards Burr*, p. 132）。当爱德华兹于10月份到达纽约时，Bostwick的到来（最终导致了教会分裂）仍处在激烈争论中；没有任何证据表明爱德华兹有兴趣涉足于另一场纷争的旋涡之中。

[21] 有关爱德华兹的旅行，参见 Burr, *Journal of Esther Edwards Burr*, 156—158。她提到了对"采牡蛎人"的一次拜访：March 21, 1755, p. 102。我们拥有爱德华兹数次订购巧克力的记录。例如，在爱德华兹致伍德布里奇的信（June 4, 1755, *Works*, 16:669）里记载道，他从John Henry Lydius那里订购了巧克力；后者是伍德布里奇在前一年曾与其一起策划"萨斯奎汉纳并购"的纽约商人。"Was Edwards a Chocoholic?" *Friends of Edwards*, "News from The Works of Jonathan Edwards at Yale University"（autumn 1999）：3, 列出了购买巧克力的七种证据。

[22] "Gideon Hawley," *Sibley's Harvard Graduates*, 12:396—397. 爱德华兹致McCulloch, April 10, 1756, *Works*, 16:684—687。关于Johnson, 见Milton W. Hamilton, *Sir William Johnson: Colonial American*, 1715—1763 (Port Washington, N. Y.: Kennikat Press, 1976)。

[23] 约瑟夫·贝拉米致乔纳森·爱德华兹, in Dwight, *Life*, 555—556。贝拉米亦发现，这些男孩子们的学习和学校纪律是令人失望的。

[24] 此处以及下文描述这次旅行的解说来自 以斯帖·伯尔致萨拉·普林斯的信, August 16 to September 19, 1756, in *Journal of Esther Edwards Burr*, 217—224。

[25] Anderson, *Crucible of War*, 154—155. 结果是，殖民地人取消了克朗波因特（Crown Point）远征计划并转入了防御地位, p. 157。

[26] 爱德华兹致 Gideon Hawley, October 9, 1756, *Works*, 16:690—691。

[27] 有关易洛魁人的观点，参见 Daniel K. Richter, *The Ordeal of the Longhouse: The People of the Iroquois League in the Era of European Colonization* (Chapel Hill: The University of North Carolina Press, 1992), and "War and Culture: The Iroquois Experience," *William and Mary Quarterly*, 3d ser., 40

(1983）：528—559。

[28] Gideon Hawley, Journal, Congregational Library, Boston, February 12, 17, 1757, as quoted in *Sibley's Harvard Graduates*, 12：399, cf. 398—400. 后来，当霍利安定下来并决定娶一位妻子时，他写道："露西·爱德华兹小姐是一个富有魅力的姑娘，但我猜她不会喜欢这里的男人，更不用说我了。" Hawley's Journal, March 1, 1759, quoted ibid., 400. 三个月后，他与另一个姑娘结婚了。

[29] Ibid., 399—400. 关于斯托克布里奇，见 Gideon Hawley, "A Letter from Rev. Gideon Hawley of Mashpee, Containing an Account of His Services among the Indians ...," *Collections of the Massachusetts Historical Society*, 1st, ser., 4 (Boston, 1794), 55, and below。

[30] Edwards et al., Petition to Lieutenant Governor Spencer Phips, et al., *Works*, 16：693—694, and "Editor's Introduction," p. 693.

[31] Thomas Jefferson Wertenbaker, *Princeton*：1746—1896 (Princeton：Princeton University Press, 1946), 38—40. Wertenbaker 没有提到学院在普林斯顿创建之初的宗教奋兴。

[32] Aaron Burr to Edwards, February 20, 1757, and Esther Edwards Burr to Edwards, February 21, 1757, as excerpted in Edwards to John Erskine, April 12, 1757, *Works*, 16：703—704.

[33] Ibid., 702—705.

[34] 爱德华兹致托马斯·福克斯克罗夫特, February 11, 1757, *Works*, 16：697。

[35] 以斯帖·伯尔致萨拉·普林斯, March 1 to May 1, 1757, in *Journal of Esther Edwards Burr*, 250—258。

[36] Anderson, *Crucible of War*, 191—199. 以斯帖·伯尔致萨拉·普林斯, August 12, 1757, in *Journal of Esther Edwards Burr*, 271。爱德华兹致约瑟夫·贝拉米, August 6, 1757, *Works*, 16：734—735。1863 年 7 月 3 日发生在葛底斯堡的炮轰，在远在二百英里外的皮兹堡都能够听见。James M. McPherson, *Battle Cry of Freedom*：*The Civil War Era* (New York：Oxford University Press, 1988), 661.

[37] Burr, *Journal of Esther Edwards Burr*, 237—274. Esther Burr to William Hogg, December 22, 1757, p. 299. Cf. "Introduction," 17, 认为那种热症是疟疾。

[38] 以斯帖·伯尔致萨拉·爱德华兹, October 7, 1757, 以及致乔纳森·爱德华兹, November 2, 1757, in *Journal of Esther Edwards Burr*, 292—295。爱德

华兹致以斯帖·伯尔，November 20, 1757, *Works*, 16: 730。

[39] 理查德·斯托克顿致爱德华兹，September 19, 1757, Beinecke, Works of Edwards transcription。斯托克顿与以斯帖的一个密友 Annis Boudinot 订婚了。

[40] Edwards to the Trustees of the College of New Jersey, October 19, 1757, *Works*, 16: 726. 他自己的原话是，"I have a constitution in many respects peculiar unhappy, attended with flaccid solids, vapid, sizy and scarce fluids, and a low tide of spirits; often occasioning a kind of childish weakness."

[41] Ibid., 725—730.

[42] 爱德华兹致以斯帖·伯尔，November 20, 1757, in *Journal of Esther Edwards Burr*, 298。学院管理委员会的大部分让步或特许，见之于理查德·斯托克顿致爱德华兹，November 4, 1757, Beinecke, Works of Edwards transcription。

[43] Hopkins, *Life*, 78.

[44] 爱德华兹致 Gideon Hawley, January 14, 1758, *Works*, 16: 737—738。布雷纳德没有接受。

[45] Hopkins, *Life*, 78. Edwards to Gideon Hawley, January 14, 1758, *Works*, 16: 737—738.

26

反对一种"几乎无法察觉的有害"教义

爱德华兹的生平并不缺乏戏剧性。在觉醒中他发挥了主要作用;其中一些觉醒还是那个时代最重大的事件。他长期担任牧师,并苦苦照料着不朽的灵魂。他将许多时间都用于他与姊妹、妻子和孩子这个直系大家庭的关系当中。而在他隶属的那个大家族和当地社区里,他也发挥过最重要的作用。他卷入了派系性的国际政治,也曾置身于国家及宗教间的激烈冲突。

然而他的心最经常地还是沉浸在他的写作当中。如果可以通过一个人如何分配时间来判断其真实情感,那么爱德华兹生活的中心就是通过笔墨表达出来的对于上帝的崇敬。那种崇敬并不是与他每周在正式崇拜中花费的许多时间相分离的。相反,他的研究是另一种形式的崇拜。其中大部分都指向了预备讲章这一直接而实际的目标,并与他对灵魂的热情紧密相连。我们也不应将他投入在他所钟爱的笔记和论著上的工作,看作是一种从世界的退缩。他对斗争的参与,与率领部队对法国人及其印第安同盟军发动进攻的任何一位新英格兰上校同样投入。他无疑完成了布道与教导的分内职责,但他还认为,他的学术研究是一种更重要的事工。"就我自己能够判断我具有什么天赋而言,"他在给普林斯顿学院董事会的信中写道,"在通过话语使我的同胞获益上，我所写的要胜于我所说的。"[1]他的写作激情是如此强烈，假如他的教牧同事同意的话，他宁愿不接受他的事业——在北美最关键培训中心的院长职位。在决定他如何能最好地侍奉上帝和人类同胞上，他甚至没有让把家庭搬迁到安全地方的可能成为决定性的因素。

1757年10月，爱德华兹已经54岁了；随着年岁的增长，他完成其理智任务的呼召似乎也越来越迫切了。他知道他的体质并不强壮；然而，那种紧迫感更多地还是反映了时代的危机。到18世纪50年代，我们所谓的"启蒙运动"——爱德华兹讽刺性地称之为"这个光明与探求的时代"——正在步入鼎盛期。[2]就像唯有那个时代真正的哲学家才能做到的那样，爱德华兹决定要表明，启蒙运动大多数拥护者视为太阳的东西，只不过是反射的暗淡光芒。

最令人震惊的是，那些蒙蔽人的教义在新英格兰突然变得如此流行起来。从青年时期起，爱德华兹就很清楚在英国出现的那些先进观念；它们为那里的教会，既包括圣公会也包括非国教教会，带来了一系列阿明尼乌主义、苏西尼主义（理性主义的反加尔文派与一位论派）以及自然神论的教义；它们带来了从内部摧毁新教王国的危险。早在18世纪30年代，在这些观点感染乡村地区以前，他就参加了抑制它们之最温和表达的运动。而如今，从18世纪40年代末开始，罗伯特·布雷克在30年代不愿承认的、查尔斯·昌西在"大觉醒"期间不愿提出的那些观点，突然之间得到了广泛而公开的表达。

即使是在马萨诸塞西部，爱德华兹也已经遇到了他有时松散地将其归并为"阿明尼乌主义"（即反加尔文主义）观点的公开表达。在他从北安普敦被解职期间，他直言不讳的表弟约瑟夫·霍利三世就被证明已经受到了自由观点的影响。尽管年轻的霍利曾经是爱德华兹的被监护人和门徒，但他却在效力路易斯堡期间，接受了马萨诸塞东部或其他地方的那些先进观念。作为对英国先进思想里那些老生常谈的重复，霍利断言，真宗教"是所有事物中最具合理性的东西"，是"所有人类无偏见的理性与意识都认为正确的东西"。[3]在1750年的斯托克布里奇，以斯拉·斯泰尔斯和阿比盖尔·威廉姆斯·萨金特都持类似的看法。听从了父亲建议的斯泰尔斯，担心他的观点太自由，如果接受正统的印第安传教委员会神学审查的话，它们就有可能会永远毁坏他的声誉，尤其是在他的家乡康涅狄格。

爱德华兹长期以来都在密切关注着阿明尼乌派的一举一动；他敏锐地意识到了那些时髦观点，不仅在平信徒中而且还在圣职人员中，传布得何其迅速。波士顿在 1747 年出现了一种转向；在那一年，富裕和较新组建而且已经以进步观点闻名的"西教堂"（West Church），按立了年轻的乔纳森·梅休（Jonathan Mayhew，哈佛 1744 届）为其牧师。梅休的理性主义、道德主义或"阿明尼乌主义"已经为人所熟知，而他的按牧仪式，也因该城正统"新光派"圣职人员譬如托马斯·普林斯、本杰明·科尔曼、约瑟夫·休厄尔和托马斯·福克斯克罗夫特等人的缺席，而倍加惹人瞩目。两年后，梅休的一位朋友莱缪尔·布赖恩特（Lemuel Briant，哈佛 1739 届）在梅休的教会里应邀做了一次客座布道，并以挑衅性的标题出版了《贬低道德品性的荒谬性与亵渎性》（波士顿，1749 年）——它攻击了加尔文主义"唯独靠着恩典才能获救"的教义。由此引发了一场小册子激战，随后在布赖恩特位于布赖恩垂（Briantree）——就在波士顿南部——的教会里，教会同工之间发生了一场短兵相接的斗争。1753 年，一个当地牧师委员会谴责了布赖恩特的一系列冒犯之处，其中包括他那篇著名的布道。他们还具体指明了这一点，布赖恩特曾向一位教区居民推荐过"约翰·泰勒先生的著作（而我们认为那本著作是极其荒谬的）"；这所指的是，一位著名英国不从国教派神学家，在所著《原罪的"圣经教义"：提议进行自由而坦率的考查》（1740 年）里，对加尔文主义所做的攻击。然而他的会众中大多数人都支持他并拒绝将他解职。不过他由于健康原因而被迫辞职后不久，于 1754 年去世。在这场争论期间，约翰·亚当斯（John Adams）还是布赖恩垂的一个少年，他在 1815 年回忆道，布赖恩特是新英格兰最早倡导"一位论"（unitarianism）的人之一。更准确地讲，布赖恩特是他那个时代在波士顿及其周围，实际上正在驱逐加尔文主义的那种"合理性基督教"的一位早期拥护者。1751 年，爱德华兹的朋友托马斯·福克斯克罗夫特，曾将布赖恩特描述为并不完全是"阿明尼乌派"，而更多地是"苏西尼派"；这所指的是一种更为彻底的理性主义运动，包括对三位一体和大多数加尔文主义特有教义等传统观念的否定或拒斥。让福克斯克罗夫特尤其感到震惊的是布赖恩特这样一种主张："基督的'登山宝训'包含着他的整个教义"以及对"基督代赎"的断然拒绝。[4]

比这些标签更重要的，是指导那些先进观点拥戴者的那种涵盖一切的原则：理性与道德的普遍真理应当成为解释圣经的标准。梅休本人在1749年发表的一系列布道里就表明了这一点。理性是上帝的一种恩赐，而不利用它则是错误的。那种认为"由于始祖的背叛，人类在评判道德与宗教真理上完全无知和无能的教义，是没有依据的"。人类选择良善的自由，是由理性这一恩赐而来的。梅休还在另一系列布道里宣告道，"运用你们的理性，以及你们所享受的自由，来获得真理以及你从中获得的神性。"在仍然用含糊的方式大量使用老式恩典语言的同时，梅休以及18世纪50年代的其他许多新英格兰基督教理性主义者，已经确立起了一种标准；如果那种标准成立的话，那么毫无疑问，不仅将损害"加尔文主义信仰"，而且还会削弱"尼西亚三一正统信仰"。[5]

到1757年，爱德华兹对波士顿正在发生的事情深感忧虑，他采取了非常的对策，写信给哈佛"霍利斯神学教授"爱德华·威格尔斯沃思（Edward Wigglesworth），请求他进行干预。威格尔斯沃思属于"旧光派"，爱德华兹与他关系并不密切；但爱德华兹知道他是一个正统加尔文派。爱德华兹的震惊，是针对乔纳森·梅休发表的一篇布道；那篇布道包括这样一个旁注，用爱德华兹的话来说，"他嘲讽了三位一体教义。"爱德华兹敦促威格尔斯沃思对梅休做出回复。但威格尔斯沃思客气地拒绝了，并申明波士顿其他牧师已经在演说中反驳了梅休，而他本人也一直都在维护更基本的圣经默示（biblical inspiration）教义。[6]

在给威格尔斯沃思写信的同一天，爱德华兹还给朋友及波士顿主要出版代理人托马斯·福克斯克罗夫特牧师写去了一封信，解释了他对教义松弛的关切，尤其是在这样一个战事进展并不顺利的时期。"我丝毫不怀疑，"他宣称，"这片土地的罪恶（它已经很严重了，并在今日受到了天国可怕的证实）将因这种疏忽而极大地增加，如果现在没有人出来全面证实基督神性教义的话。"[7]

对那些时髦新神学家的立场至关重要、对他们在新英格兰的吸引力不可或缺的,是他们宣称,与其加尔文派对手相比,他们更符合圣经。他们认为,他们正在运用新的、高级的理性标准来澄清旧有的文本。正如在许多18世纪先进思想里一样,他们相信,基于无可置疑的常识基础,通过彻底运用理性,就能平息已经撕裂了基督教世界的那些释经争论。

在英格兰,各种各样的反加尔文主义神学家,正在按照当下的理性标准来评判圣经文本。约翰·泰勒的《原罪的圣经教义》(*Scripture-Doctrine of Original Sin*,1740年)和《使徒著述的关键》(*A Key to the Apostolic Writings*,1745年),对于在新英格兰人中普及这种理性主义观念,尤其具有影响力。作为一个前加尔文主义者,泰勒表明,人们如何能够用"圣经比对圣经"的古老技巧,来推翻加尔文主义的圣经至上论。当就一个具有争议性的教义收集齐了圣经陈述后,人们就能够以那些看来与理性与道德之普遍原则最相一致的圣经陈述作为"透镜",通过这个"透镜",就能解释那些更为神秘的圣经段落,尽管那些段落本身看来是与这些普遍感觉相矛盾的。譬如,查尔斯·昌西,就在泰勒著作的影响下,在觉醒运动后,用了七年时间来修正他从前的加尔文主义教义。而在更乐意宣告自己新观点的年轻的乔纳森·梅休那里,昌西则寻找到了最宝贵的同盟军。[8]

正如在昌西的情形里,对"大觉醒"的反对,为反加尔文主义教义打开了泄洪闸门;那已经在大不列颠十分高涨的反加尔文主义浪潮,也就汹涌流入了新英格兰。觉醒运动,就像所有激进更新运动一样,在那些它判定为灵性冷淡的人当中,产生了一种自由主义的反作用力。不是所有反觉醒者都变成了自由派。一些"老式加尔文派",仍运用严格的改革宗论述,来反对觉醒者所谓过度的情感狂热。不过,有相当一部分人,其中昌西是原型,通过摒弃加尔文主义并赞成与卓越的理性更为一致的教义,而对他们所谓"新光派"的"狂热"与凯旋主义(triumphalism)做出了对抗性反应。

因而,加尔文主义的觉醒产生了一种具有讽刺意味的后果,即削弱了加尔文主义正统的结构,尤其是在波士顿地区。波士顿圣职人员中的分裂,以及在东部马萨诸塞对公理会体制的严格恪守,导致了难以强化一些严格的教义标准。50年代的波士顿同40年代相比已经变成了一个迥然不同的地方。在神学上，没有任何人负责。在波士顿，正统信仰的堤坝一旦发生溃决，在乡村地区似乎就没有什么能阻止反加尔文主义的洪水了。

《意志的自由》

自从在学院就读时候起，爱德华兹就对他那个时代的理智挑战感到兴奋不已。加尔文主义已经被这个所谓光明时代的最伟大思想拒斥了。它在有学识者中间和上流圈子里受到了讥讽。自开始侍奉之初，爱德华兹就在不断警告人们要防备那些时髦信念在新英格兰几乎无可避免的入侵。在青年时期曾与这些新观念进行过较量后，他知道它们的力量。多年来，他都忙于一些实际性回应，以促进当地和国际上那些伟大的奋兴运动。然而他始终都在构思，重建加尔文主义国际理智地位的宏大蓝图。就在他完成那几部奋兴方面论著的时候，大卫·布雷纳德的去世及其《生平》插了进来。然而，在1747年和1748年，他已经在草拟一部有关意志自由的论著，并告诉朋友们他很快就会撰写它以备出版。这时他又一次受到干扰，这回则是圣餐礼之争，它占据了他接下来的四年时间。最终，在1752年中，他又重新回到了他反阿明尼乌主义的计划上。

1752年7月，爱德华兹向约翰·厄斯金牧师——这位年轻同盟者将成为他在苏格兰的主要著述代理人——解释了为什么他正在着手撰写一部论自由意志与道德动因的论著。那将加尔文主义拒斥为"荒谬"的最广泛使用的反对理由之一是，加尔文主义认为，上帝拥有至高的主权，相应地，如果没有上帝的恩典，人在道德上是无能的，这种观点损害了道德责任的常识观念。爱德华兹特别想要回答"那一重大的反对理由；在其中，现代著述者如此引以为荣，获得如此长久的胜利，并对最优秀神学家、实际上也是对耶稣基督福音造成了如此大的贬抑。亦即，加尔文主义有关上帝道德治理的观念是与人类的常识相对立的"。[9]

这句话概括了爱德华兹对自己理智呼召的看法。他是反对"现代著述者"的"加尔文主义"神学的辩护者。具体说来，他决心回答对加尔文主义所做的反驳；而那些反驳则建立在作为18世纪诸多思想之基石的这一观念上——"人类的常识"。爱德华兹决心要表明，正如宗教改革"最杰出的神学家们"所理解的，理性，甚至"常识"本身，是更与"耶稣基督福音"相一致的。

爱德华兹为这部长久规划的作品所做的论证已经在笔记里充分形成了。他在1752年8月开始进行写作，但很快就受到了控制斯托克布里奇那场斗争——紧随着阿比盖尔·威廉姆斯·萨金特与约瑟夫·德怀特准将的联姻以及伊莱沙·威廉姆斯在8月份的造访——以及前往新泽西旅行等事务的干扰。即便一直到冬季才重新回到《意志的自由》的撰写上，但他还是在1753年完成了这部著作，为次年出版做好了准备。[10]

爱德华兹著作的完整标题，总括了他予以驳斥的作为现代思想基础的那种立场：《对意志自由之现代流行观念的一种仔细而严格的探究，那种自由被认定为对道德动因、美德与邪恶、奖赏与惩罚、赞扬与谴责等是必不可少的》。他确信，当下对加尔文主义的所有其他攻击，都依赖于那种"现代流行观念"。他对其重要性的评估几乎达到了无以加的地步。"我认为这种自由观念，即自由是由意志偶然的自我决定构成，对人的性情与行为的道德性是必需的，"他于1757年给约翰·厄斯金写道，"是几乎不可思议的有害"思想。然而，相反的真理，却是"曾经讨论过的道德哲学的最重要真理之一"。如果现代观念在这个问题上占了上风，那么这场游戏对加尔文主义来说就结束了。"因为如果允许这些对手在这个论题上所采取的立场，那么我认为，他们便可以严格地反驳我们。"

而且，爱德华兹在过去十五年里不理想的教牧事奉，也使他确信现代观念的传布所具有的破坏性实际后果。他告诉厄斯金，"这类观念，在罪人归信中，是宣扬上帝之道以及其他恩典途径取得成功的主要障碍之一。"人们需要"完全确信，他们在上帝眼里真的犯了罪，是罪人，当承受上帝之愤怒"。然而，人们却越来越"以他们自己的无能为力来为自己开脱"。如果他们的心灵在拒绝基督无限之爱上"如同顽石一样冰冷"，他们就会责怪他们对待上帝的邪恶性情，并声称他们对此无能为力。也许他们会因一些具体罪过譬如淫荡行为、说谎或放纵等偶尔有罪咎感，但他们却没有因那傲慢拒绝了上帝之爱的反叛心灵而有任何罪咎感。[11]

从我们时隔两个半世纪后所占据的有利角度来看，不论是否认同爱德华兹的神学评价，我们都能看到爱德华兹对西方思想、文化与宗教走向的意识里所具有的预见性。在文化上，对个体完全无约束的自由意志的强调，是有时被描述为"现代自我"这一发明之物的一部分。与17世纪科学革命同时发生的，是一种客观化自我的趋势。笛卡儿的哲学（将自我孤立为一种哲学确定性），就是一种更广泛文化趋势的最为人熟知的理智说明。约翰·洛克同样也设定了一些规则，借此个体能够后退一步并理性地评价他们的信念与信守，由此也就培育出了一种自我负责的独立理想。[12]到爱德华兹撰写他的论著时，许多英国殖民者已经开始认为，他们自己拥有自明的天赋个体权利。[13]在两代人之前，几乎每个人在社会里的地位，都是（至少在原则上）被在社区里的身份所界定的。在爱德华兹的时代，许多社会关系（国民、妻子、孩子、学徒、仆人、奴隶等等）仍然是这样界定的。然而，一场政治与社会革命已近在咫尺。那场革命的前兆之一就是信念上的转变；而这种转变甚至已经席卷了新英格兰乡村地区。个体，特别是成年个体，开始将自己看作是自我界定性的。而对这种自我界定至关重要的，就是不受限制的选择。譬如，个体可以服从于政府，但只有通过他自己的自由与自主性的同意。

具有讽刺意味的是，宗教改革是这种革命的主要促成者。基督，作为上帝与世人之间唯一的中介，能够使人摆脱各种人类体制的权利主张。没有什么新教徒比清教徒更加坚持人在上帝面前需要自我省察，或者强调由盟约界定的、需要认同的关系了。况且，加尔文派奋兴者，譬如爱德华兹本人，也是18世纪这场革命的一部分；它看重个体选择，甚至还颠覆了许多改革宗教会与圣职的权威。不过，严格的加尔文主义者，譬如爱德华兹及其清教先驱，对这种现代个体化趋势保持着严格的约束或控制，并通过一种更大的坚持对其进行制衡，即人的身份，是单单由与拥有绝对主权的上帝和上帝所规定的群体的关系加以界定的。如果在对个体选择的强调中取消了上帝的统治，整个体系就会崩溃。

爱德华兹还管窥到了美国宗教之未来的某种东西。正如他过去十五年在自己教区里所观察到的，自制的个体，愿意承认所犯具体罪行，却不愿意承认他们最根本的反叛心灵之罪。在良心指导下，他们将具体的罪行看作是意志力的失败，并有可能通过行使更大的自制来加以克服。[14] 新共和国的"自由派基督教"，将围绕着这类道德原则加以建立起来。即使是在下两个世纪里最大众性的福音派，也倾向于强调对已知罪行的触犯与战胜。虽然人们通常强调，人的意志对上帝的顺从，以及随后而来的圣灵的充满或圣灵的洗，对取得道德纯洁性是必需的，但上帝的能力通常都被看作是合作性的，或者是经由自主性个体意志的天赋能力加以运作的。尽管总体上的美国基督教以及特定的福音派，因出现了太多变体形式而难于简单概括，但我们至少能够说，爱德华兹在辨识一种朝向他所谓"阿明尼乌主义"的发展趋势——在那块准"自由之地"——这一点上是正确的。[15]

爱德华兹对个体自治与道德动因这些现代观点的震惊，导致他在新处境里发起了一场旧争论。有关自由与决定论的争论同哲学一样古老，并为基督教历史所熟知。就这个主题而言，奥古斯丁曾引人瞩目地攻击过帕拉纠；路德也曾攻击过伊拉斯谟。而爱德华兹则有理由认为，18世纪中叶的风险比以往更大了。像往常一样，他首要的关注是神学性的——要表明上帝主权的意义。不过，现今，另一种选择是个体主义道德论，它像洪水一样漫过了原先属于加尔文主义的大地，威胁着要毁坏宗教改革本身的成就。

爱德华兹不仅为所出现的现代个人主义而苦恼，而且他还意识到了从相反侧面而来的一种现代威胁，即机械决定论的威胁。一个运动物质机械论的牛顿式宇宙，可以被看作包含了每一种结果，包括意志行为的终极性物质原因。在牛顿之前，17世纪中叶英国著名怀疑论者托马斯·霍布斯，就已经宣告了这种决定论。可以推断，其后哲学家们维护自由意志的热情，必须要考虑到反对由一种牛顿式宇宙所提出的这类威胁。[16] 18世纪的哲学家通常认为，造物主不仅设立了机械律，而且还设立了道德律，而道德律，正如理性和某种被证实了的可靠人类直觉一样，就包含真正的自由意志。

爱德华兹论著的核心是——正如其完整标题所宣告的，道德动因、美德与邪恶、奖赏与惩罚、赞扬与谴责等，并不依赖于阿明尼乌派及其他人所宣称的那种自由。他的对手——代表了从自然神论到福音派范围广泛的神学观点——宣称对自由必不可少的一点就是，意志必须是自我决定的或者对它自己具有自主性的，这样意志才能自由地在可能性之间进行选择，"以对抗所有的必然性，或任何与其存在的某种先在基础或理由的固定与确切的关联。"[17]

爱德华兹回应道，这种认为自由对于赞扬或谴责是必需的观念，完全是一派胡言。一方面，它设定了一种"自由意志"，仿佛这种意志除了它自身之外，不需要任何前因，就能产生出结果。这就好像是说，这种无前因之自由意志的拥护者在想象，这种意志官能是一种独立于它所寓于其中之人的动因。爱德华兹写道，这种"意志"，就是人之选择能力的一种条件。严格说来，这种意志本身并不具有某种隐蔽的自由选择能力。"由于这种意志本身并不是一个具有意志的动因，所以这种选择能力本身并没有选择能力。"相反，爱德华兹认为，正是人具有一种意志或者选择能力。所以下面这一点是站不住脚的，即为了成为自由的，意志必须要从那正在行使这种意志力之人的控制性倾向那里自由出来。

在爱德华兹看来，谈论自由意志唯一可行的方式就是，人能自由地做人想做的事情。他认为，这也是有关自由的常识意义。"按照自由的首要和常识观念来说，就是让人按照其意志力或选择来实现其所意愿的——如果人能够那样的话；就是没有什么东西阻碍人遵从和行使其意志，他是完全和真正自由的。"[18]因而，如果拥有自由意志，也就意味着能自由地去做其想要做的；这是以另一方式在说，人能自由地遵从自己最强的动机。选择和自由行动只能意味着，人可以自由遵从自己最强的倾向或意愿。

爱德华兹说道，另一种选择同样是荒谬的，亦即，认为在我们里面存在一种被称之为"意志"的动因，而那种动因是自由的，不遵从我们自己最强的倾向或意愿的。人们也许会回应说，我们的倾向或意愿本身，是被我们自己的、在某种意义上是自由的意志选择所决定的。但任何这样一种在先的自由选择，都同任何其他选择一样，要受制于相同的限制。它自身必定也要被人自己的最强倾向或意愿所引发。相应地，每一种倾向或意愿，也都必须要被人之倾向或意愿里某种先于它本身的东西所引发，如此循环以至无穷。[19]

爱德华兹强烈反对那些用嘲讽代替论证的人，而他则愿意补充数百页细致的论证，却很少带有什么轻浮的口吻。他的对手们所主张的"为了能成为真正自由的，意志行为必须由它们自己所引发"这种观点，将会导致一种有关人之意志力的荒谬描述。类似地，"如果有某位博学的哲学家……声称，他'曾去过火地岛，并在那里看见了一种动物……那种动物孕育和生产出了它自己，但却存在着与它自己相区别的一头公兽和一头母兽；那种动物具有胃口，并在它存在之前就感到饥饿了；那指引它并根据自己意愿驾驭它的主人，也总是被它所驾驭，并按照它的意愿被指引；当它走动时，它总是在迈出第一步之前已经行走了一步……'那么可以完全明智地告诉这样一位旅行者，尽管他是个博学的人，他本人根本就不知道或不清楚他所描述的那样一种动物，过去不会，将来也不会"。[20]

爱德华兹认为一种自己引发自己的意志，是同样荒谬的观念。他的替代形式，就是他对具有自由意志究竟意味着什么所做的界定。如果所有决定我们选择的东西，就是我们自己所想要做的东西，亦即，在我们自己道德品性里的某种东西——以对立于某种外在的限制，那么我们的意志行为就仍然能够是"自由的"——在那个术语唯一前后一致的意义上。

爱德华兹在自然必然性与道德必然性之间提出了一种至关重要的区分。就自然必然性而言，爱德华兹所指的是，能够与"道德原因，譬如心灵的习惯与倾向"相区别的自然原因的限制。例如，当人们受伤时，他们感到疼痛，就存在着一种自然必然性；没有人认为他们在道德上要为那种感觉负有责任。道德必然性亦是事物本性的一部分，但它是在我们的动机或意愿强烈到我们无法抵制它们时所经验到的那种限制。爱德华兹说道，甚至那些可能会否认意志总是被自己最强烈动机所控制的人也不得不承认，"有时"一种动机是如此强烈，以至于一个人无法克服它。所以，最起码地，意志有时会被一个人自己的道德倾向无可抗拒地加以决定。[21]

爱德华兹说道，人们可以想到许多这类实例，在这类情形中，人们的道德品性使得他们对自己所能做的无法做出选择："一个具有巨大荣誉与贞洁感的妇女，在向其奴隶出卖自己肉体上，可能具有一种道德无能性。一个对父母怀有巨大爱心与责任感的孩子，不可能会想要杀死他的父亲。一个极其淫荡的人，在某种机会和诱惑下，并在某种限制缺失的情况下，可能会忍不住要去满足自己的淫欲……一个非常恶毒的人可能无法对敌人实施仁慈行为，或者希望对方兴盛繁荣；是的，一些如此这般处在邪恶性情力量下的人，不可能去钟爱那些最值得他们敬重与喜爱的人。"[22]

那么，爱德华兹说道，在这些情形中，就赞扬与谴责而言，常识究竟告诉了我们什么呢？很明显，"那种其品性使其甚至都无法设想出卖自己的具有美德的妇女"与"那种很难下定决心但却选择正确的妇女"相比，我们会更加称赞前者而不是后者。换言之，常识并不会因为那是其品性而原谅一个具有傲慢与邪恶性情的人。在现代自由意志概念的拥护者那里，好像是要将一种行为说成是一种美德或邪恶，意志就必须在一种均衡状态中进行行动，从没有任何决定性限制的可能性当中进行选择。然而，实际上，常识正确地将美德或邪恶，既赋予了一种美德的或邪恶的"品性"，也赋予了由那种品性不可避免地引发的那些行为。而神学上的对应物就是，上帝与耶稣是值得赞扬的，即使他们的品性就是他们只是做最好的事情。[23]

同往常一样，爱德华兹的哲学始于他的神学。他的对手们始于人类道德与心理学原理，并由此推断出上帝对宇宙的道德管理必定是什么样子的；而爱德华兹则始于上帝必定是什么样子的，然后按照那种视角来审查人的情形。如果上帝拥有绝对的主权，正如圣经所主张和加尔文派所强调的，如果上帝是永恒的、全知的和全能的，那么如何可能存在有意义的自由与道德动因呢？

如果上帝是全能的造物主和宇宙的维护者，那么所有发生的事情都必定是上帝意志的结果。一切都概莫能外。上帝想要以多种多样的方式来管理受造物。例如，所有按照自然之序列发生的事情，必定也是因为自然之原初设计而发生的。当然，上帝并不为自然所局限，上帝能够随意介入其间。而不论上帝是否想要介入其间，所发生的任何事情都毫无疑问依赖于上帝的意志。而下面这样一种设定是毫无意义的：在这个宇宙里，在每个时刻，都存在着无数非引发性的、不属于上帝意志对象的自由意志行为，不论是积极还是消极的。

如果我们考虑到上帝是永恒的，那样一种宇宙就是更加不可理解的。一位永恒的上帝不可能等待非引发性的、因而也是不可预知性的行为发生。相反，上帝同时看到了所有事情，并因而看到了事件发生的序列，因为那些事件是被它们的前提所决定的。上帝的全知，或者对这些序列的知识，包含着它们不可能不是他们所是的，或者按照人的眼光，它们将会成为的。总之，毫无例外的是，所有发生的事情都是在上帝意志控制之下发生的。[24]

如此严格的加尔文主义关于上帝控制宇宙的观点，看上去似乎是宿命论和非道德性的，如果上帝不是至善与至爱的话。正是在这一点上，爱德华兹宏大的神学视野，正如在《一种神圣与超自然之光》里简明提出的，对于理解他对上帝意愿之实在的着迷，变成了最为重要的。所有被创造的实在，就像是源自"上帝三位一体间的爱"（inter-trinitarian love）这一"阳光"的一种完美迸发。尽管受造物在时间里经验到了这种光，但上帝从永恒的角度，从头到尾看见了它。与人类不同，上帝看到了所有事物的终极结果。所以上帝要是允许邪恶，只是因为那种允许源自上帝那终极性仁爱与正义的意志——上帝只能创造那终极上为最大良善的东西。[25]

加尔文主义的反对者将它讥讽为宿命论。他们将它等同于"霍布斯的必然性"，或者认为它"使人成为了纯粹的机器"。爱德华兹回应道，这种相似是肤浅或表面的。的确，他有关意志必然由人之性情或意愿所引发的某些论证，亦见之于霍布斯的论述中。预料到会有这种反驳的爱德华兹指出，"碰巧的是，我从未阅读过霍布斯先生的著作"；而且也没有规定要求人们必须"拒绝被明确证据所证明的所有真理，仅仅因为曾有某个坏人持过这种真理"。[26]

对于爱德华兹来说，关键的一点在于，上帝是如何治理这个宇宙的。上帝远非像某些自然神论者所假设的那样创造了一个纯机械性的宇宙，然后就让它按照某些不可抗拒的自然律来运作；在爱德华兹的观念里，上帝是通过多重方式或途径来治理宇宙的。对于无生命事物，上帝通常是通过自然律来统治的；所以在牛顿式的宇宙里，每一种运动都是通过自然律与所有其他运动关联在一起的，除非上帝偶尔会奇迹性地干预。不过，对于在存在序列或等级上处于更高地位的人，上帝更多地是通过道德必然性加以治理的。上帝允许人进行选择——并且是人自己的选择。[27]当然，从终极上讲，人的意志，就像宇宙里其他事物一样，也服从于上帝的意志与意图——如果上帝是永恒的、全知的和全能的，那么爱德华兹认为一切都概莫能外。而关键性的则是，上帝是以多种多样的方式来行使那种主权的。所以，上帝创造出了理智性存在；他们在一个由上帝统治的宇宙里，以所可能的最重要方式，自由地选择他们所想要的东西。他们的选择完全是他们自己的，而他们也要为自己的选择负道德责任。事实上，只有在一个人格关系的宇宙里，才存在着道德责任的空间。而在一个非人格关系的宇宙里，人们的选择必定也是由在先的条件所引发的，但却没有根据为这种选择负道德责任。[28]

对爱德华兹来说，在宇宙里，自由意义的原型，就是上帝的自由。上帝出于道德必然性而做良善的事情，但上帝在不受制于他自身之外的任何必然性这一意义上是完全自由的。当然，人的选择在终极意义上依赖于一位全能、全知的上帝，就像上帝在宇宙里创造和治理的任何其他事情一样。然而人在对其负有道德责任的选择中，在一个因果关系的宇宙里、在那个术语最高级别的可能意义上，是自由的。人们的选择完全是他们自己的，除了他们自己的道德本性与性情倾向之外，是不受限制的。[29]

爱德华兹最后成功地反驳了那些有文化教养的加尔文主义的蔑视者。现代著述家在提到"第一批改教家"时带有一种傲慢的优越感，并说他们"教导的是最荒谬、愚蠢与有害的观点，应当受到那些怀有那种高贵与宽厚的思想自由——这幸好在这个光明与探究的时代里占据了上风——的先生们最大程度的蔑视"。阿明尼乌分子以及其他人傲慢地鼓吹常识的胜利。然而爱德华兹挑战他们，看他们是否能"将任何曾被罗马教会最盲目的固执者，或最无知的穆斯林，或无节制的宗教狂热者所采纳的教义，简化为比现代人自己的观点具有更多和更明显的不一致性，与常识具有更大的冲突或矛盾"。的确，现代的不一致性或矛盾之处，可能更为微妙而不易察觉；它们是由一些"具有伟大才能的人"所提出的——其中一些人还对教会贡献卓著。然而，爱德华兹相信，他已经决定性地证明了那些人自己的荒谬性。

现代思想家不应当将对加尔文主义的广泛贬抑称赞为"基督教会里光明增长的契机"，而应当"以更真实的谦逊与谦卑"去聆听"上帝的智慧与洞察"。一些现时代的人如此枉然地宣称，如果圣经教导的是加尔文主义者在其中发现的那些教义，那么上帝"就是不公义和残忍的，就是犯有明显的欺骗与两面派行径等等"，而且也没有哪本如此教导与理性相对立的书值得被看作"上帝之道"。

爱德华兹以他那典型的夸张方式总结道，事实正好相反。如果圣经教导的是"阿明尼乌主义的自由意志教义"，"那将会是圣经所面临的一切困难中最大的困难，甚至比'第一批改教家'那些最神秘的教义——我们最近的自由思想家如此傲慢地想要加以破除的——包含的所谓困难都要大得多。"爱德华兹极其自信地认为，他已经针对阿明尼乌主义者提出了严格的证明，以至于他能够以在对手看来有些虚张声势的方式宣称："这实际上是对圣经神学的一种荣耀的证明，即他们所教导的那些教义，在一个又一个时代里，由于思想的盲目以及心灵的偏见，遭到了人们的拒绝，并被属于这个世界的聪明人与伟人看作是最荒谬和非理性的；然而，通过最细致与最严格的检查，却发现它们完全与理性那最显而易见的、确切的与自然的规定一致。"[30]

爱德华兹刚刚活到了能看见他最具影响力的哲学著作发挥最初影响的时候。1757年，约翰·厄斯金写信告诉他，《意志的自由》正在被用以支持苏格兰著名哲学家、凯姆斯勋爵（Lord Kames）亨利·霍姆（Henry Home）的一些观点。爱德华兹在一封精心准备以便发表的书信里，指出了他与凯姆斯的不同。凯姆斯认为控制人之行为的必然性是与自由不一致的。与此相对，爱德华兹想要表明他最基本的观点是：他并没有否定自由意志，而是在那个术语最高可理解的意义上维护它。他的对手有关"一种非引发性自由意志"的观点，是一种逻辑谬论——它因而不可能成为道德责任的条件。"我已经充分表明了我所采取的观点，"他重申道，"人，在其道德行为中，具有真正的自由。而普遍发生的道德必然性，与可以被恰当地称为自由的任何事物，与所能渴望的最大程度的自由，与可能存在或被设想的任何自由，没有丝毫不一致之处。"[31]

即便爱德华兹没有令每个人都满意地解决自由意志与决定论这个持久难题，但《意志的自由》在至少一个世纪里发挥了巨大的影响，尤其是在苏格兰和美国。虽然它没有像《大卫·布雷纳德》那样受到广泛阅读，也没有像《宗教情感》那样吸引那么广泛的福音派，但"爱德华兹论意志"已经变成了加尔文神学的一个重要支柱。在内战以前的美国，大多数受过教育的新教徒都不得不与它的论证取得和解。可以说，在美国，一直到完全进入19世纪以后，它的力量都是加尔文主义理智韧性与影响的一个重要构成因素。[32]

在内战以前，美国产生了许多出色的神学家，但没有一位在哲学上能同爱德华兹一样强大。从内战以来，美国也拥有许多伟大的哲学家，但没有一位能像爱德华兹一样，主要是一位神学家。要全面理解《意志的自由》，人们不应仅仅将它看作另一部现代哲学著作。更基本地，它是由一位第一身份是神学家的人所完成的一部哲学杰作。[33]爱德华兹对上帝的主权坚定不移的信守，使得他运用他那令人叹服的辩证技巧，对现代思想的一个看似坚不可摧的堡垒，发动了进攻。

注释

[1] Edwards to the Trustees of the College of New Jersey, October 19, 1757, *Works*, 16: 729.

[2] *Freedom of the Will*, *Works*, 1: 437.

[3] Joseph Hawley to Elisha Hawley, January 16, 1749, Hawley Papers, New York Public Library, George Claghorn transcription.

[4] Conrad Wright, *The Beginnings of Unitarianism in America* (New York: Starr King, 1955), 63—72, 提供了一种为我所遵从的有益概述。Wright还提到了其他一些案例。福克斯克罗夫特的评论则见之于一项编辑注释里: John Porter, *A Vindication of a Sermon Preached at Braintree, Third Parish, December 25, 1749* (Boston, 1751), 43—46, quotation p. 45。

[5] Jonathan Mayhew, *Seven Sermons* (Boston, 1749), 38, and Mayhew, *Sermons, upon the Following Subjects* . . . (Boston, 1756), 27, both quoted in Clyde A. Holbrook, "Editor's Introduction," *Works*, 3: 10—11.

[6] Edwards to Edwards Wigglesworth, February 11, 1757, *Works*, 16:698—700, and "Editor's Introduction," 697—698.

[7] 爱德华兹致托马斯·福克斯克罗夫特, February 11, 1757, *Works*, 16:695。

[8] Wright, *Unitarianism*, 76—82; and Stephen J. Stein, "Editor's Introduction," *Works*, 15:12—21.

[9] 爱德华兹致 John Erskine, July 7, 1752, *Works*, 16:491。

[10] 爱德华兹致 John Erskine, November 23, 1752, 表示他仍没有返回它那里, *Works*, 16:541。

[11] 爱德华兹致 John Erskine, August 3, 1757, *Works*, 16:719—720。

[12] 在这些观点上, 我密切遵从了下列著述的看法: Charles Taylor, *Sources of the Self: The Making of the Modern Identity* (Cambridge: Harvard University Press, 1989), 143—198。

[13] 在有关这一主题的大量文献中, 就有 Bernard Bailyn, *The Ideological Origins of the American Revolution* (Cambridge: Harvard University Press, 1967); Isaac Kramnick, *Republicanism and Bourgeois Radicalism: Political Ideology in Late Eighteenth-Century England and America* (Ithaca: Cornell University Press, 1990); Joyce Appleby, *Liberalism and Republicanism in the Historical Imagination* (Cambridge: Harvard University Press, 1992); and Gordon Wood, *The Radicalism of the American Revolution* (New York: Vintage, 1991)。

[14] 对这些趋势的概述见 Daniel Walker, "Franklin, Edwards, and the Problem of Human Nature," in *Benjamin Franklin, Jonathan Edwards, and Representation of American Culture*, ed. Barbara B. Oberg and Harry S. Stout (New York: Oxford University Press, 1993), 75—97。

[15] 在《意志的自由》结尾部分, 爱德华兹论述了阿明尼乌派的那些明确信条; 它们挑战了加尔文派这样一些教义: 完全堕落、无条件拣选、有限赎罪、不可抗拒恩典和圣徒的坚忍。见 *Freedom of the Will*, *Works*, 1:430—439。虽然对"意志自由"的肯定, 常常被更明确地等同为帕拉纠主义, 但在爱德华兹对其关注的意义上, 它们意味着对完全堕落、不可抗拒恩典以及圣徒的坚忍等教义的否定。

[16] Cf. Allen C. Guelzo, *Edwards on the Will: A Century of Theological Debate* (Middletown, Conn.: Wesleyan University Press, 1989), 11—13, and Norman Fiering, *Jonathan Edwards' Moral Thought and Its British Context* (Chapel Hill: University of North Carolina Press, 1981), 272—277.

[17] *Freedom of the Will*, *Works*, 1: 164—165. 爱德华兹具体抨击了三位有影响的作者。Thomas Chubb (1679—1747)，是英国一位反对诸多传统教义的通俗作者，其观点导致了自然神论。Daniel Whitby (1638—1726)，是一位英国国教会圣职人员，也是一位严格的阿明尼乌派；他在 1720 年发表了对阿明尼乌派所反对的加尔文派五点教义的著名抨击之作。更令人惊讶的是，爱德华兹的抨击对象还包括他原先的支持者、大名鼎鼎的不信奉国教者艾萨克·瓦茨 (Isaac Watts, 1674—1748)；后者试图将福音派加尔文主义与当代自由意志与德行观念结合在一起。爱德华兹能够包括进持类似观点的无数其他作者，但这三位作者表明，隶属于一广泛系列神学观点的作者，在为道德动因所必需的那种自由上，都采取了"现代流行观念"。Paul Ramsey, "Introduction," *Freedom of the Will*, *Works*, 1: 66—118, 具体论述了这些对立者。

[18] *Freedom of the Will*, *Works*, 1: 163—164.

[19] Ibid., 140—148, 172.

[20] Ibid., 345—346.

[21] Ibid., 157.

[22] Ibid., 160.

[23] Ibid., 357—371, 277—294.

[24] 爱德华兹在此最简明地总结了这些观点：ibid., 431—432。他在此处则详细论述了它们以及许多可能的反对意见：ibid., pp. 375—429。

[25] Ibid., 397—412.

[26] Ibid., 430, 374。爱德华兹可能从洛克那里获知了这种论证的某种版本，而洛克则受到了霍布斯的影响。Ramsey, "Introduction," *Freedom of the Will*, *Works*, 1: 14, 47—65。爱德华兹的观点在某些方面亦类似于大卫·休谟，虽然他们是独立得出他们观点的。Ramsey, "Introduction," 14。

[27] 爱德华兹在下列著述里表述了这种上帝治理观：Miscellany no. 1263 (Works of Edwards transcription). Cf. Ramsey's analysis, "Introduction," *Freedom of the Will*, *Works*, 1: 110—114。

[28] 如果将人与机器相比，爱德华兹进一步指出，人将会是低级存在——如果受到盲目偶然性控制的话。"机器受到了一种可理解原因的指挥——被工人或主人那灵巧的双手；而人的意志，则没有任何东西予以指挥，而只有绝对的盲目偶然性。" *Freedom of the Will*, *Works*, 1: 371。

[29] Cf. Ramsey, "Introduction," *Freedom of the Will*, *Works*, 1: 111—112; and *Freedom of the Will*, *Works*, 1: 381—383。在《原罪》里，见第 27 章，爱德华兹更直接回应了这样一种反驳，即加尔文主义体系会使上帝成为引发人犯

罪的动因。

[30] Ibid.，437—439.
[31] 爱德华兹致 John Erskine，July 25，1757，published as *Remarks on the Essays on the Principles of Morality and Natural Religion，by Lord Kames；in a Letter to a Minister of the Church of Scotland*（Edinburgh，1758），in *Freedom of the Will*，Works，1：453—465。Quotation p. 453. 参见 Ramsey 对这封书信的介绍，p. 443—452。到 18 世纪 60 年代初，《意志的自由》被他的老对手托马斯·克拉普院长在耶鲁所采用。Hopkins，*Life*，86.
[32] Guelzo，*Edwards on the Will*，1. See also Joseph A. Conforti，*Jonathan Edwards，Religious Tradition，and American Culture*（Chapel Hill：University of North Carolina Press，1995），passim.
[33] 参看，哲学家保罗·拉姆齐（Paul Ramsey）的评论，"单凭这部著作，就足以使其作者成为迄今最伟大的为美国增光添彩的'哲学家—神学家'。"Ramsey，"Introduction，" *Freedom of the Will*，Works，1：2.

27

"在这个光明与自由之快乐时代里的"原罪

一个关键的战略性问题就是，在《意志的自由》之后，应当撰写些什么呢？1752年爱德华兹开始他那项工作时，他已经在筹谋一项更大的总体规划了。从1742年到1752年间，他已经完成了六部论著。在斯托克布里奇，他将自己的使命更多地看作是著述而不是演说。只要健康承受得住，他完全有望来加快进度。虽然他有一些当地的职责，并遭遇到了一些真实的干扰，但这个偏处殖民地一隅并为群山环绕的边境村镇，拥有与世隔绝的有利条件。不同于北安普敦，这里并不位于通往各地的交通要道上。不大可能会有不速之客突然出现在家门口。他也没有那么经常地被邀请去参加教会会议或者到相邻教会去布道。[1]那么该当如何利用这个宝贵机会呢？

他的答案是，如果上帝愿意的话，他必须把接下来的几年用于一系列信仰辩护——它们将继续他在《意志的自由》里所开始的工作。这套著述不仅包括新英格兰的阿明尼乌挑战这些更为具体的焦点问题，而且还要继续关注当时一些最广泛的哲学趋势。为了准备对信仰的这种辩护，他已经积累了一整套的笔记，题名为"争论集"，在其中他包括了涵盖大多具有争议性加尔文派教义的那些部分："原罪"、"永蒙保守"、"重生"、"普遍与特殊救赎"、"称义"、"救赎与上帝的预知"、

"有功效的恩典"、"真美德的本质"、"教义与奥秘的重要性"、"未来的惩罚"以及"预定"等等。[2]

在所有这些问题中,维护改革宗"原罪"教义以及围绕它的一系列其他问题,是他最迫切的关注。至少在他于1752年夏完成对所罗门·威廉姆斯的答复时,爱德华兹就已经决定,一完成那被长期耽搁的《意志的自由》,他就转到那一方向上去。

在于1752年7月写给约翰·厄斯金的书信里,爱德华兹表明,他对日渐上升的背教状况已经由忧虑转变成了震惊。就他所能记起的而言,英格兰一直都是对加尔文主义发起连环攻击的策源地,其范围从阿明尼乌主义到"宽容(放任)主义"(Latitudinarianism)、从苏西尼主义(Socinianism)到自然神论。如今他看到加尔文主义的防御,不论在大不列颠还是在美洲,都处在崩溃状态。约翰·厄斯金已经对臭名昭著的"诺威奇(Norwich)的约翰·泰勒(John Taylor)"的反加尔文主义学说对苏格兰的侵害,提供了一份令人不安的报告。爱德华兹将这与他自己视之为新英格兰一场思想革命的观察联系在一起,以一种夸张形式总结道,这个世界可能正在"经历一个引人注目的时期,也许还是一个前所未有的时期"。爱德华兹的忧虑已经到了无以复加的地步。"事情呈现出山崩水泻之势,"他向厄斯金悲叹道,"心灵与实践的真理与宗教,正在如此迅速地离去,以至于我认为,一场危机已经不远了。到那时将会出现什么,我不想妄加揣测。"[3]

爱德华兹对泰勒观点之侵害的苦恼,不仅与他对国际和新英格兰发展趋势的担忧联系在一起,而且也与他专注于证明在圣餐礼争执中自己是正确的关联在一起。他已经断定,北安普敦的松弛观点,是与反加尔文教义的传布相关联的。这并不是说,他认为他的教区居民中只有极少数人在信仰上属于加尔文派。然而他认为,他们愿意接纳那些自然具有美德的"基督教"公民为教会圣餐成员的做法,带有那正在席卷整个英国世界的有关人性之虚假乐观主义的意味。

爱德华兹在一封给他从前北安普敦会众的公开信里,就提到了这种危险;这封书信附在了他于1752年6月完成的、对所罗门·威廉姆斯的答复《歪曲得到纠正》一书的末尾。在信里,他至少三次表明,所罗门·威廉姆斯对某些未重生者之美德与真诚性的看法,将不可避免地导致——不论威廉姆斯自己的意图如何——"英格兰诺威奇的泰勒先生的观点；而那位作者在新英格兰已经腐化了许多人"。"这种近来在新英格兰极其流行的、新型的、时髦的、松弛的神学体系，"他警告道，可能会腐化北安普敦年轻人，并"完全推翻"北安普敦人极其推重的所罗门·斯托达德的加尔文主义信仰。[4]

爱德华兹将对新英格兰泰勒思想浪潮的反击，看作是一次三路或三箭头进攻的一部分；这次三路进攻将从根源上削弱那些国际性趋势。原罪问题更广泛的对应物是"真美德的本质"。"美德"（virtue）正在变成 18 世纪思想的口号。现代思想家一般都将美德看作一种普遍而自然的人类特性或特征；它有可能被用做社会的基础并被培育成宗教的来源与对象。北安普敦人对从教会里排除好公民所发生的困惑，就是对这种趋势的一种反映。这种观点的神学意义更为重大。如果现代美德观念变成了评判神学的标准，如它们在大多数英国领域内已经发生的那样，加尔文主义将会很快消失。在新英格兰东部，莱缪尔·布赖恩特（Lemuel Briant）在 1749 年发表的布道辞《贬低道德品性的荒谬性与亵渎性》，正是这种新观念被迅速接纳的一种迹象。与此相反，爱德华兹坚持，在思考真美德时，人必须从神学或者从上帝的启示特性出发。为了使这个观点更加清楚，他设计出了他这次进攻的第三部分（逻辑上是第一部分）。他将在开始有关真美德的论著之前，先完成一部姊妹篇，亦即"阐明上帝创造世界的目的"。

在完成《意志的自由》后，爱德华兹差不多同时开始对这三个相关主题进行写作。在某个阶段，他认为可能会完成一部三卷本的著作：一部论原罪，一部论真美德，一部论上帝创造世界的目的或目标。[5] 不过，最终他决定，《原罪》作为一部纯辩护性著作应当独立成卷，而其他两部论著（《上帝创造世界的目的》与《真美德》）应当成为一部独立著作的两个互补的组成部分。在他于 1754 年长期患病之前，他已完成了那将会成为两部专著的初步草稿。

到 1756 年 2 月，他已经准备好将一部基本完稿的《上帝创造世界的目的》提供给一些同事。塞缪尔·霍普金斯在 2 月 12 日的日记里记录道，"贝拉米先生上周二到了我家；我与他一同前往斯托克布里奇，并在那里住了两个晚上和一个白天，以便聆听爱德华兹先生读一部论述'上帝创造世界的最终目的'的手稿。"[6]我们可以想象，那三位神学家围坐在火炉旁，爱德华兹则用冬天里一整天时光在朗读他的手稿，而萨拉、露西和其他人可能会间或坐在旁边聆听。

这个场景强调了爱德华兹并不是单独工作。他不仅因朋友的批评而获益，而且还促进了一个思想学派的发展。贝拉米"针对阿明尼乌主义者和反律主义者（Antinomians）的主要谬误"，已经出版了为加尔文主义教义所做的一部重要辩护著述：《真宗教解析》（*True Religion Delineanted*，1750）；爱德华兹为该书撰写了一篇表示赞许的序言。而将成为爱德华兹最具影响力门生的小霍普金斯，正在尝试撰写一部重要论著。就在爱德华兹于1758年离开斯托克布里奇前不久，霍普金斯让爱德华兹审查了自己的成果。"导师已经听取了它"，他愉快地给贝拉米写道，"并推荐了它；如果我起草一份出版提议的话，他愿意成为第一个签署者。"[7]

他们三人显然同意，鉴于在新英格兰迅猛扩展的就"人之罪的起源"所发生的争论，他们应当首先为改革宗在这个主题上的教导提供协调一致的辩护。霍普金斯的论著将被题名为《罪，经由神圣的干预，变成了宇宙的一种优势》（1759年）。贝拉米于1758年出版了《在对罪之允许中上帝的智慧：四篇布道》。爱德华兹则在1756年春搁置了其他论著，而转向了《原罪》（*Original Sin*）；他于1757年5月将它送交给了出版人。这部专著将在他去世后不久面世。

爱德华兹的《原罪》非常具体地集中在了约翰·泰勒近期对加尔文主义所做的攻击上。他解释了对这位英国作者通俗著作的关注是因为他发现，"没有哪部著作比这部更能在新英格兰西部，根除我们尊敬的先辈们所采纳的宗教原则与体系了。"不过，他向读者保证，他对泰勒的回应，亦将是"对那项极其重要教义的一种一般性辩护"。[8]

原罪教义，即认为所有人都因亚当的罪过和堕落本性而继承了罪，是18世纪加尔文派与他们那个乐观主义时代产生分歧的主要焦点之一。对人的自由以及对美德的内在能力的强调，反映了这样一种日益增长的现代趋势，即认为人，或者至少是有教养的人，能够控制他们自己的命运。而且，随着这样一种观念的传布，亦即，即使是国王和女王都必须受到德行与公义这些更高理性原则的限制，加尔文主义体系，由于断定上帝的主权治理即便在人无法全面理解上帝的方式时，在本质上仍是良善的，似乎就显得越来越不合拍了。

爱德华兹将自己的任务看作是确证圣经的一些困难教义；而那些教义在他看来，正如其论著的全名《伟大的基督教原罪教义》（*The Great Christian Doctrine of Original Sin*）所宣告的，正是真教会长期以来坚持的教义。圣经在许多地方都直接提到了人类在罪里的堕落、人类的普遍邪恶以及人类在拯救自己上的无能为力——所有这些观点对 18 世纪时髦的道德与公义标准都是一种冒犯。泰勒及其同党通过从现代标准出发而回避了这些教义，随后他们又选择性地利用了一些适合他们自己目的的圣经经文。爱德华兹宣称，他们尤其无视使徒保罗的一些明白无误的声明；后者在多处都直接肯定了这个教义的基本内容。爱德华兹引证了《罗马书》3：10，"就如经上所记：没有义人，连一个也没有"；《罗马书》5：12，"这就如罪是从一人入了世界，死又是从罪来的；于是死就临到众人，因为众人都犯了罪"，等等。这位斯托克布里奇神学家，将这部长篇论著的最大一部分用以证明，没有任何办法使这些陈述与那些现代观点吻合。

虽然他严谨的加尔文主义圣经解说构成了这部论著的主体，但爱德华兹论著的开端和结尾，如他惯常所做的那样，都诉诸了理性和观察。他决心要表明，圣经立场，至少同其他任何选择一样，与经验和理性是相一致的。他指出，每一个曾生活过并变成了道德动因的自然出生的人，都对上帝犯了罪。这种罪的普遍倾向，就是一种犯罪倾向（inclination）或犯罪本性的证据。甚至在这一点上，他大量地既依赖于其他历史也依赖于圣经宣告。为了获得这种论证，爱德华兹指出，最实质性的诫命就是要崇拜独一的真神，而信奉异教的国家并不会自然而然地去那么做。而且，即使当把福音提供给他们时，他们也倾向于因不那么喜悦而忽视它。就这后一点，爱德华兹还从约翰·洛克那里援用了一大段引文，其大意是说，如果人们完全是理性的，那么他们就会为了永恒的天国奖赏而立即放弃一切世俗关切。除了堕落的倾向，爱德华兹说道，还有其他什么能说明对于宗教的这种众所周知的"愚蠢"吗？[9]

爱德华兹能够利用他对美洲印第安人的第一手知识，来强化他的人类并不是自然地倾向于尽其义务的观点。他追问道,"当欧洲人最初抵达这里时,这里的人们难道从任何程度上脱离或摆脱了他们最粗鄙的蒙昧无知和最愚蠢的异教信仰吗?"不过就算爱德华兹对土著文化持有一种消极观点,但他认为他们的过错并非源自他们任何内在的劣等性,而是来自他们之作为人类的一部分。况且,根据一些重要的标准,欧洲文化在许多方面都要糟糕得多——因为许多人在拒绝福音之光上所经历的时间长度。爱德华兹惊叹道,"那些事情经由一种什么途径进入了今日的新教国家,以及我们这个特定的国家。""那不信仰、亵渎神圣、奢侈浮华、沉湎酒色以及形形色色邪恶行径的泛滥洪水,上升到了何其惊人的高度!与基督教世界里摩肩接踵的众人相比,可怜的未开化的美洲人,在对邪恶行径的谙熟上,只能是孩童和傻瓜(如果我可以这么说的话)。"[10]

在爱德华兹看来,泰勒忽视了人性普遍败坏的这些证据,认为在总体上大多数人都更多地具有美德而不是相反。爱德华兹斥之为一派胡言。首先,这对宗教义务来说就不是真的。而且,就算它是真的,那也不过像是在说:一艘出发横跨大西洋但却必定会沉没的船,"在水面上航行的时间要大于它将要沉没的时间。"

创世历史和其他圣经段落告诉我们,上帝要求亚当和夏娃完全公义正直,并因为他们一次的跌倒而咒诅了他们及其后代。人们也许认为这是不公平的,但经验告诉我们,一个错误常常会导致极大的可怕后果。例如,一个年轻人可能会被朋友诱使去喝酒。他可能相当无辜地同意了这么做(正如亚当和夏娃被园子里的毒蛇所欺骗一样),但随后很快就上瘾了。所以说,一个相对无害的初始行动可能会导致生活的毁灭,这并非是与理性相反的。

而更困难的问题则是,这种原罪教义岂不会使上帝成为罪的作者。爱德华兹回应道,每一种版本的基督教都面对同样的问题。所有的基督徒都认为,这世界上存在着罪,而上帝则创造了这世界。与在《意志的自由》里的论证相似,爱德华兹指出,宣称自由意志使得罪成为了不可预知的,并不能解决这个问题。上帝仍然会允许罪。既然上帝能够做出干预,那么上帝继续允许罪恶行为,并不比允许人生来就具有那将不可避免使人犯罪的堕落本性,更能免于受到指责。[11]

爱德华兹对上帝如何能允许人犯罪而又不成为他们罪的作者，做了一种相对简单的解释。阿明尼乌派以及其他许多基督教传统都做了同样的区别，但爱德华兹则表明了它是如何完全吻合于一种加尔文主义框架的。他解释道，上帝创造最初的人，在人之内赋予了两种原则。第一种是较低的原则，"可以被称之为自然原则。它是纯人性的原则，譬如自爱，以及那些自然的性情与愿望。它属于人的本性，在其中人对自己的自由、荣誉与喜悦的爱将得到行使。"此外，上帝还在人之内赋予了更高级的超自然原则；"它们是属灵的、圣洁的和神圣的，并被总括在了神圣之爱里。"

只要更高级的爱上帝原则保持着至高统治，亚当和夏娃就是完全幸福的，并与上帝处在相交之中。然而他们也具有选择恶的能力。当他们拒绝了上帝之爱并那么做时，上帝就会从他们那里撤回更高级的属灵原则，而任由较低级的本性去统治。上帝由此允许了他们的罪，但只是通过撤回超自然恩赐并允许人按照自己的性情去行动而那么做的。太阳的落下可能会允许霜的发生，但严格地讲，前者并没有引起后者，除非是在一种消极意义上。所以上帝通过撤回更高级的灵性恩赐而允许他的受造物选择恶。

454

而且，上帝为人创造的较低级本性其本身并不是坏的。只要它能像原初被造的那样，保持作为更高级属灵原则的仆人，它就是好的。不过，当人自由地选择了罪时，一场革命就发生了。"直接后果……是一种致命的灾难，一切都被颠倒过来，接着是一连串最可憎和最可怕混乱状态的出现。"人们将自己确立为至高无上的，从而替代了上帝。爱德华兹解释道，人的"低级原则就像是房屋内的火。我们可以说，火是一个好仆人，但却是一个坏主人；当它处在它应在的位置时，非常有用，但如果任由它占有整个房屋，那么很快就会使所有事物毁灭"。[12]

那种超自然原则一旦被撤回，人自然就只能一代又一代地传递他们较低级的本性了。爱德华兹说道，这并不比"橡果总是会长成橡树"更难于理解。与此相对照，公义并不是某种能够自然继承或获得的东西；相反，它会按照一种更高的属灵原则降临到每个被救赎的人身上，上帝的恩赐已经被嫁接到了以基督为根基的那棵大树上。[13]

爱德华兹对堕落人性如何可能被继承所做的常识性描述，导致他对更困难的圣经教导，亦即所有人都继承了亚当之罪（sin）的"罪咎"（guilt），进行了详细解说。他想要表明，基于自爱基础上的人性，在没有受到更高级的对上帝之爱的约束下，如何可能从一代人传到下一代人身上，以至于每个成为道德动因的人都将不可避免地犯罪。但圣经，尤其是保罗在《罗马书》第5章里，曾说所有亚当的后代都是罪人，所有人都需要基督的公义。[14]加尔文派解释这种教义的方式，是遵循更古老的基督教传统，把亚当之罪的"罪咎"说成是归给（imputation）了亚当所有的自然后裔。但这如何能够使18世纪已被启蒙的读者信服下面这一点呢，亦即，使整个种族，包括婴儿，都因他们没有亲身犯的罪而承担罪咎，是公义的吗？

爱德华兹的回答首先澄清了这一点，即罪咎的来源是每个人都有一种被犯罪倾向所主宰的性情。罪，正如爱德华兹在《意志的自由》里所坚持的，涉及一个人的倾向或意愿，而不仅仅是孤立的行为。所以，亚当是有罪的，这既因为其行为本身又因为他所犯初罪的主导性倾向。类似地，人也因为使其倾向于犯罪的堕落本性——甚至在人按照那种倾向实际行动之前——就是可责备的了。[15]

因而，亚当之罪的"罪咎"的归给，可以按照爱德华兹用以解释普遍继承的犯罪倾向（propensity）时所用的"橡果与橡树"类比来加以理解。堕落倾向其本身就是一种过错，甚至在犯罪行为之前。一棵树的每一个新枝叶都分享了这棵树的病害，甚至在那种病害变得明显以前。爱德华兹在一个长长的注释里建议，人们可以想象，这就好像是"亚当与他所有的后代共同存在一样"，并被上帝构建为了一个"复合人"；就好像是一棵树与它的根基联系在了一起，或者四肢身体与脑袋联系在了一起。这样，人们就可以设想，所有人都参与了一种共同的性情；"人类所有'分支'的心灵，通过本性构成与联合法则，就能够被亚当的心灵——人们共同的根基——所感染的东西而感染。"以某种类似方式，整个种族也都认同或参与了亚当的罪。[16]

爱德华兹还仍然需要回答这样的反驳，即在上帝集体性地而不是个体性地对待人类中，似乎存在着某种不合理的东西。爱德华兹指出，其实我们一直都能接受本性上的这样一些连续性。人们可以再次考虑橡果与橡树的情形，或者整个种类的树木都遭受同一病害的情形。而且，我们会认为一个 40 岁的人与其还是孩子时是同一个人，即便有关这个人的几乎所有事情都变得不同了。同样的原则也可以扩展至犯罪问题上。我们会要求人们为他们多年前犯下的罪恶负责。可见，如果上帝将这相同的原则应用于整个种族，也并没有什么与事物本性相反的地方。

为了支持这个困难观点，亦即以种族同一性类比于个人同一性的问题，爱德华兹推出了他最复杂的形而上学。如果上帝维持着宇宙，那么宇宙每一时刻的存在都依赖于上帝。如果上帝撤回他的能量，宇宙将分解为虚无。所以，正如他在早期笔记里所指出的，这就好像是宇宙在每一时刻都被重新创造过了。这使得上帝意志成为了万事的原因，即使上帝是通过各种各样因果方式来行使那种意志的，譬如构建了我们视之为自然律的东西或者允许人们做出自己的选择。因而，个人同一性——就像因果律——以及其他一切事情，都依赖于上帝的意志与智慧，因为倘若上帝突然撤回控制宇宙的能力，那么下一时刻在宇宙里将不会出现任何事情。

爱德华兹在另一个长注释里解释道，一个有益的类比，就是来考虑月亮那持续不断的光亮——对其我们给予了一种单一的同一性。而事实上，就月亮本身而言并没有什么使得它从这一刻到下一刻不断发出光亮。类似地，如果我们看到镜子里的一个对象，我们也会赋予那个对象一种持续的同一性；但事实上，它并不比一系列影像显示在镜子上具有更真实的连续性。爱德华兹在此，有些像大卫·休谟（David Hume，1711—1776 年）所做的，对洛克式因果关系经验论的意义进行了推论。如果我们所知道的实在不过是一系列经验或我们心灵上的印象（就像镜子里的影像），那么我们如何能知道，我们经验为因果关系的现象，在实际上就是那样联系在一起的呢？与休谟不同，爱德华兹解决这个难题的方法是指出，神圣意志构建了因果关系的体系并维持着它的运行。[17]因而人们能够预期特定的"结果"会一直紧随着某些"原因"，因为上帝意志在继续构建着那些序列。由此上帝意志也在构建着所有的同一性，不论是自然对象，是人还是种族。爱德华兹承认，一些读者可能无法认同这样一种"形而上学"。对他们来说，接受下面这些就足够了：圣经清楚明白地教导说，上帝的确将人作为一个整体的种族来加以对待，而我们必须要接受"至高作者和万物之主主权的构建——'上帝没有解释他的事情，上帝之道也是不可揣测的'"。[18]

爱德华兹在维护传统教义时，他是以一些鲜明的现代方式来做的。在他的论著里，他指出，改革宗各种教义其实是与理性和常识的最高标准相一致的。通过当代理性标准对信仰的这些辩护，能够使其易于遭受那同一标准的攻击。不过，正如爱德华兹在《伟大的基督教原罪教义》里清楚表明的，他并没有将论证仅仅建立在理性基础上。最终，他愿意承认，圣经的一些朴素教导，对软弱无力的人类理智来说，只能仍是奥秘。

爱德华兹曾用一个故事来说明人类理解力的局限性。"我曾告诉一个13岁大的男孩，"他叙述道，"一个边长两英寸的立方体是边长一英寸立方体的八倍，或者说可以将它切成八等块，而每一块的大小都与那个边长一英寸的立方体一样大。"那个男孩（显然并不是13岁孩子中最聪明的）认为这种观念是荒谬的；而爱德华兹也没有什么办法使他相信这一点。最后，爱德华兹拿了一把锯子，把一个边长两英寸的方块锯成了八个边长一英寸的方块。但那个男孩仍然无法相信这一点，并只是不断清点着那些小方块。"他看来有些吃惊，好像在这件事里有什么魔法巫术似的使他无法相信这一点，因为他根本就没有理解其中的道理。"因而，爱德华兹指出，三位一体教义之对于一个苏西尼派或自然神论者，就像那个男孩面对那个难以理解的数学奥秘一样。他对此反思道，"为什么我们就不能断定，可能存在着某种真实的东西，它们远远超越了我们的理解力，我们对它们之难于理解就像那个男孩对这个真理之难于理解一样。毫无疑问，我们与上帝理解力之间的距离，要远远大于这个男孩与最伟大哲学家或数学家理解力之间的距离。"[19]

与对人之理解局限性的这样一种认识相一致，爱德华兹在《原罪》里显然比他在《意志的自由》里要谦逊得多；将这两部论著的结论加以对照就能很好地说明这一点。在《意志的自由》结尾，他宣称他已经决定性地证明了他的观点，以至于假如它不这样教导就会对圣经产生怀疑。作为对照，在《原罪》里，他只是宣称，他将常识与形而上学的结合已经清楚地证明了，圣经教义并不是不合理性的。在最后分析里,他的论证又回到了圣经所说的——圣经的朴素意义有时在哲学上是难于理解的。

所以这一次,他的讽刺针对的并不是那个时代所谓已经启蒙了的哲学家,而是新式的圣经解释者。他嘲讽道,这是何其奇妙啊:这些"新著述者"在使徒保罗那里发现了隐藏如此深刻的意义,以至于它们逃脱了此前十五或十六个世纪所有解释者的目光。"所以,难怪那些普通基督徒,事实上还有那些普通神学家群体,譬如参加威斯敏斯特会议的神学家们,那肤浅的识辨力与观察,远远无法企及使徒们的理解力。"爱德华兹继续嘲讽道:我们必须要认识到,改教家以及此前和此后的所有解释者,都"居住在固执与迷信的洞穴里,那里面过于幽暗而无法使他们在阅读圣经时自由地运用他们的理解力"。而如今,现代人已经离开了洞穴并上升到了光明之中。"还必须要理解,最终在这个光明与自由的快乐时代里,兴起了这样一些人,他们具有更加自由与宽广的心灵、更具探究性的天赋以及更强的识辨力。"

然而爱德华兹在极其自信于他已经击败了那些将现代意义强加给保罗的人的同时,以一谦卑的注释结束了他的论述,好像他认识到了圣经教义所留下的奥秘,甚至连最好的形而上学家也可能无法洞穿。"坦诚的读者"能够判定他论证的成功,但"整体的成功必须要留给上帝来评判;上帝知道什么是符合自己心灵的,并能够使自己的真理得胜,而不论那些真理在世人可怜的、褊狭的与极不完善的眼光中——透过模糊不清和令人迷惑的媒介看——是多么神秘"。不过,不论人的理解是多么不完善,上帝都已经应许,"基督的福音……终必得胜",而上帝之道"也绝不徒然返回"。"愿上帝兴起,为自己的事业辩护,并荣耀自己的圣名。阿们。"[20]

爱德华兹对原罪的辩护,牵涉到有关他之现代性的一种持久争论,并符合我们已经看到的一般模式,即他同时是一个严格保守者和一个创新者。他几乎所有的观点都与一个世纪前在新英格兰曾经盛行的那些观点十分吻合。然而,他并非像彼得·盖伊所认为的那样是一个悲剧性的落伍者,在为一些早无法为之辩护的过时观点而斗争。[21] 爱德华兹的才赋是要表明,他的核心神学观在启蒙时代里如何在理智上是切实可行的。当然,并不是每个18世纪的人都接受他的"新光派"加尔文主义，但在那时也不是每个人，甚或也不是每个受过良好教育的人，都接受时髦的自由神学与道德风尚。事实上，在那个"光明世纪"里，就什么是真正的"光明"，还存在着激烈争议。由盖伊以及其他 20 世纪的"赢家"或启蒙运动的自由派继承者所撰写的历史，未能足够严肃地对待过去的这一侧面。约翰·卫斯理比大卫·休谟对 18 世纪的英语世界产生了更大的影响。爱德华兹不仅对他那个时代的时髦观念与道德风尚提出了保守性挑战，而且还表明了"新光派"加尔文主义在以后各代人那里繁荣的方式。他不仅是一位当今的清教徒，尽管他是清教徒，而且也是下个世纪在美国宗教与理智生活里发挥重要作用的一场至关重要运动的源头。[22]

在 18 世纪我们应将什么称为"现代的"？比这一界定性争论更加重要的，是这样一个更大的问题，即自由派的现代性是否就没有悲剧性的缺陷——就其对人性的乐观主义而言，正是在这一点上，爱德华兹及其传统做出了肯定回答。正如人们常说的，在过去的世纪里，没有哪个基督教教义比内在的人性堕落教义获得了更多的经验性验证。现代性或后现代性的支持者也许不会同意爱德华兹对人类缺陷的解说方式，但他们却更加难以论证，爱德华兹在挑战那个"光明时代"正在兴起的乐观主义上是错误的。

注释

[1] Hopkins, *Life*, 73.
[2] "Book of Controversies," Beinecke, Works of Edwards transcription.
[3] 爱德华兹致 John Erskine, July 7, 1752, *Works*, 16：491。
[4] *Misrepresentations Corrected*, *Works*, 12：501—502. Cf. Clyde A. Holbrook, "Introduction," *Works*, 3：20.
[5] 保罗·拉姆齐，"Introduction," *Works*, 8：10—11. 拉姆齐指出，爱德华兹曾考虑过，是把对道德意识的讨论放在《原罪》里还是放在《真美德》里（最终他将它放在了后一部著述里，并在《原罪》里指出，另一部著作即将出版）。
[6] Quoted in Joseph A. Conforti, *Samuel Hopkins and the New Divinity Movement：Calvinism, the Congregational Ministry, and Reform in New England between the Great Awakenings* (Grand Rapids, Mich.：Eerdmans, 1981), 55.

[7] 塞缪尔·霍普金斯致约瑟夫·贝拉米，January 19, 1758, quoted in Conforti, *Samuel Hopkins*, 55。

[8] *Original Sin*, *Works*, 3：102.

[9] Ibid., 152—153, cf. 107—205.

[10] Ibid., 183.

[11] Ibid., 129, 190—191, 386—387.

[12] Ibid., 380—385.

[13] Ibid., 386.

[14] 爱德华兹详细讨论了《罗马书》5章，并与Taylor的解释形成了对立。Ibid., 306—349.

[15] 爱德华兹在这一点上，不同于一些"改革宗"神学家，亦不同于"威斯敏斯特信纲"6：3的明显含义；后者说到罪的归给，好像那是有别于堕落本性之传递的一种法律行为："他们［我们的初祖］即所有人类之根，他的罪是被归给的；在罪里的死亡，以及堕落本性，通过普通生育而从他们那里传递给了他们所有的后代。"

[16] Ibid., 391n—392n.

[17] 参见保罗·拉姆齐，"Introduction," *Works*, 1：118, 对这一点的论述以及对相关问题的有益探讨，pp. 99—118。

[18] *Original Sin*, *Works*, 3：395—409, with quotation on p. 409. 参照，Holbrook对一些与爱德华兹多层次因果性理论之相关问题所做的探讨，Holbrook, "Introduction," *Works*, 3：60—64。爱德华兹的一些语言，譬如"每个被造的人和事情的存在，在其每个时刻，［必定］来自上帝直接'连续性'创造"（p. 401），可能会使人认为，他将上帝看作万物的有效因或动力因。然而他在其他地方以一种典型的陈述说过，"一个存在可能是一个事件的决定者与安排者，并不必然就是一种动力因或有效因。因为，尽管他决定了事件的未来性，但就那能抵达或产生了'结果'的'原因'而言，并没有积极功效或能力；而只是功效或能力的一种抑制或撤消。" "Concerning Efficacious Grace," in *Works of Jonathan Edwards*, ed. Hickman, 2：557. 爱德华兹必定考虑到了以下两者之间具有一种区别：在上帝维持"直接'连续性'创造"之序列的行动，与上帝赋予受造的人与事情之作为那些序列内有效动因的能力。因而他就关键性的有效恩典教义指出，"我们不是消极被动的。也不是上帝做了一些，而我们做了其余。而是上帝做了一切，我们也做了一切。上帝产生了一切，我们做了一切。因为那是他所产生的，亦即，我们自己的行为。上帝是唯一真正的作者和源泉；我们只是真正的行动者。在不同方面，

我们是全然消极和全然积极的。"Ibid.

[19] Entry 652, *Works*, 18: 192—193.

[20] *Original Sin*, *Works*, 3: 435—437. 爱德华兹的《伟大的基督教原罪教义》，是他主要神学著作中影响力最小的。在 19 世纪，甚至他的一些仰慕者，譬如普林斯顿神学院的保守"改革宗"神学家，对他有关神性构成的种族身份这一形而上学理论，就持有批判态度。参见 Joseph A. Conforti, *Jonathan Edwards, Religious Tradition, and American Culture* (Chapel Hill: University of North Carolina Press, 1995), 122—123。

[21] Peter Gay, *A Loss of Mastery: Puritan Historians in Colonial America* (Berkeley: University of California Press, 1966), 91—116. Gay 在挑战 Miller 著作里的一些侧重点：Perry Miller, *Jonathan Edwards* (New York: William Sloan, 1949); 后者对爱德华兹提供了一种强有力的——如果不是高估的话——描述，亦即将他描述为针对现代性预设的一位现代批评家。

[22] Mark A. Noll, *America's God: From Jonathan Edwards to Abraham Lincoln* (New York: Oxford University Press, 2002), 提供了一种绝佳的最新叙述。

28

挑战时代的预设

爱德华兹在将焦点集中于维护加尔文主义原罪教义的同时，亦在筹划针对现代思想的一些最流行预设展开更广泛的反击。显然是因为他意识到了在新英格兰的一场神学危机，他将《原罪》的出版视为一项优先任务。他可能还认为，在冒险发起攻击之前先获得对自己的防御，才属审慎之举。

他于1757年5月将《原罪》书稿一送交出版人，就立即返回到已经在大体上完成草稿的那两部专题论著上。这两部论著在他去世前实际上已经完成了，尽管他没有将它们的手稿转抄为可以辨认的公共笔迹以供出版。霍普金斯和贝拉米成为了他著作的代理人，但他们一直到1765年才将这些著作送去出版。

1757年2月，爱德华兹向他的波士顿著作代理人托马斯·福克斯克罗夫特描述道，这两部论著想要回答"这样一些现代观点，这些观点在这两个主题上占据了上风，差不多构成了时髦神学体系的基础，并几乎已变成了普遍性的"。[1]这两部姊妹篇与《意志的自由》和《原罪》相比，较少论战意味。他并非想要维护某些特定的教义，而是试图削弱或破坏那在现代思想里已经出现偏差东西的基础。第一部论著，通过考虑"上帝创造宇宙的目的是什么"这个问题，来为理解人际关系提出一些基础性的前提。只有到那时，在正确理解了上帝对于人之存在的意图后，人们才准备好了面对第二部论著的主题，他那个时代的一个重大主题——"真美德的本质"。

上帝为什么会创造一个宇宙？

爱德华兹思想的关键是，所有事物都是相互关联的，因为所有事物都是与上帝相关联的。真理作为上帝慈爱与荣美的一个维度，是从上帝宝座上散发出来的完美光明的一部分。所有其他伪装成的光明或者真理来源，都如同黑暗一般，如果它妨碍了上帝受造物看见上帝之光的伟大太阳的话。受造的宇宙本身就是那光的一种动态表达，然而罪蒙蔽了人并使人无法认识到那围绕着他们的光源。在背离了上帝之爱的真光后，人们就只能在黑暗中摸索，过度地关注他们自己和与他们直接相关联的事物，或者追逐一些他们自己想象的虚假光明。唯有那由基督宝血带来的、人所不配的救赎恩赐，才能够开启他们的双眼和改变他们的心灵，好使他们能看见和热爱三位一体的上帝，以及在整体上作为上帝创造与救赎意志的一种表达形式的受造宇宙。唯有通过记录在圣经里的启示之"棱镜"，人们才能发现上帝创造与救赎旨意的本质。一旦罪人经验到上帝的爱，他们就会开始去爱他们所爱的。

如果我们认识到这种实质上属于奥古斯丁式的框架体系影响了爱德华兹的所有思想，那么变得很明显的一点就是，他的《上帝创造世界的目的》对于他所有的工作来说就是一种绪论。虽然他具体地将这部论著，与他最具哲学性的《真美德的本质》——前者的神学构成了后者的必要前提——视之为姊妹篇，但《上帝创造世界的目的》可以被看作他所有思考的逻辑出发点。[2] 设若他能活到完成他的宏伟蓝图《救赎工作史》，那么这部论著毫无疑问将会成为他那"用全新方法构建的神学体系"的出发点。

这部《上帝创造世界的目的》，虽然时常获得高度赞誉，但却是爱德华兹论著中较少被阅读（也较不容易阅读）的作品，因为它的焦点集中在了这种更大神学视野的精准出发点上。不过，这部神学与圣经的绪论，对于理解爱德华兹在与那个时代流行哲学的关系中是如何定位他自己的，却是不可或缺的。18 世纪的道德哲学家和道德普及者，正在越来越多地将神性说成是一个慈善的管理者，其最终旨趣就是要使人的幸福最大化。亚历山大·蒲柏（Alexander Pope，1688—1744 年）的《论人》（1733—1734 年），就是其最广为人知的通俗表达形式：

> 一切偶然皆有方向，只不过你无法参透
> 一切纷争皆是和谐，只是你未曾理解
> 一切局部的恶，不过是普遍的善
> 骄傲令人恼恨，只因不近情理
> 有一道理清晰，"一切存在，皆为合理"

爱德华兹本人可能会同意这几行诗文，并认为它们证实了上帝对待人的方式。他及其朋友们已深深参与到了一项类似的事业中。[3] 但是，在蒲柏的诗文里，自然秩序在实质上却成为了仁慈的。

> 上帝在每一种存在的本性里，发现了
> 它适当的至福，并设定了它适当的界限
> 而他所构建的大全，要祝福的大全
> 在相互的需求上建立起了相互的福祉
> 所以从最初，永恒命令就在运行
> 造物与造物相关联，人与人相关联。[4]

伏尔泰的《老实人》（1759 年）是在 1755 年里斯本大地震的余波中撰写的；它是对"所有可能世界中最好的世界"这一观念的一种辛辣嘲讽。而几乎与此同时，爱德华兹也完成了他的论著，并在这场就上帝旨意所发生的争论中提供了另一个众所周知的极端。那种"所有世界中最好的世界"的观念，不论是由像蒲柏那样的普及者还是由像德国人莱布尼兹（他在某些方面就像是没有加尔文主义的爱德华兹）那样的老练者所欢呼主张的，在这位老于世故的法国人看来，都显然是毫无意义的胡说。[5] 然而就像那个时代的其他道德论者一样，伏尔泰相信，追随自然之光就能导致人的自我改善。

而同时，《上帝创造世界的目的》，则回避了所有次级问题譬如恶的问题或永罚的问题，而专注于一个关键的在先性问题。如果"我们的现代自由思想家"能够通过探测哪种宇宙会使人的幸福最大化来决定上帝的特性,那么他们就是始于一个错误的起点,即首先注意到人的利益而不是上帝的利益。[6]实际上,他们将人幸福的原则确立得要高于上帝,因为他们坚持认为上帝也必须要符合那些原则。抑或,按照爱德华兹处理这个问题的框架来说,他们正在确立这样的认识,即以那构成了人最大幸福的东西作为上帝创造宇宙的终极(或最高)目的或理由。

爱德华兹坚持认为,对上帝创造宇宙之终极目的的任何探究,都必须来自已经启示出来的关于上帝特性的知识。爱德华兹阐述的核心,是对许多圣经经文的分析,亦即创造的最高目的就是"上帝的荣耀"。正如在爱德华兹所有思想里那样,他的前提是,上帝无限高于他的受造物,而且是无限的善。虽然对一种低级存在来说,以自爱为终极动机是不适当的,但对一种属于无限善的存在来说,最优先性地爱自我却并不是不适当的,因为在这种情况下,自爱就是爱那无限的善。

然而,像这样一个无限良善、完美与永恒的存在为什么要创造呢?而受时间限制且并不完善的受造物除了缩小上帝之外还能是什么呢?在此,爱德华兹利用了基督教上帝三位一体概念,认为上帝的位格在本质上是处在相互关系中的。虽然爱德华兹没有强调这种论证的三位一体基础(就像大多数论题那样,但他已经在另一部手稿里详述了那个主题)[7],但他的确提到这一点,并表明上帝的无限良善实质上就是爱的良善,并首先表现为三位一体内部相互之间的爱,譬如在圣父与圣子之间。

爱德华兹认为,上帝创造的终极理由,不是要救治在上帝里的某种欠缺,而是要扩展三位一体上帝之善与爱的完美内在交流。它是一种完美之善的扩展,是乐意要把那种爱传递给其他的理智性存在。上帝在神圣完满里的喜乐、福祉与愉悦,通过将那种福祉与喜乐传递给受造之物而具有了外在表达。上帝内在的完美或荣耀向外的发射,就像光从太阳那里发射出来一样。上帝的荣耀"可以被贴切地比做从一个发光体那里照耀或散发出来的光,借此上帝的这种荣耀就丰盛地呈现在圣经里。光是那发光体卓越性的外在表达、展示和呈现,譬如说太阳:它是将太阳的完满之光充分而广泛地散发和传递给无数分享太阳之光的存在"。[8]

因而，人的幸福，正确理解时，并不是什么在上帝及上帝荣耀之外创造的一种终极目的。"荣耀之光来自上帝，属于上帝，并要重新返回其发源地。所以这一切都是属于上帝、内在于上帝和朝向上帝的；而上帝则是这一切的开端、中间与结尾。"[9]

上述最后一句话概括了他整个思想的核心前提。这就好比是说宇宙是上帝荣耀的一种爆炸。完满的良善、荣美与仁爱从上帝那里发射出来，并吸引着受造物越来越多分享上帝的喜乐与愉悦。"上帝对受造物之善的尊重，与上帝对他自己的尊重，"爱德华兹解释道，"并不是一种被分裂的尊重；相反，这两者是合而为一的，因为受造物福祉所朝向的目标就是与上帝融合的福祉。……福祉越大，融合也就越大；当福祉完满时，融合也是完满的。随着那种福祉逐渐增加至永恒，那种融合也就变得越来越严格和完善，变得越来越接近和相像于圣父与圣子之间的那种融合。"所以，创造的终极目的就是上帝与忠实受造物之间在爱里的融合。因为永恒是无限的，所以在上帝与圣徒之间的这种融合也就能不断加深，就像一根直线不断向无限高度上升但却永远无法企及它一样。圣徒的福祉将会不断增加，因为他们会被越来越近地吸引向与上帝的完满融合。[10]

这种有关以上帝为核心的"爆炸性"宇宙概念——上帝创造这个宇宙是为了越来越多地与他的受造物分享神圣福祉——具有数不胜数的神学含义；爱德华兹长期以来都在其著述与笔记里探究着那些含义。他期待着他的鸿篇巨著《救赎工作史》；在那部著作里他将适当地处理所有这些以及其他许多神学问题。不过，首先，他决定要表明，一种承认仁爱与动态造物主上帝的、具有内在一致性的神学，如何能动摇那个时代最具影响力的哲学。

在一个"美德"时代里的"真美德"

爱德华兹的《真美德的本质》是面向 18 世纪哲学家的。虽然他将它与一部神学论著相提并论，但他使《上帝创造世界的目的》论著的神学尽可能保持宽泛基督教的色彩，以便为他对美德的哲学分析建立一种广泛的基础。与他其他著述不同，在《真美德的本质》里，爱德华兹没有引证圣经，尽管他的确诉诸其权威作为其伦理学的有神论基础。他的目标是要建立一种分析；在那种分析里，如果人们只设定几条必不可少的基督教神学原则，那么人们就会被迫重新考虑18世纪道德哲学的整个方向。

要体会这种挑战的力量，我们就必须在其所处的国际背景里来看待爱德华兹及其《真美德》。[11]在最宽泛的意义上，英国道德论者从约翰·洛克时代以来，就在试图将一种新道德哲学，建设成一门与新自然哲学或者自然科学相对等的科学。与时代精神相吻合，现代思想家正在竭力确立坚实的知识基础——那将是对所有人都普遍有效的。自宗教改革以来，基督教王国已经因彼此对立之宗教权威的绝对论教条而变得四分五裂了。而现代道德哲学家们的宏愿，则是能够发现普遍有效的道德标准；借此他们就能够评判彼此竞争着的绝对主张，并在实际上位居那些主张之上。

在英语世界里，压倒性的一致看法是，一种普遍道德性的基础，必须既要有理性的根基，又要有经验的根基。正如物质世界的自然律能够建立在普遍认知原则基础上一样，那个时代的哲学家相信，道德原则能够建立在类似的坚实基础上——任何具有理性的人都无法表示怀疑。约翰·洛克就是这一计划最为著名的先驱。他不仅提出了一种解释对物质世界认识的经验哲学，而且还建立了一种基于"自明性"第一道德原则——最重要的包括生命、自由与财产的权利——基础上的政治哲学。从洛克时代以来，在英国道德论者当中的讨论，已经推进到了许多方面或领域。其中大多数都试图表明，正常的人都具有认识和遵守道德律的能力；而那些道德律就像其他自然律一样被包括在了事物的结构之中。

新道德哲学是这一现代方案的一部分，即要使自然规范自我理解，并使自我理解规范德行。宗教改革挑战了教会的中介作用，但却肯定了圣经权威为神学与伦理学的首要来源。它还鼓励了——在清教徒当中非常明显——对人之自我经验的检查，以确定人是否真正成为上帝救赎恩典的接受者。英国在清教时代后，紧接着出现的则是剑桥柏拉图派；后者不再强调教条，并断定了人具有与神圣者相协调的能力。而下一步，特别是由沙夫茨伯里（Shaftesbury）第三伯爵安东尼·阿什利·库珀（Anthony Ashley Cooper）所表明的，就是要确定出一种自然道德意识——那是一位仁慈的造物主安置在自然秩序里的道德原则的可靠指南。[12]

弗朗西斯·哈奇森（Francis Hutcheson，1694—1746年）这位苏格兰前加尔文主义者，最好地阐述了沙夫茨伯里的观点。他的《探究美、秩序、和谐与设计》（1725年）一书，使他成为那个时代最具影响力的道德哲学家，并成为爱德华兹最想要予以反驳的人物。从洛克以来的道德论者都同意，人必定具有造物主所赋予的、借此能够做出可靠道德判断的自然官能。不过，他们在这一点上是分裂的：一些人坚持这种道德官能依赖于正确的理智判断，而另一些人，譬如沙夫茨伯里与哈奇森，则将其看作一种"道德意识"（moral sense）。所有人都同意，道德官能能导致人赞成仁慈，而仁慈则可以被看作一种美，因为面对不和谐，仁慈促进了和谐。哈奇森认为，道德意识，亦被称作良知，与一种美的意识极为相似。"由这种意识所准许的，我们将其视做正确的与美的，并称之为美德；而它所谴责的，我们视之为低下的、残缺的和邪恶的。"[13]

爱德华兹的语言与范畴听起来与哈奇森有许多相似之处，因为他们两人都是在18世纪的一个更广阔论说语境里工作。爱德华兹长期以来都在阐述一种类似于"美之意识"的"灵性意识"，并使得那种类似原则在《宗教情感》里成为了他分析的基石。对爱德华兹来说，对于美的真正灵性的意识，能够将重生者与未重生者区别开来。与此相对立，哈奇森则认为，所有人都被造物主赋予了一种道德之美的意识；如果人们遵从其指令，那种意识就足以引导人过上一种美德的生活——人们为此亦被应许了永恒的奖赏。

虽然哈奇森与爱德华兹在同一个论说语境里工作，但他们的观点却是两种相互分离的极端。哈奇森这位苏格兰哲学家，就像他大多数同时代人一样，断定自然以及人之本性，为人的生活提供了规范性指导。在哈奇森及其同辈人看来，上帝必定是一位仁慈的神灵，他创造一个宇宙就是为了要达成道德和谐。人只需要发现和遵从内置的自然律。

　　这些有关德行来源的预设，对于塑造现代世界具有重大意义。它们在教导人们这一点上是至关重要的，即他们可以使自己脱离外在权威而同时将道德原则内在化——那将使他们成为合格的公民。自我约束的态度，在社会上，对产生能够在新商业文化中进行竞争的自由个体是大有助益的。那个时代另一共同看法是，甚至源自于自私自利的个人之恶，也能够导致公共美德。[14]一代人之后，哈奇森的苏格兰同胞亚当·斯密（Adam Smith，1723—1790年），最明显地运用了这种有关仁慈自然律的预设，来为自由市场经济进行辩护。而哈奇森对情感的强调，则预示了即将出现的依赖于内在本性指引的浪漫自我观；这种自我观对19世纪中产阶级的兴起是十分重要的。[15]

　　从美国革命到内战期间的许多美国思想，都受到了极其令人钦佩的苏格兰启蒙运动的影响。在那种苏格兰式处境里来考虑爱德华兹极具启发性。18世纪50年代的美洲殖民者将自己看作是英国的行省属民，并越来越多地转向了苏格兰这一最杰出英国行省来寻求理智指导。[16]爱德华兹也不例外。他依赖于他的苏格兰通信者来获取最新消息，并为他的许多著述提供资料；他需要参与到国际对话中去。

　　就在爱德华兹于18世纪50年代撰写他的伟大论著时，苏格兰正在兴起为西方世界最明亮的理智中心。在哈奇森之外，还有"凯姆斯法官"亨利·霍姆——爱德华兹于1757年将他有关意志的观点与自己的观点进行了对照，以及大卫·休谟——爱德华兹以极大的兴趣阅读了他的《论人性》（1739—1740年）。爱德华兹没有活得足够长久，以了解另外两位在美国具有巨大影响力的苏格兰哲学家的工作："常识"哲学最著名的表述者托马斯·里德（Thomas Reid，1710—1796年），以及亚当·斯密。

　　不过，爱德华兹首先还是把自己看作一位英国公民，并与苏格兰启蒙运动保持着特殊联系。1755年末，爱德华兹曾写信告诉约翰·厄斯金，他已经阅读了"凯姆斯法官"的《论德行原则》（1751年），"也阅读了你所提及的大卫·休谟先生的著作。我很高兴能有机会阅读这些腐败的著作，尤其是由一些具有极大才赋的人所撰写的；这使我对在我们国家流行的那些观念具有了一些了解。"[17]爱德华兹说到"我们国家",是不太引人注目的线索之一;它揭示了他是如何看待自己的国家身份认同的。大不列颠对他来说是至关重要的,因为它是一个新教国家。而如今,甚至是他在那里发现了最强大盟友的信奉长老会的苏格兰,都面临着被这种新腐败思想所摧毁的危险。

在于1757年完成《真美德的本质》时,爱德华兹能够首次看到他终身抱负的某种实现,亦即将自己的显著才赋投入到那个时代的哲学大争论当中。《意志的自由》已经使他获得了思想地位;这是他所期望获得的地位,而他将自己的立场与"凯姆斯法官的"观点相对照的书信也突出了这一点。《真美德的本质》则有可能拓展这种挑战。

爱德华兹开篇第一句话就表明了,他将要进入有关道德哲学的这种国际性对话中,并且对它的基本状况了如指掌。"关于美德的本质,不论存在着什么样的争论和多少种观点,"他这样开始了他的论述,"所有人(除了否认在美德与邪恶之间存在任何真实差异的一些怀疑论者)都认为它意味着某种美好的东西,抑或某种美或卓越的东西。"而且,这同一句话还表明了,他在此并不是要解决"有关美德本质的这些争论与各种观点"。与他其他大多数论著不同,这部论著并不是要针对某些特定作者、哈奇森或其他任何人的陈述发起论战。相反,他在那个时代所有著名道德哲学家的整体方案的根基部位安放了炸药。

爱德华兹的基本论点,与他所有思想特征一样,是简单明了的。"如果上帝在其中不是第一位的和最后一位的,"爱德华兹解释道,"那么真美德的本质就什么也不是。"上帝是爱,是所有爱的源泉。真正的爱、真正的仁慈,就是爱;它与上帝的爱产生共鸣并与其处在和谐中。爱德华兹指出,这种结论,是"先前在《上帝创造世界的目的》里论述"的一种必然推论。上帝的存在就是"爱与友谊;它在上帝几个位格之间永恒而必然地持续存在着"。创造的终极目的或目标,就像是那种爱的一种表达。理智性存在的被造,其本身就具有与上帝在爱里结合在一起的目标。而与上帝在爱里结合在一起,则意味着爱上帝所爱的,或者所有的存在。上帝是"所有存在和所有美的基础与源泉;万物都完全是从他那里派生出来的,而万物也都绝对而完全地依赖于他;所有存在和所有完善都属于他、经由他并朝向他;他的存在与美可以说是所有存在与卓越性的总和与总括:远甚于太阳是白天所有光芒与光明的来源与总括"。[18]

因为爱德华兹主要是为道德哲学家们撰写的，所以他使这种神学语言从属于更为抽象的论证之下——只有哲学家才有可能喜欢那种论证。他在其论题的首要陈述中说道，"真美德最实质性地存在于对总体存在的仁慈中。""抑或更准确地讲，"他继续道，"它是心灵与总体存在的认同、倾向与融合，是在一种一般性善意中直接加以实施的。"[19] 倘若从其神学框架中来看，这些陈述就会变得更加清楚。真美德，或者普遍的仁慈，只有在人的心灵与上帝融合在一起时才是可能的；上帝是爱与美，也是所有爱与美的来源。任何其他的爱，倘若缺少这种正当的最高之爱，都将是爱那远低于人应当去爱的东西，并因而是与人受造的目的背道而驰的。

爱德华兹对这个结论所做的核心论证，只是对那常见于现代道德论者的在私人利益与仁慈之间所做区分的一种扩展。例如，哈奇森就指出，"我们具有一种道德意识或心灵决断力以赞成不论是在我们自己中还是他人中的每种情感，以及我们设想的确是源自那种情感的所有公共有益行为，而我们在利用这些行为时也丝毫不考虑到我们的私人福祉。"这样一来，譬如说，当听说某人发现了一个宝藏时，所有人都会本能地赞成将其用于慈善目的。即使那些自己只会为了私人自我放纵而利用这笔财富的人，也会认同那些赞成将其用以公共利益之人的观点。[20]而爱德华兹所要做的，就是接受在私人利益与公共慈善之间的这种区分，并使它达致更进一步的结论——如果人们考虑整个宇宙的话。

爱德华兹指出，大多数被称赞为真美德的东西，只不过是显而易见的私人利益罢了。譬如，人们普遍钦佩家庭之爱。然而对家庭的爱，尽管其本身是令人钦佩的，但很明显，它仍然是私人而不是公共慈善的一种表达形式。家庭在面对其他家庭时常常是非常自私的。而其他更广泛的爱，譬如对于社团或国家之爱，也只不过是这同一原则的更大例证而已。这些爱，在它们有限的处境里其实是可钦佩的，但它们在促进普遍慈善的意义上却并非终极地属于美德。"因而，"爱德华兹写道，"在罗马人当中，爱他们的国家就是最高的美德；然而，他们的这种情感，尽管在他们当中受到了如此高度的称赞，但却可以说被用以毁灭其他的人类世界。"由此而出现的总体原则是简单明了的:"那种私人情感波及的人数越多,人们也就越容易将它误认为真美德——经由他们视域的狭隘性,因为那种私人体系也就显得具有了更多普遍体系的表象。"[21]

在这些私人体系里的慈善受到了如此广泛的钦佩,爱德华兹说道,这是因为它分享了"次级的美"。"正如一首曲子里的几个音符,"他解释道,"仅就它们自身而言,以及在它们彼此之间的关系里,有可能是和谐的;但是,当把它们与这首曲子的所有音符或者和它们与其相关联的整个音调系列放在一起时,它们的许多音符可能就是非常不协调和不适宜的。"[22]人们会自然地钦佩在一种纯人性尺度上仁慈的和谐性。那些和谐越是完全,人们也就越是钦佩它们。然而,如果这些仁慈——不论它们自身何其具有吸引力——与创造宇宙的上帝之爱的伟大交响乐是不和谐的,那么它们最终就是不协调的,也不是真正美好的。

同其他道德哲学家相仿,爱德华兹相信人具有一种内在的道德官能。但他认为,它与其说是一种可靠的主观感觉,不如说是一种赞成匀称与和谐的理性能力,正如人可能会欣赏一个三角形的匀称性或一曲旋律的和谐性一样。例如,自然良心就最典型地包含一种正义意识,或者对行为及其适当后果之和谐性的一种领悟力。所有正常人对他们自己都有一种功过赏罚意识;他们能够通过设身处地看待问题来形成一种对他人的正义意识。良心能够告诉人们,何时他们与自己的最佳判断不一致,或者自己的行为与他们赞许其他人的行为不一致。[23]

爱德华兹指出,这种自然道德官能,事实上对调节社会具有巨大的价值。虽然自然仁慈在终极上属于有限性的表达或者其对正义行为的认可,并不是真正的美德,但它们在自身之内却具有"一种真正消极的道德良善性"。而"所谓'消极的'道德良善性,"爱德华兹解释道,"我所指的是对真正道德之恶的否定或缺失。"[24]所以爱德华兹能够真诚赞成一切仁慈、怜悯、公义以及诸如此类的行为——不论是由个体还是由政府实施的,因为它们限制了恶。这些是上帝赋予所有人的普遍恩典或恩赐的表达形式。譬如说,这与以下立场就是一致的:爱德华兹强烈支持英国军队,即便他对其大多数成员的不敬虔与道德松弛感到震惊。但他们正在被上帝用来阻止或限制恶。

在爱德华兹给予"真正消极的道德良善性",或者一种有限的纯人性道德体系之"美德"以某种价值的同时,他亦坚持,当仁慈首先不是对上帝或宇宙绝大多数存在的仁慈时,没有什么能够是真正的美德。"这样一种私性情感,脱离于总体仁慈并独立于它,随着不同的情形,将会反对总体仁慈,或呈现与其相反的趋势;并会使一个人反对总体存在,使他成为它的敌人。"这种鲜明二分法的理由就是,在上帝之外的人之私性情感,不论在多大程度上扩展至家庭、社团或国家,都不可避免地会成为人的最高忠诚,并超越对于上帝或总体存在的忠诚。"因为受到私性情感影响的人,不是服从于对总体存在的敬重,而是将其特定或有限目标置于总体存在之上;而这会最自然地导致对于后者的敌视或仇恨……这甚至就像在一个王国里,在合法君王之外,如果拥立另一个亲王为至高统治者,就会自然导致对合法君王的敌意一样。"[25]

真正的爱,爱德华兹指出,就是要把我们的利益等同于他人的利益。[26]那使他人快乐的也会使我们快乐。在一个实质上是人际性的宇宙里,人们通过情感不是彼此联合起来就是彼此分裂开来。人的爱,要么局限于被造的人和事物的某些有限范围内,要么就首先成为对造物主的爱——这将包含对所有存在的爱。爱德华兹典型地坚持,生命中唯一重要的问题就是,人究竟是与上帝联合还是反叛上帝。如果是与上帝联合(这对爱德华兹来说永远都处在一种持续性的过程中),那么人将学会爱一切上帝所爱的——包括对他人的仁慈与公义。上帝的福祉将会成为我们的福祉。

真美德最终通过动机或性情将其与模仿者区别开来。这是需要加以强调的关键一点,因为它反映了爱德华兹对一个人际性宇宙和情感性宗教的总体看法。真美德源自一种真爱的性情。真爱,对人以及宇宙里一切良善(存在)来说,是可能具有的最广泛的情感。它是为它自身的缘故——为它的美——而行善。而纯自然的"美德",尽管表面上看来非常相似,但最终会受到人爱自己及其同类这一自然倾向的驱动。[27]

在《真美德的本质》里——按照任何标准都是一部思想佳作——

爱德华兹挑战了那将在此后两个世纪里主宰西方思想并最终主宰世界大多思想的方案。那个怀有希望时代的宏伟理想就是，人将发现有可能在科学原则上建立一个普遍的德行体系，而这个体系将会终止那困扰人类历史的毁坏性冲突。只是到 20 世纪上半叶这类理想的冲突已经导致了历史上最血腥的时代并威胁着要毁灭人类之后，那一方案里的诸多信念才发生了崩溃，即使并没有明确的替代品来取代其地位。

爱德华兹对处在这些事业之后的那些预设之重要性的领悟，以及对它们失误的洞察，并不是源自他遥遥领先于自己所处的时代，而是由于他所信奉的严格加尔文主义，以及他在一个遥远行省所处的边远地位——这使他处在了一种对自己时代予以批判性审视的地位。他的神学信念提醒他对那些趋势的重大意义保持警醒；而那些趋势，当他初次登上思想舞台时在不列颠已经变得令人望而生畏了，并在他有生之年甚至在新英格兰都获得了迅猛推进。爱德华兹是一个完完全全 18 世纪的人物，他运用了许多那个时代的范畴和预设来批判那些时代的趋势。虽然他也许低估了正在兴起文化的短期成效，但他对其最高希望的虚空保持着特有的真知灼见。

注释

［1］爱德华兹致托马斯·福克斯克罗夫特，February 11，1757，*Works*，16：696。

［2］爱德华兹在更早期的"杂记"里已经提出了基本论证，譬如 nos. 445，461（1729—1730），*Works*，13，and 702（1736—1737），*Works*，18。

［3］例如，贝拉米在 1758 年出版了他的布道 *The Wisdom of God in Permission of Sin*；而爱德华兹在离开斯托克布里奇前可能就阅读过它并表示了赞同。参见约瑟夫·贝拉米，*Sermons upon the Following Subjects，viz. The Divinity of Christ，The Millenium，The Wisdom of God in the Permission of Sin* (Boston，1758)。

［4］Alexander Pope, *An Essay on Man*, ed. Maynard Mack (London: Methuen, 1950 [1734]), Epistle 1, ll. 289—294, pp. 50—51; Epistle 3, ll. 109—114, p. 103.

［5］对爱德华兹与莱布尼兹（1646—1716）的一些比较，参看 保罗·拉姆齐，"Introduction," *Works*, 1：113—117。

［6］爱德华兹用"我们的现代自由思想家"来指称这部论著所针对的对手。*Con-*

cerning the End for Which God Created the World, Works, 8: 536.

[7] 参见 *An Unpublished Essay of Edwards on the Trinity*, ed. George P. Fisher (New York: Scribner's, 1903)。

[8] *Concerning the End*, Works, 8: 530, cf. 526—530.

[9] Ibid., 531.

[10] Ibid., 533 (quotation) and 534.

[11] Norman Fiering, *Jonathan Edwards's Moral Thought and Its British Context* (Chapel Hill: University of North Carolina Press, 1981), 对爱德华兹道德思想的处境, 提供了迄今最全面的叙述。同样重要的, 是保罗·拉姆齐所提供的内容广泛的编辑评论, Works, 8, 包括介绍、正文注解以及长篇附录, 尤其是"附录二": "Jonathan Edwards on Moral Sense, and the Sentimentalists," 689—705, 在其中他与 Fiering 进行了严肃争论。我的论述受益于诸如此类的许多著作, 尽管我并不认为自己严格遵从了哪一部著作的观点, 除非另有明示。

[12] Charles Taylor, *Sources of the Self: The Making of the Modern Identity* (Cambridge: Harvard University Press, 1989), 248—250.

[13] Francis Hutcheson, *A Short Introduction to Moral Philosophy* (Glasgow, 1747), 16—17.

[14] Cf. Roy Porter, *The Creation of the Modern World: The Untold Story of the British Enlightenment* (New York, 2000), 175—176. 私性邪恶产生公共利益这种观念, 在那个世纪上半叶就由 Bernard Mandeville, 甚至由 Alexander Pope 表述过了, 远在人们从大卫·休谟与亚当·斯密著述里发现它们之前。

[15] Cf. Taylor, *Sources of the Self*, 248—302.

[16] Ned Landsman, *From Colonials to Provincials: American Thought and Culture*, 1680—1760 (New York: Twayne, 1997), 3—4. See also Ned Landsman, *Scotland and Its First American Colony*, 1683—1765 (Princeton: Princeton University Press, 1985); Henry May, *The Enlightenment in America* (New York: Oxford University Press, 1976), 342—350. William Small 是弗朗西斯·哈奇森思想的一位苏格兰拥护者, 他于 1758 年来到威廉与玛丽学院; 在那里, 他成为了托马斯·杰斐逊最具影响力的教师。Garry Wills, *Inventing America: Jefferson's Declaration of Independence* (New York: Doubleday, 1978), 176—180. 约翰·威瑟斯庞 (John Witherspoon), 是苏格兰一位正统长老会道德论者, 于 1766 年成为了普林斯顿院长; 他教育了詹姆斯·麦迪逊, 而他自己也成为"独立宣言"一位深具影响力的签署者。

[17] 爱德华兹致 John Erskine, December 11, 1755, *Works*, 16: 679.
[18] *The Nature of True Virtue*, *Works*, 8: 539, 560, 557, 551. 爱德华兹发现, 几乎所有当代哲学家都在某种程度上提到了对上帝的义务, 然而他认为他们只是将这附加在了这样一些理论上, 这些理论"所依据的是对受造系统的仁慈性。""如果真美德'部分'在于对上帝的一种尊重,"他反驳道, "那么毫无疑问, 它将'主要'是由它所构成的。"Ibid., 552—553.
[19] Ibid., 540.
[20] Francis Hutcheson, *An Essay on the Nature and Conduct of the Passions and Affections* (London, 1728), 210—211, quotation p. 211.
[21] *True Virtue*, *Works*, 8: 611.
[22] Ibid., 540.
[23] Ibid., 568—572. 有关爱德华兹的表述与 18 世纪其他表述之间的微妙区别, 参见 Fiering, *Jonathan Edwards' Moral Thought*, e. g., 345.
[24] *True Virtue*, *Works*, 8: 613—614. 公义(justice)是一种涉及匀称均衡性(proportion)的客观概念, 所以任何人都可能将它看作一种"次级的美", 甚至邪恶的人也会促进公义。而另一方面, 真美德则终极性地涉及了动机。对总体存在的真仁慈, 则涉及了对所有公义与仁慈的衷心赞同。区别在于, 真美德所依据的是对人最广泛的爱, 而一种没有真美德的对公义的爱, 则更像是对自然形态或音乐的匀称均衡性的爱。Ibid., 568—573.
[25] Ibid., 555—556.
[26] 爱德华兹在这个语境里指出, "自爱"并不是坏事, 如果它只是意味着爱我们自己幸福的话——而那也就是爱我们所爱的东西。问题在于, 我们的幸福, 或者我们的性情, 在终极意义上, 是由私性或自私利益还是由上帝的普遍利益所限定的。Ibid., 576—577.
[27] 哈奇森认为自然人具有一种道德意识, 而爱德华兹则认为只有真正属灵的人, 才具有一种"真正的灵性意识或美德品味"。Ibid., 596. 例如, 爱德华兹指出, 一帮匪徒也会对告诉他们"警长将要搜查他们藏身之地"的人, 具有一种自然的感激意识。所以说, 不应当依赖于他们的自然道德情感, 来认可和核准那属于公共利益内的东西。Ibid., 583.

29

未完成的巨著

当爱德华兹于1758年1月动身前往普林斯顿时，他不得不接受这一现实：上帝的旨意有可能是，他无法完成他在写给学院董事会的信函里所描述的那两部"巨著"了。但还只有54岁的他，肯定将要尽力而为。有许多事情使他相信，这些著作是属于上帝旨意之内的。如此全面系统的论著，他深信，能够成为反击时髦的不信之争战的坚固堡垒。

许多工作已经完成了。在那装载着他的必需品前往普林斯顿的马车上，可能就包含这样一些箱子，那些箱子里盛着被精心包裹起来的大量笔记——有关圣经、预表、杂记、讲章以及诸多不可或缺内容的笔记。这些笔记，出版时（经历了两个半世纪的过程）将会占好几千页的篇幅。其中"杂记"里一些内容本身就是一些短篇论著；它们完整得足以被收录在19世纪出版的作品选集里，安排在诸如"基督教的证明"这类主题下面（其分题涉及预言、神迹、未来国家、圣经、信仰与理性、道德政府、"穆罕默德教"、"犹太国家"、"圣经奥秘"、"基督神性"、"上帝的道德政府"、"无尽的惩罚"、"神圣命令"、"赎罪"、"信仰"、"圣徒永蒙保守"、"天使"、"魔鬼"与"天国"）。当他告诉普林斯顿董事会"我手头上还有许多其他事，其中一些已经取得了重大进展"时，毫无疑问，他所指的就是一些这样的项目。[1]

不过，我们对其并没有完整答案的一个不解之谜，就是他另外两部巨著将会是什么样子的。他把这两部著作中的每一部都称之为"巨著",并确切地将这两部互补性著作看作是他事业生涯的顶峰之作;这些著作将会以一种全面系统的方式,将他思想里一些最重要的主旨组织联系在一起。

另一部"巨著": 旧约与新约的和谐性

在爱德华兹对这两部著作的描述里,迄今最多的关注都给予了他的"救赎工作史"——他如此引人入胜地将其描述为某种具有革命性的东西:"一个用全新方法构建的神学体系"。不过,爱德华兹还告诉普林斯顿学院董事会:他的心思亦集中在另一部"巨著"上:"旧约与新约的和谐性"。他为这部著作"已经做了许多工作",并打算首先将它出版。他至少已经完成了五百页草稿,而贯穿终生的日常圣经研究也为剩余部分提供了充裕的基础。[2]

我们可以把爱德华兹这两部未完成的著作,比做约翰·塞巴斯蒂安·巴赫在18世纪40年代活到他足以完成的那两部伟大作品:"B小调弥撒曲"和"赋格艺术"。在这每一部音乐作品里,巴赫都利用了其终身成就,以达致一种伟大的总结。而且,"B小调弥撒曲"的主题与"救赎工作史"也是相同的,尽管巴赫遵循着一种常规的弥撒曲格式。在巴赫的音乐里,人们很容易就能发现对下列事物的敏感性:上帝的荣耀、基督的死亡与复活、圣灵的工作以及诸多在基督教教义里能够与这位美国神学家情感发生共鸣的东西。与此相对照,"赋格艺术"则代表了这位"巴洛克式的科学家"的工作;它试图"深入探索内在于一个单一音乐主题里的对位的可能性"。[3]爱德华兹的"和谐性"可以被看作类似于一位"巴洛克式的科学家"的技术性工作;它试图就一个对于神学家之艺术不可或缺的主题的各种变体,做出最详尽的探索。

爱德华兹之所以想要首先完成"和谐性",可能是因为圣经对他思想里的其他一切至关重要。在日常生活与工作里,圣经研究对于爱德华兹具有一种传记作者难以传达的优先性。就像祈祷或家庭交往一样,它是十分惯常的。对那些更独特的事件与工作的记录构成了日复一日、年复一年的叙事；在其中，惯常的圣经研究几乎看不见。然而这一切持续不断存在着。

爱德华兹的圣经研究与其他大多数日常工作之间的不同，是他为论述圣经的著作留下了大量记录。他在记载自己基督徒生命成熟过程的"个人叙述"里写道，"在那时，以及其他任何时候，在所有的图书中，我最喜欢圣经。"终其一生，他都将那种喜爱与操练结合在了一起。[4]他的大部分工作都见于被他称作"圣经札记"的四大本笔记里所留下的记录条目；它们是在他整个生涯中记录下来的，如今以五百多页的篇幅出版了。另一个大型圣经注解集，见于他的"空白本圣经"或者"圣经杂记"里——那是为便于做笔记而用小字体隔行印刷的圣经。从1730年到1758年，爱德华兹写下了大约一万条记录条目；仅在这个作品集里，就达到了平均每个工作日至少撰写一个条目的频率。与此同时，他还写下了一千多篇讲章；所有这些讲章都至少包含了一些简明的释经工作。此外，在他出版的大多数著作里，他也包括了一些释经部分，其中有一些还包含大量的释经工作。譬如，《上帝创造世界的目的》二分之一以上的篇幅，以及《原罪》三分之一以上的篇幅，都是由圣经解释构成的。最后，就是他为拟议中的巨著"旧约与新约的和谐性"，而"取得了重大进展"时所完成的那些草稿。[5]其他一切事情都建立于圣经之上；圣经是他最大的激情之一。

当爱德华兹研究圣经时，他并不只是坐在书房里单单面对圣经，并试图辨识出它的意义。相反，他是直接在一个解释传统内进行工作的。他使自己置身于一些标准的注释中间，譬如，马太·普尔（Matthew Poole，1624—1679年）、马太·亨利（Matthew Henry，1662—1714年）、摩西·洛曼（Moses Lowman，1680—1752年）、菲利普·多德里奇（Philip Doddridge，1702—1751年）以及其他人的注释，并随时留意获取更多的注释。当他宣称一种教导是"合乎圣经的"之时，他不仅以早期改革宗神学家，而且以前面提到的注释传统为框架。例如，那对他解读圣经如此重要的预表性解释，就反映了一种悠久的传承。人们会发现他的许多预言与千禧年解释，已经预先出现在洛曼和其他著述里。而与此同时，爱德华兹唯独将圣经看作真正的权威，所以可以对早先的解释做出修正。理解圣经真实意义的工程，是一项不断进步的事业；而爱德华兹则希望能对其做出贡献。[6]

爱德华兹向"拿骚厅"董事会解释说，他的这部"和谐性"将包括"三个部分"。第一部分是对弥赛亚预言及其应验的全面而系统的汇编。它将证明"在那些预言与事件之间普遍、精确和令人钦佩的一致性"。就这个主题，他已经完成了对开本约三百页书写工整的笔记，并完成了各种表格和索引。[7]这部"和谐性"的第二部分，是关于"弥赛亚预表"的内容。它将证明，旧约人物与事件的证据是"被用以表示基督福音那些伟大事物的"。爱德华兹于40年代已经在一本笔记里为这一部分拟好草稿，并在后来对其进行了订正——可能是在他斯托克布里奇岁月的后期。[8]他的曾外孙塞雷诺·德怀特最先将"弥赛亚的预表"收录在爱德华兹文集里出版了；而这一部分在"耶鲁版"里出版时大约占用了一百三十页篇幅。这部筹划中的巨著的"第三也是最大一部分"，显然还有大部分尚未完成。它将证明"在教义与实践上，旧约与新约的和谐性"。假如爱德华兹就这个主题拥有不止一本笔记，那么它并没有被保存下来。[9]

保存下来的爱德华兹的"和谐性"，除了指出圣经对于他思想与生活具有的核心性之外，还告诉了我们许多他对圣经的看法。最突出的是，它们揭示了他是多么热切于维护传统圣经观免遭攻击。自从17世纪后期以来，现代圣经批判已经越来越多地成为开明知识分子使自己摆脱新教教条主义束缚的一种重要手段。在一个教会权威主导的时代里，由于许多理智与政治生活都与教会联系在一起，所以圣经权威问题对于其他思想与社会领域就具有了极其重要的意义。启蒙运动的许多世俗维度，都依赖于取代圣经对于历史与人性的描述。所以，毫不奇怪，爱德华兹会用大量时间来准备回应那些圣经批判者。

那些攻击来自几个阵线；它们在爱德华兹登上舞台时就已经变得很常见了。例如，约翰·洛克——他本人为圣经注解写下了大量著述——就认为理性应当成为在圣经里相信什么的评判者。各种17世纪晚期和18世纪早期的著述者，也同样断定了理性在下列事情中的优先性，即在探究圣经对于奇迹的叙述上以及基督教有关旧约预言得到应验的主张上。其他作者，则追随托马斯·霍布斯的先例，开始质疑"摩西五经"的作者身份以及其他圣经叙述的历史准确性。许多这类批判，都在皮埃尔·培尔（Pierre Bayle）的巨作《历史与批评辞典》（*Dictionaire historique et critique*，1697—1702年）——一位法国改革宗牧师的儿子的作品——里被正式认可了。这部深具影响力的《辞典》，包含了许多对于圣经主张的嘲讽；它在经过增补后出版了一个英文版本（1734—1741年）。许多英国作者都参与到了有关圣经可靠性的争论中；而爱德华兹的圣经研究在很大程度上也是面对那些争论展开的。他阅读了所有能够获得的东西，并在笔记里引证了数十种这类文献来源。[10]

关键问题是这样一种广为流行的观念：理性应当成为启示的评判者。爱德华兹在名为"争论集"的笔记里指出，"许多自由思想家，通过模糊或含混地使用'理性'这个词语来进行自我欺骗。"他们的"大错"就在于，没有在"理性"的两种用法之间做出适当区分。他发现，"有时，'理性'这个词语被等同为论证或者证据……就像我们说不应当相信任何没有理性、与理性相反……或者与证据相反的东西那样。"合理地将理性用做一种必要工具，并应当与这样一种不正当主张区分开来，即理性应成为评判圣经的"最高规则"。后者就好比是说，"证据与神圣启示是完全不同的，而这则意味着神圣启示不具有证据或论证的性质。"将人类凭自身获得的"合理性观点"，必然地置于比人们从特殊启示获得的观点更高的"宝座"上，是既不合理又不合法的。那种观点，就好像是从"眼睛是观看的一种必要工具"这一事实，突然跳跃到了"眼睛是观看的'最高规则'"这样一种主张上，并由此拒绝相信通过最佳显微镜或望远镜所观看到的新鲜东西。

那些将理性确立为"最高规则"的人，常常将圣经有关神迹的叙述贬抑为与理性相对立的。在那些情形中，他们不正当地排除了一种重要的证据类型：可靠的见证。为了说明这一点，爱德华兹指出，可以设想你很久以来就认识一个"具有最明智判断和最高诚实性"的人，他从一次旅行中带回了对"一些怪异现象或事件"——否则你就无法相信——的目击性描述。在这种情形中，因"不合乎'理性'"而拒绝那个人的描述，就是不合情理的。这是以自己早先的"合理观念"为最高规则，来评判了那个人所做的描述，而没有考虑到相信这样一个人的见证所具有的合理性。[11]

爱德华兹在一项后期"杂记"条目里指出,在忽视圣经总体特点的情形下,将其特定教义拒斥为"不合理性的",这是同"所有常识规则相对立的"。在具体提及自然神论者马太·廷德尔(Matthew Tindal)那臭名昭著的《基督教同创世一样古老》(1730年)——这部著作攻击许多圣经主张违背了自然与理性的教导——时,爱德华兹指出,人们通常会接受许多看似不合理性的命题,因为它们是从一些更大的合理性原则推导出来的。利用"常识"哲学的原则,爱德华兹发现,"无数真理,只是通过我们感觉见证依赖于其上的一般命题的结果而为人所知晓的。"那些依赖于他人记忆或见证的可靠知识,也同样如此。"因而,"爱德华兹说道,"许多有关电性与磁性功效的事情,我是被告知的;在《皇家学会哲学学报》上也记载着许多事情,是我从未见过的,也是非常神秘的。"如果那些事情得到很好的证明,那么它们的神秘性"就丝毫都不反对我对那些叙述的信念,因为根据我所观察和了解的,这样一种神秘性正是在对自然的特殊与精准观察中所期待的"。

在自然里是这样,在圣经里更是如此:人们应当期待其自身似乎与理性相对立的奥秘。在此,爱德华兹遵从了约瑟夫·巴特勒主教(Bishop Joseph Butler)在《宗教的类比》(*Analogy of Religion*,1736年)里广为人知的论证思路;后者认为,指望接受圣经所面临的困难与神秘,并不大于想要接受广被认可的自然律所面临的困难与神秘。"困难与无法理解的神秘,"爱德华兹写道,"正是在上帝宣告里应当合理加以期待的;就具有灵性本质的事情而言,只有上帝才知道那最确切的真理。"

在关乎超越人理解力之事物的启示中,上帝不可避免地会涉及神秘事情,譬如人类灵魂的本质、时间与永恒的关系、完美的上帝如何能允许恶的存在,等等。同样复杂的是上帝那宏大的道德体系,尤其是在涉及恶与"极端灾祸时——在其中牵涉到上帝所有敌人那最巧妙与最狡猾的怨恨与邪恶"。上帝以其"不可揣测和绝对无限的智慧",在实施着"他那最深奥的计划;借此,他所有实施那普遍的、不可理解的、错综复杂之体系的宏伟意图,以及他治理的无限系列,将会获得最愉悦、最完全、最荣耀的实现"。毫无疑问,上帝将这种人所无法理解的计划启示在了"一本大书里,而这部大书包括了多种多样的章节部分与体裁类型,并且全都是相互关联的,全都结合成了一个宏大的主旨与计划";对此,我们理应期待会有许多我们所无法理解的东西。

爱德华兹所有神学的一个前提就是,人必须要面对这一严酷事实所包含的意义,即在一个统治着广袤宇宙、完善而永恒的上帝与他有限而不完善的受造物之间,存在着无限的差异;这个前提导致他形成了这一坚定信念:特殊启示提供了认识上帝之道的唯一希望。而且,这个前提还使他预料到,这样一种启示必定涉及超越人理解力的奥秘。一些主题,譬如永恒、没有身体而存活的灵魂或者灵性实在的其他许多方面,超越了人之经验,就像颜色之对于盲人一样。人有可能在良好见证以及与其他经验一致的基础上,接受对这类事情的解释,但在终极意义上,它们仍是奥秘。[12]

他所维护的所有那些具有争议性的教义,都是因为他确信它们是由圣经所教导的而为他所持有。上帝在拣选哪些人获救上的主权,亚当之罪被归于整个人类,甚至最好的自然美德在上帝眼里也是不可接受的,在重生者与未重生者之间的鸿沟,对罪的永罚,等等,都是人不敢予以忽视的圣经教导——不论它们显得何其神秘或不合理。爱德华兹花费了诸多气力来论证,这些启示性教义是合乎理性的,抑或至少并不必然是不合乎理性的;因而,它们也可能与一个仁慈神明的道德治理相一致。

就那种关切而言——证明上帝对人之方式的正当性——爱德华兹与那个时代的进步"哲学家—神学家"是相近的,但他却完全不同于他大多数同时代人,因为他不愿意按照18世纪道德律的标准来评判上帝。在爱德华兹看来,上帝不应当被理解为某种类似于所有人中的最具美德者。相反,由于爱德华兹如此严肃对待"无限与永恒上帝的方式"与"人理解力的局限性"之间的巨大鸿沟,所以他愿意充分利用圣经叙述,尽管它们有时可能看起来违背人的直觉。经过严格考察,他能坚定地宣称,与其他任何选择相比,那些叙述能够被证明为与理性和经验更为一致,即使仍然存在深深的奥秘。

爱德华兹认为圣经就像是上帝在创世里的作为。每种都是一个"体系"以及"上帝对理智受造物发出的声音"。每种都指向了上帝那

"无法测透之智慧"的奥秘。然而每种也都要成为理性受造物的一种指导。[13]

在将圣经看作上帝用以启示的途径后,爱德华兹拒斥了现代批评者所提出的反对意见;后者以古代的意义可能不同于我们的现代解读为由,质疑加尔文派的圣经解释。"他们说,古代的形象化表述方式极其不同于我们的方式,而我们在经过那么遥远的时代后,根本就无法判定所使用的那些表达形式的真实意义,而只能依靠对古代事物的精通,对古代历史的谙熟,以及对古代语言的严谨把握。"爱德华兹回应道,这纯属胡说。这种批评者未能考虑到,"圣经是为世界目的将要降临于其上的、经过许多时代以后的我们而写的,是主要为这世界后来的时代而写的;在那些后来的时代里,它们将产生其主要的、甚或所有的功效。"所以上帝不会如此安排:为了理解圣经的基本意义,必须要让一个人成为古代语言与历史的专家。相反,"它们是为这些时代的人们而写的:在这些时代,至少有百分之九十九的人必定都无法拥有那种[专门]知识。"[14]

不过爱德华兹还是像研究其他事物一样,在如饥似渴地研究古代语言与历史。他记录了一本题名为"希伯来语习语"的笔记;在其中,他列出了自己在研究圣经原文时所整理出的希伯来语词汇。他曾表示可以在"拿骚厅"教授希伯来语,作为磨砺自己在这一领域技能的一种方式。他从古代史权威那里摘录了一些段落并记录在笔记里。而且,他深信普通人应当受到博学的圣职人员的指导,在这一点上他坚定不移。然而他无法相信,上帝会以一种只能由学者解释的方式启示圣经。"应当考虑到,圣经是提供给一切时代的准则;它不仅仅属于那些最博学、准确与深刻的批评家以及那些对古代具有深入广泛探究与了解的专家。"假如圣经的基要真理是那么难以理解,那么"这样的预备是何其不当与不适啊!是何其不适合于它所设计的那种目的啊!"几乎就像预感到了解释学时代即将到来一样,他继续说道:"如果人们以此为借口,即那些表述形式因不同时代与地区而发生了重大变易,那么在这种托词下,还有其他什么不能隐瞒的呢!任何话语都无法控制和约束他们。这不是话语的本质所要做的。"[15]

爱德华兹试图从上帝的立场来看待圣经,即它是上帝精心设计的,为了揭示创造之伟大目的——上帝救赎性的爱。正如在自然和其他历史里一样，上帝在圣经里建构了精妙的和谐性，一切都旨在表明基督之爱的宏伟主旨。因此，在这部由三部分组成的"旧约与新约的和谐性"著述里，位于核心的，是爱德华兹对大量指向基督的旧约人物与事件的预表研究。所有实在都是基督论的。爱德华兹在"预表笔记"里写道："我并不羞于承认，我相信整个宇宙，天上与地上，空气与海洋，以及圣经的神圣构造与历史，全都充满了神圣事物的形象，正如语言充满了词语一样；而我所提到的这许多事物，亦只是那真正想要被这些事物所象征和预表之物的一小部分。"[16]

通过为圣经预表论与基督论之和谐性搜集证据，爱德华兹是通过一个更高层面上的斗争反击了那些怀疑论批判者。爱德华兹完全不承认评判者的这样一种前提，即应当像解释其他书那样来解释圣经。如果圣经在某种意义上是上帝的启示，如大多数评判者仍然承认的，那么它的设计必定包含某种远远超越历史处境的变化或者所使用语言之局限的优越性；圣经碰巧被启示在当时的历史处境中，使用了当时的语言。理解古代语言与历史是一项极有价值的事情，正如自然哲学家应当大有神益地研究自然现象一样。但如果将历史研究看作是理解圣经意义的关键，就像将物理规律看作是理解创造意义的关键一样，那就是大错特错。

在爱德华兹看来，如果同意批判者的这一主张，即圣经最本质上是人类历史的产物，然后又试图抵御有关其准确性的这种或那种主张，那么圣经将会无法得到维护。爱德华兹所关注的是回应一些具体的批判。例如，在其"圣经注释"里，篇幅最长的条目（"耶鲁版"有将近五十页篇幅）是"摩西是否撰写了'五经'"——他在另一本笔记里还就这个论题撰写了一百多页内容。而他将那种论证保持在了自己熟悉的领域内。摩西的作者身份在圣经自身之内与所有其他证据吻合。最主要的，他以无数方式论证了圣经的内在一致性。他以同样的风格，证明人们如何能够协调围绕基督复活事件的那些看似不尽相同的四福音书叙述。[17]

他所拟议撰写的"和谐性"，在很大程度上同样是要表明圣经的这种内在一致性。他将收集有关下列事情的压倒性证据：已经得到应验的预言，指向基督的预表，以及在两部约书里相互一致的教义。爱德华兹断定，如果圣经是上帝的一种特殊启示，那么它必定具有首尾一致的计划。而人们一旦认识到圣经以基督为中心的救赎意旨，就能明确证明，所有这些证据都是一个和谐性整体的一部分。[18]

圣经权威的问题，爱德华兹确信，不可能在圣灵工作之外获得完全的解决；正是圣灵赋予了人们以灵性意识，从而使其可以直觉地看到圣经所包含真理的荣美。任何人都可以看到圣经所具有的卓越性。然而罪会"蒙蔽人的心灵"，正如"自然性情在世俗事务里屡屡蒙蔽我们一样；就像当我们的自然性情处于忧郁、嫉妒、怯弱以及诸如此类状态的时候"。[19] 只要圣灵消除了罪的眼障，人们立刻就能看到圣经的清楚真理及其高于其他一切图书的卓越。

论证偶尔能使人相信某些具有高度或然性的历史主张，却很少到有人愿将生命单单维系其上的程度。任何历史主张都会受到质疑。正如他在《宗教情感》里所说："我如何知道这些历史是什么时候所写的呢？博学者告诉我，这些历史在它们那个时代是如此这般被证明了的，但我如何能知道在那时存在着那些证明呢？"虽然圣经真理的外在证明是很重要的，但如果没有"一种瞥见其荣耀"的内在证据，它们就是不充分的。只有具有为在圣经里所启示的神圣卓越性提供直接经验的灵性意识，人们才会"为了基督，甘于承受损失一切、经受最剧烈与长久折磨的风险，将世界踩在脚下，视万物如粪土"。如果基督徒必须等待学者们答复了对圣经真理的所有反驳意见，那么"胡萨托尼克印第安人以及其他人的状况该是何其悲惨——他们近来表明了想要接受基督教指导的意愿；如果他们能够在没有基督教真理之证明的情况下就转向基督教，那么足以驱使他们为基督而抛弃一切的，除了此道别无他法"。[20]

爱德华兹渴望完成《和谐性》这部著作，表明了他在证明圣经如何是独一无二的、上帝所赐的经书上所体会到的迫切性。他终生都在为那个论题收集各种证据，并在晚年投入了越来越多的时间来答复对圣经历史的那些具体的批判性挑战。而与此同时，像惯常一样，他并不认为圣经权威问题能够单凭论证得到解决。最终，圣经真理，就像上帝救赎工作本身一样，唯有通过圣灵的开启才能得到认识或认可。

学者能够指出那条道路，特别是通过指出圣经的奇妙和谐之处，以及通过清除那条通道上的一些致命的障碍。不过，看见上帝启示的完满性，与被赐予眼睛看见上帝在基督里的救赎工作，是同一回事。

"一个用全新方法构建的神学体系"

当爱德华兹前往普林斯顿时，他特别希望，他的院长任职不会太久地耽搁他计划中的"救赎工作史"。他将其视为他终身工作的顶峰，是在"旧约与新约的和谐性"里所探讨主旨的一种普遍延伸。所有的历史、预言、预表以及教义，都将以基督的救赎工作为核心。很明显，这部"救赎工作史"将包含他于1739年所做同名系列布道中的一些基本素材。然而，同样可以肯定的是，它的抱负远远超过了主要为叙述性工作的目标。当爱德华兹以如此革命性的语言来描述这部巨著时，他头脑里所构想的究竟是什么呢？

我们必须首先仔细考虑一下，他在致普林斯顿董事会的书信里所做的叙述。他在信中写道："我在内心中一直都在考虑（从很久以前就开始了，而没有考虑到其出版问题）一部重要著作；我将它称作《救赎工作史》；是用全新方法建构的一个神学体系；被置于一种历史形式之中；并从整体上和从每个部分上都关涉到耶稣基督之伟大救赎工作这一前提下，来考虑基督教的神学事宜。而耶稣基督的伟大救赎工作，我认为是上帝所有计划的宏伟蓝图，是所有神圣运作与命令的最高点（summum）与最终点（ultimum），尤其是在其历史秩序里来考虑这宏伟计划的所有部分之时。"

在总结了救赎史事件后，他描述了他的探索进路。他提出，"就所有三个世界——天上、地上与地狱——而言，这种历史将继续进行下去；就圣经所光照的每一个世界而言，考虑相互关联的连续事件与变动；将以一种最合乎圣经和最自然的方式或次序来介绍神学的所有部分，而这种方式在我看来是最优美和最令人愉悦的；由此，所有神圣教义，都将在最明亮的光中最有利地显现出来，并以最突出的方式表明这个整体那可钦佩的结构机理与和谐性。"[21]

在其整个生涯里，爱德华兹一直都渴望撰写出某种力作，针对那些诋毁者来证实自己的信仰。在1729年或1730年，他曾构想过"对基督宗教主要教义的合理论述：一种尝试"的纲要。那样一种计划，按照惯例应当是系统性的。[22] 不过，大约在1739年做了"救赎史"系列布道后，爱德华兹放弃了这个早先的计划，而开始考虑他那革命性的"全新方法"。

这种"置于一种历史形式里"的综合神学将会是什么样的呢？他认为这种"全新方法"具有什么样的重要性呢？这部完成后的巨著，将会包括诸多来自"救赎史"系列布道的简明历史叙述，但那种核心叙述将会充满和夹杂着许多神学言说，"以一种最合乎圣经和最自然的次序"对所有主题做出论述。事实上，除了一些论战性主题外——他希望读者能参阅他在其他论著里对其所做的更详尽的神学论证，爱德华兹想要将"救赎史"与"合理论述"结合在一起。

从他三本有关"救赎史"的笔记中——他大约于1755年在斯托克布里奇时开始进行记录，到他收到普林斯顿任命时仍在继续进行——我们能够对爱德华兹所构想的东西管窥一斑。这些笔记中第一本那不同寻常的质料和尺寸，值得我们略加关注。它包括123张标有页码的各种形状、各种尺寸、各种类型的纸片，与一个封面缝制在一起。前面使用的一些纸张，是约瑟夫·贝拉米《真宗教解析》的印刷校样。爱德华兹这时似乎已经翻遍了他所能够找到的一切纸张。一些纸张来自在北安普敦为小萨拉与以利户·帕森斯结婚发布正式公告的复本。有一张纸是为患病的迪肯·克拉克（Deacon Clark）所做祈祷的草稿。另一些纸张则来自一些书信的草稿或者他告别布道的标题页。许多不规则形状的纸张，看来都来自制作扇子——他的家人制作扇子以在波士顿出售——时裁剪下来的边角废料。[23]

这第一本笔记里包含有爱德华兹草拟出的一些提纲。在最后几个记录条目中有一条是这样写的："标题：救赎的本质与历史"——这个标题更好表明了这部著作的双重特征。他还指出，他希望如何处理将神学阐述插入历史叙述这一难以应付的任务。"在每页底部做出大量的附注，"他写道，"在我进行论述当中将附加上各种反思、教义评论与辩论。并为那些事情提供理性证明，从而使这个神学方案有别于阿明尼乌派方案。"

这种宇宙史将始于一种坚实的神学绪论。一则笔记说道,"第一部分将涉及救赎工作以及三位一体的起因。上帝的圣洁性就在于对他自己的爱。"这种解说再次反映了,他在《上帝创造世界的目的》里已经发出的在重大主旨上的变化,并将增加他在较早期著述里忽略了的一些三一论主旨。[24] 在那个论题之后,也许还在对上帝命令做出一些反思之后,他将对天使的反叛与堕落以及随后人类的堕落提供一种解说。他提醒自己,"最初的一个总体性发现",就是"这种事情在基督与撒旦之间一直都在进行之中"。

至于世界历史——它仍然是这部论著的核心关注点——则存在着三个重大时期,并以基督为核心。第一个时期是从创世到基督的诞生。第二个时期是基督的生平与死亡。第三个时期是从基督的死亡一直延伸到万物的终结与完满。而这每一个时期都是"下一个时期的预备"。他还计划将基督教历史划分为七个阶段。它们分别是:"一,始于五旬节的工作。二,耶路撒冷的毁灭。三,君士坦丁时代异教帝国的崩溃。四,宗教改革。五,'敌基督'的失败。六,犹太教、穆罕默德教以及其他异教信仰在全世界的失败。七,世界末日时的完满终结。"在最后一个时代,亦即在千禧年,所有人"都被带到了基督教会里,而他们看来也都是真正的基督徒。将会出现一个新世界。到那时人数将极其众多,相比之下先前世界里的居民之数将如同无有"。(?)

虽然这种预想方案从长远看是乐观主义的,但爱德华兹在千禧年之前还设计了两个必须经历的重要时代;这表明他预期到了在将来还会出现一些艰难时期。"可以合理设定,"他写道,"就在这世界终结之前,世界的邪恶也会达到顶峰。"他还记下了一系列圣经意象,并用它们来解释上帝是如何在历史中行动的:"一,战车之轮的旋转;二,建造一座大厦;三,一棵树的生长;四,一条大河流入了无数支流里;五,进行着一场战争。"这些形象描述了历史的不同向度或侧面。战车之轮表明了循环,但也表明了进展。大厦是更具进展性的,表明了一个时代建立在下一个时代之上。树木是有机的。大河表明了一种可以被看作只有从极高处被关联的宏伟模式。战争则表明冲突的核心主题。综合在一起,这幅场景将历史看作是有机关联的、进展性的循环;在其中，上帝实施救赎进程的方法，就像在十字架上一样，是通过冲突与痛苦来进行的。[25]

他的历史的一个主要特征，就是详尽描述了当今时代的首要冲突，亦即与罗马"敌基督"的斗争。在他的"救赎史"笔记中，有一本就包括了主要是教皇制历史的信息资料——他发现这个论题具有无穷无尽的吸引力。他有关教皇势力遭受挫折或者"巴比伦河干涸"的笔记，可能已经增补上了这类叙述。

在爱德华兹将从基督降临以来的历史所划分成的七个时代里，倒数第二个时代（亦即"敌基督"失败以后的那个时代），是"犹太教、穆罕默德教以及其他异教信仰在全世界的失败"。爱德华兹对其他宗教怀有强烈的兴趣；他收集了所有能够获得的资料，并在各种笔记里做了大量的相关记录。他在斯托克布里奇的时光——在那时他每天都面对着印第安文化——只是增加了他对这个论题的兴趣。他的许多关切就是要答复自然神论者对基督教特殊性（particularity）的挑战。在所有来自普遍性自然之光的宗教里难道就没有什么真理吗？爱德华兹对此的答辩利用了一种"原始神学"（prisca theological）的传统，即在其他宗教里所发现的任何真理因素，都是较早期对人类共同祖先所做启示的残余，正如在《创世记》里所表明的。虽然理性能为真理提供一些有限知识，但真宗教只能建立在那指向了基督的启示之上。而且，尽管其他宗教，譬如古代希腊人或中国人的宗教，有可能会产生一些较好的人，但是真美德只能来自真宗教。最基本地，他将其他宗教视为虚妄和有害的。[26]

每个时代都最终止于基督对撒旦的得胜，所以爱德华兹亦包括了现时代有希望的向度。他大约仍在强调周期性觉醒的主旨，这在他北安普敦布道里具有非常突出的地位。不过在这些撰写于他将事奉主要转向写作之时的笔记里，最引人瞩目的是他对理智得胜所抱有的希望。"艾萨克·牛顿的真哲学，"他写道，"是为建立普遍的基督王国开辟道路的事物之一。"他还"把新英格兰的建立看作是为将福音之光引入美洲世界做预备的一件重要事情，美洲殖民地在很大程度上受到了启蒙，等等；那里建立了一些学院，等等"。他还增加上了"新泽西学院的建立"——这是一个具有启发性的评论，它表明了他对自己的大历史观与后来被呼召到普林斯顿之间的实际关系所持有的评价与看法。学识，特别是经过早期新英格兰神学折射过的艾萨克·牛顿的真哲学，不仅是真"启蒙"的来源，而且也是基督教王国的关键。

而爱德华兹所设计方案的具体详情，并没有他挑战那个时代另一种最难以抗拒的趋势时所表现的坚定性那么重要。最广泛地说来，18世纪最重要的思想家们正在将历史与神性分离开来。在所有时代里，大多数文化中的人们都把神圣动因看作影响历史事件的主要力量。在基督教王国里，一如在圣经世界里，历史一直都是启示的源头和神圣行动的场所。即使是新教徒——他们在某种意义上使这个世界不那么神秘了——也将历史首先理解为上帝在其中为主要行动者的一种护理秩序。

到爱德华兹的时代，西方思想家正在越来越多地认为，历史是被自我实现力量所驱使的。历史研究也许还屈从于一些道德原则——许多最重要思想家都设定了它们；而这些原则相应地则可以被归之于一位遥远的"造物主"或"上帝"。这样一些用语允许在神圣作用上含糊其词，或者至少与特定的圣经先例分离开来。一些无畏的怀疑者甚至敢于在这个等式里完全抛开神圣者。因而，正是在爱德华兹决定历史必须要为其神学提供框架的那几十年里，伏尔泰和休谟两人也转向了历史研究，这并非纯属巧合。即便爱德华兹从未阅读过《路易十四时代》（1751年）或《英国史》（1754—1762年），但他分享有他那个时代两位最伟大怀疑者的这一信念：现代性的许多问题都可以在历史理解这一战场上加以解决。[27]

与此同时，那个时代对传统基督教信仰的一个重大挑战，就是断言历史主张不足以建立普遍性的宗教真理。这是自然神论者的重大论证理由之一。他们认为，偶然性的历史真理，从局部观点只能产生部分性的知识。唯有理性才能产生整个种族都可以依赖的普遍真理。

当爱德华兹通过指出这一点来回应马太·廷德尔的《基督教同创世一样古老》时，即在电学、磁学以及此类事物中存在着许多受到良好证明并被接纳为"合理性的"真理——即使它们的第一原则并没有得到理解，他是维护历史——当它是一种受到良好证明的经验时——之作为真理的一种来源。如果自然神论者将历史知识排除在宗教真理的合理性来源之外，那么他们就是采用了一种过于狭隘的理性定义。正如他对北安普敦会众更直率地加以表明的，"仅仅因为一本书是历史性的就反驳它是神圣的，这种反驳是愚蠢的。"[28]

一直要到另一代人那里，这种反驳才会以戈特霍尔德·埃弗拉伊姆·莱辛的下列著名格言而在西方思想里被加以正式认可，"历史偶然真理绝不能成为理性必然真理的证明"，但那致命的不祥预兆已经出现了。[29] 爱德华兹认为，如果允许历史成为一种自主性权威，那么基督教启示就将分解为文化相对主义。自然神论就将成为唯一的合理性选择。如果人们接受这一未加证明的前提，即历史实质上是偶然性的，那么就绝不可能从圣经的历史主张，跨越已广为人知的"莱辛壕沟"，抵达根本性的神学真理。新历史观始于人的经验，始于那条"壕沟"错误的一边。而对爱德华兹来说，试图理解历史的唯一出发点——正如其他任何事情一样——就是三一的上帝。历史，就像自然，是上帝救赎之爱的语言。

爱德华兹如此迷恋于看到人类历史的永恒意义，以至于他的"全新方法"不仅与时代的自然神论趋势背道而驰，而且告别了长期影响基督教神学本身的传统演绎逻辑法。虽然爱德华兹在利用理性演绎论证上不比任何人逊色，但他断定，一种真正的普遍理性观点必须既包括演绎知识又包括历史知识。因而，他的"大全"神学，并不会效仿托马斯·阿奎那，甚或像弗朗西斯·图瑞丁（Francis Turretin）或彼得·范·马斯特里赫特（Peter van Mastricht）这些改革宗体系化者所使用的那种形式。相反，它将效仿圣经本身，并被完全"置于一种历史形式里"。[30] 历史，不仅不是神学逻辑的障碍，反而是理解上帝方式的实质所在。

爱德华兹亦回应了这一古老神学难题：上帝自身如何能够是完善和完满的但又卷入了历史之中？创世并介入世界的不完善难道不会必然减少或降低上帝的完满性吗？秉承其奥古斯丁传统，爱德华兹许多最深刻的神学洞见，都是在解释历史如何是这种三位一体之间的爱的延伸。在爱德华兹看来，历史是神圣荣耀之"外在存在"的一种表现形式。就像语言一样，历史属于上帝，但不等同于上帝。三一体的上帝具有一种将其爱传递给其他位格的本质性情，所以他创造受造之物，其目的就是要回报他的爱，当然受造物亦有能力抵制。[31]而那种反叛性的抵制则导致了上帝之爱的更高表达形式，因为圣子承担了罪咎和上帝的愤怒，并为绝对不配的人类反叛者舍命。[32]按照爱德华兹所喜爱的比喻，基督是新郎，他正带领着新娘，教会，进入了一种受造物完全可能的对三位一体之爱的经验当中。

历史，按照爱德华兹的看法，实质上就是上帝救赎之爱在基督里的传递。救赎历史正是创世的目的。[33]在人类历史中没有任何事情自身有什么意义，就像受造的自然自身没有什么意义一样。基督救赎之爱是一切历史的核心，是它确定了历史的意义。人类事件毫无意义，除非它们与上帝的救赎行为联系在一起，把越来越多的人带到那种爱的光明中，或者阐明它们加入撒旦反对一切良善的战争的盲目性。

注释

[1] 此处以及随后的引证来自下列书信 Edwards to the Trustees of the College of New Jersey, October 19, 1757, *Works*, 16: 725—730。

[2] Kenneth P. Minkema, "The Other Unfinished 'Great Work': Jonathan Edwards, Messianic Prophecy, and 'The Harmony of the Old and New Testaments,'" in *Jonathan Edwards's Writings: Text, Context, Interpretation*, ed. Stephen J. Stein (Bloomington: Indiana University Press, 1996), 53. 我感谢 Minkema 对这个主题的研究；我遵从并借鉴了他的部分题目。

[3] Christoph Wolff, *Johann Sebastian Bach: The Learned Musician* (New York: Norton, 2000), 433. Cf. pp. 431—442, 论述了后期这两部伟大作品。

[4] Cf. Stephen J. Stein, "Introduction," *Works*, 15: 1—2. 在这整个部分里，我都感谢 Stein 对爱德华兹圣经著述所做的极有价值评述。

[5] 参照 Stephen J. Stein 的概括："The Spirit and the World: Jonathan Edwards and Scriptural Exegesis," in Nathan O. Hatch and Harry S. Stout, eds., *Jonathan Edwards and the American Experience* (New York: Oxford University Press, 1988), 121—122, 我紧紧跟随了其论述。

[6] 有关爱德华兹与评注传统，见 Stein, "Introduction," *Works*, 16: 4—12。

[7] Minkema, "Other Great Work," 58, 64n19. 爱德华兹也将这些划归于"杂记"之列，但它们属于独立的计划。

[8] Mason I. Lowance, with David H. Watters, "Introduction," *Works*, 11: 183.

[9] Minkema,"Other Great Work," 61.

[10] Stein,"Introduction," *Works*, 15：12—23. Robert E. Brown, *Jonathan Edwards and the Bible* (Bloomington：Indiana University Press, 2002), 在用文献证明爱德华兹参与对这个论题的国际讨论这一点上极有价值。On Bayle, see Richard H. Popkin, "Pierre Bayle," in *The Encyclopedia of Philosophy*, ed. Paul Edwards, vol. 1 (New York：Macmillan, 1967), 257—262. Cf. Richard H. Popkin, "Skepticism in Modern Thought," in *Dictionary of the History of Ideas*, ed. Philip P. Wiener, vol. 4 (New York：Scribner, 1973), 240—248.

[11] "Controversies," notebooks, Works of Edwards transcription, p. 191.

[12] Miscellany no. 1340, Works of Edwards transcription. 这篇杂记以下列标题被收录在19世纪爱德华兹文集版本里"The Insufficiency of Reason as a Substitute for Revelation." See e. g., *Works of Jonathan Edwards*, ed. Hickman, 2：479—485.

[13] Miscellany no. 1340, Works of Edwards transcription.

[14] "Efficacious Grace," book 2, pp. 62—63, Beinecke, 被抄录和引用于 Minkema, "Other Great Work," 57.

[15] Jonathan Edwards, "Concerning Efficacious Grace," in *Works of Jonathan Edwards*, ed. Hickman, 2：557.

[16] "Types Notebook," 152, as quoted in Lowance, "Introduction," *Works*, 11：179. 爱德华兹继续否定了一些人的这个主张, 亦即, 只有在圣经明确将某些事物解释为预示的时候, 那些事物才应被解释为预示。"因为, 根据圣经, 清楚明白的一点就是, 有无数其他事物也是预示。"

[17] Stein, "Introduction," *Works*, 15：15 and 15n, 423—469, 154—156.

[18] Ibid., 11, 指出爱德华兹的预示论方法, 亦使他答复针对某些圣经教导道德性的18世纪批评者, 拥有了一条方便途径。例如, 上帝要求牺牲以撒就旨在阐明替代性的赎罪, 因为那替代以撒被献祭的公羊就是基督的一种预示。

对在这个时代里, 有关圣经历史危机的一种一般性叙述与解释, 参见 Hans Frei, *The Eclipse of the Biblical Narrative：A Study in Eighteenth and Nineteenth-Century Hermeneutics* (New Haven：Yale University Press, 1974), 1—85. 爱德华兹有关圣经经文应当按照历史字面意义来理解的观点, 以及他在预示论意义上以基督为中心的圣经总体统一性的预设, 在"后宗教改革"传统里并没有什么特别显著之处, 只是他比其他解释者更全面地提出了要探讨圣经的统一性。Brown, *Edwards and the Bible*, 则表明, 虽然他的结论与更早期"改革宗"解释者的前批判观点是一致的, 但爱德华兹本人很难是前批判性的，因为他如此深地卷入了答复他那个时代批评者的使命之中。

[19] Miscellany no. 248, *Works*, 13：361. See also Brown, *Edwards and the Bible*, 他利用这个引文（p. 44）提出了这一主旨，并在一个相关注释里（p. 219）指出，"改革宗"神学通常将对圣经的证明区分为内在与外在的证明。

[20] *Religious Affections*, *Works*, 2：303—304. Cf. p. 304："没有理由设定，上帝为他子民所提供的，只是福音真理的或然证明。"

[21] Edwards to Trustees of the College of New Jersey, October 19, 1757, *Works*, 16：727—728.

[22] 它首先将是一个有关"上帝存在与本质"的部分，第二部分是"论受造的心灵、自由意志等等"，第三部分是"论卓越性、三位一体等等"，接着是"创造：其目的"，随后将是诸如信仰与称义一类的教义。他指出，序言将会"表明，就所有艺术与科学而言，它们越是完善，就越多地散发出神性"；还将（预料到了那"两部论著"）"表明，对基督徒来说。要在福音启示的神性之外撰写伦理学是何其荒唐"。人们在此能够看到爱德华兹所有后期论证的实质；那些论证涉及上帝经由下列安排治理着这个宇宙：道德动因以及上帝创造世界之救赎目的的中心性。"A Rational Account of the Main Doctrines of the Christian Religion Attempted," *Works*, 6：396—397.

[23] 这些描述密切遵从了下列著述的研究 John F. Wilson, *Works*, 9：546—547；后者还为这个计划增加了其他许多有价值的信息。

[24] 爱德华兹在18世纪40年代已经撰写过一篇论三位一体的论著。它后来被出版：*An Unpublished Essay of Edwards on the Trinity*, ed. George P. Fisher (New York：Scribner's, 1903)。

[25] 所有上述引文均来自"History of Redemption," Notebook A, Works of Edwards transcription. 参见 Wilson 那极具帮助性的分析：*Works*, 9：61—72。

[26] 见 Gerald R. McDermott, *Jonathan Edwards Confronts the Gods：Christian Theology, Enlightenment Religion, and Non-Christian Faiths* (New York：Oxford University Press, 2000)，对这些论题做了全面探讨。关于伊斯兰，参见 ibid., 166—175。亦参见爱德华兹在 Miscellany no. 1334 里的观点；它在爱德华兹19世纪一些文集版本里被重新发表了，譬如 *Works of Jonathan Edwards*, ed. Hickman, 2：491—493。

[27] Cf. Peter Gay, *A Loss of Mastery：Puritan Historians in Colonial America* (Berkeley：University of California Press, 1966), 88—117. Gay 的敏锐观察，因他轻蔑的语调和所有真理都必定在现代人一方这一肤浅预设，而受到了损害。一部重要的最新分析，可参见即将出版的著作：Avihu Zakai, *Jonathan*

Edwards's Philosophy of History: *The Re-Enchantment of the World in the Age of Enlightenment* (Princeton: Princeton University Press, 2003).

[28] Edwards, *History of Redemption*, *Works*, 9: 284, quoted in Brown, *Jonathan Edwards and the Bible*, 164. Brown, esp. pp. 64—76, 对这个主题做了有益探讨。

[29] Quoted from Lessing, *über den Beweis des Geistes und der Kraft* (1777) in *Encyclopedia of Philosophy*, 4: 445.

[30] 在这一点上，我获益于 Brown, *Jonathan Edwards and the Bible*, 182—183。

[31] 参见下列著作非常有益的分析 Sang Hyun Lee, *The Philosophical Theology of Jonathan Edwards* (Princeton: Princeton University Press, 1988), esp. 211—214。

[32] 就像大多数其他神学主题一样，基督的替代性赎罪，也是爱德华兹详细加以撰写的一个论题。参见 "Concerning the Necessity and Reasonableness of the Christian Doctrine of Satisfaction for Sin," 这是对 "杂记" 里有关这个主题论述的汇编，始于 no. 779。爱德华兹尤其关注于，要表明这一点是合理的，即一个宣布了要惩罚犯罪的立法者，必须要看到那种惩罚能得到执行。*Works of Jonathan Edwards*, ed. Hickman, 2: 565—578. 有关在基督里表达的爱呈现为对人之罪的惩罚，参见他就《路加福音》22: 44 所做的长篇布道（1739年10月和1757年冬季至春季），发表于 *Works of Jonathan Edwards*, ed. Hickman, 2: 866—877。宣讲这篇布道的日期，表明爱德华兹正在考虑将这个论题整合进他的 "救赎史" 论述里。

[33] Cf. Miscellany no. 702, *Works*, 18: 292: "很明显，上帝的所有事工，包括创造与护理这两者，都是从属于救赎事工的。" In Miscellany no. 461, *Works*, 13: 502, 他写道，"上帝，在不喜欢受造物苦难的意义上，喜欢受造物的幸福。的确，上帝为公义的缘故而喜欢公义，正如为良善的缘故而喜欢良善；但绝不能由此推出，上帝为其自身缘故而喜欢受造物的苦难，就像为自身缘故而喜欢他们的幸福那样。因为，良善，就其本质而言，意味着为其自身缘故而喜欢其对象的善；但公义，就其本质而言，并不意味着，它所实施的那些受造物的苦难，为其自身缘故是应当受到喜欢的；很明显，因为公义既获致幸福又获致苦难。" 在一则相关 "杂记" 里，Miscellany, no. 445, ibid., 493, 他说道，上帝并没有创造了要去行使他的公义，但 "荣耀那种属性有可能成为他下列事情的动机，即赋予他自己以理由来通过创造受造物彰显那种属性"。

30

短暂的与持久的

爱德华兹终生都在为死亡作预备。正如他时常提醒会众的那样，那些在这个安息日上舒适坐着的人，也许到下个安息日之前就已经躺在坟墓里了。对于那些傲慢拒绝上帝圣灵的人，生活就像是行走在腐烂的帐篷上面，随时都有可能因他们罪的负重而突然陷入永恒的地狱。与此相反，如果人已经经验到了上帝改变人心的工作，那么死亡就是一种解脱，死后会升天并看到基督的荣耀。怀着这样一种冀盼，爱德华兹在持续不断地培育着对救主的感激、赞美、崇拜与依赖。不论自己有什么过失，他每天都力图在万物中看到基督之爱，按照上帝的训词行事，放弃对尘世快乐的执著，并期待着死亡能带来那种更深的属灵联合。

在一个生活朝不保夕的时代，人们每次回家都得希望不被新坟所迎候，爱德华兹家庭能幸免于如此的痛苦，这在当时是不同寻常的。1758年初，当爱德华兹接受普林斯顿的职位时，他父母双亲都健在。他父亲，尽管身体不好，也活到了89岁的高龄。他母亲则健康良好，活到1771年，享年98岁。乔纳森自己的身体很少有健壮的时候，但同以往相比也有所好转了。他的回忆录作者在《纽约信使报》上指出，"在人生的中期，他因紧张研究和辛苦工作而显得极为憔悴（我几乎可以说达到了难堪的地步）"；这可能意味着这种情形在他人生的后期没有那么严重了。[1]在还只有 54 岁之际，那时爱德华兹仍然期望完成他宏伟的写作计划，他很容易能设想自己活到 70 年代或 80 年代的可能性，即便他总是为更少的可能做好了预备。

1758 年 1 月，在斯托克布里奇牧师委员会证实他应当接受"拿骚厅"任命后不久，爱德华兹就动身前往普林斯顿。他将萨拉和孩子们留在了斯托克布里奇；正如 17 岁的苏珊娜后来所说，"他满怀深情，好像他不会再回来似的。"当他走出家门时，他转过身来表明，"我把你们交托给了上帝。"[2]他在一片欢呼声中抵达了普林斯顿。随后不久，就收到了父亲于 1 月 27 日去世的消息。他生命中的一根重要支柱最终倒下了，尽管那种人格力量在数年前就已经褪色了。

在普林斯顿，爱德华兹立即承担起了自己的职责。他在学院小教堂做了几次主日布道。学院董事会于 2 月 16 日集会并正式任命他为学院院长。由于"拿骚厅"在爱德华兹之下还拥有三名指导教师，所以他的直接任务较为轻松。他所做的一件事情，就是为高年班级裁定一些神学问题。当他与他们相遇时，按照塞缪尔·霍普金斯的说法，"他们深感愉悦并从中获益良多，特别是通过爱德华兹先生所传递的亮光与教导……他们以最大的满足与惊奇在谈论着这种相遇。"[3]

就在一年前，从"拿骚厅"落成开学时起，就伴随有一场引人瞩目的灵性觉醒——它一直持续到那些男孩子们在春季回家的时候。伯尔院长在秋季学期开学之前的去世，对那些重新返回学院的男孩子们来说，必定是一个极其令人伤感的事件。而当他们欢迎他们著名的新院长时，许多人很可能还仍然处在一种崇敬的情绪中。以斯拉·斯泰尔斯后来曾评论过爱德华兹的院长任职，"100 位年轻人的轻快活泼，可能打扰了他的安宁平静并使他感到不快。"[4]在美国革命时期曾主持过耶鲁学院的斯泰尔斯，很可能是正确的。但在爱德华兹待在普林斯顿的短暂时期里，他可能没有看到过多少这种轻快活泼。按照霍普金斯的说法，爱德华兹本人"似乎很喜欢上帝不同寻常的临在"。他对女儿们说过，虽然他曾对接受那个职位感到颇为担忧，但如今他将其看作他能愉快地从事的一种呼召。[5]

爱德华兹独自来到了普林斯顿，并舒适地安居在与学院大厅相毗邻的、堂皇美观的院长宅第里。萨拉仍然留在斯托克布里奇，并准备着在春季搬家；但两个女儿已经在普林斯顿见到了她们的父亲并照料着他。以斯帖与她两个孩子仍待在那里；而露西至少从上个春季起就已经待在那里了。在阿伦·伯尔去世后那格外痛苦的岁月里，以斯帖可能还仍然享受她那被提升的灵性激情。她更深的敬虔，是使她父亲最满意的原由之一；而他们在对上帝的共同崇敬里所带给彼此的喜乐与慰藉，则可能增加了他们每人对上帝临在的意识。

乔纳森亦得以同他伯尔家的外孙女和外孙一起度过了一段时光。四岁的萨莉能够背诵一些祈祷文和艾萨克·瓦茨的诗歌了。小阿伦才刚满两岁。在以斯帖致萨拉·普林斯的保存下来的日记或书信里，最后一项记录标注日期为 1757 年 9 月 2 日——亦即小阿伦才九个月大的时候，以斯帖·伯尔用听起来几乎是先知般的语气，描述了这位未来的副总统和杀死了亚历山大·汉密尔顿（Alexander Hamilton）的决斗者。"阿伦是个极其吵闹的孩子"，她写道，"几乎在各个方面都与萨莉不同。他开始学说话了，非常机敏和淘气。他比萨莉更具生机活力，大多数人也说他俊美，但是脾气不大好。他不屈不挠并需要有个好治理者来使他就范。"[6] 人们也许会想象那位严厉的外祖父，与这个吵闹顽皮的外孙相遇的场景。而爱德华兹也许会觉得自己的原罪观得到了证实。

顺从

爱德华兹在普林斯顿担心他家人的身体健康。天花在那个地区颇为盛行；而爱德华兹本人在旅途中曾近距离暴露于那种疾病之下。永远都是科学家的爱德华兹，是疫苗接种的支持者；而疫苗接种则是 18 世纪为数不多的被证明为有益的医疗实践之一。虽然接种那种疫苗的轻性病例会涉及一些风险，但在疾病流行期间，这个措施会大大提高患者的存活几率。早在 1752 年，当阿伦·伯尔考虑前往英格兰和苏格兰的旅行时，爱德华兹就敦促他，"如果你能找到一位高明而谨慎的医生，并使自己处在他的关照下，那么在你出发前，你可以接种天花疫苗——在通过自然和饮食使你的身体做好预备后。"[7] 伯尔最终没有前往海外，也没有接种疫苗。1757 年春，当露西感染天花后，以斯帖感到十分害怕，并没有道理地担心老阿伦也会被感染。[8]不过，露西活了下来，而家庭其他成员也没有采取接种这一预防措施，直至乔纳森在经过诸多咨询和建议后，决定进行接种。费城的杰出医生和"拿骚厅"的密友威廉·希彭（William Shippen），同意在2月23日为他全家进行接种，并照看他们获得康复。[9]

起初一切进展良好。接种几天后，爱德华兹对他经历这种不便的决定，感到"相当自在和愉悦"。但接下来，在以斯帖和孩子们正常康复的同时，爱德华兹则因口腔和喉咙出现的症状而感染了天花。他很快便无法吞咽流体食物，而流体事物则被认为对阻止后热症是必需的。数周的发烧和断食摧毁了他"虚弱的身体"；1758年3月22日下午，他平静地去世了。

当他意识到自己时日不多的时候，他叫来了一直都在照料他的女儿露西，对她说道（那些话她几乎立即就记录下来了）："亲爱的露西，在我看来，上帝的旨意似乎是，我很快就要离开你们了。因此，请向我亲爱的妻子转达我最温柔的爱，告诉她长期存在于我们之间的那种不同寻常的联合，具有一种我认为属灵的本质，因而将持续到永远。我希望她在如此巨大的试炼面前能得到支持和帮助，并喜乐地顺从上帝的旨意。至于我的孩子们，你们现在可能就要失去父亲了，而我希望这能促使你们所有人都去寻求一位天父，这位天父永远都不会使你们失望。至于我的葬礼，我希望它能像伯尔先生的一样；任何有可能在这一方面额外花费的金钱，我都希望能将它用于慈善用途。"[10]

爱德华兹永远都在仔细斟酌字句；而"不同寻常的联合"则是对最深情感的一种表达，它来自这位认为宇宙里最高关系就是人与人之间在情感上联合的人。而对爱德华兹来说，最重要的，这种联合是灵性的并因而也是永恒的。至于葬礼，塞缪尔·霍普金斯解释道，伯尔和爱德华兹都反对为名人举行"流行葬礼"的那种习俗："讲究场面和花费，赠送大量费用不菲的哀悼绶带，以及消费掉大量的酒精饮料。"而爱德华兹则要求从他财产中捐赠出同等数额的钱财，用以照料和帮助穷人。[11]

威廉·希彭医生立即致函萨拉，让她确知爱德华兹去世时十分平静安详。"从未见过任何凡人，"他安慰道，"比他更全面、更明确地证明了他全部信仰的真诚性，通过一种持续的、普遍的、平静的和愉悦的交托，以及对上帝意志的忍耐顺从——在他患病的每个阶段都是如此。他自始至终都没有什么不满表现，也没有丝毫抱怨。从未有人离世时比他更能免于痛苦。没有一丝一毫扭曲，用最恰当的话来说，他真的是安眠了。对他而言，死亡无疑丧失了其毒钩。"[12]

虽然这种叙述，是在一个习惯上会美化圣徒如何"好死"记录的时代里，由一位敬虔信徒写给一位痛失丈夫的孀妇的，但它也与我们所知道的爱德华兹完全吻合。[13]尽管有一些明显缺点，但按照爱德华兹所渴求的改革宗最高灵性的标准，他仍是一位圣徒。当然，反对者会认为他是假装圣洁。然而所有人都承认，几乎没有什么人能像他那样保持彻底的自制。更没有什么人能留下这么多书面证据，这些证据与渴望认识和顺从上帝的旨意完全吻合。[14]

萨拉在斯托克布里奇接到这个消息时病倒了，她只能写下这样几句话来安慰以斯帖：

> 哦，我最亲爱的孩子，
>
> 我能说什么呢？圣洁与良善的上帝已将我们笼罩在乌云中。哦，我们只能甘心受罚，并用双手捂紧我们的嘴！上帝已经这么做了。他使我们敬仰他的良善，我们已经这么长久的拥有了他。但我的上帝活着，而他得着了我的心。哦，我的丈夫，你们的父亲，为我们留下了怎样一份遗产啊！我们全都被交托给了上帝；有我，就有爱。
>
> 萨拉·爱德华兹。[15]

以斯帖没有能看到这封信。她父亲去世后不到两周，她就患热症并很快转变成重症，病情导致剧烈头痛，随后还出现谵妄。几天后，她去世了，日期是4月7日。很明显，这种发热并不是来自天花。她姐姐萨莉认为，它非常类似于导致杰鲁沙死亡的那种突然发烧症。[16]

尽管知道这些管教是要教导他们更加信靠上帝，但家人与朋友深感悲痛。长女萨莉（萨拉·爱德华兹·帕森斯）从斯托克布里奇写信给她在北安普敦的妹妹玛丽·德怀特，"妹妹，在这些试炼下，我希望你的情形能比我要好一些。"她为在普林斯顿的露西，特别是为两个变成了孤儿的孩子，感到极为难过。但她仍希望"上帝的处置可以被圣化","上帝答应,这些矫正可以处在盟约之爱与信实之中。"[17]

这些管教的意义会是什么呢?返回到北安普敦,玛丽的丈夫小蒂莫西·德怀特,在获悉家庭的第二次打击以前就已经在进行反思了。他的观点,受到与所罗门·斯托达德在 50 年或 75 年前所提看法相同的那种传统的影响,最主要看到的还是其公共意义。新泽西学院在其院长职位上丧失了这个大陆上三位最杰出的领袖:乔纳森·迪金森、阿伦·伯尔以及如今的乔纳森·爱德华兹。与法国进行战争的前景看起来也仍然是暗淡的。年轻的德怀特写道,"上帝似乎在与这块土地争执,一般而言与新泽西学院,具体而言与我们这痛失亲人的家庭。""对我们来说,这是上帝奇妙的工作:他从他在这里的事奉中召走这么多忠实的仆人——我们正在下沉大地的支柱,似乎预示着将会带给我们一些极其痛苦而沉重的审判;唯有悔改与投靠上帝才能阻止这些审判,我祈求上帝使我们全都能那么做,而他不悦的前兆也能被避开。"[18]

家庭成员应当把个人痛苦整合在更加顺从上帝这一传统中;但正如以斯帖的姐妹们所发现的,那做起来要比说起来困难得多。这个家庭的一位密友,波士顿的萨拉·普林斯,最好地表达了她们所经历的挣扎。在获悉她最亲爱的挚友以斯帖·伯尔突然去世后,萨拉·普林斯撰写了一篇私人哀悼辞。在所有殖民地时期的文献里,这是对许多人在试图将最深的尘世之爱置于预期的灵性处境里时必定经历过的那种痛苦,所做的最尖锐反思之一。

萨拉·普林斯以一个完全敬虔的引述开始:"上帝在他为自己圣化的心灵里不会有竞争对手。"然而就她而言,她很快就表明,以斯帖的爱是一种竞争对手。"我在这世界上的整个依靠已经离我而去了:她是我至亲的心肝宝贝——她能知道和感受我所有的悲伤。"这是通常为基督保留的神学用语。在赞颂以斯帖的友谊时,她继续写道,"何其忠实?何其真诚?何其敞开的心灵?何其温柔何其体贴何其公正无私——而她是属我的。"她的挚友是美德的典范。"她是虚己的、谦卑的、自我否定的、活生生的基督徒——对所有人都慷慨、和蔼、礼貌与仁慈。但是,她离去了!永远逃离了这个世界。已经疲倦了;她渴望得到安息——诀别于这世界;她祈求、渴望并苦苦寻求一个更好的世界；而我几乎所有尘世的美好，统统都随她而去了。"

灵性的慰藉在哪里？空虚感已触及萨拉灵魂的最深处。"我尘世的喜乐离去了！不仅如此，我的上帝也遮掩了他的面庞！无法看到上帝在这种安排里的爱！一切都在对我愤怒，对，愤怒……上帝把箭头对准了我……我的审判是从上帝那里临到我的，而他已经将我当做了他箭头的靶子！"

尽管有这些极其痛苦的疑虑，但她还是竭力得出适当的福音派结论。她宁愿让自己死去，但即便是这，也不是一种选择，因为她并不确定自己的灵性状态。"哦！我准备好了，"她悲叹道，"我愿意接受那种传唤并追随我至爱的人进入死荫之谷。假如我拥有我所要的证据表明我将得荣耀的冠冕，那么我愿意放弃这世界以及尘世心灵所仰慕的一切。"她用一种彻底交托的祈祷做了结尾。"我想要切切匍匐在上帝脚下并将自己交托给他。我想要远离这世界而生活，只是信靠他，摆脱一切偶像，并做好预备……认识他，那一切的一切。愿主为你圣子的缘故赐予这些仁慈。阿们。"[19]

假如以斯帖、她姐妹、她母亲，甚至乔纳森本人能看到萨拉·普林斯的这篇挽歌，他们很容易表示理解和产生共鸣。他们全都经历了同样的事情。所有人面对深切的悲伤，都经历过上帝的缺位。一些人发现了神奇的解脱方式，甚至包括出神狂喜，正如以斯帖在阿伦去世后所经历的；但即便这样，正如乔纳森警告她女儿的，以后也会出现"黑暗的乌云"。[20]所有通过这面"透镜"来看待这世界的人都常常会承认，正如萨拉·普林斯那样，他们对尘世的爱远比他们对上帝的爱要强大。即使他们决心摆脱一切偶像，并将所有"美好的爱"置于"完美的爱"之下，他们也会发现自己爱"更小的"要甚于爱"更大的"。

在爱德华兹一家的世界里，生活的意义在于强烈的爱，包括尘世的爱。然而由于尘世情感有可能是压倒性的，所以只有当它们臣服于天国与永恒之爱之下时，它们才具有其真正的价值。在那种正当关系里，甚至连最谦卑的生活与爱都散发出了永恒的意义。在这种永恒视域里，死亡丧失了从生活里夺走其意义的能力。不过，面对毁灭性打击，尘世的爱常常会压倒那种视域。而顺从是唯一适当的回应，是神教导我们的重要教训，最终是通向巨大慰藉的道路。然而对爱德华兹圈子里的几乎每个人来说,这样一种顺从都与撕心裂肺的痛苦挣扎联系在一起。

在人们的记忆中,萨拉·爱德华兹是圣徒应当如何面对灾祸的一个楷模,她的女儿和朋友们把她看作难以效仿的一个典范。对于萨拉来说,人们所期待的这种态度亦来之不易。她在18世纪40年代出现的巨大灵性狂喜,正是来自她就"是否愿意接受上帝的旨意"所发生的那可怕的内在挣扎。她反问自己,她是否愿意顺服于上帝,即使那意味着丧失孩子、乔纳森甚或她自己的生命?按照她长期的仰慕者塞缪尔·霍普金斯的说法,"她很久以来就告诉了她的密友,她经过长期的挣扎与操练,靠着上帝的恩典,已经做好随时牺牲自己或与至亲好友相诀别的准备。"尽管她面对这双重打击深感悲伤,霍普金斯说道,但"她仍然平静安稳,并得到那些不可见的支持,这使她能在平静、盼望和谦卑的喜乐中信靠上帝"。[21]

我们无从知晓,接受这种毁灭性打击时,在萨拉的自制与外表的平静下,潜伏着多么巨大的情感激荡,但它很快就造成了恶果。她还面临着极大的责任。她决定亲自照料她那两个变成了孤儿的外孙女和外孙子。在9月份,她旅行到普林斯顿,随后又前往费城以便接回一直待在那里的外孙女和外孙子。抵达后不久,她就感染了痢疾。她死于1758年10月2日,终年48岁。她被安葬在普林斯顿爱德华兹的墓旁。[22]这个家庭又失去了另一个主心骨,这是爱德华兹家庭一年内的第四个突然死亡。[23]

爱德华兹遗产

假如爱德华兹活得与他的同时代人本杰明·富兰克林一样长久,活到度过美国革命时期,设想一下会发生什么事情会很有意思。他会如何看待美国革命呢?在那群情激昂的岁月里,他会如何应对像普林斯顿这样一个反叛的温床呢?他会像一贯所做那样反对不服从权威吗?结果,他在"拿骚厅"院长职位上的继任者之一,苏格兰人约翰·威瑟斯庞(John Witherspoon),是唯一一位在"独立宣言"上签名的圣职人员。爱德华兹肯定不会扮演那种角色,但他可能会为其找到一种宗教的合理依据,正如他几乎所有的门生所做的,以支持革命事业。他同样不会乐意看到,灵性关切被淹没在政治热情当中。按照同一思路,我们也会好奇于,詹姆斯·麦迪逊(James Madison),威瑟斯庞在普林斯顿培养的许多政治家之一,如果处在爱德华兹式的培养模式之下,会有什么不同之处。爱德华兹会像塞缪尔·霍普金斯和小乔纳森·爱德华兹那样公开反对奴隶制吗?小阿伦·伯尔,假如是在他外祖父祖母家里被抚养长大的,会持守进入牧职事奉的计划吗?爱德华兹式的灵性—神学运动,假如其导师能牢牢坚守在这个大陆文化的核心位置,会在革命时期演变成一场全国运动吗?它会改变这个新国家甚或分裂革命派吗?

  结果却是,爱德华兹的死亡,尤其是在这之后很快就爆发了的美国革命,削弱了他的直接影响。不过,他仍然拥有一些忠实的追随者。霍普金斯和贝拉米最终负责出版了他的《两部论著》(*Two Dissertations*)以及其他一些著述。约翰·厄斯金监管了他一系列著述在苏格兰的出版;爱德华兹的声誉在苏格兰一直都很卓著。不过在美国,爱德华兹的影响减弱了,并一直持续到革命时期以后。耶鲁院长以斯拉·斯泰尔斯于1787年曾预言说,爱德华兹的著作,"在另一代人那里,将不过被人匆匆过目,也许几乎无人问津;当后世人在图书馆垃圾堆里偶尔发现它们时,那些可能阅读并欣赏它们的稀有人物,将被看作是稀奇古怪和滑稽可笑的。"[24]

  斯泰尔斯自己的著作在图书馆书架子上已满是灰尘。他低估了严格加尔文主义的韧性和大众支持度。即使是在美国革命政治时期,爱德华兹也拥有一批追随者,特别是在康涅狄格;并在其他地方"新光派"传人当中拥有良好的声誉。约翰·亚当斯(John Adams)在致托马斯·杰斐逊的退职信里就宣称,"来自那独一无二家族"的小阿伦·伯尔总是能确保有十万张选票。[25]尽管亚当斯为了解释自己在1800年的失败而可能夸大了事实,但他正确认识到了"爱德华兹追随者"是一种文化势力。

  在法国革命以后,当许多新英格兰人试图恢复一种独特的传统时,爱德华兹的声誉在一些圈子里开始急剧上升。他的外孙蒂莫西·德怀特（Timothy Dwight，1752—1817年）于1795年成为了耶鲁学院院长，并从那里帮助引发了一个长久的对奋兴与变革怀有热忱的时期——新英格兰人最终将其称为"第二次大觉醒"。蒂莫西·德怀特的门生，譬如莱曼·比彻（Lyman Beecher，1775—1863年）——那个时代最具影响力福音派家庭的先辈，就帮助将爱德华兹的传承从神学与宗教奋兴扩展为一种全国性变革方案。康涅狄格的扬基佬、他们的子孙后裔及其同盟，带头定居在纽约州和上中西部的大部分地区。在这个新时代里，爱德华兹的声誉是一种不容忽视的力量。他的许多仰慕者——大名鼎鼎的查尔斯·芬尼（Charles Finney，1792—1875年）就是最广为人知的范例——都修正了他思想的一些重要具体内容。然而在从1800年到1850年的这半个世纪里，爱德华兹一直都是美国神学中最令人敬佩、最具影响力的"北极星"。[26]

一直到美国内战时期，爱德华兹的属灵后裔，将改革宗及福音派的关切，注入到美国文化的一些重要方面。美国南北战争前的大学教育，在很大程度上受到了那些坚持爱德华兹传统之新英格兰人的影响。由塞缪尔·霍普金斯加以普及的"公正的仁慈"，作为爱德华兹"对一般存在的慈善"的实用意义，成为了许多福音布道者和社会改革者的口号。《大卫·布雷纳德生平》不仅鼓舞了无数传教士去追求一种舍己的生活，而且一种类似的爱德华兹式牺牲侍奉理想亦在具有开创性的女子学校"霍利奥克山神学院"（Mount Holyoke Seminary）被体制化了，这个学校是由玛丽·莱昂（Mary Lyon）于1837年创立的。"霍利奥克山"以最早为美国女子提供获得与男子同等教育的机会而名留青史，而在那时它也同样因其担任外国传教士的毕业生人数而闻名遐迩；那些毕业生被一位历史学家描述为"杰鲁沙·爱德华兹的19世纪版本"。[27]

不过，到19世纪末，严格的加尔文主义神学在美国大多数文化中心开始全面退却，而爱德华兹的声望相应也蒙受了损失。除了正在缩减的热心追随者群体外，其他人都放弃了他加尔文主义教义的详细内容。老奥利弗·温德尔·霍姆斯（Oliver Wendell Holmes Sr.）用"执事的杰作，或奇妙的'单匹马拉的小马车'（1858年）"娱乐了他的同时代人——那部作品嘲讽了新英格兰加尔文主义的急剧衰落。查尔斯·昌西的继承者最终赢得了这场争取文化霸主地位的长期斗争。但爱德华兹，正如约瑟夫·孔福尔蒂（Joseph Conforti）所说，仍然是"美国宗教史上某种类似白鲸的东西"。[28]他那不屈不挠的严格加尔文主义，长期盘旋在人们上空，是一股甚至能使敌人感到痴迷的力量。迟至20世纪初，马克·吐温仍在为爱德华兹而发愁。他于1902年写道，"一个发疯的辉煌英才"。在《神秘的陌生人》和《地球来信》中，马克·吐温仍然在与他最初在密苏里边境上遇到的爱德华兹式神学版本进行抗辩角力。

即便特定的加尔文主义信念在文化主流里正在受到质疑，但19世纪后期的新英格兰人，在构建一种赋予了他们道德勇气的英雄传统时，仍然在美国圣徒传（hagiography）和偶像志（iconography）里越来越多地称赞清教主义。[29]英裔新教徒依然希望将美国传统界定为实质上属于新教的传统，但在一个日渐多元的时代，他们用道德代替了神学作为那种传统的实质。曾经反对过这种道德主义趋势之早期版本的爱德华兹，看来似乎难以适合那种模式。不过，他仍可以被描述为体现较早期岁月的艰难困苦和留下值得称赞的道德自制遗产的人。例如，一项著名研究，就称赞了爱德华兹通过其后裔对美国道德品性的贡献。这项发表于1900年的研究，将爱德华兹同时代最放荡者之一的1200名后裔的品性与才智，与爱德华兹的1400名后裔进行了对比研究。一个名叫马克斯·朱克斯（Max Jukes）——研究者变更了其姓名作为保护——的荷兰裔纽约人的后裔，包括有300多个"职业乞丐"、50个不名誉妇女、7个谋杀者、60个惯偷以及其他130个被定罪的罪犯。而作为对照，爱德华兹的家庭则产生了数10位圣职人员、13位高等教育机构的院长、65位教授以及其他许多颇有成就的人。[30]

不过，在20世纪最初几十年里，对清教的猛烈抨击，作为美国进步人士使自己摆脱维多利亚式道德主义的一种方式，已经被广泛接受。而爱德华兹则很容易成为抨击的目标。这是将美国文学发明为一个研究领域的时代，以及将霍姆斯的"单匹马拉的小马车"和《落在愤怒上帝手中的罪人》加以标准化的时代。后者在公共思维里将爱德华兹简单地定格为了一个宣讲地狱之火的布道家。爱德华兹在这个时期的传记作者亨利·班福特·帕克斯（Henry Bamford Parkes）撰写于20

世纪 20 年代的传记，明确指责爱德华兹及其门生要为美国许多错误的东西负责。"毫不夸张地说，"帕克斯写道，"假如爱德华兹从未出现过，那么今日就不会出现什么'蓝色法规'，不会出现抑制恶习协会，也不会出现沃尔斯特德禁酒法案（Volstead act）。"帕克斯在爱德华兹那里也发现了一些值得赞赏的东西，但他主要还是将其看作一位悲剧人物——他将年轻的"泛神论"看法浇灌在约翰·加尔文神学的僵硬模子里。而加尔文主义，在帕克斯看来，是基于一种"宇宙性的暴君上帝"之上的，是"对基督教……的一种令人震惊的歪曲"。"假如爱德华兹能对此考虑得更深刻一些，他也许就成为了美国思想史上最伟大的人物，他也许会改变美国历史的整个未来。"[31] 甚至连奥拉·温斯洛（Ola Winslow）那出版于 1940 年、在很大程度上属于同情性的传记，也反映了这种进步腔调；对爱德华兹是"通过一个需要被推翻的、陈腐的教条系统"来言说的这一点表示遗憾。[32]

然而，就在温斯洛撰写那本传记的时候，神学与文化风向正在发生改变，一个新的爱德华兹——被最好地描述为新正统的爱德华兹——正在浮现。这种新趋向是由以下两部著述表明的：神学家 A. C. 麦吉弗特（McGiffert）于 1932 年出版了他那深具同情性的传记，而更明确的新正统派约瑟夫·哈罗图尼安（Joseph Haroutunian）则出版了《敬虔与道德主义：新英格兰神学的消失》，它将爱德华兹之后的一切都描述为向道德主义的一种衰退。[33] H. 理查德·尼布尔（H. Richard Niebuhr）于 20 世纪 30 年代至 50 年代在一系列深具影响力的著述中，亦称赞了他所认为的爱德华兹神学本质——即便那远离了其大部分详细内容。[34]

与此同时，并且也是密切相关的，则是学者眼中的爱德华兹的出现。佩里·米勒以其于 1949 年出版的爱德华兹思想传记，为这种趋势做出了不可估量的贡献；他的传记将爱德华兹描述成了美国最伟大的天才，以及一位碰巧使用了加尔文主义范畴的极为深刻的现代哲学家。米勒因此"为爱德华兹制造了无神论者"的可能性。在这期间，米勒还召集了一系列具有各种神学或非神学观点的学者，并发起了在耶鲁出版《爱德华兹文集》的计划。从米勒时代起，爱德华兹就成为了一项重要的学术产业。[35] 许多近几十年来研究爱德华兹的学者，都对他思想的某些方面怀有同情，而一些神学家则吸收了他思想的许多内容。[36]其他一些学者则只是被他的思想能力、他的文化影响或者他与那个时代社会文化势力的相互关联所吸引。

我的一个希望，就是我这部著作能够在"美国文化研究者的爱德华兹"与"神学家的爱德华兹"之间，帮助架设起一座桥梁。美国文化、思想与文学的历史学家，主要关注的是在与那个时代的关系中来理解爱德华兹，或者在与其后时代的关系中来理解爱德华兹的影响。而神学家关注的是，吸收爱德华兹思想的某些方面为他们的时代所用。作为试图首先将爱德华兹理解为一位 18 世纪人物的传记作者，我最直接是作为文化历史学家来进行这一研究的。然而我在这么做的同时也始终关注着神学问题，并严肃地将其思想看作是更大基督教传统的一部分。

如果人们，就像我一样，具有跨越时代的神学导师，那么认识到他们对属灵问题的真知灼见是由他们个人与文化等特定环境塑造而成的，那将会是很有价值的。我的信念是，作为一个历史学家的用处之一，特别是当其还隶属于一个信仰群体时，就是要帮助那些群体的人们更好地理解，他们以及他们的群体能够从以往伟大导师那里吸收什么，以及什么是无关紧要和非实质性的。当然，任何事物都是受时间限制的；对于我们这些如此这般受到历史意识影响的人就存在着一种危险：一旦我们理解了那些影响思想立场的历史的、个人的或理论的因素的特殊性，就有可能会拒绝所有来自过去的权威。而一种更有益的方式，就是利用历史意识，来形成对以往智慧更敏锐的评判。历史学术研究的目标，不应当像今日常常所做的那样，只是分解事物、摧毁神话，或者表明某些看来简单的事情其实相当复杂。它还应当帮助人们看到，如何能够将事物重新复原。我们需要利用历史所能提供的指导，并向过去的伟大人物学习，包括他们出色的成就和他们的弱点。否则，我们会被仅仅限制在当下的智慧之中。

所以，我的希望是，这种叙述研究，就像对我自己那样，能够有助于人们思考，我们能从爱德华兹那里吸收到最好的东西是什么。当然，我也意识到，根据各自的观点，不同的读者在做出这类评判上所使用的标准千差万别。所以我不能说，我的评判似乎就代表了所有正确思考的人对爱德华兹的一致共识。而我所能够做的，就是力图对爱德华兹自己的神学和属灵关切提供尽可能全面的叙述，包括他最深刻的洞见和他的特殊性。通过力图首先按照他自己 18 世纪的立场来理解这一切，我们就能更好地看到他思想的前设和特有模式。而一旦我们确定了那些预设与模式，并看到它们是如何有别于我们自己的，我们就处在了一个更佳的位置来回应他思想的具体内容。

因而，如何借鉴爱德华兹，不应当成为一个全盘接受或全盘否定的问题。几乎每个人都会在爱德华兹那里发现，有某些神学观点、圣经解释或 18 世纪的社会态度，是基于一些陈旧过时而无法恢复的预设之上的。一些读者罗列出的这种清单可能会较长，而其他人的则可能会较短。但无论是哪种情形，这些看法都不必使我们转眼不看他的观点的其他长处。

至少，我们在这一点上应当是开放的：将那源自不同于我们自己预设的爱德华兹思想的其他向度，看作是对我们自己预设与结论的一种挑战。除非我们能克服这一幼稚的预设，即最近流行的思想模式就是最好的思想模式，否则我们将不会从过去的贤哲那里学到任何东西。爱德华兹具有从被广泛接受的基督教预设所隐含的意思，推导出其逻辑结论的非凡能力——有时还会出现令人不安的结果。不是所有人都认同他的前提，因而也不是所有人都会为他的全部结论所折服。尽管如此，每个人最好还是能明智地沉思一下爱德华兹的实在观及其令人惊叹的含义。

在其他事情中，爱德华兹挑战了我们文化所认为的，物质世界才是"真实"世界的常识观。爱德华兹的宇宙实质上是一个具有位格关系的宇宙。实在是一种情感的交流，最终是上帝之爱与受造物之回应的交流。物质事物是无常和短暂的。它们的意义见之于它们与那位于实在核心之爱的关系之中。虽然它们是变化无常的，但如果它们能被确定出它们所朝向的目的——上帝之爱的记号或表达，它们就能具有伟大的永恒意义。

我们文化的理智生活，在很大程度上专注于观察那些带来变化的物质与社会力量。通常，当我们能看到促成某一事件之发展的某种文化或心理动因时，我们就会认为已经发现了有关那个事件的最佳解释。

这部传记本身亦反映了一些那类典型的关切。而爱德华兹，尽管对这类问题并非漠不关心，但却挑战我们将宇宙看作最本质上是上帝持续不断的行动。

生活在他那样一个特定时空里，其中，在"中世纪后期—宗教改革"的观点——很大程度上被完整保存在了爱德华兹的清教传统里——与科学革命及启蒙运动的世界，这两者之间存在着相当程度的文化交叉与重叠，爱德华兹看到了在现代时期对于严格上帝中心性的巨大挑战。爱德华兹的神学先驱认为"上帝是实在之创造者与维持者"，爱德华兹认同这一前提，他将其应用到一个被大大扩展的牛顿式宇宙里。爱德华兹所继承的神学传统亦包含这样一种信念，即上帝必定是永恒和不变的；这种教义导致一些人将神性看作在其完美之中是静止的、不动情的。而爱德华兹则强调他三一传统中的所有那些维度，它们有助于将上帝理解为一个无比巨大宇宙的活跃的创造者和维持者。牛顿的宇宙是持续运动和不断改变关系的宇宙；而爱德华兹对上帝的理解与那种动态宇宙正相匹配。洛克哲学以及现代早期唯心论哲学，如爱德华兹所吸收的，补充了这一观念，即被造的实在并不独立于那思想它的心灵。这进一步强化了宇宙最本质上是由位格关系所组成的这一观点。所有受造物就是一个各种力量之交流的系统。创世最本质上是"创造者—维持者"借以向他人传递其圣洁、荣美及救赎之爱的一种途径。

爱德华兹因而处理了在后牛顿式宇宙里，面对传统有神论的最大奥秘之一：一个如此难以想象之巨大宇宙的造主，如何能够与无限低于他自己的受造物，处于密切交流之中？上帝是如何能够倾听人们的祈祷并做出回应的，不仅看顾人们的永恒灵魂甚至还看顾人们尘世生活的细节？要回答这些问题，人们就必须要比以往更加直率地面对，在上帝与人类之间以及在上帝之道与人的理解之间，所存在的无限遥远的距离。而与此同时，爱德华兹坚持，如果上帝是有意义地与我们关联在一起的，那么上帝就必定密切而具体地介入对整个宇宙的治理之中。而且，上帝必定还是以某种同时给予受造物以最大程度自主性的方式，在治理它。至于爱德华兹，抑或其他什么人，是否充分解释了如何可以解决这个奥秘，则是一个有争议的问题。

而爱德华兹的解决方案——对古典奥古斯丁主义主旨的一种后牛顿式表述——也能够是激动人心的。上帝的三一本质就是爱。上帝创造一个宇宙并在其中允许了罪，其旨意就是将那种爱传递给受造物。最高级或最美好的爱，是对不配对象的牺牲之爱。那些被给予双眼得以看见那难以言表之荣美的人——最终将是人类的绝大多数——将会被它深深吸引。他们将会看见一个宇宙的荣美，在其中那并非感伤的爱将胜过真正的邪恶。他们不会无动于衷地看待基督之爱，而将以最深刻的情感对其做出回应。在确实看到了这种善后，他们将别无选择地去爱它。在领略了这种爱后，他们将会脱离他们对满足自己最直接感官的沉迷。他们将会被脱离他们以自我为中心的宇宙。在把基督救赎之爱的荣美看作实在的真正中心后，他们将会爱上帝以及上帝所创造的一切。

注释

[1] *New York Mercury*，April 10，1758，p. 1.
[2] 苏珊娜·爱德华兹致以斯帖·伯尔，April 3，1758，ANTS，George Claghorn transcription. Cf. Dwight，*Life*，581. 苏珊娜也报告说，他在斯托克布里奇的布道，宣讲的是《希伯来书》13：14，"我们在这里本没有常存的城，乃是寻求那将来的城。"而诵读的圣经经文则是《使徒行传》20，保罗向以弗所长老们充满激情的告别。
[3] Hopkins，*Life*，79.
[4] Ezra Stiles，*The Literary Diary of Ezra Stiles*，3 vols. , ed. Franklin B. Dexter (New York：Scribner's，1901)，May 24，1779，2：337，quoted in Ola Winslow，*Jonathan Edwards*，1703—1758：*A Biography* (New York：Macmillan，1940)，290.
[5] Hopkins，*Life*，79.
[6] Esther Edwards Burr，*The Journal of Esther Edwards Burr*，1754—1757，ed. Carol Karlsen and Laurie Crumpacker (New Haven：Yale University Press，1984)，274.
[7] Edwards to Aaron Burr，May 6，1752，*Works*，16：478.
[8] Burr，*The Journal of Esther Edwards Burr*，May 2——June 16，1757，pp. 260—264.

[9] 威廉·希彭（William Shippen）也是这栋建筑物的设计者之一。Thomas Jefferson Wertenbaker, *Princeton*：1746—1896 (Princeton：Princeton University Press, 1946), 37—38.

[10] 威廉·希彭致萨拉·爱德华兹, March 22, 1758, ANTS, George Claghorn transcription。

[11] Hopkins, *Life*, 80n.

[12] 威廉·希彭致萨拉·爱德华兹, March 22, 1758。

[13] 另一方面，霍普金斯的叙述——写于七年后——增加了一些听起来有些令人起疑的常规临终遗言，尤其是它们并没有被包括在威廉·希彭的书信里。按照霍普金斯的说法，在临终之际，当屋子里的朋友们为他行将辞世而悲痛时——认为他已经听不见他们了，他却出人意料地说了这些话，"TRUST IN GOD, AND YE NEED NOT FEAR（相信上帝，不要害怕）"。Hopkins, *Life*, 81.

[14] 当然，也有可能是，某些与此相反的东西，受到了照管和编辑其著述的门生与后代的抑制或删减。然而在那里或别处所存留下来的资料中，没有任何东西指向这一点。

[15] 萨拉·爱德华兹致以斯帖·伯尔, April 3, 1758, ANTS, George Claghorn transcription。

[16] Sarah Edwards Parsons to Mary Edwards Dwight, April 18, 1758, in Burr, *The Journal of Esther Edwards Burr*, 302—303.

[17] Ibid.

[18] Timothy Dwight Jr. to Gideon Hawley, April 5, 1758, Hartford Seminary Foundation, George Claghorn transcription.

[19] 萨拉·普林斯在她私人沉思录里的记录, April 21, 1758, in Burr, *The Journal of Esther Edwards Burr*, 307—308。

[20] 爱德华兹致以斯帖·爱德华兹·伯尔, November 20, 1757, *Works*, 16：730。

[21] Samuel Hopkins, *The Life and Character of the Late Reverend Mr. Jonathan Edwards* (Boston, 1765), appendix, p. 97（这个附录没有包括在 Levin 的再版里；而有关霍普金斯所著《生平》的其他注解均来自 Levin 的再版）。

[22] Dwight, *Life*, 582. 伯尔的两个孩子仍留在费城威廉·希彭家里，一直到 1760 年，新近结婚的蒂莫西·爱德华兹在成为他们监护人后，先是把他们带到了斯托克布里奇，随后于 1762 年又将他们带到了新泽西的伊丽莎白敦——蒂莫西在那里从事法律工作。早熟的小伯尔 1772 年毕业于普林斯顿，其后跟随约瑟夫·贝拉米学习神学，直至在"美国革命"期间背离了他的传承。See

Suzanne Geissler, *Jonathan Edwards to Aaron Burr, Jr.: From the Great Awakening to Democratic Politics* (New York: Edwin Mellen, 1981), 102—123.

[23] 正如另一位传记作者指出地，有关爱德华兹叙述的结尾，就像"一处莎士比亚式悲剧：尸体布满了舞台"。Elisabeth D. Dodds, *Marriage to a Difficult Man: The "Uncommon Union" of Jonathan and Sarah Edwards* (Philadelphia: Westminster Press, 1971), 201.

[24] Stiles, *Literary Diary*, as quoted in Joseph A. Conforti, *Jonathan Edwards, Religious Tradition, and American Culture* (Chapel Hill: University of North Carolina Press, 1995), 3. Cf. Conforti, *Edwards*, 37，论述了他于18世纪后期在苏格兰和美国的声誉。

[25] John Adams to Thomas Jefferson, November 15, 1813, in *The Adams—Jefferson Letters*, ed. Lester J. Cappon (Chapel Hill: University of North Carolina Press, 1959), 399, quoted in Geissler, *Jonathan Edwards to Aaron Burr, Jr.*, 1.

[26] 有关爱德华兹传承的早期复兴，参见 David W. Kling, *A Field of Divine Wonders: The New Divinity and Village Revivals in Northwestern Connecticut, 1792—1822* (University Park: Pennsylvania State University Press, 1993). Also see Mark A. Noll, *America's God: From Jonathan Edwards to Abraham Lincoln* (New York: Oxford University Press, 2002); Alen C. Guelzo, *Edwards on the Will: A Century of Theological Debate* (Middletown, Conn.: Wesleyan University Press, 1989); Bruce Kuklick, *Churchmen and Philosophers: From Jonathan Edwards to John Dewey* (New Haven: Yale University Press, 1985)。

[27] Conforti, *Edwards*, 87—107，总结了"霍利奥克山"文献并指出了它特有的爱德华兹式特征，quotation, p. 104. See ibid., 有关爱德华兹的总体声誉。

[28] Ibid., 1.

[29] Ibid., 108—185.

[30] Albert E. Winship, *Heredity: A History of Jukes-Edwards Families* (Boston, 1925). 原先出版为 *Jukes-Edwards: A Study in Education and Heredity* (Harrisburg, Pa.: R. L. Myers, 1900), 13—14, 43.

[31] Henry B. Parkes, *Jonathan Edwards, The Fiery Puritan* (New York: Minton, Balch, 1930), 36, 63, 66—67, 253. 参看 Conforti, *Edwards*, 186—190，论述到了 Parkes, Vernon Parrington 以及其他一些开明的清教徒抨击者，并

在多处论述到了其他一些传记作品。我亦感谢 William Svelmoe 在 Parkes 以及其他爱德华兹传记方面提供的帮助。

[32] Winslow, *Edwards*, 297—298.

[33] A. C. McGiffert, *Jonathan Edwards* (New York: Harper and Brothers, 1932). Joseph Haroutunian, *Piety versus Moralism: The Passing of the New England Theology* (New York: Henry Holt, 1932).

[34] E. g., H. Richard Niebuhr, *The Kingdom of God in America* (Chicago: Willet, Clark, 1937), 101—103, 113—116, 135—145.

[35] 例如，M. X. Lesser 曾出版了有关爱德华兹的两卷本附有注解的专题书目；他仅仅为 20 世纪 80 年代就列出了五百多种出版物。M. X. Lesser, *Jonathan Edwards: An Annotated Bibliography*, 1979—1993 (Westport, Conn.: Greenwood Press, 1994), 11—119. Lesser 列出了图书、论著、论文以及评论，其中包括一些附带性涉及爱德华兹的著述。Cf. M. X. Lesser, *Jonathan Edwards: A Reference Guide* (Boston: G. K. Hall, 1981)，它包括了从 18 世纪一直到 1978 年的出版物。Lesser 亦撰写了一部有关爱德华兹及其著述的传记性概论：*Jonathan Edwards* (Boston: Twayne, 1988)。

[36] 在对爱德华兹神学探讨方面，近期尤其值得关注的著作有 Robert Jenson, *America's Theologian: A Recommendation of Jonathan Edwards* (New York: Oxford University Press, 1988); Sang Hyun Lee, *The Philosophical Theology of Jonathan Edwards* (Princeton: Princeton University Press, 1988); Michael McClymond, *Encounters with God: An Approach to the Theology of Jonathan Edwards* (New York: Oxford University Press, 1998); Gerald McDermott, *Jonathan Edwards Confronts the Gods: Christian Theology, Enlightenment Religion, and Non-Christian Faiths* (New York: Oxford University Press, 2000); Stephen R. Holmes, *God of Grace and God of Glory: An Account of the Theology of Jonathan Edwards* (Grand Rapids, Mich.: Eerdmans, 2000); Amy Plantinga Pauw, *"The Supreme Harmony of All": The Trinitarian Theology of Jonathan Edwards* (Grand Rapids, Mich.: Eerdmans, 2002)。至于一种有助益的应用神学，参看 John Piper, *God's Passion for His Glory: Living the Vision of Joanthan Edwards* (Wheaton, Ill.: Crossway Books, 1998)。

附录1

爱德华兹亲属谱系表

附录1 爱德华兹亲属谱系表

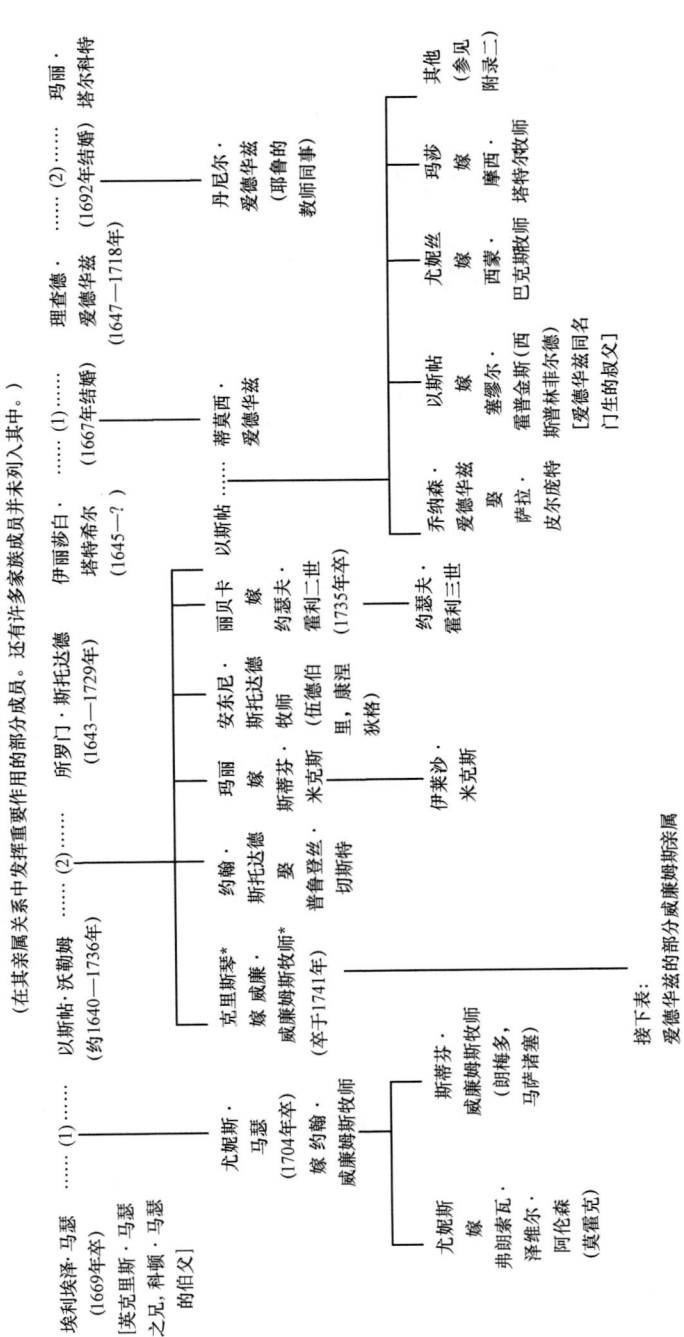

爱德华兹的大家族

（在其亲属关系中发挥重要作用的部分成员。还有许多家族成员并未列入其中。）

```
埃利埃泽·马瑟 ……(1)…… 以斯帖·沃勒姆 ……(2)…… 所罗门·斯托达德 ……(1)…… 伊丽莎白·塔特希尔 ……(1667年结婚)…… 理查德·爱德华兹 ……(2)…… 玛丽·塔尔科特
(1669年卒)              (约1640—1736年)    (1643—1729年)                (1645—?)            (1667年结婚)    (1647—1718年)  (1692年结婚)
[奚克里斯·马瑟
之兄，科顿·马瑟                                                                              │
的伯父]                                                                                      │
                                                                                          丹尼尔·
                                                                                          爱德华兹
                                                                                          (耶鲁的
                                                                                          教师同事)

尤妮斯·  克里斯平*  约翰·     玛丽   安东尼·   丽贝卡  以斯帖   蒂莫西·爱德华兹
马瑟    嫁 威廉    斯托达德    嫁   斯托达德   嫁      爱德华兹
(1704年卒) 威廉姆斯牧师* 娶      斯蒂芬  牧师    约瑟夫·
嫁 约翰·  (卒于1741年) 普鲁登丝  米克斯  (伍德伯   霍利二世
威廉姆斯牧师         切斯特          里，康涅   (1735年卒)
                                   狄格)
                          伊莱沙·              约瑟夫·
                          米克斯              霍利三世

斯蒂芬·    乔纳森·  以斯帖  尤妮丝  玛莎  其他
威廉姆斯牧师 爱德华兹  嫁     嫁    嫁   (参见
(朗梅多，   娶      塞缪尔· 西蒙·  摩西· 附录二)
马萨诸塞)   萨拉·   霍普金斯 巴克斯敦 塔特尔牧师
          皮尔庞特  (西斯
                  普林菲尔德
尤妮斯          [爱德华兹同名
嫁              门生的叔父]
弗朗索瓦·
泽维尔·
阿伦森
(莫霍克)
```

接下表：
爱德华兹的部分威廉姆斯亲属

爱德华兹的部分威廉姆斯系家谱属
（续前表）

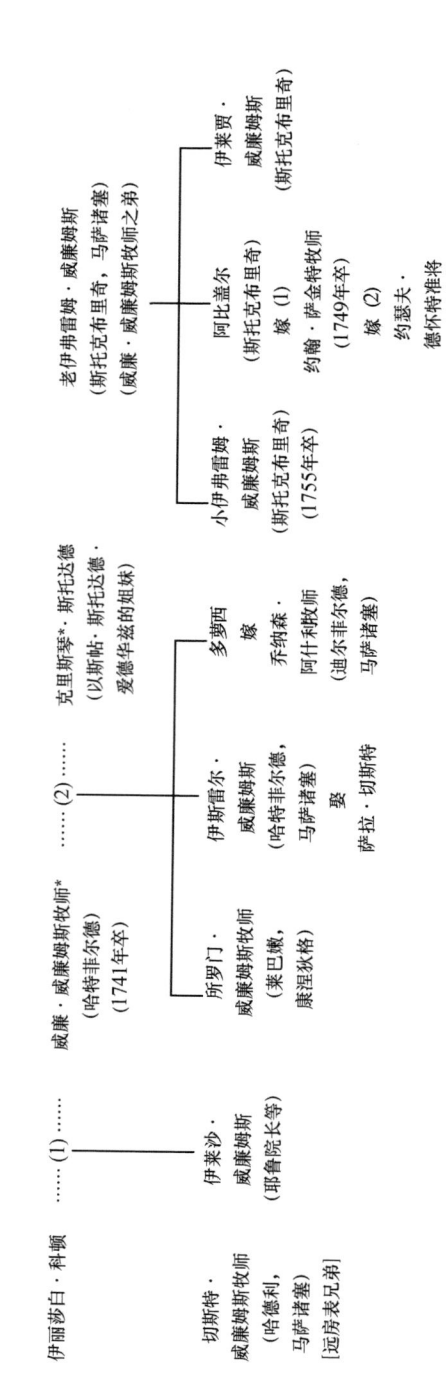

```
伊丽莎白·科顿 ……(1)…… 威廉·威廉姆斯牧师* ……(2)…… 克里斯*·斯托达德
                        （哈特菲尔德）              （以斯帖·斯托达德，
                        （1741年卒）                爱德华兹的姐妹）

切斯特·           伊莱沙·          所罗门·         伊斯雷尔·      多萝西       老伊弗雷姆·威廉姆斯
威廉姆斯牧师       威廉姆斯         威廉姆斯牧师     威廉姆斯        嫁           （斯托克布里奇，马萨诸塞）
（哈德利，         （耶鲁院长等）   （莱巴嫩，       （哈特菲尔德，  乔纳森·      （威廉·威廉姆斯牧师之弟）
马萨诸塞）                        康涅狄格）        马萨诸塞）      阿什利牧师
[远房表兄弟]                                       娶              （迪尔菲尔德，
                                                   萨拉·切斯特     马萨诸塞）

                                                                              小伊弗雷姆·      阿比盖尔           伊莱贾·
                                                                              威廉姆斯         （斯托克布里奇）    威廉姆斯
                                                                              （斯托克布里奇）  嫁（1）            （斯托克布里奇）
                                                                              （1755年卒）    约翰·萨金特牧师
                                                                                              （1749年卒）
                                                                                              嫁（2）
                                                                                              约恶夫·
                                                                                              德怀特准将
```

*"威廉姆斯—斯托达德"家族还与康涅狄格河谷其他有影响家族相互联姻，其中包括切斯特家族、阿什利家族与帕特里奇等家族。参见 Kevin Michael Sweeney, "River Gods and Related Minor Deities: The Williams Family and the Connecticut River Valley, 1637—1790" (Ph.D. diss., Yale University, 1986), 733—755。

附录 2

爱德华兹的姊妹们

下列内容来自肯尼思·明克马（Kenneth P. Minkema），"汉娜及其姊妹们：18 世纪早期爱德华兹家的姐妹情谊、恋爱与婚姻"，载于 *New England Historical Register* 146（January 1992）：35。

蒂莫西·爱德华兹（Timothy Edwards；1669—1758 年）与以斯帖·斯托达德·爱德华兹（Esther Stoddard Edwards；1672—1770 年）的子女。

以斯帖（Esther），1695—1766 年，1727 年嫁马萨诸塞西斯普林菲尔德的塞缪尔·霍普金斯（Samuel Hopkins）牧师。

伊丽莎白（Elizabeth），1697—1733 年，1724 年嫁康涅狄格温德姆的杰贝兹·亨廷顿（Jabez Huntington）。

安妮（Anne），1699—1790 年，1734 年嫁康涅狄格东温莎的约翰·埃尔斯沃思（John Ellsworth）。

玛丽（Mary），1701—1776 年，在北安普敦照料年迈的外祖父母并在东温莎照料父母亲。

乔纳森（Jonathan），1703—1758 年，1727 年，娶萨拉·皮尔庞特（Sarah Pierpont）。

尤妮斯（Eunice），1705—1788 年，1729 年嫁康涅狄格纽因顿的西蒙·巴克斯（Simon Backus）牧师。

阿比盖尔（Abigail），1707—1764 年，1737 年嫁康涅狄格莱巴嫩的威廉·梅特卡夫（William Metcalf）牧师。

杰鲁沙（Jerusha），1710—1729 年。

汉娜（Hannah），1713—1773 年，1746 年嫁康涅狄格米德尔敦的塞思·韦特莫尔（Seth Wetmore）。

露西（Lucy），1715—1736 年。

玛莎（Martha），1718—1794 年，1746 年嫁马萨诸塞格兰维尔的摩西·塔特尔（Moses Tuttle）牧师。

附录3

爱德华兹的直系家庭成员，来自他的家用圣经

以下内容转录自爱德华兹在其家用圣经上亲笔所做的记录，引自《乔纳森·爱德华兹文集》（*Works of Jonathan Edwards*），希克曼（Hickman）编辑，第 cclxxiv 页。

乔纳森·爱德华兹，康涅狄格温莎的蒂莫西与以斯帖·爱德华兹之子。

我出生于 1703 年 10 月 5 日。

我于 1727 年 2 月 15 日在北安普敦被按立为牧师。

我于 1727 年 7 月 28 日与萨拉·皮尔庞特小姐结婚。

我妻子出生于 1710 年 1 月 9 日。

我女儿萨拉（Sarah）出生于一个安息日，1728 年 8 月 25 日下午 2 点到 3 点之间。

我女儿杰鲁沙（Jerusha）出生于一个安息日，1730 年 4 月 26 日临近下午崇拜结束之际。

我女儿以斯帖（Esther）出生于一个安息日，1732 年 2 月 13 日晚上 9 点到 10 点之间。

我女儿玛丽（Mary）出生于 1734 年 4 月 7 日，是个安息日，在清

晨太阳升起约一个半小时之际。

我女儿露西（Lucy）出生于星期二，1736年8月最后一天，凌晨2点到3点之间。

我儿子蒂莫西（Timothy）出生于1738年7月25日星期二，清晨6点到7点之间。

我女儿苏珊娜（Susannah）出生于1740年6月20日星期五，大约在凌晨3点。

上述所有家庭成员都出过麻疹，截止到1740年年底。

我女儿尤妮斯（Eunice）出生于1743年5月9日星期一凌晨，大约在午夜后半个小时，在下个安息日受洗。

我儿子乔纳森（Jonathan）出生于一个安息日晚上，1745年5月26日9点到10点之间，在紧接着的安息日受洗。

我女儿杰鲁沙死于一个安息日，1747年2月14日，凌晨大约5点，享年17岁。

我女儿伊丽莎白（Elizabeth）出生于1747年5月6日星期三，夜晚10点到11点之间，在紧接着的安息日受洗。

我儿子皮尔庞特（Pierrepont）出生于一个安息日晚上，1750年4月8日8点到9点之间，在紧接着的安息日受洗。

我于1750年6月22日被解除了与北安普敦第一教会的教牧关系。

我女儿萨拉于1750年6月11日与以利户·帕森斯（Elihu Parsons）先生结婚。

我女儿玛丽于1750年11月8日与北安普敦的蒂莫西·德怀特（Timothy Dwight）先生结婚。

我女儿以斯帖于1752年6月29日与纽瓦克的阿伦·伯尔（Aaron Burr）牧师结婚。

上述伯尔先生，新泽西学院院长，于1757年9月24日因神经性热症死于普林斯顿。伯尔先生出生于1715年1月4日。

我于1758年2月16日，根据先前的宣誓，正式成为新泽西学院院长。

资料来源注释

Works 指 *The Works of Jonathan Edwards*，到目前有 22 卷（New Haven：Yale University Press，1957— ），Perry Miller，John E. Smith，Harry S. Stout 总主编，将直接引用卷数（例如 *Works*，18）和页码。

简短形式的"Diary"指爱德华兹的日记，可以见之于 *Works*，16：759—789，以及其他版本，仅标明记录日期。

Dwight，*Life*，指 Sereno Dwight's *Life of President Edwards*，vol. 1 of *The Works of President Edwards, with a Memoir of His Life*，10 vols.，ed. Sereno Dwight（New York，1829）。

Hopkins，*Life*，指 Samuel Hopkins，*The Life and Character of the Late Reverend Mr. Jonathan Edwards*（Boston，1765）。页码引自更易于获得的重印本，见 David Levin，ed.，*Jonathan Edwards：A Profile*（New York：Hill and Wang，1969），除非是仅见于原版的霍普金斯为以斯帖·爱德华兹·伯尔与萨拉·皮尔庞特·爱德华兹所做的附录。

Reader 指 *A Jonathan Edwards Reader*，ed.，John E. Smith，Harry S. Stout，and Kenneth P. Minkema（New Haven：Yale University Press，1995）。

见之于各种两卷本爱德华兹文集中的著述引文，出自 *The Works of Jonathan Edwards*，ed. Edward Hickman，2 vols.（London，

1865），被标注为 *Works of Jonathan Edwards*，ed. Hickman。

未发表的布道出自"乔纳森·爱德华兹文集抄本"（The Works of Jonathan Edwards transcriptions），并将被标明圣经经文和日期。原本存于耶鲁大学 Beinecke Rare Book and Manuscript Library。

Sibley's Harvard Graduates 被用做下列著述的简短引文出处 *Biographical Sketches of Those Who Attended Harvard College*，ed. Clifford K. Shipton，14 vols.，vols. 4—17（Boston：Massachusetts Historical Society，1933—1975），successor to *Biographical Sketches of Graduates of Harvard College*，ed. John Langdon Sibley，3 vols.，vols. 1—3（Boston，1873—1885）。将按照卷数和传主名称来加以引用。

Beinecke 指 the Beinecke Rare Book and Manuscript Library，Yale University，New Haven，Connecticut。

ANTS 指 the Franklin Trask Library，Andover Newton Theological School，Newton Centre，Massachusetts。

索　　引

（条目中的页码为英文原书页码，即本书中的边码）

缩写"JE"指乔纳森·爱德华兹，简称爱德华兹。除非另有注明，"Works"是指爱德华兹作品。

Adams，Eliphalet 伊利法莱特·亚当斯，140

Adams，John 约翰·亚当斯，434，499

Addison，Joseph 约瑟夫·艾迪生，7，62

Advice to Young Converts《给年轻归信者的建议》，225—226

Albany Congress 奥尔巴尼议会，408，409

Alcohol 酒类，参见 Drunkeness

Allen，Timothy 蒂莫西·艾伦，275

Alsted，John 约翰·阿尔斯特德，76

American Revolution，美国革命，参见 Revolution，American

Ames，William 威廉·埃姆斯，76，102

Anderson，James 詹姆斯·安德森，47

Anglicanism 圣公会，7，35，71，83—87，91，93，138—140，145，147，161，202，204，210

Antichrist 敌基督，12，17，47，88—89，90，196，198—199，201，314，315，337—338，415，485

Antinomianism 反律法的唯信仰主义，279，281，287

Aquinas，St. Thomas 圣托马斯·阿奎那，488

Arianism 阿里乌主义，199，339

Aristotle 亚里士多德，60，61，63，70，282

Arminianism 阿明尼乌主义，86—87，91，137—141，175—182，199，256，274，279，318，329，330，339，358，362，368，379，430，433—434，439，440，444，445，448，453

Ashley，Benjamin 本杰明·阿什利，404

Ashley，Dorothy Williams 多萝西·威廉姆斯·阿什利，177，274，

345，367

Ashley, Jonathan 乔纳森·阿什利，176—177，274，280，345，361，367，380

Ashley, Rebecca Kellogg 丽贝卡·凯洛格·阿什利，404

Augustine, St. 圣奥古斯丁，77，78，197，283，439，460，488，505

Awakenings 觉醒：in 1710s 在 18 世纪 20 年代，25—29，33—34，117；social contributors to 社会贡献者，150—152；of 1734—1735 1734 至 1735 年觉醒，155—173，183，184，207，214，216—226，228，239—252，260—267，284，291；and youth 与青年，155—156，158—159，160，216—218，267，270，275，276，300—301，307，427，491；skepticism about and opposition to 怀疑及反对，161—162，170—171，193，231—233，236—238，269—274，278—283，290；in England and Scotland 在英格兰与苏格兰，171—173，202，280，283—284，292，309，311，334—335，337；and Whitefield 与怀特菲尔德，172，202—216，219，228，231，232，242，262，267，268，269，273，306—310，324，331；in Germany 在德国，194，201；Great Awakening "大觉醒"，201—252，260—292，284；and children 与儿童，207，214，217，266，270；excesses and enthusiasms in 过度与狂热，211—212，227，228，231，233—234，241，260，269—271，272，279，281，284，285，336；physical effects of terrors and ecstasies during 其间出现的恐惧与出神狂喜等身体效果，217—219，228，234，240—249，260，269，279，282，284；JE's sermons and writings on 爱德华兹的布道与著述，220—224，231，233—240，263—267，273，275，283—290，334—338；and Land Bank 与土地银行，229—230；in colleges 在学院里，231—238，249，267，427，429，491；signs of true awakening 真觉醒的标记，235；and Sarah Pierpont Edwards' ecstatic experience 与萨拉·皮尔庞特·爱德华兹的出神狂喜经验，240—249，497；and Indians 与印第安人，258，325；and Northampton Covenant 与"北安普敦盟约"，260—263；and millennium 与千禧年，265—266，292，338；liberal backlash to 自由派的反作用，434—36；Second Great Awakening 第二次大觉醒，499。亦参见 Conversion；*Faithful Narrative*

Bach, Johann Sebastian 约翰·塞巴斯蒂安·巴赫，79，129，473

"Bad book" case "坏书案"，参见 "Young folks' Bible" case

Baptism 洗礼，29—30，207，351，354—355，378

Baptismal renewals 洗礼更新，53

Baptists 浸礼派，30，350

Bartlett, Phoebe 菲比·巴特莱特, 242, 249

Bayle, Pierre 皮埃尔·培尔, 61—62, 475

Beecher, Lyman 莱曼·比彻, 8, 449

Belcher, Jonathan 乔纳森·贝尔彻, 145—149, 174, 205—206, 227—229, 339—341, 375, 392, 405, 428, 429

Bellamy, Joseph 约瑟夫·贝拉米, 239—240, 275, 317—318, 320, 324, 336, 357, 410, 423, 428, 450, 451, 459, 483, 498

Berkeley, George 乔治·贝克莱, 73, 80, 139, 140

Bible 圣经, 30, 31, 81, 91, 120, 189—195, 298, 351—352, 379, 430, 435—436, 445, 473—481. 亦参见 God; Jesus Christ

Biblicism 圣经至上主义, 5

Billing, Edward 爱德华·比林, 360

"Blank Bible" "空白圣经", 133, 474

Bolton, Connecticut 博尔顿, 康涅狄格, 55, 56, 93, 95—101, 103, 107

"Book of Controversies" "争论集", 447, 476

Boyle, Robert 罗伯特·波义耳, 246

Braddock, Edward 爱德华·布雷多克, 414—417

Bradstreet, Anne 安妮·布雷兹特里特, 249

Brainerd, David 大卫·布雷纳德, 1, 53, 54, 233—235, 249, 250, 311, 319, 320, 323—334, 329, 337, 338, 341, 385, 393, 431, 436, 446, 499

Brainerd, Israel 伊斯雷尔·布雷纳德, 326

Brainerd, John 约翰·布雷纳德, 326, 330, 339, 341, 348

Breck, Robert 罗伯特·布雷克, 170, 176—182, 210, 228, 236, 274, 307, 344, 359, 361, 433

Briant, Lemuel 莱缪尔·布赖恩特, 434, 449—450

Brown, Daniel 丹尼尔·布朗, 84, 85

Buell, Samuel 塞缪尔·比尔, 244—245, 247, 249, 260, 269, 271, 275, 317, 348

Bundling "和衣同睡", 130—131, 296—297, 328

Burnet, William 威廉·伯内特, 145, 147

Burr, Aaron 阿伦·伯尔, 324, 330, 339, 348, 381, 392, 397—398, 415, 419—420, 427—430, 491, 493—495, 497, 511, 512

Burr, Aaron Jr. 小阿伦·伯尔, 423, 429, 493, 498, 499

Burr, Esther Edwards 以斯帖·爱德华兹·伯尔, 参见 Edwards, Esther (daughter of JE)

Burr, Sally 萨莉·伯尔, 415, 493, 498

Butler, Joseph 约瑟夫·巴特勒, 477

Calvin, John 约翰·加尔文, 86, 196

Calvinism 加尔文主义, 4, 5, 7, 8, 35, 40, 47, 63, 72, 76, 86, 116, 120, 138, 140, 259, 318, 436, 437,

499—501. 亦参见 Puritanism
Catholicism 天主教，参见 Roman Catholic Church
Chamberlain, Ava 阿娃·张伯伦，301
Charity and Its Fruits《爱及其果子》，190—192，261
Chauncy, Charles 查尔斯·昌西，142，216，238，265，268—273，270，280—283，285，287，290，307，313，315，379，433，436
Chauncy, Israel 伊斯雷尔·昌西，110
Chester, Sarah 萨拉·切斯特，345
Children 儿童：discipline of 训练，20—21，26—27，251，321—322；death of 死亡，26—27，128，187，189，320，412；baptism of 洗礼，29—30，207，351，354—355；number of, in families 在家庭里的数量，150；conversion of 归信，160，242，249；and awakenings 与觉醒，207，214，217，266，270；religious teaching for 宗教教导，321，394. 亦参见 Education；Youth
Christ 基督，参见 Jesus Christ
Christian History《基督教历史》，279，280，284，291，298，313—314，332
Christian Knowledge《基督教知识》，282
Christ the Light of the World《耶稣基督世界之光》，54—55
Chubb, Thomas 托马斯·查布，177
Churches 教会，参见 Ministers；*and specific denominations*
Church of England 英国国教会，参见 Anglicanism
Civil War "美国内战"，499
Claghorn, George S. 乔治·克莱格霍恩，xviii
Clap, Thomas 托马斯·克拉普，176，177，179，231—233，235，307—309，324，330，331
Clark, Deacon 迪肯·克拉克，483
Clark, Elisha 伊莱沙·克拉克，334
Clark, Joanna 乔安娜·克拉克，294，300
Clark, John 约翰·克拉克，124
Clergy 圣职人员，参见 Ministers；*and specific ministers*
College of New Jersey (later Princeton University) 新泽西学院（后来的普林斯顿大学），2，215，277，330，339，392，427，429—431，472，486，491，492，495，498
Colman, Benjamin 本杰明·科尔曼：Calvinism of 加尔文主义，117，139—140，142—145，434；on S. Stoddard 论所罗门·斯托达德，124；Boston church of 波士顿教会，139，274；and Yale College 与耶鲁学院，139—140；and Belcher 与贝尔彻，147；JE's connections with generally 与爱德华兹的总体关系，149，227；and awakenings 与觉醒，163—164，170—173，180，183—185，272，279；and Breck case 与布雷克案，178；and publication of *Faithful Narrative* 与《忠实叙述》的出版，180，183—184；and Whitefield 与怀

特菲尔德, 202, 204—205, 309; and JE's family 与爱德华兹一家, 214; and Davenport 与达文波特, 273; writings by 著述, 275; and Indian missions 与印第安传教, 376, 377—378

Communion 圣餐, 参见 Lord's Supper

Conaughstansey, Abraham 亚伯拉罕·康瑙斯坦赛, 385, 387

Concert of Prayer 协同祈祷, 318, 330, 334—335, 337, 338, 339, 340

Conforti, Joseph A. 约瑟夫·孔福尔蒂, 500

Congregationalists 公理会信徒, 7, 8, 11, 86, 87, 216, 273, 275, 330, 436

Constantine 君士坦丁, 196, 485

Conversion 归信: S. Stoddard on 所罗门·斯托达德论, 13, 118, 119, 122; T. Edwards on 蒂莫西·爱德华兹论, 26—29, 57—58; steps toward 其步骤, 26—29, 57—58; regeneration compared to 与重生比较, 28; of JE 爱德华兹的, 39, 40—43; JE's doubts about own 爱德华兹对自己诡异的怀疑, 50, 57, 104, 105; of Sarah Pierpont Edwards 萨拉·皮尔庞特·爱德华兹的, 108—109, 242; of Indians 印第安人的, 117—118, 120, 174, 258, 325, 378; of youth 年轻人的, 158—159, 225—226; of children 儿童的, 160, 242, 249; difficulties in judging 评判的困难, 211, 234, 237, 262, 269, 279, 286, 350. 亦参见 Awakenings

Cooper, James Fenimore 詹姆斯·费尼莫尔·库珀, 382, 404

Cooper, William 威廉·库珀, 141, 144, 149, 179—181, 183, 216, 235—237, 265, 274, 279

Covenant in Northampton 北安普敦的盟约, 260—263, 291, 298, 350

Cutler, Timothy 蒂莫西·卡特勒, 35—36, 38, 39, 63, 83, 84, 87, 91, 101, 102, 161, 192—193, 215—216, 273

Dante 但丁, 94, 121

Davenport, James 詹姆斯·达文波特, 232—233, 269, 271—273, 275—276, 324

Davies, Samuel 塞缪尔·戴维斯, 392

Death 死亡: of children 孩子们, 26—27, 128, 187, 189, 320, 412; JE's worries about 爱德华兹的担忧, 57; of young adults 年轻人, 153—155, 327—329; suicides in Northampton 北安普敦的自杀, 163—169, 358; of martyrs 殉道士, 245—246; and women 与妇女, 245; in Northampton (1745—1748) 在北安普敦, 316, 318, 345

Deerfield, Connecticut 迪尔菲尔德, 康涅狄格, 14—15, 16, 114, 115, 126, 127, 174—176, 274, 280, 317, 345, 378

Deism 自然神论, 71, 77, 103, 130, 138, 139, 192, 199, 379, 433, 440, 443, 448, 476, 486, 487—488

Delemotte, Elizabeth 伊丽莎白·德勒莫特, 208

Depression (melancholy) 抑郁（忧郁）, 103—110, 111, 113, 127—128, 163—164, 242, 323, 332, 368, 430

Descartes, René 勒内·笛卡儿, 61, 71, 72, 74, 76, 438

Devils 魔鬼, 参见 Satan and devils

Diary of JE 爱德华兹的日记, 45, 46, 50—56, 80—82, 94—108, 111, 112, 116, 135

Dickinson, Jonathan 乔纳森·迪金森, 215, 324, 325, 330, 339, 495

Distinguishing Marks of a Work of the Spirit of God《上帝圣灵工作的区别性标志》, 233—238, 263, 265, 309

Divine and Supernatural Light "一种神圣与超自然之光", 156—158, 162, 211, 286, 443

Doddridge, Philip 菲利普·多德里奇, 366, 474

Doolittle, Benjamin 本杰明·杜利特尔, 256, 258

Downing, Mary 玛丽·唐宁, 295

Drunkenness 酗酒, 34, 102, 126, 130, 131, 296, 299, 404, 427

Dudley, Joseph 约瑟夫·达德利, 14

Dudley, Paul 保罗·达德利, 66

Dummer, Jeremiah 耶利米·达默, 35, 139, 140

Dwight, Abigail Williams Sergeant 阿比盖尔·威廉姆斯·萨金特, 参见 See Williams, Abigail

Dwight, Joseph 约瑟夫·德怀特, 383, 387, 395—406, 397, 411—412, 417, 427, 437

Dwight, Mary Edwards 玛丽·爱德华兹·德怀特, 参见 Edwards, Mary (daughter of JE)

Dwight, Mary Pynchon 玛丽·平琼·德怀特, 396

Dwight, Sereno 塞雷诺·德怀特, 66, 182, 246, 475

Dwight, Timothy (JE's grandson) 蒂莫西·德怀特（爱德华兹的外孙）, 8, 195, 499

Dwight, Timothy Jr. (JE's son-in-law) 小蒂莫西·德怀特（爱德华兹的女婿）, 363

Dwight, Col. Timothy Sr. 老蒂莫西·德怀特上校, 179, 358—359, 364, 369, 412

Earthquake 地震, 121—122

East Windsor, Connecticut 东温莎, 康涅狄格, 7, 14, 15—24, 33—34, 127, 128, 162, 209, 260

Education 教育: of females 女性的, 18, 19, 144, 323, 390, 499—500; of Indians 印第安人的, 320, 377—378, 382—383, 387, 389—406, 412, 413, 417, 423

Edwards, Abigail (sister of JE) 阿比盖尔·爱德华兹（爱德华兹的妹妹）, 21, 214, 275, 510

Edwards, Anne (sister of JE) 安妮·爱德华兹（爱德华兹的姐姐）, 21, 128, 132, 510

索　引 | 635

Edwards, Daniel (uncle of JE) 丹尼尔·爱德华兹（爱德华兹的叔叔），109

Edwards, Elizabeth "Betty" (daughter of JE) 伊丽莎白·爱德华兹（"贝蒂"，爱德华兹的女儿），320，411，511

Edwards, Elizabeth "Betty" (sister of JE) 伊丽莎白·爱德华兹（"贝蒂"，爱德华兹的姐姐），21，510

Edwards, Elizabeth Tuthill (grandmother of JE) 伊丽莎白·塔特希尔·爱德华兹（爱德华兹的奶奶），22—23

Edwards, Esther (daughter of JE) 以斯帖·爱德华兹（爱德华兹的女儿）：childhood and youth of 童年与青春期，207，251，317，322—323，342；and fear of Indians 对印第安人的恐惧，317，411，414—415，423—425；in Stockbridge 在斯托克布里奇，391，392，423—425，429；marriage of 婚姻，392，512；and French and Indian War 与法国及印第安人的战争，414—415，423—425，428；children of 孩子，415，419，423，428，429，491；reading of novels by 所阅读的小说，419；and social gatherings 与社交聚会，419—420；portrait of 肖像，421；and College of New Jersey revival 与新泽西学院奋兴，427；and Belcher's death 与贝尔彻的去世，428；ecstatic experience of 出神狂喜经验，428—429；and husband's death 与丈夫的去世，428—429，491，497；in Princeton 在普林斯顿，491；smallpox inoculation of 天花疫苗接种，493；death of 去世，495，496；birth of 出生，511

Edwards, Esther (sister of JE) 以斯帖·爱德华兹（爱德华兹的姐姐），18，21，173，342，510

Edwards, Esther Stoddard (mother of JE) 以斯帖·斯托达德·爱德华兹（爱德华兹的母亲），14—21，24，58，108，128，209，391，413，490

Edwards, Eunice (daughter of JE) 尤妮斯·爱德华兹（爱德华兹的女儿），248，307，511

Edwards, Eunice (sister of JE) 尤妮斯·爱德华兹（爱德华兹的妹妹），21，391，510

Edwards, Hannah (sister of JE) 汉娜·爱德华兹（爱德华兹的妹妹），18，376，510

Edwards, Jerusha (daughter of JE) 杰鲁沙·爱德华兹（爱德华兹的女儿）：birth of 出生，128，511；and Whitefield 与怀特菲尔德，207；virtues of 美德，214，249，251，323，327—328；and Hopkins 与霍普金斯，251，252，293；in Boston 在波士顿，322；and Brainerd 与布雷纳德，325—326，331；death of 去世，327—329，329，341，343，495，511

Edwards, Jerusha (sister of JE) 杰鲁沙·爱德华兹（爱德华兹的妹妹），18，21，94，128，190，249，510

Edwards, Jonathan 乔纳森·爱德华兹：

chronology on life and times of 生平与时代年表, xiii—xiv; biographies of 传记, xvii, 9, 60—63, 251, 253, 501—502; death of 去世, 1—2, 493—497; significance and legacy of 重要性与历史遗产, 1—10, 498—505; as College of New Jersey president 作为新泽西学院院长, 2, 429—431, 472, 491; theology of generally 一般性神学, 4—5, 6, 134; personality of 人格, 5—6, 36—37, 51, 253—255, 349—350, 370, 402, 419—420; childhood and youth of 童年与青年时期, 7, 16—26, 33—58, 66, 82; parents of 父母亲, 7, 17—29, 32—34, 37—38, 42, 55—58, 108, 123, 352, 413, 490, 491; reading by 阅读 7, 17, 62—63, 73, 134, 318; birth of 出生, 13—14; homes of 家, 16, 24, 124, 320—321, 322, 383, 390—391, 400, 491, 492; education of, during childhood 童年时期的教育, 17—18; physical appearance of 身体外貌, 18, 206; sisters of 姊妹, 18—19, 68, 128, 172, 510; naming of 命名, 24; preaching style of 布道风格, 33, —34, 119, 127, 206, 220—221, 239—40; spiritual struggles and spiritual rapture of, as youth 作为年轻人的灵性挣扎与灵性狂喜, 34, 36—37, 39—44, 63; as Yale student 作为耶鲁学生, 34—49, 46, 59, 62, 63, 72; ill health of 不佳的健康, 36, 108, 127—128, 169, 193, 223, 227, 251, 409—410, 419, 430, 490; and social relations 与社会关系, 36—37, 99, 105, 109, 134—135, 253—254, 349, 362, 419—420; recreation and walks by 消遣与散步, 42, 77, 135—136, 185; sinfulness acknowledged by 所承认的罪过, 45, 50, 55—56, 57, 288, 373; spiritual life of, after conversion 归信后的灵性生活, 45, 48, 50—58, 69, 185; as New York City pastor (1722—1723) 作为纽约城牧师 (1722—1723年), 46—55, 59, 90, 123; and world affairs 与世界事务, 48, 90, 134; spiritual discipline of 灵性训练, 50—52, 82, 95—96, 288, 349, 490; daily schedule of 日常安排, 51, 133—136, 252; eating habits of 饮食习惯, 51, 53, 96, 107, 133, 135, 251, 420; as Bolton pastor (1723—1724) 作为博尔顿牧师 (1723—1724年), 55, 56, 93, 95—101, 103, 107; full church membership for 成为正式教会成员, 57; ambition and calling of 抱负与呼召, 59—60, 110, 132, 133—134, 150, 200, 255, 437, 467, 482; and science 与科学, 59—81; writing and study as priorities of 作为优先事项的著述与研究, 59—60, 349, 362, 430, 432—433, 447; travels and travel plans of 旅行与旅行计划, 60, 145, 169, 178, 215, 317; as Yale tutor (1725) 作为耶鲁指导教师 (1725

年），63—64，101—110，278；Yale 1723 commencement oration by 1723 年的耶鲁毕业典礼演说，82—83，87，91，93；love for Sarah Pierpont by 对萨拉·皮尔庞特的爱情，93—95，99，105—109，241—242，254；depression of 抑郁，103—110，111，113，127—128，332，430；salary for 薪俸，103，110，123—134，301—303，341，343；spiritual crisis of (1724—1727) 精神危机（1724—1727 年），103—110，111—113；courtship and marriage of 求爱与婚姻，105—112，123—124，208—209，511；and sexuality 与性欲，106—107，111；as Northampton assistant to Stoddard 在北安普敦作为斯托达德的助手，110，112—125；ordination of 按立牧师，110，116；and children's births 与孩子们的出生，111，128，135，172，187，207，248，307，320，363；property of 财产，124，302，303，317—318，321，364；memory device used by 使用的记忆方法，136；family resentments against 家族怨恨，182—183，274，345，366—367；childrearing by 抚养孩子，214，251，321，323，355，412—413；students and protégés of 学生与门生，239，250—252，323；and death of daughter Jerusha 与女儿杰鲁沙的去世，327—329，329，343；doubts of, about pastoral abilities 对牧职能力的怀疑，349，362，364；dismissal of, from Northampton pastorate 被解除北安普敦牧师任职，359—361，369—374；in Northampton after dismissal 被解职后在北安普敦，363—365；job possibilities for, after dismissal from Northampton 被北安普敦解职后的工作可能性，364—365；finances of 经济财务，391—392，400，430；grandchildren of 孙辈，415，419，423，424，428，429，491，492；desk of 书桌，448；unfinished masterworks by 未完成的巨著，472—489；descendants of 后裔，500—501；genealogy of 家谱，508—510. 亦参见 Awakenings；Diary of JE；Sermons；Stockbridge, Massachusetts；*and specific sermons and other writings*

Edwards, Jonathan Jr.（son of JE）小乔纳森·爱德华兹（爱德华兹的儿子），256，320，363，391，399，404，412，421，423，498，511

Edwards, Lucy（daughter of JE）露西·爱德华兹（爱德华兹的女儿），172，207，411，423，424，425，491，493，494，495，511

Edwards, Lucy（sister of JE）露西·爱德华兹（爱德华兹的妹妹），172，510

Edwards, Martha（sister of JE）玛莎·爱德华兹（爱德华兹的妹妹），18—19，510

Edwards, Mary（daughter of JE）玛丽·爱德华兹（爱德华兹的女儿），

207，251，322，355—356，363，364，365，391，424，495，511

Edwards, Mary (sister of JE) 玛丽·爱德华兹（爱德华兹的姐姐），21，33，35，116，343—344，510

Edwards, Pierpont "Pinty" (son of JE) 皮尔庞特·爱德华兹（"平迪"，爱德华兹的儿子），363，411，511

Edwards, Richard (grandfather of JE) 理查德·爱德华兹（爱德华兹的祖父），22—24

Edwards, Sarah Pierpont (wife of JE) 萨拉·皮尔庞特·爱德华兹（爱德华兹的妻子）：JE's love for 爱德华兹对她的爱情，93—95，99，105—109，241—242，254；virtues of 美德，93—95，99，108—109，207—208，242—252，497；courtship and marriage of 求婚与婚姻，105—112，123—124，208—209，511；and music 与音乐，106；conversion of 归信，108—109，242；depression of 抑郁，109，242，323；and children's births 与生育孩子，111，128，135，172，187，207，248，307，320，363；homes of 家，124，320—321，322，383，390—391，400；household duties of 家务，133，135，240，251—252，317—318，320，323，343；clothing and possessions of 服饰与所有品，163，243，302，303；ecstatic experience of 出神狂喜经验，240—249，266，497；and submission to God 顺从于上帝，242—249，497；ill health of 不佳的健康，247，248，251，495；childrearing by 抚养孩子，251，321—323；and JE's salary 与爱德华兹的薪俸，301—302；in Northampton 在北安普敦，302；and church membership 与教会成员身份，348—349；in Stockbridge 在斯托克布里奇，391—392，394，400—401，411，491；grandchildren of 孙辈，415，419，423，424，428，429，491，492，498；and JE's death 与爱德华兹的去世，494—495，497—498；death of 去世，498；birth of 出生，511

Edwards, Sarah "Sally" (daughter of JE) 萨拉·爱德华兹（"萨莉"，爱德华兹的女儿），111，207，214，251，307，317，322，341，342，363，365，483，495，511

Edwards, Susannah "Sueky" (daughter of JE) 苏珊娜·爱德华兹（"苏吉"，爱德华兹的女儿），207，423，491，511

Edwards, Timothy (father of JE) 蒂莫西·爱德华兹（爱德华兹父亲）：ill health of 不佳的健康，17，490；JE's relationship with 与爱德华兹的关系，17—18，20—21，37—38，42，55—58，60，95，109，132，352，391，413；military service of 随军服务，17，90；daughters of 女儿们，18—19，21，128，510；parents and grandparents of 父母与祖父母，21，22—23；personality of 人格，22；as East

Windsor pastor 作为东温莎牧师，23—27，30，33—34，216，260；at Harvard 在哈佛，23；marriage of 婚姻，23；on conversion 论归信，26—29，57—58；on Lord's Supper 论圣餐，32—33，123，262，352；preaching style of 布道风格，33—34，119；and science 与科学，66；and James Pierpont Sr. 与老詹姆斯·皮尔庞特，93；and Whitefield 与怀特菲尔德，209；death of 去世，491

Edwards, Timothy (son of JE) 蒂莫西·爱德华兹（爱德华兹的儿子），187，207，320，342，392，415，511

Eliot, John 约翰·埃利奥特，174

Emerson, Joseph 约瑟夫·埃默森，342

End for Which God Created the World《上帝创造世界的目的》，450，460—464，467，474，483

England 英格兰：monarchy in 君主制，7，12，84，149，314—315，336，360，427，warfare between France and 与法国的战争，12—17，89，306，310—314，316—318，338，382，383，409，414—428；heresy and lax morals in 异端与松弛的道德，138；and hymns 与赞美诗，143—145；awakenings and Whitefield in 觉醒与怀特菲尔德，171—173，202，204，208，339，366；methodism in 卫理公会，208；warfare between Spain and 与西班牙的战争，263；and Indians 与印第安人，324，382—383，385，387—388，406—411，414，421，426；Elisha Williams in 伊莱沙·威廉姆斯在英格兰，366. 亦参见 Puritanism；*and specific wars*

Envious Men《嫉妒的人》，148

Erskine, John 约翰·厄斯金，329，362，427，437—438，445，448—449，466—467，498

Evangelicalism 福音派，4，8—10，116—118，141—145，171，259，286，289. 亦参见 Awakenings

Evil 恶，137，168，222，266. 亦参见 Satan and devils；Sins

"Excellencies of Christ" "基督的卓越性"，106

Faithful Narrative《忠实叙述》，25，172—173，175，183，184，193，201—202，204，249，280，296，309

Families 家庭：patriarchal authority in 男性家长权威，3，19，21，187，248—249，259—260；and childrearing 与养育孩子，20—21，26—27，251；and divorce 与离婚，22—23；deaths of children in 孩子的死亡，26—27，128；average age for marriage 平均结婚年龄，105，151；number of children in 孩子人数，150. 亦参见 Children

Farewell Sermon Preached … in Northampton《在北安普敦……的告别布道》，361—362

Father Rale's War "拉勒神父的战争"，115，117，174

Finley, Samuel 塞缪尔·芬利，277

Finney, Charles 查尔斯·芬尼, 499
Flavel, John 约翰·弗拉维尔, 275
Fleet, Thomas 托马斯·弗利特, 280
Foxcroft, Thomas 托马斯·福克斯克罗夫特, 268, 279, 309, 315, 354, 366, 412, 434, 435, 459
Foxe, John 约翰·福克斯, 245
France 法国: and Huguenots 与胡格诺派, 12, 47, 281, 336; and Indians 与印第安人, 12—13, 115, 382, 387, 407, 410, 414, 416, 421; monarchy in 君主制, 12, 47, 196, 197, 307; population of New France 新法国的人口数量, 12; warfare between England and 与英格兰的战争, 12—17, 89, 306, 310—314, 316—318, 338, 382, 383, 409, 414—428. 亦参见 *specific wars*
Francke, August Hermann 奥古斯特·赫尔曼·弗兰克, 194, 201, 202
Franklin, Benjamin 本杰明·富兰克林, 9, 52, 85, 133, 163, 202—203, 206, 212—213, 235, 312, 333, 407—408, 419
Franklin, James 詹姆斯·富兰克林, 68, 85, 143, 280
Franklin, John 约翰·富兰克林, 312
Freedom of the Will《意志的自由》, 1, 410, 437—448, 453, 454, 457, 459, 467
Frelinghuysen, Theodore 西奥多·弗里林海森, 163
French and Indian War 法国及印第安人的战争, 382, 409, 414—428, 435

Gay, Peter 彼得·盖伊, 458
Gee, Joshua 约书亚·吉, 268, 279
Gender roles 性别角色, 3, 19, 21, 248—249, 301, 420
Genealogy of JE 爱德华兹家谱, 508—510
Germany 德国, 194, 201
Gillespie, Thomas 托马斯·吉莱斯皮, 371
Glorious Grace "荣耀的恩典", 46
Glover, Peletiah 佩利提阿·格洛弗, 23
God 上帝: sovereignty of 神治, 4, 5, 40, 45, 54, 63, 112, 439, 478; S. Stoddard on 所罗门·斯托达德论, 13; glory and excellency of 荣耀与卓越, 41—44, 78, 95, 118, 157, 200, 266, 462—463; love of 爱, 54—55, 137, 157, 191—192, 266, 393, 438, 443, 453, 460, 462—463, 467—468, 470, 488, 505; and natural philosophy (science) 与自然哲学（科学）, 64—81; as Creator 作为造物主, 65—66, 71, 74—77, 81, 504; omniscience and wisdom of 全知与智慧, 70, 443, 444; holiness of 圣洁性, 112, 138; anger of 愤怒, 130, 136—137, 166, 222—223, 337—338, 393; Israelites' relationship with 以色列人与其关系, 136, 166, 197, 315, 316, 351; evil and sin permitted by 所允许的恶与罪, 137, 168, 222, 372—373, 453, 505; redemptive work of 救赎事工, 193—195, 481, 481—489; as judge 作为评

判者，221—222，352，361—362，393；mercy of 仁慈，221—222，224，393；government of universe by 所治理的宇宙，442—444，455—456，504—505；as eternal 作为永恒者，443，444；and end of creation 与创造的目的，460—463，467—468；mysteries of 奥秘，477—478，504—505. 亦参见 Holy Spirit；Jesus Christ；Trinity

God Glorified in the Work of Redemption "上帝在救赎之工里得荣耀"，140—141

God Makes Men Sensible of their Misery "上帝使人能感知他们的苦难"，136—137

God's Awful Judgment《上帝可怕的审判》，344

Grace 恩典，27，28—29，31，86，152，249，262，288—289

Great Awakening《大觉醒》，参见 Awakenings

Grey Lock 洛克·格雷，115

Guyse, John 约翰·盖伊斯，171—172，201

Half-way covenant 中途盟约，30，31，354，355

Hall, David 戴维·霍尔，361

Halley, Edmund 埃德蒙·哈雷，69

Hampshire Association 汉普夏县协会，116，124，134，176—180，187，227—228，256，359

Handel, George Frederick 乔治·弗里德里克·亨德尔，246，314—315

Harmony of the Old and New Testament《旧约与新约的和谐性》，430，473—482

Haroutunian, Joseph 约瑟夫·哈罗图尼安，501

Harvard College 哈佛学院，11，14，23，35，61，63，72，87，114，139，140，142，144，145，148，177，182，232，267，279，309，330，435

Hatheway, Deborah 德博拉·哈思韦，225—226

Hawley, Elisha 伊莱沙·霍利，358，417

Hawley, Gideon 吉迪恩·霍利，399，402—404，407，408，412，419—421，423，425—426

Hawley, Joseph II 约瑟夫·霍利二世，163—167，168，171，358，417

Hawley, Joseph III 约瑟夫·霍利三世，311，358，360，365，368—369，433

Hawley, Rebekah Stoddard 丽贝卡·斯托达德·霍利，163

Heaven 天国，98，106，191，326—327

Heaven Is a World of Love "天国是一个爱的世界"，191

"Hebrew Idiom" "希伯来习语"，479

Hell 地狱，36，40，57，119—121，136，161，165—166，219—224，235，335—336

Hendrick, Chief 族长亨德里克，385，386，403，408，414，416—417，421

Henry, Matthew 马太·亨利，474

Hierarchies 阶层制，3，19，187，209—

210，258，259—260，304

"History of redemption" notebook "救赎史"笔记，483，484

History of the Work of Redemption《救赎工作史》，193—196，201，204，236，258，265，430，460，463，481—489

Hobbes, Thomas 托马斯·霍布斯，73—74，440，443，475

Hollis, Isaac 艾萨克·霍利斯，377，378，383，396，398，400，405，413

Holmes, Oliver Wendell Sr. 老奥利弗·温德尔·霍姆斯，500，501

Holy Spirit 圣灵，28，96，152，157，158，166，197—198，200，236，237，311，351，480—481。亦参见 Awakenings; Trinity

Hooker, Thomas 托马斯·胡克，22，93

Hopkins, Esther Edwards 以斯帖·爱德华兹·霍普金斯，参见 Edwards, Esther (sister of JE)

Hopkins, Samuel (JE's biographer) 塞缪尔·霍普金斯（爱德华兹传记作者），9，62—63，67，135，231，249—256，291，293，304，321—323，341，410，411，425—426，431，450—451，459，491，494，497—499

Hopkins, Samuel (JE's brother-in-law) 塞缪尔·霍普金斯（爱德华兹的连襟），173—174，323—324，342，375

Howe, Daniel Walker 丹尼尔·沃克·豪，133

Hubbard, Jonathan 乔纳森·哈伯德，399

Hubbard, Thomas 托马斯·哈伯德，387

Humble Attempt《一种谦卑尝试》，334—339

Humble Inquiry《谦卑探究》，352

Hume, David 大卫·休谟，456，458，466—467，487

Humiliation 谦卑，27—28，58，284，373。亦参见 Conversion

Hutcheson, Francis 弗朗西斯·哈奇森，465—466，467，468

Hutchinson, Abigail 阿比盖尔·哈钦森，249

Hutchinson, Anne 安妮·哈钦森，249，281，287

Hutchinson, Thomas 托马斯·哈钦森，229

Hymns 赞美诗，参见 Music

Hysteria 歇斯底里，247，248

"Images of Divine Things" "神圣事物的形象"，111。亦参见 "Shadows of Divine Things"

Impending Judgments "即将到来的审判"，122

Indians 印第安人：Stockbridge mission for 斯托克布里奇传教，1，110，319，324，364，375—428，431，437，447; in eighteenth-century New England generally 在18世纪新英格兰的一般情形，3，4; attacks on colonists by 对殖民者的攻击，11，12—15，17，115，316—319，334，410—411; captives taken by 所俘获的战俘，15—17，114—115，219，249，378；R. Edwards as attorney for 理查德·爱德华兹为其担任律师，23；and J. Stoddard 与约翰·斯托达德，115，148，173—175，318—319，324，344，376；conversion of 归信，117—118，120，174，258，325，378；missions for 向其传教，117—118，120，173—175，311，319，323—326，332—33，339，342，426；and S. Stoddard 与所罗门·斯托达德，117—118，120，173；and W. Williams 与威廉·威廉姆斯，118；treaty with (1735) 条约（1735年），174—175；JE on 爱德华兹论，257—258，385，394，452，481；and awakening 与觉醒，258，325；Brainerd's mission to 布雷纳德对其传教，311，319，323，325，326，332—333，385；education of 教育，320，377—378，382—383，387，389—406，412，413，417，423；Hawley's mission to, at Onohquaga 霍利在奥诺夸加的传教，404，412，420—421，423，425，426；and land deals 与土地交易，408；and French and Indian war 与法国及印第安人的战争，414，423—428；Hawley's mission to, at Mashpee 霍利在马什皮的传教，426

Islam 伊斯兰，485—486

James, Elizabeth 伊丽莎白·詹姆斯，208

Jefferson, Thomas 托马斯·杰斐逊，499

Jesus Christ 耶稣基督：and redemption 与救赎，28—29，77，136—137，190，192，193—195，197，481—489，505；love and beauty of 爱与美，42，44，77，81，106，109，155，165，166—167，190，209，248，266，489，505；glory and excellency of 荣耀与卓越，45，52，54—55，106，157，165，190，326—327，435；as mediator 作为中保，45，54，192，439；church as bride of 作为新娘的教会，106，111，191，209，248，353，488；incarnation of 道成肉身，111；parables of 寓言，122，189—190，212；Judas' betrayal of 犹大的出卖，129；crucifixion of 被钉十字架，161—162，166，297，354，393—394，488；types of 预示，194，209，353，475，475，479—480；and last judgment 与末日审判，196，198，236，361—362；miracles of 奇迹，236，251；and millennium 与千禧年，333—340；presence of, in communion 在圣餐中的临在，353—354. 亦参见 Trinity

Jews 犹太人，48，117，485—486

Johnson, Samuel 塞缪尔·约翰逊，35，80，84，85，139

Johnson, William 威廉·约翰逊，417，421—423

Jukes, Max 马克斯·朱克斯，500

Justification by faith 因信称义，91，177—178

Kames, Henry Home, Lord 凯姆斯勋爵亨利·霍姆，445，466，467

Kellogg, Joseph 约瑟夫·凯洛格，408

Kellogg, Martin 马丁·凯洛格，378，382，387，391，396，398—400，404，405，408，413

King George's War "国王乔治的战争"，306，310—314，316—318，336，338，343—345，366，378，380，395

King Philip's War "国王腓力的战争"，12，117，173，249，410

Kingsley, Bathsheba 拔示巴·金斯利，276—277

Kunkapaut, John 约翰·孔卡鲍特，376

Land Bank 土地银行，228—230

Latitudinarianism 宽容（放任）主义，138，448

Leibniz, Gottfried Wilhelm 格特弗里德·威廉·莱布尼茨，72—73，462

Lesser, M. X. 莱塞，xviii

Lessing, Gotthold Ephraim 戈特霍尔德·埃弗拉伊姆·莱辛，487—488

Letter to the Author of the Pamphlet Called an Answer to the Hampshire Narrative《一封致所谓"答汉普夏叙述"的小册子作者的书信》，180—182

Life of David Brainerd《大卫·布雷纳德生平》，1，53，54，329—333，339，436，446，499

Light imagery 光之意象，54—55，156—158，162，385—387，443，460，463

Lister, Martin 马丁·利斯特，66

Living Peaceably One with Another "彼此和平相处"，97—98

Living Unconverted Under an Eminent Means of Grace "在如此明显的恩典途径下未曾归信"，127

Locke, John 约翰·洛克，7，60—64，67，71，73，74，76，103，278，286，438，452，456，464，475，504

Logic 逻辑，90—91，145，349；亦参见 Reason；Science

Lord, Hezekiah 赫齐卡亚·洛德，162

Lord's Supper 圣餐：S. Stoddard on 所罗门·斯托达德论，30—33，122，160，262，297，298，346，348，351，368，401；overscrupulous avoidance of 对于圣餐刻意的回避，31—32；warnings on partaking unworthily 对不配领受的警告，31—32，216，297；T. Edwards on 蒂莫西·爱德华兹论，32—33，123，262，352；Mathers on 马瑟父子论，32；E. Taylor on 爱德华·泰勒论，32，33；and JE 与爱德华兹，122—123，129，160—161，262—263，297—298，304—305，346—354，368，370，371，449；self-examination before 领受前的自我省察，262，263；presence of Christ in 基督的临现，353—354；S. Williams on 所罗门·威廉姆斯论，365，367—368

Louisbourg campaign 路易斯堡战役，310—314，316，318，336，366，395，

433

Lowman, Moses 摩西·洛曼, 196, 474
Luther, Martin 马丁·路德, 374, 439
Lydius, John Henry 约翰·亨利·利迪乌斯, 408
Lyman, John 约翰·莱曼, 248
Lyman, Moses 摩西·莱曼, 227, 228, 231, 276, 277
Lyon, Mary 玛丽·莱昂, 499

Maclaurin, John 约翰·麦克劳林, 142
Madison, James 詹姆斯·麦迪逊, 498
Malebranche, Nicholas 尼古拉斯·马勒伯朗士, 73
Many Mansions"许多住处", 186
Marriage 婚姻, 参见 Families
Mastricht, Peter van 彼得·范·马斯特里赫特, 318, 488
Mather, Cotton 科顿·马瑟: map of New England by 新英格兰地图, x—xi; on slavery 论奴隶制, 20; children of 子女, 26—27, 268; and T. Edwards 与蒂莫西·爱德华兹, 26; on Lord's Supper 论圣餐, 32; and Yale College 与耶鲁学院, 35; self-examination by 自我省察, 52; writing style of 写作风格, 59—60; and science 与科学, 60, 61, 68—69; and smallpox inoculations 与天花疫苗接种, 68, 85; and Anglicanism 与圣公会, 84—85; criticisms of 批评, 85; and Harvard College 与哈佛学院, 87; and Calvinist orthodoxy 与加尔文正统, 140; death of 去世, 140,

171; and evangelism 与福音传教, 142; and hymns 与赞美诗, 144
Mather, Eleazar 埃利埃泽·马瑟, 14, 32
Mather, Esther Warham 以斯帖·沃勒姆·马瑟, 参见 Stoddard, Esther Warham Mather (grandmother of JE)
Mather, Increase 英克里斯·马瑟, 32. 68, 84—85, 117, 124, 140, 275
Mather, Samuel 塞缪尔·马瑟, 179, 247, 248, 268, 269, 325, 358
Mayhew, Jonathan 乔纳森·梅休, 360, 433—436
McCulloch, William 威廉·麦卡洛克, 292, 309, 416
McGiffert, A. C. 麦吉弗特, 51—52, 501
McLaurin, John 约翰·麦克劳林, 334
Meacham, Esther Williams 以斯帖·威廉姆斯·米查姆, 219
Meacham, Joseph 约瑟夫·米查姆, 219—220, 275
Melancholy 忧郁. 参见 Depression (melancholy)
Metcalf, Abigail Edwards 阿比盖尔·爱德华兹·梅特卡夫, 参见 Edwards, Abigail (sister of JE)
Metcalf, William 威廉·梅特卡夫, 214
Methodism 卫理公会, 173, 208, 243
Millennium 千禧年, 265—267, 292, 315, 335—337, 343, 350, 415, 485
Miller, Perry 佩里·米勒, xvii, 60—62, 182, 280—281, 501—502
Milton, John 约翰·弥尔顿, 167

"Mind" 心灵，59，78，95，103

Ministers 牧师：S. Stoddard on 所罗门·斯托达德论，13，210；authority of 权威性，31，116，178，209—220，268；salaries of 薪俸，123—124，301—303，341，343；unconverted 未归信的，210—211，215，231，237，262，350；Whitefield on 怀特菲尔德论，210—211，215；itinerant 巡回布道，215，218，228，232—233，244，269，271—272，277，279；opposition to awakenings by 反对觉醒，237—238，269—274，278—283，290；candidates for ministry 牧职候选人，254—255；ordination of 按立牧职，330，356. 亦参见 *specific ministers*

Minkema, Kenneth P. 肯尼思·明克马，xviii

"Miscellaneous Observations on Scripture" "圣经札记"，474

"Miscellanies" "杂记"，59，77，91，95，98—100，105，106，109，111，119，129，134，472

Misrepresentations Corrected, and Truth Vindicated 《歪曲得到纠正，真理得到澄清》，368，449

Mix, Elisha 伊莱沙·米克斯，37，183

Mix, Stephen and Mary 斯蒂芬与玛丽·米克斯，35，37

Moody, Joseph 约瑟夫·穆迪，356

More, Henry 亨利·摩尔，72，89，142—143

Mount Holyoke Seminary 霍利奥克山神学院，499—500

Murray, Iain 伊恩·默里，xvii

Music 音乐，79，106，129，143—145，245，390

Native Americans 土著美洲人，参见 Indians

"Natural History of the Mental World, or of the Internal World," "心灵世界或内在世界的自然史"，78

Nature 自然，42，44，64—66，69，77—79，97，99—100，111，121—122，135，136，153，185，443，477，489. 亦参见 Science

Nature of True Virtue 《真美德的本质》，参见 *True Virtue*

New England Courant 《新英格兰报》，68，85，143，280

New Lights "新光派"，238，275—280，283—285，287，306—310，315，324，330，331，350，354，360，366，379—380，381，385，392，402，404，434，436，458，499

Newton, Isaac 艾萨克·牛顿，7，60—65，67，68，70—74，79，89，440，444，486，504

New York City 纽约城，46—55，46—47，49，59，90，95，123，257，420

Niebuhr, H. Richard 理查德·尼布尔，501

Northampton, Massachusetts 北安普敦，马萨诸塞：and Indian attacks 与印第安人的攻击，11，316—319；S. Stoddard as pastor of 所罗门·斯托达德作为牧师，11—13，30—33，

114—126，132，150，346，370，372，373；E. Mather as pastor of 埃利埃泽·马瑟作为牧师，14；awakenings in 觉醒，25，121，155—173，184，189，207，214，216—226，228，239—252，260—267，284，291；communion and church membership in 圣餐与教会成员身份，30—33，122，123，160—161，297—298，304—305，346—356，370，371，449；sins of residents of 居民的罪过，97—98，122，126—127，130，150，185—189，261，296—297，353；JE as assistant to S. Stoddard in 爱德华兹作为所罗门·斯托达德的助手，110，112—125；J. Stoddard as magistrate and leader in 约翰·斯托达德作为行政长官与领袖，114—115，125—126，343；JE's sermons in 爱德华兹的布道，120—122，126—131，148—149，152，156—158，165—168，189—200，224，284—290，361—362；and earthquake 与地震，121—122；youth of 青年，122，126—127，150—153，292—302；and JE's salary 与爱德华兹的薪俸，123—124，301—303，341，343；JE's home in 爱德华兹的家，124，320—321，322；political conflicts in 政治斗争，125—126，130，186—187，189，261，371；temperament of people of 人们的性情，125，371；size of church in 教会大小，127，160；premarital pregnancies in 婚前怀孕，131；tavern culture in 酒馆文化，131，296，299；respect for JE as pastor in 对作为牧师的爱德华兹的尊重，132，291；JE's daily schedule in 爱德华兹每天的日程安排，133—136；pastoral role of JE in 爱德华兹的牧师角色，134—135，164，225—226，254，255，263，373；small group meetings in 小组聚会，135，155—156，296；and JE's travels 与爱德华兹的旅行，145，169，178，215，317；common lands versus private property in 公共土地对私人财产，150—151，291；hymns of worship in 崇拜中的赞美诗，156，245；illness and deaths in 疾病与死亡，160，173—169，316，318，345，358；skepticism about awakening in 对觉醒的怀疑论，161—162，170—171，193；accident in old meetinghouse in 在老礼拜堂的事故，184—85；new meetinghouse in 新礼拜堂，186—189，187，188，292；town house in 市政厅，189，292；Whitefield in 怀特菲尔德在北安普敦，206—209，212—213；JE's preaching tours while pastor at 爱德华兹担任牧师时的布道行程，239—420，263，275；Buell's preaching in 比尔的布道，244—245，247，249，260；fires in 火灾，248；covenant of 盟约，260—263，291，298，350；"young folks' Bible" case in "年轻人的圣经"案，292—302，345，370，371；opponents of JE in 爱德华兹的对手, 302, 343, 357—361, 363, 369—374; and agrarian capitalism 农业资本主义, 303—304; population of 人口, 316; church government revision in 教会政体修正, 345—347; profession of faith and church membership in 信仰告白与教会成员身份, 347, 352—353, 575n 12; JE's dismissal from 爱德华兹的解职, 359—361, 369—374; JE's farewell sermon in 爱德华兹的告别布道, 361—362; JE in, after dismissal 爱德华兹被解职后住在这里, 363—365; campaign for separate church in 分离教会运动, 364—365

Notebooks of JE 爱德华兹的笔记, 59—60, 67, 73, 78, 81—82, 88, 90, 95, 103, 109, 111, 112, 136, 337—338, 432, 437, 447, 455, 472, 474, 476, 479, 483, 484

"Notes on Scripture" "圣经笔记", 59, 103, 133, 474, 480

"Notes on the Apocalypse" "《启示录》笔记", 59, 103, 133—134, 197, 337—338

Nothing upon Earth can Represent the Glories of Heaven "世上没有什么能够代表天国荣耀", 98

Noyes, Joseph 约瑟夫·诺伊斯, 233

"Of the Prejudice of Imagination" "有关想象的偏见", 80

Old Lights "旧光派", 238, 256, 273—274, 277—280, 284, 290, 306—310, 315, 330, 339, 379, 381, 435, 436

Oliver, Andrew 安德鲁·奥利弗, 396

Original Sin 《原罪》, 450—459, 474

Owen, John 约翰·欧文, 162

Paice, Joseph 约瑟夫·佩斯, 387—388, 390

Park, Edwards A. 爱德华兹·帕克, 250—251

Parkes, Henry Bamford 亨利·班福特·帕克斯, 501

Parkman, Ebenezer 埃比尼泽·帕克曼, 252, 325

Parsons, Elihu 以利户·帕森斯, 363, 391, 483, 511

Parsons, Jonathan 乔纳森·帕森斯, 218

Parsons, Sally Edwards 萨莉·爱德华兹·帕森斯, 参见 Edwards, Sarah "Shally" (daughter of JE)

Partridge, Oliver 奥利弗·帕特里奇, 408

Paternity case 父亲身份案, 358

Paul (apostle) 保罗 (使徒), 208, 274, 451, 454, 457

Pepperrell, William 威廉·佩珀雷尔, 310, 402, 403

Perkins, William 威廉·珀金斯, 58

"Personal Narrative" "个人叙述", 45, 46, 53—55, 58, 99, 104, 108, 109, 112, 185, 222, 474

Philosophy 哲学, 281—282

索　引 | **649**

Pierpont, Benjamin 本杰明·皮尔庞特, 127, 132, 133, 176

Pierpont, James Jr. 小詹姆斯·皮尔庞特, 87, 93, 105

Pierpont, Mary Hooker 玛丽·胡克·皮尔庞特, 93

Pierpont, Sarah 萨拉·皮尔庞特, 参见 Edwards, Sarah Pierpont (wife of JE)

Platonism 柏拉图主义, 72, 77, 78, 89, 97, 142—143, 465

Pleasantness of Religion "宗教的愉悦性", 96

Pomeroy, Benjamin 本杰明·波默罗伊, 216, 218, 232, 269, 271, 275, 277

Pomeroy, Ebenezer Jr. 小埃比尼泽·波默罗伊, 358, 365

Pomeroy, Elisha 伊莱沙·波默罗伊, 349

Pomeroy, Elizabeth 伊丽莎白·波默罗伊, 294—295

Pomeroy, Seth 塞思·波默罗伊, 179, 295, 311, 316, 358, 365, 369

Poole, Matthew 马太·普尔, 474

Pope, Alexander 亚历山大·波普, 460—461

Popery 教皇制, 参见 Roman Catholic Church

Poverty of Spirit "精神的贫乏", 51

Prayer 祈祷, 27, 104, 133, 156, 247—248, 312, 325, 334—335

Preaching 布道, 参见 Sermons

Premarital pregnancies 婚前怀孕, 131

Presbyterians 长老会信徒, 7, 8, 30, 31, 46—47, 54, 86, 139, 163, 177, 178, 210, 215, 277, 278, 309, 311, 312, 330, 346, 354, 387, 420, 467

Prince, Sarah "Sally" 萨拉·普林斯("萨莉"), 322—323, 415, 419—420, 423, 428, 493, 496—497

Prince, Thomas Jr. 小托马斯·普林斯, 279

Prince, Thomas Sr. 老托马斯·普林斯, 69, 141, 142, 144, 145, 147, 149, 205, 215, 227, 265, 272, 276, 279—280, 284, 291, 298, 309, 313—314, 323, 332, 337, 413, 415, 419—420, 434

Princeton University 普林斯顿大学, 参见 College of New Jersey

Profession of faith 信仰告白, 347, 352—353, 394

Puritanism 清教, 3, 4, 7, 8, 11, 19—21, 84, 86—87, 143, 156, 189, 196, 259, 261, 275, 278, 300, 350—351, 439, 500—501. 亦参见 Calvinism

Queen Anne's War "女王安妮的战争", 12, 17, 90, 115

Ramism 拉姆斯主义, 63, 64, 76, 128

"Rational Account of the Main Doctrines of the Christian Religion Attempted" "对基督宗教主要教义的合理论述：一种尝试", 134, 482, 483

Reason 理性, 282—283, 358, 434—

437，452，475—476. 亦参见 Logic; Science

Redemption 救赎，28—29，77，137，192—198，264，481—489，505

Reformation 宗教改革，90，168，169，172，198，199，201，236，287，314，374，439，440，464，465，485

Reformed movement "改革宗"运动，259. 亦参见 Calvinism; Presbyterians

Reid, Thomas 托马斯·里德，466

Religious Affections《宗教情感》，1，284—290，304—305，331，332，348，352，446，465，481

"Resolutions" "决心"，50—52，82，95—96

Resort and Remedy "救助与救治"，230—231

Revivals, 奋兴, 参见 Awakenings

Revolution, American 美国革命，256，274，369，498

Reynolds, Peter 彼得·雷诺兹，243—244

Richardson, Samuel 塞缪尔·理查德森，419

Robe, James 詹姆斯·罗布，283—284，309，311

Rockwell, Abigail 阿比盖尔·罗克韦尔，27

Rogers, Robert 罗伯特·罗杰斯，382

Roman Catholic Church 罗马天主教，3—4，7，12，16，17，85—91，117，129，138，197—199，311，314—315，336—338，380，415—416

Root, Martha 玛莎·鲁特，358

Root, Simeon and Timothy 西蒙与蒂莫西·鲁特，293，295，298—300，302

Rowlandson, Mary 玛丽·罗兰森，249

Sacraments 圣礼，29—33，352—356，370，381. 亦参见 Baptism; Lord's Supper

Saints 圣徒，109，157，191，287，288，326—327，333

Saltonstall, Governor 总督索顿斯托尔，84

Satan and devils 撒旦与魔鬼，69，108，117，119，121，137，160，163—169，171，194，196，198，204，219，221，235—237，247，257，273，275，284—289，336，371—375，386，427，483，486，489. 亦参见 Hell; Sins

Schafer, Thomas A. 托马斯·谢弗，xviii

Science 科学，59—81，89，103，438，464. 亦参见 Nature

Scotland 苏格兰，142，173，177，280，283—284，292，309，311，314，324，329，334—339，346，354，362—363，371，391，437，446，448，465—467，498

Scott, Elizabeth 伊丽莎白·斯科特，366，400—401

Scripture 圣经, 参见 Bible

Searle, John 约翰·瑟尔，349

Self-Examination and the Lord's Supper "自我省察与圣餐"，297

Sergeant, Abigail Williams 阿比盖尔·威廉姆斯·萨金特, 参见 Williams, Abigail
Sergeant, John 约翰·萨金特, 174, 175, 324, 375—379, 383, 396, 398
Sermons 布道: election-day 选举日, 11, 12, 123, 262; by S. Stoddard 所罗门·斯托达德的, 11, 12, 119—120, 124, 125, 128; by T. Edwards 蒂莫西·爱德华兹的, 33—34, 119; JE's preaching style 爱德华兹的布道风格, 33—34, 119, 127, 206, 220—221, 239—240; for New York City church 为纽约城教会, 46, 51, 54—55; imagery and analogy in 意象与类比, 54—55, 97, 98, 222—223, 385—387; structure and logic of JE's 爱德华兹布道的结构与逻辑, 54, 90—91, 128; for Bolton church 为博尔顿教会, 96—99, 107; in Stockbridge 在斯托克布里奇, 110, 364, 383, 385—387, 392—394, 424; on hell 论地狱, 119—121; S. Stoddard's preaching guidelines 所罗门·斯托达德的布道准则, 119—120; by JE in Northampton 爱德华兹在北安普敦的, 120—122, 126—131, 148—149, 152, 156—158, 165—168, 189—200, 224, 284—290, 361—362; fast-day 禁食日, 121—122, 129—130, 167—168, 171, 312, 415; communion 圣餐, 122—123, 354; jeremiad 悲叹, 126, 129—130, 211; JE's Boston 爱德华兹在波士顿的, 140—141, 149, 192; political 政治的, 148—149; funeral 葬礼, 153—155, 230—231, 326—328, 344—345, 428; public lectures 公共讲座, 177—178, 192; JE's sermon series 爱德华兹的布道系列, 189—200, 284—290; Whitefield's preaching style 怀特菲尔德的布道风格, 206, 212; awakening 觉醒, 220—224, 284—290; Yale commencement address (1741) by JE 爱德华兹的1741年耶鲁毕业典礼演说, 241—238; and lay preaching 与平信徒布道, 276, 277, 279; JE on good preaching 爱德华兹论好布道, 282; thanksgiving 感恩, 316; ordination 按立牧职, 356; JE's farewell sermon in Northampton 爱德华兹在北安普敦的告别布道, 361—362; JE's, after Northampton dismissal 爱德华兹在北安普敦被解职后的, 364. 亦参见 *specific sermons*
Sewall, Joseph 约瑟夫·休厄尔, 142, 144, 279, 309, 434
Sewall, Judith 朱迪丝·休厄尔, 142
Sewall, Samuel 塞缪尔·休厄尔, 12, 20, 84, 88, 118, 124, 142, 143
Sexuality 性欲, 106—107, 111, 130—131, 151, 208, 261, 293—301, 328, 358, 370
"Shadows of Divine Things" (later "Images of Divine Things") "神圣事物的影子"（后来的"神圣事物的形象"）, 111, 136, 137
Shaftesbury, Anthony Ashley Cooper,

third earl of 第三位沙夫茨伯里伯爵，62，465

Shippen, Joseph 约瑟夫·希彭，392

Shippen, William 威廉·希彭，493，494

Shirley, William 威廉·雪利，229，266—267，281，319，406，412，416

Shute, Samuel 塞缪尔·舒特，86

Signs of God's Displeasure "上帝不悦的迹象"，126—127

Sin and sins 罪与罪过：pride as 骄傲，5—6，45，51，56，60，130，225，233，288，371—372，373；T. Edwards on 蒂莫西·爱德华兹论，34；of youth 年轻人的，34，122，126—127，130—131，150，261，293—302，328；JE's acknowledgment of own sinfulness 爱德华兹对自己罪性的承认，45，50，51，55—56，57，288，373；natural disasters, deaths, and war as judgments on 作为对罪审判的自然灾难、死亡与战争，69，121—122，163—169，312；hatred of, and love of sinners 罪人的恨与爱，97；of Northampton residents 北安普敦居民的，97—98，122，126—127，130—131，185—189，261，296—297，353；JE on 爱德华兹论罪，126—127，129—130，219—224；hypocrisy as 伪善，129，234，286，287，289，297；fornication as 通奸，131，297，358；envy as 嫉妒，148，185；original sin 原罪，199，447，450—459，478；S. Stoddard on 所罗门·斯托达德论罪，199；against Holy Spirit 反圣灵，236，237；guilt over 瞿犯罪过，438，439，454—455；Hopkins on 霍普金斯论罪，450—451；Bellamy on 贝拉米论罪，451. 亦参见 Drunkenness

Sin and Wickedness Bring Calamity and Misery on a People "罪与邪恶给人们带来了灾祸与苦难"，131

Singer, Elizabeth 伊丽莎白·辛格，145

Singing 歌唱，参见 Music

Sinners in the Hands of an Angry God《落在愤怒上帝手中的罪人》，1，219—224，501

Slavery 奴隶制，20，47，250，255—258，295，300，321，407，498

Smallpox inoculation 天花疫苗接种，68，85，493—494

Smith, Adam 亚当·斯密，466

Smith, Cotton Mather 科顿·马瑟·史密斯，405

Smith, John 约翰·史密斯，47，48，55，87

Smith, Susanna 苏珊娜·史密斯，47，48，53，55，123

Smith, William 威廉·史密斯，47，87

Socinianism 苏西尼主义，199，329，433，434，448

Some Thoughts Concerning the Present Revival《有关宗教奋兴的一些思考》，240—243，263—267，273，275，276，278，281，283，292，338

Spencer, Elihu 以利户·斯潘塞，339，341，342

索引 | 653

Spiders and spider imagery 蜘蛛与蜘蛛形象，64—66，95，223

Spiritual Understanding of Divine things "对神圣事物的灵性理解"，96—97

State of Public Affairs "公共事务的状态"，148—149

Stebbins, Thomas 托马斯·斯特宾斯，164

Steele, Richard 理查德·斯梯尔，7，62

Stiles, Ezra 以斯拉·斯泰尔斯，397—380，433，491，498—499

Stiles, Isaac 艾萨克·斯泰尔斯，38，108，380

Stockbridge, Mary and Phoebe 玛丽与菲比·斯托克布里奇，258

Stockbridge, Massachusetts 斯托克布里奇，马萨诸塞：mission for Indians at 向印第安人传教，1，319，324，364，375—428；JE's sermons in 爱德华兹的布道，110，364，383，385—387，392—394，424；establishment of 建立，175，375—376；and King George's War 与"国王乔治的战争"，345；JE as pastor in 爱德华兹任牧师，364，365，375，381，383—413，430—431，437，447；English families in 英国人家庭，375—376，379—382；Williams family in 那里的威廉姆斯家族，376—377，379—382，395—405；Mission House in "传教之家"，377，377，390—391；schools for Indians in 印第安人学校，378，382—383，387，389—406，412，413，417，423；land ownership in 土地所有者，379，381；opposition to JE's appointment as pastor in 对爱德华兹担任牧师的反对，380—381；finances of 财务，398，399—400，406—407，411，413；fire in 火灾，403；exodus of Indians from 印第安人的出走，405，406；violence against Indians in 对印第安人的暴力，406；and Indian attacks 与印第安人的攻击，407，410—412，416，426—427；JE's resignation from 爱德华兹的辞职，431，490—491

Stockton, Richard 理查德·斯托克顿，429

Stoddard, Esther Warham Mather (grandmother of JE) 以斯帖·沃勒姆·马瑟·斯托达德（爱德华兹的外祖母），14，15，32，343

Stoddard, John (uncle of JE) 约翰·斯托达德（爱德华兹的舅舅）：military career of 军事生涯，14，114—115，306，316，318，320，343，395；as JE's patron 作为爱德华兹的庇护人，114，123，182，227，318—319，343，348；marriage of 婚姻，114，344；as political leader 作为政治领袖，114—115，125—126，148，149，343，369，371；and Indians 与印第安人，115，117—118，120，173—175，318—319，324，344，376；and Belcher 与贝尔彻，148；and Hawley 与霍利，163；and Breck case 与布雷克案，

179，344；and "young folks' Bible" case 与"年轻人的圣经"案，299，302，345；children of 子女，323，344；and New Lights 与"新光派"，339—340；death and funeral of 去世与葬礼，343—345，346；and awakening 与觉醒，344，345

Stoddard, Prudence Chester (wife of John Stoddard) 普鲁登丝·切斯特·斯托达德（约翰·斯托达德的妻子），344，345

Stoddard, Solomon (grandfather of JE) 所罗门·斯托达德（爱德华兹的外祖父）：authority and influence of 权威与影响，11—12，32，114，118—119，124，210，370；dress of 服饰，11；as Northampton pastor 作为北安普敦牧师，11—13，30—33，114—126，132，150，346，370，372，373；preaching by 布道，11，12，119—120，124，125，128；on conversion 论归信，13，118，119，122；family of 家庭，13—15，19，23，32，163；on taxation and defense 论征税与防御，13，14；and awakenings 与觉醒，25，151，160，204；and Lord's Supper and church membership 与圣餐及教会成员身份，30—33，122，160，262，297，298，346，348，351，368，401；and clergy's role in church government 与圣职人员在教会管理里的作用，31，116，178；writings by 著述，31，117，118，119，204；as Harvard student 作为哈佛学生，61；JE as assistant to, in Northampton 爱德华兹在北安普敦担任其助手，110，112—125；and evangelism 与福音传教，117，142；and Indians 与印第安人，117—118，120，173；and earthquake 与地震，121—122，124；death of 去世，124；and hymns 与赞美诗，145；Whitefield on 怀特菲尔德论斯托达德，210，262；on change 论变化，352

Stout, Harry S. 哈里·斯托特，205

Stowe, Harriet Beecher 哈丽雅特·比彻·斯托，9，250—251

Strong, Ebenezer 埃比尼泽·斯特朗，126

Strong, Job 乔布·斯特朗，339，356

Strong, Nehemiah 尼赫迈亚·斯特朗，195

Stuart, Prince Charles Edward 查尔斯·爱德华·斯图亚特亲王，314，315

Suicides 自杀，163—169，358

Swift, Jonathan 乔纳森·斯威夫特，138—139，181

Taylor, Edward 爱德华·泰勒，32，33，126

Taylor, John 约翰·泰勒，434，435—436，448—449，451，452

Temptation and Deliverance "诱惑与解救"，296—297

Tennent, Gilbert 吉尔伯特·坦南特，163，210，215—216，231，232，242，250，267，269，307，324，330

Tennent, William Sr. 老威廉·坦南特, 215

Threefold Work of the Holy Ghost "圣灵的三重事工", 129

Tillotson, John 约翰·蒂洛森, 62

Tindal, Matthew 马太·廷德尔, 476, 487

Toland, John 约翰·托兰德, 71

Tracy, Patricia J. 帕特里夏·特雷西, xvii, 369—370

Treat, Robert 罗伯特·特里特, 103

Treatise on Religious Affections 《宗教情感》, 参见 *Religious Affections*

Trinity 三位一体, 71, 77, 191, 434, 435, 443, 462. 亦参见 God; Holy Spirit; Jesus Christ

True Grace Distinguished from the Experience of Devils "区别于魔鬼经验的真恩典", 392

True Saints, When Absent from the Body "真圣徒,当离开身体时", 326—327

True Virtue 《真美德》, 1, 419, 450, 460, 464—471

Tucker, Louis Leonard 路易斯·伦纳德·塔克, 307

Turretin, Francis 弗朗西斯·图瑞丁, 318, 488

Twain, Mark 马克·吐温, 500

Two Dissertations "两部论著", 450, 459—471, 498

"Types Notebook" "预表笔记", 479

Typology 预表论, 77, 106, 111, 194, 353, 415, 475, 479—480

Umpeecheanah, Paul 保罗·乌姆皮奇纳, 376

Virtue and virtues 美德与德行: JE's cultivation of 爱德华兹培育的, 51, 349, 490; piety as 虔敬, 93—94, 116—117, 128, 132, 141, 142, 156, 199, 248—249, 312, 333; of Sarah Pierpont Edwards 萨拉·皮尔庞特·爱德华兹的, 93—95, 99, 108—109, 242—252, 497; of Jerusha Edwards (JE's sister) 杰鲁沙·爱德华兹的 (爱德华兹的妹妹), 94, 128, 249; and happiness 与幸福, 98, 109, 141, 191, 289, 463, 468, 470; of Jerusha Edwards (JE's daughter) 杰鲁沙·爱德华兹的 (爱德华兹的女儿), 214, 249, 251, 323, 327—328; and submission to God 与顺从上帝, 242—249, 496—497; as signs of true religious affections 真宗教情感的迹象, 286—288, 304—305, 332; of Brainerd 布雷纳德的, 325, 327, 331—333; of J. Stoddard 约翰·斯托达德的, 344, 345; Briant on 布莱恩特论, 434, 449—450; JE on true virtue 爱德华兹论真美德, 450, 464—471; Hutcheson on 哈奇森论, 465—466, 468; and benevolence 与慈善, 460—470; of Esther Edwards Burr 以斯帖·爱德华兹·伯尔的, 496

Voltaire 伏尔泰, 461—462, 487

Wallis, Joshua Jr. 小约书亚·沃利斯，27
Warham, John 约翰·沃勒姆，23—24
Warner, Oliver 奥利弗·沃纳，293，294，295，300
Warnings of Future Punishment "对未来惩罚的警告"，120—121
Warning to Professors "对宣信者的警告"，297
War of Jenkins' Ear "詹金斯耳朵的战争"，263
Washington, George 乔治·华盛顿，66，409
Watts, Isaac 艾萨克·瓦茨，143—144，145，147—149，156，171，172，183，201，202，224，245，264，493
Waunaupaugus, Solomon 所罗门·沃瑙鲍古斯，406
Wauwaumpequnnaunt, John 约翰·沃沃皮库瑙特，392—393
Weber, Max 麦克斯·韦伯，51
Weiser, Conrad 康拉德·韦泽，408
Wesley, John 约翰·卫斯理，173，192，208，235，333，458
Wheelock, Eleazar 埃利埃泽·惠洛克，29，216—218，220，221，232，276，277，320，323
When the Wicked Shall Have Filled up Themselves in Their Sin "当邪恶者使自己充满罪恶时"，165—166
Whetmore, James 詹姆斯·惠特莫尔，85
Whitefield, George 乔治·怀特菲尔德：and awakenings 与觉醒，172，202—216，219，228，231，232，242，262，267，268，269，273，306—310，324，331；in England 在英格兰，172，202，339，366；and B. Franklin 与本杰明·富兰克林，202—203，206，212—213，419；and Colman 与科尔曼，202，204—205，309；JE compared with 与爱德华兹的比较，206，209—210；preaching style of 布道风格，206，212；and JE's family 与爱德华兹一家，207—208；marriage of 婚姻，208—209；on S. Stoddard 论所罗门·斯托达德，210，262；on unconverted ministers 论未归信的牧师，210—211，215；JE's criticisms of 爱德华兹的批评，211—212；Clap's fears about 克拉普的担忧，330
Whitman, Elnathan 埃尔内森·惠特曼，278
Whittelsey, Chauncey 昌西·惠特尔西，324
Wigglesworth, Edward 爱德华·威格尔斯沃思，435
Wigglesworth, Michael 迈克尔·威格尔斯沃思，121
Willard, Josiah 乔赛亚·威拉德，403，407
Williams, Abigail 阿比盖尔·威廉姆斯，376—382，395—398，400，401，404，410，417，433，437
Williams, Chester 以斯帖·威廉姆斯，243，245，359
Williams, Eleazer 埃利埃泽·威廉姆

斯，176

Williams, Elijah 伊莱贾·威廉姆斯，381，382，405

Williams, Elisha 伊莱沙·威廉姆斯：as tutor 作为指导教师，35，63；as Yale rector 耶鲁院长，102，140，179，181；and Breck case 与布雷克案，179，181；and awakenings 与觉醒，183；on religious liberty 论宗教自由，278；and Northampton communion controversy 与北安普敦的圣礼争论，357，366，367，401；military service of 军事生涯，366；writings by 著述，366；as JE's ally generally 作为爱德华兹的一般性盟友，367；as commissioner of missionary society 作为传教协会特派员，396，400；and Stockbridge mission 与斯托克布里奇传教，396，400—401，437；marriage of, to Elizabeth Scott 与伊丽莎白·斯科特的婚姻，400；death of 去世，413

Williams, Elizabeth Scott 伊丽莎白·斯科特·威廉姆斯，参见 Scott, Elizabeth

Williams, Ephraim Jr. 小伊弗雷姆·威廉姆斯，380—381，388，400，402，404，416—417，418

Williams, Ephraim Sr. 老伊弗雷姆·威廉姆斯，175，376，379，381，396，398，400—405，413，417，427

Williams, Eunice (daughter of John Williams) 尤妮斯·威廉姆斯（约翰·威廉姆斯的女儿），16，219

Williams, Eunice Mather (daughter of S. Stoddard) 尤妮斯·马瑟·威廉姆斯（所罗门·斯托达德的女儿），14，15

Williams, Israel 伊斯雷尔·威廉姆斯，182—183，274，345，358，359，367，369，402，412，416

Williams, Jerusha 杰鲁沙·威廉姆斯，15

Williams, John 约翰·威廉姆斯，14—15，115，126，127，176

Williams, John Jr. 小约翰·威廉姆斯，15

Williams, Roger 罗杰·威廉姆斯，30，31

Williams, Solomon 所罗门·威廉姆斯，116，275，276，365，366—368，410，447，449

Williams, Stephen 斯蒂芬·威廉姆斯，33，147，168，173，174，176，178，215，219—221，230，232，324，325，376

Williams, William 威廉·威廉姆斯，115—117，124，171—173，176，179，182—183，207，227—228，230—231，274，367，376，396

Williams College 威廉姆斯学院，417

Winslow, Ola 奥拉·温斯洛，xvii，369，501

Winthrop, John 约翰·温思罗普，261，267，304

Witchcraft 巫术，68—69

Witherspoon, John 约翰·威瑟斯庞，498

Women 妇女：husband's relationship

with wife 丈夫与妻子的关系，3，19，21，187，248—249，276—277; education of females 女性的教育，18，19，144，323，390，499—500; JE's examples of, in sermons and writings 爱德华兹在布道与著述里的典范，19; piety of 虔敬，93—94，128; and childbirth 与生育孩子，111—112，245; and awakening 与觉醒，240—249，270; and submission 与顺从，242—249，429，496—497; and death 与死亡，245; and gender roles 与性别角色，248—249，301，420; in churches 在教会里，249，346. 亦参见 Families; *and specific women*

Wood, Gordon S. 戈登·伍德，514n 2

Woodbridge, Timothy 蒂莫西·伍德布里奇，93，174，375—376，378—380，393，398—399，400，404，406，408—409，412，413，431

Works of Jonathan Edwards《乔纳森·爱德华兹文集》, xvii—xviii, 502

Yale, Elihu 伊莱休·耶鲁，35

Yale College 耶鲁学院: JE as student at 爱德华兹作为学生时，34—39，46，59，62，63，72; and Cotton Mather 与科顿·马瑟，35; students' immorality and disorder at 学生的不道德与无秩序，37—39，101—102，103; curriculum of 课程表，61，63，103; library at 图书馆，62，63，84，93，103，139，140; JE as tutor at 爱德华兹任指导教师，63—64，101—110，278; Berkeley's donation to 伯克利的捐赠，73，139，140; JE's M. A. oration at commencement of (1723) 爱德华兹在1723年毕业典礼上的文学硕士演说，82—83，87，91，93; JE's valedictory oration at (1720) 爱德华兹在1720年的告别演说，82—83; Anglican apostasy at 圣公会叛教，83—87，93，139—140; Commencement Day at 毕业典礼日，83，88，103，107—108; Cutler's commencement address at (1722) 卡特勒于1722年的毕业典礼讲话，83，84; daily schedule at 日常日程安排，102; and awakening 与觉醒，231—238，249，267，307，324; Clap as rector of 克拉普任院长，231—233，235，307，324，330，331; JE's commencement address at (1741) 爱德华兹于1741年的毕业典礼演说，231—238; Brainerd as student at 布雷纳德作为其学生时，233—235，324—325，330—331; presidents of 院长，379，491，499

"Young folks' Bible" case "年轻人的圣经"案，292—302，345，370，371

Youth 青年: sins of 罪过，34，122，126—127，130—131，150，261，293—302，328; Yale students' immorality and disorder 耶鲁学生的不道德与无秩序，37—39，101—102，103; and age for marriage 与结婚年龄，105，151; Sabbath night frolics by 安息日晚上的打闹嬉笑，122，

126，150，151，152—153，154，296，328，331；and bundling 与"和衣同睡"，130—131，296—297，328；and premarital pregnancies 与婚前怀孕，131；social conditions of 社会条件，150—152；compliance of, with JE's preaching 对爱德华兹布道的遵从，152—153；death of 死亡，153—155，327—329；and awakenings 与觉醒，155—156，158—159，160，216—218，231—233，267，270，275，276，300—301，307，427，491；JE's private meetings with 爱德华兹的私下会见，155，217—218；conversion of 归信，158—159，225—226；and Northampton covenant 与北安普敦盟约，261；and Davenport's book and clothes burnings 与达文波特焚烧书籍与服饰，275，276；and "young folks' Bible" case 与"年轻人的圣经"案，292—302，345，370，371. 亦参见 Children